スピノザ

知性改善論

神、人間とそのさいわいについての短論文

佐藤一郎訳

みすず書房

TRACTATUS
DE
INTELLECTUS EMENDATIONE
Et de via qua optime in veram rerum
cognitionem dirigitur.

KORTE VERHANDELING
van
GOD, de MENSCH
en deszelvs
WELSTAND

by

SPINOZA

スピノザの肖像（ヘンドリク・ファン・デル・スペイク画　ほぼ原寸）
オラニエ－ナッサウ家歴史蒐集財団（ハーグ）所蔵.
画家はスピノザの最後の栖になったハーグの部屋の家主.
一見、若い肖像に見えるが、39歳頃のものと推察される.
じかにモデルを前にして描かれた作らしい、生き生きとした面影を伝えている.

Al Professor Filippo Mignini e a Nadia,

con riconoscenza per la gentilezza dimostrata
sia nei confronti del mio lavoro
che della mia vita privata.

目次

知性改善論

凡　例

テクスト

刊行された原典である『遺稿集』（OP）に拠り、オランダ語版『遺稿集』（NS）と校合しながら訳した。校定テクストとしては、フィリッポ・ミニーニのもの（MP）を第一に、ゲープハルト版全集（G）第二巻ほかを参考にし、異同についてはそのつど訳注で触れた。

慣例（Gは採用していないが）に随い、ブルーダー版によるパラグラフ番号を［　］に収めて挿入した。ミニーニは内容の考察から番号の位置に修正を加えている。しかし、目安として通用している区切りを変更することは混乱を生みかねないので、元来の位置を保った。

改行はOPに拠ることを原則としたが、NSの改行を取り入れた箇所もある。改行の異同には訳注で触れている。

アルファベットによる注は原注であり、テクストでは下部欄外に記されている（「注解」と呼ぶ）。本訳では見開きの左頁端に収めた。諸訳ではアルファベットの注記号がそのまま用いられ、それにより言及されることも多いので、ここでもそれを保った。詳しくは解題に譲るが、OPの場合、第一巡ではaからzのうち、ラテン語でiと同字として用いられるj、uと同字として用いられるv、字母がないwの三つは使用されず、合せて二十三、二番目の系列はa、b、z、三番目の系列はaからgまで（cは飛ばされている）である。OPとNSとで本文中の注指示の位置が違っている場合が半数におよぶが、その一々に触れるのは煩瑣になることに加えて、欧文と日本語では文構造が異なるため立ち入ることに意味がない場合も多いので、注記しなかった。同じ理屈で、注の原位置を忠実に再現できていない場合もあることも断っておく。ミニーニは不規則な第二と第三の系列にアルファベットを通して振り直すことで整理しているが、アルファベットを保ったのと同じ理由から不規則を訂さず、そのまま再現した。

テクストでイタリックになっている部分は楷書体で表した。

テクストに識別させる印等はないが、内容から日本語では「　」で囲うほうが自然に読める場合はそうした。

テクストにない語を訳者が補った場合は、〔　〕で囲った。

訳語について一つだけ断っておきたい。普通「本質」と訳されるessentiaを一貫して「有りかた」（汎用される場合の弛んだ語感ではなく次に説明する意味から）と訳した。「本質」で通ると思える箇所もあるが、違和感を覚える場合も多いからである。essentiaはラテン語動詞「ある（esse）」からの造語である。『ある』を成り立たせるもの」という意義を根柢に含むと考え、「有りかた」を訳語とした。またessentia objectiva（「観念のうちで対象を表す有りかた」、訳注(94)参照）と通じる副詞objectiveのように、essentiaを潜在的に含んでいる場合には、潜在的であることを区別して示すため「有」の漢字を遣わずに「対象というありかたで」と訳した。以上は「短論文」でのオランダ語の対応語wezentheidについても同じである。essentiaはギリシア語οὐσίαの同義語としても通用したことを付け加えておく。

訳注で諸訳に言及する場合、訳の該当箇所あるいはそこへの注が問題である場合、頁の指示を省略した。訳書名も巻末の文献表に譲って省いた（訳書ではない場合は書誌名、頁を示した）。

ゲープハルト版の箇所の指示は次のしかたによる。

（例）Gii125 *11-14* は全集第二巻一二五頁一一－一四行を表す（他の典拠についても行はイタリックで示している）。

ミニーニはその校定版「知性改善論」の序（MP, p. 22）で問題の詳しい論として次を参照することを求めている。

B. de Spinoza, *Tractatus de Intellectus Emendatione*, Introduzione, testo, traduzione e commento di F. Mignini, Macerata (Quodlibet), [2009].

これは包括的な概説と詳細な注釈を含む（「短論文」の校定版ではMBに相当する）著作だが、予告のみでいままでのところ刊行されていない。訳者は二〇〇二年にミニーニ教授からその草稿段階の写しの提供を受け、この訳でもそれを活用した。訳注で触れたミニーニの読みや見解のうち、典拠の頁に言及していない多くはこれに拠っている。

読者へのことわり(1)

親愛なる読者に。わたしたちがここに、未完で欠陥があるまま、あなたに提供するこの知性の改善云々についての論は、もう多年を経た前に同じ著者によって書かれた。著者にはたえずこの為事《しごと》を完結させ、為上げる心づもりがあった。だが著者は、別のいくつもの用(2)に塞がれ、そしてついには死に攫《さら》われて、願っていた結末にそれを到らしめることが叶わなかった。しかしその中には、すぐれた、ためになるものごとがたくさん含まれており、わたしたちは固く確信しているが、それらは真摯に〔真理を〕(3)たずね求める者に資するところが少なくないので、あなたからそれを奪うことはしたくなかった。それで、この論のあちこちにまだ粗書きで磨きが足りないように見える、解りにくい点が多々あっても、目を瞑ってくれるように、知っておいてもらおうと、このことをあなたにことわっておきたかったのである。それでは。

知性の改善[4]、および知性が物の真の認識へもっとも善く導かれる道[5]についての論

［一］共同の暮しの中でよく出遭う[6]ものがみなむなしく、くだらないということを経験から教わったのち[7]、失われるのではないかと心配していたもの、招くことを恐れていたものがどれも[8]、それによって気持が揺すぶられたからということがなければ、それそのものには善いところも悪いところもそなわらないことを見たとき、わたしはやっとたずねようと心を定めた。真の善でみずから[9]を分ちあずからせるような或るものが与えられるかどうか。ほかのいっさいを投げ棄てて、独りそれだけから気持が触発されるようなもの、それを見出して獲得すると、持続する最高の喜びが永遠にわたって享受される[10]ような或るものが与えられるかどうかをたずねよう、と。［二］やっと心を定めたとわたしは言う。じっさいちょっと見では、いまのところは不確かなもののために、確かなものを逃そうと志すのは、考えが足りないように思えたからである。もちろんわたしとて、栄誉と富から得られる快適の数々は見てわかっていたし、別の新しいものごとのために真剣にかかりきりになろうとすれば、そうしたものを求めることを控えざるをえないこともわかっていた。それで、ひょっとしてこの上ない幸福がそうしたものに宿ることがあるとしたら、わたしはそれをもたずにいなければならないということを見通した[11]。だがもしそ

うしたものに宿らないのに、ひたすらそうしたものだけにかかりきりになるとしたら、その場合はやはりわたしは最高の幸福[12]を欠くことになる。［三］そこでわたしは、自分の[13]暮しのきまりやふだんのやりかたを変えなくても、もしかして新たなもくろみをやり遂げることが可能にならないか、せめてそのことで確かなところまで漕ぎつけることが可能にならないかと気持を凝らしていたのだが、幾度もやってはみたもののむだだった。ありていには、暮す中で四六時中見られ、人びとの間で、その為すところから推しはかってよいとすれば、この上ない善と見積られているものは三つに纏められる。すなわち、富、栄誉、そして官能の快楽である。[14] この三つのものによって精神は、何か別の善のことをみじんも思えないほどそぞろにされる。[15] ［四］というのも、官能の快楽についていうと、まるで或る善いものの上に落ち着き場所を得ているかのように、気持がそれに縛られて、そのことがこの上ない礙《さまたげ》になって、別の善いもののことを思えなくなるからである。けれどもそれを味わったあとにはこの上ない悲しみが続き、それは、精神のはたらきを停めないとしても、乱し、鈍らせる。[16] 栄誉と富とを追い求めることによっても[17]精神は同じくそぞろにされ、それもわずかではない。とりわけ後者[a]がそれだけのために求められるときがそうで、その場合、最高の善であるように想定されるからである。[18] ［五］だが栄誉によって精神はなおいっそうそぞろにされる。というのは、栄誉はいつでもそれそのもので善であって、何もかもを導いて向わせる終極の目的であるかのように見立てられるからである。それからこの二つにあっては、官能の快楽のようには、悔いがもたらされず、かえってそのいずれかを手にすればするほど、それだけ喜びが増す。結果として、われわれはますますそれを増やすように駆られる。ところがもし何かの偶然で希望が裏切られると、その場合はこの上ない悲しみが生れる。[19] おしまいに栄誉が大きな礙になるのはこういうわけである。それをわれわれが得るためには、必ずや人びとののみ込みに合せて暮しが方向づけられなければならない。すなわち、人びとが通常避けて通ることを避け、通常求めることを求めることで。[20]

［六］こうして、こういったものがみな、新たなもくろみ[21]のためにわたしがかかりきりになれないように邪魔になることを見てとったから、いやそれどころか、必ずやどちらか一方を控えなければならないほどに反対の性格であることを見てとったので、どちらが自分にとってためになるのかをたずねざるをえなかった。言ったように、それは、不確かな善いもののために確かな善いものを逃すことを志すように見えたからだった。けれども、わずかだがこのことに心を傾けたあとで、わたしが発見したのはまずこういうことだった。もしわたしがこういったものを取り逃がしておいて、新たなもくろみにそなえるとしたら、すでに言われたことから明晰に推しはかれるように、自然の性の上で不確かな善を、その自然の性の上では不確かではないが（というのもわたしは不動の善[22]を求めてきたから）ただ結果としてそれを手に入れられるかというところで不確かな善のために取り逃がすのであろう。［七］だがたゆまず省察を繰り返すことで[23]わたしは、おおもとから考え直す[24]ことができれば[25]、その場合は確かな善のために確かな悪の数々を断念することになるだろうと見てとるに到った。じっさいわたしは非常きわまりな

a　これ[27]はもっと広汎にかつ区分けして説明を施すこともできた。すなわち求められる富が、それそのもののためか、栄誉のためか、官能の快楽のためか、あるいは健康と学問技術の進歩[28]のためかを区別することによって。しかしこうしたことをそこまで厳密にたずね求めるのはこの場所にはふさわしくないので、それはしかるべき場所に取っておかれる。

い危機に身を置いていて、たとい不確かではあっても、力のかぎりを尽して[26]癒し薬を求めざるをえないことを見てとっていたからである。ちょうど瀕死の病を患っている病人が、薬が用いられなければ確実である死を見越すときに、不確かではあってもその薬を力のかぎりを尽して求めざるをえないようなもので、もちろんそこにその病人の希望のいっさいがかかっているからである。ところが普通の人が追うようなものはみな[29]、われわれの有ることを保つのに救いの薬を何ももたらさないばかりか、その礙にもなる。そしてそれらを手中に収める者をしばしば破滅させる原因となる一方[30]、それら[b][31][32]の手中に収められる者にはいつでも破滅の原因である[33]。

[八] じっさい、持っている[34]富のために死ぬほどの責苦を受けた者、さらに、財宝を手に入れるために数多くの危険に身を曝したあまり、とうとう命をもっておのれの愚行の対価を償った者も、例《ためし》はきわめて多くみられる。また、栄誉を手にし、または守るために、みじめきわまりない目に遇った者の例もわずかにとどまらない。おしまいに、官能の楽しみが度を過したおかげでみずから死を早めた者の例は数えきれないほどみられる。[九] さらに進めると、こうしたものはこれから言うことによって悪であるように見えたのである[35]。幸福、または不幸は、そっくり次のことだけに宿る。言うまでもなく、われわれが愛着《あいじゃく》する対象の質に、である。なぜかと言えば、愛していないもののために諍《いさか》いはけっして起らないであろうし、それが失われても何の悲しみもないし、他人に所有されても嫉妬も起きない。何の心配も憎しみも、ひと言で言うなら、気持の揺ぎが何もなかろうから。ともかくそうしたいっさいは、滅びうるものどもを愛する中で起きる[36]。いましがた語ってきたものがみなそうであるように。[一〇] けれども永遠かつ無限な物へ向けられる愛は喜びだけで精神[37]を養い、それ[38]は悲しみといっさい無縁である。

このことを強く望まなくてはならず、またそれは全力をあげて求められるべきである。だがわたしが**真剣に**[39]**考え直すことができれば**[40]という言いかたをしたのは理由のないことではなかった。というのも、このことに[41]頭ではそこまではっきりと気づいていても、それでもわたしは慾深さと官能の楽しみと栄誉心とをすべて捨て去ることはできなかったからである。

［一一］一つ、このことは見てとっていた。こうした思索をめぐって精神が没頭していた間は、精神はあのものどもから離れて、新たなもくろみのことを真剣に思っていた。これはわたしには大きななぐさめだった。なぜならその悪いものどもが対症の薬に屈しようとしないような事柄ではないことが見てとれたからである。そしてこういう時のおとずれ[42]は初めのうちこそ稀で、ごくわずかな間合しか続かなかったものの、それでも真の善がだんだんわたしに識られてからというもの、そのおとずれはもっと繁く、いっそう永くなった。とりわけ、お金を得ること、あるいは官能の快楽、栄誉が、ほかのもののための手段としてではなく、それ自身のために求められる間はさしさわりとなることを見たのちにはそうであった。だがもし手段として求められるとすれば、そのときは頃合をそなえるであろうし、少しもさしさわりとはならず、かえって、適当な所で示すように、求める目的に大いに資するであろう[43][44]。

［一二］ここで、真の善ということでわたしが解るのは何か、併せて最高の善とは何かということをほんの手短に言っておこう。そのことをただしく解るには、善と言われ、悪と言われるのは、ただ視点に照して[45]であるということに注意しなくてはならない。一つの同じ物が、視点を別にするにしたがい善

b　これらのことはもっと細心に論証されるべきである。

いとも悪いとも言われうるほどだが、それは完全、不完全ということが言われる場合と同様である。[46] というのは何ものも、それの自然の性を観察すれば、完全もしくは不完全と言われないだろうから。なかんずく、生じるものはすべて永遠の次第にしたがい、また自然の或るきまった諸法則にしたがって生じることをわれわれが識ったあとではそうである。［一三］それはそうとして、人間は弱く、[47] その次第をみずからの思いによって手にしないが、そうするうちにも人間は自分のよりもはるかに鞏固《きょうこ》な、人間の或る自然の性[48]を念《おも》い、同時に何もそうした自然の性を獲得するのを邪魔しないことを見てとるから、そのような完全さへその人を導くもろもろのなかだちを求めることへ駆られる。そしてそこへ届くためのなかだちとなりうるいっさいが真の善と呼ばれる。それに対して最高の善とは、その人が出来うるならばほかの諸個人とともにそのような自然の性を享受するに到ることである。[49] さてその自然の性がいったい何のことかということをわれわれは適当な所で示すが、たしかにそれは、精神が全自然を相手にもつ、一つに結ばれていることの認識[c]である。[50]［一四］そこで次のことがわたしのめざす目的である。すなわち、そのような自然の性を獲得し、かつ、たくさんの人がわたしとともにそれを獲得するように力めることである。つまり、ほかのたくさんの人が、わたしが解るのと同じものを解って、その人たちの知性と慾望がわたしの知性、慾望とすっかり一致するように尽すことがわたしの幸福でもある。そしてこれがなされるためには、そのような自然の性を獲得するのに足りるだけ自然について解ることが必要[d]である。[51] それから、できるだけ多くの人ができるかぎり簡単に、かつ安全にそこに辿り着くために、望まれるような世の結びつきをつくることが必要である。［一五］さらに進んで、道徳哲学に力を尽すべきである。たとえば成年に達しない子の訓育についての教えに向けられるように。そして、健康はこの目的に達するための手だてとして瑣末ではないので、完備した医学が用意されるべきである。また困難な多くのことが技術によってたやすくされ、それによってわれわれは暮しの中で[52]たくさんの時間と便宜を得《とく》することができるから、機械技術はけっして蔑《ないがし》ろにされるべきではない。[一六] だがすべてに先立って、物を誤りなしに首尾よく、できるだけよく解るように知性を手当し、[53]それを許すものなら初めに洗[54]い浄《きよ》めるやりかたが考え出されるべきである。そこからいまや誰でも見てとれるであろうが、わたしはすべての学知を一つの目的、[e]目標[55]に差し向けたいのである。すなわち、われわれの言った、人間の最高の完全さに辿り着くためにである。だから、諸学のうち、われわれをその目的のほうへ進めることが何らないようなものはみな、無益なものとして投げ棄てられるべきであろう。つまりひと言で言うなら、われわれのすべての行い、とともに思いは、この目的のために差し向けられるべきである。[一七] しかし、その目的を追うことにわれわれが気を配って、知性をただしい道へ引き入れようと労を傾ける間にも、生きていく必要があるから、そのためにすべてに先立ってわれわれは、なにがしかの生活の規則を善いものとして仮に定めざるをえない。[56]次がそれであり、すなわち。

一、普通の人ののみ込みに合せて話し、[57]われわれが目標に到り着くのに礙《さまたげ》を生じないようなことなら、すべてを為《す》ること。なぜなら、できるかぎりその人たちののみ込みを優先させさえすれば、われわれは

c　これらの点は適当な所でもっと展開して説明される。[58]

d　次に注意。ここでわたしは、われわれの目標のために必要な学知を数え上げることをただ心懸けているが、とはいえそれらの繋がりには意を用いていないこと。

e　諸学の目的はただ一つであり、そこにすべての学問が差し向けられるべきである。

かれらから少なからぬ恩恵を得られるのだから。のみならず、そのようにしてかれらは、真理を聴くために好意的に耳を傾けることになるであろう。

二、健やかさを守るのに足るだけ、楽しみを味わうこと。

三、おしまいに、お金や、または何であれほかの物を求めるにしても、暮しと健康を維持し、われわれの目標に背かない市民の習わしに順《したが》うのに足りるだけ[59]にとどめること。

[一八] これらをこのように立てた上で、わたしはすべてに先立ってなされるべき第一のこと、すなわち知性を改善し[60]、それを、われわれの目的に達するために必要とされるようなやりかたで物を解るのに適ったものにすることにかかるであろう。これがなされるために、われわれが自然にそなえる順序から求められるのは、何かを疑いの念なしに肯定もしくは否定するのにわたしがこれまで手持ちとしてきた覚知のやりかたすべてをここにあらためて取り上げることである。これによってわたしは、すべてのうちで最善のものを選び出して、併せてわたしの勢いと、完成したいと望む自然の性とを識ることに取りかかるであろう。

[一九] 細心に注意すれば、すべてはおもだったところで次の四つに引き戻すことができる。[61]

一、聞き伝えから、または好きな呼びかた[62]をされる何らかの記号からわれわれが抱く覚知である。

二、行きあたりばったりの経験[63]から、つまり知性によって決定づけられない経験からわれわれが抱く覚知である。しかし、こう言われるのはただ、たまたまそのように浮び出て、これに背く別の[64]実体験を何ももたず、そのためにわれわれのもとで揺がないものとしてとどまっているからである。

三、物の有りかたが別の物から結論されるが、ただし十全にではなく結論される際の覚知である。[65]それがなされるのは、われわれが何らかの結果によって原因を推論するときか、あるいはいつも何らかの特性を随《したが》えた何か普遍のものから［物の有りかたが(66)］結論されるときである。f 四、おしまいに、物がその有りかたのみを通して、あるいはその最近原因の認識を通して覚知される際の覚知である。

［二〇］例を出してこれらすべてを説明しよう。聞き伝えだけからわたしは、自分の誕生日を知り、また、これこれのふた親をもったこと、そして似たことの数々を知り、それについては一度も疑わずにきた。行きあたりばったりの経験を通してわたしは自分が死ぬだろうということを知る。じっさいわたしがこれを肯《うけが》うのは、自分に似たほかの者たちがみまかったのを目にしたためである。みなが同じだけの時間を生きたのでなくても、また同じ病からみまかったのでなくても、そうである。それから行きあたりばったりの経験を通してわたしはまた、油が火を燈すのに向く糧であり、水がそれを消すのに向いていることも知る。なおまた、犬が吠える動物であり、人間が理性的な動物であることも知り、そのようにして、暮しの用に役立つほぼいっさいを識ったのである。［二一］対して、別の物からはわれわれ

f　これがなされるとき、われわれは結果のうちに考察するもののほかには原因(67)について何も解ることがない。それは、こうした場合に原因がごく一般的な語によってでなければ説明されないことから十分はっきりしている。すなわち、**ゆえに或るものが与えられる**、**ゆえに或る力が与えられる**等の言葉によって。もしくは、**ゆえにこれあるいはあれではない**等と、否定の形でそれを表すことからもはっきりしている。二番目の場合には(68)、われわれが例の中で示すように、結果によって、明晰に念われる或るものが原因のものとされる。だが、それはもろもろの特有な性質以外のものではなく、物の特殊［個別］の有りかたではない。

は次のようなしかたで結論する。われわれがこれこれの体を感じて、何も別のを感じないことをはっきりと覚知してからというもの、それから、言うなら、心が体と一つに結ばれていて[g]、その結合がこのような感覚の原因であるとわれわれははっきり結論する。[69]けれどもその感覚、そして結合がいったい何なのかということを、われわれはそこから絶対には解ることができない。[h][70]あるいは、見えかたの自然の性を識って、それと一緒に、同一の物をわれわれは遠い距離では、近くで見つめる場合よりも、小さいものとして見るというような特質が視覚にはそなわることを識ったあとでは、そこからわれわれは、太陽が見た目よりも大きいとか、これらに類したほかのことどもを結論する。[71][72][73]〔二二〕おしまいに、独り物の有りかたのみを通して物が覚知されるのは、わたしが何か或ることを識っていることから、或ることを識るというこのことが何かをわたしが知る場合、あるいは、心の有りかたをわたしが識っていることから、それが体と一つに結ばれているのをわたしが知る場合である。同じ認識によってわれわれは、二と三の和が五であること、また、一本の線に平行である二本の線が与えられるならば、これらもまたたがいに平行であることなどを識っている。にもかかわらず、これまでにこうした認識によってわたしが解りえたことはごくわずかだった。

〔二三〕さて、これらすべてがいっそうよく解るように、ただ一つの例だけを用いることにする。すなわち、次のようなことである。[74]三つの数が与えられている。三番目の数に対して、第二数が第一数に対するとおりになる四番目の数を、人が求める。この場合商人はだいたい、四番目の数を見つけるのに何をすべきかを口で言える。[75]それはすなわち、自分の先生から論証抜きで素のままを耳にしたそのやりかたをまだ忘れ去らずにいたからである。が、しかし、簡単な数で経験して普遍的な公理のようなものをこしらえる者もいる。すなわち、数が二、四、三、六のときのように、第四数がおのずと明白な場合からである。この場合、第三数に第二数を掛けてから、その積を第一数で割ると、商の六が生ずることが実地に確められる。そして、この運算ぬきで、比例していることを識っている当の数がもたらされるのを見ると、そこからこの運算がいつでも第四の比例数を見出すためのまちがいのないやりかただと推断するわけである。［二四］しかるに数学者は、ユークリッド第七巻定理一九証明により、どんな数がたがいに比例するのかを知る。(76) すなわち、比例の本性とその固有性とから無論第一数と第四数を掛け合せて生ずる数は、第二数と第三数を掛け合せて生ずる数と等しいことを知る。しかしながら、かれらは与えられた数のまったき比例を見てとっているわけではない。もし見ているとしたら、その定理によってそれを見るのではなく、直観で、運算をせずに見るのである。［二五］さて、これらのうちからもっ

g　この例から、少し前にわたしの指摘したことをはっきり見てとることができる。というのも、その結合ということでわれわれに解っているのは感覚そのもの、すなわち結果(77)にほかならない。そこからわれわれは原因を結論していたのだが、これについてわれわれは何も解らないからである。

h　この類の結論は、たとい確かであるとしても、最大限に用心している者にとってでなければ、十分安全ではない。なぜかと言えば、よくよく警戒する者でないとたちまち間違いに陥るからである。じっさい、物をこのように抽象的に切り離して念い、本当の有りかたを通して念わないときには、すぐさま想像のはたらきによって混乱させられる。なぜならそれそのものでは一つであるものを、人びとは折重なっている(78)と思い描くからである。それはなぜかというと、抽象的に切り離して、別々に、混乱させて念うものどもに、かれらは、自身がほかのもっと馴染み深いものどもを意味するのに使っている名を押しつけるからである。それによって、初めてこれらの名を押し当てた物を思い描くのに慣れているのと同じしかたで、さきのものどもを思い描くということがなされる。

ともよい覚知のしかたを選び出すには、われわれの目的に達するために必要ななかだちがどんなことであるかを短く列挙することがもとめられる。すなわち、次のことである。

一、われわれが完成したいと望むみずからの自然の性を精確に識り、一緒に、必要とされるだけ諸物の自然の性について識ること。

二、そこから諸物の相違と一致と対立をただしく推論するように。[79]

三、それらが何を受け容れられ、何を受け容れられないか、がただしく念われるように。[80]

四、このことを人間の自然の性および力と照し合すように。するとこれらから難なく、人間が達しうる最高の完全さが見えてくるであろう。[81]

[二六] これらをこのように考慮し、覚知のしかたとしてどれをわれわれは選ぶべきかを見ることにしよう。

第一のものに関して。次のことがおのずと明白である。聞き伝えからは、それがまったく不確かなものであるのは別として、われわれの出した例からはっきりしているように、物の有りかたをわれわれは何も覚知しない。そして、のちに見られるように、或る物の個別の実在は、[82]有りかたが認識されていないと、識られない以上、ここからわれわれは、聞き伝えからわれわれが手にする確かさというものはいっさい、学知から締め出されるべきであるとはっきり結論する。なぜというに、ただの聞き伝えによっては、自身の知性が先立っていなかった場合、誰ひとりとしてけっして触発されないであろうから。

[二七] 第二のものにかかわって。[i] やはり何ぴとも、その求める比例の観念を手にすると言いがたい。それがまったく不確かで、止めどがないものであるのは別として、なおどうあってもこうしたしかたで

は誰ひとり自然の物どものうちに偶たまそなわっているもの以外に何も覚知しないであろうが、これら偶有性は、有りかたが前もって認識されていないと、けっして明晰に解らない。以上から、これもまた締め出されるべきである。

［二八］対するに第三のものについては、あるところまでは、われわれは物の観念をもつと言われるべきであり、それから、その上誤りの危険なしに結論を下すとも言われるべきである。しかしそれでも、それだけではわれわれがみずからの完全さを得るためのなかだちにはならないであろう。

［二九］独り第四のやりかたのみが、物の十全な有りかたを包み懐き、それを誤りの危険なしに行う。そのために最大限に用いられるべきであろう。だから、知られていない物をこうした認識によってわれわれが解るためには、さらに併せてできるだけ近道を取ってこれを行うためには、それがどのように施されるべきかということを解き明かすことにわれわれは心を配るであろう。[83]［三〇］いったいどんな認識がわれわれに必要であるかを識ったのちには、認識されるべき物どもをそのような認識でわれわれが認識する道と方法[84]が述べ伝えられるべきである。これがなされるためにはまず、限りない追究というものがここでは生じないことを慮《おもんぱか》るべきである。すなわち、真理探究の最良の方法を見出すために、真なるものを探究する方法を探究するための別の方法が必要とされ[85]、さらに、後者の方法を探究するために別の第三の方法が必要とされ、こうして無限に進む、というようなものである。というのも、このよ

i　ここでわたしは幾分長々と経験について扱うことになる。そして、経験学派[86]竝びに近頃の哲学者が進むにあたっての方法を検討するであろう。

うなしかたでは真なるものの認識にけっして到り着かないし、それどころか何らの認識にも到り着かないであろうから。ところでこのことは、物体の道具相互の関係と同様であり、そこでも同じしかたで論じてさしつかえないであろう。なぜなら、鉄を鍛えるには鉄鎚《ハンマー》が必要とされ、[87]鉄鎚を手にするにはそれを作ることを避けて通れない。それには別の鉄鎚と別の道具が必要とされ、さらにそれらを手にするには別の諸道具が必要とされることになり、こうして無限に進む。こんなふうにして、人間が鉄を鍛える能力を持ち合せないことを証し立てようと力める人がいたところで無駄であろう。［三一］ところが人間は、初めに生得の道具でもっていくつかのとても簡単なものを、骨折って不完全にではあるが、作ることができた。そして、それらが為上がると、別のもっと難しいものどもをより少ない労力でいっそう完全に為上げるというようにして、段階を踏んで単純きわまる作業から道具へ、道具から別の作業と道具へと進んで、多くの、またきわめて難しいことどもをわずかな労力でなし遂げるに到った。同じように知性も、みずからの生れつきの勢い[k]でおのれのために知的な道具を設け、それらを使って別の知的な作業[l][88]のための別の勢いの数々を獲得し、そうした作業のうちから別の諸道具、言い換えると、さらに先へと探究する能力を得、このように段階を踏み進んで、叡智の頂まで達するのである。[89]［三二］それはそうとして、知性がこのようになっていることは、真理探究の方法が何であり、また、先へ進むためにそれらだけはそこから別の道具を調達するのに必要である生得の道具がいったい何かが解りさえすれば、見てとるのは簡単であろう。そうしたことを示すために、[90]わたしはこのように進める。

［三三］真である観念[m]（われわれは真の観念をもつから）[91]はその観念対象と隔たった何かである。[92]なぜなら円と円の観念とは別である。というのも円の観念は円のように周と中心をもっている或るもので

はないし、また体の観念は体そのものではないからである。[93] そしてその観念対象と隔たった何かであるから、それはまたそれ自身で解ることができる或るものでもあろう。つまり観念は、その形としての有りかたに関しては、別の観念のうちで対象を表す有りかたの対象であることができ、[94] さらにこちらの対象を表す有りかたもまたそれ自身に注視すれば物の性格をそなえ、[95] 解ることができる何かとなり、このように際限がない。［三四］たとえばペテロは物の性格をそなえた何かである。それに対してペテロの真の観念とはペテロという対象を表す観念の有りかたであって、それ自身では物の性格をそなえた何かであり、ペテロその人とはまるきり隔たっている。そこでペテロの観念はみずからの固有の有りかたをもっている、物の性格をそなえた何かであるから、また解ることができる何かでもあろう。つまり別の観念の対象であることになろうが、こちらの観念は、ペテロの観念が形としてのありかたでもついっさいを、おのがうちに対象というありかたでもつだろう。そしてこんどは、ペテロの観念のそれたる観念がまたおのが有りかたをもち、これも別の観念の対象であることができ、このように際限がない。このことは誰でも、ペテロの何たるかをみずからが知ること、そして自分が知ることもまた知ること[98]を見て

k　生れつきの勢いということでわたしが解るのは、われわれのうちにあって、外《そと》の原因によってひき起されない[96]ものであり、それをわれわれはのちにわたしの哲学[97]の中で説明するであろう。

l　ここでは作業と呼ばれる。それらが何であるかはわたしの哲学の中で説明されるであろう。

m　われわれはここで、いましがた述べたことを示そうと心懸けるだけではなく、ここまでわれわれがただしく進んできたことも、また併せて、大いに知る必要がある他のことどもを示そうと心懸けようとしていることに留意するように。

とる最中に、また繰り返して、知ることを知ることを知る云々の最中に、経験によって確かめることができる。ここから確かと認められるのは、ペテロの有りかたが解るにはペテロの観念そのものを解ることは必要ではなく、ペテロの観念の観念を解る必要はさらにないということである。それは、こう言っても同じことであり、わたしが知るのに、自分が知ることを知るのは必要とされず、自分が知ることを知ることを知るのはなおのこと必要とされない。三角形の有りかたを解るために、円の有りかたを解る[n]ことが必要とされないのと等しいわけだ[99]。かえって、これらの観念にあっては、ことの次第は反対である。なぜなら、自分が知ることを知るには、必然のこととしてわたしはまず[100]知らなければならないからである。［三五］ここから、確かさとは、観念のうちで対象を表す有りかたそのもの以外の何ものでもないことが明らかになっている。すなわち、形としての有りかたをわれわれが感じとるしかたが、ほかならぬ確かさだ、ということである。そこからまた明白になっているのは、真理の確かさには、真の観念をもつことよりほかのいかなる徴《しるし》も必要とされないということである。なぜかと言えば、もう示したように、わたしが知るのに、自分が知ることを知るのは必要とされないからである。これらからまた逆に、十全な観念、別の言いかたでは[101]、或る物を対象として表す観念の有りかたをもつ者でなければ誰も、最高の確かさが何かを知りえないということが明白である。言うまでもなく、確かさと観念のうちで対象を表す有りかたは同じことだからである。［三六］そこで、真理は徴を何ら必要とせず、物どもを対象として表す有りかた、あるいは[102]、同じことだが、観念をもつことで、いっさいの疑いが取り除かれるのに十分であるから、ここから、観念を数々獲得したあとで真理の徴を求めるのは真の方法ではなく、真の方法とは、真理それ自身、別の言いかたでは[103]、物どもを対象として表す有りかた、あるいはもろもろの観念（これらはみな同じものを意味する）がしかるべき順序で求められる道[o]である、ということが出てくる。［三七］裏返せば[104]、必然のこととして、方法は理性のなすことについて、あるいは知性[105]のなすことについて、語らなければならない。ということは、方法とは、諸物の原因を知性において解るために理をはたらかせるそのことではなく、諸物の原因を解ることではさらにない。そうではなく、真の観念が何であるかを解ることであり、この観念をそれ以外の覚知から区別し、またそれの自然の性を探究することによって、そこからわれわれはみずからの解る力を識り、精神がかの規準に合せて解る[106]べきいっさいを解るようにそれを止《とど》める。補助として確実な諸規則を授け、精神が無駄なことどもに困憊しないようにもすることによってである。［三八］以上から、方法とは反照的認識[107]、別の言いかたでは[108]、観念の観念にほかならないと纏められる。そして、まず観念が与えられなければ観念の観念は与えられないから、まず観念が与えられなければまさに方法は与えられないであろう。ここから、与えられた真の観念の規準に合せて精神がどのように導かれるべきかを示すようなそれがよい方法となろう。さらに進めて、二つの観念の間にある関係はそれらの観念の形としての有りかたの間にある関係と同じであるから、もっとも完全な存在者の観念にあてはめられる反照的認識はほかの諸観念の反照的認識よりもすぐれるであろうということが出てくる。つまりもっとも完全な存在者の与えられた観念の規準に合せて

n[109] ここでわれわれは、どのようにして最初の、対象を表す観念の有りかたがわれわれに生れながらにそなわるのかを問いたずねないことに留意するように。なぜならそれは自然の探究に属するからである。そこでこのことは詳しく説明され、それとともに、観念のほかにはいかなる肯定も否定も、またいかなる意志もないことが示される[110]。

o 心のうちで求めることが何かということは、わたしの哲学の中で説明される[111]。

精神がどのように導かれるべきかを示すそれがもっとも完全な方法であろう。[112]［三九］これらから、どのように精神は、多くのものを知性において解ることで、一緒に別の数々の道具を獲得し、それによっていっそう容易に解るいとなみを続けるかということがたやすく解る。なぜなら、すでに言われたことから推論できるように、すべてに先立ってわれわれのうちに生得の道具としての真の観念が実在するはずであり、それを解ることで、そのような覚知とそのほかのすべての覚知との間にある違いが一緒に解るからである。このことに方法の一つの部分が存する。また、精神が自然についてより多くを解るほどそれだけおのれ自身をよく解るということはおのずから明らかである以上、そこから、方法のこの部分は、精神が多くのものを解るほどいっそう完全となり、また精神がもっとも完全な存在者の認識に傾けられる、言い換えればそれを反照する場合にもっとも完全になるであろうということが確かである。

［四〇］次に、精神は、多くのものを識れば識るほど、いっそうよくみずからの勢いと自然の次第とを解る。ところが精神は自分の勢いをよりよく解るほどそれだけ容易に自分自身を導き、面前に諸規則を置くことができる。また、よりよく自然の次第を解るほどにそれだけたやすくおのれを無駄なことどもから離しておくことができる。われわれがすでに言ったように、これらのことに全方法は存する。［四一］次のことも付け加えていい。観念は、その観念対象[113]が物の性格をそなえてそれであるのと同じしかたで、対象を表したありかたをしている。それゆえ仮に自然の中にほかの物と交渉を何ももっていない或るものが与えられるのだったら、それを対象として表す観念の有りかたもまた[114]、形としての有りかたとすっかり一致するはずであろうから、ほかの諸観念と交渉p を何ももたないことになろう。ということは、そのものについてわれわれは何も結論を引き出せないことになろう。反対に、自然のうちに実在す

るいっさいがそうであるように、ほかの物と交渉をもつものは解るであろうし、それらを対象として表す観念の有りかたもまた同じ交渉をもつことになろう。ということは、ほかの諸観念がそれらから導き出され、それらがまたほかの諸観念と交渉をもつことになり、このようにして先へと進むための諸道具が殖《ふ》えるであろう。これが、われわれの論証しようと力めていたことである。［四二］さらに続けると、われわれが言ったばかりのこと、すなわち観念がその[115]形としての有りかたとすっかり一致するはずであるということから、[116]また次のことが明白である。われわれの精神が自然の像《すがた》を限なくもたらすためには、[117]そのもつすべての観念を、全自然の始まりと源[118]をもたらす観念から、この観念がまたそのほかの観念の源になるようにして、産み出さなければならない。

［四三］ひょっとするとここでびっくりする人もいるだろう。よい方法とは与えられた真の観念の規準に合せて精神がどのように導かれるべきかを示すようなそれであると言い切った矢先、われわれがこれを理屈で証し立てることに、である。これがそれじたいで識られていないことを示すように見えることだから。その上に、われわれがよく理を推し進めているかどうかが問われうる。よく理をはたらかせるなら、われわれは与えられた観念から始めなければならないが、与えられた観念から始めることは論証を要する以上、再びわれわれの推論を証し立てなければならなくなり、次にまたその推論を、とこのように無限に進むわけである。［四四］けれどもこれにわたしはこう答える。仮に誰かが、自然を探究して、なにがしかの僥倖でそのように進んだなら、すなわち、与えられた真の観念の規準に合せてほか

p　ほかの物と交渉をもつとは、ほかから産み出されること、またはほかを産み出すことである。

のもろもろの観念をしかるべき順序で獲得することによって進んだとするならば、真理は、われわれが示したように、ほかならぬみずからを抜《ひら》き明かすわけだから、自分のもつ真理についてまったく疑わなかっただろうし[q]、その者にはすべてがひとりでに流れ込んできたことだろう。だがこれはけっしてないか、もしくは起っても稀なことであるから、そのためにそれが僥倖によって叶わなくても、前もって熟慮した計画によって得るというふうにことを言い立てざるをえなかったのである。またそれと併せて、真理とよい推理を証し立てるためには、ほかならぬ真理とよい推理以外の道具立てをわれわれは必要としないことがはっきり見えてくるように書き表さざるをえなかった。というのも、わたしはよく理をはたらかせることでよい推理を実証してきているし、いまもって証そうと力めているからである。［四五］加えて、またこのやりかたで人びとが自分の内面の省察に慣らされるということもある。他方、自然の追究において、それがしかるべき順序で探究されることが稀にしか起らないわけはといえば、先入主のためであり、それらの原因はのちにわれわれの哲学の中で解き明かすであろう。それから、あとで示すように、相当の、かつ細心な区別が必要とされ、それは大いに骨の折れることだからである。おしまいに人事のありようのためであり、もう示されているように、それはたしかに変り易い。なお別のわけもあるが、われわれはそれらを詮索しない(119)。

［四六］もし誰かがひょっとしてこう問い質してくるとしよう。なぜわたし自身は、立ち所にすべてに先立って、「真理はほかならぬみずからを抜き明かすから」ということで(120)、自然のもろもろの真理をその順序で示したことになるのか(121)、と。その人にわたしは答え、併せて注意を促す。もしかするとそこかしこで出遭うかもしれぬ逆説のゆえにそうした真理(122)を偽として除《の》けようとせず、まず、われわれがそ

れらを証し立てる順序を考察してくれるように。するとそのときはわれわれがすでに真なるものを手にしていることを確信するようになるであろう。そしてこのことが、わたしがこれらのことを前もって告げて置いたゆえんであった(123)。

［四七］こののちもしかして誰か懐疑論者が、最初の真理そのものについて、また最初のそれの規準に合せてわれわれが導き出す何もかもについて、なお疑いを抱いたままにとどまるならば、その人はまことにもってみずから覚えるところに背いて語ることになるか、それともわれわれは、奥深いところでも心が、生れたときからか、またはもろもろの先入主のために、ということは何らかの外からのめぐり合せによってか、暗く閉ざされた人びとがいることを承認することになろう。なぜならそうした人びとはみずからを感じ分けることもないからである。何かを肯《うけが》うか、あるいは疑うかしても、自分が疑うこと、または肯定することを知っていない。何も知らないと言い、何も知らないというまさにこのことを自分は知らずにいると言う。が、これをきっぱり言うこともない。なぜかと言えば、何も知らない間にもみずからが実在することは認めることになりはしまいかと気遣うからである。こうしてついには真理の香りを発する何かを万が一にも仮定しないように口をつぐまなければならなくなる。［四八］畢竟この人たちを相手に学知については語るべきではない。暮しと世の結びつきの用に関してなら、かれらは必要のために、みずからが在ることをおおもとに置き、おのれの有益を求め、誓いのもとにたくさんのことを肯い、また否むよう余儀なくされているからだが。何か或ることがかれらに証し立てられる場合

q　ここでもわれわれが自分のもつ真理について疑っていないのと同様に。

になると、議論が証明になっているのか、それとも不足なのか、この人たちは知っていないからである。否定する、同意する、または反対するとしても、自分が否定、同意、または反対することを知っていない。こういうことだから、精神をすっかり欠いた、自動装置のようにみなされるべきなのである。(124)

［四九］ここでわれわれの扱った事柄をお浚いしておこう。これまでにわれわれはまず、われわれのすべての思いを導いて向わせることに励む目的を得ている。二番目としてわれわれは、みずからの完全さに達しうるための支えである、最良の覚知がいったい何かを認識したが、それは、ただしく始めるために、精神が辿らなければならない最初の道がいったい何かを認識している。三番目に、何であれ与えられた真の観念の規準に合せて、確かな諸法則によって追究を続けることである。(125) これがきちんと行われるためには、この方法は次のことを請け合わなければならない。第一に、真の観念をそれ以外のいっさいの覚知から区別し、精神をほかの覚知から離しておくこと。第二に、知られていない物がそうした規準に合せて覚知されるように諸規則を授けること。第三に、(126) われわれが無駄なことどもに困憊しないように、順序のきまりを設けること。(127) この方法を識ったのちに、四番目として、この方法はわれわれがもっとも完全な存在者の観念を手にした際にもっとも完全なものとなることを見てとったのである。(128) ここから、初めにできるだけ速かにそうした存在者の認識に達することに最大限気を配るべきであろう。

［五〇］そこでわれわれはまず方法の第一部に取りかかるが、それは、言ったように、真の観念をそれ以外の覚知から区別して分ち、偽である観念、仮構による観念、疑わしい観念を真の観念と一緒くたにしないように精神を止《とど》めることである。ともかくそのことを展開してここで解き明かすつもりである。それは、読者をこれほど欠かせない事柄の思索に引き留めるためであるが、さらには、本当の覚知とほ

かのすべてとの間の区別に注意を払わなかったために真の観念についてさえ疑う人がたくさんいるからである。ちょうど、目覚めていたときには、自分が目覚めていることを疑うことがなかったのに、よくあるように、一度夢の中で確実に目覚めていると考え、あとでそれが誤りであることがわかってからというもの、自分が目覚めていることについてさえ疑うようになった人びとのようなものである。こういうことが起るのは、夢をみていること[129]と目覚めていることをその人たちが一度たりとも区別しなかったからである。〔五一〕さりとて注意を促しておくと、わたしはここで一つ一つの覚知の有りかたを、それもその第一[130]の原因を通して、解き明かそうとしているのではない。これは哲学に属するからであるけれども、ただ方法が要求することだけを、ということは、仮構による覚知、偽である覚知、疑わしい覚知がどの辺りを習いの住処とするのかを、そしてどのようにわれわれがそれぞれから解き放たれることになるのかを、述べ伝えようとしている。そこで最初の追究は仮構による観念をめぐることになる。

〔五二〕覚知はみな、実在していると考察された物のそれか、有りかただけのそれかであり、仮構がより頻繁に起るのは、実在していると考察された物をめぐってである。それでまずこちらについて語ることになる。すなわち、実在のみが仮構され、そうした働きのさまで[131]仮構される物が解る、言い換えるなら解ると暗黙に前提される場合である。たとえばわたしは識っているペテロが「家に向う」、「わたしに会いに来る」といった類《たぐい》のこと r を仮構する。ここでたずねるが、そのような観念はどの辺りを習いの

r 先で、われわれに明晰に解る仮説について指摘することを見よ[132]。だが仮構は、それらのことがそうしたものとしてもろもろの天体に実在するとわれわれが言うことのうちにある。

住処とするのか。わたしはそれが、必然のことどもでも、不可能なことどもでもなく、ただ可能なことどもの付近だけに住まうことを見てとる。［五三］わたしが不可能と呼ぶのは、その物が実在するとしたら[133]、その自然の性が矛盾を含意する物である。必然と呼ぶのは、それが実在しないとしたら、その自然の性が矛盾を含意するものである。可能と呼ぶのは、実在するとしても実在しないとしても、少なくもその実在[134]はそれの自然の性そのものの上では矛盾を含意せず、そのものの実在をわれわれが仮構する間、それの実在の必然であるか、それとも不可能であるかが、われわれには知られていない諸原因にかかっている物である。そのために、外の諸原因にかかっている、それの必然または不可能がわれわれに識られているのだったら、われわれはまたそれについて何も仮構できなかったであろう。［五四］そこから、或る神かまたは全知の何かがいれば、まったく何も仮構できない[135]ということになる。なぜかと言えば、「われわれ」についていうなら、わたしは、自分が実在することを識ったあと[s]では、自分が実在すること、もしくは実在しないことを、仮構はできないから。また、針の穴を通り抜ける象を仮構することもできない。また、神の自然の性[t][136]を識ったあとでは、それが実在している、もしくは実在していないと仮構することもできない。同じことをキマイラ[137]について解るべきであり、その自然の性は実在することとは矛盾を含意する[138]からである。これらから、わたしが述べたこと、すなわちここでわれわれの語る仮構が永遠の真理[u]をめぐっては起らないことが明白である。［五五］しかし先へ進む前に、ここでついでながら次のことに注意してもらわなければならない。それは、一方の物の有りかたともう一方の有りかたとの間にある違い、まさにそれが、その物の現実あるいは実在ともう一方の物の現実あるいは実在との間にある、ということである。だから、もしもわれわれが実在を、たとえばアダムのそれを、ただ一般的な実在を通してのみ念おうと志すならば、ちょうどそれの有りかたを念うために、有るものの自然の性に注意を向け、揚句「アダムは有るものである」と定義する場合と同じことになるであろう。こうして、実在は一般的に念われるにしたがい、それだけまた一緒くたにして念われ、その分たやすく一つ一つの物に仮設して負わせられうる。反対に、もっと特殊なものとして念われるときは、それだけ明晰に解り、われわれが自然の次第に注意を向けない場合の物そのものにでなければ、[139]何かに対して仮設して負わせられることはそれだけ困難である。これは注意するに値する。

[五六] 今度は、物がわれわれの仮構するような具合にはなっていないことがわれわれに明晰に解るにもかかわらず、仮構されると普通に言われることどもがここで考察されていい。たとえば、わたしは地球がまるいことを知っているけれども、それでも「地球は半球で、果物盆の上の半分に切ったオレン

s 物は、それを解れば、ほかならぬみずからを顕《あらわ》にするのであるから、われわれが必要とするのは実例だけで、別の論証はなくてもよい。この反対も同じことになり、それが偽であることが見えてくるためには、ただ振り返って吟味することが必要とされるにすぎない。有りかたをめぐる仮構について語るときにすぐに見えてくるとおりである。[140]

t 注意。神が実在するかどうかを疑うと言う者は多々いるにしても、かれらは名前以外に何も持ち合せないか、あるいは神と呼ばれる何かを仮構しているのか、である。のちに適当な所で示すように、それは神の自然の性とは一致しないものである。

u 間を置かずにさらにわたしは、永遠の諸真理の周辺には何らの仮構も住まわないことを示すであろう。[141]永遠真理ということでわたしが解るのは、肯定の形で表されている場合、けっして否定の形になりえないようなものである。かくして、**神が在る**は第一にして永遠の真理であるが、**アダムは思う**は永遠真理ではない。**キマイラは在らぬ**は永遠真理であるが、**アダムは思わない**のほうはそうではない。

ジ[142]のようなものである」とか、「太陽が地球のまわりを動く」とか、そうした類のことを誰かに向って言うことを禁じるものは何もない。こうしたことに注意を払うならば、われわれはこれまでに示された考え[143]と首尾一貫しないことは何も見てとらないであろう。まずもって、われわれが時折誤ることがありえたことと、いまみずからの誤りを意識していることに着目し、それから、ほかの人たちが同じ誤りの中にいる、または以前のわれわれのようにそこに陥りうるとわれわれが仮構できるか、または少なくもそのようにみなしうることに着目しさえすればだが。言っておくが、われわれがこれを仮構できるのは、不可能を何も見ず、また必然を何も見ないうちのことである。[144]そこで、誰かに向ってわたしが「地球はまるくない」云々と言うとき、わたしがしているのは、ことによると自分が得たか、または嵌りえた誤りを記憶に呼び戻し、そののち、これを言う相手がなお同じ誤りの中にいる、もしくはそこに嵌りうると仮構するか、またはそうみなすことにほかならない。述べたとおり、それをわたしが仮構するのは、不可能を何も見ず、また必然を何も見ないうちのことである。だがこれをわたしが解ったならば、何もまったく仮構できなかったであろうし、ただ何かに精を出したとだけ言われるべきことになったであろう。

［五七］いまは、討議問題の中で仮定されることどもについても書き留めることが残っている。不可能なことどもをめぐってそちこちで起りもすることである。たとえば、「燃えているこの蠟燭がいま燃えていないと仮定する」、または「それが或る想像上の空間の中で、すなわちいかなる物体も与えられないところで燃えると仮定する」とわれわれが言う場合である。[145]この最後の場合は不可能であることがはっきり解るけれども、これらと似たことはそこかしこで仮定される。だが、これが行われるとき、何

もまったく仮構はされていない。なぜなら、一番目の場合は、わたしがしたことといえばほかでもない。別の燃えていない蠟燭を記憶に呼び戻し[x]（またはこの同じ蠟燭を炎ぬきで念い）、その蠟燭についてわたしが思うまさにそのことを、炎に注目しないかぎりで、元の蠟燭について解るということだからである。(146) 二番目の場合に行われるのはほかでもない。それ単独で観察された蠟燭の観想だけに精神が向きを転じ、そのあとで蠟燭にはおのれ自身を絶やす原因が何もないと推断するために、まわりに置かれているもろもろの物体から思いを引き離すことだけである。こうして、もしもまわりに置かれているもろもろの物体がないとしたら、この蠟燭と、また炎も、不変のままとどまる、もしくはそれに類したことになろう。したがって、ここには何らの仮構もなく、あるのは正真正銘[y]にして生粋の断言である。

［五八］これからわれわれは、独り有りかただけのまわりを住処とするか、または何らかの現実、す

x 次に有りかたのまわりを住処とする仮構についてわれわれが語る折に、仮構はけっして新しい何かを作り出したり、精神に差し出したりせず、ただ脳の中に、または想像のはたらきのうちにあることどもだけが記憶へ呼び戻されること、また精神は一緒くたにしてすべてに同時に注目するということがはっきりと見えてくるであろう。たとえば、語りと樹木とが記憶に呼び戻される。そして精神は一緒くたにして区別をせずに注目するから、木が話すと考える。同じことが実在について解り、とりわけ、われわれが言ったように、有るものというくらいに一般的に念われる場合にそうであり、そのときは記憶に同時に浮んでくるすべてにたやすくあてはめられるからである。これは大いに注意するに値する。

y 同じことを天空の現象と適合する一定の諸運動を説明するためになされる仮説についても解るべきである。ただし、天体の運動にあてはめられるとして、それらの仮説から天空の自然の性を推断する場合は別であり、その自然の性は、特にそうした運動を説明するためにほかのたくさんの原因が念われうるからには、なお別物でありうる。

なわち実在を一緒に合せたそれのまわりに住まうもろもろの仮構に移りたい。これらをめぐっては、次のことを最大限に考慮すべきである。それは、精神の解るものが少なく、にもかかわらず多くを覚知するにしたがい、精神は仮構するそれだけ大きな力をそなえる。そして多くを解るにしたがってその力はそれだけ減じられるということである。たとえば、われわれが思うその間は、われわれが思うことと思わないことを仮構できないのをさきに見たのと同じしかたで、そのようにまた、物体の自然の性をわれわれが識ったのちには、無限の大きさの蠅を仮構できないし、あるいは霊魂z[147]の自然の性を識ったのちには、それが四角いと仮構することはできない。もっとも言葉では何でも口にできるにしても、である。ところが、述べたとおり、人びとが自然を識ることが少なければ少ないほど、それだけたやすくたくさんのことを仮構できる。それはちょうど、木々が話し、人が瞬時に石に変じ、泉に変じ、鏡の中に幽霊が現れ、無が何かになり、神々でさえ動物や人間に変り、またほかにも果てのない[148]その類のことどものごとくである[149]。

［五九］仮構に制限を設けるのは仮構であり、解ることではないと、誰かひょっとして思いなす人がいるかもしれない。つまり、わたしが何かを仮構して、それが物の自然のうちにそのように実在すると、なにがしかの自由でもって認めようと志したのちには、これがしからしめるところ、このあとわれわれはそれを別のしかたでは思えない、と。例を出すと、物体のかような自然の性を（その人たちの側に立って語れば）わたしが仮構して、その自然の性がそのように物として実在するとわたしの自由で思い込もうと志したのちには、もはや、たとえば無限の大きさの蠅を仮構することは許されないし、霊魂の有りかたをわたしが仮構したのちには、それを四角いとすることができない、等々である。［六〇］しか

しこのことは吟味されるべきである。第一に、その人たちはわれわれが何かを解ることができるということを否定するか、認容するかである。認容する場合には、必然のこととして、かれらが仮構について言うほかならぬそのことが、解ることについても言われるべきであることになろう。だがこれを否定する場合には、自分が何かを知ることを知るわれわれは、かれらが何を言っているのか見てみよう。かれらが言うのは、すなわちこういうことであり、心は、自分自身をではなく、また実在する物をでもなく、みずからのうちにもどこにもないものどもだけを感じ、たくさんのしかたで覚知できる。つまりかれらは、心が独り自分の勢いだけを恃んで、物のではないもろもろの感覚または観念を創造できると言う。したがってかれらは心をある部分神のように考えているのである。加えてかれらは、われわれまたはわれわれの心は、われわれ自身またはそれみずからを、それどころかおのれ自身の自由をも束縛するような自由をそなえると言う。何となれば、心が何かを仮構してそのことに同意を与えたあとでは、それを別のしかたで思うか、もしくは仮構することはできず、その上、ほかのことまでもが初めの仮構に刃向わないようなしかたで思われるように、その仮構によって余儀なくされるからである。(150) このようにここでもかれらは、わたしがここに数える理屈に合わないことを、みずからの仮構ゆえに許さざるをえなく

z　人がこの霊魂《アニマ》という言葉の音を記憶へ呼び戻し、時を同じくして物体の性質をそなえた何らかの像を形づくるということはしばしば起る。(151) さて、この二つは一緒に現されるから、(152) 自分が物体の性質を帯びた霊魂を思い描き、仮構すると簡単に思いなすのだが、それは名前を物そのものと区別しないためである。(153) ここでわたしは、読者がこれを反駁することに急がないように乞う。もろもろの例と、併せて帰結することとに、できるかぎり細心に注意しさえすれば、わたしが望むとおり、そうはしないであろう。

なる。それを撃退するのにもう論証を重ねて消耗はしないであろう。［六一］むしろその錯乱状態にかれらを捨て置いて、われわれとしてはかれらを相手とした談義から、われわれの問題に対して何か真なることを汲み取るように心を配るであろう。それはこういうことである。[154a] 精神は、仮構された、その自然の性の上で偽である物に注意を向けて、じっくりそれを考え、解り、そしてそこから導き出されるべきことをただしい順序で導き出すときには、たやすく虚偽を抜き明かすであろう。また、仮構された物がその自然の性の上で真であるならば、精神がそれを解り、そこから出てくることをただしい順序で導き始めるように[155]それに注意を払うときには、何もさえぎられることなく首尾よく先へ進むであろう。少し前に引合いに出した、偽である仮構からは、立ち所にそれの理屈に合わないことと、そこから導き出されたほかのこととを示すために、知性がみずからを差し向けたのをわれわれが見ているように、である。

［六二］それゆえ、われわれは物を明晰かつ判明に覚知しさえするならば、何かを仮構することをけっして心配するにはおよばないことになろう。なぜかと言えば、ひょっとしてわれわれは、人間が瞬時に動物に変じると言うとしても、それはごく大ざっぱに言われているからで、だから精神のうちに思念、ということは観念、言い換えると主語と述語の統一は何もない。じっさいもしそれが与えられるのだったら、精神はそれと一緒に、このような何かがどのように生じたかという過程と、なぜ生じたかというもろもろの原因を見てとることだろう。それからまた主語と述語の本性にも注意が払われていないのである。[156]

［六三］さらに最初の観念が仮構されたものではなく、そこからそれ以外のいっさいの観念が導き出

されさえするならば、慌てて仮構することは徐々になくなるであろう。それから、仮構による観念は明晰かつ判明ではありえず、ただ混乱しているだけである。そしていっさいの混乱は、精神がまるのままの物、もしくは多くのものから複合された物を、ただ部分的に識り、すでに識られているものをいまだ知られていないものと区別しないことから起る。加えて、一つ一つの物に含まれるたくさんのものに、何ら区別なく一緒に注意を向けることから起る。そうしたことであるから、そこから第一に、もし観念が何か単純きわまりない物のそれであるならば、それは明晰で、また判明でしかありえないであろうということになる。なぜなら、その物は部分的に識られるはずはなく、その全部が識られるか、それとも何も識られないかのいずれかでなければならないであろうから。[157]［六四］二番目に出てくるのは、もしたくさんから成る物がすべて単純きわまる部分に思いによって分割され、一つ一つに別々に注意が向けられるならば、そのときはいっさいの混乱は消えてなくなるであろうということである。三番目に帰結するのは、仮構は単純ではありえず、それは、自然のうちに実在しているさまざまな物と、そして活動にかかわる、さまざまな混乱した観念の組合せから生じるということである。もっと精確には、そのよ

a　なるほどわたしはこれを経験によって推断するように見られ、論証を欠くためにそれはまったく無駄だと誰かが言うかもしれぬが、もしお望みならば、次のように得られよう。自然のうちには、その法則に逆らうものは何も与えられえず、かえってすべては自然の或るきまった諸法則にしたがって生じて、或るきまったおのれの結果を一定の法則によって、断ち切ることのできない連鎖で産み出す。ここから、心は物を真に念うときには、同じ結果を観念の対象というありかたで形づくり続けるということが出てくる。先で偽である観念について語る所を見よ。

うなさまざまな観念に同時に[b]注目しながら、同意はしないことから生じる。というのも、もし単純ならば、明晰で判明であり、結果として真になるからである。判明な観念の組合せから生じるとしても、やはりそれらの組合せは明晰で判明となり、したがって真となる。たとえばわれわれが円の本性を識り、また四角形の本性をも識ったあとでは、もうその二つを組み合せることはできず[158]、四角い円、もしくは四角い霊魂、またそうした類のものを作り出すことはできない[159]。

［六五］　われわれはいま一度[160]手短に締めくくりをつけることにして、仮構が真の観念と一緒くたにされることがけっして心配するにおよばないのはどうしてかということを見よう。じっさい、われわれがまず語った一番目の仮構、すなわち物が明晰に念われる場合に関して言えば、明晰に念われるその物と、それの実在もまた、それ自身で永遠の真理であるならば、そうした物をめぐってわれわれは何も仮構できないことを見た。だがもし念われた物の実在が永遠の真理ではないならば、ただ、物の実在がそれの有りかたと照し合され、かつ同時に自然の次第に注意が向けられるように心を配るべきだからである。二番目の仮構に関しては、それを自然のうちに実在しているさまざまな物と、そして活動にかかわる、さまざまな混乱した観念に同時に注目しながら、同意はしないことであるとわれわれは述べた。また単純きわまりない物は仮構されえず、解りうること、さらに複合された物も、それが成る単純きわまる諸部分に注意を向けさえすればそうであり、それどころかそれらからは真ではない何らの活動もわれわれは仮構できないことを見た。というのも、それとともにわれわれはそうした何かがどのように、またなぜ生じるのかを観想するように駆り立てられることになるからである。

［六六］　これらのことを解っておいて、われわれはいまから偽である観念の追究に移って、それがど

の辺りを習いの住処とし、どのようにして偽である覚知にわれわれが陥らないように自分を守りうるのかを見たい。仮構による観念を追究したあとでは、もはやいずれもわれわれにとって難儀ではなかろう。なぜかと言えば、これらの間には、こちらの偽である観念が同意をおおもとに置くということ以外に、何ら違いはないからである。つまり（われわれがいましがた注記しておいたように）表象がその者に提供されるさなかに、仮構する者の場合のように、それらが自分の外の物によって起っていないと推しはかれる原因が何も提供されないということしか違いはなく、こちらは開いた目で、[161]すなわちわれわれが目覚めているさなかに夢をみているということとほとんど何も別ではない。こうして、偽である観念が住まうのは、あるいは（もっと精確に語れば）関連づけられるのは、有りかたが認識される物の実在に対してであり、言い換えると、有りかたをめぐっては仮構による観念と同じしかたである。［六七］実在に関連づけられるそれ[162]は、仮構と同じしかたで匡正される。なぜなら、識られた物の自然の性が必然の実在を根柢に置くのであれば、その物[163]の実在をめぐってわれわれが間違うことはありえないからである。だが、もし物の実在が、それの有りかたのように永遠の真理ではなく、[164]実在することが必然であるか、または不可能であるかが外の諸原因にかかっているならば、仮構について話題とされたときに言ったのと同じしかたですべてに取りかかること。なぜかと言えば、同じしかたで匡正されるのだから。[165]

b　よく注意。仮構は、そのものを観察するならば、夢とたいして異ならない。目覚めている者には諸感覚器官の援けで原因の数々が提供され、それらから、その表象がその瞬間自分の外に配された物どもによって現されていないことを推しはかるのに対して、夢では原因が提供されないという点が別なだけである。それはそうとして、誤りとは、すぐにあきらかになるように、目覚めつつ夢をみることである。そしてそれが一杯に顕ならば、錯乱と呼ばれる。

［六八］有りかたに、あるいはもろもろの活動にも関連づけられる、もう片方のものについていうと、そうした覚知は、自然のうちに実在している物のさまざまな混乱した覚知から組み合され、必然のこととしていつも混乱している。人びとが次のように思い込むときがそうであり、森やかりそめに映った姿かたちやもろもろの獣やそのほかのものに神々が居合せること、組み合せただけで知性が生じるような諸物体があること、屍が議論したり、歩いたり、話したりすること[166]、神が欺かれること、これに似たようなことを思い込む場合である。しかし、明晰で、かつ判明である諸観念はけっして偽であることができない。なぜなら、明晰にかつ判明に念われる物の観念はこの上なく単純であるか、あるいは単純きわまりない観念から複合された、ということは単純きわまる観念から導き出されたものだからである。しかるに単純きわまりない観念が偽であることができないことは、めいめい、真なるもの、言い換えるなら知性が何であり、それとともに偽が何であるか知りさえすれば、見てとることができるであろう。

［六九］じっさい、真なるものの形相をつくり成すものに目を遣れば、真である思いが偽であるそれから、たんに外からの呼びかた[167]だけを通してではなく、とりわけ内からのそれを通して区別されることは確かだからである。というのは、仮に誰かものの作り手が或る製作物を整然と念ったならば、たといそうした製作物が一度たりとも実在しなかったとしても、またいつになっても実在しないとしても、その者の思いはそれにかかわらず真であり、製作物が実在しようとしまいと、思いは同じだからである。反対に、もし或る者が、たとえばペテロが実在すると言い、それでもペテロが実在することを知らないとしたら、その思いはその者を考慮すれば偽であり、あるいはこう言うほうがよければ、たといペテロがじじつ実在するとしても真ではない。また、「ペテロが実在する」ということの立言は、ペテロが実在

することを確実に知る者を考慮してでなければ、真ではない。［七〇］ここから、観念のうちには、真の観念を偽であるそれから区別させる、物としての性格をそなえた或るものが与えられているということが出てき、何としてもそれがいま探究されるべきであろう。これは、われわれが真理の最良の規準を手にするためであり（与えられた[168]真の観念の規準からわれわれはみずからもつもろもろの思いを決しなければならないこと、また方法とは反照的認識であることをわれわれは言っておいたから）、知性のもろもろの特性を識るためである。だがまたこの差違が、真である思いはものごとをその第一の諸原因を通して認識することであるというところから生れると言われるべきではない。さきにそのことを説明したように、もちろんその点で偽である思いとは大いに異なるであろう。とはいうものの、原因をもたず、それ自身を通して、かつそれ自身のうちで認識される或る始まりをなす原理の有りかたを対象というありかたで伴う思いもまた真と言われるからである。［七一］だから、真である思い[169]の形相は、ほかの思いに対する関係を離れて、同じ思いそのもののうちに宿っていなければならない。またそれは対象を原因として認めず、知性それ自身の力と自然の性[170]とにかかっていなければならない。なぜかと言えば、かつて実在したことがない何か新しい有るものを知性が覚知した[171]とわれわれが仮定するならば、或る人たちが神が諸物を創造したよりも先に神の知性を念うのと同様だが（この覚知はいかなる対象によっても絶対起りえなかった）、そしてそうした覚知から発して知性がほかの覚知を則《のり》に適って導き出す[172]と仮定するならば、その思いすべては真となり、外の何らの対象によっても決定されていることがなく、独り知性の力と自然の性のみに依存することになろうからである。だから、真である思いの形相をつくり成すものは同じ思いそのもののうちに求められ、知性の自然の性から導き出されるべきである。［七二］

そこで、これを探究するためにわれわれは或る真である観念、その対象がわれわれの思う勢いにかかっていて、自然のうちに何らかの対象をもたないことを何よりもたしかに知るような観念を目の前に置こう[173]。すでに述べられたことから明白であるように、そうした観念においてわれわれは志すことをいっそう容易に探究できるであろうから[174]。例として、球の思念を形づくるためにわたしは随意に原因を、異論はなかろうが半円が中心を軸にして回転し、回転から球が言ってみれば生れることを仮構する。この観念は掛値なしに真であって、たとい自然のうちにいかなる球も一度もこのように生れはしなかったことをわれわれが知っていても、それでもこの覚知は真であり、球の思念を形づくるもっとも簡単なしかたである。いま注意してもらわなければならない点として、この覚知は半円が回転することを肯定しているが、この肯定は、球の思念に、あるいはそのような運動を決定している原因の思念に繋ぎ合されていなければ、つまるところこの肯定が素のままであるなら、偽となろう。なぜなら、その場合には精神はひとえに半円の運動のみを肯定することに向うであろうが、この運動は半円の思念のうちに含まれもしなければ、またその運動を決定している原因の思念から起りもしないからである。であるから、虚偽は、に関する運動または静止がそうであるように、或る物について、われわれが形づくったそのものの思念のうちに含まれない何かが肯定されるということだけに存する。ここから単純である思いは、半円運動、量等々の単純な観念と同様に、真でないことがありえないことが出てくる。こうした思いが含む肯定は何であれ、それらのものの思念にあてはまり、おのれを越えておよぶことがない[175]。であるから、われわれは何ら誤りの気遣いなしに随意に単純な観念をつくってさしつかえない。［七三］そこで残るのは、いかなる力でもってわれわれの精神はそれらをつくることができ、そしてどこまでその力はおよぶのかを問い求めることだけである。というのも、これが見出された際には、われわれはみずからが達しうる最高の認識[176]を容易に見てとることになろうから。じっさい精神のこの力が無窮におよばないことは確かである。なぜなら、われわれが或る物について形づくる思念のうちに含まれない何かをそれについて肯定するときには、そのことはわれわれの覚知の不足を指し示し、言い換えるなら言わば切れ切れになって切断された認識、すなわち観念をわれわれがもつことを指し示すからである。じっさい半円の運動は、精神のうちに素のままで在るときには偽であるものの、当のそれが球の思念に、あるいはそのような運動を決定している何らかの原因の思念に繋ぎ合されるならば真であることをわれわれは見たからである。だがもし、初めて対しても見てとられるように[177]、真である、言い換えれば十全な思いを形づくることが思う存在の自然の性であるとすれば、不十全な観念は、われわれが或る思う存在の部分であって、その存在がもつなにがしかの思いは全体としてそっくり、なにがしかはただ部分的にわれわれの精神をつくり成すということからのみわれわれのうちに起ることが確かである[178]。

［七四］だが、仮構をめぐっては指摘する労に価しなかったが、なお慮るべきであり、そこに最大の欺かれがもたらされることは、思い描きにおいて差し出されるなにがしかが知性のうちにも在る、つまり明晰かつ判明に念われるということが起る場合である。その場合は、判明なものが混乱したものから区別されない間は、確かさ、つまり真である観念が判明ならざるそれと手を取り合っている。例を出せば、ストア派の或る人たちは偶たま霊魂という名と、さらにそれが不死であるようなことも聞き知ったが、それをただ一緒くたに思い描いていた。この人たちは、この上なく希薄な物体[179]がほかのすべてに入り込み、かつ何ものによっても貫入されないこともまた同時に思い描いており[180]、そして解っていた。こ

の公理の確実さに付き随いつつ、これらいっさいを同時に思い描いていたから、精神とはかの希薄この上ない物体であって、その[181]希薄[182]この上ない物体は分割されない等々のことをすぐさま確かとしていたのである。[183]［七五］けれどもわれわれはこのことからも解き放たれる。初めに述べたように、聞き伝えから、または行きあたりばったりの経験によって抱くもろもろの覚知に用心しながら、われわれがもつすべての覚知を与えられた真の観念の規準に合せて吟味することに[184]力めるかぎりは。加えて、そうした欺かれは物を過度に抽象して念う[185]ことから起る。何となれば、わたしがそれの本当の対象のうちで念うことをそれではないものにあてがえないことは、おのずと十分明らかであるから。おしまいにそれはまた、全自然の第一の諸要素をかれらが解らないことからも起る。そこからかれらは順序抜きで進み、自然を、本物の公理であるとはいえ抽象的に引き出されたものと一緒くたにすることによって、おのれ自身を混乱させ、自然の次第をひっくり返す。だが、われわれにとっては、抽象的に切り離して進むことをできるかぎりなくし、第一の諸要素から、つまりは自然の源と始まりから、出来うるかぎりすぐに取りかかるのであれば、そうした欺かれはけっしてこわがるにおよばないであろう。[186]

［七六］一方、[187]自然の始原の認識についていうと、それを抽象的に引き出されたものと混同しまいかと心配するには全然およばない。なぜかと言えばこうである。或るものが抽象的に引き出されて念われるときには、すべての普遍のものがそうであるように、それらに対する特殊のものがじじつ自然のうちに実在しうるよりも、つねに広汎に広げられて知性のうちに包み懐かれる。それから、自然のうちには知性にほとんど気づかれないほど違いがわずかな[188]ものがたくさんあるから、その場合それらが（抽象的に引き出されて念われるならば）一緒くたにされる[189]ことが容易に起りうる。ところが、自然の始原は、

のちに見るように、抽象的に引き出されて、すなわち普遍的なしかたで念われることはできないし、じじつ在るよりも広汎に知性のうちで広げられることもできない。またそれは変化しうるものどもとは何ら似たところをもたないから、それの観念をめぐっては、真理の規準（われわれはこれまでに示している）をわれわれが手にしさえするならば、いかなる混乱も気遣うにはおよばない。たしかにこの有るものは唯一で無限、[z][190]つまりいっさいの有であり、[a][191]それのほかにはいかなる有も与えられない。

［七七］ここまでが偽である観念についてであった。残るのは、疑わしい観念について追究すること、つまりわれわれを疑いへと引きずり込みうるものはいったい何であり、またそれと一緒に、どのようにして疑いが除かれるのかを問いたずねることである。わたしが言うのは精神のうちにある本物の疑いであり、そこかしこで起きるのを見かける、[192]すなわち気持は疑っていないにもかかわらず、人が言葉で疑うと言う場合のそれではない。じっさいこちらを匡正するのは方法の務めではなく、むしろ片意地というものの調べと匡正とに属するからである。［七八］さて、疑われる当の物を通しては心のうちに何らの疑いももたらされない。つまり、心のうちにただ一つの観念だけが在るのだったら、それが真であれ偽であれ、何らの疑いも、さらには確かさももたらされず、ただそうした感覚だけが与えられるであろう。じっさい、それじたいではそうした感覚以外の何ものでもないからである。むしろ疑いは、疑われ

z　これらは、哲学の中で示すように、神の有りかたを示す属性ではない。[193]

a　このことはさきにもう論証された。というのも、もしそうした有るものが実在しないのだったら、それはけっして産み出されることができないであろう。こうして、精神は自然が得させるよりも多くを解りうることになるが、それが偽であることはさきに確かと認められたからである。

る物をめぐってわれわれが確かな何かをそこから結論できるほど明晰判明ではない別の観念を通してもたらされることになる。つまり、われわれを疑いの中へ抛り込む観念は明晰判明ではない。たとえば誰かが、経験によってであれ、どのようにしてであれ、感覚器官の錯誤について一度も思いを致したことがなかったとしたら、太陽が見た目よりも大きいのか、または小さいのかと疑うことはけっしてないであろう。そこで田夫《でんぷ》は、太陽が地球よりもはるかに大きいと耳にするときには、誰彼なくびっくりする。しかるに、感覚器官の錯誤について思いを致すことで[b][194]、疑いは起る。そしてもし人が疑いのあとに、もろもろの感覚器官の真の認識、および距離を隔てた物がどのようにそれらの道具立てを通じて現されるのかということの真の認識を獲得したならば、そのとき今度は疑いが取り除かれる。［七九］ここから、これ以上ないほど確かなことどもにおいてすらわれわれを間違わせる、欺く者たる或る神がことによると実在するということから、真である観念をわれわれが疑いにかけることはできないことになる。それが可能なのは、われわれが神の[195]明晰判明な観念を何ももたない間のことである。つまり、われわれが万物の始原についてもつ認識に注目するとして、三角形の本性に注目する場合にその三つの角が二直角に等しいことを見出すのと同じ認識でもって、神が欺く者ではないことをわれわれに教えるようなものを何も見出さないとしたならばのことである[196]。しかし三角形に関してもつような認識をわれわれが神に関してもつならば、そのときいっさいの疑いは取り除かれる。そして、或る至高の欺く者がわれわれを間違わせるかどうかをわれわれが確実には知らないとしても、三角形のそうした認識にわれわれが到りうるように、また同じしかたで、誰か至高の欺く者がいるのかどうかをわれわれが確実には知らなくても、そうした神の認識にわれわれは到り着くことができる。また、それを手にしさえすれば、言ったように、明晰で判明な諸観念についてわれわれが抱きうる疑いのいっさいを取り除くのに足りるのである。［八〇］さらに続けると、もし誰かが、まず探究されるべきことどもを探究することによって、物の連鎖が何もさえぎられずに真直ぐに進み、もろもろの討議問題の認識にわれわれがかかるに先立って、どのようにそれらが決せられるべきかを知るとするなら、確実この上ない諸観念、ということは明晰で判明な観念以外はけっしてもたないことになろう。なぜかと言えば、疑いとは或る肯定、または否定をめぐって気持がどっちつかずのちゅうぶらりになっていることにほかならないからであり、知られずにいることで[197]その物の認識を不備ならしめるにちがいない何かが立ちはだからなければ、気持はそれを肯定[198]または否定するであろう。ここから推しはかられるのは、疑いはつねに、ものごとが順序を伴わずに探究されることから起るということである。

［八一］以上が、方法のこの第一部で述べ伝えると約束したことどもである。だが、知性とその勢いを認識するのに役立ちうること[199]を何も遺り過さないように、記憶と忘却についても少しく述べておこう。そこでは、記憶が知性の援けで力を吹き込まれるし、知性の援けがなくてもまた力を吹き込まれることを最大に慮るべきである。じっさい、初めのほうに関して言えば、ものごとがいっそう解りやすければそれだけたやすく記憶に保たれるし、逆に解りにくければそれだけたやすくわれわれはそれを忘れるからである。たとえば、わたしが誰かに断片的な言葉をたくさん述べ伝えるとしたら、同じ言葉をお話の

b　つまり、もろもろの感覚器官が時折自分を欺いたことを知るのだが、その人はこのことをただ混乱させて知るだけである。何となれば、どのようにして感覚器官が間違わせるのかを知らないからである。

形に為立てて授ける場合よりも、記憶にとどめてもらうのがずっと難しいであろう。［八二］知性の援けがなくてもまた力を吹き込まれる。すなわち、想像力、または共通のと呼ばれる感覚能力[200]が物体の性質をそなえた或る単独の物によって触発される勢いによってである。わたしが**単独の**と言うのは、想像力がただ個別のものどもによってのみ触発されるからである。じっさい、もし誰かがたとえば恋愛譚[201]をただ一つだけ読んだとするなら、その類のほかのものをもっとたくさん読んでいないうちは、それだけが想像のうちで活き活きとしているから、抜群によく記憶にとどめられるであろう。だが同じ類のものがもっとたくさんあれば、われわれはみんなを一緒に思い描き、それらはたやすく一緒くたにされるからである。わたしはまた**物体の性質をそなえた**とも言う。それは、想像力が物体だけによって触発されるからである。こうして記憶は知性によって力を吹き込まれるし、知性がなくてもまた力を吹き込まれるのであるから、そこから、それは知性とは懸け隔たった何かであり、そのもので観察された知性の周縁には記憶も忘却も何ら与えられないと推断される。［八三］では、記憶とは何だろう。それは脳の刻印の感覚以外のものではなく、同時に感覚[d]の決定された持続への思いを伴っている。それはまた思い起しが示すことである。なぜならそこでは心はかの感覚のことを思うが、止めどない持続のもとでではないからである。このようにその感覚の観念は感覚の持続そのものではなく、ということは記憶そのものではない。だが諸観念そのものが何かの壊れを蒙るのかどうかは、哲学の中でわれわれは見ることになろう。そしてこれが誰かにはなはだ理屈に背くように見えるとしたら、いましがた引合いに出した劇の譬えから明白なように、物が単独であればあるほどそれだけたやすく記憶に保たれることに思いを致してもらうことで、われわれの意図したところには足りるであろう。さらに、ものごとは解りやすいほどにそれだけまたたやすく記憶にとどめられる。ここから、この上ないほど単独で、ただひたすら解りうる物を、われわれは記憶に保たないことはできないであろう。

［八四］さてかくのごとくわれわれは真である観念とそれ以外の覚知とを区別して、仮構による、偽である、またその他の観念が想像のはたらきにその起源をもつこと、つまり（言ってみれば[202]）偶たまの、そして断片のようななにがしかの感覚に起源をもつことを示した。これらの感覚は精神の力そのものによって起るのではなく、体が、夢をみながらであれ、目覚めていながらであれ、さまざまの動揺を迎え入れるのに応じて、外の諸原因によって起る[203]。それより、気に召すなら、ここで想像のはたらきを、知性とは隔たった何かであってそこからして心がはたらきを受けるというふうになっていさえするなら、何でも望みのものに受け取っていい。というのも、それが行きあたりばったりの何かであって、心がこれによりはたらきを受けることをわれわれが識り、併せて知性の援けによってどのようにわれわれがそれから解き放たれるのかということも識ったのちには、何と受け取ろうと同じだからである[204]。であるから、体が与えられることやほかの必要なことどもをわたしがここでまだ証し立てずに、それでも想像のはたらきについて、体とそのしくみについて語ることに誰もびっくりしないでほしい。それは、述べた

d　対して、持続が決定されていないならば、その物の記憶は不完全であり、そのことは誰でも自然から学んだものと思われる。というのも、誰かの言うことをもっとよく信じるために、しばしばわれわれはそれがいつ、またどこで起きたのかを問うから。観念自身もまた精神のうちでおのれの持続をそなえるわけだが、それでもわれわれは運動の何らかの測定単位の援けを藉りて持続を決定するのに慣れていて、それはまた想像のはたらきの援けを藉りてなされるから、これまでのところわれわれは純然たる精神のものである記憶を何ら認めていない。

ように、行きあたりばったりの何か等々であることをわたしが識ったのちには、何と取ろうと同じなのだから。

［八五］しかるにわれわれは、真である観念が単純であるか、または単純な観念から複合されていること、そしてどのようにかつなぜ何かが在り、または生じたのかを表して見せるということを示した。また対象を表しているそれの結果もろもろ[205]は心のうちで、その対象をそれとして念わしめる形相という理由[206]に合せて進むことを示した。それは昔の人たちが言ったこと、すなわち真の学知は原因から結果へと進むということと、同じである。ただ、わたしの知る範囲では、ここでのわれわれのように、心を或るきまった諸法則にしたがって働くもの、いわば何らかの霊的自動装置としてはけっして念わなかったところが別なだけである。［八六］それで、初めにそれが許されたかぎり、われわれはみずからの知性に通じることを得て、もはや真なるものどもを偽であるもの、または仮構されたものと一緒くたにすることを恐れないような真の観念の規準を獲得した。またわれわれは、想像のはたらきにはどうしてもおさまらない或る種のものをわれわれが解るわけに驚かないであろうし、知性にまったく逆らうことどもが想像のうちにあり、おしまいに知性と一致することどももあるわけにも驚きはしないであろう。想像の数々が産み出される作用が知性の諸法則とはまったく隔たった別のそれにしたがって生じ、想像のはたらきにまつわっては心がただはたらきを受けるというふうになっていることをわれわれは識っているのであるから。［八七］このことから、思い描くことと解ることを細心に区別しなかった者たちがどれほどたやすく大きな誤りに陥りうるかということもまた確かめられる。陥るのはたとえば次のような誤りであり、広がりは場所のうちに在らねばならぬ、有限でなければならぬ、その諸部分はたがいに物と

して区別される、(207)いっさいの物の第一にして唯一の礎《いしずえ》である、ある時には別の時より大きな空間を占める、ほかにもその種の数多《あまた》のことであり、これらは適当な所でわれわれが示すようにみなまったく真理に背いている。

［八八］それから単語は想像のはたらきの一部分であって、言い換えると、われわれは体の置かれた或る状態により記憶のうちで語が行きあたりばったりに組み合されるのに応じてたくさんの思念を仮構するから、(208)そのためにとりわけ語に警戒しないと、それらもまた想像のはたらきと同じく数多の、かつ大きな誤りの原因となりうることは疑う余地がない。［八九］加えて、語は随意に、普通の人ののみ込みに合せて(209)編まれており、したがってそれらは、思い描きのうちに在るのに応じてはいるが知性のうちに在るのには応じていない物の記号にほかならない。そのことは、ただ知性のうちに在って思い描きのうちにはないものみなに、「非物体の性質をそなえた」、「無限の」等のように、しばしば否定を含む名が押し当てられたことからはっきりと明らかになっている。さらに、「創造されない」、「依存していない」、「無限の」、「不死の」等がそうであるように、じつは肯定されているたくさんのものを否定の形で表し、またその逆も行うことからも明らかになっている。それは言うまでもなくこれらの反対のもののほうをわれわれはずっとたやすく思い描くからであり、そのためにそちらがまず最初の人びとの頭に浮び、肯定的な名を横取りしたのである。たくさんのことをわれわれは肯定し、また否定するが、それは語の自然の性がその肯定および否定を許すためであって、物の自然の性が許すためではない。であるからして、物の自然の性が知られずにいることで、われわれは簡単に偽である或るものを真なるものと取ることになろう。(210)

［九〇］われわれはさらに、混乱の別の大きな原因を避けるが、それは知性にみずからを反照させないようにするものである。異論なかろうが、われわれが思い描くことと解ることを区別しないときに、われわれはよりたやすく思い描くものどもがわれわれにそれだけいっそう明晰であると思いなし、自分が思い描くものを解ると思いなす。ここから、あとに置かれるべきものどもをわれわれは前に置き、かくして進む本当の順序がひっくり返され、また何かが則に適って結論されることもない。

［九一］先へ進んで、[e] われわれはついにこの方法の第二部へと辿り着くべく、まずこの方法におけるわれわれの目標を、それからそこに到り着くためのなかだちを呈示することにする。そこで目標とは、明晰で判明な諸観念を、言うまでもなくまじりけのない精神から生じたもので、体が偶たま動揺することから生じたのではないような、諸観念をもつことである。次いですべての観念が一つに向って纏められるために、われわれはそれらを、みずからの精神が出来うるかぎり自然の全体とその部分とに関してその理由をなす形相[21]を観念のうちの対象というありかたでもたらすようなしかたで、鎖のように連ね、順序づけることに力めるであろう。

［九二］すでに述べ伝えたように、初めのことに関して言えば、われわれの終極の目的にとっては、物がその有りかたのみを通してか、またはその最近原因を通して思念されることがもとめられる。すなわち、もし物がおのれのうちに在る、あるいは通常言われるように自己原因であるなら、そのときはその有りかたのみを通して解るはずであろう。だが、物がおのれのうちになく、実在するために原因を必要とするならば、その場合はその最近原因を通して解らなければならない。なぜかと言えば、じつのところ結果の認識[f]は原因のいっそう完全な認識を得ることにほかならないのだから。［九三］そこからし

て、われわれが諸物の追究を行う間は、抽象的に引き出されたものから何かを結論することはわれわれにはけっして許されないであろうし、われわれはただ知性のうちに在るものどもを物のうちに在るそれとまぜこぜにしないようにとりわけ用心するであろう。最良の結論はしかし肯定の形で表された何らかの特殊の有りかたから、言い換えるなら真であって則に適った定義から引き出されるべきであろう。なぜかと言えば、公理は無限に多くのものにおよび、知性を一方の個別のものよりももう一方を観想することへ決定はしない以上、普遍的な公理(212)だけでは知性は個別のものどもに降りていけないからである。

［九四］だから、発見の真直ぐな道とは、与えられた或る定義からもろもろの思いを形づくっていくことであり、それはわれわれが或る物をいっそうよく定義しているにしたがい、それだけ首尾よく、また容易に進むことになる。であるから、方法のこの第二部全体の要はひとえに次の点に、すなわちただしい定義の諸条件を認識し、それからそれらを見出すしかたに居を置く。そこでまずわたしは定義の諸条件を扱うことにする(213)。

［九五］定義は、完全と言われるには、物の内奥の有りかたを解き明かさなければならず、われわれがなにがしかの特有の性質を定義に取って代えて用いるのを禦《ふせ》がなければならないであろう。それを説

e　この部の主要な規則は、第一部から出てくるように、われわれがまじりけのない知性からわれわれのうちに見出すすべての観念を、想像によって思い描く観念からそれらが区別されるように、振り返って吟味することである。そのことはおのおの、言うまでもなく想像力と知性の(214)諸特性から引き出されるべきであろう。

f　ここから見えてくることとして(215)、われわれは第一原因の、言い換えるなら神の認識を併せていっそう詳しくせずには、自然について何も則に適って解りえないということに留意するように。

明するにあたり、わたしがほかの人たちの誤りをさらけ出そうとしていると見えないように他の諸例は遣り過すことにして、そのためにただ、どのように定義されても似たものである何か抽象的な物の例だけを出そう。それは円である。[216]が、もし円が、中心から周に向って引かれたその線〔の長さ〕が等しい或る図形であると定義されるなら、誰もがそうした定義は円の有りかたを何ら解き明かさず、たんにその或る特性を解き明かしているにすぎないことを見てとる。そしてたとい、言ったように、図形やほかの理屈上の存在[217]に関してはこのことはさほど問題にならないとしても、自然学上の存在、物としての存在に関しては大いに問題になる。言うまでもなく、物の特性はそれらの有りかたが知られずにいる間は解ることがないからである。しかるにもしこれらの有りかたを無視するとしたら、われわれは、自然の連鎖をもたらすはずの知性の連鎖[218]を必然のこととしてひっくり返して、われわれの目標からまったく逸れてさまようであろう。〔九六〕そこでこの難から解き放たれるためには、定義では次の点に気をつけなければならない。[219]

一、物が創造されているなら、述べたように、定義は最近原因を包み懐かなければならないであろう。たとえば円はこの法《のり》にしたがってこのように定義されるべきであろう。それは、片方の端が固定され、もう一端が動くようになっている任意の線によって描かれる図形である、と。この定義は最近原因を明晰に包み懐いている。

二、物の思念、言い換えるなら定義は、それだけが、別のものどもと結びつけられてではなく、注視されるかぎり、物のすべての特性がそれから結論されうるようなものであることがもとめられる。それは円のいまの定義で見られるとおりである。なぜかと言えば、その定義からは、中心から周に向って引かれたすべての線〔の長さ〕が等しいことが明晰に結論づけられるからである。また、このことが定義の必須の要件であることは、その論証に道草を食う手間や、ましてこの二番目の要件からどの定義も肯定の形でなければならないことを示す手間をかけるに価しないように見えるほど、注意する者にはそれじたいで顕《あらわ》である。わたしが語っているのは知性による肯定についてであり、肯定の形で解っていても語彙が不足しているためにたぶん時折は否定の形で言い表されることがありうる言葉づらの肯定にはほとんど心を配っていない。

〔九七〕対するに、創造されていない物の定義は、次に列挙されることがその要件である。

一、いっさいの原因を締め出し、つまり対象がみずからの解き明かしのためにおのれの在ることよりほかの何も必要としないこと。

二、その物の定義が与えられると、それが在るのかという存在問題のいかなる余地も残らないこと。

三、精神に関しては、形容詞の意味で用いられうるような実詞[220]を何ももたないこと。つまり抽象によって引き出された何かを通して説明されることにならないように。

四、おしまいに(これは指摘する必要もあまりなかろうが)そのものの定義からすべてのその特性が結論づけられることが要件とされる。これらすべての要件もまた、細心に注意する者には顕になる。

〔九八〕わたしは、最良の結論は肯定の形で表された何らかの特殊の有りかたから引き出されるべきであろう、とも述べた[221]。というのも、観念は特別であればあるほど、それだけいっそう判明であり、したがっていっそう明晰だからである。そこからして特殊のものの認識こそわれわれにとって最大限に探し求められるべきである。

［九九］一方、順序のきまりに関して言えば、われわれがもつすべての覚知が順序づけられ、一つに結ばれるためには、出来うるかぎりすぐに、そして理性はそれを要求するが[222]、万物の原因であるようななにがしかの有るものが与えられるかどうか、また併せてどのようなものであるのかをわれわれが追究することがもとめられる。万物の原因であるとは、観念のうちでそのものを対象として表す有りかたがまた、われわれがもつすべての観念の原因でもあるようなものであり、そのときには、もう言ったとおり、われわれの精神は最大限に自然をもたらすであろう[223]。なぜかと言えば、精神はそれの有りかたと、次第と、一つに結ばれていることとを観念のうちの対象というありかたでもつであろうから。そこからしてわれわれは、つねに自然学上の物から、言い換えるなら物としての存在から、われわれがもつすべての観念を、出来うるかぎりもろもろの原因の系列にしたがい、ある物としての存在から別の物としての存在へ進みながら導き出すことがわれわれにはまず何よりも必要であるのを見てとることができる。ともかく、抽象して引き出された、普遍的なものへ跳び越えないようにして、そうしたものから物の性格をそなえた何かを結論することも、そうしたものが物の性格をそなえた何かから結論されることもないというように。じっさいどちらも知性の本当の進みを遮るからである。［一〇〇］しかしここで、もろもろの原因の、また物としての存在の系列ということでわたしが解っているのは、変化する個物の系列ではなく、ひとえに確固とした永遠な物の系列[224]であることに注意してもらわなければならない。というのも、変化する個物は、一方ではそれらが膨大な数でどんな数をも超えるために、他方では一つの同じ物のうちに無限に多くの事情があって、その一々が物の実在することまたは実在しないことの原因でありうるために、そうした個物の系列を得るのは人間の弱さ[225]には不可能であろうから。そうしたものの

実在はそれの有りかたとは何の繋がりももたず、言い換えるなら（もう述べたように）永遠真理ではないからである。［一〇一］だが本当のところ、それらの系列をわれわれが解ることは必要とされもしない。それは、変化する個物の有りかたがそれらの系列、言い換えるなら実在することの次第からは引き出されるべきではないからで、この次第は外からの呼びかた、(226)もろもろの関係、それともせいぜい事情を除いてほかの何もわれわれに垣間見させず、これらはみな物の内奥の有りかたからは遠く離れているからである。この有りかたはと言えば、ただ確固とした永遠な物どもから、と同時に、その物どものうちにあたかもその本物の法典のうちにのように刻まれ、それにしたがってすべての個別のものが生じ、また順序づけられる諸法則から求められるべきである。それどころか、こちらの変化する個別のものはその確固とした物どもなしには在ることも念われることもできないほど緊密に、また（言ってみれば）有りかたとしてそれらによりかかっている。ここからして、この確固とした永遠な物どもは、たとい個別のものであるとしても、それにもかかわらずそれらがどこにでも居合わせていることとそれ以上ないほど広きにおよぶ力のために、われわれにとってはあたかも普遍概念のようなもの、言い換えるなら変化する個物を定義する類のようなものであり、すべての物の最近原因であることになろう。

［一〇二］しかしこのようになっているとしても、われわれがこの個別のものどもの認識に辿り着けるには、少なからぬ困難が横たわるように見える。なぜかと言えば、ありとある物を一緒に念うことは人間の知性の勢いのはるか上に在るからである。(227)ところが、あるものを別のものよりも先に解る順序は、もう述べたように、それらの実在することの系列から求められるべきではなく、また永遠な物どもからも求められるべきではない。というのも、後者にあっては自然の性からこれらすべてが同時に在るから

である。ここから、永遠な物どもとそれらの諸法則を解るためにわれわれが用いるもろもろの補助手段以外に、必然のこととしてほかのそれが探し求められなければならない。しかしながら、それを授けるのはこの場所にはふさわしくないし、また永遠な物どもとそれらの絶対間違いがない法則の十分な認識をわれわれが獲得し、われわれの諸感覚器官の自然の性がわれわれに識られたあとでなければ、必要とされもしない。

［一〇三］ われわれが個物の認識にかかるに先立ち、補助手段を述べ伝えることは時宜に適っていよう。その補助手段すべてが向うところは、われわれの感覚器官を用いるすべを知ること、そして追究される物を決めるのに十分である検証を或るきまった諸法則と順序で行うすべを知って、ついにはそうした検証から永遠な物どものいったいどんな諸法則にしたがってそれが生じているのかということをわれわれは結論し、適当な所で示すように、その内奥の自然の性がわれわれに識られることである。(228) ここは、意図したところに還るべく、われわれが永遠な物どもの認識に到達でき、それらの定義をさきに述べられた諸条件によって形成するために必要と見えるもののみを述べ伝えることに励むであろう。(229)

［一〇四］ これが行われるためには、さきにわれわれの言ったことが記憶に呼び戻されるべきである。(230) すなわち、精神が或る思いを熟《とく》と量り、則に適って導き出されるべきことどもをただしい順序でそこから導き出すようにそれに注意を向けるときには、それが偽であったならば、虚偽をさらけ出すであろう。逆にもし真であるなら、何もさえぎられることなく首尾よく(231)真である物どもをそこから導き出し続けるであろうというのがそれである。言っておくが、このことはわれわれが事とすることにもとめられる。なぜなら、別のいかなる基《もとい》からも、われわれがもつ思いは決定されうるようになっていないからである。(232)

［一〇五］そこで、もしわれわれがすべてのうちで第一の物を探究しようと志すのであれば、われわれがもつもろもろの思いをそこへと導くことになる或る基が与えられる必要がある。それから、方法とはほかならぬ反照的認識であるから、われわれがもつ思いを導くはずであるこの基は、真理の形相をつくり成すものの認識、竝びに知性とその諸特性および勢いの認識以外のものではありえない。というのも、この認識が獲得された上でわれわれは、みずからの思いを導き出す拠り所となる基を手にし、また知性がその許容力の堪えるのに応じて永遠な物どもの認識へと、言うまでもなく知性の勢いを考慮に入れてだが、達しうるための道を得ることになるからである。(233)

［一〇六］だがもし真である観念を形づくることが、第一部で示されたように、思うことの自然の性に属するのだったら、ここでいま、知性の勢い(234)と力ということでわれわれが何を解るのかが追究されるべきである。請け合って、知性の勢いと自然の性とをもっともよく解る(235)ことはわれわれの方法の主要な部分であるから、必然のこととしてわれわれは（方法のこの第二部で述べ伝えたことにより）これらを思いと知性の定義そのものから導き出さざるをえない。［一〇七］しかしここまでわれわれは定義を見出す諸規則を何ら手にしなかったし、それを授けることは、知性の自然の性、言い換えるなら定義、およびその力が認識された上でなければ、われわれにはできないから、ここから知性の定義がそれ自身で明晰であるはずか、もしくは何もわれわれは解りえないか、ということになる。その定義は、だがそれ自身で無条件に明晰ではない。しかしながらその特性は、われわれが知性から手にするすべてと同様、それらの自然の性が認識された上でなければ、明晰かつ判明に覚知されうるようになっていない。ゆえに、われわれが明晰かつ判明に解る知性の諸特性に注目するとしたら、知性の定義はおのずから識られ

るであろう。そこで、われわれは知性の諸特性をここに数え上げ、それらを熟と量り、われわれがもつ生得の道具[g]について扱うことに取りかかろう。

［一〇八］わたしがおもに注目してきて、明晰に解る知性の諸特性は次である。

一、確かさを伴うこと、つまり物が、知性自身のうちに観念の対象というありかたで含まれるように、形としてのありかたで在るのを知ること。

二、或る種のものを覚知する。言い換えると、或る種の観念を無条件に形づくり、或る種の観念は別の観念から形づくる。すなわち量の観念は無条件に形づくり、別のもろもろの思いには注意を向けない。だが運動の諸観念はと言えば、量の観念に注意を向けずには形づくらない。

三、無条件に形づくる諸観念は無限を表す。しかるに決定された諸観念は別の諸観念から形づくる。じっさい量の観念を、原因を通して覚知するなら、その場合は量を決定するのであるから[236]。或る面の運動から物体が、対して、線の運動から面が、おしまいに点の運動から線が生れるのを覚知する際のようにである。これらの覚知はともかく量を解るための用をなすのではなく、ただ量を決定するための用をなす。そのことは次からあきらかである。われわれは、これらがまるで運動から起ってくるかのように念うが、にもかかわらず、量が覚知されていることがなくては運動は覚知されない。さらにまた、われわれは線を形づくるために運動を無限に続けられるが、もし無限な量の観念をわれわれが持っていなければ、いささかなりともそれをなしえないであろう。

四、肯定の性質を含む諸観念を、否定を含む観念よりも先に形づくる。

五、物を持続のもとよりも、なにがしかの永遠の相のもとで、無限の数において覚知する。あるいはむしろ、物を覚知するのに、数にも持続にも注意を払わない。他方、物を思い描くときには[237]、それらを或るきまった数、決定された持続と量のもとで覚知する。

六、われわれが形づくる明晰で判明な観念はわれわれの自然の性の必然のみから出てくると見えることで、それらは無条件にわれわれの力だけにかかっているように見える。混乱している諸観念のほうはその逆になる。じっさいしばしばわれわれの意によらずに形づくられるからである。

七、知性が別の諸観念から形づくる物の観念を、精神は多くのしかたで決定しうる。それはたとえば、楕円の面を決めるために紐に付けられた筆記具が二つの中心点のまわりを動くところを仮構したり、あるいは与えられた或る直線に対してつねに一定の同じ関係を保っている無限の点を念ったり、あるいは傾角が円錐の頂角よりも大きくなるように或る斜面によって切断された円錐を念ったり、あるいは他の無限に多くのしかたでなされるようにである。

八、観念が或る対象について表す完全さが多ければ多いほど、それだけいっそう観念は完全である。なぜなら、何か或る小聖堂を考案した建築家には、われわれは、たぐい稀な或る大伽藍を考案した建築家のようには感服しないからである。

［一〇九］愛や喜び等のように、思いのものとされるそのほかのもののことは問題としない。なぜかと言えば、そうしたものはわれわれの目下のもくろみに役立たないし、知性が覚知されていることがなくては、念われることもできないからである。じっさい覚知がすっかり除かれるとそれらもみな無くさ

g　二二頁以降を見よ[238]。

れるのだから。[239]

［一一〇］偽である観念並びに仮構による観念は、偽である、または仮構されていると言われるゆえんをなす肯定的な性質のものを何ももたず（われわれがたっぷり示したように）[240]、認識の不足だけによってそうしたものと考えられる。ゆえに、偽である観念と仮構による観念は、そういうものとしては、思いの有りかたについてわれわれに何も教えることができず、こちらは、たったいま数え上げられた肯定的な性質の諸特性から求められるべきである。つまり、これらの特性が必ずそこから出てくる、言い換えると、それが与えられることでこれら[241]が必ず与えられ、それが除かれることでこれらすべてが無くされるような共通の何かがいまや据えられるべきである。

残りを欠く。

神、人間とそのさいわいについての短論文

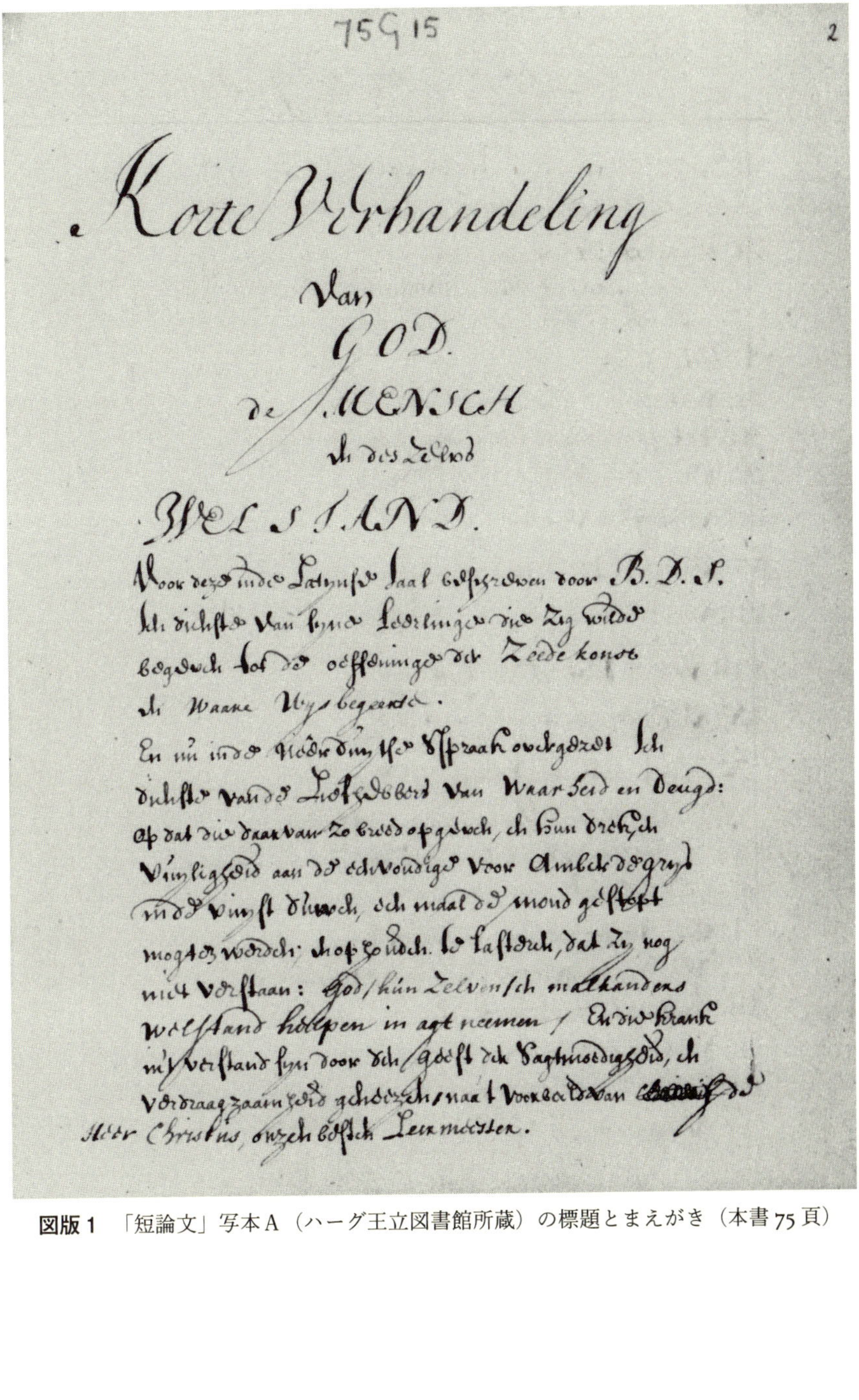

75G15 2

Korte Verhandeling
van
GOD.
de MENSCH
en deszelfs
WELSTAND.
Voor dezen inde Latynse taal beschreven door B.D.S.
ten dienste van syne Leerlingen die zig wilden
begeven tot de oeffeninge der Zedekonst
en waare Wysbegeerte.
En nu inde Nederduitsche spraak overgezet ten
dienste van de Liefhebbers van Waarheid en Deugd:
op dat die daar van zo breed opgeven, en hun dreck en
vuiligheid aan de eenvoudige voor Ambergrys
inde vuyst steeken, ook mael de mond gestopt
mogten worden; en op houden te lasteren, dat zy nog
niet verstaan: God, hun zelven, en malkanders
welstand helpen in agt neemen, en die krank
in 't verstand zyn door den geest der zagtmoedigheid, en
verdraagzaamheid genezen, naa 't voorbeeld van den
Heer Christus, onzen besten Leermeester.

図版１　「短論文」写本Ａ（ハーグ王立図書館所蔵）の標題とまえがき（本書 75 頁）

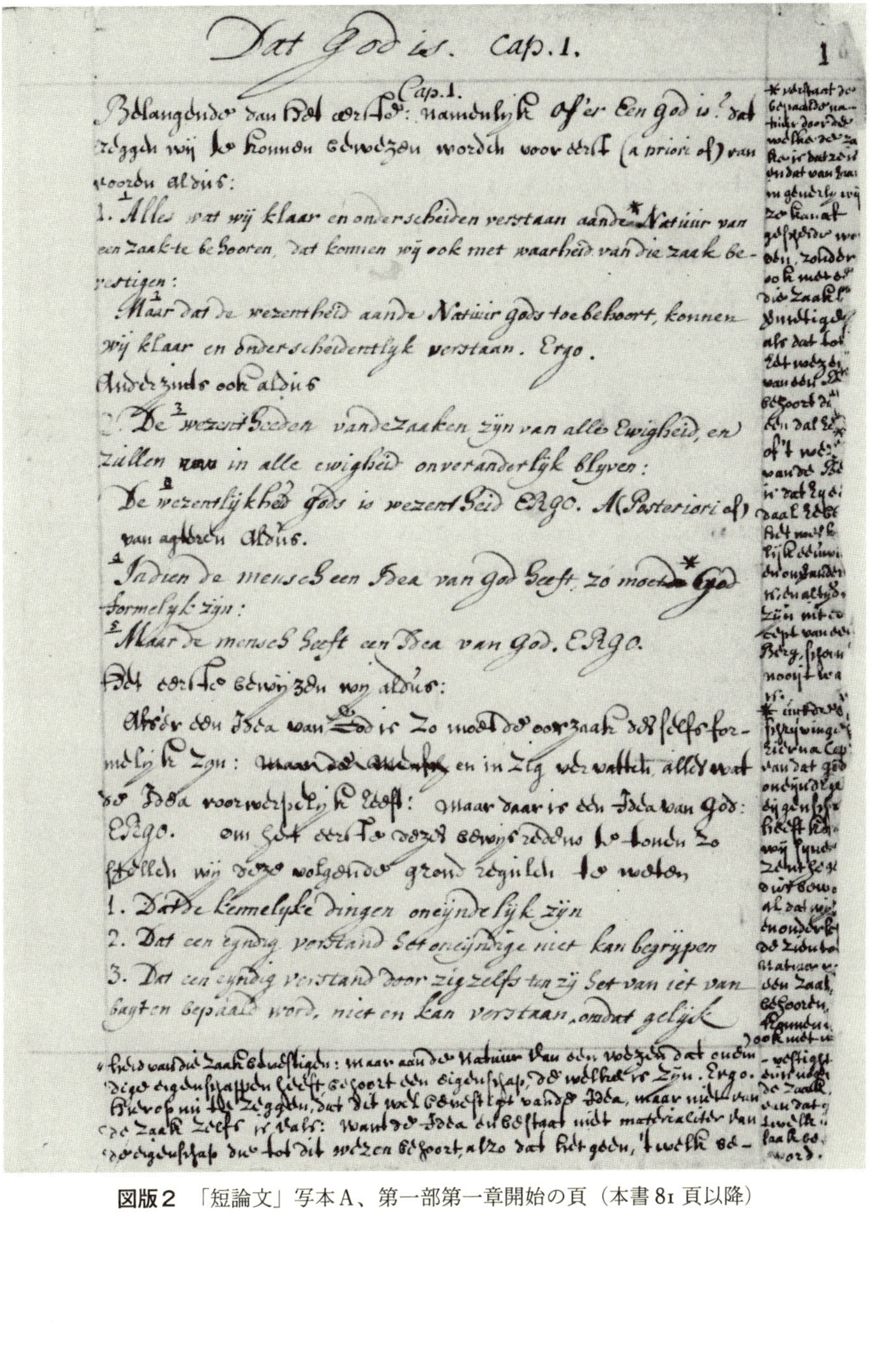

図版2　「短論文」写本A、第一部第一章開始の頁（本書 81 頁以降）

凡例

テクスト

ハーグ王立図書館（Koninklijke Bibliotheek te 's-Gravenhage）所蔵の写本75 G 15に収められた手稿（A）に拠った。同図書館所蔵の写本75 G 16のテクスト（B）との重要な異同についてはそのつど訳注で触れた（AとBの関係については「解題」を参照）。ただ「写本」と記す場合はAを指す。校定テクストでは第一にフィリッポ・ミニーニのもの（MK、MB、MP——刊行はこの順序であとのものは若干の修正を含む）に拠った。問題とされる読みについてはそのつど訳注で触れた。Bの写字生モニコフによるとみられる「短論文」の「概略（*Korte Schetz*）」はこの「短論文」のあとに収めた。

慣例に随い、ジークヴァルトのドイツ語訳によるパラグラフ番号を［ ］に収めて挿入した。ジークヴァルトの番号挿入は「知性改善論」におけるブルーダー版のそれと同様で、改行とは別だが、この訳ではミニーニ版の方式に倣い、写本の改行位置にかかわりなくパラグラフ番号で改行した。パラグラフ内で写本では改行されている箇所は概ねそれに随った。反対に、パラグラフ番号の文頭が写本では改行になっていない（あるいは文章が切れずに続いている）場合も少なくないが、訳注で改行の異同については触れなかった。原典が刊本（「遺稿集」）である「知性改善論」の場合と異なり、写本であることを考慮したためである。付け加えると、写本では改行かどうかの判別が難しい場合もある。

原注には二種類ある。原則として著者に由来するとみなせるもの（個々のそれの真正性に対して提起された疑いについては訳注で触れている）と、そのほとんどが第二部に属する、本文の摘要のような注記である。便宜上呼びかたを区別し、前者を「注解」、後者を「欄外注記」とする。注解の写本での態様については**図版2**を参照（通常は写本の紙葉下部の余白に書かれている）。欄外注記は目安として本文の該当箇所の横余白に書かれている。本訳では注解を、「知性改善論」でそうしたように傍注にはせず、また写本の段落の切れ目ではなく、各パラグラフの終りに挿入した。写本の注解の記号はおもにはアステリスクで、ほかの記号も用いられているが、ここでは（一箇所を例外として）アステリスクに統一した。同じパラグラフに注解が二つある場合、二つ目をアステリスク二個とした。

本文の所々に付されたゴシック体の漢数字の番号（第一部では**一**から**五**、第二部では**一**から**九七**で途中に飛ばされている番号がある）は、写本Aにある数字をミニーニが初めて再現したものである。ミニーニはこれらの番号系列について独自の解釈を提起している（「解題」五一四頁を参照）。

写本で斜字体で書かれている部分は楷書体で表した。ただし、意味なく斜字体にしているとみられる箇所（第一部第二章［一七］の二番目の注解、第二部第一章［三］欄外注記の（三）（四）、第二部第五章［一〇］と［一二］の欄外注記）では楷書体にしていない。また斜字体と立体の使用がむしろ逆と思える箇所（第一部第七章［一］注解、第二部第一章［一］注解）では立体部分を楷書体で表した。ミニーニはそれ以前の校定版と較べて写本の斜字体の再現に力めている。ただ、斜字体が文章単位ではなく、語や語句単位の場合、判別が難しい場合が多々ある。このため、訳文中の楷書体がミニーニのテクストの斜字体と一致していない箇所もある。斜字体にしている意味を認めにくい場合もあるが、それも楷書体にした。

写本では頁の参照指示があるが、頁の記載がある場合と数字がなく空けてある場合がある。前者については本訳書の該当頁を記した。後者については推測で入れることをせず、空けたままにした。

日本語の文ならば「　」を用いるとみてもよい文（原文ではコロンに続く文が多い）では「　」も用いた（斜字体も日本語文では「　」にあたるとみてもよいが、こちらは楷書体で表したので、「　」は用いていない）。

〈　〉は校訂による補足である。日本語文の中で明示しにくい場合は〈　〉を用いず、訳注の中で断っている。

［　］は写本で抹消された語を再現した場合に用いている。

〔　〕は訳者による補足であり、それが論点整理のための補足である場合に限って本文より小さな字とした。
箇所はわずかだが、割注も用いた。

訳注

写本ではijに相当する字としてÿが用いられている（yと書かれている場合も混じる）。訳注における引用ではyで統一した。綴りの揺れも非常に多いが、引用箇所での綴りのままを保った。

第二部のあとの〈付録〉はAでは「付録」という名をもたないが、前半の幾何学的方法による論を〈付録〉一、「人間の心について」という標題の後半を〈付録〉二と表す。

テクストの箇所を示す場合、もっぱらパラグラフの番号とその中での本訳の行を用いたが、場合によってはミニーニ版（MB）の（全体の頁付とは別にテクスト部分だけに独立して付した）頁と行で示した。（例）MB101 3はその一〇一頁三行を表す。

ゲープハルト版の箇所の指示は、「知性改善論」の凡例に示したとおりである。

訳注で諸訳に言及する場合、訳の該当箇所あるいはそこへの注が問題である場合、多くは頁の指示を省略した。訳書名も巻末の文献表に譲って省いた（訳書ではない場合は書誌名、頁を示した）。

神、人間とそのさいわい(1)についての短(2)論文(3)

これより前にB・D・S・によって、**倫理学と真の哲学**の訓練におもむこうと志していたかれの弟子たちが使うために、ラテン語で書かれた。

そしていま**真理と器量**を愛《いつく》しむ者たちが使うためにオランダ語に置き換えられた。それはそれらについて喋々《ちょうちょう》と自慢し、自分の排泄物や汚物を素朴な人たちの手に、あたかも龍涎香《りゅうぜんこう》（抹香鯨から採られる蠟状の、麝香に似た芳香の香料）であるかのように押しつける者どもが(4)いつか口を塞がれ、かれらがまだ解っていない、**神、かれら自身、たがいのさいわいの顧慮を扶《たす》ける**ことを冒瀆するのをやめるようにである。そして、知性の病にかかった者たちを、われらが最良の**教師、主キリスト**の手本に倣って、温和と寛容の精神によって治さんがためである。(5)

以下の二巻に含まれる

章の見出し(6)

すなわち、

第一は、神と、それにまつわることについて扱い、次の諸章をそなえる。

第一章　神が在ること
第二章　神は何であるのか
第三章　神はすべての原因であること(7)
第四章　神の必然の為事《しごと》について
第五章　神の摂理について
第六章　神の予定について
第七章　神に属しない属性について
第八章　産んでいる自然について
第九章　産み出された自然について
第一〇章　善悪は何であるのか

第二は、神と一つに結ばれうる状態にある完全な人間について扱う。(8)

第一章　思い込み、信、識っていることについて

第二章　思い込み、信、明晰な知とは何か
第三章　情念の出処。思い込みからの情念
第四章　信からは何が生じるか。そして人間の善と悪について
第五章　愛について
第六章　憎しみについて
第七章　喜びと悲しみについて
第八章　尊重と軽蔑
第九章　希望と恐れ
第一〇章　疚しさと後悔について
第一一章　あざけりと戯れについて
第一二章　栄誉心、はじらい、無恥について
第一三章　好意、謝意、恩知らずについて
第一四章　歎惜について
第一五章　真と偽について
第一六章　意志について
第一七章　意志と慾望の間の差別について
第一八章　これまでに述べたことの効用について
第一九章　われわれの至福について
第二〇章　前章の確認
第二一章　理性について

第二二章　本当の知、再生などについて
第二三章　心の不死について
第二四章　神の人間への愛について(9)
第二五章　悪魔について
第二六章　真の自由について

〈第一部　神とそれにまつわることについて[10]〉

第一章

神が在ること[11]

〔一〕最初のことである[12]、一個の神が在るのかということに関して、われわれは次のように証明できるという。まず[13]ア・プリオリ[14]には、このようにである。

一、一 あるものの自然の*性に属することをわれわれが明晰判明に解るものすべてを、われわれはまたそのものについて真に肯定できる[15]。

二 ところが実在[16]が神の自然の性に属することがわれわれには明晰判明に解る。それゆえに。

＊ 決まった自然の性と解してほしい。これによってものはそれがあるところのものであり、そしてこれは同時にそのものを破壊せずにはけっしてそれから引き離せない。一つの山の有ることには谷をもつことが属する、あるいは山の有ることはそれが谷をもつことである、というようにである。そのことは真に永遠不変であり、いつもある山の思念のうちに、それがいまだかつてなかったか現にないとしても、在らねばならない[17]。

〔二〕別のやりかたではこのようにも。

二、ものども[三]の有りかたは永遠からこのかた在って、永遠に不変にとどまるであろう。
実在は神の有りかたである。[18] それゆえに。[19]

〔三〕ア・ポステリオリ[20]にはこのように。
[四]もし人間が神についてある観念をもつならば、神*は形として[21]在らねばならない。
[五]ところが人間は神のある観念をもつ。それゆえに。[22]

*[23] のちの第二章の、神は無限の属性をもつという定義からは、その実在[24]を次のように証明できる。あるものの自然の性に属することをわれわれが明晰判明に見てとるものすべてを、われわれはまたそのものについて真に肯定できる。ところが無限の属性をもつある存在の自然の性には、有《ゆう》という属性が属する。それゆえに。[25] これに対して、これは観念について肯定される[26]けれどもものそのものについてはそうではないと言うのは、見当ちがいである。[27] じっさい、観念はこの存在者に属する属性を質料として成っているわけではないので、[28] 肯定[29]されることはものにも、ものについて肯定されることにもかかわらないからである。[30] こういう具合に、観念と観念対象の間には際立った相違がある。そのために、ものについて肯定されることは観念については肯定されず、逆もまた同じである。[31]

〔四〕第一のこと〔〔三〕の大前提〕をわれわれはこう証明する。
神のある観念が在るとすれば、その原因が形として在らねばならず、それは観念が対象というありかたでもついっさいを自身のうちに含んでいなければならない。[32] ところが神のある観念が現に在る。それゆえに。
〔五〕この証明理由の最初の点〔〔四〕の大前提〕を証示するために、われわれは次の原理を立てる。すなわち、

一、知られうる物は無限に在ること。

二、有限な知性は無限を包み込めないこと。

三、有限な知性は外の何かに決定されなければ、それ自身では何も解りえないこと。そのわけは、それはすべてを同時に解る力をもたないのと同じく、たとえばこれをあれより前に、またはあれをこれより前に解ることにかかり開始[33]**できる力もまたもたないからである。**そこで、第一のことも第二のこともできないから、それ[34]は何もできない。

〔六〕最初のこと（あるいは〔〔四〕の〕**大前提**）はこのように証明される。
もし人間による仮構が人間のもつ観念のただ一つの原因であるとしたら、人間が何かを覚知しうることは不可能であろう。ところが人間は何かを覚知することができる。**それゆえに。**

〔七〕最初のこと〔〔六〕の大前提〕はこう証明される。〔〔五〕の〕一の原理により、**知られうる物は無限[35]に在り、**二の原理にしたがえば、人間の知性は限られているから、人間はすべてを解ることはできず、これをあれより前に、あれをこれより前に解るように外の物によって決められなければ、知性が何かを解ることができるのは、三の原理にしたがい、不可能であろう。

〔八〕*このすべてから第二の点〔〔六〕の小前提〕が証明される。すなわち、**人間のもつ観念の原因は人間の仮構ではなく、あるものを別のものより前に解るようにその人間に強いる何らかの外の原因であ**

ること。これは、そうした物が形として在り、しかもその人間にとっては別のものより近くに在って、それを対象として表す有りかたがその人の知性の中に在るということにほかならない。(36)もしいま人間が神の観念をもつならば、神が形として在らねばならないこと〔〔三〕の大前提〕は明らかである。だが、〔観念が表す対象よりも〕卓越してではない。それの上に、もしくは外に、それ以上に物の性格をそなえた、あるいはすぐれたものは何もないのであるから。(37)

*(38)さらに、この観念が仮構であると言うのは誤ってもいる。それ(39)がないならば、もつことは不可能だからである。このことはいま八三－八四頁で示される。われわれはなお次のことをそれに付け加える。かつてまずもの自身からわれわれにやって来たある観念、それがわれわれによって抽象的に一般化され、そのあとでそれに関してわれわれの知性のうちで特殊なことの多くが仮構されるような観念については、ほかのものから引き出されたほかの多くの特性をも加えられるということは、なるほど本当である。しかし、そうした特性を引き離してくるものそのものがあらかじめ知られていなければ、これはなしえない。だがこの観念(40)が仮構であるとひとたび想定されると、そのときにはわれわれがもつすべての他*の観念も同様に仮構でなければならなくなる。そうだとすると、観念の間のあんなに大きな差はどこからわれわれのもとにやって来るのであろうか。というのも、在ることの不可能な二、三のものをわれわれは見てとるのであるから。たとえば、鳥でも馬でもある動物やそれに類する動物のように、二つの自然の性からつくり上げられるような異形《いぎょう》のものはみなそうである。これらは自然のうちで起るのが不可能である。自然のしくみは異なっているのをわれわれは見て知っている。

＊[41]「他の観念」。在ることが可能ではあるが、必然ではない。しかしながら在ろうと在るまいと、それらの有ることはつねに必然である。ある三角形の観念や体抜きの心のうちの愛の観念などがそうであるように。だから、初めはわたしがそれらを仮構したと思ったとしても、あとでは、わたしもどんな人間もこれまでにそれらのことを思わなかったとしても、それらはやはり同じものであるし、これからもそうであろうと言うことを余儀なくされる。こういうわけでそれらはわたしによって仮構されるのではなく、わたしの外にも［根柢になる］ある主体をもたなければならない。わたしはそれではないし、その主体なしではそれらは在ることができない。このほかにまだ**三番目の観念**があって、それはしかしただ一つである。そしてこれはある必然の有を伴い、前のもののようにたんに在りうるというだけではない。というのもそちらはそれらの有ることはなるほど必然だったが、その実在[42]はそうではなかった。しかしこちらに関しては、実在[43]と有ることがどちらも必然であり、それを離れれば無しかない[44]からである。こうしていまや真理も何らかのものの有ることも実在[45]もわたしには左右されないことが見てとれる。第二の種類の観念のところで示したように、わたしを抜いてもそれらは、有ることのみに関してか、または有ることと実在[46]の両方に関して、そのあるところのものだからである。同じようにまた、というよりもっとずっと、この三つ目の唯一の観念でこのことが真であるのをわたしは見出す。しかもそれがわたしに左右されないというのみではなく、かえってそれだけが、わたしがそれについて肯定することの**主体**でなくてはならない。したがって、もしそれがなければ、わたしはそれについてまったく何も肯定できないであろうが、同様のことがほかの物については、実在していなくても行われる。しかり、それはほかのいっさいの物の主体でなければならないということでもある。

いままで言ったことから、完全な存在者の無限な属性の観念が仮構ではないことがはっきりと明らかになる。のみならず、なお次のことをわれわれは付け足そう。

自然について先立って考慮したところでは、われわれはそれのうちにいままで、このまったく完全な存在者に属するただ二つの属性よりも多くを見出せていない。これらでわれわれの甘んじうる満足はもたらされない。なぜなら、それでよしとした場合[47]、これらはこの完全な存在者を構成するすべてになってしまうから。それどころか、われわれは**そのような或るもの**を自分のうちで見て知り、そのものは、たんに属性がもっと多いことだけではなく、完全なそれらが無限にあって、この完全な存在者が完全と言われうるに先立ってそれに本来のものであることをも、隠さずわれわれに告げ知らせる。どこから完全さのこの観念は来ているのか[48]。このような**或るもの**は、この二つからは出てくることができない。二つがもたらすのは二だけで、無限ではないから。それではどこからなのか。わたしからではけっしてない。そうなら、わたしは自分のもたなかったものをも与えることができなければならなかったであろう。そうすると、在ることをわれわれに告げはするものの、何であるかはいままで言わない無限の属性そのもの以外のどこからであろうか。じっさい二つについてわれわれはそれらの何であるかを識っているにすぎないから。

〔九〕〔〔三〕の小前提である〕人間が神の観念をもつということが明らかなのは、人間がその属性*の数々を解るからである。人間は不完全なので、そうした属性は人間によって生み出されることはできない。しかるに人間がいまこれらの属性を解ることは、次に挙げるもろもろを識っていることからはっきりする。すなわち、無限というものはさまざまの限られた部分によって組み立てられないこと。二つの無限なものは在りえず、**ただ一つ**だけが在ること。どんなものも自身が無にされることを自分で求めはしないことをよく識っているなら、それは完全、不変であること。それとともに、完全である以上、それはよりよい何かに向って、あるいは何かに変る**ことはできず[49]、変化する場合には完全ではなくなること。あるいはまた、そのようなものは全能であるからには、外からやって来る何かによって従わされることがありえないこと、などである。

*[50]「その属性の数々」。人間が神に特有であるものを解るから、とするほうがいい。というのもそうした物どもは神の属性ではないからである。神はなるほどこれら抜きでは神ではないが、とはいえこれらによって神であるわけではない。これらは実体として自立しているものを知らせず、説明に実詞を要する形容詞のように在るにすぎないのだから。

[51]この変化の原因はそれの外か内かになければならないことになるだろう。外ではないのは、これのようにそれ自身によって在る実体はその外の何かには依存しないからである。それゆえそこからの変化には従わされない**。またそれの内にもない。なぜなら、どのものもそうだが、ましてやこのものは自分自身の破滅を志しはしないからである。いっさいの破滅は外から到来しているのである。

［一〇］このすべてから、ア・プリオリにもア・ポステリオリにも、神の在ることを証明できることが明らかに出てくる。もちろんア・プリオリにのほうがなおいい。というのも、このように証明されない[52]物は外にあるそれらの原因によって証示されなければならないが、このことはそれらにあってある明白な不完全さであるから。自身を自身によって知らせることができず、ただ外の諸原因によってできるだけだからである。だが、あらゆる物の第一原因であり、自己自身の原因でもある神は、自身によって自身を知らせる。こういうわけで、**トマス・アクィナス**の言ったことはさして取るに足りない。それは、[53]

神は言われているところによれば原因をもたないので、ア・プリオリには証明されることができないであろう、というものである。(54)

第二章

神は何であるのか(55)

［一］右に述べたように神が在ることを証明したあとでは、それが何であるのかを示すときであろう。すなわち、われわれはこう言う。それはすべてが、言い換えると無限の属性が述べられる**一個の存在***であり、その属性は一つ一つがその類の中で無限に完全である、と。

＊　理由はこうである。**無**は何も属性をもてないので、**全**はあらゆる属性をもたなければならない。また**無**が、在らぬので属性を何ももたないように、**或るもの**は、それが**或るもの**であるので、属性をもつ。それゆえに、それが或るものであることがより多ければ、それだけ多くの属性をもたなければならず、そこから、神はもっとも完全なもの、無限なもの、まったき或るものであるから、また無限で完全なすべての属性をもたなければならない。

［一二］これらのことでわれわれの考えを明晰に言い表すために、次の四つのことを前もって言っておこう。

一、**制限***された実体はなく、実体はみなその類の中で無限に完全でなければならない。すなわち、神の無限な知性のうちで実体は、すでに自然のうちに在るそれよりも完全でありえないこと。**

二、二つの等しい実体もないこと。

三、ある実体は別の実体を生み出せないこと。

四、神の無限な知性のうちには、形として自然のうちに在る以外の実体はないこと。

＊[56] **制限された実体が在りえないこと**を証明できれば、そのときは実体はすべて制限を受けずに神とされる存在に属するのでなければならない。この証明をわれわれは次のように行う。一、制限された実体は**それ自身**を制限しなければならなかったか、それとも**別#のもの**がそれを制限しなければならなかったか、のどちらかである。それ自身を制限したはずはない。というわけは、無制限だったのだから[57]、それの有ること全体を変えなければならなかったことになるであろうから。別#のものによってもそれは制限されない。というのも、その別のものは制限されているか、無制限であるかでなくてはならないが、前者ではなく、ゆえに後者であり、**それゆえ**それは神であるから。その場合この神が制限しなければならなかったのは、力が欠けていたからか、意志が欠けていたからであろう。しかるに第一の場合は全能に反し、第二の場合は善さに反する。二、**制限された実体**が在りえないことは、次から明らかである。その場合それは無によってもつ何かを必然にもたな

ければならなかったであろうが、それは不可能であるので。というのも、それは神と異なるところをどこから受けとるのか。けっして神からではない。これは不完全なものや制限されたものなどを何ももたないからである。ゆえに無から以外のどこからであろうか。それゆえ、無制限である以外の実体はない。

これから、二つの等しい無制限な実体が在りえないことが出てくる。というのは、こうしたものを仮定すると、そこに必然に制限があるからである。そしてこのことからまた、ある実体は別の実体を生み出せないことも出てくる。それはこのようにである。この実体を生み出すような原因は、生み出されたものと同じ属性をもたなければならず、完全さもまた同じくらい多くか、より多くか、より少なくかもたなければならない。第一ではないのは、その場合二つの等しいものがあることになるからである。第二ではないのは、その場合制限されたものがあることになるからである。第三ではないのは、無から或るものは何も生れないからである。別のやりかた。もし無制限なものからある制限されたものが生れたとすれば、無制限なものも制限される、などのように。それゆえ、ある実体は別の実体を生み出せない。このことから、実体はすべて形として在らねばならないこともまた出てくるのは、なければ、生じうる可能性がないからである。

［三］そこで第一の、制限された実体はなく云々ということに関して、もしだれかがそれと反対のことを主張するつもりならば、その人にこうたずねる。その場合、この実体はそれ自身を通して制限されているのか、つまりそれは自身をそのように制限されたものにするつもりで、より無制限なものにするつもりがなかったのか。それともそれは、より多くをそれに与えられなかったか与えようとしなかったその原因を通じてそうなっているのか、と。

［四］初めのほうが真ではないのは、実体がそれ自身を制限しようとしたということはありえず、し

かもそれ自身を通して在った実体で、そのことはありえないからである。それゆえに、それはその原因を通じて制限され、原因は必然のこととして神である、とわたしは言う。

［五］次に進んで、もしそれがその原因を通じて制限されているならば、その原因がより多くを与えられなかったからか、あるいは与えようとしなかったからかでなければならない。それがもっと多くをなしえなかったというのはその全能に反することになる。またそれがより多くを志さなかったであろうというのは、* それはたしかにできたのであるから、嫉《そね》みの臭いがする。あらゆる善で満ちている神[58]のうちにはそれはけっしてないものである。

* これに対して、ものの自然の性がそうしたことを要求したのだ、そのためにほかでありえなかったと述べることは、何も意味がない[59]。じっさい、ものが無であれば、その自然の性は何も要求できないのだから。もしあなたが、在らぬものの自然の性に属するものがそれでも見てとられうると言うなら、そのことは実在に関しては真実だが、有りかたに関してはけっしてそうではない。ここに創造することと生むことの相違がある。創造するとは、あるものを有りかたと実在に関してともにそこへ置くことであるが、生むとは、ものが実在のみに関して生じることである。だから自然のうちには創造はなく、ただ生むことだけがある。そこで神がもし創造するとすれば、ものの自然の性をものとともに創造する。さらにもしも神が、できるのに志さないで、ものを有りかたおよび実在においてそれの原因と一致しないように創造したのならば、嫉んでいることになろう。けれどもわれわれがここで創造と呼ぶことは、本当はいつの時にか起ったなどと言えないのであり、たんに創造することと生むことの区別を立てるときに何が言えるかを指摘しようとしているので

ある。

［六］二番目の、二つの等しい実体がないことについては、どの実体もその類のうちで完全であるのでということでわれわれは証明する。というのも、二つの等しいものが在ったとしたら、必然のこととして片方がもう一方を制限しなくてはならなかったであろうし、そこからしてこの前にもう証明したように無限ではなくなったにちがいないからである。

［七］三番目の、実体は別の実体を生み出せないことに関して、またも誰かが反対のことを主張するようなら、こうたずねる。[60] この実体を生み出すはずの原因は生み出されるものと同じ属性をもつのか、もたないのか。

［八］あとのほうではない。無から何かは生じないからである。ゆえに前者である。そこでさらにたずねる。この生み出されたものの原因になる属性[61]のうちにある完全さは、生み出されたもののうちにあるそれと同じくらい多いのか、もっと少ないのか、それとももっと多いのか。さきの〔問であとの選択肢を斥けた〕理由から、われわれに言わせれば、より少ないことはありえない。より多いこともまたありえないとわれわれは言う。そのときは二つ目の〔生み出された〕ほう[62]が制限されていることになって、いまさっき証明した〔第一の〕ことに反するからである。それゆえ同じくらい多いことが残り、ゆえに等しくなる。つまりは二つの等しい実体ということであり、われわれのさきの証明に明らかに反する。

［九］さらに進んで、創造されたものはけっして無から生じたことはなく、必然のこととして実在している者によって創造されたのでなければならない。しかしその者から何かが生れ出ていて、その或る

ものがそこから生れ出たあとにも、その者がその何かを相変わらずもつというのは、われわれの知性では理会しがたいことである。

［一〇］最後に、もしもわれわれが実体の属性から生じる物の起源である実体について原因を探そうと望むならば、われわれはまた原因の原因を、次いでその原因の原因をまた探すことを課せられて、**そのようにきりがない**。そこで、そうせざるをえないように、必ずどこかでやめて止らなければならないとしたら、このただ一つの実体のところで止るのが必然である。

［一一］四番目の、**形として自然のうちに在る以外の実体、言い換えれば属性、は神の無限な知性のうちにないという**、そのことをわれわれは次のように証明できる。一、神の無限な力から。神のうちには、あるものを別のものよりも先にあるいはより以上に創造するように神が動かされることができたような原因は在りえないので。二、神の意志の単純さから。[63] 三、このあとで証明するように、神は善いことを行わずにいられないので。四、いまはないものが生じうることは、実体が別の実体を生み出せない以上、不可能であるために。そのうえ、そうすると無限に多くの実体が在るよりむしろないことになるだろう。それは不条理なことである。[64]

［一二］以上のすべてから出てくるのは、[65] 自然に関してすべてがことごとく述べられ、こうして自然は無限の属性から成り、その一つ一つがその類の中で完全であるということである。それは神に与えられる定義と全く一致する。

［一三］[66] われわれがいましがた言ったこと、つまり、形として自然のうちに在るもの以外にいかなる物も神の無限な知性のうちにないということに反対して、このようなやりかたで論じようとする人たち

がいる。もし神がすべてを創造してしまったならば、神はもう創造できない。しかるに、神がそれ以上創造できないことはその全能に反する。それゆえに、と。

［一四］最初の点に関しては、われわれは神がもうそれ以上創造できないことを承認する。二番目の点については、神が創造可能なものをすべては創造できないようであるなら、そうしたことがその全能に反することをわれわれは認めると言ってもいい。しかし、それ自身のうちで矛盾していることを神が創造できない場合はまったく全能に反しない。神がすべてを創造して、それでもなおもっと多くを創造できるであろうと言うのは、それと同じようなことである。神がその無限な知性のうちに在ったものいっさいを創造したことは、それを創造しなかった場合より、さらにはかれらが語るようにいまだかつて創造できていない[67]場合よりも、まちがいなく神にあってはずっと大きな完全さである。

［一五］だが、どうしてこのことでそんなに多くを述べるのか。*かれら自身こう論じはしないだろうか、あるいはこう論じてはいけないだろうか[68]。もしも神が全知であるならば、神はもう識ることができない。しかるに、神がそれ以上識りえないことはその完全さに反する。それゆえに、と。

だが、神がいっさいをその知性のうちにもち、その無限の完全さのためにもうそれ以上識ることができないならば、どうしてわれわれは、神がその知性のうちにもっていたいっさいをまた生み出しもして、それが形として自然のうちに在るように、あるいは在ることになるようにした、と言えないことがあるだろうか。

*[69]　つまり、われわれがかれらに、**神が全知であることの承認から論じさせるときには**、かれらはこのよ

うに以外は論じられない。

［一六］われわれはいま、いっさいが均しく神の無限な知性のうちに在って、神がこのものをあのものより先にあるいはより以上に創造したはずのゆえんをなす原因もなく、いっさいを一瞬に生み出しえたことを識っているのであるから、かれらがわれわれに対して身に纏ったのとちょうど同じ武器をわれわれのほうがかれらに向って使えないかどうかをためしに見てみよう。すなわちこのように。もしも神がそれ以上創造できないほどたくさん創造することがけっしてできないとしたら、神は創造しうるものを断じて創造できないことになる。ところが、神が創造しうるものを創造できないというのは、自己矛盾している。それゆえに、と。

［一七］それから、自然のうちに在るすべての属性はただ一つの存在であって、われわれがこれらの一つを第二のものなしに、第二を第三なしに明晰判明に解ることができるからといって、けっして種々いくつもの存在ではないとわれわれは言った。その理由は次に挙げるとおりである。

一、われわれは前にもう、無限で完全な一つの存在者がなければならず、それはすべてがことごとく述べられなければならないようなある存在というよりほかに解しえないことを見出しているから。というのも、いくらかの有りかたをそなえる存在には属性のいくつかが据えられなければならず、有りかたがよりたくさんそれに帰せられるほど、属性もまたたくさんそれに帰せられなければならない。したがって、存在者が無限であるならば、それの属性もまた無限になければならないが、これはまさにわれわれが完全な存在者と呼ぶものだからである。

二、自然のどこにもわれわれが見てとる、一つであるということのために。それのうちにもし種々いくつもの存在者が在るならば、一つが他と結合できることはありえないであろう。*

三、われわれがもう見たように、[70]実体は別の実体を生み出せず、さらにまたある実体がもしなければ、それが在ることを始めるのは不可能であるので。[71] しかしながら（それでもわれわれが自然のうちに在ることを識っている）[72] 実体は、ばらばらに分けて捉えられると、その個々の有りかたには実在することが属しないから、実在している必然が何らないことをわれわれは見る。こうして必然的に次の結論にならなければならない。原因によって生じるのではないが、それでもそれの在ることをわれわれが十分識っている自然は必然のこととして一個の完全な存在でなければならず、それには実在が属する。

* つまり、もしただ一つの存在者に組み込まれない種々いくつもの実体が在るとしたら、その場合結合はありえないであろう。それらは、**思いと広がり**がそうであるように、まったく交りを一緒にしないことをわれわれは明晰に見てとるので。にもかかわらずわれわれはその二つから成る。

**[73] つまり、実在している実体以外、実体は在りえないが、それでも、それが別々に捉えられるとき、それの有ることから実在することが出てこないならば、それは個別性をそなえた或るものではなく、別のものの属性[74]である何かでなければならないことになる。別のものとはすなわち、あるただ一つの全き存在者である。次のように言い直してもいい。いっさいの実体は実在しているとはいえ、それだけで捉えられた何らかの実体に関して、それの有ることから実在することは出てこない。それゆえ実在している実体はそれだけで捉え

られることはできず、別の何かへ属していなければならない。ということは、実体として自立している思いと広がりをわれわれがその知性で解るときは、これらをほかでもない[75]それらの有ることにおいて解るのであり、それらの実在[76]において解るのではない。つまりはそれらの実在することがその有ることに必然に属していることを解っているわけではない。だが、われわれはそれ〔思いあるいは広がり〕が神の属性であることを証明するので、そこから**ア・プリオリ**にそれが在ることを証明し、**ア・ポステリオリ**には（広がりのみに関して）必然にこれをそれらの**基体**としなければならないもろもろの様態から、そのことを証明する。

広がりが神の属性であることが証明される。

［一八］[77] これまでに言ったすべてから、われわれが広がりを神の属性であると想定していることは明らかであるが、広がり[78]は一つの完全な存在者のうちにおさまることができるようにはどうしても見えない。それはこういうわけである。広がりは分割できるから、完全な存在者が部分から成ることになってしまう。神が単純な存在者であるからには、このことは神にまったくあてはめられない。そのうえもし広がりが分割されるならばはたらきを受けるが、そのこともまた神にはけっして起りえない（神は受身ではなく、いっさいのものの第一の作用原因であるから他の何からもはたらきを受けることができない）。

［一九］これに対してわれわれはこう答える。

一、部分と全体は本当の、言い換えれば物としての存在ではなく、ただ理屈上の存在[79]にすぎず、そこからして**自然の中***に全体も部分もないこと。

二、さまざまな部分で組み立てられたものは、その部分を個別に取り出したときに他の部分がなくても把握でき、解りうるようになっていなければならない。たとえば、いろいろな歯車や紐やその他の部品がたくさん組み込まれている時計の場合で言うなら、一つ一つの歯車や紐などは個別に把握でき、解りうる。組み上っている全体はこのことに必要ではない。同じように、直方体の小部分から成る水でも。一つ一つの部分は全体がなくても把握でき解りうるし、存立できる。ところが広がりが実体のとき、それが部分をもつとは言えない。自然の性の上で無限でなければならないので、それ以上小さくも大きくもなれないし、部分が個別にされれば解りえなくなるからである。このようでなければならないことは、反対の場合を考えても出てくる。それが部分から成るとすれば、いま言ったように自然の性によって無限ではなくなるからである。だが一つの無限な自然のうちで部分が思念として形成されうるようなことは、ありえない。その自然の性によって部分はみな有限だからである。

＊(80) 自然の中に、とはつまり**実体として自立している広がり**の中にということである。それはひとえに無限の広がりに、あるいは同じことだが全体であることによっているので、分割されると、その自然の性と有ることが(81)同時に破壊されるからである。しかし、「広がりの中には〔生じてくる〕すべての様態に先立って、部分はないのか」と反論を受けそうである。ない、とわたしは言う。しかし、続けてこう言われる。「物質界に運動が在るならば、物質のある部分の中に在るのでなければならない。全体に在るのではない。物質全体(82)は無限だからである。じっさい、〔全体に在るのだとしたらそれは〕どこへ動かされるのであろう。自身の外には何もないのに。それゆえ、部分の中に在るのだ」と。答。運動のみが在ることはなく、運動と静止とが一緒に在るのだ。そしてこの一緒になったもの(83)は全体の中に在るし、なければならない。広がりの中に部分

はないからである。それでもなお「在る」と言うなら、わたしに言ってほしい。全広がりを分割する場合、自分の知力でもってそれから切り離すその部分を、あらゆる部分に自然にそなわる本性に合せてそれから分離もできるのか。それが行われる場合のこととして、たずねよう。この切り離された部分と残りの間に在るのは何か。空虚か、別の物体か、それとも広がりそのものに入るもののどれかとあなたは言わなければならず、第四の候補はない。第一ではない。〔そこにあるというふうに〕実質的でありながら、物体ではない空虚というものはないからである。(84)第二でもない。なぜなら、広がりそのものは〔そこに生じてくる〕いっさいの様態に先立って、それがなくても在るから、〔この広がりをさしおいては〕在りえない様態が〔それだけで〕そこに在ることになってしまうからである。ゆえに第三になり、こうして部分はなく、広がり全体が在るのである。(85)

〔二〇〕これにまだつけ加えてほしい。もしもさまざまの部分から成るとしたら、それのいくつかの部分が破壊されても、広がりはそのままにとどまり、破壊されたいくつかの部分によって一緒に破壊されることはないと解されうることになろう。それ自身の自然の性によって無限であり、けっして制限されたり有限であったりはできない、あるいはそう解せない何かにあっては、明らかに矛盾した事柄である。

〔二一〕さらに、自然の中で部分に分けることに関してまだ言うことがある。それは、前に言ったように、分割はけっして実体では起らず、いつも実体の様態の中だけで起るということである。だからわたしが水を分けようとすれば、ただ実体の様態だけを分けるのであって、実体そのものを分けるのではない。その実体(86)はあるときは水のであり、またあるときは別の何かのであっても、つねに同じものである。

［一二二］そこで、分割やはたらきを受けることはいつも様態のうちで起る。人間が死ぬとか無になるとわれわれが言う場合がそうである。それは、ある混成されたもの、実体の様態であるかぎりでの人間についてだけ解ることであり、人間が依存する実体自身については解ることではない。

［一二三］次に、このあとでも言うように、神の外には何もなく、神が**内在原因**であることをわれわれはすでに詳しく述べた。(87)だが、行うものとはたらきを受けるものとが別の場合には、はたらきを受けることは手にとるように明らかな不完全さである。はたらきを受けるものはそのことを外から自分にひき起しているものに必ず依存しなければならないからである。完全である神にあってはそれは起らない。

［一二四］さらに進んで、おのれ自身のうちではたらくような働き手は別のものによってはたらきを受けないから、それについてははたらきを受けるものの不完全さ(88)をそなえるとはけっして言えない。たとえば知性がそうである。**哲学者たち**も述べるように、知性はそれがもつもろもろの覚知の原因である。しかしそれが内在原因である以上、自分自身の〔覚知を形成する〕はたらきの受け手となるたびに不完全であるとあえて言う者がいるだろうか。

［一二五］最後に、実体はそれの様態すべての原因であり起源(89)であるから、はたらきを受けるものよりも行うものと呼ばれてよいはるかに大きな権利がある。これまで述べたことで、われわれはすべてに十分答えたと考える。

［一二六］ここにさらに次のような異論が唱えられる。この物体を運動させる第一原因が必ずなければ

ならない。なぜならそれが静止しているとき、みずからを動かしうることはありえないからである。しかも自然の中に静止と運動とが在るのは明々白々であるから、これらは必ずある外の原因に由来せざるをえないとかれらは考えるのである。

〔一一七〕　だがわれわれにとってこれに答えるのはやさしい。われわれは次のことは認める。もし物体が自立したものであって、長さと幅と奥行き以外の特性をもたないとすれば、それがたしかに静止しているならば、みずから運動し始める原因はそれ自身のうちにはないであろう。しかしわれわれはもうまえに**自然はあらゆる属性が述べられる一個の存在である**と論じていて、そのとおりであるなら、そこには生み出されるべきいっさいを生み出すのに何も欠けていることはありえないからである。

〔一一八〕　これまで神が何であるのかを語ったので、それの属性について、ほんのひと言だけ述べると、われわれに知られているそれは二つしかない。すなわち**思いと広がり**である。というのもここで語っているのは、**神の本来の属性**と名ざすことができる[90]属性のことだけだからである。それによってわれわれは神そのものを知るようになる。自身の外ではたらいているものとしてではなく。

〔一一九〕　この二つの属性のほかに人びとがさらにもっと神に帰するいっさいは（別の意味で神に属するなら）次のどちらかであるにちがいない。つまり、**神は自存している**、**永遠**、**唯一**、**不変であるなど**のように外からの呼びかた[91]であるか、または、神はあらゆる物の**原因**、**予定者**、**支配者**であるというように、わたしに言わせればそのはたらきにかかわるかである。これらはみな神に特有のことではあるのだが、それでもそれの何であるかを知らしめることはない。

〔一二〇〕　だがしかし、これらの特性*がどのように、またどんなしかたで

＊一二四頁以降の第七章を見よ。

神のうちにそれでも起りうるのかをわれわれはこれからあとの章で述べるであろう。けれどもこれまでのことがいっそうよく解り、詳しく解明されるように[92]、以下の議論をここで付け加えるのがよいとわれわれは考えた。その一つは

会話[93]
知性、愛、理性、慾心[94]の間の

［一］**愛**　兄さん。わたしの有ること、完全かどうかはまったくあなたの完全さにかかっているのが見てわかりますし、あなたが捉えた対象の完全さはご自分の完全さで、そこからまたわたしのも出てくるわけでしょう。だから、お願いです。ちょっと教えてほしいのです。最高に完全な存在、別の何かによって制限されることがありえず、そこにはわたしも包み込まれているような存在を捉えているのかどうか。

［二］**知性**　ぼくとしては**自然**を全体では無限で最高に完全なものとしかみないけど、そのことで疑問をいだくなら、**理性**に訊いてみるといい。教えてくれるだろうから。

［三］**理性**　わたしにはこのことが真理であることは疑いありません。なぜなら、**自然**を限定しようと思えば、矛盾したことですが、ある**無**でもって限定しなければならないでしょう[95]。しかも、それが[96]**一**つで、**永遠**で、**それ自身**によっていて、**無限**であるという特性をもつとして、それを行わなければなり

ません。この不条理を避けるのにわたしたちは、**自然**が**一個**の**永遠**な**統一**、**無限**で、**全能等々**であると想定します。すなわち無限な自然と、すべてがその中に包み込まれていることを想定するのです。そして、これの否定を**無**と呼びます。

［四］**慾心**　え、そうですか。でも、**一つであること**と**自然**の到るところにわたしの見る**多様さ**が一緒に調和して、つじつまが合うなんて、まったくびっくりさせられます。いったいどうしてでしょう。わたしが見るのに、**知性の実体**は**広がりの実体**と何も共通なところをもたないし、しかも片方が片方を制限する[97]のですから。

［五］で、もしあなたがこの二つの**実体**のほかに、すべての点で完全な三つ目をまだ立てたいなら、自分からあからさまな矛盾に巻き込まれるから、見ててください。というのも、初めの二つのほかにこの三つ目が立てられるなら、それには最初の二つに属する属性はいっさいないことになります。外には物が何もない一つの全体で、こんなことはたしかに起りえません。[98]

［六］[99]それに、この存在者が全能で完全なら、自分自身の原因だったためにそうなわけで、別のものの原因だった[100]ためじゃありません。でも、もっと全能にふさわしいのは、自分とそれから別のものも生み出せる者でしょう。

［七］おしまいに、あなたがこの存在を全知と呼ぶとすれば、必然のこととしてそれは自分を知ります。と同時にわきまえてもらわなくてはいけないのは、自分ひとりについての知は、ほかのもろもろの実体の知も合せた自分の知よりも少ないということです。こういったことはみんなあからさまな矛盾です。こんなわけで、愛に忠告しておきたかったのです。わたしの指摘することで満足して、ほかのもの

ごとに目をやらないように。

［八］**愛**　いかがわしい。あなたが示したのは、わたしの破滅がすぐに生じてくるようなことだけです。万一あなたが指示したことに身を托していたら、たちどころに人類の二つの大敵につきまとわれていた。**憎しみと後悔**。[101]そして、たびたびの**忘却**にも。[102]だからまた理性に救いを求めることにします。どうでも話を続けて、この敵どもの口を封じてくれるように。

［九］**理性**　慾心、いろいろの実体を見るときみは言うけど、言わせてもらうと、それは見当ちがいです。**ただ一つのものだけが在って、それは自存し、ほかの属性すべてをささえ持つ者**[103]**である**ことがはっきりとわたしには見えるから。きみが物体の性と知性の性をそれぞれに依存している様態との関係から実体と呼ぼうとするなら、いいですよ、さあこんどはそれが依存する実体[104]との関係からそれらを様態とも呼ばなくてはなりません。自存しているとはきみはそれらを理会していませんからね。そして意志する、感じる、解る、愛するなどは、思いの実体ときみが呼ぶもののさまざまな様態で、きみはそのみんなを一緒にして、このすべてから一つを作りなします。それと同じやりかたでわたしもまた、ほかならぬきみの証明するところによって、**無限の広がりと思いは、ほかの無限な属性**（きみ流に言えば**実体**）**とともに、そのただ一つの、永遠で無限な、自存している存在者の様態にほかならない**と結論します。このすべてからわたしたちは、もう述べたように、その外には何ものも思い描けないただ**一つのもの**、あるいは**一つであること**を立てるのです。

［一〇］**慾心**　あなたの話のしかたにはとても大きな混乱が見られると思う。あなたは**全体がその部分の外やあるいは部分なしで何ものかであると**言いたいみたいですが、まったくばかげてます。哲学者

はみんな口を揃えて、全体というものが二次概念[105]で、人間の思念の埒外の自然にあっては何ものでもないと言っているのですから。

〔一一〕 それに、挙げられている例から推しはかると、あなたは全体を原因とまぜこぜにしている。じっさい、わたしの言うように、全体はひとえにそれの部分から、あるいは部分を通して成り立っていて、それであなたは思いのちからを知性、愛などがよりかかっている一つのものと思い描いているのですから。するとあなたはそれを全体と呼べず、いま挙げられた結果の原因と呼べるだけです。

〔一二〕 **理性** わたしに向って、きみがどういうふうに自分のあらゆる味方を呼び集めるか、しっかり見えます。こういうぐあいにきみは自分のいつわりの論法でなし遂げられなかったことを、どちらともとれる言葉の二重の意味を使っていま行おうとしている。真理に手向う者たちがふつうやることと同じです。だけど、そのやりかたで愛を自分の味方につけることはうまくいきませんよ。きみが言うのは、原因は（結果をひき起すものだから）そのために結果の外になければならないということです。ただ他動原因のことだけを識っていて、内在原因[106]については識っていないから、こんなことを言うのです。内在原因はけっして自分自身の外に何かを生み出さない。たとえば、自分がもつ覚知の原因である知性。このため知性も（それらの覚知が知性に依存するかぎり、あるいはそのことを顧慮して[107]）原因とわたしは呼ぶし、またその一方で、そうした覚知から成ることを顧慮して全体と呼ぶわけです。このように神もまた自分のもろもろの結果あるいは創造物を相手には内在原因と別ものではないし、二番目の考えからすればまた全体でもあるのです。

二つ目の会話[108]

一部は前の部分に、一部は続く第二部[109]に役立つ、

エラスムスとテオフィルス[110]の間の

［一］**エラスムス**　テオフィルス、ぼくはきみが神が**あらゆる物の原因**で、しかも**内在原因以外の原因ではありえない**と話すのを聞いた。**あらゆる物の内在原因**だとしたら、どうしてきみは**それを遠隔原因**[111]**と呼べるの**だろう。内在原因ではそれは不可能なわけだから。

［二］**テオフィルス**　**神が遠隔原因**だと言ったときには、それにじかに依存しない物だけを念頭において言ったんだ。神が（ひとえにその実在のほかに何らか理由となる事情なしに[112]）じかに生み出した物のことで言ったんじゃない[113]。でもぼくはけっして無条件に遠隔原因と呼んだわけじゃない。それはきみもぼくの言葉からはっきり推し測れたでしょう。或る点では[114]神を遠隔原因[115]と呼べると言ってもいるんだから。

［三］**エラスムス**　きみが言いたいことはいまなら十分解る。でも、きみが**内なる原因の作り出したものはその原因と一緒に全体を成すようなしかたでそれと結び合されたまま**だと[116]言ったのも、ぼくは覚えている。もしそういうことだとしたら、神は内在原因でありえないと思うんだ。神と神によって生み出されているものが一緒に全体を成すのなら、きみはあるときは別のときより多くの有ることを神のものとするわけだから。たのむからぼくのこの疑問を取り除いてほしい。

〔四〕**テオフィルス**　エラスムス、この混乱から抜け出したいなら、これから言うことに注意してほしい。ものの有ることは、一緒に全体を成す別のものとの結合によって増《ま》しはしない。それどころか初めのそれは不変のままだ。

〔五〕ぼくの言うことがもっとよく解ってもらえるように、一つ例を挙げよう。ある彫刻師がいて、人体の部分に似せて木でさまざまな形をつくった。彫刻師はこの中から人間の胸部の形をした一つを取って、それを人間の頭の形をしたもう一つと継ぎ合せて、この二つから人体の上半身を示す一つの全体をつくる。さて、きみは頭が胸と結合されたからという理由で、頭の有ることが増したと言うだろうか。言い繕いになる。それは前にあったのと同じなのだから。

〔六〕もっとはっきりするように、別の例を挙げる。それはぼくがもつある三角形の観念と、もう一

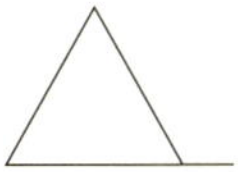

つ、その角の一つから一辺をのばすことによって生れる観念だ。そののばされた、あるいはのびている外角は必ず二つの内対角の和と等しいなどとなる。これらの観念は一つの新たな観念をもたらしたとぼくは言う。つまり三角形の三つの角の和は二直角に等しいというものだ。この観念は最初の観念と、これなしでは存することも念われることもできないように結合されている。

〔七〕そして一人ひとりがもつすべての観念から、われわれは一つの全体をつくる。あるいは（同じものだが）理屈上の存在をつくり、それを**知性**と名づける。[117] もうよくわかるだろう。この新しい観念が前のと結びついているにしても、だからといって前の観念の有ることに変化が来すわけではなく、それどころか何の変化もないままだ。同じことは、自身のうちに愛を生み出すようなどの観念でも、きみはまた見てとれるはずだ。その愛は観念の有ることをけっしてふやしはしない。

［八］でも何のためにこんなに例を重ねるんだろう。ぼくらがいま話している例の中できみ自身このことをはっきりと見てとれるのだから。ぼくがわかりやすく言ったことだが、別の原因に依存せず、定義するのに類を必要としない属性はすべて、神の有ることに属する。創造された物には属性を設ける力がないから、どれだけ密にそれらが神の有ることと結びつくようになっていても、属性によって神の有ることを増加させることはない。

［九］付け足すと、全体はただ理屈上の存在にすぎず[118]、普遍というものと相違するのは、普遍が結合されていないさまざまな個物でできているのに、全体は結合されたさまざまな個物でできている点だけだ。さらにまた普遍は同じ類の部分を含むだけなのに、全体は同じ類のものも別の類のものも部分として含むという点だけだ。

［一〇］**エラスムス**　それに関しては納得できた。しかしほかにまだきみは、内なる原因[119]の作り出したものはその原因が持続する間は消滅できない[120]と言った。それがたしかに真であることはよくわかるが、そうだとしたらどのようにして神は、多くの物が消えてなくなるというのに、なおすべての物の内なる原因でいられるのだろうか。でもきみはさっきの区別にしたがって、神は本来、じかに、ただその属性のみ以外にそれ以外何らか理由となる事情なしに生み出した結果の原因であると言い、その場合これらはその原因が持続しているあいだはなくなることができないと言うだろう。ところが実在することが神にじかに依存[121]せず、何らか別の事物によって生じている結果については、神を内なる原因と呼ばないと言うにちがいない。ただしそうした原因も神なくしてははたらかないし、はたらけない、神の外でもそうだという限定がつくが。そこで、そうした結果は神によってじかに生み出されていないから、なくな

ることもできる。

［一一］でも、このことはぼくを満足させない。人間の知性は神が自身のうちに生み出した結果なので不死であるときみが論じるのを見ているから。さあそれなら、そのような知性を生み出すためにただ神の属性よりほかにもっと多くのものが必要だったことはありえない。そのように抜きん出て完全な存在であるにはまさに、神にじかに依存するほかのすべての物と同じように永遠からこのかた創造されていなければならないから。こちらの思い違いでなければ、きみがそう言うのを聞いた。(122) だとしたら、困難を残さないで、どのようにきみはこれを通り抜けるのだろう。

［一二］**テオフィルス**　エラスムス、（実在するために神の属性以外の物(123)を必要としない）じかに神によって創造された物が永遠からこのかた創造されていること(124)は本当だ。だが注意しなくてはならないのは、ものが実在するために特別のある様態（**モディフィカティオ**）、神の属性のほかのもの(125)を要することが不可欠だとしても、それで神がものをじかに生み出せなくなるわけではない。というのもものを在らしめるのに求められる必要な物には、ものを生み出すために求められるもの(126)と、ものが生み出されることを可能にするために求められるものとがあるからだ。たとえばある部屋に光を得ようとしたら、ぼくは明かりを燈《とも》す。これは**そのこと自体**で部屋を明るくする。あるいはぼくは鎧《よろい》戸を開ける。開けることはそれだけでは光をつくりはしないが、それでも光が部屋に入ってこられるようにする。同じく、物体の運動にも別の物体が求められ、この物体は自分のほうから相手のほうへ移る運動すべてをもっていなければならない。ところがぼくらのうちに神の観念を生み出すためには、ぼくらのうちに生み出されるものをあわせもつような別の特別なものは求められない。**自然**のうちの物体だけが求められ、それ

は神をじかに示すためにその観念が必要であるような物体だ。このことはぼくの言葉からももう推し測れていたことだろう。ぼくが言ったことだが、神はただそれ自身を通して知られるのであって、別の何かを通して知られるのではないからだ。

［一三］でもきみに言っておくと、神のほかの何らかのものを愛するのを許さないようにぼくらを神と結び合せるほど明晰な観念を神についてもっていない間は、ぼくらは神と本当に結合しているとは言えないし、神にそのようにじかに依存しているとも言えない。きみがもしかしてまだ質問しなくてはならないことはほかの時にしてほしい。いまは別のことをやらなくてはならない都合があるんだ。では元気で。

［一四］**エラスムス**　いまのところはないが、きみがいま言ってくれたことを次の機会までよく考えておくよ。じゃ、さよなら。

第三章

神はすべての原因であること(127)

［一］ではいまから、われわれが**特有***のことと呼んだもろもろの属性について扱いを開始することに

する。まずは、どのように神がすべての原因であるのか、を。前にもうわれわれは、どうしてある実体は別の実体を生み出せないのか、そして神はあらゆる属性が述べられる一個の存在であるということを論じてある。そこから明らかに、ほかのあらゆる物は神なしに、また神の外では存することも解ることもけっしてできないことが出てくる。それゆえにわれわれはありとある根拠でもって、神がすべてのものの原因であると言ってよい。

＊(128) これから挙げることが特有のことと呼ばれるのは、それらが形容詞にほかならず、実詞とするもの抜きでは解ることができないからである。つまり、これらを抜くと、神はなるほど神ではなくなるけれども、それでもこれらによって神なのではない。というのも、神だけがそれを通して存する(129)、実体として自立しているものをこれらは知らせはしないからである。

［二］作用原因は八つの部類に分けるのが普通であるから(130)、神がどういうふうに、どんなしかたで原因なのかを探ってみよう。

一、それはその為事《しごと》の流出もしくは、成就原因であり、はたらきが行われている点では能動もしくは作用原因であるとわれわれは言う(131)。対照的に際立たせた言いかただから(132)、これを一つにする。

二、それは内在であって他動原因ではない(133)。神の外には何もないので、すべてをおのれの外ではなくおのれ自身のうちで為上《しあ》げるからである。

三、神は自由原因であって、自然のではない(134)。それは、神がその行うことを行わずにおくことができるかという問題をわれわれが扱うときに、すっかり明らかにして示すとおりである。その場所では真の自由がどこに存するのかが一緒に説明されるであろう。

四、神は自己自身による原因であって、偶然によるそれではない[135]。そのことは予定に関する論述から詳しく明らかになるだろう。

五、神は、物質のうちにある揺れ動きなどのように、じかに創造したその為事の主原因である。そうしたことでは副次的原因は起りえない。それはいつも個物のうちにあるからである。神が強い風で海を乾かすときがそうであり[136]、自然のうちに在るあらゆる個物などでもそうである。神の外に神を押し促せるものは何もないので、副次的な開始原因も神のうちにはない。それに対して先導原因[137]は神の完全さそのものである[138]。この完全さによって神はおのれ自身と、したがってほかのあらゆる物との原因である。

六、前項の論で明らかなように、神だけが第一原因あるいは開始原因である[139]。

七、神はまた普遍原因である[140]。だが、それは神がさまざまな為事を生み出すという点でのみそうなのである。それ以外ではこのようなことはけっして言えない。というのも、結果を生み出すために神は誰も必要としていないからである。

八、無限にして不変である物、神によってじかに創造されているとわれわれの言う物について、神は最近原因である。だが神は或る意味であらゆる個物の最後の原因である[141]。

第四章

神の必然の為事について(142)

［一］神がその行うことを行わずにおけるということをわれわれは否定するし、予定について扱うときに一緒にそれを証明することになる。そこでわれわれは(143)あらゆる物が必ずそれらの原因に依存していることを示すであろう。

［二］だがこれは別に神の完全さを通しても同じように証明される。というのも、神がいっさいを自分のもつ観念のうちで念われているのと等しく完全になし遂げられることはおよそ疑いなく真だからである。また、神に解った物を、神は、現にそれらを解るより完全に解ることができなかった(144)。それと同じように、すべての物が神からそれ以上完全には生じえないほど完全に神によってなし遂げられうる。次に、神がその行ったことを行わずにおけなかったとわれわれが結論する場合に、そのことをわれわれは神の完全さから取ってくる。神にあって、その行うことを行わずにおけるというのは不完全になるからである。行うように神を動かしたある副次的な開始原因を神のうちに想定するならそれをまぬがれるが、それでは神では神ではなかったことになるわけだから。

［三］だが、いま次のことでまた議論になる。神は、その観念のうちにあって、そのように完全に行えるいっさいを、言うなら、行わずにおけるのか。そして行うのをそのようにやめることは神にあって

完全さなのかどうか。

われわれの言い分はこうなる。起ることいっさいは神によって行われるから、神のもとで必ず先に決められていなければならない。そうでないと神は変化することになるが、それは神にあっては大きな不完全さになるだろう。そしてこの先の決定は神のもとに永遠からこのかたなければならず、この永遠に先かあとかはない[145]、と。ここからいやおうなく出てくるのは、神は物がいま永遠からこのかた決められている以外のしかたであらかじめそれらを先に決められなかったということである。そして神はこの決定の前にも、またこの決定を伴わずにも在りえなかったということが出てくる。

［四］さらにもし神が何かを行うのをやめるのであれば、それが生じ来《きた》るのは、神のうちのある原因からか、それとも何の原因からでもないか、どちらかでなければならない。原因があるならば、神がそれを行うのをやめなければならないのは必然である。原因がないなら、神がそれをやめてはならないことが必然であり、このことはそれじたいで明らかである。さらに付け加える。創造された事物では、在ることと、神によって生ぜしめられていることが完全さである。なぜかと言えば、およそ不完全さのうちでも無いことが最大の不完全だからである。そしてすべてのものの救済と完全は神の意志だから、もし神がこのものの無いことを志すのだったら、それの救済と完全さはたしかに無いことに存するのだろうが、これはそれじたいで矛盾している。それゆえわれわれは、**神がその行うことを行わずにおけるということ**を否定する。

［五］ある人びとはこれを神の冒瀆であり、卑小にするものであるとみなす。だがこういう発言は**真の自由**がどこに存するかがただしく理会されていないから生じてくる。それは、けっしてかれらが思い

なすように、何かある善か悪かを行うか控えるかできるということではない。かえって真の自由はひとえに第一原因にほかならず、これはけっして別の何かによって圧力を受けたり余儀なくされたりせず、ただみずからの完全さによっていっさいの完全さの原因である。[146]したがって、もし神がこれを行うのを控えることができるならば、神は完全ではないことになる。というのも、神がし遂げることの中で、善をなすことや完全さを控えられるということは、神にあっては欠陥によって以外には起りえないからである。

それで、神だけが唯一の自由原因であるということは、単にいま言われたことから明らかなだけではなく、神の外には神を強制したり余儀なくさせたりする外の原因がないことによっても明らかである。そのいっさいが創造された物では起らない。

〔六〕これに対しては次のような反論を受ける。善さというものは神がそれを志すという理由でのみ善いのであり、それなら神はたしかにいつでも悪が善くなるようにすることができる、と。だがこのような論じかたは、わたしなりに言い直せば、あたかも「神は自分が神であることを志すので、そのために神である、ゆえに神ならざることがその力のうちにある」と主張するのと同然である。これは不条理そのものである。さらに付け加えると、人びとが何かを行い、どうしてそれをするのか問われる場合、正義がそれをかく求めるのでと答えられる。すると、どうして正義はそれをかく求めるのか、[147]というよりむしろただしいものすべての第一の原因は、と問われる。そうすると答は、「正義がそれをそのように志すので」ということでなければならない。でもまさか、思うに、正義がただしくあることをじっさいやめられるだろうか。けっしてそんなことはない。その場合は、正義たることができないのだから。

ところが、神はその行うすべてを、それじたい善いためになすのだと主張する人たちは、言ってみれば、われわれと異ならないとひょっとして思うかもしれない。だがそれは懸け離れている。というのもこの人たちは、神より先に、神が義務を負わされ、あるいは繋がれることになる或るものが在ると、すなわちこれは善い、あれはまたただしいし、そうなるというので願望する原因が在ると、想定しているからである。(148)

［七］そうするとこんどはこういうことが議論になる。あらゆる物が神によっていま在るのとは別のしかたで永遠からこのかた創造されたか、整えられ、先に決められたとしても、その場合神は、言ってみれば、同じだけ完全であることになるのか。それにはこう答えられる。もしも自然が、いま在るのとは別のしかたで、まったき永遠からこのかた創造されていたとしたら、神に意志と知性を帰する人たちの立場では必然のこととして、その場合神は二つともに別の意志と別の知性とを往時はそなえ、それにしたがって別なふうにやってのけたということにならなければならない。こういう具合に神がいまはそのときと別の状態であり、そのときはいまと別の状態だったとみなすように強いられる。こうして、もしわれわれが神はいまこの上なく完全であると仮定するならば、神がいっさいを別なふうに創造したそのときにはそうではなかったと言うように強いられる。すべてこれらは手に取るような不条理をうちに含むことだから、いまも、前にも、そしてまったき永遠にわたっても、不変であり不変であったし、また不変のままであるような神にはけっしてあてがうことができない。

［八］さらにこのことは自由原因についてわれわれが行った定義からも証明される。それは何かを行うか控えるかできることではない。ただたんに別の何かに依存しないことである。こうして神が行うい

っさいのことはこの上なく自由な[149]原因としての神によって行われ、なし遂げられる。そこでもし神が以前に物をいまそれらが在るのとは別なふうに作りなしたとすれば、たしかに神はいっとき不完全だったことにならなければならないが、それは虚偽である[150]。なぜなら神はすべての物の第一原因であるから、神のうちに、行うことを行わせ、なさずにはおかせない或るものがなければならないからである。われわれは**自由というもの**が何かを行うか行わないかということには存しないと言い、そして神に何かを行わせるのは神の固有の完全さそのもの以外ではありえないことを併せて示したので、こう結論する。**神にそれを行わせたのが、もしその完全さではなかったとすれば、物どもは在ることにならなかったか、あるいはいまそれであるものであるべく有ることに到りえなかったであろう**、と。これはちょうど、「もし神が不完全だったとすれば、物どもは、いま在るのとは別なふうであろう」と言われるのとひとしい。

［九］第一のものについてはここまでとする。これから、神にあって**特有**とわれわれが呼ぶ**二番目の属性**に移り、それについてわれわれは何を言ったらよいかを見、そうして締めくくりに向う。

第五章

神の摂理について(151)

［一］　われわれが**特有のもの**《プロプリウム》と呼ぶ第二の属性は**摂理**である。それはわれわれにあっては、自然全体のうちにも個物のうちにもわれわれがみとめる、それ自身の有ることを維持し保つことへ繫がる**努力**(152)にほかならない。じっさい、いかなる物もおのれに固有の自然の性によって自分自身が無になることに力《つと》めることはできず、むしろ逆にどの物もおのれ自身をその状態に保ち、より善くしようとするある努力を(153)それ自身のうちにそなえている(154)ことが明白だからである。

［二］　だから、このわれわれの定義にしたがい、われわれは**普遍の摂理**と**個別の摂理**を想定する。**普遍の**摂理とは、どのものも自然全体の部分であるかぎりで、それが生み出され維持されるゆえんをなすもののことである。**個別の摂理**とは、それぞれの物が、自然の一部分ではなく、一つの全体として考えられるかぎり、それの有ることを保つために個々にそなえる**努力**である。このことは次の例でもって説明される。人間のすべての手足は、人間の部分であるかぎり、見越されて配慮され、これが**普遍の摂理**である。**個別の**方は、個々の手足がどれも（人間の部分ではない一つの全体として）それに固有の健康(155)を保ち維持するための努力である。

第六章

神の予定について(156)

［一］第三の属性を言うと、神の予定である。

一、すでにわれわれが証明したように、神はその行うことを行わずにおけない。すなわち神はすべてをそれ以上完全ではありえないように完全に創造した。

二、加えて、いかなる物も神なしでは存することも解ることもできないことをわれわれは証明した。

［二］いまから考察すべきことは次である。それでは自然のうちに偶然の物は何らか在るのかどうか。すなわち、起ることができ、起らないこともまたできる物どもが何らか在るのかどうか。第二に、「なぜそれが在るのか」とわれわれが問えないものごとが何らか在るのかどうか。

しかるに、いかなる偶然の物もないことを、われわれはこのように証明する。

在るための原因をもたない何かは、在ることが不可能である。偶然である或るものは原因をもたない。

それゆえに。

最初の点〔大前提〕はまったく争いの余地がない。二番目のほう〔小前提〕をわれわれは次のように証明する。

もしも偶然である**或るもの**が、在るための決定された一定の原因をもつならば、そのときそれは必然でなければならない。ところが、同時に偶然でも必然でもあるというのは矛盾である。**それゆえに**。

[三] もしかすると、こう言う人も誰かいるだろう。なるほど**偶然な或るもの**は決定された一定原因をもたないが、偶然のそれはもつ、と。そういうことになるなら、**分割による意味**でか、**複合による意味**で[157]かでなければならない。すなわち原因の、原因たることがではなく、その実在することが偶然であるのか、それともその**或るもの**が（それが、よし、自然のうちに必然に在るとして）その偶然な**或るもの**の生じる原因になることが偶然であるのか、でなければならない。だが初めのほうもあとのほうも誤りである。

なぜなら、一番目に関しては、もしも偶然の**或るもの**が、それの原因が偶然であるために偶然であるのだとすれば、その場合この原因もまた、これをひき起した原因がまたもや偶然であるから偶然であるのでなければならず、**そのようにきりがない**からである。そして、**ただ一つの原因にすべてが依存することが**、前にもう証明されているから、その原因もまた偶然でなければならないことになるが、これは明白に虚偽である。

それから二番目に関してはこうである。あることか別のことか、どちらを生み出すためにも原因が決定されなかった場合、つまりは、この**もの**を生み出すか生み出すのをやめるかに決定されなかった場合には、原因はそれを生み出すことも、生み出すのをやめることもまったく不可能であって、これはまさに矛盾するからである。

[四] 次いで、われわれが立てた二番目の問題に関して、**自然のうちにはなぜそれが在るのかと問え**

ないものごとはない。われわれの言葉が示唆するのは、或るものがどんな原因によって実在しているのかをわれわれは探究すべきだということである。というのは、原因がなければ、**その或るもの**が在ることは不可能だからである。この原因をわれわれは**もののうち**か**ものの外**に探さなければならない。が、この探究を行うための規則をたずねられたら、まったく何も要《い》らないと思われるとわれわれは主張する。というのも、もし実在していることがものの自然の性に属するならば、われわれが原因をその外に探してはならないことが確かである。だがこの**或るもの**がそうしたものでなければ、われわれはいつでも原因をその外に探さなければならないからである。ところが第一の場合は神だけのことだから、それによって（われわれがすでにもうそうしたように）**神だけがすべてのものの第一原因である**[158]ことが示される。

［五］そしてここからまた、人間のあれこれの意志は（意志の実在していることはそれの有ることに属しないから）、それを必然にひき起す外の原因ももたなければならないことが明らかである。この章でわれわれが述べてきたすべてからも、そのようになっているのは明らかである。そしてまた、第二部で人間の自由について扱い語る[159]ときに、なおいっそう明らかになるであろう。

［六］このすべてに対して、別の人たちからこう反対が唱えられる。**神は、最高に完全で、唯一の原因であり、いっさいを意のままにし配慮する者であると言われる。その神が、にもかかわらず、自然のうちの到るところにこうした混乱が見られるのを許すことが**、どうしてありうるのか。そしてまた、な**ぜ神は人間を、罪を犯しえないように創造しなかったのか**、と。

［七］そこでまず第一に、誰も物の原因をすべては知っておらず、判断をそれについて下せないのであるから、**自然のうちに混乱があるということは**、正当な言い分ではない。それはそうと、この反対論

は、かれらが一般観念を想定し、個々のものは完全であるためにはそれと一致しなければならないと考える、無知から生れている。

かれらはこれらの観念が神の知性の中に在ると想定する。プラトンの信奉者の多くが主張したように、これら一般観念（理性的、動物[160]などのような）が神によって創造されているというわけである。アリストテレスに随《つ》く者のほうは、こうした物が物の性格をそなえたものごとではなく、理屈上のもの[161]だと主張するにはするのだが、それでもかれらにあってはこれらはしばしば事物とみなされる。神の配慮が個々のものにではなく、ただ類の上におよぶとはっきり主張しているからである。たとえば、神はけっしてブケファルス（アレクサンドロス大王の愛馬の名）などには配慮を致さなかったが、たしかに馬の類全体にはそれを致した、というように。またかれらが言うには、神は個々の滅びる物については何も知らないけれども、その意見によれば不滅である、普遍のものについてはそうではないという。だが、われわれは当然これをかれらのものの識らなさと考えた。[162]というのもまさに個別のもののみが原因をもち、一般普遍のものは何ものでもないので、もたないからである。

だから、神はひとえに個物の原因であり、個物を配慮する者である。そこでもし個物がある別の自然の性と折り合わなければならなくなるとしたら、それ自身の自然の性とは折り合えず、結果それらが本当にそれであるものではいられないことになろう。たとえば神がすべての人間を堕落以前のアダムのように創造した場合には、神が創造したのはそのとおりアダムだけであり、ペテロもパウロも創造しなかった。そんなことより、神があらゆる物に、最小から最大のものにまで、それらの有りかたを授けることが、もっとよい言いかたをすると、神がそれ自身のうちにいっさいを完璧にもち合せることが、まさに神にあって完全さなのである。

［八］もう一つの、**なぜ神は人間を、罪を犯さないように創造しなかったのか**ということに関しては、罪について何と言われても、そうしたことはただわれわれに関連して言われるにすぎないということが答になる。すなわち、われわれが二つの物をたがいに較べたり、一つの物をさまざまな観点のもとで較べたりする場合のようにである。[163]たとえばだれかが、時刻を精確に打ち、表示するように時計を作り、その製作物が作り手の狙ったものとまさに一致するなら、それは良いと言われ、そうでなければ悪いと言われる。だが、狂って間違った時刻を打つ時計を作ることがその狙いであったとしたら、それでさえ良いものであることができるにもかかわらず、である。

［九］そこでわれわれは次のように結論し、主張をする。**ペテロ**は**ペテロ**の観念と一致しなければならない。これは必然のことであり、**人間**の観念と一致するのではない。**善悪**あるいは罪、これらは、われわれがおそらく先でもっとこまごまと示すように、[164]思いの様態にほかならず、**何らかの事物**、言い換えるなら、**実在**をそなえる**何か**ではない。

じっさい、自然のうちに在るすべての物と**為事**は完全だからである。

第七章

神に属しない属性について[165]

［一］　われわれはここで次に、普通神にあてがわれるが、正真正銘には神に属しない属性*、並びにまた、それによって神を証示しようと[166]力めるものの実りのない属性、併せてまた真の定義の法則について語ることを開始しよう。

＊　神を成り立たせる属性に関して言えば、それらは無限な実体のもろもろにほかならず、そのおのおのがみずから無限に完全でなければならない。このことが必ずにそうでなければならないことをわれわれは明晰判明な諸根拠によって確信する。だがこの無限なものすべてのうちで、いままでのところ二つだけがそれ自身の有ることによってわれわれに知られているというのが真実である。これは思いと広がりである。ほかに、普通神に帰せられるものはみな、属性ではなく、ただ或る様態にすぎず、それらはすべてを、つまりそのすべての属性を考慮してか、あるいは一つの属性を考慮して、神のものとされることがある。すべてを考慮してとは、神が一、永遠、自存している、無限、すべての原因、不変であるというような場合である。一つを考慮してとは、神が全知、賢い等、それらが思いに属し、また神が到るところに在り、すべてを充す等、これらが広がりに属するような場合である。

［二］これを行うのにわれわれは、人びとが普通神について抱くもろもろの空想はあまり気に懸けないことにして、ただ哲学者たちがそのことでわれわれに伝えるすべを得ていることを、簡潔にではあるが、調べにかけることにする。この人たちは神を、おのれ自身からあるいはおのれ自身によって存している一なる存在、すべての物の原因、全知、全能、永遠、単純、無限、最高の善、無限の慈悲をそなえたもの等である、と定義した。だがこの調べに入るまえに、まず先にかれらがわれわれにどんなことを承認しているのかが見てとれるようにしておこう。

［三］第一にかれらが言うのは、神について真の、ないし規則に適った定義を与えることができないということである。その思い込みによると、いかなる定義も類と種差とからしか成り立ちえず、それから神は何かの類の種ではないので、神はただしくあるいは規則に適って定義されることができないからというわけである[167]。

［四］次にかれらが言うのは、定義は事物をありのままに、なおまた肯定して表現しなければならないので、神は定義されえないということである。かれらの立場からすれば、神については肯定[168]ではなく、否定によるしかたでのみ識りうる[169]。ゆえに、神について規則に適った定義は与えられることができないのである、と。

［五］このほかにさらに、神は原因をもたないので、ア・プリオリにはけっして証明されえず[170]、ただ真のみかけをとってか、またはそのなし遂げたことを通して証明できるだけだ、とかれらは言う。

かれらはこうした主張でもって、神についてひどくささいで取るにも足りない知識を持ち合せていることをわれわれに十分承認しているのだから、いまやわれわれはかれらの定義の検討に移っていい。

〔六〕初めに見てわかるのは、かれらは、もの（神）の何であるかがそれによって知られるいくつかの**属性**をわれわれにもたらしているのではないということである。そうではなく、たしかにある事物に属しはするが、けっしてその事物が何であるかを解き明かしはしない、いくつかの**特有のもの**《プロプリウム》だけを、かれらは伝えている。というのも、**おのれ自身によって存している**、**すべての物の原因たること**、**最高の善**、**永遠不変**等は神のみに特有ではあるけれども、われわれはこうした特徴によっては、これが属している当の存在がどんなもので、どんな諸属性をもつのかを識りえないからである。

〔七〕それでいまは、かれらが神に帰するものの、*それに属しない物[171]をちょっと吟味するときでもある。**全知**、**慈悲深い**、**賢い**などといったものがそうである。この物どもは思うものの或る種の様態にすぎず、様態になっている実体抜き[172]では存することも解ることもけっしてできない。こういうわけで、**おのれ自身から以外は何かなしに存している一なる存在である**神にはとてもあてがうことができない。

＊[173] それとは、それがそれであるいっさい、言い換えればそれのすべての属性を考慮に入れて解している。このことは一二四頁[174]を見よ。

〔八〕おしまいに、かれらは神を**最高の善**と呼ぶ。だが、もしそれで、かれらがすでに言っている、**神が不変であり**、**すべての物の原因である**ということとは別の何かを解っているとしたら、かれらはみずから抱いた思念の中で混乱したか、それとも自分自身を解ることができなかった[175]のである。これは善悪に関するかれらの思い違いから起っている。神ではなく、人間自身をその罪[176]と悪の原因であると考えているからである。われわれがすでに証明したことによれば、それはありえない。さもないと、われわれは人間がおのれ自身の原因でさえあると主張するように強いられる。だがこれは、この先われわれが人間の意志について扱うときにもっとはっきり明らかになるであろう。

［九］そこでいまわれわれは、かれらが神を知ることにかけてみずからのものの識らなさを言い繕おうとする見せかけの詭弁を解く必要があろう。

まず第一にかれらが言うのは、**規則に適った定義は類と種差とから成らなければならない**ということである。**論理学者**はみなこれを承認するとはいえ、どこからかれらがこれを得ているのかわたしは識らない。間違いのないことだが、これが真でなければならないとしたら、何も識ることができない。じっさい、われわれがまずもって類と種差とから成る定義によってあるものを完全に知らなければならないとしたら、それより上に類をもたない最高の類をわれわれはけっして完全に知りえないからである。それでこうなる。他のすべての物の知識の原因である最高の類が知られないとすれば、その類を通して説明されるほかの物はなおのこと解ることも知られることもできない[177]。

だがわれわれは自由であって、かれらの主張に繋ぎ止められているとは全然思わないから、真の**論理学**にしたがって、別の定義の諸規則を生み出すであろう。すなわちそれは、**自然**についてわれわれが行う区分けにしたがったものである。

［一〇］われわれのすでに見たところでは、属性（もしくはほかの人たちが呼ぶところの、もろもろの実体）は事物であり、あるいはもっとよい本来に適った言いかたでは、自存している存在である。そ

のために属性はそれ自身によってそれ自身を知らせ、示すのである。ほかの物は、われわれが見てとるに、属性の様態にすぎず、属性なしにはそれらは存することも解ることもできない。そこで結果として、定義は二つの類（あるいは種）に分れなければならない。一番目はすなわち、自存している存在者に入る属性のそれである。これは類を必要としない。言い換えると、それによってそれらがいっそう解り、ないしは説明される或るものを必要としない。というのも、これらはそれ自身を通して在る存在者の属性として在る以上は[178]、またそれら自身を通して知られるからである。

二番目は、自存せず、ただ属性を通してだけ存するもののそれである。これらはそれの様態であって、これらの類であるかのようにそれを通して解らなければならない。

ここまでが定義についてのかれらの立場に関してである。

［一一］〔かれらが主張する〕もう一つの、神はわれわれによって**十全な知**でもって知られえないであろうという点に関して言えば[179]、これにはデカルトにより、このことにかかわる反駁への答辯で[180]、十分に答が与えられている。

［一二］三つ目の、**神がア・プリオリに証明されえないであろう**という主張については[181]、これより前にすでにわれわれによって同様に答えられている。神は自分自身の原因であるから、われわれは神をそれ自身を通して証示するということで十分なのである。そして、こうした証明は、普通外の原因を通してしか行われない**ア・ポステリオリ**[182]な証明よりはずっと決定的でもある。

第八章

産んでいる自然について[183]

ここでわれわれは、別のことへ進むよりもむしろ、ちょっと簡単に自然全体の区分けをしておこう。すなわち**産んでいる自然**《ナトゥーラ・ナトゥランス》と**産み出された自然**《ナトゥーラ・ナトゥラータ》にである。産んでいる自然ということでわれわれが解るのは、(いままでにわれわれが定義した属性いっさいのように、それ自身を通して、そしてそれ自身よりほかの何かを必要としないで)われわれが明晰判明に覚知する存在者であって、それは神である。同じように**トマスの徒**[184]もまたこの言葉で神のことを解した。だがかれらのいう**産んでいる自然**は、いっさいの実体の外にある(そうかれらは称する)存在者である。

産み出された自然をわれわれは二つに分ける。普遍のそれと個別のそれとにである。**普遍**のものとは神にじかに依存する様態すべてである。それについては次の章で扱うことになる。**個別**のそれはすべての個物であり、これは普遍の様態を原因として生ぜしめられる。[185] そういうわけで**産み出された自然**は、ただしく念われるために、何らかの実体[186]を必要としている。

第九章

産み出された自然について(187)

［一］普遍の産み出された自然、言い換えると神にじかに依存している様態、あるいは神によってじかに創造されている創造物に関して、われわれは二つより多くを知らない。物質の中の運動*と思うものにおける解ることである(188)。これらは、われわれに言わせると、まったき永遠からこのかた在ったし、まったき永遠にわたって不変にとどまるであろう。職匠の偉大にふさわしい真に偉大な為事である。

＊(189)注記。ここで物質の中の運動について述べられることは本気で(190)言われているのではない。というのも著者は、すでにア・ポステリオリにある程度行ったように、まだそれの原因を見つけることを思っているからである。けれどもここではこのまま保たれてよい。その上に何も構築されたり、依拠させられたりしていないからである。

［二］特に運動に関して言うと、ここよりも自然学の論に本来はふさわしい。たとえば、それはまったき永遠からこのかた在ったし永遠にわたって不変にとどまるであろう、それの類の中で無限である、それ自身を通しては存することも解ることもできずただ広がりというなかだちを通してのみそれができ

る、ということがその類《たぐい》である。であるから、こうしたすべてについては、まあ、われわれはここでは扱わず、ただ、それが神の子[191]、制作、あるいは神によってじかに創造された結果であるとだけ言っておこう。

〔三〕思うものにおける解ること[192]に関しては、初めのもの〔運動〕と同様にこれも神の子、制作、じかの創造物であり、まったき永遠からこのかた神によって創造され、まったき永遠にわたって不変にとどまる。こちらのその特性はただ一つ、すなわち、すべてをいつでも明晰判明に解ることである。このことからは、その行うことを行わずにおけないので、無限の、言い換えるともっとも完全な満足が変ることなく迸り出る。ここでいま言ったことは、それじたいを通して十分明らかではあるが、それでもわれわれはこの先で心のもろもろの感情[193]について論じる際にそれをもっと明瞭に証示するであろう。[194]そのためここではもうこれについて述べない。

第一〇章

善悪は何であるのか[195]

〔一〕いまともかく、善と悪がそれじたい何であるのかを短く言うために、このように開始することにしよう。

いくつかの物はわれわれの知性のうちに在って、自然のうちにはない。そうしてこれらはじっさいわれわれ自身の作物《さくぶつ》にすぎず、ものを判然と解るのに役立つ。そのもとにわれわれは種々のものごとにかかわる関係すべてを包括し、これを**理屈上の存在**と名づける。

［二］こうしていま問題になるのは、**善と悪が理屈上の存在のもとに入るのか、それとも物としての存在のもとに入るのか**ということである。しかるに善と悪は関係以外のものではないから、**理屈上の存在のもとに**置かれなければならないことは疑う余地がない。なぜなら、別の何かほど善くないかわれわれに有用ではない何かに照してでなければ、或るものが善いとはけっして言われないからである。同様に、ある人間が悪いと言われるのは、より善い人間に照してにほかならないし、あるいはまたあるリンゴが悪いと言われるのも、善いもしくはより善い別のリンゴに照してのことだからである。

これはみな、**それがそのように称されるのに照し合される、より善い、もしくは善いものがない場合**には、言われることがありえないであろう。

［三］だから、**何かが善いと言われる場合には、それがそのような物についてわれわれのもつ一般観念とまさに一致する**ということしか言っていない。こういうわけで、われわれが前にもう言ったように[196]、物は、有ることが一つの完全な有りかたであるはずの[197]、それらの［それらを対象とする］個別の観念と一致しなければならず、一般観念と一致してはならない。その場合それらは在ることがなくなるからである。

［四］[198] いま言ったことの確認にかかわって、事柄はわれわれに明らかであるが、それでも述べたこと

を締めくくるために、なお以下の証明をつけ加えよう。

自然のうちに在るすべての物は、事物かそれともはたらきかである。ところで善と悪は事物でもはたらきでもない。それゆえ善と悪は自然のうちにはない。

じっさい、もし善と悪が事物かはたらきかであるならば、これらはその定義をもたなければならない。しかるに善と悪は（たとえばペテロの善さやユダの悪さがそうであるように）[199] ユダとペテロの有りかたを離れては何ら定義をもたない。これ〔有りかた〕だけが自然のうちに在り、かれらの有りかたを離れては定義されるべくもないからである。それゆえ、右のように、善と悪は自然のうちに在る物やはたらきではないということが出てくる。

第二部　人間とそれにまつわることについて[200]

第二部序言[201]

［一］第一部でわれわれは神のことと、普遍的で無限な物のことを語ったから、いまこの第二部では個別の制限された物について論じることになる。だがすべてについて扱うわけではない。それは数限りないから。[203] われわれは人間に関係するものについてだけ扱い、その中で第一に、人間が（神のうちにわれわれが認めた二つの属性に含まれる）いくつかの様態から成るかぎりで、どういうものであるのかを考察するであろう。[204]

［二］わたしがいくつかの様態からと言うのは、人間が精神、心、[*] あるいは体から成るかぎり、[205] **一つの実体**であるとはけっして解しないからである。じっさいわれわれはこの本の初め[206]の方[207]であらかじめもう次のことを示した。一、**実体は始まることができない**こと。二、**ある実体は在りえない**こと。**最後に**、三、**二つの等しい実体は別の実体を生み出せない**こと。そこで、人間は永遠からこのかた在ったのではなく、制限されていて、多くの人間と同様のものであるから、**実体**ではありえないのである。

〈＊[208]〉一、われわれの心は**実体**か**様態**かである。**実体**ではない。なぜなら、

心とは何かということについては[202]頁で注記されていることを参照せよ。

制限された実体が自然のうちに在りえないことをわれわれはすでに証明しているからである。ゆえに**様態**である。

二、様態であるとすると、それは実体として自立している広がりか実体として自立している思いかの様態でなければならない。広がりのではない。そのわけは云々。それゆえ思いの、である。

三、**実体として自立している思い**は、制限されていることがありえないから、**それの類の中で無限に完全**であり、神の一つの属性である。

四、**完全な思い**は、いっさいの、かつおのおのの**実在しているもの**について、ある**知**、観念、思いの様態をもたなければならない。様態についてと同様、実体もろもろについても、例外を残さずにである。

五、**実在している**と言うわけは、われわれはここで、聯結されたすべての存在者による自然全体を、個別の実在抜きに、それらの有ることにおいて知る知、観念などのことを語っているのではなく、そのたびごとに実在するようになる個物の知、観念などについてだけ語っているからである。

六、実在するようになるおのおのの個物についてのこの知、観念などは、このおのおのの個物の心である、とわれわれは言う。

七、実在するようになるいっさいの、またおのおのの個物は運動と静止を通してそのようなものになる。実体として自立している広がりのうちの、われわれが**物体**と呼ぶ様態すべてがそうである。

八、それらの多様であることはただ運動と静止の別々の釣合を通して生じ、それによって、これはそういうものだったり、そうでなかったりもしながら、これはこれであり、あれではない。

九、運動と静止のこの釣合からこのわれわれの体もまた実在するようになる。これについてもほかのあらゆる物についてと同様、知、観念などが思うもののうちになければならず、こうしてわれわれについての心もまた生じる。[209]

一〇、だがこのわれわれの体は、まだ生れない胎児のときは、別の運動と静止の釣合のうちに在った。したがってこののち死んだときはまた別の釣合になっているであろう。それでも、いまと同様に、思うもののうちには、われわれの体の観念、知などが在るであろうし、〔胎児のときには〕在った。しかしけっして同じものではないのは、いまは体の運動と静止が別の釣合になっているからである。

一一、実体として自立している思いのうちに観念、知、思いの様態を、いまこのわれわれのものが在るとおりに生ぜしめるのに必要とされるのは、等《ひとし》並《なみ》にどんな物体でもよいわけではない（その場合それ〔物体〕はいま在るのと違ったふうに知られるにちがいないから）。運動と静止に関してそういうふうに釣合っているようなある物体がまさに必要とされ、別の物体は何ら必要とされない。[210]じっさい、体がそうあるとおりに、心、観念、知などもそうなっているからである。

一二、そのような体がそれでこの自身の釣合、たとえば一対三のようなそれをそなえ、保っているなら、心と体はわれわれの〔体〕がいまある〔のに応じた〕のと同じようになっているであろう。たしかに〔体は〕たえず移り変りをまぬかれないにしても、一対三の限度を超え出るほどには大きくない。だが体が変る分、そのたびごとに心もまたそれだけ移り変る。

一三、そして、われわれにはたらきかける他のもろもろの物体から起っているわれわれのこの変化は、たえず移り変る心がこの移り変りに気づくことを伴わずにいることができない。この変化が本来感覚印象とわれわれの呼ぶものである。

一四、しかし、他の諸物体がとても強力にわれわれの体にはたらきかけるために、一対三の運動の釣合がそのままでいられないとなると、それは死である。また、心とはただ、運動と静止がそのように釣り合ったこの体の観念、知などであるなら、それは心の破壊である。

一五、だが心は思いの実体のうちの様態であるから、広がりの実体と併せてこの実体もまた知り、愛することができたであろう。そして（つねに同じものにとどまる）実体と一つに結ばれていることによって、心はそれ自身を永遠にすることができたであろう。

〔三〕だから、人間が思いについてもっているいっさいは、ただわれわれが神にあてがった思いの属性の様態にすぎない。そしてまた、人間が形や運動、そのほかの物についてもっているいっさいは、神にあてがわれている別の属性の様態[218]である。

［四］実体であることを[219]われわれでも認める諸属性なしでは、人間の自然の性は存することも解ることもできないことから、人間が実体であることを証明しようとつとめる人たちがいるのだが[220]、しかしそれは誤った前提以外に基を何ももたない。

というのも物質ないしは物体の自然の性は、この人間の体の形が在ったよりも前にもう在ったから、その自然の性は人間の体に固有ではありえない。人間がいなかったときにそれ[221]がとにかく人間の自然の性に属しえなかったことは明らかだからである。

［五］さらにかれらが原理として立てる、あるものの自然の性には、それなしではものが存することも解ることもできないものが属するということ、それをわれわれは否定する。なぜならわれわれはすでに[222]、神なしではいかなる物も存することも解ることもできないことを証明しているからである。ということは、神は、これらの個物が在って解るより前に、まずもって在り、それを解らなければならない。さらにわれわれは、類というものが定義の本性には属せず、別のものなしでは存しえないような物はまた

それらなしでは解らないことも示した[223]。そこでこれがその通りだとしたら、われわれは何を規則として立て、それによってあるものの自然の性に何が属するかが識られることになるのだろうか。

規則とはこうである。**あるものの自然の性には、それなしではものが存することも解ることもできないものが属する。**だがこれはそれにとどまらず、命題がつねにたがいにひっくり返せるようなしかたになっており、すなわち、〔自然の性に属すると〕**述べられたものもまた、ものなしでは存することも解ることもできない**[224]。人間を成り立たせるこれらの様態について、われわれは次の第一章の開始とともに論じることに取りかかる[225]。

あるものの自然の性に属するものの定義。

第一章

思い込み、信、識っていることについて[226]

［一］人間を成り立たせる様態*のことを語り始めるのに、われわれは第一にそれらが何であるか[227]、第二にそれらの果していること[228]、第三にそれら

の原因を述べるであろう。

最初の点に関して、[229] われわれに最初に知られているそれらから始めよう。すなわち、**われわれ自身の認識とわれわれの外に在る物どもとについてのいくつかの覚知**、あるいは**意識**である。[230]

＊[231] 人間を成り立たせる諸様態とは、**思い込み**、**本当の信**、**明晰判明な知**に区分け[232]され、対象によりそれらのおのおのの性質に応じてひき起された覚知である。

〔二〕これらの覚知をわれわれは次のように得る。一、ただ信＊[233]〔思い込み〕によって（その信は体験か聞き伝えかによって生じる）。二、またわれわれは本当の信によってそれらを手に入れる。あるいは三、明晰判明な覚知によってそれをもつ。

最初のは普通間違いやすい。二番目と三番目は、それぞれに異なりはしても、間違わない。

＊[234] この〔類《たぐい》の〕信による覚知は一四五頁[235]でまず詳述される。ここもそうなのだが、そこでは思い込みと呼ばれ、じっさいそのとおりである。

〔三〕だが、このすべてをもう少しはっきりと解るように、われわれは次のように比例法〔三数法〕から採った例を示そう。(236)

（一）ある者は次のように言われるのをただ耳にした。比例法では第二の数に第三の数を掛け合わせ、第一の数で割ると、第四の数を見出す。この数は第三数に対して、第二数が第一数に対するのと同じ割合である、と。そして、このように教えてくれた者が嘘をつくこともありえたにもかかわらず、この者はそれにしたがって自分の計算を進める。このとき比例法についてもった認識といえば、たとえば目の見えない人がもつ色の認識以上のものではない。こういう具合にこの者がもしかしてそれについて言ったかもしれないようなことは全部、鸚鵡《オウム》が為込まれたことを真似るように喋ったのである。

（二）別の者はのみ込みにもっと敏《さと》く、このような聞き伝えでは満たされない。いくつか個々に計算して試してみて、言われたことと一致することを認めて、それからそれを信用する。ところが当然われわれは、この者も間違いやすいと言った。じっさいどういうふうにしてこの者は、いくつかの個々に関する体験が自分にとってすべてに関する一規則となりうることを確信できるのか。(237)

（一）この者は思い込んでいるだけか、あるいは普通言われるように、ただ聞き伝えによって信じている。

（二）この者は、ただ聞き伝えによってではないが、体験を通して思い込み、あるいは信じる。これらが思い込みの人の二通りである。

（三）三番目の者は聞き伝えでは、欺かれうるので、満足しない。また規則になるのが不可能なので、いくつかの個々に関する体験でも満足せず、真の理性にそれをたずねる。これは、よく用いたときにはけっして欺いたことはなかったのである。この理性はそれで、こうした数の割合の特性を通して、こうであって、他ではありえなかったこと、またなりえなかったことをその者に告げる。

（四）だが四番目の者は、最高に明晰な知をもっていて、聞き伝えも体験も推理の術も必要としない。この者はみずからの直観によってただちに割合とすべての計算(238)を見抜くからである。

（三）この者は、けっして自分を欺きえない本当の信によって確信する。そして本来の信じる者である。

（四）ところがこの最後の者はけっして思い込んだり信じたりする者ではなく、ものそのものを、別の何かを通してではなく、ものそのものにおいてみつめる者である。

第二章

思い込み、信、明晰な知とは何か(239)

［一］そこでこれからわれわれは前の章で述べたさまざまな認識の果していることを扱うことになる。またついでとして、思い込み、信、明晰な

思い込み、本当の信、明晰な知のさらに詳しい説明。どうしてそう呼ばれるのか。

知が何であるのかをもう一度述べるであろう。第一のものは**思い込み**、第二のものは**信**とわれわれに呼ばれるが、しかるに第三のものこそわれわれが**本当の知**と呼ぶものである。(240)

［二］**思い込み**とわれわれがそれを呼ぶのは、それが間違いやすく、われわれが確信している何かにあってはけっして起らず、推し量り思いなすと語られることにおいてまさに起るからである。

信とわれわれが第二のものを呼ぶのは、われわれがただ推理のみによって把握する物は、われわれによって見てとられるのではなく、ただ、こうでなければならずほかであってはならないという知性のうちでの確信によってわれわれに知られている(241)だけだからである。

しかるに**明晰な知**とわれわれが呼ぶのは、もろもろの論拠による確信を通してではなく、ものごとそのものを感じ、享受することを通して在るものであり、ほかのものよりはるかにまさる。

［三］以上のことを言っておいて、これらの**果していること**[三]に入ろう。それについてわれわれは次のように言う。第一のものからはあらゆる情念（**受動**）(242)が生じ、それは説得力のある理由と対立する。第二のものからは適切な**慾望**[四]、そして第三のものからは真の誠実な**愛**[五]が、そこから芽生えるすべてのものとともに、生じる。

頁の信の定義を見よ。意志と受けとられた肯定がどういう点で信と異なるかについては　頁を見よ。

ここまでは思い込み、本当の信、明晰な知が何であるかについてで、続いていまからそれらの果すことについてである。

［四］ [六]こうしてわれわれは心のうちのあらゆる情念の最近原因を、認識と想定する。というのも、もしある者が、いま挙げた事由とやりかた[243]に立って覚知することも知ることもないとしたら、その者が愛や慾望、あるいは意志の何らかの別の様態へ動かされうることはまったく不可能だとわれわれは考えるからである[244]。

真の、竝びに誤った認識から心のうちのあらゆる情念が生れる。

第三章

情念の出処。思い込みからの情念について[245]

［一］ さてここで（受動）情念[246]が、われわれが言ったように、思い込みから生れるようになるのはどのようにか、ちょっと見よう。これをうまくわかりやすく行うために、個別の情念からいくつかを取り上げて[247]、それを例として言おうとすることを示すことにする。

どのように情念が思い込みから生れるようになるかということは、第一章で行うと約束していた二番目のことである。

［二］ **驚き**を第一[七]のものとしよう。これはものごとを第一のやりかたで知る人に見出される。*じっさいその人は個別のいくつかから、普遍である[248]

一、驚きについて。

一つの結論を得るから、この自分の結論に違《たが》うものを見るときには、びっくりする。ちょうど、ある者が短い尾の羊しか見たことがなくて、長い尾のモロッコの羊に驚くようなものである。

同じようにある田夫《でんぷ》のこういう話がある。その男は自分の土地の外にはほかの土地などないとみずから信じ込んでいた。ところが牝牛が一頭いなくなったことに気づいて、遠くよそへ探しに行くのを余儀なくされ、自分のわずかな土地の外になおほかの土地が非常にたくさんあることに驚いたのだった。

*[249] このことは、驚きにはいつも形式に適った推論が先立たなければならないと厳密に解すべきではない。推論が伴わなくてもそれはやはり生じる。われわれが黙ってはいるが、ものごとがそうであって、習慣のように見たり聞いたり解ったりしているとおりと異ならないと思いなしているような場合である。**たとえばアリストテレスが犬は吠える動物であると言う場合、それゆえ、吠えるものはみな犬である**と結論する。ところが、ある田夫が**犬**と言う場合には、アリストテレスが自分の定義で解しているのとまさに同じものを黙って解っている。そこで田夫は吠えるのを聞けば、**犬**だと言う。このようにしてもしある時別の動物が吠えるのが聞かれたとすれば、全然推論をし

なかった田夫も、推論をしたアリストテレスとまさに同じように驚いているだろう。さらに、もしわれわれが前には思ったことがなかった何かに気づくようになるとすれば、そのことはやはり、これに相似たものを、全体であれ部分であれ、前もってわれわれが知っていなかったというようなことではない。ただ、すべてではそういうふうになっていなかったか、われわれがそれからそのように触発されたことがなかったか、といったことなのである。

［三］そしてたしかにこのことは多くの哲学者にあっても起るにちがいない。かれらは自分のいるこのちっぽけな土地かちっぽけな地球の外には（他には何も観察しなかったので）もうほかのものはないと自分で信じ込んだ。しかし本当の推論を行う者にあってはけっしてない。これが一番目である。

［四］第二[八]は愛になる。これは本当の覚知からか、臆見(250)からか、おしまいにあるいは聞き伝えだけからも生れるから、最初にわれわれはどのようにして臆見から、そのあとでどのようにして覚知から生れるかを見ることにする。というのは、初めのほうはわれわれの破滅に繋がり、二番目のものはわれわれの至上の救いに繋がるからである。それから最後のもの〔聞き伝え〕によってどのように生れるかを見ることにする。

二、愛は思い込みから、明晰な知から、そしてまた聞き伝えによっても生じること。これがすべての善と悪の礎である。第一四章、頁を見よ。

［六］[251] そこで初めのものに関して言えば、次のようなものである。誰かが何か善いものを見る、あるいは見ると思い込むたびに、いつもそれと結びつくことに傾き、そこに認める善さのために、最善のものとしてそれを選ぶ。そのとき、それのほかにはもっと善いものも快いものも知らないのである。だが（こうした場合にたいてい起るように）その者がいま知られているこの善いものよりももっと善い何かを知るようになることが起るに到るときには、その愛はただちに初めのものからもう一つの第二のものへ向きを変える。このことすべてをわれわれは人間の自由について論じる中でもっと明瞭にはっきりさせる。

思い込みからの愛について。

どのようにしてこれは移り変ることになるのか。

［七］本当の覚知からの愛については*、ここはそのことを語る所ではないから、いまここでは脇に置いて過ぎ[252]、最後の三番目すなわちただ聞き伝えによって生じる愛について語ることにする。

聞き伝えからの愛について。

*[253] 本当の覚知あるいは明晰な知からの愛については、思い込みから生じるのではないから、ここでは扱わない。だがそれについては第二二章の　頁を見よ。

［五］これをわれわれは普通父親とのかかわりで子どものうちに認める。

父親があれこれを善いと言うので、子どもはそれについてもっと何かを識ることなしにそちらに傾く。

同様にこのことをわれわれは、祖国への愛から自分の命を捨てるような者や、或ることの聞き伝えによってそれを好きになるような者のうちにも見る。

［八］次に、愛と正反対の憎[九]しみは、臆見から生じてくる思い違いから生れる。なぜなら、誰かが何かについて善いという結論を下しているところへ、別の者がこれの不利になる何かを行うに到れば、初めの者にはそれをする者に対して憎しみが生れる。が、これは、この先で言うように、真の善というものが知られていれば、まずその者に起りえなかったであろうから。というのも真の善との対比で、もしかして在るか、思いつかれるかするのは、せいぜい惨めさそのものしかないからである。そうすると、そのように惨めさを愛でる者は、憎しみよりはむしろ憐れみに価するのではないだろうか。

それから最後に、憎しみは聞き伝えだけからも生じてくる。ちょうど、**ユダヤ人**と**キリスト教徒**に対した**トルコ人**、**トルコ人**と**キリスト教徒**に対した**ユダヤ人**、**ユダヤ人**と**トルコ人**に対した**キリスト教徒**のうちなどにそれが見られるようにである。じっさい、これらすべての民にあって、一方

三、愛の反対の憎しみは思い込みから生れる。

真の善を知る或る者のうちではけっして起りえない。

は相手の宗教と慣習を何と識らずにいることであろう。
［九］慾望。[一〇] それは、ある人たちが主張するように、欠けているものを手に入れようとする欲求あるいは衝動《きもち》だけに存しようと、それとも別の人たちが主張するように、*われわれがもうすでに享受している物を保つことに存しようと、善という外形をとらなければ、(254) 誰のうちにも生じるのを見出せないことはたしかである。

*(255) 初めの定義が一番よい。というのも、もしものごとが享受されるならば慾望はやむからである。その際そのものごとを保とうという、われわれのうちに在る構えは慾望ではなく、愛した事物を失うことへの恐れである。

［一〇］こうして慾望は、まえに話題にした愛とも同じで、第一の知りかたから生じてくることが明らかである。というのも、誰かがある物に関してそれが善いと聞くと、そのものへの欲求と衝動をもつ。それはちょうど、病人がこれこれの療法が自分の病気に良いという医者からの聞き伝えだけで、ただちにそれに傾くことに見られるようなものである。
慾望は経験からも生じる。一定の療法が良いことをいくたびか発見して、それを誤りないものと考えがちな医者の実務に見られるようにである。

四、慾望は、さきの思い込みからの愛と同じく、善という外形をとって生じる。

(256) 経験からも生じてくるのは、わたしには満足ではない二番目の規定によってである。

［一一］　われわれがいまこれらについて言ったすべては、めいめいに明らかなように、ほかの情念すべてについて言うことができる。そこで、われわれは以下で情念のどれがわれわれにとって理性に適うものであり、どれが理性に適わないものであるかということの探究を開始することになるので、ここではこのままにして、そのことはもう述べないことにする。

(257) いまこれらのわずかだが最も主要なものについて言われたことは、ほかのすべてについても言われうる。これでもって思い込みから生じてくる情念についてはおしまいにされる。

第四章

信からは何が生じるか。そして人間の善と悪について(258)

［一］　前の章でわれわれは情念がどのようにして思い込みの間違いから生じてくるかを示したから、ここでちょっと知の他の二つのしかたの果し

本当の信の果していること〔効果〕について。

ていること〔効果〕を見よう。最初はわれわれが本当〈*〉の信と呼んだものについてである。

〈*〉[259] 信はもろもろの理由による説得力ある証言である。それによってわたしは、ものごとがわたしの知性の外で本当に、わたしが自分の知性のうちでそれについて確信しているとおりそのように在ることを、自分の知性のうちで確信する。[260] わたしが「もろもろの理由による説得力ある証言」と言うのは、それによって信を、いつでも疑わしく、間違いやすい思い込みから区別し、また理由による確信ではなくものごとそのものとじかに結ばれていることに存する識っていることから区別するためである。「ものごとがわたしの知性の外で本当にそのように在る」とわたしは言う。本当にというのは、理由はこのことでわたしを欺くことができないので。さもなければそれは思い込みと異ならないからである。そのようにというのは、それはわたしに、何であることがものごとに属するかをただ告げるだけで、ものごとが本当に何であるかを告げはしないからである。そうでないと、それは識っていることと異ならない。外でというのは、それはわれわれのうちに在るものではなく、外に在るものをわれわれに知性に適するように享受させるからである。[261]

[二] 一三[262] これはたしかに何であることがものごとに属するかをわれわれに

示しはするが、それが本当に何であるかを示しはしない。そのことが理由で、それはけっしてわれわれを信じられたものごとと結合させることができない。わたしの主張は、それがわれわれに、何であることがものごとに属するかということだけを教え、ものごとが何であるかは教えないということだが、この二つには大きな違いがある。というのも、比例法の例で言ったように、もし或る者が、第二数が第一数に対するように第三数と対応する第四の数を割合によって発見できるならば、(割り算と掛け算を使って)その者は四つの数が比例していなければならないと言うことができる。たとえそうであっても、その者はやはり自分の外に在るものごとのようにそれについて語る。しかしもしその者が、四番目(263)の例でわれわれが示したように割合をみつめる*ようになるなら、そのときはものごとが自分の外にではなく、うちに在るから、ものごとがそうなっていることを真実に言っている。(264)一番目の効果については以上である。

[三] 本当の信の二番目の効果は、それがわれわれ[一三]に明晰に解らせて、そのことによってわれわれは神を愛《いつく》しむ、またこうしてわれわれに、自分のうちにではなく外に在る物に、知性に適するように気づかせることである。

[四] 三*番目の効果は、それがわれわれ[一四]に善と悪の知をもたらし、絶た

一二 第一の効果は、何であることがものごとに属するかを、それがわれわれに指し示すことである。

＊これについては一四四頁を見よ。

一三 第二の効果は、それがわれわれの外に指し示し見せるものごとを、知性に適するようにわれわれに享受させることである。ということはものごとそのものではなく、それが何でなければならないかを明晰判明に認識させることである。

れるべき情念すべてをわれわれに指し示すことである。思い込みから生じてくる情念が大きな悪をまぬかれないことはわれわれは前にもう言っているので、(266) それがどのようにまたこの第二の認識を通して篩《ふるい》にかけられるかを覗いて見て、そのうちで何が善で何が悪であるかを見ることは、労に価する。

このことをしかるべく行うために、前と同じやりかたを用いて、われわれが選ばなければならないものはどれで、退けなければならないものがどれかを知り得るように、そばに近づいてそれらを調べることにしよう。

だがそこへ行き着く前に、あらかじめ人間の善と悪というものが何かを手短に言っておこう。

［五］　われわれはもう前にあらゆる物が必然ならしめられていて、**自然***　**のうちには善も悪も**ないと言った。(267) だからわれわれが人間について言わんとすることはみな、人間の類に関しているにちがいなく、それは**理屈上の存在**にほかならない。*そしてわれわれがある［一五］完全な人間の観念(268)をおのれの知性のうちで念っているときには、それは（［一六］われわれがみずからを吟味する場合に）そうした完全さへ到る何らかの手だてもわれわれのうちに在るかどうかを見るための(270)原因たりうるであろう。

［六］　［一七］このゆえに、われわれをその完全さへと進めさせるものすべてを

(265) *第三は、われわれに善と悪の区別をもたらすことであり、もろもろの情念のうちどれをわれわれは絶たなければならず、どれがそうではないか［を指し示す］。

そしてどのようにこうしたことが行われるか。

本当の信の第四の効果については　頁を見よ。それはわれわれに真理と虚偽がどこに存するかを指し示すということである。

人間の善と悪について。

*それそのものは自然のうちにはなく、われわれの知性のうちに在ること。

(269) *ある完全な人間の観念をもつのに応じて、そこへ辿り着く手だてが在るかどうかが見てとれることになるであろう。

われわれは善と名づけ、反対にそれを礙げ、あるいはまたそこへ進めさせないものを悪と名づけることにする。

［七］そこで、一七[271] もしわたしが人間の善と悪というものに関して、何かを語ろうと願うなら、わたしは、言ってみれば、一人の完全な人間を念わなければならない。それは、**たとえばアダム**の善と悪について論じるときには、物としての存在（*ens reale*）を理屈上の存在（*ens rationis*）と一緒くたにするからで、まっとうな**哲学者**はそういったことをよくよく周到一八に避けなければならない。それはわれわれがこの先で、あるいは別の折に詳しく述べる理由のためである。[273]

［八］さらに加えて**アダム**の、または何らかの他の個別の創造物の目的は、結末によってしかわれわれには意識されないので、われわれが人間の目的について言いうることもまた、われわれの知性のうちのある完全な人間の思念にもとづ＊いていなければならない。[274] その目的はひとえに**理屈上の存在**であるから、まさに識ることができる。そしてまた、すでに言ったようにそれの善と悪もそうで、これらは思いの様態でしかない。

＊[275] じっさい個々のいかなる創造物からも、完全である観念はもつことができないからである。というのも観念[276]のこの完全さそのもの、それが本当に

一七 そのような観念にしたがって、われわれをそこへ進めさせうるいっさいを善と名づけることができる。また、われわれを〈そこへ進めさせなかったり[272]〉そこで礙げたりするものすべてを悪と名づけうるであろう。

一八 この観念はただの**理屈上の存在**にちがいない。**物としての存在**ではなく、またそれと一緒にされない。

＊ 前になされた論から、どのようにして覚知から心のいっさいの傾きと動きが生れるかが明らかであること。

そうであるのか否かは、ある普遍的な完全な観念あるいは**理屈上の存在**からしか導き出すことができないからである。

［九］(277) さて、いましだいにことの核心に入ると、われわれはすでに前もって、どのように覚知から心の動き、傾き、はたらきが生れるかということを示した。そして覚知そのものを四つの種類に分け、**聞き伝えだけ**、**経験**、**信**、**および明晰な知**とした。われわれはこれらすべての果していることをもう見たから、そこから第四のもの、[一九]すなわち明晰な知がすべてのうちでもっとも完全であることが明白である。というのも思い込みはわれわれをしばしば間違いに導くからである。本当の信はただ、われわれを本当に愛するに価する物どもに目覚めさせることで、本当の知への道になるからという理由でのみ善である。だからわれわれの探し求める最終目的、われわれが知るもっとも上等のものは**真の知**である。

［一〇］[二〇]だがこの真の知もその前に現れる対象に応じてまたさまざまである。だから一つに結ばれるようになる対象(278)がより善ければ、この知もまたそれだけ善い。[二一]このゆえに、(最完全な**存在者**である) 神と結ばれ、そのように神を享受するのが、この上なく完全な人間である。

［一一］(279) そこで情念、受動のうちで何が善であり、悪であるかを見出す

以上のすべてから明らかなのは、心のうちにあって四番目の様式、すなわち明晰な知がどのようにすべてのうちでもっとも完全であるかということである。

そしてまた、われわれが探し求め、知らなくてはならないものの最終目的でもある。

対象に応じてまたさまざまであり、より善かったり、より悪かったりする。

それが神を対象にもつときにもっとも完全である。

ために、すでに言っておいたように、個別にそれを取り上げよう。[二三]まず最初は驚きについてである。これは、ものの識らなさか先入見から生れるようになるから、これはこの情動に服する人間のうちでの不完全さである。わたしが不完全さと言うのは、驚きはそれ自身によっては何らかの悪へ導きはしないからである。

第五章

愛について(280)

［一］愛とは、ある事物を享受し、それと結ばれることにほかならない。われわれはそれの対象のどのようであるかに応じてそれを分けることになる。人間が享受し、それと一つに結ばれようと求める対象の、である。

［二］[二四](281)それ自身では滅びる対象がある。[二五]次なるものはそれの原因によってまさに滅びない。対するに三番目のものはただそれ自身の力と権能によって、永遠、不滅である。

（一）驚きにはどんな善または悪があるか。それはある不完全さであること。

（二）愛にはどんな善あるいは悪があるか。それは愛された事物との結合に存すること。そして対象のどのようであるかに応じてさまざまである。その対象のうちのあるものはそれ自身の自然の性によって滅びる。次なるものはただそれの原因によって滅びない。しかるに第三のものはただそれ自身の力によって永遠、不滅である。

それ自身の自然の性によって滅びるのはどんなものか。

滅びるものとは個物のすべてである。それらはいつでも在ったのではなく、言い換えるなら、始まりをもっている。

次なるものとは、われわれが個別の様態の原因であると言った様態すべてである。[282]

しかるに第三のものは神である。あるいはわれわれが一つの同じものとみなす[283]真理である。[284]

〔三〕愛はわれわれがあるものについてもつ覚知と認識から生れる。そしてものがいっそう大きくすばらしく自身を見せるのに応じて、愛もまたわれわれのうちでますます大きくなる。

〔四〕二通りのしかたでわれわれは愛から離れのがれることができる。もっと善いものを知ることによってか、それとも、大きくすばらしい何かと思われている愛しているものがたくさんの禍《わざわい》と悲惨をひきずってくるのを体験することを通してかである。

〔五〕愛はまた、われわれがけっしてそれから（驚きやほかの情念からのようには）解放されようと力めないようなものである。二つの理由のためである。第一に、それは不可能であるので。第二には、われわれがそれから解放されないことが必要であるので。

不可能であるのは、それがわれわれしだいのことではなく、われわれが

どんなものがただそれの原因によって滅びないのか。一二九頁以降を見よ。

第三のものはどんなものか。

[285] どこから愛は生れるのか。すなわち認識からであり、われわれによって知られるものがすばらしいほど、愛はいっそう大きくなるし、そうでなければならない。

二通りのしかたで愛は消滅するようになる。もっと善いものを知ることによってか、愛がひきずってくる禍と悲惨によってかである。この愛は体験による情念と一つの同じものである。それについては第二一章　頁を見よ。

愛からは、ほかの情念からのようにはけっして離れのがれようと力めない。二つの理由のためである。一、それは不可能であるので、二、愛がわれわれには必要であるので。

*対象のうちに認める善さと利益のいかんにのみかかっているからである。われわれがそれを愛したくないなら、必然のこととして先立ってわれわれに知られていてはならなかったのだが、それはわれわれの自由にならない。言い換えるならわれわれしだいではない。じっさい、もしわれわれが何も知っていないとすれば、たしかにわれわれはまた在りもしないことになるのだから(287)。

それから解放されていないことが必要であるのは、われわれは、結ばれて強くしてくれる或るものを享受せずには、自分の自然の性の弱さゆえに生きていることができないだろうから。

[六] それではこれら三種類の対象のうち、われわれはどれを選び、どれを退けなければならないだろうか。

二七 **滅びるもの**(289)**に関しては**(われわれは、言われたように、自分の自然の性の弱さゆえ必ず何かを愛し、生きていくためにそれと一つに結ばれなければならないからには)、滅びるものを愛して、これと 二八 結ばれることでは、われわれはけっしておのれの自然の性を鞏固にされないことはたしかである。そうしたもの自身が脆く、足の利かない者がもう一人の同じ者を支えられないからである。しかもこれらはわれわれを扶《たす》けないばかりか、みずからして 二九 われわれにとっては有害なのである。というのもわれわれは、愛

(286) *われわれが愛さないのなら、それはわれわれに知られていてはならなかった。ところでこの知はわれわれの自由に依らない。それゆえに。

不可能。それがわれわれしだいのことではなく、もののうちに見られる善さにかかっているので。

(288) 必要。われわれは何かと結ばれずには、生きていることができないので。

それではこれら三つの対象のうち、われわれはどれを選ばなければならないのか。

その自然の性によって滅びるものとはわれわれは結ばれようと力めてはならない。それによってはわれわれはおのれの自然の性を鞏固にすることを何ら得られないが、にもかかわらずこれがめざされていることだからである。しかもそればかりか、それらはわれわれに

とは、すばらしくまた善いとわれわれの知性が判断する対象と一つに結ばれることであると言ったが、これをわれわれは愛する者[290]と愛されたものとが一つの同じものになる、言うなら、一緒に一つの全体をつくりなすような結びつきと解するからである。だから何らか滅びる物どもと結ばれる者はいつもきっと*惨めである。これらはその者の力の埒外に在って、多くの偶然にゆだねられているから、それらが*はたらきを受けるようになるときには、その者はそこから自由になることが不可能だからである。この結果われわれはこう結論する。なおいくらかは有ることをそなえる滅びる物を愛するこの人たちがかくも惨めであるとすれば、まったく何ら有りかたをそなえない栄誉、富、官能の快楽を愛する人びとはまさに何と惨めであろうか。

［七］このように滅びる物どもと手を切るために[三〇]理性がわれわれにどう指し示すかということはこれで十分示されているとしよう。いま述べたことで、これらの物を愛することのうちに埋め込まれ、隠されている害毒と悪がわれわれに明らかに指し示されているからだ。とはいえ、これらを享受することによってわれわれがどんなすばらしい、すぐれた善と袂を分たれるかということに心を留めるなら、われわれはこれをなお比べものにならないくらい明瞭に見てとる。

とって有害でさえある。

(291) *物は多種多様の偶然にたえずゆだねられ、それらによってわれわれを惨めにする。

*われわれはそれらと結ばれると、またそれらでもって必然にはたらきも受けるようになるから。

われわれはなおいくらかは有ることをそなえるこれらと結ばれてかくも不幸である。それならまったく何ら有ることをそなえない栄誉、富、官能の快楽と結ばれたら、われわれは何と惨めであろう！

［八］[292] さきほどわれわれは、滅びる物どもがわれわれの力の埒外に在ると言った。われわれの言うことがよく解ってもらえるようにしよう。われわれはみずからが別の何にも依存していない何らか自由な原因であると言おうとしているのではない。そうではなく、ある物どもがわれわれの力のうちに在り、別の物どもがその外に在るとわれわれが言うとき、**われわれの力のうちに在るもの**とは、自分がその一部分である自然の次第を通して、あるいは自然と一緒に、**われわれがなし遂げるようなもの**と解し、**われわれの力のうちにないもの**とは、自然によってそのように定められたわれわれの物としての有りかた[293]からは非常に懸け隔たっているから、**われわれの外に在るのも同然、われわれによっていかなる変更も受けないようなもの**と解している。

［九］そこで続けると、われわれは第二の類《たぐい》の対象に辿り着く。これらは永遠、不滅ではあるが、しかしながらそれら自身の力でそうなのではない。[三二] しかも、このことをほんの少しでも調べると、すぐにわれわれは、これらがただじかに神に依存する様態*にすぎず、それ以外ではないことに気づくことになる。これらの自然の性はそのようなものだから、われわれが同時に神のある思念をもたなければ、これらはわれわれには念えない。神は完全であるので、必然そこにわれわれの愛は静止しなければならない。

これに関して理性がわれわれに指し示すことは十分とすべきである。

とりわけ、これらと結ばれることで、どんな善いものをわれわれが奪われるかを見るならば。

われわれの力の外に在る、あるいはわれわれに依存しない物とは何とわれわれは解するのか。一五九―一六〇頁。

そういうことなら、われわれは原因によって不滅である対象とも結ばれてはならない。それはわれわれの述べた第二の対象である。

[294] *それはただじかに神に依存する様態にすぎないので。それらと結ばれることができないのは、われわれはこれらを神なしには知ることができず、また神を知ればこれらを愛するなどありえないからである。

ひと言で言うと、われわれが自分の知性をよく用いるなら、神を愛さずにおくようなことはわれわれには不可能であろう。

〔一〇〕なぜかという理由は明らかである。（一）まず第一に、われわれは独り神だけが有ることをそなえ、ほかのすべての物は有るもの〔存在者〕ではなく様態にすぎないことを見出すので。そして様態はそれらが直接に依存する有るものなしにはただしく解ることができない。またわれわれはもうまえに、何かを愛しているわれわれが、自分の愛するものより善いものを知るようになれば、いつでもすぐさまそちらに傾いて、初めのものを捨て去ることを示しているから、もしいっさいの完全さを自分独りのうちにそなえる神をわれわれが知るようになれば、われわれは必ず神を愛さなくてはならないことが、反駁の余地なく出てくる。

〔一一〕（二）第二に、もしわれわれがものごとを知るに際して自分の知性をよく用いるならば、それらをその原因において知らなければならない。するといま、神はほかのすべての物の第一の原因であるから、神の知は（*ex rerum natura*）ものごとの自然にしたがい(298)、ほかのすべての物の知に先立つ(299)。ほかのすべての物の知は第一の原因の知から出てこなければならないからである。そして本当の愛はつねに、ものごとがすばらしく、また善いという知から生じる。すると、愛は[三三]われらが主なる神より以上は誰の

神を知れば、われわれは神を同時に愛さずにおけないから。

(295)（一）神独りが有ることをそなえ、ほかのすべての物は様態にすぎないので。ところで、有るものそのもののように、偶然のもの(296)にまさってはるかにすばらしければ、その存在者はこれを知る者によって愛されなければならないことがますます必然的である。「偶然のものにまさって」と言うわけは、われわれはより善いものを知ると、いつもより善いものを愛するからであり、一五九頁でわれわれの示したとおりである。

(297)（二）われわれはものをそれらの原因において知らなければならないので。

こうして神は必然のこととしてほかのすべての物を知るに際して先立つ。それらは神なしには知られることができないからである。

上にも強く注がれることができないという以外、何が帰結しえよう。じっさい、それのみがすばらしく、完全な善であるのだから。

［一二］こうしてわれわれはいま、どのように愛を勁いものにするか[300]、またどのようにそれがただ神のうちにのみ静止しなければならないかを見てとる。*そこで、愛についてなお言葉を尽さなければならなかった点は、認識の最後のしかたについて扱う折に行うことに力めるであろう。ここは続けて、まえに約束したとおり、情念のうちどれをわれわれは受け入れ、どれを退けなければならないかを探っていくことにする。

第六章

憎しみについて[302]

［一］憎しみとはわれわれに対して何らか悪をひき起している或るものを自分から遠ざけようとする傾向である。さてそこで、どのようにわれわれは自分のなすことを二種類のしかたで、すなわち情念とともに、または

そして愛はつねにものごとがすばらしいという知から生じる。ところで神よりすばらしいだれがありえよう。それゆえに。

[301]*愛についてなお言葉を尽すべきことをわれわれは　頁で行う。そこでわれわれは続けて先へ進み、信の第三の効果が憎しみのうちの善と悪に関してわれわれに何を指し示すかを、示すことにする。

憎しみとはわれわれに対して悪をひき起しているものを自分から遠ざけようとする傾向であること。

交えずに実行するようになるのかということが考慮される。

*情念とともにとは、何か悪いことをした召使に対する主人によく見られるようなもので、通常怒りを伴わずには起らない。

情念を交えずにとは、ソクラテスについて言われるようなことである(304)。ソクラテスは自分の奴隷を矯正するために為置きせざるをえなくなったときに、この奴隷に向う自分の気持が乱れているとわかった場合にはそれを行わなかったという。

[二] さて、われわれの為すことが、**情念**とともにか、それとも交えずに行われるということが見てとられるからには、われわれ[三三]をなやますか、なやましていたような物は、必要なときには、自分を乱さずに退《の》けられうるのは明らかだと思う。そこで、より善いのはどちらだろうか。われわれがそうした物を嫌悪や憎しみとともにまぬかれることか。それとも、理性の力により気持を乱さずに（われわれはそれを可能なことと考えるから）それらを忍ぶことか。まず第一にたしかなのは、われわれの行うべきことを**情念**を交えずに行う場合には、そこから何ら悪は生じえない。そして善と悪のあいだに中間はないから、**情念**とともになすのが悪いなら、[三四]それを交えずになすのは善くなければならないことをわれわれは見てとる。

[三] そうはいっても、ものごとを憎しみや嫌悪とともにまぬかれるこ

(303) *われわれは情念とともにか、または交えずになすことができる。情念とともにとは、目上の者がその配下の者に向ってよく行うようなことである。交えずにとはソクラテスについて言われるようなことである。

さて、われわれは情念を交えずになしうるからには、一番善いのは何であろう。自分に対して悪をひき起す者を憎しみとともにまぬかれることか、それとも気持を乱さずにその者を忍ぶことなのか。

われわれが情念を交えずに何かを行う場合には、そこから何ら悪は生じえない。ところで、善と悪のあいだに第三のものはない。ゆえに情念とともになすのは悪い。交えないほうは善い。

とに何らか悪がそなわるかどうか、一応それを細かく見よう。

臆見から生じる憎しみ*に関しては、それがわれわれのうちに起されてはいけないことが確かである。薬用植物においてつねにそうであるように、同一のものが、あるときはわれわれにとって善く、またあるときには悪いことをわれわれは識っているからである。

最後に、憎しみは思い込みによってのみ生れるのか、もしかして本当の推理によってもわれわれのうちに生れることはないのかが、問題になる。だがそれをしかるべく見きわめるには、憎しみが何であるかをわかりやすく解明して、それを嫌悪からただしく区別するのがよいと思う。

［四］そこでわたしはこう言う。憎しみとは、意図して承知しつつわれわれに悪いことをした誰かに対した心の乱れである。しかるに嫌悪とは、あるものごとに性来そなわるとわれわれが解っているか思い込むかしている嫌なことあるいは疵から、これに対してわれわれのうちに生れている乱れである。「性来」と言うのは、それをそういうものと思い込んでいない場合は、たといそれから何か妨礙《ぼうがい》もしくは疵《きず》を蒙ったとしても、反対にわれわれはそれから何らか利用価値を期待できるので、嫌悪を抱かないからである。ちょうど、誰かが石かナイフでけがをしたとして、そのためにそれらに嫌悪をもたないのと同じことである。

(305) *憎しみが思い込みから生じるとすれば、われわれのうちに起されてはいけない。

しかしそれはもしかして本当の推理によっても生れることはないのかが探究されるべきである。

これには、憎しみをわれわれがしかるべく解明し、嫌悪からただしく区別することが必要となろう。

憎しみとはわざと承知のうえでわれわれに悪いことをした者に対した心のうちの乱れであり、嫌悪とは、それの自然の性からわれわれを傷つけたと思い込むか、または本当に傷つけたあるものごとに対したわれわれのうちでの乱れである。

［五］ このように指摘しておいてちょっと手短にこの二つの果していることを見よう。すると、憎しみからは悲しみが生じる。[三六][306]そして憎しみが大きいと、それは怒りを醸成する。これは憎しみのように、憎んだものからまぬかれようと力めるだけではなく、できるならそのものをなくそうとさえ力める。この大きな憎しみからはまた妬《ねた》みも生じる。

しかるに[三七]嫌悪から生じるのは何らかの悲しみである。そのわけはわれわれが何かを奪われることに力めるからであり、このものは物としての性格をそなえていて、だからつねにおのれの有りかたと完全さをもつにちがいないからである。

［六］ 以上述べたことから、われわれが自分の理性をよく用いるなら、何かのものに対して憎しみも嫌悪も抱けないことが容易に解ってもらえる。そうする場合われわれはものそれぞれにそなわる完全さを奪われるからである。そしてまたわれわれは、だれかに対して寸分の憎しみもけっして抱けないことを理性によって見てとる。自然のうちに在るいっさいは、それについてわれわれが何かを意図するとすれば、われわれのためであれ、ものそのもののためであれ、われわれはいつでもそれをより善いほうへ変えなければならないので。

［七］ ある完全な人間[308]は、われわれがいまのところ、あるいは念頭に置

この二つの果していることは何か。憎しみからは悲しみが生じ、憎しみが大きいと、怒りが生じる。

妬みも生じる。

しかるに嫌悪からは何らかの悲しみが生じる。そのわけは、もののうちになお別にそなわる完全さをわれわれが一緒に奪われるからである。

(307) ここから、自分の理性をよく用いるなら、われわれは何かのものに対して憎しみも嫌悪も抱けないことが出てくる。するとそれは本当の推理からは在りえない。だれか人間に対してもどんな理由でもそうである。

いて、知るもっとも善いものであるので、われわれにとっても個々の人間おのおのにとっても、われわれがかれらをいつもかの完全な状態へ向けて育もうと力めるのは懸け離れて最善のことである。なぜならその場合に甫めて、われわれはかれらから、またかれらはわれわれから、一番多くの実りを手に入れられるからである。[309] このための手だては、われわれがみずからの善き良心そのものによって不断に教え勧められるように、かれらのことをたえず心がけることである。これはけっしてわれわれが破滅に向うようには駆り立てず、つねに救いのほうへ促すからである。

［八］結論として言う。憎しみと嫌悪は、愛が反対に完全さをもつのと同じだけ多くの不完全さをそなえている。じっさい後者はつねに改善、強化、増大に到らせ、このことは完全さである。しかるに憎しみはといえば逆につねに荒廃、衰弱、破壊をめがけており、これは不完全さそのものだからである。

われわれの隣人への務め。

善き良心はわれわれをけっして欺かない。

[310] *憎しみは愛がもつ完全さと同じだけ多くの不完全さを自身のうちにそなえる。そのわけ。

第七章

喜びと悲しみについて(311)

〔一〕憎しみと驚き(312)は、その知性をしかるべく用いる者にはけっして起りえないと率直に言ってさしつかえないようなものであることを見たので、われわれは同じやりかたで先へ進み、他の情念を話題にする。そこで取りかかると、最初は慾望*と喜びになる。

これらは、愛が生じてくるのと同じ諸原因から生れるから、これらについてはその折に言ったことを思い出して、記憶しておかなければならないということよりほかに、われわれは言うことがない。ここではそれだけにしておこう。

〔二〕これらにわれわれは悲しみを追加するが、これについてあえて言うなら、もっぱら臆見とそれによる思い誤り(315)から生れる。なぜかと言えば、何らかの善を失うことからそれは生じるのだから。われわれはもう前に、われわれの行うすべてが向上と改善に繋がらなければならないと言った。だが、悲しんでいる間は、われわれがそうしたことを行えなくなるのはた

慾望と喜びについて。信の第三の効果は、われわれにそこで何を指し示すのか。

(313) 喜びのきまった種類は次である。一、希望、ただしいくらかの悲しみと混ぜ合されているが。二、安心。三、笑い。四、栄誉心。

(314) *これらは愛と一緒に一つの同じ原因から生れるので、それについては一四八―一四九、一五八―一五九頁が参照されうる。

悲しみについて。もっぱら思い込みから生れ、そしてわれわれの礙《さまたげ》となるので、そこから自由になる必要がある。悲しみのきまった種類は次である。一、絶望。二、後悔と疚しさ。三、はじらい。四、歎惜。

しかであり、そのためそれから離れのがれることが必要である。そのことをわれわれは、失われたものをまた手に入れることが自分の力の範囲内にあるなら、そのもろもろの手だてに思いめぐらすことでもって行いうる。そうでないなら、その場合でもわれわれは、悲しみが必ず一緒に引き連れてくるあらゆる惨めさに陥らぬためには、それが取り除かれるようにする必要がある。そしてこれはどちらも喜びを伴う。というのも、ある失われた善を、みずから欲し肥《ふと》らせるある悪によって埋め合せ、修正しようと志すのは愚かしいことだからである。

〔三二〕最後に、おのれの知性をよく用いる者は必然のこととして神を最初に知るはずである。ところで神は、われわれが証明したように、最高の善、いっさいの善である。それゆえおのれの知性をよく用いる或る者は悲しみに陥ることもありえないことが反駁の余地なく出てくる。じっさいどのようにか。その人はいっさいの善たる善のうちに静止し、そこには充実のいっさいの喜びと満足がある。[316] そこで、思い込み、ないしは知性なきこと、のほうから、言われたように、悲しみが生じる。[317]

そして、ある失われた善を、ある肥らせている悪によって埋め合せるのは愚かしいことである。

その人はまた自分の務めをよく果せる。つまり、すべての物に先立って神を知ることを。

第八章

尊重と軽蔑などについて[318]

[一] さて、続いてわれわれが語ることになるのは、尊重と軽蔑、矜持と謙遜、うぬぼれ、および咎むべき謙遜についてである。これらのうちの善と悪をよく区別するために、一つ一つ取り上げることにする。

[二] **尊重と軽蔑**はただ、われわれが何かものごとを知るときの、大きなもしくは小さな何かにだけかかわっている。この大きな、あるいは小さなものはわれわれのうちに在っても外に在ってもいい。

[三] **矜持**[319]はわれわれの外にはおよばない。それは、情念を交えず、自分を尊重することにも気を留めず[320]、ただしい価値に応じておのれの完全を知るような者にのみあてはまる。

[四] **謙遜**は、誰かがおのれの不完全を、自分を蔑《ないがし》ろにすることに気を留めずに[321]知るときに在る。謙遜は謙遜している人間の外にはおよばない。

[五] **うぬぼれ**は、誰かが自分のうちに見出されない何らかの完全さをみずから我物顔にするようになるときに在る。

信の第三の効果はこれら六つにおいてどんな選り分けを行うか。すなわち、

一、尊重と軽蔑について。

二、矜持について。

三、謙遜について。

四、うぬぼれについて。

［六］**咎むべき謙遜**は、誰かが自分のものではない何らかの不完全さをおのれにあてがうときに在る。わたしが語っているのは、他人を欺く目的で心にもないのに卑下する猫かぶりのことではなく、自分にあてがうもろもろの不完全をまたその通りであると思うような人たちについてである。

五、咎むべき謙遜について。

［七］さて、このように考察がなされた上は、そこからこれらの情念のおのおのがどんな善さと悪さをそのうちにそなえるかが十分明らかである。じっさい**矜持**と**謙遜**に関して言えば、これらはそれ自身によってそのすぐれていることを知らしめる。[322] というのもわれわれは、それらの持ち主がおのれの完全と不完全を価どおりに知ると言うのだから。そのことは、理性がわれわれに教えるように、われわれがそれを通しておのれの完全さに達するもっとも枢要な点である。なぜかと言うと、われわれが自分の力と完全さをただしく知れば、それによってわれわれはみずからの善き行く末に達するためにわれわれがまだ行わなければならないことが何かをはっきり見てとるからである。また翻って、自分の欠陥と無力とを知るときには、われわれが何を避けて通らなければならないかを見てとるのである。

すなわち完全さと不完全さについての知。

［八］**うぬぼれと咎むべき謙遜**に関しては、その定義が、一定の思い込み[323]からそれらが生れることをやはり教える。というのも、われわれは、前者がその人のものではない何らかの完全さを、それでも自分自身にあると

うぬぼれと咎むべき謙遜のうちには何があるか。

思うような人にあてはまると言ったからである。そして咎むべき謙遜はちょうどその反対である。

咎むべき謙遜のうちには何があるか。

［九］ここに言われたことから明らかになるのは、矜持と本当の謙遜が善であり、救いになるのと同じくらい、逆にうぬぼれと咎むべき謙遜はまた悪であり、破滅させるということである。じっさい、前者は持主をごく善い状態に据えるのみならず、さらにわれわれがみずからの至高の救いへ昇るただしい階《きざはし》でもある。しかるに後者は、われわれがおのれの完全に達するのを礙げるばかりか、われわれをまたまったくその破滅に導くからである。咎むべき謙遜は、完全になるためにわれわれが、そうでなければ行うはずだったことを、行うのを礙げるものである。ちょうど、人間が何かの真理をもてるということを否定することにより、この否認によってそれを奪われる懐疑論者[324]のうちにわれわれがそれを見るようにである。うぬぼれはまっすぐにわれわれの破滅へ繫がる物どもにわれわれの手を染めさせるものである。それはちょうど、神と奇跡のようによい関係にあると思い込んだし現に思い込んでもいて、それによって炎も水も物ともせず、そうして確実に惨めに死ぬことになるのに、何の危険も思い遣らず、万事に安んじている者みなに見られるようにである。

矜持と本当の謙遜は善であり救いになる。しかるに、うぬぼれと咎むべき謙遜は悪であり、破滅をもたらす。

［一〇］尊重と蔑ろに関しては、これよりまえにわれわれが愛について

尊重と蔑ろのうちには何があるか。

一七一頁を見よ。

述べたことをよく心に留めるということよりほかに、これらについてもう言うことはない。

第九章

希望、恐れなどについて(325)

［一］希望と恐れについて、安心と絶望と躊《ため》らいについて、勇気と大胆と競争心について、臆病と不安について(326)、われわれはいま語ることを開始し、われわれの習いにしたがって一つ一つ取り上げていく。それからこれらのうちのどれがわれわれの礙になり、どれが援けとなりうるかを指摘することにする。

そのいっさいをわれわれは、良きにつけ悪しきにつけ、来らんとしているあるものごとについてわれわれがもつことができる覚知によく注意しさえすれば、ごくたやすく行いうる。

［二］ものごとそのものに関してわれわれがもつ覚知は、そのものがわ

以下の十個において信はわれわれに何を指し示すのか。すなわちそれらはわれわれがあるものごとについてもつ覚知から生れる。

これらの覚知はものごとそのものに関しては何であるか。

れわれによって偶然の、ということは生じうるもしくは生じえないものとみなされるか、それともそれが必然に生じなければならないかということである。ものごとそのものに関しては以上である。

　ものごとを覚知する者に関してはこうであり、ものごとが生じるのを押し進めるためか、それともそれを礙げるために、何かを行わなくてはならないということである。

［二］そこでこれらの覚知から、以下の情念の傾きすべてが次のごとく出てくる。

　来らんとしているあるものごとが善く、それが起りうるとわれわれが覚知するならば、そこから心はわれわれが希望と名づけるある姿を得る。それは喜びのきまった種類にほかならないが、[327] にもかかわらずいくらかの悲しみと混ぜ合されている。

　今度は、ひょっとして起るものごとを悪いとわれわれが判断するならば、そこからわれわれの心には恐れと名づけられる姿が生じる。

　しかしながら、ものごとがわれわれによって善いと覚知され、そのうえ必ず起るであろうと覚知されるならば、それについて心のうちにはわれわれが安心と名づける落ち着きが生じる。これは一定の喜びであり、希望の場合のように悲しみと混ぜ合されていない。

それを覚知する者に関しては何であるか。

次にどのようにこれらの情念すべては覚知から生じるのか。

一、どのように希望は出てくるのか。

希望とは何か。

二、恐れはどんなふうか。

三、安心はどんなふうで、それは何か。

だが、もしわれわれがものごとを悪いと覚知し、必ず起るであろうと覚知するならば、これについて心のうちに絶望が生じる。それは悲しみのきまった種類にほかならない。

［四］ここまではこの章に含まれる諸情念について語ってきて、肯定の様式でその定義を行い、そうしてそれらのおのおのが何であるかを述べてきたが、われわれはあべこべにしてそれらを否定の様式でも定義できる。すなわち次のようにである。われわれは悪が起らないことを希望する。われわれは善が起らないことを恐れる。われわれは悪が起らないことに安心する。われわれは善が起らないことに絶望する。

［五］さて、ものごとそのものに関する覚知から生じるかぎりでの諸情念について以上述べたので、次にわれわれはものごとを覚知する者に関したもろもろの覚知から生れることどもについて語らなければならない。すなわち。

ものごとを生ぜしめるためには何かを行わなければならず、われわれがそれにいかなる決断もしていないならば、心はわれわれが躊いと名づけるある姿を得る。しかるに、ものごとを生ぜしめることに心が雄々しく決断し、それがもたらされうるなら、その場合それは勇気と名づけられ、そのものごとが生ぜしめるのに困難なら、それは勇敢ないし勇猛と名づけられ

四、絶望はどんなふうであり、それは何か。

これまではものごとそのものに関する覚知からの諸情念について。

次に、ものごとを覚知する者に関したもろもろの覚知から生じることどもについて続く。

一、躊いはどんなふうか。

二、勇気はどんなふうか。

三、勇敢はどんなふうか。

る。

だが誰かがあるものごとを、（自分にやってみせた）別の人がそれにうまく成功したので、行おうと決断するなら、それは競争心と名づけられる。

誰かが、ある善いものごとを押し進め、ある悪いことを礙げるためにどんな決断をしなければならないかを心得ていて、それでもそうしたことを行わないなら、それは臆病と名づけられ、それが相当に大きければ、不安と名づけられる。最後に、嫉妬あるいはジェラシーとは、もう手に入れている或るものを独りで享受し保てるようにと抱かれる心配である。


［六］そこで、これらの情念の傾きがどこから生れるようになるかがいまやわれわれには知られているから、そのうちのどれが善く、どれが悪いかを論じるのはわれわれにはまったくたやすいことになる。

希望、恐れ、安心、絶望、嫉妬に関しては、それらがある悪い臆見から生れることはたしかである。というのも、われわれがすでに先立って証明したように、すべての物はその必然の原因をもち、それが起っているように、必然に起らなければならないからである。

そして、三七[328]安心と絶望は、もろもろの原因の破ることのできない次第と連続のうちで（そこではいっさいが破りがたく動かしがたいから[329]）起るように見えはしても、それでも（その真実をよく洞察すれば）そこから懸け離

四、競争心はどんなふうか。

五、臆病、不安、嫉妬はどんなふうか。

これらのうちどれが善く、どれが悪く、また悪い思い込みから生じるのか。

安心と絶望はどこから生じるのか。

れている。というのも安心と絶望はまずもって希望と恐れがなかったなら（何となればこれらによってその有ることをもつから）、けっして在りはしないからである。たとえば次のようにである。もし誰かがまだ待たなければならないことを善いと思い込むならば、その人は心のうちに、われわれが希望と名づける姿を得る。そして、その思い込まれた善を確信すれば、心はわれわれが安心と名づける落ち着きを得る。いまわれわれが安心について言うのと同じことが、絶望についてもまた言われなければならない。だが、われわれが愛について言ったことにしたがえば、やはりこれらは完全な人間には起りえない。これらが前提とするのは（愛について叙述した中で考察されたように）移り変る性質をまぬかれないことによりわれわれが縋《すが》ってはならず、なおまた（憎しみについて叙述した中で示されたように）嫌悪を抱いてもならない物どもだからである。それでもこれらの情念のさなかにいる人間はいつもこの執着と嫌悪をまぬかれないのである。

［七］[三八]躇い、臆病、不安に関しては、それらはその特有の性質と自然の性によってそれらの不完全を知らしめる。じっさい、これらによってなされることで、われわれの為になることは何であれ、その自然の性のはたらきから否定的にしか生じないからである。たとえば或る人が、善いと自分が思い込む何かを望むものの、それは善くはない。その人はしかし、みず

これらは完全な人間には起りえないこととそのわけ。

躇い、臆病、不安の不完全。

からの躇いか臆病かによって、実行のために求められる勇気を欠くことになる。そこでその人は善いと思い込んだその悪から、消極的にかもしくは紛《まぐ》れによって救い出されるわけである。

だからこれらは、本当の理性によって導かれる人間にあってはけっして起りえない。

これらも完全な人間には起りえない。

［八］おしまいに勇気、大胆、競争心に関しては、愛と憎しみについてわれわれがもうすでに述べたこと以外にそれらについて言うべきことはない。

残ったものについては一五八頁以下と一六四頁以下を見よ。

第一〇章

疚《やま》しさと後悔について(330)

疚しさと後悔について信は何をわれわれに告げるか。そしてどこからそれらは生れるのか。

［一］疚しさと後悔について、いまわれわれは、手短にだが語ることにする。これらは性急さ(331)による以外、けっして在る(332)ことがない。というのも疚しさはただ、善いのか悪いのかを決めかねている何かをわれわれが行う

ことからのみ生じ、後悔は悪い何かをわれわれが行ってしまったことから生じるのだから。

［二］そして（自分の知性をよく用いる）多くの人が時に（知性をいつもよく用いるために求められる習慣がかれらに欠けているゆえ）道に迷うので、この疚しさと後悔はその先かれらを正道に戻すことになるとたぶん考えられ、よってそこから、世間全体がするように、それらが善いと結論されるかもしれない。だが、われわれがそれをただしく洞察しようと志すならば、それらが善くないだけでなく、[三九]それどころか有害であり、したがって悪いことをわれわれは見出すことになる。じっさいわれわれは、疚しさと後悔とによってよりも、いつでもいっそう**理性**と真理への愛とによってただしきに到ることは明白だからである。それらが有害であり、悪いのは、悲しみのきまった種類だからであり、こちらはわれわれによってもう前に有害であることが証明されている。ゆえにそのためわれわれはそれを悪としておのれから遠ざけることに力めなければならず、したがって同様にわれわれはこれらもまたそうしたものとして避け、まぬかれなければならない。

それらは人間に何らか為になることをなしうるように見えること。

だがよく洞察されるなら有害であり、悪いこと、またそのわけ。

悲しみのきまった種類である。

第一一章

あざけりと戯れについて(333)

［一］あざけりと戯れは誤った思い込みに寄りかかっており、あざける者と戯れる者においてある不完全を知らしめる。寄りかかるのが誤った思い込みであるというのは、あざけりを受ける者がそのもたらしたことどもの第一の原因であると思いなされて(334)、それが（自然のうちの他の物のようには）必然に神に依存していないと思いなされるからである。

あざける者においてそれらがある不完全を知らしめる。というのは、かれらがあざけることはあざけられるようなことであるか、そのようなものでないかのいずれかである。もしそのようなものではないとすれば、かれらはあざけられるべきではないものをあざけることで、悪意のある性質を示すわけである。もしたしかにそのようなものであるとしたら、かれらはそのことでもって、自分があざける者のうちに何らかの不完全を見分けていることを示すが、これはあざけりではなくむしろ説得力のあるもろもろの理由でもって改善する義務がはるかにあるからである。

あざけりと戯れについて、それらは何に寄りかかっていると信は言うのか。すなわち、誤った思い込みにであり、それはどんなものか、またどこから生じるのか。

(335)なぜそれらはあざける者においてある不完全を知らしめるのか。

［二］ 笑いは別のものとはかかわりをもたず、自分自身のうちに何らかの善さを認める人間にだけかかわりをもつ。そしてそれは喜びのきまった種類であるので、やはり喜びについてもうすでに言われた以外にそれについて言うことはない。わたしが語っているのは、人を笑いに駆りたてる一定の観念によってひき起されるような笑いについてであって、精気の運動によってひき起されるような笑い(336)についてではない。こちらについては、善さとも悪さとも何かのかかわりをもたないから(337)、ここで語るのはわれわれのもくろみの外であった。

［三］ 妬み、怒り、不機嫌については、われわれが前に憎しみについて言ったことをちょっと思い起すこと以外に、ここで言うべきことはないであろう。

笑いについて。それはどんなかかわりをもち、それは何か。

喜びのきまった種類である。一六九頁を見よ。

だが精気の運動からの笑いについてではない。

妬み、怒り、不機嫌については、一六四頁を見よ。

第一二章
栄誉心、はじらい、無恥について(338)

［一］栄誉心、はじらい、無恥について、われわれはいま一緒に手短に語ることにしよう。最初のものは喜びのきまった種類であり、自分の行いが他の人びとのもとでその人たちの頭にある何らか別の利益や得とかかかわりなしに尊重され評価されることに気づくとき、誰もが自分自身のうちでそれを感じる。

はじらいは或る悲しみであり、それは、自分の行いが他の人びとのもとでその人たちの頭にある何らか別の不利益や損害とかかわりなしに蔑まれるのを見るようになるとき、誰ものうちに生れる。

無恥とは羞恥を欠いているか、捨て去ることにほかならない。それは**理性**を経てのことではなく、子どもや未開の人びとなどがそうであるように羞恥を知らないことによるか、あるいは大きな軽蔑を受けてしまった人がもう気にせず回りを無視することかによるのである。

［二］さて、これらの情念の傾きを知ると、われわれはまたそれらがうちに併せもつ空虚さと不完全を一緒に知る。というのも栄誉心と羞恥は、われわれがその定義で指摘したことにしたがえば、援けとならないだけでなく（それらが自己愛と、人間がおのれの為すことの第一原因であり、したがって賞讃と非難に価するという思い込みとの上に築かれているかぎり）、また有害であり、退けられるべきである。

信はこれらにおいてわれわれに何を指し示すか、また栄誉心とは何か。

はじらいとは何か。

無恥とは何か。

これら自身が空虚で不完全であることとそのわけ。

それらが有害であり、退けられるべきであること。

［三］とはいえわたしは、栄誉心も羞恥もそこでは起きない、人びとの外で生きるように、そのもとで生活しなければならないと言おうとしているのではない。それどころかわたしは、人びとの有益とその改善のために使用するならば、それらを用いることがわれわれには許されているだけでなく、自身の（それ以外の場合は無欠で、正当に許された）自由を切りつめてでも、そうしてよいことも認める。例を出すと、或る人が尊敬を受けようとして麗々しく装うとしたら、この者は自分の同胞に何らかの顧慮を抱かずに、自分自身への愛から出てくる栄誉心を追い求めている。しかるに、もし或る人が、自分の智慧（それによって自分の隣人の援けになれる）が見すぼらしい服を身に着けていることで蔑まれ、踏み躙《にじ》られるのを目《ま》のあたりにするなら、この者は（かれらの役に立とうという動機から）かれらが苛立たない服を調達し、そうして、その同胞を惹きつけるため、同胞と同じようなものになるようにするのがいい。

にもかかわらずわれわれはどのようにそれらを用いなければならないか。

一つの例で示される。

［四］さらに無恥に関しては、それの醜さを見てとるには、われわれはただその定義だけを要するようなものであることがおのずからわれわれに示されており、それでわれわれには十分であろう。

無恥は眺めるだけでいまわしい。

第一三章

好意、謝意、恩知らずについて[339]

［一］さて次に続くのは**好意、謝意、恩知らず**についてである。初めの二つに関しては、心が抱く、自分の隣人のことで何らかの善を施し、行おうとする傾向である。施すとわたしが言うのは、何らかの善をなした者に対して、また善が行われる場合である。行うと言うのは、われわれ自身が何らかの善を得たか受けたかした場合である。[340]

［二］わたしはほとんどすべての人びとがこれらの情念の傾きを善いと判断することをよく識っている。だがそれにもかかわらず、あえてわたしは、それらが完全な人間には起りえないと言う。というのは、完全な人間は自分の同胞を助けるために、ただ必然だけによって、何らかの別の原因がなくても動かされるからであって、それゆえどんなに罪深い者に対してでも、その者のうちに存在するのを見てとる惨めさと窮状がいっそう大きければ、それだけいっそう役立つように義務づけられていることを覚るからである。

このことにもかかわらず、それらは完全な人間には起りえず、そのなぜかという理由。

［三］恩知らずが謝意を蔑ろにすることであるのは、無恥が羞恥をそうするのと同様であり、しかもただ理性を何らか慮ることもなしに、たんに物惜しみか、または自分自身へのあまりに大きすぎる愛かによって生じる。ゆえに、そうなら、それは完全な人間には起りえない[341]。

恩知らずとは何か。その原因から、それが完全な人間には起りえないことが見てとられる。

第一四章

歎惜について〈そして情念における善と悪について〉[342]

［一］歎惜はわれわれが情念の論で語る最後のものになり、これでもってわれわれは締めくくることになる。歎惜*[343]とは、われわれが失った、しかもそれをまた手にする望みがないような、何らかの善をくよくよ思うことから生れている悲しみのきまった種類である。それは、われわれがただみつめるだけですぐにそれの悪を検《あらた》めるというように、その不完全をわれわれに知らしめる。なぜかと言うとわれわれは、簡単にあるいはいつかわれわれからなくなりうる、またわれわれが望むときに手にしえない物どもに、

信の第三の効果がわれわれに善と悪の差別を指し示す最後の情念は歎惜である。

＊それは何であり、どこから生れるのか。不完全であるが、どんな理由のためか。

おのれ自身を繋ぎとめ縛るのが悪であることをもう前に証明しているからである。そしてそれは悲しみのきまった種類*であるから、これに先立って悲しみについて扱った際そうしたことを指摘しておいたように、われわれはそれを避けなければならない。

［二］[344] このようにわたしはいまや、本当の信*あるいは理性[345]だけがわれわれを善と悪についての知へ導くものであることを十分に示し、証したと思う。そしてこれらの情念の傾きすべての第一にしてもっとも主なる原因が**認識**であることをわれわれが示すときには、われわれが自分の知性と理性をよく用いるなら、われわれによって退けられるべきであるこれらの一つにけっして嵌ることになりえないことがはっきりと明らかになるであろう。われわれの**知性**とわたしが言うのは、このあとしかるべき所でじっさいそうしたことを証明するように、われわれをこれらいっさいから救い出すのに理性のみが力があるとはわたしは思わないからである。

［三］ だが情念に関してすぐれた事柄として、われわれはここで次を指摘しておかなければならない。それは、善い情念はすべて、われわれがそれなしでは在ることも存《ながら》えることもできず、いわば実在している[347]ようにわれわれに属するような性質と自然の性のものであることを見てとり、認めるということである。**愛**、**慾望**、また愛に本来そなわるいっさいのものが

*悲しみのきまった種類であり、そうしたものとして避けられるべきである。一六七頁を見よ。

だがおもには一六九頁［を見よ］。

[346] *そこで本当の信あるいは理性はわれわれを善と悪についての知へ導くものであるから、われわれがただ理性をよく用いるなら、けっして悪いものに嵌るようにならないことは確実である。

理性を通してわれわれは、理性よりも上の何かである知性というものを解る。第二一章を見よ。

情念においてきわめて特筆に価する事柄としてわれわれがここで指摘しなければならないことは何か。

そうであるようにである。

しかるに悪い、われわれによって退けられるべきであるそれらは事情がまったく別である。われわれはそれなしできわめてよく在ることができるだけでなく、自分をそれらから解き放ったときに甫めてただしくわれわれが在るべきものであるのだから。

［四］(348) *そこでこれらすべてにわたってなおいっそう明瞭にするために、いっさいの善と悪の根本は一定の対象に注がれる愛であるということが考慮されなければならない。というのもそれのみが愛されるに価する対象、われわれが前に述べたように、すなわち神を愛さずに、本来の性質と自然の性によって滅びる物どもを愛するときには、それに続いて必ず（対象が非常に多くの偶然、じっさい破壊そのものをまぬかれないから）、愛された対象の変化のあとに憎しみ、悲しみなどが起る。憎しみは誰かがその人から愛しているものを奪う場合、悲しみはその人がそれを失うに到る場合、栄誉心は自分自身への愛に寄りかかる場合、好意と謝意は自分の同胞を神四七のために愛するのではない場合である。だがこれらすべてとは反対に、人間(350)が、つねに不変でありそれにとどまる神を愛するようになるときには、人間には情念のこのぬかるみに嵌ることはありえない。そしてこのゆえにわれわれは、四八神がわれわれのいっさいの善の第一にしてただ一つの原因で

*(349) 言われたことすべてをいっそう明瞭にするために何が考慮されなければならないか。それはいっさいの善と悪の根拠であるから。

よく注意。

そこから確固とした揺るぎない規則が出てくるに到るが、それはどんなものか。

あり、またわれわれのいっさいの悪からの解放者であることを確固とした揺るぎない規則として立てる。

［五］[四九] このようにしてまた、ただ愛などだけが無制限であることが考慮される。すなわち、それがいや増すほどに、無限である対象にそれが注がれるからには、またそのときそれだけすぐれたものになる。そういうわけでそれはつねに増していくことができるが、そのことはただこれ以外のいかなるものごとにあっても起りえない。そしてこのことはわれわれにとっておそらくこのあとで心の不死を、そしてそれがどういうふうにあるいはどんなしかたでありうるのかをそこから証明する材料となろう。

［六］(351) さてここまでは本当の信の第三のやりかた、言い換えると効果がわれわれに指し示すすべてについて語ってきたので、われわれはいまや先へ進み、一五五頁(352)ではまだ詳しく述べられなかった**第四の**、**最後の**効果について語ることにしよう。

そしてまた心の不死も、同じ根拠からこのあと第二三章で証示されるように。

第一五章

真と偽について(353)

［一］いまからわれわれは**真と偽**についてちょっと見よう。それはわれわれにこの本当の信の第四のそして最後の効果を指し示す。これを行うために、われわれは初めに真理と虚偽の定義を立てる。すると、**真理**とは何らかのものごとについて行われる、ものごとそのものと一致している肯定（あるいは否定）であり、**虚偽**とはものごとについての、ものごとそのものと一致しない肯定（あるいは否定）である。

［二］五〇 だがこのとおりなら、(354) 偽である**観念**と真であるそれの間には何ら差別がないように見えるであろう。言い換えるなら、これかあれかを〈肯定するにしろ(356)〉否定するにしろ、正真正銘の思いの様態(357)であり、片方はものと一致するが片方は一致しないという以外に差別がないから、やはりこれらは物としてではなく、五一 ただ理屈によって異なるにすぎないと見えるであろう。そこで、これがそのようになるなら、当然次のように問われうる。いったい五二 片方にはおのれの真理でもってどんな利があり、もう片方にはい

(355) **真理**と**虚偽**の定義から、真である**観念**と偽であるそれの間には何ら差別がないことが出てくるように見えること。

五三 ったいおのれの虚偽によってどんな損があるのか。また、どのようにして片方はもう片方よりおのれの思念、言い換えるなら**観念**がものとより多く一致することを識っていることになるのか。最後に、片方が間違い、片方が間違わないということはどこから生じるのか[358]。

〔三〕それに対してまず第一に次が答になる。明晰この上ない物どもはそれ自身とまた虚偽をも知らしめるので、どのようにしてそれらについて意識されるのかという問を発するのは愚かの極みになる。というのも、それらはもっとも明晰なものであると言われる以上、それらをもっと明らかにできるような別のいかなる明晰さもじっさいありえないからである。それで真理はそれ自身とまた虚偽をも顕《あらわ》にする[359]ということが出てくる。なぜかと言えば、真理が真理を通して、ということはそれ自身を通して明らかになるのは、虚偽もまたそれ〔真理〕を通して明らかであるごとくにだが、しかるに虚偽はけっしてそれ自身を通して顕にされたり、あるいは指し示されたりはしないからである。だから**真理**をもつ或る者は自分がそれをもつことを疑えない。だが虚偽か間違いかに嵌り込んでいる或る者は自分が真理のうちにいるときっと思い込むことができる。ちょうど、夢を見ている誰かが自分は目覚めているとたぶん思うことはできるが、しかし現に目覚めている或る者が自分は夢を見ていると思うことはけっしてできないよ

その見かけに対して答えられる。

どのようにして自分が識っていることを識っているのかと問うのは莫迦《ばか》げていること。

真理はそれ自身とまた虚偽をも顕にする。

しかし虚偽は虚偽をそうしない。

真理のうちにいる者と**虚偽**のうちにいる者の間の差別が一つの例でもって説明される。

うにである。
そこで、この言われたことでもって、また、神が真理[360]、あるいは**真理は神自身であるということ**についてわれわれの言ったことが幾分なりとも解明される。

［四］さて、おのれの真理についてなぜ一人がもう一人よりも多く意識するのかという原因は、肯定（あるいは否定）の**観念**[361]がものの自然の性と限なく一致し、したがっていっそう多くの〔うちにものを対象として含んだ〕有りかた[362]をそなえるからである。

［五］*このことをもっとよく理会するために、**解るということ**が〔言葉は異なって響くにもかかわらず）まじりけのない、言い換えるなら純粋の**受動**であること[364]が考察されなければならない。つまりは、われわれの心[365]が前にはもたなかった別の思いの様態を得るように変えられるということである。いまもし誰かが、対象全体がその人のうちにはたらきをおよぼしたことによって、そのような思いの姿あるいは様態を得るとすれば、その者は、対象の姿あるいはどうなっているかということについて、次の者とはまったく別の感じを手にすることは明らかである。それほど多くの原因をもたなかったこちらは、それで、別のちょっとしたはたらきによってそうしたものを肯定もしくは否定することへ動かされる（少ないあるいはささ

そしてまた、神が真理、あるいは真理は神自身であるということについて幾分なりとも。

真理をもつ二人のうち、一人がもう一人よりもおのれの真理についてより多く意識することは何によって起るのか。

*[363]このことをもっとよく理会するために、何が考察されなければならないか。

いな付随したものによって〈自分の〉[366]うちでそれに気づいているので）。

［六］ そこでここから、**真理**のうちにいる者の、そのうちにいない者に対置された、完全さが見てとられる。それで、片方は簡単に変るが、片方は簡単には変らないから、そこから一方はもう一方よりもいっそうの安定と、〔うちにものを対象として含んだ〕有りかたをそなえることが出てくる。そうしてまたものごとと一致する思いの諸様態はいっそう多くの原因をそなえているので、それらはまたおのれのうちにいっそうの安定と〔うちにものを対象として含んだ〕有りかたをそなえる。また、それらはものごとと限なく一致するから、いつかものごとによって別なふうに触発されたり、何らかの変化を蒙ったりしうることは、ものの〔うちにものを対象として含んだ〕有りかたが不変であるのをわれわれはもう前に見たから、不可能である。このいっさいが虚偽にあっては起らない。

そしてここに述べられたことでもって、さきに問われたすべては十分に答えられている。

では真理のうちにいる者の、そこにいない者にまさる完全さはどこから見てとられるのか。

じっさいその者は、ものごとによってけっして別なふうに触発されることができないので、安定しているから。

第一六章

意志について[367]

［一］さて、いまや善と悪、真理と虚偽が何であり、またさらに一個の完全な人間のさいわいが何に存するかということも識ったので[368]、次はわれわれ自身の探究に到り、[五四] われわれがそのようなさいわいへと到り着くのは自由意志によるのか、必然に強いられてなのかということを一度検討するのが時に適っていよう。

これには、意志を主張する人たちにおいて意志というものが何であり、どこでそれが慾望から区別されるのかをちょっと探ってみる必要がある。

［二］慾望というものをわれわれは、心が善いと評定を下す何かに向って抱く傾向であると言った[369]。そうすると、そこから出てくるのは、われわれの抱く慾望が外見《そとみ》に或るものに向って触手を伸ばさないうちにも、われわれのうちでは前もってその或るものが善いということについて結論が下されているということである。そこでその肯定、あるいは一般に言えば、肯定し否定する能力が意志*と呼ばれる。

本当の信は、第三の効果、また第四のそれにしたがえば、われわれに何を教えたか。

それらがわれわれに教えたものにわれわれが到り着くのは、自由意志によるのか、必然に強いられてなのか。またこれを探究するためにわれわれには何が必要か。

＊　**肯定**あるいは**決断**[370]と解された**意志**は、本当に善くはないものにもおよぶという点で**本当の信**とは異なる。それは、確信が、ほかではありえないことがはっきり見てとられるようなものではないためである。これはすべて本当の信ではそのようになっているし、そのようでなければならない。そこからは適切な慾望しか生じないからである。

しかし、きっといつか誤りのない、たしかなものになりうるという点で、それは**思い込み**ともまた異なる。当て推量と思いなしから成る**思い込み**ではそのことは起らない。

こうしてそれは、たしかなものになりゆく点を考慮に入れて**信**と呼ばれうるし、間違いやすい点を考慮に入れて**思い込み**と呼ばれうる。

［三］[371]　そこで次に問題になるのは、この**肯定**がわれわれから起るのは自由意志によるのか、必然に強いられてなのか、つまりわれわれがものごとについて何かを肯定もしくは否定するのは、[五五]何らかの外の原因がわれわれをそうしたことへ強制せずになのかどうか、ということである。だが、われわれのもとではもう、それ自身を通して説明されない、言い換えるなら、それの**実在していること**が**おのれの有りかた**に属していないものは、必然のこととして外の原因をもたなければならないこと、また、何かを生み出

すであろう原因はそれを必ず生み出さなければならないことが、証明されている。だから、これかあれかをとりわけて志し、ものごとについてこれかあれかをとりわけて肯定もしくは否定するといったことは、言ってみれば、やはり何らか外[*]の原因によって生じなければならないという帰結にならざるをえない。それはじっさい、われわれが原因について与えた規定が、原因は自由であることができないというようにである。

〈*〉[372] 個別の意志することが、それを在らしめる外の原因をもたなければならないことはたしかである。というのはそれの有ることには実在しているということが属しないから、必然のこととしてそれは別の何かの実在を通して在らねばならないからである。

［四］これはもしかすると、おのれの知性を、自然のうちに本当に在るもろもろの個物よりも、**理屈上の存在**に多くかかずらわせることに馴染んでいる人たちを満足させないこともあろう。そうするときにかれらは**理屈上の存在**をそうしたものではなく、**物としての存在**とみなす。なぜかと言えば、人間はいまはこの、次はあのといった**意志**を抱くがゆえに、おのが心のうちにかれが意志と称する普遍の様態をつくるからであり、それはま

原因というものが自由ではないことは　頁を見よ。

意志というものが物の性格をそなえた何かであると思いなされることは何によって生じるのか。

た、この人、あの人から人間の一個の観念をつくるようなものである。(373) またそういう人は**物としての存在**を**理屈上の存在**から十分に区別しないので、**理屈上**の存在を自然のうちに本当に在る物どもとみなし、そうしてわれわれが語る事柄が論じられる中で往々にしてあるように、自分自身をいくつかの物の原因と想定するということが起る。じっさい誰かに、人間はなぜこれかあれかを志すのかと問うならば、意志(*)をもつのでと答えられるからである。だが、われわれが述べたように、**意志**というものはこれかあれかを志すことのたんに一個の観念であって、それゆえ**思いの様態**、**理屈上の存在**にすぎず、**物としての存在**ではないから、それによっては何もひき起されようがない。**無からは何も生じないから**。それでわたしがやはり思うのは、われわれが示したように、意志というものが自然のうちの事物ではなく、ただたんに仮構にすぎず、**意志が自由か自由ではないか**を問いたずねる**必要**がないということである。

〈*〉(374) **注意**。すなわち、それ(375)〔個々の意志すること〕の作用原因は観念ではなく、人間のうちの意志そのものである。また知性は原因であり、それなしでは意志は何もできない(376)。**それゆえ**無制限なものと解された**意志**は、そして**知性**もやはり、**理屈上**の存在ではなく、物としての存在である、と。だが

それはこの事柄においてきわめてしばしば起る。

しかしながらそれは、これかあれかを志すことの一個の観念にすぎず、自然のうちのものごとではないから。

ではそれが自由であるかどうかを問うのはなぜ無駄なのか。

わたしとしては、注意してそれらを考察しようとするときには、普遍のものに見えて、それらに物としての性格を帰することはわたしにはできない。だが、それはそうとして、それでも**意慾**(377)が意志の**変容態**《モディフィカティオ》であり、**観念**が**知性**の様態(378)であることは認められなければならない。ゆえに、そうすると必然のこととして、知性と意志とは異なった、物として区別された実体である。というのも実体は変容させられはするが、様態そのものではないからである。もし心がこの二つの実体を支配下に置くと言われるなら、その場合第三の実体が在ることになるが、あまりに込み入ったことどもだから、それについて明晰判明な理会をもつことは不可能である。というのも、観念は意志のうちにではなく、知性のうちに在る以上、ある実体の様態は別の実体のうちに居を移せないという定則により、意志のうちにいかなる愛も生れることができないからである。じっさい、**そのものの観念が意志する能力のうちにない何かを意志する**というのは矛盾に巻き込まれるから。意志は知性と一つに結ばれているために、意志は知性が解るそのものに気づきもし、それゆえにまた愛しもするとあなたは言う。しかしながら、気づくこともまた覚知であり、混乱した観念であるから(379)、するとやはり解ることの様態である。だが、いましがた述べたことにしたがえば、たといそこに心と体のそれのような結合があるとしても、これは意志のうちに在ることができない。というのも、哲学者たちの普通の立場により、体が心と結び合されていると解しても、それでも体はけっして感じることはないし、心も広がってはいないからである。じっさいその場合は、われわれが二つの実体をそこに念う**キマイラ**（「知性改善論」訳注(137)参照）が一つになりうることになるが、それは誤りだから。[380] 心が**知性**と**意志**を支配下に置くと言われるなら、それは理会されない。なぜかと言えば、そうすることで意志が自由であることが否定されるように見えるが、それはかれらの言い分に反するからである。ここできりをつけるために、わたしは創造された有限な実体を立てることに対して自分が抱いていることごとくを持ち出したくはない。ただわたしは、**意志の自由**が絶え間のない**創造**[381]のようなこととまったく適合しないことだけを手短に示そう。それはこういうもので、神にあっては創造するために必要とされるのと同じ為業《しわざ》が、有ることのうちに維持するために必要とされ、さもなければものは一瞬たりとも存えられないだろう、という。これがそのとおりなら、それは何物も自分のものとなしえない。[382] かえって神はそれをその在るとおりに創造したと言われなければならない。なぜならそれは、それが在る間におのれを維持する力を何らもたない以上、自分自身によって何かを生み出すことはなおさらできないであろうから。では、心はそれ自身で**意慾**を生み出すと言われる場合、わたしは訊くが、どんな力からであろうか。もともと在った力からではない。それはもうないのだから。それがいまもつ力からでもない。というのは、それは絶え間なく創造されるから、最小の瞬間でも存え持続することを可能ならしめるものをまったく何も持ち合せないからである。こうしておのれを維持し、あるいは何かを生み出すための何らかの力をもつものは何もないから、独り神だけがすべての物の作用原因であり、またあらねばならず、すべての意慾は神によって決定されると結論する以外には残らない。

［五］(383) わたしがこれを語るのは、思いの様態であることをわれわれが示した普遍の意志についてではなく、個別のこれかあれかを志すことについてであり、その意志することを肯定か否定かすることに置いた者もいる。われわれがすでに述べたことにほんの注意を払うどの人にも、これは明々白々であろう。というのもわれわれは、解るということが純粋の受動であると言っておいたからである。つまりは、ものの〔観念のうちで表された〕有りかたと実在についての心のうちの気づきである。だから、われわれはけっしてものごとについて何かを肯定か否定かするものではなく、*ものごとみずからがおのれについてわれわれのうちで何かを肯定か否定かするものなのである。(384)

［六］ ひょっとしてこれを認めない人たちもいるだろう。[五六] その人たちには、ものごとについて自分の意識にのぼっているのとは別の何かを、たしかにそれについて肯定か否定かできるように見えるからである。(385)*だがこん

一九二頁でわれわれが知性について行った記述にほんの注意を払う者にとって。

*というのもわれわれではなく、ものごとみずからがわれわれのうちでそれら自身について肯定か否定かするから。

*これが本当に見えないのはどこから起るのか。

なことが起るのはただ、語を伴わずに、ないしは語を越えた外側で心がものごとについて抱く思念についてその人たちが何の理会ももたないからである。なるほど（われわれをそこへ突き動かすもろもろのわけがある場合）われわれが語や別の道具立てを通して、ものごとについてわれわれに意識されているのと別なふうに、他人に知らしめるというのは本当である。しかし、それにもかかわらずわれわれはけっして、語を通しても何か別の道具を通しても、ものごとについてそこからわれわれが感じとっているのと別なふうに感じることまでは生ぜしめないだろう。それは不可能であって、一度でも、語や別の意味記号のしきたりの外で、ひたすら自分の知性に留意する者みなに明らかである。

［七］[五七]だがこれに対して、もしかすると人によっては次のように唱えることができるであろう。もしものごとについてわれわれのうちで肯定し否定するのがわれわれではなく、ものごとだけであるならば、その場合ものごとと一致するもの以外には肯定されることも否定されることもありえない。その結果として虚偽は何もない。なぜなら虚偽とは、あるものごとについて、ものと一致しない何かを肯定する（もしくは否定する）ことである、とわれわれは言っていたからである。つまり、ものがみずからについてそれを肯定もしくは否定していないということである。[386] だがわたしが思

これに対して唱えられうるであろうこと。

その場合虚偽は何もないこと。

うに、われわれが真理と虚偽とについてすでに言ったことによく注意しさえすれば、立ち所にわれわれは、この反論に十分な答がなされているのを見てとるだろう。じっさいわれわれは次のように言っていたからで、対象というものは、それから何かが肯定か否定かされるものの原因である。その肯定、否定が真であろうと偽であろうと。[387] すなわち、われわれは対象について何かに気づくようになると、対象が（それについてわれわれはごく少ししか気づいていないにもかかわらず）それでもそうしたものをそれ自身についてそっくり肯定か否定かしていると思い描くからである。これは大抵脆弱な心のうちで起り、そうした心は、対象のそれらへのちょっとしたはたらきかけによっていとも簡単にある様態ないし観念を受け入れ、このほかにもうそれらのうちには肯定することもしくは否定することが何もない。

［八］五八 おしまいに、この上まだわれわれに反対して、一つのものごとについて何かを肯定するあるいは[388]肯定しない、真実を語り語らない、等々のように、われわれが志し志さないたくさんの物があると異議が唱えられることもありうるだろう。だがこのことは、慾望が意志と十分区別されないから生じる。なぜかというと、意志を想定する者にあって意志とは、ただわれわれが一つのものごとについて、善いか悪いかということにかかわり

前に一九〇―一九一頁で、真理と虚偽について言われていたことから、そうではないと答えられる。

或ることについての虚偽は何に存するのか。

大抵まぬかれないのはどういう人か。

ここにまだ何が反対して提起されうるか。

そして答えられ、どこからそれが生じるかが示される。

なく、何かを肯定するかあるいは否定する知性(389)の業《わざ》であるが、**慾望**のほうは何かのうちに観察される善さあるいは悪さを顧慮してそれを手に入れるか行おうとする心のうちの構えだからである。だから**慾望**は、われわれがものごとについて行った肯定ないし否定のあとにも、なお残る(390)。すなわち、ある物が善いことをわれわれが認め、ないしは肯定したのちにもであるが、それはかれらの言うところにしたがえば意志である。**慾望**はといえば、そののちに甫めて得る、それを押し進める傾向である。だから、かれら自身の物言いによっても、**意志**はたしかに**慾望**を伴わずにも存在できるのに対して、**慾望**のほうはすでに先に立っていなくてはならない意志抜きでは存在できない。

［九］そこでわれわれがここまでに述べてきたいっさいのはたらきは（それらは善いという見かけのもとで理性によって行われ、悪いという見かけのもとで理性によって止《とど》められるからには）**慾望**と名づけられる**傾向**のもとにのみ包括されることができ、まったく本来ではない意味でしかけっして**意志**という呼びかたのもとには包括できない。

(391)だから、右に述べられたすべてのはたらきは**慾望**のもとにのみ属し、まったく本来ではない意味でしか**意志**のもとに属さない。

第一七章

意志と慾望の間の差別について[392]

［一］[393] さていまや、肯定か否定かすることに向けてわれわれは何ら意志[394]をもたないことが知られているわけだから、われわれは意志と慾望の間のただしい、真の差別、あるいはラテン語による著述家のもとで *voluntas*《ウォルンタース》と称せられる意志が本来何であるのかということを少し見よう。

［二］ アリストテレスの定義によれば、[395] 慾望とは二つの種をそのもとに含んでいる一個の類であるように見える。じっさいアリストテレスは、意志とは善いという見かけのもとに抱かれる欲求あるいは衝動《きもち》であると言っているからである。[396] ここからわたしには、アリストテレスが慾望（言い換えるなら *cupiditas*《クピディタース》）を、善に向うのであれ、悪に向うのであれ、いっさいの傾向であるとみなしているように見える。だが、傾向が善だけに向っているか、あるいはそうした傾向を抱く人間がそれを善いというみかけのもとで抱く場合、アリストテレスはそれを意志《ウォルンタース》[397] あるいは善い意志と名づける。しかしそれが悪いなら、[398] つまりわれわれが悪い何かへ向う傾向

信はわれわれに意志と慾望の間の差別について何をもたらすか。第四の効果にしたがうと。

アリストテレスにおいて意志《ウォルンタース》とは何か。

かれにおいて慾望《クピディタース》とは何か。

を別の者のうちに見る場合には、それを邪慾《ウォリュプタース》(399)あるいは悪い意志と名づける。だから心の傾向は、肯定もしくは否定するための何かではなく、ただたんに善いという見かけのもとで何かを得、悪いという見かけのもとで何かを逃れようとする傾向にすぎない(400)。

〔三〕 こうして、いまや残っているのは、五九 この慾望が自由であるか自由でないかを調べることである。慾望はものごとの覚知に左右され、また解ることは外の原因をもたなければならないとわれわれはすでに言ったが、そのことと、さらにまたわれわれが意志について述べたこととのほかにも、慾望(401)が自由ではないことを証示することがなお残っている。

〔四〕 人がさまざまなものについてもつ認識は、その者の欲求あるいは衝動があるものから別のものへ移りゆくようになるなかだちであることを、多くの人はたしかに見ているが、それにもかかわらず、その人たちは欲求をそのように一方から他方へ引き寄せるようになるのが何でありうるかに注意しない。

さてしかし、われわれは、この傾向がわれわれにあって自由意志ではないことを示すために、初めてきまった物に気づくようになる一人の子を想像してみる(402)（あるものから別のものへ移りゆき、引き寄せられることがどんなことなのかをわれわれの目にまざまざとさせるためである）。たとえ

そしてかれにおいて邪慾《ウォリュプタース》とは何か。

慾望が自由ではないこと。

欲求をそのように一方から他方へ移りゆくように動かすのは何でありうるか。

ばの話、わたしはその子の前に小さな鈴を差し出す。それは子の耳に心地よい響きをもたらし、そのことで子どもは鈴への欲求を宿す。今度は、その子がこの欲求ないし慾望を宿すのを本当にやめられるかどうか、まあちょっと見てほしい。あなたがそうだ、やめられると言うなら、わたしはたずねるが、どのようにして、どんな原因によってか。たしかに、その子がより善いと知る何かによるのではない。というのもこの鈴はその子の知るすべてであるから。それがその子にあって悪いからというわけでもない。その子はほかに何も知らないし、その心地よさはその子にこれまで生じた最上の善いものであるから。だがその子はもしかすると、抱いている欲求を自分から払いのける自由をもつことになろう。そこから、この欲求はなるほどわれわれのうちでみずからの自由を伴わずに始まりうるのだが、それでもわれわれはその欲求をわれわれから払いのける自由をみずからのうちにもつということが出てくるであろう、と。しかるに、この自由は吟味に耐えない。というのも、欲求を絶やすようになるのは、さあ何であろう。欲求そのものか。もちろん違う。じっさい、自身の自然の性によっておのれみずからの破滅を求めるものは何もないから。それでは、その子を欲求から離れさせうるのは、結局のところ何であろうか。たしかに、その子が、自然の次第と廻《めぐ》りを通して、初めのものより自分に心地よい何かによって

一つの例で指し示される。欲求が必然であること。

異議。

返答。

では結局のところそれはどういうことから成っているのか。

触発されるという以外のことではない。

〔五〕こういうわけで、意志について論じた中でわれわれが、意志とは人間のうちではこの意志〔意慾〕あの意志〔意慾〕にほかならないと述べたのと同じように、また人のうちにはこの知覚あの知覚によってひき起されるこの慾望あの慾望しかない。〔遍くみられた〕[403]この慾望は自然のうちに物として在る何かではなく、ただこれまたはあれを個別に慾望することから抽象的に引き出されているにすぎない。すると慾望は本当のところは何か或るものではないので、また何も[404]物としてひき起せない。だからわれわれが慾望は自由であると言うなら、それはあたかも、このまたはあの慾望がそれ自身の原因である、つまりそれが在るよりまえに在るようにしたと言うのとまったく同然であるが、これは不条理そのものであり、ありえない。

そして慾望とはこの慾望あの慾望にほかならない。一九七頁の意志についてと同様に。

慾望が自由であるなら、帰結するはずの不条理。

第一八章

これまでに述べたことの効用について(405)

［一］さて、われわれがいまや見てとるのは、人間は全自然の一部分であって、それに依存し、それによってまた支配されもするから、みずからは自分の救いとさいわいのために何かをなしえないということである。そこで、このわれわれの命題からどんな効用がわれわれの助けになるかをちょっと見よう。それらが幾たりかには少なからずけしからぬものと映ることをわれわれは疑わないから、それはなおのことなのである。

人間がみずからは自分の救いのためになにもなしえないというこの命題から、どんな効用が出てくるのか。すなわち、

［二］まず第一にそこから出てくるのは、われわれが六〇まことに神の下僕《しもべ》(406)、それどころか奴隷であり、必然にそのようなものであることがわれわれの最大の完全さであるということである。というのも、逆に、われわれ自身のことを考えて、もし神に依存しないとみなすなら、われわれになしうることはごくわずかか、それとも無であって、そこから当然自分自身を悲しませる原因を受け取る。何よりこれはわれわれが現に見ていることの対蹠をなす。すなわちわれわれが、この上なく完全であるものに、全体の、と

一、われわれが神の奴隷で、下僕であること。

いうことはかれの一部分としてともに在るように依存すること、また、いわばわれわれの持ちものでもって、そのものに依っているだけ数多《あまた》の整然と整えられた完全な為事の為上げに寄与することの、である。

[三] 第二に、この知はまた、われわれが[六一]すぐれた事柄をなし遂げたあとで、それを自慢に思わないようにもし（この思い上りは、われわれが、もうすでに大きな何かであってそれ以上何も必要としないかのように思いなすことで、じっとしたままでいる原因になるが、つねにもっと先へ達しようと力めなければならないことに存するわれわれの完全さと真向うから対立する）、かえってわれわれが反対にその行うすべてを、われわれがやり遂げて為上げるに到るいっさいの、その場合第一にして唯一の原因たる神に帰するようにする。

[四] 第三[六二]に、この知がわれわれのうちにもたらす本当の隣人愛に加えて、それはわれわれがけっして隣人を憎まず、またかれらに腹を立てずに、むしろ援け、よりよい状態に導く気になるように、われわれを促す。このすべては、大きな完全さ、ないしは有りかたをそなえているような人びとのなすことである。

[五] 第四[六三]に、またこの知は、共通の最善を推し進めることに役立つ。なぜかと言えば、それによって、ある裁判官は片方をさしおいてもう片方

二、われわれは、何であれ、自分の行うことを自慢に思うにおよばないこと。

三、われわれが自分の隣人を愛《いつく》しみ、けっして憎まないこと。

四、それは共通の最善にとって為になる。

にいっそう肩入れをすることができないことになるし、片方を罰して片方に償いを与える必要に迫られる場合は、後者と同じように前者を援け改善する見通しをもってそれを行うことになるからである。

［六］［六四］第五に、この知は悲しみや絶望や妬みや慄き、そしてほかのもろもろの悪い情念からわれわれを自由にする。それはこののち述べるように実質の地獄(407)そのものである。

［七］第六［六五］としておしまいに、この知はわれわれが神に対して、ある者たちがみずから仮構した悪魔に対して自分たちに悪いことを行わないようにと恐れるのと違って、恐れることがないようにさせる。じっさい、いったいどうしてわれわれが神を恐れることなどできようか。神は至高の善そのものであり、何らかの有りかたをそなえる物はみな、神によって、その有るところのものなのだから。そして、神のうちに生きるわれわれもまたそうである(408)。

［八］(409)［六六］またこの知は、神がもっともすばらしくこの上なく完全であるので、われわれがいっさいを神のものとし、神だけを愛し、そしてわれわれ自身をそのようにそっくり神にささげるように導く。何となれば、本来ここに**本当の神への務め**(410)**とわれわれの永遠《とわ》の救い**、**至福**が存するのだから。というのも、一人の奴隷および一つの道具のたった一つの完全さと終極の

五、われわれはそれによってたくさんの悪い情念から自由になる。

六、またある者たちが悪魔に対したような、神に対する恐れから。

また、いっさいを神のものとし、神だけを愛するようにも駆られる。

それはわれわれの終極の目的であり、そのためにわれわれは在る。

目的は、負わされたみずからの務めをふさわしくまっとうするということのことだからである。例として、ある大工が何かひと為事をする場合、自分の斧がぴったり役に立っているとわかれば、その斧はそれでおのれの目的と完全さを得ている。[411] だが、もし大工が「この斧はもう十分わたしに役立ってくれた、だから休ませて、もう使わないでおこう」と考えたくなるとしたら、まさにそのときこの斧はそれの目的から離れ、もはや斧ではなくなる。

［九］こうしてまた人間は、自然の一部分であるかぎりは、自然の諸法則に従わなければならず、それが神への務めである。またそうしたことを行うかぎり、人間はそのさいわいのうちにいる。だが、もし神が（話としてこう言うのだが）、人間がもう自分に務めを行わないことを志すとしたら、それは人からそのさいわいを奪い、人を破壊することに等しい。人間がそれであるいっさいは、神への務めをなすということに存するからである。[412]

そしてそれなしではわれわれはなかった。

第一九章

われわれの至福などについて(413)

［一］この本当の信の効用を見たので、次にわれわれは続けて行った約束を満たすように力めることになる。すなわち、われわれがすでに手にしている（善とは何か、悪とは何か、真理とは何で、虚偽とは何か、また全般としてこれらいっさいの効用は何であるかについて、といった）知[六七]によって、言うなら、われわれはみずからのさいわいに、すなわち（われわれのもっとも高い至福であると認めた）神の愛に辿り着けるのか、また、どんなやりかたでわれわれは悪と判断したもろもろの情念から自由になれるのか、を探ることがそれである。

［二］さて*、おしまいのこと、すなわち情念から自由になることについて最初に語ると、わたしが言うことはこうなる。もし情念がわれわれの見立てた以外のいかなる原因ももたないとわれわれが仮定するならば、われわれはみずからの知性をただよく用いれば*、（真理と虚偽の一つの尺度をいま手にしているから）ごくたやすく行えるように、われわれはけっして

本当の信によってわれわれはおのれの至上の救いに辿り着け、悪い情念から自由でいられるのかどうか。

(414)*どのように情念において証示が開始されるのか。

情念に嵌るようにはならないだろう。

＊(415) ごくたやすく行えるとは、われわれが善と悪、真理、および虚偽について根本の知をもつならば、と解される。というのも、その場合、情念がそこから生れるものに従わされることがありえないからである。最善のものを知り、享受すれば、最悪のものはわれわれに対して何の力ももたないのだから。

〔三〕 六八 それはそうとして、情念が他のいかなる原因ももたないということが、いまわれわれの証示すべきことである。そのためには、われわれがみずからの全体を、体に関しても精神(417)に関しても、調べることが求められるとわたしには思われる。

それで、六九 まず第一に指摘するのは、自然のうちにある物体〔体〕が在って、その構えと果していることを通して、われわれは触発され、このようにしてそれに気づく。このことをわれわれが指摘するのは、体の果していることとそれらが何をひき起すに到るのかをわれわれが見てとるようになれば、これらの傾きすべての第一のもっとも主なる原因をやはり見出すであろうし、同時にまたこれらの傾きすべてを破壊しうるものも見出すこと

八三頁の命題三(416)を見よ。

このために何が求められるか。

まず第一に自然のうちに〈ある〉物体〔体〕が在ること。

これがなされる理由。

になるからである。そこからわれわれは併せて、そうしたことを理性によってなしえることがあるのかどうか見てとりうる。それから同様に、神へのわれわれの愛について続けて語ることになろう。

何がそこから続いて出てくることになるのか。

［四］そこで次に、自然のうちにある体が在ることを示すのは、すでに神が在り、また神が何であるかをわれわれが識っているからには、われわれにはなすのに難しいことではありえない。われわれは神を、おのおのが無限で完全である、無限に多くの属性による一個の存在であると定義している。そして広がりは、それの類の中で無限であることをわれわれが証示した一つの属性であるから、必然のこととしてこれも同様にかの無限の存在の属性でなければならない。そしてわれわれは同様にもうすでにこの無限の存在者が実在していることを証明したから、そこで同時にこの属性もまた実在していることが出てくる。

自然のうちにある体が在ることがどのように証明されるか。[418] すなわち、神が在り、何であるかを識っていることから。八一から一一二頁までを見よ。

［五］その上われわれは、無限である自然の外にはいかなる存在ももうない、ないし在りえないことも示したから、われわれが気づくのがそれによる、体のこの果していることは、広がりそのもの以外からは来《きた》りえず、（ある人たちが意図するように[419]）その広がりを卓越《エミネンテル》してそなえるような別の何かからではけっしてないことが明白である。何となれば（われわれが前もってもう［第一部］第一章[420]で証明したように）こちらはないのだから。

そして、そのそとには別のいかなる存在者もない、あるいは在りえないこと。またそこから何が出てくるか。

［六］さてそこで次に考察されるべきは、広がりに必然に依っているのをわれわれが見るいっさいの果されていることどもは、運動および静止と同様この属性のものとされなければならないということである。というのも、この果されていることの力が自然のうちになければ、これらが存在しうることは（もしかしてたといそれのうちに多くの別の属性が在るとしても）不可能になるからである。じっさい、もし或るものがあらたに何かを生み出すとしたら、その或るもののうちにはかれ〔神〕がそれによって別のものよりもかの何かを生み出せる何ものかが存在しなければならないから。すると、われわれがここでいま広がりについて言うそのことは、思いについても、在るものすべてについてもまたそうだとわれわれは言っておきたい。

［七］*さらに考察されるべきは、われわれのもとでそれが意識されている可能性がなければ、われわれのうちには何もないということである。だからもしわれわれが、思うものの果していることと広がりの果していること以外に何も自分のうちにないのを見出すならば、われわれはそれより多くのものは自分のうちにないと、じっさい請け合っていい。

そこでちょっと、この両方のはたらきを明晰に解るために、われわれはそのそれぞれをまずそれだけで、そののちに両方を一緒に取り上げ、同じ

何がいまから考察されるか、そしてそれは重大である。

[421] よく注意。＊なおその上に何が考察されるべきか。すなわち、思いと広がり以外の何かから成ることはないと、われわれは請け合っていいこと。

この両方のはたらきを明晰に解るために、個別に取り上げられる。

く、片方についてももう片方についても、果していることを取り上げることにする。

［八］七〇 さて、われわれが**広がり**だけを眺めるときには、われわれはそこに**運動**と**静止**以外気づかないということであり、これらからわれわれはそこに由来するすべての果されていることを見出す。七一 そしてこの二つの**様態***は物体にあって、独りそれら自身を措いて、それらを変えうるいかなるものも在りえないようなものである。**たとえば**、ある石がじっと横たわっているとき、それが思いの力やあるいは別様の何かによって動かされうることは不可能だが、その静止よりも大きな運動をそなえている別の石がそれを動かすときのように、運動(423)によっては動かされる。同じようにまた、運動している石は、運動することがより少ない別の何かによって以外は静止するに到らないであろう。こうして、思いのいかなる様態も物体のうちに運動もしくは静止をもたらせないということが出てくる。

＊(424) 二つの様態。静止は無ではないので。

［九］(425) 七二 だがそれにもかかわらず、われわれがみずからのうちで気づくことによれば、いま一方の側に運動している体が、それでももう一方の側へ

第一。広がりのはたらき。

(422) それはただ**運動**と**静止**に存し、これらからすべての果されていることが由来する。そしてそれらは、独りそれら自身を措いて他のいかなるものもそれらを変えられないようなものである。

そのことが例によって証される。

そしてここから何が出てくるに到るか。

(426) このことにもかかわらず、われわれがみずからのうちに起りうると気づくのはどんなことか。二一八頁にあることで続けられる。

向きを変えるようになることがたしかに起りうる。わたしが腕を伸ばし、そのことで、すでに行っていた運動がそのようなものではなかった(427)精気が、それでもいまやそちらの方へ運動することを生じさせる場合のようにである。しかしながらそれはつねにそうなのではなく、このあとで言われるように(428)、精気の構えに応じてのことである。

このことの原因は、心がこの体の観念であって、心とそのような状態に置かれたこの体とが一緒に一つの全体をつくるように、体と結び合されているからというよりほかではありえない(429)。

［一〇］七五 もう一つの属性(430)の果している一番主要なことは、**ものごとの覚知**＊であり、それがそれらを念うようになるのに応じて、そこから愛あるいは**憎しみ**等が生じてくるようにである。すると、この果していることは、いかなる広がりも伴わないから、やはりこれにはあてがわれることができず、ただ思いにのみあてがわれうる。だから、この様態のうちに生れるようになるいっさいの変化は、これの原因がけっして広がりのうちにではなく、ただ思うもののうちに探し求められなければならない。このことはわれわれが愛のうちに見てとれるとおりである。これが破壊されるにしろ、かき立てられるにしろ、そうしたことは覚知そのものによってひき起されるはずである。それは、われわれがもうすでに言ったように、対象のうち

そのことが例で証示される。

何が必然にこのことの原因でなければならないか。

第二。思いの果していることについて。その一番主要なものはものごとの覚知であり、それから愛、憎しみあるいは悲しみ等が出てくる。

(431)＊なぜそれは広がりではないのか。言い換えればこれにはあてがわれることができず、それのいっさいの変化の原因は思うもののうちに探し求められなければならないのか。それについては　頁を見よ。

例としては愛がそれになろう。

に悪い何かが在ることが覚知されるからか、あるいはより善い何かが知られるようになるために起る(432)。

［一一］そうすると、いま、これらの属性の一方が他方にはたらきかけるに到るときには、そこから一方のうちに(433)他方による受動が生れる。すなわち、われわれがこのように自分の志すところへ行かせる能力をそなえる、運動(435)の決定を通してである。一方が他方からはたらきを受けるようになる作用は次のようなものである。すなわち＊心と体は(437)、もうすでに言われたように、そうでなければある側へ運動していた精気を、いまやかえってもう一方の側へ動かすように、たしかにさせうる。これらの精気はまた体のほうの原因を通して運動させられ、そうして決定されることができるので、体の原因によってある場所へ運動している精気が、今度は心のほうの原因によって別の場所へ運動し、そうしてわれわれのうちに圧迫感を生じさせ、ひき起すことがよく起りうる。それはわれわれが時折、抱きながらそのわけを識っていないときに自分のうちで気づくようなものである。なぜなら、そうでないときは理由は大抵われわれに知られているからである。

［一二］七四(438)さらに、心は精気を動かすのにそなえる力を、精気の運動が著しく減らされるか、または著しく増やされるかするために、たしかに礙《さまた》げられることもありうる。**減らされる**のは、われわれが、たくさん走ったこ

この両属性の一方が他方へはたらきかけるに到るならば、そこから何が生れるか。またどのようにしてこのすべてが起るのか。二二一(434)頁を見よ。

(436)＊こう解せよ。個別のどちらも、言うならまた、体へはたらきかけている心もたしかに云々のようにさせうる、と。

精気はまた体だけから決定され、言い換えれば運動させられうる。その場合によく起るのはどんなことか。

そしてここからわれわれが原因を識っていないで自分のうちで気づく圧迫感や憂鬱などが生れる。

心は精気を動かすのを礙げられうること、またどのようにしてか。

とで、精気がその走りを通してふだんよりもずっと多くの運動を体に渡し、それをなくして、必然のこととしてそれだけ弱められることをひき起すときのようにである。これは、食物を摂るのがあまりにわずかなことによっても起りうる。**増やされる**のは、われわれが葡萄酒かまたはほかの強い酒かを飲み過ぎ、そのことで陽気になったりあるいは酔っぱらったりして、心が体を治める力をもたなくするときのようにである。

［一三］さて、心が体に対してそなえるはたらきについてはもうそれだけのことが言われたので、次に体が心に対してそなえるはたらきについてちょっと見よう。[七六] われわれの見立てでは、これらのうちもっとも主要なものは、体がそれ自身を心に気づかせ、それによりまたほかの物体をも心に気づかせることである。(439) それをひき起すのは**運動**、**静止**の両方以外の何ものでもない。体には、これら以外にそれを通してはたらきうる物がないからである。

体の心に対するはたらきについて。どれがそのもっとも主要なものか。

運動と静止によってのみ起り、このほかに心が気づくものは体からは生じない。

［一四］だから、この気づきのほかにさらに心に起るいっさいは、すると、体によってはひき起されえない。(440) また、心が知るようになる最初のものは体なので、そこから心は体をそのように愛《いとお》しみ、またそれと一つに結ばれるということになる。だが、われわれはあらかじめもうすでに、愛、憎しみ、ならびに悲しみの原因が体のうちにではなく、ただ心のうちに探

なぜ心は体をそのように愛しむのか。それと一つに結ばれる。

し求められなければならないと言っているからには——じっさい体のあらゆるはたらきは運動と静止から出てこなければならないから——また一つの愛が、より善い別の何かについてわれわれが得る覚知によって消滅することをわれわれは明晰判明に見てとるから、そこから明瞭に次が出てくる。**もしわれわれがいつか神をせめて自分の体を知るのと同じくらい明晰なある知でもって知るようになれば、そのときわれわれは自分の体とよりもじっさいもっと緊密に神と結ばれるはずであり、まるで体から解き放たれているようであるにちがいない**。わたしがいっそう緊密にと言うのは、われわれは前もってもうすでに、われわれが神なしでは存することも解ることもできないことを証明しているからである。これは、われわれが神を、ほかのすべての物に関してそうであるように別の何かを通してではなく、もうすでに前もって述べたとおり、ただ神自身を通して知り、また知らなければならないためである。それればかりか、われわれは神なしでは自分自身をけっして知ることができないから、自分自身よりも神をよく知るのである。

われわれがあらかじめもうすでに二一七頁で言ったことから出てくるのは、われわれが体を知るのと同じくらい明晰な知で神を知るなら、そのときわれわれは体とよりもずっと緊密に神と結ばれるにちがいないということである。

なぜかという理由。

［一五］われわれがここまでに述べたことから、どういったものが情念の主原因かを推定するのはたやすい。というのも、体と合せてその果しているること、**運動と静止**に関して言えば、これらが心に対してなしうること

先立つことから、どういったものが情念のもっとも主なる原因かを推定するのはたやすいこと。

は、それら自身を対象であるようにそれに知らせることのみである。そしてそれらがこれに差し出す現《あらわ》しが善(*)[441]いか悪いかに応じて、心もまたそれらから触発される。そのことは、それが体であるかぎりでではなく(その場合は体が情念のもっとも主なる原因になろうから)、心にみずからをそのように現すようになるならやはり同じことを果すほかのあらゆる物と同じように、対象であるかぎりでである。

体とその果していることはここで何をなすのか。

そしてどのようにそれらはみずからを心に現し、心はそれらから触発されるのか。

体からとしてではなく、対象からとしてである。

また、なぜかという理由。

〈*〉だが、われわれが片方が善い、もう片方が悪いと知るのは、どこからわれわれにやってくるのか。答。われわれにそれら自身のことに気づかせるのは対象であってみれば、われわれは一方からは[もう一方からとは[442]]別なふうに触発される。すると、われわれが(それらが成り立つ運動と静止の釣合にしたがって[443])この上なく適度に動かされるものは、われわれにこの上なく快く、そこからどんどん遠く離れるほどにそれらはこの上なく不快である。そしてここから、われわれが自分のうちで気づき、また、たびたび物体の性質を帯びた対象を通してわれわれの体〈に対して[444]〉はたらきかけている、あらゆる種類の感覚印象が在り、それをわれわれは刺戟と呼ぶ。悲しみに浸っている或る人をだれかがくすぐったり、葡萄酒を飲ませたりすることなどによって、笑わせ、嬉しくさせることができるようにである。心はそれに気づきはするが、はたらきかけるわけではない。それがはたらきかけるときは、嬉しさは本当であり、別種のものだからである。じっさい、その場合はいかなる物体も体にはたらきかけず、知性で解る心が物体を道具として使うのだから。したがって、心がここでいっそうはたらきかければかけるほど、それだけ感覚印象は完全である。

とはいえ、物体の性質を帯びない物どもという対象はここから別扱いとされる。

［一六］（とはいえ、(445)これでもってわたしは、物体の性質を帯びない物をみつめることから生じてくる愛、憎しみ、悲しみが物体の性質を帯びた物をみつめることから起るそれらと同じことを果すと言うつもりはない。なぜなら、このあとでまだ言うように、前者はさらに別の効果をもつことになるからであり、それはものごとの自然の性に相応し、そのものの覚知から、物体の性質を帯びない物をみつめている心のうちに愛、憎しみ、悲しみ等がかき立てられる。）

議論の続き。

［一七］そこで、前のわれわれの話にまた戻って、(446)別の何かが心にみずからを体よりもすばらしいと現すようになる場合、体がいまは果すような効果をひき起す能力をもちえなくなることはたしかである。ここから、体(*)が情念のもっとも主なる原因である〈のではない〉ということだけではなく、(447)われわれがいましがた指摘したもののほかに、われわれの思っているように、情念を生ぜしめうる別の何かがわれわれのうちに在るとしても、

そのようなものは、たとい在るとして、それでもいま体が行っているよりも心に対して多くはたらきかけることも、それとは別なふうにはたらきかけることもできないということもまた出てくる。なぜなら、たしかにそれは心とはまったく異なっているような対象以外ではありえず、したがってみずからをやはりそのように現し、別なふうにではないのは、われわれがそのようなしかたでじっさい体について語ったとおりだからである。

〈＊〉[448]体はそれだけが情念のもっとも主なる原因であると見立てられる必要はなく、どんなほかの実体も、出てくるなら、こうしたものを生ぜしめうるが、それは別なふうにでもより多くでもない。というのも[449]それ〔実体〕は、両極端に懸け離れているこれら〔心と体〕に比して自然の性においていっそう隔たりえないであろうから（対象のその隔たりから心のうちに移り変りが起る）。

このすでに言われたことからわれわれは何を結論しなければならないか。

〔一八〕こうしてわれわれは真実に結論しうる。愛、憎しみ、悲しみ、また他の情念は、心がそのつどものごとについて抱くようになる知の形態に応じて、さまざま異なって心のうちに生ぜしめられる、と。したがって、ひょっとして心がこの上なくすばらしいものをひとたび知るようになれるならば、その場合、こうした情念のいくつかが心のうちにわずかたりとも動揺を生ぜしめうることは不可能となろう。

第二〇章

前章の確認[450]

［一］さて、前の章でわれわれが言ったことにかかわって、次の異議があげつらわれうるであろう。

これまでに述べたことへの異議。

七七 第一に、[451] 運動が情念の原因ではないとしたら、しばしば葡萄酒を用いて行われるように、悲しみをそれでも何らかの手だてで追い払うことはどうしてありえようか。

［二］それに答えるのに役立つのは、*心がまず体に気づくときの心の気づきと、それが心にとって善いか悪いかということについて心が直後に下すようになる判断との間に区別がなされなければならないということである。

それに対する答。

*つまり汎《ひろ》く受けとられた解ることと、ものの善か悪かに関して解ることの間。

さて心は、いま遠まわしに言われたようになっているとすれば、われわれはすでに前もって指摘したが、その志すところへ精気を動かす力をそなえる。(452)しかし、それにもかかわらず、この力は汎《ひろ》く物体に属する別のもろもろの原因によってこの精気の程を得た構えが奪われるか、変えられるかするときには、心から取り上げられることがありうる。また、そうしたことに心のうちで気づくときに悲しみが生れ、それは精気がその場合に受ける変化に応じている。〈*〉その悲しみは愛と、これが体を相手にもつ結合から生ぜしめられる。そしてこれがそのようなものであることは、この悲しみが次の二つのうち一つのやりかたで癒されることから、容易に推して知られうる。精気をその初めの構えに戻してやる、つまりその人を(453)苦痛から解き放つことによってか、それともこの体を何らかまいつけないように説得力のある理由によって確信させられることによってである。初めのほうは一時的であり、(454)また逆戻りしかねない。対するに二番目のほうは永続し、安定していて不変である。

〈*〉(455)悲しみは人のうちで、何か悪いことが自分に降りかかってくること、すなわち、或る善を失うことについての思い込みの把握から生ぜしめられる。このことがそのように覚知されるとき、精気が心臓の近くに集まり、ほかの諸部分の援けを藉《か》りて、これを圧しつけ、塞ぐという思念を生じさせるが、それは喜びにおいて起ることのまさに対蹠である。この圧しつけに心が今度は気づいて苦しくなる。では、薬や葡萄酒が生じさせるのはどういうことか。すなわち次がこれにあたる。これらがそのはたらきを通じて、こうした精気を心臓から追いやり、また空いた場所をつくる。それに心が気づくと元気づけられるが、それは、悪いことをめぐる思い込みの把握が葡萄酒のひき起す運動と静止の別の釣合によって、向きを逸らされて、知性がもっと多くの満足を見出す別の何かのもとにおさまるということである。しかしながら、これは葡萄酒が心にじかにはたらきかけていることではありえず、ただ精気への葡萄酒のはたらきかけなのである。

［三］［七八］二番目の異議は次のようなものでありえよう。心は体と何ら共通のもの(456)をもちはしないが、(*)それでも、一方の側へ運動しようとしていた精気が、にもかかわらず今度はもう一方の側へ運動することを生じさせうるのをわれわれは見てとるから、どうしてやはり心はまったくじっと静止しているある物体が動き始めるようにさせられないのだろうか。同様に、どうしてやはり心は、すでに運動をしている他のあらゆる物体を、自分の志すところへ動かせることがないのか。

第二の異議。
心について。

〈＊〉[457]この一様態はもう一方とは限りなく隔たるが、それにどのようにはたらきかけるのかという点では、何ら難しいことはない。というのも、心は体なしにはけっして在りはしなかったし、体も心なしにはなかったから、それは全体の一部分としてだからである。[458] このことをわれわれは次のように追ってみる。

一、一個の完全な存在者が在る。頁[459]。二、二つの実体は在りえない[460]。頁。三、いかなる実体も始まることはできない[461]。頁。四、それぞれは[462]おのれの類において無限である。頁。五、思いの属性もまたなければならない。頁。六、自然のうちにはそれのある観念が思うもののうちにないものは何もなく、それはその有ることと実在とから一緒に生じている。頁。七、それから、続いて。八、有ることとは、実在を伴わなくとも、ものどもの語義のもとで念われるから、有ることの観念は、すると個別の何かとみなせない。しかるに、こうしたものは**実在が有ること**と一緒に在るときに甫めて生起し、それは前にはなかった対象が在るからである。たとえば、壁全部が真っ白いときには、これとかあれとかはそこにない、等。九、するとこの観念は、他のいっさいの観念を離れてそれだけでみられると、ただそうしたもの〔対象〕の観念というだけのことで、それ〔この観念〕がそうしたものの観念[463]をもつということではない。しかも、このようにみられたそうした観念は、一つの部分にすぎないので、それ自身とその対象についてこの上なく明晰判明な思念などもつことはできない。たしかに、これをなしうるのは、それのみが全自然である思うものだけである。じっさい、その全体を離れてみられた一部分には叶わず云々。一〇、観念と対象の間には、一方が他方を伴わずに存することができないから、必然のこととしてある結びつきがなければならない。何となれば、それの観念が思うもののうちにないものは何もないし、やはりものがきっと存在しなければ、いかなる観念も在りえないから。さらに、対象は、観念もまた変化させられるのでなければ、変えられることができず、その逆も同様であり、したがって心と体が一つに結ばれていることを生ぜしめる第三のものは何ら必要とされない。だが、次の点には注意すべきである。われわれがここで語っているのは、物が実在していることから、有ることと一緒に神のうちに必然に生れるような観念についてであって、われわれのうちでの為事から物をいま実在しているようにわれわれに現す観念についてではない。[464] それには大きな差がある。なぜかと言えば、[465] 観念は神のうちでは、われわれのうちでのように生れるのではない。われわれのうちでは一つかそこらの感覚器官から生れ、それらはそれゆえにじっさい感覚器官によって大抵いつも中途半端[466]にしか触発されない。しかるに神のうちでは、それらがそれであるすべてにしたがい、実在と有ることから生れるのだから。とはいえ、一つの同じ事柄がわれわれのうちでまっとうするものだが、わたしの観念はあなたのではない。

［四］だが、われわれが思うものについてもう前に言ったことをちょっと思い出すならば、それはわれわれからこの難点をいともたやすく取り除けるであろう。すなわち、そのときわれわれが言ったのは、自然はさまざまな属性をもつにもかかわらず、それでもただ一つの存在であって、それに関してこのすべての属性が述べられる、ということである。それに加えてわれわれは、思うものもまた自然のうちでただ一つだけであるが、(*)それは自然のうちに在る無数の物に応じて、無限に多くの観念において表現される(467)、と言った。というのも、もし物体なるもの(468)が、ある、たとえばペテロの体のような様態を迎え入れ、今度はパウロの体であるような別のそれを迎え入れるとすれば、その場合そこから生じるのは、思うもののうちには二つの異なった観念、すなわち、ペテロの心をつくり成す、ペテロの体についての一観念とパウロの心をつくり成すパウロについてのもう一つのそれが在るということだからである。そうすると、思うものはペテロの体を、ペテロの体の観念を通して動かす(469)ことはたしかにできるが、パウロの体の観念を通してそれを行うことはできない。だから、なるほどパウロの心はおのれ自身の体を動かせるが、ペテロのそれのように別のものの体を

それに対する答。
自然はなるほどさまざまな属性をもつが、そうは言ってもただ一つの存在である。

動かすことはけっしてできない。こういうわけで、それ〔心〕は、静止し、ないしじっと横たわっている石を動かすことはできない。なぜなら、石は心のうちで[470]また別の観念をつくり成すからである。こういうしだいで、完全に静止してじっとしている物体が思いの何らかの様式によって動かされうるというのは、右に述べられたような理由で、不可能なことが、同様に明らかである。

〈＊〉[471]人間には始まりがあったのだから、あらかじめ自然のうちに在ったのとは別の属性が人間に見出されるはずがないことは明らかである。また人間はある体で成り、それはそのある観念が必ず思うもののうちになければならないようなものであり、その観念は必然に体と結び合されていなければならないから、われわれは憚ることなく、人間の心とは思うもののうちの、このかれの体のこの観念にほかならないと主張する。そして、この体はある運動と静止をそなえ（それは釣合っていて、通常は[472]外の対象を通して変更される）、対象のうちの変更は、やはり観念のうちでじじつ同じことが起らなければ、何ら起りえないので、ここから人間は感受する（反照的観念《イデア・レフレクシーヴァ》）[473]ということが出てくる。それはそうとして、「それが運動と静止のある釣合をそなえるので」とわたしが言うのは、この二つが合わさってはたらくことなしには、体のうちにいかなるはたらきも起りえないからである。

第三の異議。

［五］　三番目の異議[七九]は次のようなものでありえよう。われわれはそれでも体のうちに若干の静止を生ぜしめうるのをはっきり見てとれるように思われる。なぜなら、われわれがみずからの精気を長い間運動させたあとでは、われわれは疲れているのがわかる。そのことはたしかにわれわれによって生じさせられた精気のうちの静止にほかならない、と。

それに対する答。

［六］　それに対してわれわれは答える。心がこの静止の一原因であることはなるほど本当だが、それは間接のことでしかない。なぜなら、心は運動の中に静止をじかにもたらすのではなく、ただ別のもろもろの物体を通してのことにすぎないからである。心が運動させた(474)そうした物体のほうでは、それらが精気へ伝えただけの静止を必然のこととして失くさなければならなかった。そういうわけでどこから見ても、自然のうちには一つの同じ運動の類が在ることが明らかである。

第二一章

理性について(475)

［一］目下のところわれわれは次のことを探らなければならない。それは、[八〇]あるものごとを善い、もしくは悪いとわれわれが見てとるにもかかわらず、善を行い悪を控える力を時にはみずからのうちに見出さず、しかしながら時として見出すのは、何によって来《きた》るのかということである(476)。

［二］あらゆる情念の傾きの原因であるとわれわれが言った臆見について(477)われわれがあてがった諸原因に留意するならば、われわれはこれを容易に推し量ることができる。われわれはそのとき、これらが**聞き伝え**か、**あるいは体験**によっていると言った(478)。そして、われわれが自分のうちにあるとわかるものはみな、われわれに**外からやって来る**ものよりも多くの力をわれわれの上にもつから、理性はわれわれが聞き伝えのみによって抱く臆見(*)を絶やす原因たりうるが（しかもわれわれに理性は外からやって来ているのではないので）、われわれが体験を通して抱くそれを絶やす原因ではけっしてありえないことがたしかに出てくる。

われわれが善いものごとを見て、それをなし遂げる力を時にはそなえ、時にはもたないということは何によって来るのか。悪を控えることでもそうであるように。

このことを解るために、われわれが留意する必要があるのはどんなことか。

聞き伝えから生じる臆見ないし思い込みは理性によってたしかに絶やされうる。なぜか。だが理性はけっして体験によっている思い込みを取り除くことができず、またなぜかという理由。

〈＊〉[479] われわれがここで臆見という語を用いようと、情念という語を用いようと同じことであろう。またそういうしだいで、体験を通じてわれわれのうちに在るそれらに、われわれが理性を通して打ち克てないのはどうしてかということが明らかになっている。なぜかと言えば、これらはわれわれにあっては、われわれが善いと判断する何かの享受、もしくはそれとじかに結ばれていることにほかならないからであって、理性はわれわれにより善いものを指し示すにもかかわらず、われわれに〔それを〕享受させはしないからである。ところで、われわれがみずからのうちで享受するものは、われわれが享受しない、われわれの外に在るものを通じては、理性がわれわれに指し示すものがそうしたものであるのと同様、打ち克つことができない。しかるに、これらが打ち克たれることになるとしたら、いっそう強力であるような何かがそこに在るにちがいない。初めのものより善いと知られて享受されるものの享受か、それとじかに結ばれていることが存在することになるというふうにである。そしてこれがそこに在るなら、打ち克たれることがいつだって必然である。または享受された善よりもっと大きいと知られ、これにただちに続く悪の享受を通じてもやはりきっとそうである。そうは言っても、この悪がいつも必ずそのように続くわけではないことを、経験はわれわれに教える。というのも云々。一五九、二一二頁[480]を見よ。

［三］じっさい、ものごとそれ自身がわれわれに与えるできる見込みは、二次的なものの産物からわれわれが手にするそれよりもつねに上回っているからである。ちょうどわれわれが、推理と明晰な知性とについて一四二頁[481]で、さらに比例法の譬でもって語った際、この差に注意を促したようにである。じっさい、比例[482]そのものを解ることからわれわれのうちには、比例の規則を解ることからよりも、いっそう多くのできる見込みが在るからである。そしてわれわれがもうすでに幾度となく、ある愛がそれを上回る別の愛を通じて打消されると言ったのはこういうわけで、そこには推理から生じる慾望を含めるつもりが毛頭なかったからである。

(483) こういうわけで、ある愛が別の愛を通じて絶やされると幾度となく言われている。それを通じて慾望を除外しているのは、それが愛のように本当の知からではなく、推理から出てくるためである。

第二二章

本当の知、再生などについて[484]

［一］理性[*]はわれわれをみずからのさいわいへ導く力を何らもたないか

(*) いま甫めて本当の知などについて語ることが開始される。

ら、そこで残されているのはわれわれが知の四番目の、最後の様式を通し[八一]てそこへ辿り着くことができるかどうかを探ることである。われわれは知のこの様式が別の何かの産物からではなく、対象自身が知性へじかに現れることによると言った。そして、その対象がすばらしく、また善いならば、われわれがやはりわれわれの体について言ったように、心は必ずそれと一つに結ばれる。

〈＊〉[485] 説得力のある理性と対立しているすべての情念は（前に指摘されているとおり）**思い込み**から生れる。そこにあって善いもしくは悪いものいっさいは**本当の信**を通してわれわれに指し示されている。しかしながら、これら〔思い込みと本当の信〕は両方揃ってもそのいずれかでもわれわれをそこから救い出すほどの力はない。そうすると、**独り三番目**[486]の様式、すなわち**本当の知**こそが、われわれをここから自由にするものである。またそれなしでは、われわれがいつかここから自由にされうることはありえない。結果として[487]頁で指摘されるとおりである。[488]これはきっと、ほかの人びとが別の呼び名でたっぷり言及し、書いていることではあるまいか。というのも、われわれが**思い込み**で**罪**を、**信**で**罪**を**指し示す法**を、また**本当の知**で**われわれを罪から自由にする恩寵**を解しうるのが適切であることを見てとらない者がいるであろうか。

残っているのは、本当の知がわれわれを救いとさいわいへ導くということだけである。

これは別の何かの産物からではない。

[二] するとここから、**知が愛を生ぜしめるものであること**が反駁の余地なく出てくる。そこで、われわれがこの様式で神を知るに到るならば、その場合われわれは必ず（というのも神はこの上なくすばらしくこの上なく善いものとして以外には現れえず、われわれによっても知られえないから）神と一つに結ばれるはずである。もうすでに言ったように、そのことにだけ(489)われわれの浄福は存する。

わたしは、われわれが神をその在るとおりに(490)知らなければならないと言っているのではなく、(491)神と一つに結ばれているためには、神をある程度(492)知ることでわれわれには十分である。じっさいわれわれが体についてもつ知ですら、われわれがそれをその在るとおりに、(493)あるいは完全に知るということではないからである。それなのに何という結合、何という愛か。(494)

[三] じつのところ**神の知**であるこの四番目の知が別の何かの産物を通してではなく、じかに在ることは、われわれが前に証明している「神が、**それ自身を通してのみ、別のものを通してではなく、知られている**いっさいの知の原因である」ことから明らかである。それに加えて、われわれが**神なしでは存することも解ることもできないように自然の性を通して神と結ばれている**ので、ということからもまた明らかである。

ここから何が出てくるか。

かの本当の愛がそれから生じること。また結果として、この本当の知から生じる愛を通して神と結ばれること。

この知は十全であるにはおよばず、またなぜか。

第四は、すなわち比例法の例では、一四四頁。
これが別の何かの産物からではないということの論証。(495)頁を見よ。
この証明の続き。

こういうわけで、神とわれわれの間にはきわめて密接な結びつきがあるから、われわれが神をじかにしかに解ることができないことが明らかである。

ここから、われわれが神をじかにしか解ることができないことが明らかである。

［四］ われわれが自然の性と愛を通して神を相手にもつ結びつきを、われわれはいまから解き明かすことに力める。

神と一つに結ばれることについてのさらに詳しい説明。それはどのようであり、何に存するのか。

われわれはもう前に、自然のうちにはそれのある観念がこのものの心のうち[496]にないものは何も在ることができないと言った。＊ そして、ものごとの完全である程度が多いか少ないかに応じて、観念がそのもの[497]のあるいは神自身を相手とする結びつきと果していることも完全である程度が少なかったり多かったりする。

＊ そしてこれにより、併せて、われわれが第一部で言っておいた、無限の知性がまったき永遠からこのかた自然のうちに在るはずであって、それをわれわれは**神の子**と呼んだ[498]ことが解き明される。なぜかと言えば、神は永遠からこのかた在った以上、**それの観念**もまた思うもののうちに、つまりそれ自身のうちに〈永遠からこのかた[499]〉在るはずであり、その**観念**は表している対象というありかたで神自身と一致するからである。[500]頁を見よ。

［五］じっさい、自然全体はただ一つの実体であって、それの有ることは無限である以上、すべての物は自然を通して結ばれ、一者に、すなわち神に結び合されているからである。

次に体は、われわれの心が気づく一番最初のものであるから（言われたように、自然のうちにはそれの観念が思うもののうちにないものは何も在ることができず、その**観念**はかの物の心であるので）、かの物のほうは必然のこととして**観念**の第一の原因でなければならない。*

そうは言ってもこの観念は、体と**観念**じたいがそれなしでは存することも解ることもできないものの知へと、体の知が移りゆかないと、けっしてそこに静止を見出せないので、それはじっさい（知が先へ進んだあとでは）そのものと愛を通してただちに結ばれる。

*(501) つまり、われわれの心は、体のある観念であるから、体からそれの最初の有ることを得る。じっさいそれは思うもののうちでの体の、全体並びに個々［の部分］の、表象にすぎないのだから。

［六］この結びつきは体を相手にしたはたらきからもっとよく捉えられ、それがどういうものでなければならないかが推知される。そこでは、物体

の性質を帯びた物が知られ、それらへ情念が向うことにより、精気の運動を通じて自分の体のうちに果されているのをわれわれが絶え間なく気づくいっさいが、どのようにわれわれのうちに生れるようになるのかをわれわれは見てとる。こうしてまた（もしもいつかわれわれの知と愛が、それなしではわれわれが存することも解ることもできず、しかも微塵も物体の性質を帯びないものにあたって停まるようになるならば）、この結びつきから生れるような成果は較べものにならないほど偉大ですばらしくなるであろうし、なるにちがいない。というのもこれらは必然のこととしてそれ[502]が結ばれる相手のものに応じた状態になっていなければならないからである。

［七］そしてわれ[八三][503]われがこれらの果されていることに気づくときには、われわれは**再生して**いると真実に言える。なぜなら、われわれの第一の誕生は、われわれが体と一つに結び合されたときになされたからであり、それにより精気がそのように果すことと運びが生れている。しかるにこちらのわれわれのもう一つの、言い換えるなら第二の誕生はわれわれが、この物体の性質を帯びない対象の知に応じた状態に置かれた愛のまったく別の成果に自分のうちで気づくときに、在ることになるからである。

　そして、これは第一のものからは、物体の性質を帯びたものと帯びないものの差、霊と肉の差と同じくらい異なっている。そして、この**愛と結び**

つきから甫めて、われわれが証示するように、**永遠不変の安定**が続いて出てくるようになるので、なおのことこちらは当然また真実に**再生**と呼ばれてよい。

第二三章

心の不死について(504)

［一］さてわれわれが少し注意して心とは何か、どこからその移り変りと続くことが生れるのかということを考察するならば、われわれはそれが死すべきものか不死であるのかをたやすく見てとるであろう。

心とは、自然のうちに在る一つのものの実在から生れている、思うもののうちに在る**一個の観念**であるとわれわれは言った。するとそこから出てくるのは、ものの続くことと移り変りにしたがい、それに応じてやはり心の持続と移り変りがなければならないということである。それに加えて心は、それがその観念である**体**とか、あるいはそれがこれなしでは存するこ

われわれが心の不死を容易に見てとれるのは何からか。

心の簡潔な定義とそれの原因。

そこから何が出てくるようになるのか。

心は体と、そしてまた神とも一つに結びつくことができる。

とも解ることもできない神と、結ばれることができることをわれわれは考察した。

［二］ そうすると、そこから容易に以下のことを見てとることができる。

（一） 心が体だけと結ばれて、その体が滅びるに到る場合、そのとき心もまた滅びなければならない。何となれば、体はその愛の土台をなすものだから、それを欠けば、心は一緒に消えてなくならなければならないから。しかるに（第二に）心が、別の不変であり、そのままであり続けるものと結ばれる場合には、心も反対にまた不変のままでいるはずとなろう。じっさい、そのときはそれがなくなりうることがいかにしてありえようか。(505) それ自身によってということはない。というのも、それがなかったときにそれ自身によって在ることを始められなかったのと同じく、それがいま在るからにはまた変化したりなくなったりもできないからである。そこで、それだけがそれ［心］の実在(506)の原因であるこのものが、（それがなくなるようになるとしたら）、そのものみずからが変化し破壊するようになるので、それが実在しないことの原因でもなければならない。

体とであれば？ そこから出てくるのは何かと言えば、心が滅びること。

神とであれば、そこから出てくるのは何かと言えば、それが不滅であること。また、どうしてそうでなければならないかという必然。

第二四章

神の人間への愛について(507)

［一］これまでにわれわれは、われわれの神への愛がどんなものか、またそれの果すこと、すなわちわれわれの永遠の持続を十分に示したと考える。八五(508)だからわれわれはいまここで、神のうちでの喜び、気持の平安などのような、ほかの物どもについて何かを言う必要はないと思う。すでに言われたことから、それについてどんなことであり、何が言われるべきかはたやすく見てとられるからである。

［二］さてそうすると、なお残るのは（われわれはいままでわれわれの神への愛について語ってきたから）、神のわれわれへの愛もまた〈ある〉(509)のかどうか、八六つまり神も人間を愛《いつく》しみ、それは人びとが神を愛しむときのことなのかどうかをちょっと見ることである。しかしまず第一にわれわれが言ったのは、神にはいかなる思いの様態も、創造物のうちにあるそれの埒外で、あてがえないということだった。したがって、神が人間を愛するとは言えないし、人びとが神を愛するので神が人びとを愛し、人びとが神

これまでに述べたすべてを示したあとで、神のうちでの喜び等について扱う必要はなかろうし、またなぜかという理由。

では何をわたしは論じなければならないか。

すなわち、神から人間の上に注がれる愛があるのかどうか。

いかなるそれもありえず、またなぜかという理由。

人びとが神を愛するとしても、またそれはなく、というのも。

を憎むので神が人びとを憎むとはなおさらもって言えない。

というのもそんなことなら、人間はそうした何ごとかを自由意志で行い、ある第一の原因に依存しないことになると想定されなければならないであろうから。それが偽であることをわれわれはもう前に証明している。その上これがじっさい神のうちに生ぜしめざるをえないのはある非常な変りやすさにほかならないであろう。神が前には愛しも憎みもしなかったものをいま愛し憎み始め、神の外に在る何かによってそこへと余儀なくされることになるからである。もちろんこれは不条理そのものである。

［三］ けれども、神が人間を愛さないとわれわれが言う場合、そのことは、神が人間を（言ってみれば）一人きりでどこへともゆくにまかせたかのように解されてはならない。そうではなく、人間はそこにありとあるものとともにそのように神のうちに在り、神はこのすべてからそのように成るので、いっさいが神自身であるただ一つのもののうちに存する以上は、そこにはほかの何かへの神の本来の愛は何ら起りうる余地がないと解されなければならない。

［四］ そうするとここから一緒に、神は、人間が法を履行するときに報いるため[510]には、法を人間に定めはしないということが出てくる。あるいはもっと明瞭になるように言うと、神のもろもろの法は犯されうるような性

このことは変りやすいある神を要求することになる。

それでもこのことが不条理を生じるように解されてはならないのは、どのようにか。

こうして神は実際、人間が法を実践したときに人間に報いるためには、法を人間に差し出さない。

格のものではないということである。なぜなら、自然のうちに神によって据え置かれ、それにしたがってすべての物が出てきては持続する規則は、われわれがそれらを法と呼ぶつもりなら、けっして犯されえないようなものだからである。ちょうど、最弱のものは最強のものの前に屈しなければならない、いかなる原因も自身のうちにもつより多くを生み出せないといったことがそうであり、これらはけっして変らず、けっして始まりはせず、すべてがそのもとに配置され、整えられているような性質のものである。

［五］これについて簡潔にいくらかを言うと、八八(512)犯されることのできないすべての法は神の法である。理由は、起ることといっさいは神自身の決意に反しておらず、それにしたがっているので。犯されうるすべての法は人間の法である。理由は、人間が自分たちのさいわいのために決意することといっさいは、そこから自然全体のさいわいにじっさいなるようなことが出てくるのではなく、反対にほかの多くの物の破壊にたしかに通じうるようなことが出てくるので。

［六］八九自然の法のほうにいっそう力があるとき、人間の法は破却される。九〇神の法は最終の目的であり、そのためにそれらはあり、下位に置かれない。人間の法がそうではないのは、人間はみずからのさいわいのためにもろもろの法をつくり、それによってかれら自身のさいわいを押し進める以外の

(511) なぜなら神のもろもろの法は、自然のうちに在る規則をその呼び名で呼ぶつもりなら、犯されることができないから。

神の法が何かという簡潔な定義。

また人間の法とは何か。

神の法が人間の法を破却するとき。

神の法はそれら自身の最終目的である。

人間の法はそうではなく、なぜかという理由。

目的をもっていないけれども、それでもこの人間の目的は〈かれらの上にいて、かれらを自然の部分であるままにそのようにはたらかせる別のものがめがける別の目的のもとに置かれるとき〉[513]、神によって永遠からこのかた据えられた永遠の法と歩みをともにし、そうしてほかのすべてと一緒にいっさいを為上げるのを援ける〈という[514]〉目的にもまた仕えるからである。

例で説明される。

たとえば、蜜蜂はそのいっさいの労働と、仲間で維持する整然とした秩序でもって、冬のためにしっかりした蓄えを賄うという以外いかなる目的もめがけない。しかしながら、蜜蜂の上にいる人間は蜜蜂を飼って、世話をしながら、まったく別の目的、すなわち自分のために蜂蜜を得るという目的をもつ。同じように人間もまた、一つの個物である点にかかわっては、その限られた有りかたに届きうるより遠くに自分の目標をもたない。けれども、人間もまた自然全体の一つの部分および道具である点にかかわっては、人間のこの目的が自然の最終目的でありえ〈ない[515]〉のは、自然が無限であり、これをほかのすべての間で一緒に自分の一道具として用いるはずだからである。

［七］ここまでは、神によって据えられた法についてだった。[九一] じっさい人間は自分自身のうちでやはり二種類の法[516]に気づくことが考察されなくてはならない。人間とは、わたしに言わせると、自分の知性をよく用い、神

についての知へ到る者である。そして、これら〔二通りの法〕は人間が神を相手にもつ交りと、自然のもろもろの様態を相手にもつ交りとによって生ぜしめられる。

二種類の法に人間は自分自身のうちで気づく。

何によってこの二つは生ぜしめられるのか。

〔八〕これらのうち、片方は必然であり、もう片方はそうではない。じっさい、神との交りから生れる法に関しては、人間は休みなく、いつも必然に神と結ばれていなければならないからには、自分がそれにしたがい神のため神とともに生きなければならない法を目の前に置くし、いつも置かなければならないからである。しかるに、もろもろの様態との交りから生れる法に関しては、人間は人びとから身を引き離すことができる以上(517)、こちらはそのように必然ではない。

なぜこれらの片方は必然であり、片方はそうでないのかが証示される。

〔九〕そうすると、われわれは神と人間の間にそのような交りを想定するから、当然次のように問われうる。ではどのように神は自分を人間に通じさせうるのか。そしてそうしたことが起る、あるいは起りうるのは、語られた言葉を通してか、それとも神がそれを行うのに何か別の物を用いず、じかになのか、と。

ここから当然起りうるのはどんな問いか。

〔一〇〕われわれの答えは、いつだって言葉によることはないというものだ。なぜなら、そうした場合には、言葉が人間に向けて語られる以前に、人間は言葉の意義を前もって識っていなければならなかっただろうから。

次が答えになる。

神が言葉でもって自分自身を誰かに知らしめることはありえず、それはなぜか。

たとえば神がイスラエル人たちに、「わたしはエホバ、おまえたちの神である」[518]と言ったのだとしたら、イスラエル人は〈かれらに向って語った〉その者が神であると確信できるより前に、[519]前もって言葉がなくても、かれが神である[520]ことを識っていたのでなければならない。なぜかと言えば、声がかれが神であると言ったにもかかわらず、声や雷鳴や稲妻は神ではないことを、そのときかれらはよく識っていたからである。そして、ここで言葉について述べるのと同じことを、われわれはあらゆる外に表された徴《しるし》についてひっくるめて言ったつもりである。こうしてわれわれは神が何らかの外に表された徴をなかだちとして自分自身を人間に通じさせうることはありえないと考える。

［一一］九三[521]そして、それがただ神の有りかたと人間の知性のみ以外の、何か別の物を通して起ることをわれわれは余計だと考える。というのも、われわれのうちで、神を知るはずのものは知性であり、しかもそれは神なしでは存することも解ることもできないほどじかに神と結ばれている以上、そこから、どんな物も神自身と同じほどには常時知性の近くに繋ぎ留められることができないことが、反論の余地なく明らかだからである。

［一二］九四 別の何かを通して神を解りうることはじっさい不可能である。[522]

一、そうした物はその場合われわれに神自身よりもっと知られていなけ

何らかの外に表された徴でもってでもない。

そのことはじっさい必要ではなく、それはなぜか。

神はわれわれの知性にじかにでなければ解ることができない。

一番目の理由。

ればならないであろうが、それはわれわれがこれまで明晰に証示してきたすべて、すなわち神はわれわれの知およびいっさいの有りかたの原因であり、そして、あらゆる個物はたんに神なしでは存しえないばかりかそれら自身を解ることさえできないということとあからさまに対立するので。

二、その有ることがわれわれにもっとずっと知られているにしても必然に制限されている何らかの別の物を通しては、われわれはけっして神の知へ辿り着けないので。*というのも、われわれがある制限されたものから、無限で無制限なあるものを結論できることがどのように可能であろうか。

［一三］じっさい、たといわれわれが自然のうちに、その原因がわれわれに知られていない何らかのはたらき、ないし為業を認めたとしても、この結果を生み出すために自然のうちにある無限で無制限なものがなければならないとそこから結論するのは、われわれには不可能だからである。じっさい、これを生み出すためにたくさんの原因が歩みをともにしたのか、それともそこにはただ一つしかなかったのか、どのようにわれわれはそれを識っていることができるのか。われわれにそれを告げるのはだれなのか。そこでわれわれはおしまいにこう結論する。神は自分自身を人間に通じさせるために、言葉も奇蹟も別の何らかの創造された物も使用できず、あるいは使用する必要がなく、ただ自分自身だけを使う、と。

二番目の理由。

*(523)その原因がわれわれに知られていない何らかのはたらきから、それが神であることは結論されえず、なぜかという理由。

第二五章

悪魔について(524)

[一] 悪魔[九五]について、それがいるのか、いないのか、われわれはいまから手短に少し言うが、それはこうである。

もし悪魔がまったく神と対立していて、神からは何も得ていない物であるならば、それは、われわれがもうすでに前もって語った**無**とぴったり一致する。

[二] われわれは幾たりかの人とともにそれが、**まるきりいかなる善をも志しも行いもせず、神にまったく背く或る思う物**であると見立てるとすると、たしかにそれはじつに惨めであり、祈りで救えることがあるなら、その改悛のために祈るべきである。

[三] そうは言っても、じっさいそのような惨めな物がほんのわずかな間《ま》も生存できるかどうか、ちょっと見てみよう。そうすると、われわれは

人びとが想定するのを習いとするような悪魔は、かれらがそれらにじっさい託そうとするようなものではないこと。

それは、かれらが言おうとするような思うものではありえない。

なぜならそれは一瞬たりとも生存できないであろうから。

すぐさま否《いな》であることを見出すことになる。なぜかと言えば、ものごとの完全さから、ものごとのいっさいの持続が起り、それがよりたくさんの有りかたと神のような性格をそのうちにそなえればそなえるほど、それだけいっそうそれは安定するからである。(525)そうすると悪魔は、最小の完全さもそのうちにもたないので、わたしが思うに、いったいどのようにして生存できることになるのか。これに加えて、思うものの様態にあっての安定あるいは持続は、ただそうした様態が、愛から生ぜしめられて、神を相手にもつ結びつきを通してのみ生れる。この結びつきのちょうど反対が悪魔には想定されるので、悪魔が生存できることはありえない。(526)

［四］だが悪魔を想定しなければならない必要はまるきり皆無だから、それでは何のためにそれは立てられるのか。九六というのも、われわれは、ほかの人たちがするように、憎しみや妬みや憤りやそうした類の情念の原因をみつけるために、悪魔を立てることを必要としていないからである。そのような絵空事なしに、われわれは十分にその原因を見出したから。

なぜかという理由は明瞭である。

われわれには悪魔を想定する必要は何らない。

悪魔を想定するように人々を動かしたのは何か。

第二六章

真の自由などについて[527]

〔一〕前章[528]の提題でもってわれわれは、たんに悪魔がいないことを知らしめるつもりだったばかりではなく、[九七]じつにまた、われわれがみずからの完全さに辿り着くのを邪魔する原因（ないしはもっとよい言いかたをすれば、われわれが罪と名づけるもの）がわれわれ自身のうちにあることを知らしめるつもりだった。

〔二〕じっさいわれわれはもうすでにいままでのところで、理性によっても[529]知の四番目の様式によっても、どのようにまたどんなしかたでわれわれがみずからの至福へ辿り着くはずか、そしてどのようにもろもろの情念[530]が絶やされるはずかということを示している。それは、ありきたりに言われるように、われわれが神の知とその結果として神の愛に辿り着けるより前に、これら〔情念〕が抑えられなければならないということではない。それはあたかも、識らずにいる或る人は、知へ到り着けるよりまえに、まず自分が識らずにいる状態を去らなければならないであろうと言わんとす

前章でわれわれは何をその提題でもって知らしめるつもりだったのか。

どのようにわれわれがそれを絶やさなければならないかということは前に示されている。

そのように本末を顚倒した見解によるのではないが、その見解は選良といってもいい人びとのもとで流布している。

るかのようなものであるが、さにはあらず、ただ知のみがこれ〔識らずにいる状態〕の絶やされる原因である[531]。われわれが言ったことからすっかり明らかになっているとおりである。同様に、先立って言われたことからまた、器量がなくては、あるいは（もっとふさわしい言いかたをすると）知性が治めることがなくては、どうしてすべてが破滅へと落ち、ある充された静止を享受できずに、われわれがいわば自分の本領[532]の外で生きるのか、ということが明瞭に推知される。

［三］そこで、たとえ知性に対して、知の力と神にかかわる愛とから永遠の充された静止が、われわれが示したようには、続いてくるようにならず、ただ一時的なそれしかもたらされないとしても、こちらですら、それを享受している者が世の中のほかの何ものとも取り替えたがらないようなものであるから、探すことはわれわれの務めである。

［四］さて、こういうことであるからわれわれは、大勢の、ほかでは大神学者と思われている者が言うことを当然莫迦莫迦しいかぎりのこととみなせる。すなわち、神の愛に続いて永遠の生が何らくるようにならないならば、そのときはまさに神よりも善い何かが見つかるかのように、もっとも善いものがみずから探されることになろう、というものである。それゆえこれが妄言《ぼうげん》なのは、ちょうどある魚が（それにとってはもちろん水の外

ただ真の知によってのみ。

先立って言われたすべてからさらに推知できることは何か。

永遠の生が続いてくるようにならないとしても、神は愛しまれることになる。

どれほど莫迦げた物言いであっても、それはほとんどすべての人びとが、最良の者ですら、口癖のようにしているものである。

非常にぴったりと嵌った、奇抜な譬でもって説明される。

にいかなる生もないのに）「水中のこの生活に続いて自分に永遠の生がくるようにならない場合は、水から出て陸《おか》へ向いたい」と言うようなものである。[533] そうは言っても、神を知らぬ者がわれわれにいったいほかに何を言えようか。

［五］そこでわれわれは、みずからの救いと充された静止とにかかわってわれわれが確乎たることとして主張することの真理に到達するためには、ただこのこと、すなわち自分自身の為になることを心懸けるという、あらゆる物にあってごく自然なこと以外に何らの原理も必要としていないことを見てとる。[534] またわれわれは、感覚の楽しみや肉の歓びや世俗の物を求めても、それらのうちにみずからの救いを得ることがなく、かえって反対におのれの破滅を招くことを体験するから、このゆえにわれわれはみずからの知性が治めることのほうをよしとする。

だが、このことはあらかじめ知と神の愛とに達*していなければ、進みえないから、このゆえにこれ（神）を求めることが大いに必要だった。また、われわれは（いままでに行ってきた熟慮と検討により）神がすべての善のうちで最善のものであることを見出しているので、ここにしっかりと立ち、静止するように強いられる。なぜなら、神の外にはわれわれに何かの救いをもたらすいかなる物もないのをわれわれは見ているからである。しかも、

人間が自分の救いを求め顧慮するのはどうして自然のことなのか。

何によってわれわれは、みずからの知性が治めることを求めるように駆りたてられるのか。

[535] *それは知と神の愛抜きでは進むことを得ないから、われわれは何よりもまずそのことに心懸けることが必要である。

そしてそれを見つけたなら、一緒に充された静止といっさいの善が見出されている。

神の愛の愛すべき鎖で繋がれて、[536] そのままでいることは真の自由である。

［六］おしまいにやはりわれわれは、どうして推理がわれわれにあってもっとも肝腎のものではないのかということを見てとる。それはただ、望まれた所へわれわれが昇っていくのに経由する階《きざはし》のようなもの、もしくはいっさいの虚偽と欺きなしに至高の善についてわれわれに告げ知らせ、それによってそのものを探し求め、それと結ばれるようにわれわれを駆りたてる善き精霊のようなものであり、この一つに結び合されることがわれわれには至高の救いであり**至福**である。

前に言われたことからじっさいさらに、推理がわれわれにあってもっとも善いものではないことが出てくる。ではそれは何かということが述べられる。

［七］[537] こうして、この為事に締めくくりをつけるために、いまなお残っているのは、人間の自由がどんなものであり、どこにそれが存するのかを手短に指摘することである。それを行うために、わたしは以下の諸命題を確実で、証明されている事柄として、用いることにする。

[538] この為事全体の結びはそうすると、きわめて重要な事柄である、**人間の自由**についての論（命題）と、やはり重要な、**心の不死**についての論になろう。すべては簡潔な体裁の命題に収められている。

一、あるものがいっそう多くの有ることをそなえるかぎり、それはまたそれだけ多くの能動と、それだけ少ない受動とをそなえる。なぜかと言えば、**能動のもの**はそのもっているものによってはたらきかけ、**受動のもの**はそれがもっていないものによってはたらきを受けることが確かだからである。

第一の命題。

二、いっさいの受動は、**有らぬ**から**有る**へ向いていても、**有る**から**有ら**

第二の命題。

ぬへ向いていても、外の行うものによって生じなければならず、内のそれによってではない。なぜなら、どんなものも、それじたいとして考察されると、有る場合には、自身のうちにみずからを絶やせる原因をそなえず、無い場合にはみずからをつくれる原因をもたないからである。

三、外の原因によって生み出されていないいっさいのものは、それらと何の交りももつことがありえず、したがってそれらによって変化させられることも変容させられることもできないことになる。

第三の命題。

これら最後の二つの命題からわたしは次の四番目の命題を引き出す。

四、内在ないし内なる原因（それらはわたしには一つのものである）のいっさいの結果は、その原因たるこちらがそのままでいる間は、消滅することも、変化することもできない。なぜなら、そうした結果は、外の諸原因によって生み出されていないのと同様に、三番目の命題により、変化させられることができないからである。また二番目の命題により、まったくいかなるものも外の原因によらずには破壊されるようになりえないから、この結果は、その原因が持続する間は、消滅するようになることはありえない。

第四の命題。

五、この上なく自由な原因、そして神にもっともよく適合するそれは内在原因である。なぜならこの原因は、それから生じる結果が、それなしで

第五の命題。

は存することも解ることもできず、別の何らかの原因に服せられることもない、というようにそれに依存しているからである。その上また、結果はそれと一緒に一つの全体をつくるようにそれと結び合されているからである。

［八］そこでいま、これらの先立つ命題から、われわれがもう結論しなければならないことをちょっと見よう。すると、まずさしあたり、

これの先立つ真なる命題から、もういま[539]は明瞭に続いてくるようになるのは何か。

第一の帰結。

一、神の有ることは無限であるから、一番目の命題により、それはある無限の能動と、また受動のある無限の否定をそなえる。そうするとこれにより、物はそれらのより多くの有りかたを通していっそう多く神と結ばれているかぎり、それらはまたそれだけ多くの能動と、それだけ少ない受動とをそなえる。またそのかぎりでやはり、移り変りと破滅からそれだけ多くまぬかれている。[540]

第二の帰結。

二、本物の知性[541]は万が一にも滅び去るようになりえない。なぜなら、二番目の命題により、それは自身のうちにはおのれを消滅させるいかなる原因ももちえないから。また、それは外のもろもろの原因からではなく、神によって生じているので、三番目の命題により、それはそれらによっては何の変化も蒙らない。さらに、神はそれをじかに生み出していて、独り神が内なる原因であるから[542]、四番目の命題により、必然のこととして、それ

はその原因たるこれがそのままでいる間は消滅しえないことが出てくる。ところでその原因たるこれは永遠であり、それゆえそれもまた。

第三の帰結。

三、神と結[543]ばれている、知性のすべての結果は、この上なくすぐれており、ほかのすべてにまさって価値を認められなければならない。なぜなら、それらは内なる結果であるから、五番目の命題により、この上なくすぐれているからである。その上、それらはまた必然に永遠である。何となれば、その原因がそうしたものだから。

第四の帰結。

四、われわれが自分自身の外にはたらきかけるすべての結果は、われわれのものと同じある自然の性をつくり成すようにわれわれと結合しうることが可能であればあるほど、それだけいっそう完全である。というのも、このしかたでそれらは内なる結果にもっとも近いからである。

例で説明される。

たとえば、わたしが自分の隣人に肉の歓びと名声と吝嗇《りんしょく》を好むように教えるとしたら、わたしがそれらをじっさい好もうが好むまいが、どうでも、わたしは切り刻まれるか打擲《ちょうちゃく》される。これははっきりしている[544]。しかしながら、わたしの到達しようと力めるただ一つの目的が、神との結びつきを味わうことを得《え》、自分のうちにもろもろの真実の観念を生じさせ、こうした物どもをわたしの隣人にも熟知させることであるならば、そうではない。なぜなら、同等にわれわれはみなこの救いに分ちあずかれるからであり、これ〔いま

読者はここで、加えてここから出てくることにもよく注意を払うように。というのもこの点に、人間の生の処しかたにかかわってたいへん重要なことどもがかかっているからである。

述べた目的〕がその者のうちに、わたしのうちにあるのと同じ慾望を生じさせ、それによって、その者の意志とわたしのそれを同一たらしめ、いつでもあらゆる点で一致している同一の自然の性をつくり成す場合にそうであるようにである。

［九］言われたこのすべてから、いまや人間の自由(*)がどんなものであるかがきわめてたやすく理会されうるが、それをわたしはこのようなものであると定義する。それはすなわち、われわれの知性が神とじかに結ばれていることを通して手に入れるある確乎たる実在であって、それは自身のうちにはもろもろの観念を、その外にはそれの自然の性とよく一致している諸結果を生じさせることができるが、それでもその結果がなおいくつかの外の原因に服せられてそれらを通して変化させられたり変容させられたりしうることにはならない。そこで、言われていることから同時にやはり、われわれの力のうちにあって、いかなる外の原因にも服せられていない物がどんなものであるかということが明らかになる。同様にわれわれはまたこれらでもって、しかも前とは別のしかたで、われわれの知性の永遠の安定した持続を証明し、それからおしまいには、ほかのすべてにまさってわれわれが価値を認めなければならないものがどんな結果かを証明した。

言われたこのことからじっさい、どんな物どもがわれわれの力のうちにあって、いかなる外の原因にも服せられないかが明らかになる。それでもって加えて心の不死も。それでもってわれわれは締めくくる。

〈＊〉[545] あるものの奴隷状態とは、外のもろもろの原因に服せられていることに存する。それに対して、自由とは、それらに服せられず、そこから解き放たれていることに存する。

結語[546]

［一〇］[547] さてそうすると、すべてに締めくくりをつけるためにわたしになお残されているのは、わたしがこれを書いている友たちに次のように言うことだけである。この目新しさにびっくりしないように。というのも、ものごとは大勢から受け容れられていないからといって、真理であることをやめはしないのは、あなたたちに頗るよく知られているからである。[549] また、あなたたちにしても、われわれの生きる時代がどういうものであるか、意識していないわけではないから、わたしはあなたがたに最大限にお願いしておきたい。これらのことをほかの人びとと共有することに関しては十分慎重に行うように、と。わたしは、あなたたちにそれを完全に自分の篋《きょう》底《てい》に秘しておけと言うつもりはない。ただ、いつかそれをだれかと共有することを開始するのであれば、ほかでもなく、ただあなたたちの隣人の救

(548) 著者が請われてこの論文を教授した者たちへの著者の要望。またこれと併せて全体の結語。

済という狙いのみがあなたがたを駆りたて、それと併せて、あなたがたの労苦が骨折り損にならないことがその相手によって一点の曇りもないくらい明白に保証されるようにと言いたいのである。おしまいに、もしあなたがたがこれを最後まで読んで、わたしが確乎としたこととして立てるものに対して何か難しい点に出遭うことがあるなら、わたしの要望は、あなたがたが十分な時間をかけ検討しながら、それをよく考えてみる前には、難しさゆえにすぐさまそのものを論破しようと急がないことである。そしてあなたたちがこれを為せば、当てにしているこの樹の果実[550]を味わい楽しむに到ることを、わたしは請合えると思う。

ΤΕΛΟΣ.《おわり》[551]

〈付録[552]〉

公理

一、実体はその自然の性により、それが偶たま纏うもの〔様態〕（モディフィカティオ）すべてに先立つ[553]。

二、異なっている物は物としてか偶たま纏うものとして〔様態として〕区別される[554]。

三、物として区別される物どもは、思いと広がりがそうであるように異なった属性をもつか、または解ることと運動がそうであるように、異なった属性にあてがわれる。この前者は思いに、後者は広がりに属する[555]。

四、異なった属性をもつ物どもと同様、異なった属性に属する物どもも、自身のうちにたがいに相手の物を何ももたない[556]。

五、自身のうちに別の物にかかわる何かをそなえないものは、そうした別の物の実在することの原因であることもできない[557]。

六、それ自身の原因であるものがそれ自身を制限したことはありえない[558]。

七、物どもがそれを通して区別されるもの[559]は、それの自然の性により、そうした物にあって最初のもの（より先のもの）[560]である。

命題一

実在しているいかなる実体も、別の実体にあてがわれる同一の属性をあてがわれることができない。言い換えるなら（それは同じことだが）自然のうちには、それらが物として区別されるのでなければ、二つの実体は在りえない。[561]

〈論証〉[562]

実体は二つなら、異なっている。したがって物としてか偶たま纏うものとして区別される。公理二。偶たま纏うものとしてではないのは、その場合偶たま纏うものがその自然の性によって実体より先であることになり、公理一に反するからである。それゆえ物としてである。それにより、一方についいては、他方について言われることが言われえず、われわれの証明しようと力めることになっている。公理七。公理四。

命題二

ある実体は別の実体の実在することの原因であることができない。[563]

〈論証〉

そうした原因は、そのような果されていることにかかわる何かを自身のうちにそなえることができない。命題一。なぜかと言えば、それらの間の違いは物としてであり、したがってそれ〔原因〕はそれ（実在）[564]を生み出せないからである。　公理五。

命題三

すべての属性、言い換えるなら実体は、それの自然の性によって無限であり、それの類のうちで最高に完全である。[565]

〈論証〉

いかなる実体も別のものによって生ぜしめられていない。その結果、それが実在しているなら、それは神のある属性であるか、または神のそとでそれ自身の原因であったかである。　命題二。第一の場合、それは必然に無限であり、ほかのすべての神の属性がそうであるように、それの類のうちで最高に完全である。第二の場合、やはり必然のこととしてそのようなものであるのは、それはそれ自身を制限できなかったであろうから。　公理六。

命題四

いっさいの実体の有ることには、[566]自然の性から、実在することが属し、じっさい自然のうちに実在していないある実体の有ることの観念を何らかの無限な知性のうちに想定できることもありえないほどである。

〈論証〉

ある対象の本当の有ることはこの対象の観念とは物として区別されている何かであり、こ　公理三。[567]

の何かは物として実在しているか、それとも物として実在している別のもののうちに包み懐かれている。こちらの有ることはその別のものとは物として区別できず、ただ様態として[568]（*modaliter*《モダリテル》）区別できることになる。われわれが目にする物の有ることはみなそのようであり、かつて実在していないうちは、広がりとそれの運動と静止のうちに[569]包み懐かれていたが、実在しているときは広がりとは物としてではなく、ただ様態としてのみ区別される。しかるに[570]、ある実体の有ることが[571]このように別のもののうちに包み懐かれるようなことは、矛盾に巻き込まれる。その場合第一の命題に反してこれ〔実体〕はそれ〔別のもの〕とは物として区別されなくなる。それからやはり、その場合それ〔実体〕はそれを包み懐く主体によって生み出されることができることになって、第二の命題に反する。おしまいに、それはその自然の性によって無限、それの類のうちで最高に完全ではありえないことになって、第三の命題に反する。それゆえ、それ〔実体〕の有ることは何らかの別の物のうちに包み懐かれていないから、するとそれはそれ自身によって存するあるものである。

系

自然はそれ自身を通して知られ、何らかの別の物を通して知られるのではない。それは無限に多くの属性で成り、それらのおのおのは無限であり、それの類のうちで完全である。それの有ることには実在することが属し、だからそれの外にはいかなる有ることも有《ゆう》ももはやなく、こうしてそれは、独りすばらしく、崇められた神の有ることと寸分違わず一致する。

人間の心について[572]

［一］ 人間はある創造された有限なもの等々であるから、人間が思いに関してそなえるもの、それをわれわれは心と名ざすが、必然のこととしてそうしたものはわれわれが思いと呼ぶ**属性**の様態[573]であり、この様態とは別の何らかの物がそれ〔人間〕の有ることに属することはない。それは、さきの属性が不変のままでいようとも、この様態がなくなれば、心もまた絶やされるほどである。

［二］ 同じように、人間が広がりに関してそなえるもの[574]、それをわれわれは体と名ざすが、それは、われわれが広がりと呼ぶもう一方の属性の様態にほかならない。それがやはり破壊されると、広がりの属性が不変のままでいようとも、人間の体はもうない。

［三］ さて、われわれが心と名づけるこの**様態**がどんなものであり、どのように体からその発祥を得るのか、そしてまたどのようにそれの移り変りが〔独り〕体に左右されるのか（これがわたしにあっては**心**と**体**が結び合されていることである）ということを解るためには、次のことが留意されなければならない。

一、われわれが**思い**という名で呼ぶ属性のもっとも直接の様態は、あらゆる物の形としてその有ることを、みずからのうちに、〔観念が表す〕対象というありかたでもつ。しかも、それの有ることが〔観念が表す〕対象というありかたで右に述べた〔思いの〕**属性**のうちにない、何らかの形としての物が想定される場合、それはまったく無限でも、それの類のうちで最高に完全でもなかったことになるようなものであり、もうすでに第三の命題を通して証明されていることに反する。

［四］そして、**自然**あるいは**神**は、無限に多くの属性がそれについて述べられ、創造された物の**有ること**すべてをそのうちに含む存在であるというようなものであるから、必然のこととして、[575]そのいっさいについて、思いのうちに**一個の無限な観念**が生み出され、それ［この観念］は全自然を、これがそれじたい物としてあるように、対象というありかたでそのうちに含む。[576]

［五］二、**愛**、**欲望**、**喜び**のようなその他もろもろの**様態**もみな、その発祥をこの最初の**直接の様態**から得ることに留意されるべきである。じっさいそのようになっているので、それが先立たなかった場合、愛、欲望などはありえないであろう。

［六］そこから明晰に結論されるのは、それぞれのものにあってその体（わたしは様態と言う）[577]の維持のためになっている自然の性に適った愛は、そうした体について思いの**属性**のうちにある観念、言い換えるなら対象を表している有ることから以外には何かの起源をもちえないということである。

［七］さらに進んで、観念（言い換えるなら対象を表している有ること）が実在しているためには、思いの属性と対象（言い換えるなら形としての有ること）以外の何物も必要とされないから、そうするとわれわれが言った、**観念**あるいは**対象を表している有ること**が〈思

いの〉[578]属性のもっとも直接の様態であることは確かである。したがって、思いの**属性**のうちには、それぞれの物の心の有ることに属するようなものとしてはただ、実在しているそのような物について必ず思いの属性のうちになければならない観念のみよりほかに、いかなる様態も与えられない。じっさいそのような**観念**はその他もろもろの**愛**、**慾望などの様態**を伴うからである。さてそうすると、**観念**は対象の**実在すること**から生じるから、じっさい対象が変化かあるいは破壊すると、**観念**そのものも程度に応じて変化かあるいは破壊しなければならず、こういうことだから、それは対象と一つに結ばれているものである。

＊[581] わたしは、実在するために、同じ属性のうちで何らかの別の様態を必要としない様態を属性[582]の**もっとも直接の様態**と呼ぶ。

［八］おしまいに、もしわれわれがもっと進んで、心がそれによって実在していることができるものを心の有ることに帰するつもりならば、その**属性**とわれわれがいま語った**対象**以外には見出すことができないであろうが、これらのどちらも心の有ることに属することはできない。対象は思いに関するものを何もそなえず、心とは物として区別されるからである。また**属性**に関しては、われわれはやはりもうすでに、それがいま述べた有ることに属しえないことを証明している。それは、われわれがそのあとで述べたことによってなおいっそう明瞭に見てとられる。それというのも、対象が変化しようとも破壊しようとも、属性は変化も

破壊もしない以上、**属性は属性としては対象と結ばれていない**からである。

［九］ **それゆえそうすると**、心の有ることはただこのこと、すなわち、自然のうちに物として実在しているある対象の有ることから生れている、**思いの属性**のうちの**観念**、言い換えるなら対象を表している有ることの有に存する。**物として実在している云々のある対象からとわたしが言い**、それ以上の特定をしないのは、この中に、広がりの様態のみならず、広がりの場合と同様に**心**を一緒にもつ、無限に多くの属性すべての様態をも包括するためである。

［一〇］ この定義をもう少しこと細かに解るためには、属性について語る中でわたしがもうすでに言ったこと[583]に注意を払ってもらうのが役に立つ。*属性はそれらの実在することに応じては区別されない[584]とわたしは言った。というのは、それらはみずからそれらの有ることの基をなす主体[585]になっているからである。それに加えて、もろもろの様態それぞれの有ることはいま述べた**属性**のうちに包み懐かれていると言った。そしておしまいに、すべての属性は**一個の無限な存在の属性**であると言った。そういうわけでわたしはまたこの**観念**を第一部第九章で**神によってじかに創造された創造物**と呼んだが、それはその観念がみずからのうちにあらゆる物の形としての有ることを、取り去りも付け足しもせずに、対象というありかたでもつからである[586]。そして、属性のすべての有ることとこれらの属性のうちに包み懐かれた様態の有ることとは、ただ**一つの無限な存在**の有ることであることに注意すれば、この観念は必然のこととしてただ一つだけである。

＊[587] なぜかと言えば、物はそれらの自然の性にあって最初であるものを通して区別されるからである。しかるに、物どものこの有ることは実在することよりも先である。**それゆえに。**

［一一］しかし、これらの**様態**は、それらのうちの何も物としてはないと考えるときにも、それでもひとしなみにそれらの**属性**のうちに包み懐かれているということにさらに留意すべきである。そして、**属性**もろもろのうちには等しさを破るものはけっしてなく、[588] またそれは**様態**の有ることのうちにもないから、それらが自然のうちにない以上、**観念**のうちに個別は何らありえない。しかるに、これらの様態のうちのいくつかがそれらの個別の実在を纏い、それによって何らかのしかたでみずからをそれらの属性と分つときには（その場合それらが属性のうちでもつその個別の実在がそれらの有ることの基をなす主体であるから）、そこに個別であることが様態の有ることのうちに姿を現し、その結果そうしたものについて**観念**のうちに必ず包み懐かれる対象を表している有ることに[589]それが現れる。

［一二］そしてこのことが、定義においてわれわれが、**自然のうちに実在しているある対象**から生れている**観念**である、[590] という言葉を用いたゆえんである。またこれでもって、いま言ったことを、物体の性質を帯びた様態から生れる観念とだけではなく、その他もろもろの属性のそれぞれの様態の実在することから生れる観念とも解することで、われわれは心一般がどんな物であるかを十分に説明したと考える。

［一三］しかしながら、われわれはそれ以外の属性については、**広がり**についてもつよう

な知をもたないから、**広がり**の**様態**に的を置いて、もっと特別の、われわれの心の有ることを表すのにいっそう本来のものである定義を見出せるかどうか、ちょっと見よう。これがわれわれの本来の意図なのだから。

〔一四〕そこで、われわれはここに、広がりのうちには**運動**と**静止**以外のいかなる**様態**もなく、また一つ一つの物体の性質を帯びた個物は運動と静止の或るきまった釣合以外の何ものでもないということを、証明されている事柄としてあらかじめ前提することにする。それは、広がりのうちにただ運動だけか、または静止だけかしかなかった場合、広がり全体のうちに何か個物が割り当てられることも在ることもできなくなるほどである。このようにして、人間の体は運動と静止の或るきまった釣合にほかならない。

〔一五〕そこで、この**実在している釣合**について、**思いの属性**のうちにある、対象を表している有ること、それが（われわれが言うところの）**体の心**である。そうしていまこの二つの様態のうちの一方が多い、もしくは少ない（運動か静止の）ほうへ移り変るときには、程度に応じて観念もまた移り変る。たとえば、静止が増して、運動が減るようになれば、それによって、われわれが「冷やか」と呼ぶ苦痛ないし悲しみが生ぜしめられる。反対に、この〔増す〕ことが運動のうちに起るならば、われわれが「熱い」と呼ぶ苦痛がそれによって生ぜしめられる。

〔一六〕こうして、運動と静止の程度がわれわれの体のすべての部分で均等ではなく、いくつかの部分がほかよりも多くの運動と静止をもつようになっているときには、このことから感覚印象がさまざまであることになる（棒切れでわれわれが目か手を叩かれるときにわれわれが感じる苦痛の様子の違いはここから起る）[591]。また、やはりこうした変化を生じさせる外の諸原因がたがいに異なり、すべてが同じことを果しているわけではないようになっているときには、このことから同一の部分にあって感覚印象がさまざまであることが生ずる（同じ手を木か鉄かで叩くことからの感覚印象の区別はここから起る）。そして今度は、ある部分に起る移り変りが、それ[592]が初めの釣合に還る原因になっているのであれば、このことからわれわれが安らぎ、気が晴れた活発、陽気と呼ぶ喜びが生ずる。

［一七］最後にそうすると、われわれは感覚印象が何であるかをもう説明しているから、どのようにしてここから反照的観念[593]、言い換えるなら自己知と経験〔知〕と理知が生れるようになるかをたやすく見てとれる。そして実際にこのすべてから（われわれの心は神と一つに結ばれていて、神からじかに生れている無限な観念の一部分であるのでというのとやはり同様に）明晰な知と**心の不死**の起源が明らかに見てとられうる。だがさしあたりいまのところは、言われたことでわれわれには十分であろう。

（「短論文」）概略

凡例

ミニーニ校定のテクスト（MB, pp. 802-817）に拠った。

原典は次の二つである。

Korte Schetz der Verhandeling van Benedictus de Spinoza over God; den Mensch, en deszelfs wel-stand. ハレ大学図書館（Martin-Luther-Universität Halle-Wittenberg, Universitäts- und Landesbibliothek Sachsen-Anhalt）、Sondersammlungen, Yg 8° 9, ff. 2-12.［=κ］

ハーグ王立図書館（Koninklijke Bibliotheek）、75 G16（「短論文」写本B）, ff. 28v-36v.［=σ］

どちらもアムステルダムの外科医モニコフ（Johannes Monnikhoff, 1707-1787）による手稿である。このうち先に発見されたκは発見者のベーマーによってラテン語訳を付けて刊行され、これが「概略」の最初の刊本である。

Benedicti de Spinoza Tractatus de Deo et homine eiusque felicitate lineamenta, atque Adnotationes ad Tractatum theologico politicum, edidit et illustravit Eduardus Boehmer, Halae ad Salam, 1852.

発見の経緯と作者をめぐる議論については「短論文」の解題を参照。ミニーニは、モニコフが「概略」を筆写しただけであり作者は別の者に遡るという、すでにあった説を斥け、モニコフ自身がこれを作成したことを考証し、二つの写本のうちあとから修正を施されて成り、「短論文」の写本Bに序文の一部として用いられたσを底本とし、併せてκとの異同を示している。ゲープハルト版はκを校訂したテクストを「短論文」本体の前に載せている。

ベネディクトゥス・デ・スピノザによる、神、人間とそのさいわいについての、二つの部から成り、そのあとに付録をもつ論文の

概略(1)

その第一部は実体の自然の性について、言い換えるなら、神の有ることについて、またどんな属性が神のものとされ、それに関して肯定されなければならないかということをめぐる論である。だがわれわれにその内容が、第二部のそれも同様に、きちんと理会されるように、これより以下にその実相を明らめるのは無駄ではなかろう(2)。

第一章で著者は、みずからのうちに神の観念をもつことを証示し、その観念により神を、無限に多くの属性から成り、その属性一つ一つがおのれの類において無限に完全である一個の存在者と定義する。そこから著者(3)は今度は、実在がその有りかたに無条件に属すること(4)、言い換えれば神が必然に実在していることを結論する(5)。

しかるに、いったいどんな完全さがとりわけ神の自然の性および有りかたに属し、あるいは含まれる(6)のかをさらに明るみに出すために、著者は第二章では実体の自然の性の洞察へと踏み入る。著者はそれが必然に無限であることを証明しようと力め、その結果として一は他から生み出されえず、同じ自然の性のものはたった一つしか実在しえないこと(7)、一個の無限な実体に(8)(著者によって神という名で名ざさ

れる）ありとあるいっさいが属すること、このようにして思う自然の性と広がった自然の性は実体の無限な属性のうちの二つであり、それぞれがその類において最高に完全、かつ無限であること、そこから個々のすべての有限で制限された物は（著者がこのあと解き明かすとおり）、人間の心と体などはそうしたものだが、それらの様態として念《おも》われなければならず、それを通してこれらの属性が、またそれら属性を通して実体あるいは神が無限に多くのしかたで表現されること、を証明しようとしている。おしまいに、(9) この一切合切に会話の方式でさらに詳しく迫り、いっそうの広闊を手にすると、(10) そこから導かれるのは、

第三章では、どんなふうに神は物どもの原因、すなわち、内在原因等であるのかということ。(11)

だが、著者の考えに随い、どんなものが神の実在している属性であるかを取り上げるために、(12) 参するのが、

第四章であり、神がすべての物の必然の原因であること、それらの自然の性はすでに据えられたものと違《たが》うことができず、あるいは神によって別の形式と順序で生ぜしめられることができなかったのは、(13) 神が物としての無限なその存立に属するものとは別の自然の性あるいは有りかたをそなえることがありえないのと同様であることが主張されている。（スピノザの意見では創造物は神の自然に属し、どこまでそれを表出するようになるかという度合に応じてその存することがそれと一体を保つのであってみれば、何ら異《あや》しまれる点はない。(14)）そして物どもの在ることとはたらくことへのかく名づけられるこのひき起し、ないしは必然であることが(15) ここでは神の第一の属性という名を担う。

それに続いて第五章では、神の二番目の属性として、全自然が、その結果として個々にはおのおの

部分が、その状態と有ることを保つのに繋がることを、神[16]がそれを通して定めるような努力が導入される[17]。その努力は物の集まり全体におよぶかぎりで、神の共通の摂理という名で名ざされる。しかるに、自然の残りの部分を考慮の外に置いて、おのおのの部分じたいにあてがわれる範囲では[18]、神の個別の摂理という名を纏う。そして、

これに続いて第六章では、神の三番目の属性として、予定、言い換えるなら、全自然とおのおのの物個々の上におよんで、いっさいの偶然のものを締め出す神のあらかじめの決定が姿を見せる。おもには第四章にもとづいている。というのは、その根柢により、宇宙（著者にあっては神と名づけられる）は有りかたにおいても実在においても必然であり、それにはありとあるいっさいが属することが立てられると、その偽り[19]の根柢から、そこには偶然のものは何も起りえないというこの避けられない結論が出てくる。それから最後に[20]、提起されたもろもろの反対論を取り除くために、悪、罪、混乱等の本当のわけ[21]に関して自分の考えを明かすと、著者はこれをもって締めくくり[22]、論を転じて、

第七章、そこでは神について次のような属性が列挙される。それは著者によってただ関係に対するものであって本来のではないもの、あるいはまた神の実在している属性のまさに呼びかた[23]として受けとめられるようなそれである。その際に、アリストテレス学派の人たちがこれらから[24]神の定義の性格とその実在の証明に関して案出し流布させた考えが手短に調べられ、斥けられる。

しかるに、著者の見解に随い、産んでいる自然と産み出された自然との間にある差別がはっきりと念われるように、著者はこれらについて第八章と第九章で簡潔に論を展開している。

そのあとで第一〇章では、さきの[25]第六章と同じように、人間がきまった一般観念を案出し[26]、物をそれ

らの観念へ引き戻してたがいに較べ合せたのちに、そこから善と悪という概念[27]を形成するようになる[28]と
いうことが示される。そのようにして[29]、この一般観念と一致するかぎりで、そうしたものを善と名づけ、
しかるにそれと異なり、それとの一致を欠いているかぎりで、そうしたものを悪と名づけるということ
である。こういうふうに、善と悪とは理屈上の存在、あるいは思いの様態にほかならない。そして、

これでもってこの論の第一部が終えられる。

第二部でスピノザ[30]は人間の生存をめぐってその思索を開始する。すなわち、どのように人間が情念に
ゆだねられ、その奴隷になっているか、それと併せてその理性の使用がどこにまたどの程度まで[31]およぶ
のか、そして[32]自身の救済とまったき自由とへ教え導かれる手だてはどれか、ということである。

この部の序言で人間の自然の性をめぐって前もって簡潔に語られたのち、以下は[33]、

第一章では認識と覚知の個々の種類について、またどのようにそれらが人間のうちで四通りのしかた
で起され生れているのかということについて論じられる。それは、一、聞き伝え、あるいは何かの語り[34]
によって、二、ありのままの体験によって、三、説得力のある、まじりけのない理由、言い換えれば本
当の信によって、おしまいに四、ものごとそのものの内なる享受と明晰な直観によって。これらすべて
が比例法から取られた例によって説明される[35]。

それから、認識のこれら四つの種類の結果が明晰判明に念われるように、第二章ではあらかじめそれ
らの定義が提出され、そのあとで個別にそれぞれの果していることが挙げられる。認識の一番目と二番
目[36]の種類の果していることとして考察されるのは、説得力のある理由と対立する情念[37]であり、三番目の
種類のそれは適切な慾望、そして四番目の種類のそれは誠実な愛とともにそこから芽生えるいっさいの

ものである。

そこでまず第三章では、認識の一番目と二番目の種類から、つまり思い込みから発している諸情念、すなわち驚き、愛、憎しみ、欲望のようなそれが扱われる。

そのあとで第四章では、認識の三番目の種類のうちに人間にとって含まれている、人間にあっていかに理性の真の指揮にしたがって生きなければならないかということを顕《あらわ》にして見せ、そうしてただ愛するに価するものを抱くことに駆り立てるという使いかたが示される。それは思い込みから発生するもろもろの情念を篩にかけて分け、それによってどこまで人間がそれらに随い、あるいはそれらを避けなければならないかを指し示すためでもある。そして、この点で理性のこの使用を少しく個別に適用するべく、われわれの著者は次のように論じていく、
第五章では、愛について。

第六章では憎しみと嫌悪について。

第七章では欲望、喜び、および悲しみについて。

第八章では尊重および軽蔑について、謙遜および矜持について、うぬぼれおよび咎むべき謙遜について。

第九章では希望および恐れについて、安心および絶望について、躊い、勇気、大胆および競争心について、臆病および不安について、最後に嫉妬について。

第一〇章では疚しさおよび後悔について。

第一一章ではあざけりおよび戯れについて。

第一二章では栄誉心、はじらいおよび無恥について。

第一三章では好意、謝意および恩知らずについて。そして、

おしまいに第一四章では、歎惜について。それによって著者はその判断するところでは情念について考察されるべきであったことを済ませたので、次へ移ることになり、

第一五章はそこで、最終的な効果、すなわち本当の信の、言い換えると認識の三番目の種類のそれが、真と偽とが篩にかけられ、われわれに知りうるものになる手だてとして導入される。

さてスピノザは、その考えによると、善と悪、真理と虚偽が何であり、さらに一個の完全な人間のさいわいが何に存するのかを明かして見せたので、われわれがそのようなさいわいへと到り着くのは自由意志によるのか必然に強いられてなのかということの探究が必要であるとみなす。このために第一六章で著者は、意志がけっして自由ではなく、われわれがこれかあれかのために志し、肯定あるいは否定するのは、すべての点で、外の諸原因によって決定されると主張して、意志とは何かを示している。

しかし、意志を慾望と混同するような(38)ことがないように、著者はそれらの差別を第一七章で指摘する。そして、知性並びに意志と同様に、もろもろの慾望もまた自由ではないと検《あらた》め、いっさいの、また一つ一つの慾望が、あれやこれやの意慾と同じく、外の諸原因によって決定されていると考察している。

そして、読者をしてこれまでに述べられたことをわが物にすることへ促すために、第一八章(39)で著者は、その判断するところではそこに含まれているすべての効用を示すために個々に亙って論を展開している。

だが、さて人間がさきに言われた信あるいは認識の三番目の種類によって至高の善ともっとも高い幸福の享受へと教え導かれることができ、悪であるかぎりでの情念から解放されるかどうかを、われらが

著者は第一九章と第二〇章で探究する。あとの点にかかわっては、どういうふうに心は体と一つに結ばれていて、それからさまざまの触発(40)を受けるのか、それらは心によって善もしくは悪という形のもとで覚知され、どれだけさまざまであってもあらゆる情念の(41)原因とみなされる、ということである。

そして、思い込みは、それによっていま述べた体の触発が善もしくは悪として覚知され、そうしてもろもろの情念が生れるようなもので、それらは、この部の(42)第一章によれば、認識の一番目の種類では聞き伝えあるいは何か別の外の徴《しるし》に、そうでなければ認識の二番目の種類でわれわれみずからの何らかの経験にもとづけられているから、著者は第二一章では次のように確信する。われわれが自分のうちにあるとわかるものは外から入ってくるものと較べて多くの力をわれわれの上にもつので、理性はわれわれがただ認識の一番目の種類を通してのみ得る思い込みを絶やす原因にはたしかになりうる。理性はそうした思い込みのように外からもたらされているのではないので。しかるにわれわれが認識の二番目の種類を通して獲得するものについてはけっして絶やす原因たりえない。われわれが自分のうちで享受するものは、われわれがただ理性によって観察する、まったくわれわれの外にあって(43)いっそう力がある何かによって打ち負かされることができないからである。

そうすると、理性、言い換えると認識の三番目の種類はわれわれをみずからのさいわいへ連れていく力、あるいは認識の二番目の種類から発生するもろもろの情念に打ち克つ力を何らもたないので、第二二章でスピノザはそこへの本当の手だてとなりうるのが何かを明かして見せることへと踏み入る。ところで神は心によって知られ所有されうる最高の善であるから、こう著者は結論する。もしもわれわれがいつか、体との結合において享受し、またそれを通して受けとるものに(44)と同じくらい深く、神との結合、あるいはそれの知と愛に入り込むようになるならば、すなわち論議された結論から成るのではなく、神の有ることとの内なる享受とそれとじかに結ばれることに存するようなものであるが、そのときわれわれは認識の四番目の種類を通してわれわれの至上の救いと幸福に到達しているであろう。だからこの最後に述べた認識の種類はこのためにただ必要であるのみならず、また唯一つの手だてでもある、と。そして、これによりわれわれのうちにこの上なくすぐれた成果と、これを享受する者には不変の安定が生れるようになるので、著者はこれに再生という名を与える(45)。

次いで人間の心というものは、著者の考えに随えば、きまったものについての、思う存在のうちに在る観念であり、そのものと心は観念を通して一つに結ばれているので、そこから著者が第二三章で導出するのは、心の安定と変りやすさはそれが観念となっているそのものの自然の性に応じて価を定められるにちがいないということ、その結果、もし心がただ、かりそめで移り変りをまぬかれない（体がそうであるような）ものとの結びつきのうちに生きるとしたら、その場合避けがたいこととしてそれとともにはたらきを受け、滅び去らねばならないことになろうし、他方反対にその自然の性が永遠不変であるものとの結びつきに服すれば、心はいっさいの情念から解放されて不死にあずかるであろうということである。

しかしながら、このことにかかわって何かしらの注意に価することが何もやり過されないように、われらが著者は第二四章で、人間の神への愛が相互的であるのかどうか、つまりこれはまた神が人間を愛するあるいは愛《いつく》しむことも伴うのかどうかを探究する。そのことが否認されると、著者は前の説きかたを続けて神の法が何であり人間の法が何であるかを解き明かす。そのあとでさらに、神がそれ自身の有ることとは別の何かを通して、すなわちたとえばある有限で制限されたものを通してか、あるいは言葉であれ奇蹟であれ何らかの外に表された徴《しるし》を通して、[46] みずからを人間に明かし通じさせると主張する人々の考えも斥けられる。

また著者の見かたによれば何らかの物の持続はそれ自身の完全さ、もしくはもっと完全な自然の性の別の何かとそれが結ばれることに依るから、[47] 著者は第二五章で[48]悪魔がいることを否定する。いっさいの完全さ、あるいは完全さとの結びつきを欠く、著者が悪魔をそう記述するような何か[49]は、有ることも生存も[50]叶わないというのが著者の判じるところだからである。

スピノザ[51]はそこで、悪魔を排除し、言い換えるとよそで必要とされるべきものとし、ただ人間の自然の性についての観察だけからもろもろの情念を導出し、それとともに情念が抑制され人類の至上の救いが達成されうる手だて[52]を指し示しているので、さらに進んで第二六章では認識の四番目の種類から発生する人間の真の自由がどこに存しているのかを考察する。そのために著者は[53]次の諸命題を導入する。

一、ものは有ることをいっそうそなえる分、それだけ多くの能動をそなえ、受動はそれだけ少なくなること。

二、受動はすべて内なる原因ではなく外の原因によって生じること。

三、すべて外の原因によって生じさせられていないものは、またそれと共通のものもそなえないこと。

四、内在原因の結果は、原因が持続する間は変化も消滅もできないこと。

そこから著者が結論するのは、[54]

五、この上なく自由な原因、著者の判じるところでは神にもっとも似つかわしいそれは内在原因である。

この諸命題から著者はさらに以下の命題を導出する。それは、

一、神の有ることは無限の能動をそなえ、いっさいの受動の否定を伴うこと。それゆえそれと一つに結ばれているものはすべてこのことを通して能動にあずかり、いっさいの情念と破滅することからまぬかれていること。

二、本物の知性は滅びることができないこと。

三、本当の知性の、それ自身と結び合されたすべての結果はこの上なくすぐれていて、それらの原因とともに必然に永遠であること。そしておしまいに、[55][56]

四、外に表されたわれわれのすべての結果は、われわれと一つに結合しうることが可能であればあるほど、それだけ完全であること。

以上のすべてから著者は、人間の自由とはわれわれの知性が神とじかに結ばれていることを通して所有する確乎たる実在に存すると結論する。このように、それもそれの結果も何らかの外の原因にゆだねられてこれによって卑小にせられたり変容させられたりはできず、したがって永遠で安定した持続を通すにちがいない。これでもって著者は第二の、最後の部を締めくくる。[57][58][59][60]

著者はそれになお付録として実体の自然の性をめぐる草案を付け加えている。これは幾何学のやりかたで排列されている。なおその上に人間の心の自然の性と、それの体との結びつきをめぐる探究を収めている。そして、

このようにスピノザはこのみずからの論を終えるが、それについてわれわれになお言えるのは、著者

がこれにたくさんの箇所で問題点の敷衍といっそう詳しい解明のための注を付けていることと、それをラテン語で記したということだけである。それをもとに論は以下にあるごとくオランダ語に翻訳されている。

訳注

「知性改善論」訳注

（1）「遺稿集」の編集者によるもの。「同じ著者」とあるのは、「遺稿集」中、「エチカ」と「政治論」に続けて収められていることによる。ＯＰとＮＳとでともに標題の次頁、本文の前頁に掲げられている。「遺稿集」全体の序文にも同じ趣旨の記述がある（この「ことわり」への指示を含むので、「ことわり」のほうが「遺稿集」序文よりも前に書かれたことがわかる）。ＮＳのものはヤリフ・イェルスが書いたと推定される。ＯＰのほうはイェルスのオランダ語の文章にもとづいてロードウェイク・メイヤーがラテン語に改めたと推定される。したがって、オリジナルとみなされるＮＳのほうにもとづいて訳した。

（2）「用（bezigheden）」。ＯＰは negotiis（negotium の複数奪格）。ミニーニによれば、negotium は執筆活動や別の作品の著述を示唆した「為事」と訳せない。ラテン語において文筆活動は「暇（otium）」（negotium の反対語）と結ばれたものとみなされてきた（テレンティウスとキケロの文例が挙げられる）ことがそのわけとされる。Filippo Mignini, "Per La datazione e l'interpretazione del *Tractatus de Intellectus Emendazione* di B. Spinoza," *La Cultura*, Anno XVII, N. 1/2, 1979, p. 97, n. 26.

（3）ＯＰの対応箇所とＮＳ序文の対応箇所に拠って補った。

（4）「改善（emendatio）」という語は、ベーコン「ノーヴム・オルガヌム」アフォリズム〔第一巻〕一二九（*Novum Organum*, in *The Works of Francis Bacon*, Collected and edited by J. Spedding, R.L. Ellis and D.D. Heath, vol. I, London, 1858, rep. Stuttgart-Bad Cannstatt, 1963, p. 221 *22*〔以下では書名を略して頁と行のみを示す〕）、同第二巻五二（364 *39*）に現れる。動詞の形では同〔第一巻〕二五（161 *11*）、八九（197 *8*）、一一八（213 *28*）、同第二巻一五（256 *29*）。またホッブズには *Examinatio et emendatio mathematicae odiernae*（「今日の数学の検討と改善」）, 1660という著作がある。

（5）ＮＳではＯＰとは異なった「併せてそれ〔知性〕を完全ならしめる手だてについての」という副題になっている。ゲープハルトはNSのものを古い段階の副題とみなしている。C. Gebhardt, „Textgestaltung," *Spinoza Opera*, Bd. II［以下では*Spinoza Opera*, Bd. II は省く］, S. 321. アッカーマンは、「知性改善論」のラテン語にはOP編集者とみなされるロードウェイク・メイヤーの手が相当に加わっているという見解から、NSの副題を真正のものとみる。Fokke Akkerman, "La latinité de Spinoza et l'authenticité du texte du *Tractatus de intellectus emendatione*," *Revue des Sciences philosophiques et théologiques*, Tome 71, 1987, p. 29. ルゥセは、NSの副題のほうが「知性改善論」の初めの部分と合致し、対してOPのほうは作品全体とよく符合すると言う。そして、NSの副題はおそらくスピノザの原稿に入っていた最初のラテン語副題を訳したもの、OPのほうは編集者のメイヤーが原稿全体を考慮して改めたものという推測を示す一方で、原稿（「最終の」ということか？）にはどちらの副題も含まれず、編集者と（オランダ語）訳者とが別個に副題を加えたという考えも示している。ミニーニ（MP, p. 137）は可能な仮説として、（一）（ルゥセの後のほうの推定と同じく）原稿には副題がなく、OPとNSそれぞれの編集者が別個に加えた、（二）NSが伝えるのが元の副題で、（ラテン語に）訳されたあとで校閲者によって改められ、内容がいっそう明確にされた、という二つを提示している。

（6）「よく出遭う（frequenter occurrunt）」という語句は「ノーヴム・オルガヌム」アフォリズム［第一巻］一一九に二回遣われている（214 *14-15; 22*）。

（7）主著「エチカ」の内容構成、幾何学に倣った論述を考え合せると、「経験」に依りながらのこの書き出しは特異とも見える。冒頭部全体はストア派の説を反映していることが指摘される（コイレ、ルゥセ、ミニーニ）。コイレは、この始まりの部分が自伝的なものではなく、考察の篩《ふるい》にかけられる官能の快楽、富、栄誉の三つは道徳的教えの常套をなすと注する。他方、ファン・ズフテルンはここに商業活動に携わって暮した時期の経験が籠められているとみる。Guido van Suchtelen, "Mercator sapiens amstelodamensis," in Emilia Giancotti ed., *Proceedings of the First Italian International Congress on Spinoza/Spinoza nel 350° anniversario della nascita. Atti del Congresso* (*Urbino 4-8 ottobre 1982*), Napoli, 1985, p. 533. スピノザはアムステルダムで輸入の食料品や木材を扱う比較的裕福な商人の家に生れた。両親の家系はキリスト教への改宗ユダヤ人（マラーノと呼ばれる）で、イベリア半島での迫害を逃れてオランダに移住し、ユダヤ教の信仰生活を回復していた。スピノザは父親の商店で働いたとみられ、一六五四年に父が死んだ後は弟とともにその事業を承継した。アムステルダム市の古記録によると、会社は一六六四年（スピノザがユダヤ教会から破門された八年後）になってもスピノザのポルトガル語名 Bento を一方に冠したまま残っていたことをファン・ズフテルンは伝えている。

(8) ミニーニ (MO, pp. 1525-1526; MP, p. 137) はNSテクスト alle de dingen, voor de welken, en die ik vreesde の voor de welken に注意し、OPの対応箇所 a quibus に対して、NSの読みでは元のラテン語は、前置詞 a を除いた与格 quibus だったとみられることを指摘する。この場合、ミニーニによると、恐れが「失うと思っていた善」(quibus timebam) と「得ると思っていた悪」(quae timebam) とにかかわるという対照がはっきりし、直後の「それそのものには善いところも悪いところもそなわらない」という言葉ともよく対応する。それに対して、OPのテクストでは恐れの原因は一つしか表されず、翻訳者たちは無理を強いられてきたという。この指摘に随い、前置詞 a を除くミニーニの校訂の通りに読む。

(9)「みずからを (et sui)」にあたる言葉はNSにはない。その欄外のラテン語表記には bonum verum communicabile とある。OPの et sui は編集者が加えた可能性もある。

(10) プロイエッティはセネカの書簡中の言葉との符合を指摘している。「ルキリウス宛書簡」七二・七－八 (*L. Annaei Senecae ad Lucilium epistolae morales*, recognovit et adnotatione critica instruxit L.D. Reynolds, Oxonii 1972, I, 219 *24-25*; 220 *9-11*)。Omero Proietti, "Una fonte del «De intellectus emendatione» spinoziano. *Le Lettere a Lucilio*," *La Cultura*, Anno XXIX, N. 1/2, 1991 [以下 Proietti (1991) と略], pp. 328-329.

(11)「見通した (perspiciebam)」にあたる語はNSにはなく、「見てわかっていた」だけを動詞とする構文になっている。おそらくはOP編集者が加えたもの。

(12) NSでは「当のそのもの (het zelfde)」。前注での相違と合せて、OPと較べた場合、NSの構文は「もたずにいなければならない (moeten derven〔欠かなければならない〕)」という不定法が対句として繰り返されることにより、述べられた状態の二律背反が強調される形になっている。

(13)「自分の (meae〔わたしの〕)」にあたる語はNSにはない。訳者の遺漏ではなく、原稿になかったと想定する場合には、「暮しのきまりやふだんのやりかた (institutum)」、「新たなもくろみ (institutum)」は、普遍化の意味を帯びていたとみることも可能になる。

(14)「短論文」第二部第五章〔六〕も参照。これら三つを挙げる伝統については次を参照。アリストテレス「ニコマコス倫理学」一〇九五A二三、キケロ「トピカ」二二・八三、セネカ「ルキリウス宛書簡」六六・二三、六九・四、七四・七、七六・六、七八・一三、八四・一一、ボエティウス「哲学の慰め」三・二。

（15）「そぞろにされる」と訳した distrahitur（不定法は distrahere）は［四］と［五］でも用いられる。NSの訳はここでは afgetrokken（放心させられる）、［四］と［五］では afgetrokken にそれぞれ、opgehouden（［四］で「縛られ」、「はたらきを停め」と訳した suspendere に対応している語）、vervoert（我を忘れる）という語を加えて、二語で訳している。これは distrahere の含むニュアンスをオランダ語に置き換えるのに苦心していることを窺わせる。distrahere の「気持を散らさせる」、「心を引き離す」という意味に、「心を奪う」という意味を併せもたせることにむずかしさがあったのではないかと思われる。諸国語訳の訳語はおもなところでは、英語訳は distract（カーリーとパーキンソン）、スペイン語訳は distraer（ドミンゲス）、フランス語訳は divertir（カイヨワ、ルゥセ、ベサード）、égarer（スカラ、レクリヴァン）。カイヨワが注しているように、divertir を用いても、パスカルが主題とした divertissement（「気散じ」、三木清の訳語では「慰戯」）とは中身を異にする。また、コイレのフランス語訳は attirer と distraire の二語で訳し、アッピューンのフランス語訳は distraire と absorber、ゲープハルト（以下ではその校定による全集版と区別するために「ゲープハルト訳」と表す）、バルトゥシャートのドイツ語訳はそれぞれ in Anspruch genommen と eingenommen、beanspruchen と eingenommen に訳し分けている。畠中訳は「乱される」。

（16）NSはここで改行。

（17）レオポルトはOPの prosequendo を persequendo と訂《ただ》すことを提案した。J. H. Leopold, *Ad spinozae opera posthuma*, Hagae Comitis, 1902, p. 77.（以下の注では書名を省略して頁数のみを挙げる。）ゲープハルトもこれに倣って校訂している。これに対してアッカーマン（*op. cit.*, p. 26）は appetendo（「欲する」）の意味で遣われている prosequendo を認め、ミニーニもアッカーマンに拠り、さらに prosequendo を「追い求める」の意味に取って na te jagen（NS）と訳すことが十七世紀オランダ語の辞典などに照しても正当であることを理由に、この訂正は不要とみなす。Cf. *Synonymia latino-teutonica (ex Etymologico C. Kiliani deprompta) Latijnsch-Nederlandsch woordenboek der XVIIe eeuw. Uitgegeven door Emile Spanoghe*, II, Antwerpen-Gent-'s Gravenhage, 1892, p. 442.

（18）NSはピリオドで文が終り、大文字で次の文が始まるけれども、OPはセミコロンになっており、文が切れていない。

（19）NSはここで改行。

みすず 新刊案内

2018. 1

イングリッシュネス

英国人のふるまいのルール

ケイト・フォックス
北條文緒・香川由紀子訳

晴れていようが吹雪こうが会えばまず天気の話。キスやハグにとまどいを見せ、ユーモアとアイロニー、アンダーステイトメント＝控えめな表現で感情と本音を包み隠す。外国人には時に奇異に、時に冷たく、肩すかしにも感じられるそんなイギリス人の実体は？

パブで、街角で、パーティで、競馬場で、人気人類学者が体当たりのフィールドワークで、あらゆる年代・性別・階級の人びとのふるまいと会話を観察、人類学の手法に従って分析し、底にある隠れたコードを導き出した。

見落としがちな日常のあたりまえのシーンから、オリンピックや王室行事、国の祝日へのスタンス、これを使ったが最後「下の階級」の烙印を押されてしまう七つの言葉など、避けては通れない階級と、階級ごとに異なる言葉についてのリアルな今のイギリスのありかたもしっかり押さえて、イギリス文化をかろやかな筆致で描いた原書は十年来のベストセラー。本書はその前半を収める。

四六判　二二四頁　三二〇〇円（税別）

歴史家の展望鏡

山内昌之

行動する歴史学者、ラディカル・ヒストリアンによる書評シリーズの四冊目は、二〇一〇年後半から一四年までの書物エッセイを編集して一本とする。

この間、政権交代で誕生した鳩山内閣が沖縄基地問題で迷走し、継いだ菅首相は尖閣諸島中国漁船衝突事件、東日本大震災と原発事故の試練を受け、野田内閣を経た一二年暮れには、自民党連立政権が成立した。その後中国では習近平が主席となり、中東にイスラーム国が成立した時期である。それはまた、東京大学を定年退官した著者が浩瀚な『中東国際関係史研究』をまとめた時期でもあった。

本書で取り上げられる書目は、専門の中東イスラーム関連の研究書や一般書はもちろん、歴史学の古典、哲学書、歴史小説やスパイ小説まで幅広い。学問と政治リアリズムという複眼で冷静に状況を分析する姿勢のバックボーンには、積年の読書によって鍛えられた知性と純粋な熱情がある。

四六判　三一二頁　三四〇〇円（税別）

情報リテラシーのための図書館

日本の教育制度と図書館の改革

根本　彰

図書館情報学において「情報リテラシー」は、テクノロジーの発達に応じてその習得・活用・提供技術の更新が求められるテーマだ。

加速度的にあらゆるものの情報化が進む社会を生きていく私たちにとって、第一次資料の保存庫であり、公共の情報サービス機関である図書館は、情報リテラシーの拠点である。これからの図書館は、利用者の情報リテラシーを導き、技術を提供する役割をもった、重要な機関になっていくだろう。

そして今日、学校での情報リテラシー教育も喫緊の課題だ。日本の教育現場において、情報リテラシーの重要性は自覚されながらも、情報通信技術（コンピューター）を使いこなす技能とみなされてきた。だが、真の情報リテラシーとは、情報を探索し、評価し、それにより自分の問題を解決できる能力のことをいう。本書では、日本の教育制度と図書館の歴史を見直し、今後どのような改革が必要か、欧米の学校の動向をふまえながら方向を示す。

四六判　二四八頁　二七〇〇円（税別）

幕末的思考

野口良平

幕末から明治への列島の歩みは、暗から明への昇華ではない。それは、列強による開国への圧力を前に、転向とその隠蔽を伴いながら近代国家の急造を余儀なくされる過程だった。そこでは、植民地化への危機感と理不尽への抵抗を糧に、普遍的価値のうえに新社会を構想する思考が模索されてもいたが、外来ではないこの国に地生えの思考が育まれる契機は、しかし、生みの親でもある対外的「危機感」に圧迫され、皇国主義イデオロギーに飲まれ影を潜めていった。帰結の一つは、現在も続く第二極の不在である。

本書はその思考――幕末的思考――の系譜を、吉田松陰、中岡慎太郎、坂本龍馬、福沢諭吉、中江兆民、北村透谷、夏目漱石、朝河貫一、中里介山らに辿り、その画期性を歴史の行間にあぶりだした精神史的試論である。

彼らの未成の思考を紡ぎ直すこと。その今日的意味の切実さを、幕末の人びとの経験は我々に教えている。

四六判　三二〇頁　三六〇〇円（税別）

msz　みすず書房

東京都文京区本郷2-20-7　〒113-0033
TEL. 03-3814-0131（営業部）
FAX 03-3818-6435

www.msz.co.jp

表紙：Franz Marc

（20）「エチカ」第三部命題二九備考、第四部命題五八備考を参照。

（21）NSにもとづき、ミニーニ（MO, p. 1527; MP, p. 138）の提案に随い、OPの「或る（aliqui）」を省いて読む。NS訳者がここと、不定形容詞 aliqui を伴わない［三］冒頭およびこの五行あとの例とを同じ形で訳していること、さらに内容上、問題になる二者択一の片方がこの「新たなもくろみ」だけであること、にもとづく。

（22）「不動の善（fixum bonum）」については、セネカ「ルキリウス宛書簡」七二・五を参照。

（23）プロイエッティ（Proietti (1991), pp. 331-332）の考証によると、「たゆまず省察を繰り返すことで（assidua meditatione）」という言葉は、セネカ「ルキリウス宛書簡」八二・七－八（I, 273 *4-6*）にある。

（24）「考え直す（deliberare）」。deliberare を「熟慮する」の意味に読む訳者たちに対して、コイレ、カーリー、バルトゥシャート、ミニーニは（熟慮の結果）「決心（決定）する」という意味に読む。特にカーリーの訳注を参照。

（25）フローテン－ラント版は、時制の一致により、「できる（possim）」（接続法現在）を possem（接続法過去）と改めた。ゲープハルトもこれに随う。ミニーニは［一〇］でも possim を用いてこの言回しが再出することも拠り所に、スピノザ独特の変則を表すものとしてOPの possim を維持する。

（26）「力のかぎりを尽して（summis viribus）」（二行あとも）の対応箇所を、NSは「わたしのすべての力をあげて（uit alle mijn vermogen）」、「その全力をあげて（uit alle zijn vermogen）」と訳し、原文として totis viribus というラテン語を読んでいたことも窺わせる。summis viribus には直前の「非常きわまりない危機（summo periculo）」との呼応が認められる。totis viribus だった場合は、［一〇］で同じ言いかたが現れることになるほか、直後の「希望のいっさい（tota spes）」と呼応する。また先例として、リウィウス二七・四一・五にも totis viribus という言葉がある。

（27）OPは「これらのこと（haec）」。NSは注の指示記号が付いた「後者（hae）」が「富（divitiae）」を受けることを汲んで、「富（de rykdom）」と明示している。NSの読みを採るミニーニ（MP, p. 137）は hae と改めている。それに随った。

（28）「学問技術の進歩（augmentum scientiarum et artium）」という言葉は「ノーヴム・オルガヌム」アフォリズム［第一巻］八一（188 *26-27*）に現れる。

（29）NSは「われわれが通常励むものごとはすべて（alle die dingen, naar de welken wy gemenelijk trachten）」と訳して

いる。ＯＰの「普通の人（vulgus〔庶民〕）」という名詞形の代りに、副詞「通常（vulgo）」を読んでいることが推察できる。また「われわれ」を主語としていることは、直後の「われわれの有ることを保つ」に呼応する。

（30）ＮＳではこのあとに、ＯＰにはない、「こう語られてよければ」という括弧書きがある。

（31）この注はＮＳでは［八］二–三行目の「例はきわめて多く」（原文では冒頭近く）に付けられている。

（32）ＮＳは「富の手中に収められる」となっている。この対称はセネカ「ルキリウス宛書簡」の次の諸箇所に示されている（cfr. Proietti (1991), p. 333)。八・三、三九・六 (in part. I, 104 *7*)、四二・八 (I, 112 *21-23*)、九四・六六 (II, 380 *3-4*)、九八・二 (II, 406 *10-12*)、一一九・一二 (II, 509 *14-18*)。

（33）ＮＳは改行なし。

（34）ＮＳではこの「富」が「財宝（schatten）」、次の「財宝」が「富（rijkdom）」に入れ替っている。

（35）ＮＳに随った。ＮＳには、ＯＰの orta（「生れた」）にあたる語はない。「こうしたもの（deze dingen）」は富、栄誉、官能の快楽を指す。対するに、ＯＰによると、「こうした悪は次のことから生れているように見えた」という文になり、悪はすぐ前で挙げられた責苦、危険、死などを意味することになる。Cf. Mignini, MP, p. 138.

（36）「滅びうるものどもへの愛」と［一〇］の「永遠かつ無限な物へ向けられる愛」については、「短論文」第二部第五章［二］、［六］、［九］、［一〇］、第一四章［四］、「エチカ」第五部命題二〇備考、命題三六備考でも述べられている。

（37）ＮＳに随った。ＯＰは animum。ＮＳは、ＯＰで animus が用いられた前出の（「気持」と訳した）五例（［一］二箇所、［三］、［四］、［九］）での gemoed ではなく、geest（「精神」）を充て、対応するラテン語 mens を欄外注として記載している。ＯＰの animum と動詞 pascit は animum pascere という成句を成し、「ノーヴム・オルガヌム」アフォリズム［第一巻］八五（193 *8*）にもその用例がある。

（38）ＯＰは ipsaque。ipseque と改めるミニーニに随い、「愛」を指すと読む。「それ」が何を受けるのかは解釈が分れている。ＯＰの ipsaque 以下（「悲しみといっさい無縁である」）にあたるＮＳの文は、en is van alle droefheit uitgesloten となっていて、ＯＰの ipsa に対応する代名詞がなく、主語は文頭の「愛（de liefde）」を受けていると読める。ＯＰでは amor（「愛」）は男性名詞であるから、文法上は ipsa が amor を受けているとは読めない。多くの訳者は ipsa を「喜び（laetitia）」と受け取っている（アッピューン、コイレ、カイヨワ、ルゥセ、カーリー、パーキンソン、ドミンゲス、バルトゥシャート)。ゲープハルト訳はNSに倣って「愛」を受ける訳にしている。Vgl. auch Carl Gebhardt, *Spinozas Abhandlung über die Verbesserung des Verstandes*, Heidelberg, 1905［以下 *Spinozas Abhandlung* と略］, S. 51. ホァキムは「愛」とみる読みを斥け、「永遠かつ無限な物」と受け取る解釈を展開している。Harold H. Joachim, *Spinoza's Tractatus de Intellectus Emendatione. A Commentary*, Oxford, 1940, p. 18, n. 4.（以下の注では書名を省略して頁数のみを挙げる。）ミニー二（MP, p. 138）は ipsaque を ipseque と校訂。ipseque は「愛（amor）」を受け、NSに随って、「悲しみと無縁である」ものを「愛」と読む。

(39) OPは、［七］での元の言葉（「おおもとから（penitus）考え直すことができれば」）とは副詞 penitus が serio（「真剣に」）に代っているが、NSは同じ副詞 gantschelijk を用いている。

(40) 注(25)の箇所と同じくOPは possim。

(41) NSは「この悪」となっている。

(42) OPは intervalla（「時の間隔」、「期間」の意味）。NSは invallen（「中断」、「時の侵入」の意味）となっており、ラテン語 intermittentia を欄外注として記す。NSの意味を採った。

(43) この考えは、金銭については「エチカ」第四部付録二九、楽しむことについては第四部命題四五備考、栄誉を求めることについては第五部命題一〇備考で述べられる。セネカ「ルキリウス宛書簡」八二・一四、九四・八、一一七・九を参照。

(44) NSは改行なし。

(45)「視点に照して」。OPでは respective。NSは opzichtlijk であり、欄外注にラテン語 relative を記す。次行の「視点（respectus）」（複数形）はNSでは opzichten であり、こちらについては欄外に respectus と記されている。

(46)「善さ」と「悪さ」、「完全さ」と「不完全さ」が、人びとが個々のものを較べ合せることから頭で拵え上げた理屈上の存在であり、関係として相対的であるという考えは、「短論文」第一部第一〇章、第二部第四章［五］－［八］と「エチカ」第四部序言で詳しく述べられる。

(47) OPは「人間の弱さ（humana imbecillitas）」。NSは「弱い人間（de zwakke mensch）」となっている。［一〇〇］に再出する「人間の弱さ」は、NSも de menschelijke zwakheit と、OPに一致している。「人間の弱さ」については、セネカ「ルキリウス宛書簡」八二・二三を参照。

(48)「自分のよりもはるかに鞏固な、人間の或る自然の性（natura）」は、「短論文」では「或る完全な人間の観念」、「エチカ」では「人間の自然の性の範型（exemplar）」にあたる。「短論文」第二部第四章［五］－［八］と「エチカ」第四部序言でこの箇所と同じ考えが述べられている（「短論文」の叙述のほうがいっそう詳しい）。これについては、拙論「内と外へのまなざし―スピノザの哲学への一つの近づき」日本哲学会編『哲学』第五七号（二〇〇六）の特に第三節を参照。またセネカ「ルキリウス宛書簡」一一・八－一〇を参照。

(49)ここで志向され、次の［一四］で「望まれるような世の結びつき（societas）」と言われるものについては、「エチカ」第四部命題一八備考（Gii223 *9-14*）で同じ考えが述べられる。ほかに、同部命題三五－三七備考二、第二部命題四九備考（末尾の箇条書き四）を参照。

(50)この規定（cognitio unionis, quam mens cum tota Natura habet）は、自然と一致して生きることを目的として立てたストア派との近さを強く印象づける。この結合については、「短論文」第二部第四章［一〇］、第二二章［二］－［五］、第二四章［七］－［八］。前掲拙論の第四節も参照。

(51)NSではこれを第一として、以下、世の結びつき（社会）、道徳哲学と未成年者訓育の教え、医学、機械技術までの五つが順番をつけて挙げられている。

(52)「暮しの中で」にあたる言葉はNSにはない。

(53)「手当し（medendi）」は、NSでは「改善する（te verbeteren）」となっている。

(54)「初めに（initio）」はOPでは「許すものなら」に懸っているが、NSに倣い、「洗い浄める（expurgandi）」に懸けて読む。Cf. Mignini, MP, pp. 138-139. NSは「考え出す（bedenken）」と「洗い浄める（zuiveren）」を並立させた構文になっている（「知性を改善するためのやりかたを考え出し、それを〔……〕洗い浄めなければならない」）。この知性の「洗い浄め」はベーコンに由来する。動詞expurgareと名詞expurgatioは、「ノーヴム・オルガヌム」著作配分（139 *31*）、アフォリズム［第一巻］六一（173 *3*）、六八（179 *12*）、六九（179 *38*）、一一五（211 *18*）、同第二巻三二（286 *34*）に現れ、四箇所が知性、二箇所が精神に関して言われている。

(55)「目標（scopus）」（NSではoogemerk）をミニーニは、前の「目的（finis）」が「終り」の意味ではないことを識別させる意図で、スピノザの本来の語法にそぐわず同義語として並べ置かれたと解し、削除している。ＮＳは原注でも「目的」と「目標」が並べ置かれている。

(56) 書簡三七（バウメースター宛、一六六六年六月）の末尾を参照。この書簡は「知性改善論」の内容とかかわって重要である。

(57)「普通の人ののみ込み〔理解力〕に合せて（ad captum vulgi）」という言回しは「ノーヴム・オルガヌム」序言（153 32-33）、アフォリズム〔第一巻〕一二八（220 28）に現れる。

(58) ＮＳは未来形を用いて書かれている。ミニーニは「遺稿集」の編集者が加えた注の可能性を指摘している。

(59) ＮＳでは、ＯＰの「順う（imitandos）」にあたる語がなく、「暮しと健康、そしてわれわれの目標に背かない市民の習わしを維持するのに足りるだけ」という文になっている。

(60)「改善し（emendandum）」は、ＮＳでは「洗い浄め（te zuiveren）」となっている。

(61) ＮＳは「三つに」としながらＯＰと同じく四つを箇条書きにしている。解題の注(78)(82)参照。「短論文」では第二部第四章〔九〕で四種に分けている（第二部第二二章〔三〕、第二六章〔二〕にも「四番目」という言いかたが現れる）のを別にして、基本は三区分である。「短論文」訳注(232)を参照。「エチカ」では第一類の認識である「思い込み（opinio）」あるいは「想像（imaginatio）」（「行きあたりばったりの経験からの認識」と「記号にもとづく」認識とから成る）、第二類の認識「理知（ratio）」、第三類の認識「直観知（scientia intuitiva）」の三つに分けられる（第二部命題四〇備考二）。この「知性改善論」における imaginatio の訳語について断っておくと、imaginatio = the action of picturing mentally、動詞 imaginor = to form a mental picture of（*Oxford Latin Dictionary, Edited by P. G. W. Glare* に拠る）、すなわち（「心に像を描く」→）「思い描く」という基本の語義を踏まえながら、imaginatio は「想像のはたらき」、「想像力」、「想像」、「思い描き」、「思い描くこと」と、場合により訳し分け、その動詞（不定法は imaginari）には「思い描く」、「想像によって思い描く」という訳語を用いる。

(62)「好きな呼びかたをされる何らかの記号からわれわれが抱く（ex aliquo signo, quod vocant ad placitum, habemus）」。ＮＳは「謂われるところの、われわれが好きにもつ何らかの記号から（uit enig teken, naar believen hebben, gelijk men 't noemt）」という構文に訳す。すなわち、ＯＰとＮＳは、「好きに〔随意に〕（ad placitum/naar believen）」が、呼びかた

にかかわっているのか、それとも記号そのものにおよんでいるのかという点で異なる。ミニーニ（cf. MP, p. 139）はNSに合せてテクストを改めている。ホァキム（p. 26, n.1）はこの箇所の意味の取りにくさを指摘して、「いわゆる『選ばれた』記号（the so-called ‘chosen’ sign）」という意味であると推定した。ホァキムと同じく、あるいはそれに随って、「因習的な記号」という意味に取る訳者も少なくない（アッピューン、畠中、カーリー、シャーリー、パーキンソン、ミニーニ）。ad placitum に関する哲学史上の先例の指摘はドミンゲスの訳注に詳しい。

（63）パーキンソンは「エチカ」第二部命題四〇備考二での cognitio ab experientia vaga を knowledge from uncertain experience と訳し（この「知性改善論」の箇所でも同じ）、その注釈で、experientia vaga は vague experience（漠たる経験）ではなく、形容詞 vaga の根本の意味は wandering あるいは vagrant であると指摘し、その意味を明らかならしめる箇所として、続く［二〇］の例示を引合いに出している。*Oxford Latin Dictionary* でも第一の意味は moving freely from place to place, roaming, wandering となっている。NSの訳語である形容詞 losse もこの意味を支持する。experientia vaga という言葉は「ノーヴム・オルガヌム」アフォリズム［第一巻］八二（189 *9-10*）、一〇〇（203 *32-33*）に現れる。

（64）「別の（aliud）」にあたる語はNSにはない。「これに背く」の「これ（hoc）」と「揺がない（inconcussum）」が「経験」を受けるにせよ、「覚知」を受けるにせよ、性が一致しない。「これ」にあたる箇所でNSは「この点で（hier）」となっている。

（65）NSでは三と四で「覚知である」にあたる言葉がない。

（66）「結論される」の主語は判然としていない。NSは「結論する」の目的語として「原因」を立てている。主語を明示せずに、「結論がなされる」、「結論を引出す」等と訳している訳者が多い。「いつも何らかの特性を随えた（quod semper aliqua proprietas concomitatur）」の quod を関係代名詞ではなく、名詞節を導く接続詞として訳しているのはエルウィス、コイレ、スカラで、このうちエルウィスはその節を「結論される」の意味上の主語としている。ホァキム（p. 30）は「何らかの物（res aliqua）」を主語として補う。同じくカーリーも「何か（something）」を主語とし、その結論される何かを訳注で「原因について明晰に念われた特性」としている。この覚知を規定する冒頭の文に合せて、物の「有りかた（essentia）」を、「結論される」の主語としているとみられるのがルゥセとスカラ（代名詞になっているため、同じ性である直前の「原因」を指すともみられうる）。ミニーニは「有りかた」を主語として明示している。

（67）ＯＰは「によって（propter〔のおかげで〕）」となっているが、キルヒマン、シュテルンは文意から、propterではなく、「のほかに」（praeter）として訳し、レオポルト（pp. 39; 49）がこれに随ってpraeterに訂正すべきことを指摘した。アッピューンはこの箇所と併せて、四行あとの「結果によって」のpropterについても、［二一］の視覚と太陽の例の解釈にもとづいて、praeterに改める読みを提案したが、これは他の注釈者から受け容れられていない。ゲープハルトはＮＳのbehalven（「のほかに」）にもとづいてpropterをpraeterに訂正し（先立つフローテン－ラント版はpropterのままになっている）、ミニーニもpraeterと校訂している。

（68）「二番目の場合には（In secundo casu）」以下の箇所に含まれる解釈上の問題として、カーリーは次の三点を挙げている。（一）「二番目の場合」は何を指しているのか。（二）「明晰に念われる（quod clare concipitur）」の関係代名詞quodの先行詞は何か。（三）「特殊の（particularis）」が限定するのは何か――（一）in secundo casuを「都合よい場合」という意味に取る訳者、注釈者は、セッセ、エルボーゲン（Ismar Elbogen, *Der Tractatus de intellectus emendatione und Stellung in der Philosophie Spinozas*, Breslau, 1898, S. 10）、ゲープハルト訳、畠中、バルトゥシャート。だが、他のおおかたとともに、ＮＳとも合致する「二番目の場合」と訳す。「二番目の場合」はこの注での二番目の例、すなわち、原因が否定の形で表される場合を指しえて、ミニーニ（MO, p. 1530）はそう受け取っているけれども、ホァキム（p. 32）、カーリーとともに、本文で第三の覚知が説明されている中の二番目、すなわち普遍から物の特性が結論される場合を指しているとみなす（カーリーが断っているように、注がつけられている位置は一番目のほうだが）。そして「例の中で示す」とは（これもホァキムとともに）［二一］での視覚と太陽の例のことであると考える。（二）アイゼンバーグとバルトゥシャートは性が一致しない「結果（effectus）」を先行詞とみているが、他の多数とともに、「或るもの（aliquid）」を受けるとみる。（三）「特殊の（particularis）」が限定する名詞は文法上、主格のessentia（「有りかた」）と属格のrei（「物の」）のどちらとみることもできる。ＮＳは「特殊のものの有りかた（de wezenheit van een bezondere zaak）」となっていて、後者に副っている。ホァキム（*ibid.*）、アイゼンバーグ、カーリーはこちらを採っているけれども、ここでも多くの訳者とともに、essentiaを限定していると考える。

（69）「言うなら（inquam）」にあたる語はＮＳにはない。

（70）アッピューンはこの注を、ＯＰ、ＮＳが指示するこの箇所ではなく、四行あと（［二一］の最後の文）の「結論する」

の位置に変更することを提案し、ミニーニもこれに随っている。

(71) NSはここで改行。

(72) NSは「さらに多くのほかの (meer andere)」となっている。

(73) NSはここで改行。

(74) 同様の例が「短論文」第二部第一章［三］と「エチカ」第二部命題四〇備考二で用いられる。

(75) NSに随う。OPは「何をすべきかを知っていると言う」となっている。『短論文』第二部第一章［三］で、この聞き伝えを「鸚鵡《オウム》が為込まれたことを真似るように喋った」と評定していることも考慮される。

(76) ホァキム (p. 31, n. 2) はスピノザのこの定理証明の理会と用いかたに難点を見出している。

(77) OPでは表記法から単数主格になっている「結果 (effectus)」を、ゲープハルト版は複数対格の effectûs (文法上は他に複数主格あるいは単数属格にもなりうる) に直した。ルゥセは単数属格と取って、「感覚」にあたる指示代名詞をその前に補い、「結果の感覚」という意味にしている。これらに対して、NSに拠り、多くの注釈者とともに単数対格の effectum に改めて読む。

(78) 「折重なっている (multiplex)」という語は「ノーヴム・オルガヌム」アフォリズム第二巻二六 (275 *15*)、八 (235 *2*) に現れる。

(79) NSには「諸物の」はない。

(80) 「エチカ」第二部命題二九備考参照。ゲルーはこの言いかたがストア派に由来すると注している。Martial Gueroult, *Spinoza*, vol. 2, Paris, 1974, p. 289, n. 26; pp. 581-582. それに対してサヴァンはもっと直接に繋がるものとして、ベーコンによる、熱が前に在ること (praesentia)、ないこと (absentia)、その程合い (gradus) を枚挙した表 (アフォリズム第二巻一一－一三) を挙げる。David Savan, “Spinoza: Scientist and Theorist of Scientific Method,” in *Spinoza and the Sciences, Edited by Marjorie Grene and Debra Nails*, Dordrecht, 1986, p. 122, n. 8. ミニーニによると、「諸物の相違 (rerum differentias)」という語句は一回だけ「ノーヴム・オルガヌム」アフォリズム［第一巻］五五で遣われている (169, *32*)。

(81) ホァキム (p. 34, n. 2) はこの箇条書き部分が誤った番号づけと句読の打ちかた (スピノザの原稿に由来するとホァキムは推測) によって不明瞭にされているとみて、次のような改変を提起している。「(I) われわれが完成したいと望むみずからの自然の性を精確に識ること、そして一緒に、（II）必要とされるだけ諸物の自然の性について識ることだが、これは（a）そこから諸物の相違と一致と対立をただしく推論するように、（b）それらがどんなことを受け容れられ、どんなことを受け容れられないか、がただしく念われるように、（c）このことを人間の自然の性および力と照し合すようにである。するとこれらから難なく、人間が達しうる最高の完全さが見えてくるであろう。」カーリーはホァキムに随っている。

(82)「個別の（singularis）」が限定する名詞は文法上、主格の existentia（「実在」）と属格の rei（「物の」）のどちらとみることもできる。NSは前者になっている（de bezondere wezentlijkheit）。カーリーはそれを誤りとみなして後者を採っているが、大半の訳者とともにNSに随う。

(83) NSは文章を切らずに、「すなわち（dat is）」と続ける。レオポルト（p. 51）はこの著作の叙述の特徴に副った措置と解し、ゲープハルトも倣ってNSの dat is を補う。改行のないOP、NSに対して、ブルーダー版はここで（見出しを加えて）改行し、フローテン－ラント版も倣って改行している。改行がないことに含蓄される意義の穿った解釈としては、ルゥセを参照。

(84)「方法（Methodus）」という語が（注iを別にすれば）ここに初めて現れる。NSは de middel en weg と訳し、欄外のラテン語表記で middel に対しては Methodus、weg に対しては Via（道）と記している。方法と道の関係については、拙論「方法と経験―「知性改善論」の方法の原則論―」、村上勝三編『真理の探究―一七世紀合理主義の射程―』（知泉書館、二〇〇五）、一二七－一五四頁、特にその注(12)を参照。

(85) OPでは、ここと次の「第三の方法」に関して、ともに、「必要とされず（non opus est）」と否定の文になっており、ゲープハルト版にいたるまでの版本、ミニーニ以外のすべての訳者はOPに随っている。それに対して、NSではどちらも肯定になっている（behoeft, nodig heeft）。ミニーニ（cf. MP, p. 139）に随い、NSのテクストを採る。続く「このようなしかたでは（tali modo）」が、排除されるべき「限りない追究（inquisitio in infinitum）」であり、これが次に引合いに出される鉄と鉄鎚《ハンマー》の譬とも合致すること、そして肯定の opus est（「必要とされる」）という形が鉄と鉄鎚の譬で繰り返される語句上の対応が、その理由になる。

(86) NSは「経験学派」のあとに「いっさいを経験によって行おうとする」という説明を加えている。

（87）鍛冶の例は、デカルト「知能指導のための規則」の第八規則に現れる（AT〔アダン－タヌリ版〕, X, 397）。

（88）「知的な作業（opera intellectualia）」という言葉は、「ノーヴム・オルガヌム」序言（152 *14*）に遣われている。

（89）道具と製作の譬による知性の進歩の説明には、ベーコンとのあきらかな関聯が夙に指摘されている。Vgl. Gebhardt, *Spinozas Abhandlung*, S. 78 f.「ノーヴム・オルガヌム」序言（152 *12-17*）、アフォリズム〔第一巻〕二（157）参照。ホァキム（p. 53）は、ベーコンでは知性の生れながらの力の弱さを語るためだった道具と製作の譬を、反対にスピノザはその力を示すために用いていることを指摘している。

（90）NSは om die te tonen（「それらを示すために」）と、OPの「それを示すために（Ad quod ostendendum）」とは離れた訳を与えている。この訳からミニーニは、Ad quae ostendenda（「そうしたことを示すために」）となっていた原稿を、OPの編集者が、quae（「それら」）が「道具」を指しうる多義的曖昧を排して改めた可能性を推察している。

（91）ゲルー（*op. cit.*, p. 403, n. 20）は「エチカ」第二部命題四三備考との対比で、「知性改善論」が認識形而上学的（gnoseologique）な企図に止まっているため、「真の観念をもつから」と断言するだけに甘んじていると注している。

（92）「観念対象（ideatum）」。この術語については、拙著『個と無限—スピノザ雑考—』（風行社、二〇〇四）の第六章、註（46）を参照。ショーヴァンの「哲学辞典」は ideatum の項で、「観念が依存し、観念のうちで現される、その観念の対象（ipsius ideae objectum, a quo pendet idea, quodque in idea repraesentatur）」という意義は二番目に挙げ、第一の意義を「観念によって産み出されたもの」、言い換えれば「観念の結果（ideae effectum）」と規定している。ショーヴァンはこの一番目の意義から、スコラ哲学では神の知性のうちの観念が範型となって ideatum を産み出すと言われた、と説明している。Chauvin, *Lexicon philosophicum*, 1692, Leeuwarden, 1713². 「観念対象」という意味での ideatum は「エチカ」でも遣われている（第一部公理六と第二部命題五を特に参照）。ロビンソンは第一部公理六への註釈でショーヴァンの語釈を引いている。Lewis Robinson, *Kommentar zu Spinozas Ethik*, Leipzig, 1928, S. 90.

（93）ミニーニの校定では、次の文が「体の観念」を主語として受けているのではなく、〔三三〕冒頭の「真である観念」を受けることを明確にするために、「なぜなら円と円の観念とは」からここまでを括弧に入れている。

（94）「形としての有りかた」は essentia formalis、「観念のうちで対象を表す有りかた」は essentia objectiva の訳（後者についてはこの先この訳を基本としつつ、係る言葉に馴染ませた訳しかたをする）。意味の上で一対をなす。〔三四〕では副詞としてobjective（「観念のうちの」対象というありかたで）とformaliter（形としてのありかたで）という対で用いられている。術語としてessentia formalisは通常「形相的本質」と訳されるが、essentia objectivaは（デカルトにおけるrealitas objectivaの場合も併せて）さまざまな訳が考案されながら、訳語が定まっていない。訳で示したように、観念のうちで対象を表している観念の有りかたを言うessentia objectivaに対して、essentia formalisのほうは、観念のうちに対象となって入っているのではない、物のそれじたいの有りかたを意味する。したがってこの箇所で言う、観念の形としての有りかたとは、観念がそれじたいで物として見られたものを指す。なお、「エチカ」ではessentia formalisは三度遣われているけれども、essentia objectivaのほうは用いられず、同義とみられるesse objectivumが一度現れるだけである（副詞のobjectiveは三回）。

(95) 「物の性格をそなえ（た）」はres（物）を語源として中世に造語された形容詞realeの訳。あとの［七〇］でも重要な用いられかたをしている。これまでもっぱら「実在的」という訳語が充てられてきて、最近は「事象的」と訳されることも多いけれども、あえてこのように訳す。その名詞形の術語realitas（物としての性格）は「知性改善論」には現れない。この語の意味についての補足の説明は拙訳『スピノザ　エチカ抄』（みすず書房、二〇〇七）、二七一－二七二頁（訳注の第一部（6））を参照。続く「解ることができる」の原語はintelligibile。

(96) OP、NSはともに「ひき起される」となっており、フローテン－ラント版はそれを保っている。nonを加えて、「ひき起されない」（non causatur）」と改める多くの校訂、訳者に随う。

(97) NSでは、ここと次の注解1とで、「わたしの」が省かれ、ただ「哲学」となっている。kに関しては、「われわれ」が主語であるために「わたしの」が避けられたとも考えられる。

(98) 「そして自分が知ることもまた知ること」はOPでは不定法を用いたet etiam scire se scireという形であり、先立つ主動詞「見てとる（videt）」に支配される（続く「また繰り返し（……）知る」では最後の「知る」は直説法現在形scitであるため、「見てとる」に支配されず、それと等位になる）。それに対して、NSは不定法を用いず、en ook weet（ラテン語のet etiam scitに相当）という訳になっている。OP、NSは、その対応だけでなく、それぞれの構文にも問題を残すが、ここではOPの形の通りに訳した。

(99) この補足がどのような意味でいまの論の説明になっているのかはわかりにくい。

(100) ここの論と関聯する「エチカ」第二部命題四三備考でも、同じ意味とみてよい「まず（prius）」が二回繰り返して遣われている（Gii124 *11-14*）。この先［三八］の箇所も含めて、prius を論理上の先行条件と受け取る解釈が優勢である。例としては、ゲルー（*op. cit.*, p. 401）とギャレットを参照。Don Garrett, "Truth and Ideas of Imagination in the *Tractatus de Intellectus Emendatione*," *Studia Spinozana*, Vol. 2, 1986, p. 74. それに対して、マトゥロンは prius が時の順序にかかわる（chronologique）と解釈することで論を構成している。Alexandre Matheron, "Idée, idée d'idée et certitude dans le *Tractatus de intellectus emendatione* et dans l'*Ethique*," dans *Groupe de Recherches Spinozistes, Travaux et documents, N° 2, Méthode et métaphysique*, Paris, 1989, pp. 93-104.

(101) ＯＰは厳密な用法では排除的選言の aut（「または」）になっているが、ＮＳの of（「あるいは」［ラテン語では vel にあたる］）を汲んで、こう訳す。

(102) 前注と同様。

(103) 次行の「あるいは」も併せて前々注と同様。

(104)「裏返せば（Rursus）」。ＮＳは「さらに（Wijders）」。

(105)「あるいは（aut）」をホァキム（p. 102, n. 4）は「と（et）」の書き間違いか誤植ではないかと疑問を提起しているけれども、ＮＳも of になっている。「理性のなすこと」、「知性のなすこと」と訳した原語はそれぞれ ratiocinatio と intellectio（ＮＳでは redenering と verstaning）。

(106)「かの規準に合せて（ad illam normam）」。ＮＳは「かの規則に合せて、かの規準に合せて（naar die regel, en naar dat rechtsnoer）」となっている。

(107)「反照的認識」は cognitio reflexiva の訳。その内容は［三三］、［三四］の論にもとづく。真の観念は対象そのものを拠り所とせずにそれ自身で解り、これはその観念を対象とする「観念の観念」が在ることを意味する。「観念の観念」は限りなく連鎖して行くが、この連鎖は初めの観念を反照して閉じている。それは、初めの観念がそれ自身で解ることを成り立たせる原理上の反復である。知るという点では最初の観念をまずもっていなければならず、もつことつまり解ることの確認のためにその知を対象とする次の観念を条件のように求める必要があってはならない。

(108) ＯＰは aut、ＮＳは of。注(101)に準ずる。

(109) 注解nはこの箇所よりも、[三三] 冒頭の「われわれは真の観念をもつから」という括弧書き部分で指示されるほうが適切であるように思われる。この注についてルゥセ(p. 232)は、「エチカ」第二部の「精神の自然の性と起源について」という標題と絡めて、「エチカ」への言及と認めている。ルゥセはこの注に「非常に大きな重要性」を認め、箇条書きに整理すると、(一)「知性改善論」と「エチカ」とに扱う事柄を分けている、(二) 両者の執筆の連続、(三)「エチカ」の中身と計画が、少なくとも第二部までは、スピノザの頭の中で固っていたことを指摘する(p. 233)。しかしこれ(とりわけ(二)と(三))は行き過ぎた臆測と言うべきであろう。ホァキム(p. 58, n. 2)は、この注があとから加えられた可能性を示唆し、その時期を、『デカルトの哲学原理』に付けられたロードウェイク・メイヤー執筆の序文との関聯から、一六六三年の早い頃と推測している。ルゥセの見解への批判は、前掲拙著『個と無限』、二二五-二二六頁(第六章、註(22))を参照。

(110)「短論文」第二部第一六章、「エチカ」第二部命題四九を参照。

(111) NSは未来形。また、「わたしの」が省かれ、「哲学」となっている。

(112) NSはここで改行している。

(113) NSは ideatum(「観念対象」)の直訳とみなせる gedenkbeelde(「観念されたもの」という意味)を用い(おそらくこの直訳語では理会に難があることを慮って)、gedachte zaak(「思われた物」)と付け足している。

(114) NSの文を採るミニーニ(cf. MP, p. 139)の校定に随う。OPは「それを対象として表す観念の有りかたもまた与えられれば(ejus etiam si datur essentia objectiva)」と、文頭の仮定の副文に加えて仮定の節を挿入する。フローテン-ラント版は直説法の datur を、初めの仮定文に合せて、daretur(「与えられるのだったら」)と接続法に改め、ゲープハルトの校定もそれに随っている。NSの訳は zo zou ook des zelfs voorwerpige wezentheit と主文になっており、si datur [daretur] にあたる言葉がない。レオポルト(p. 56, n. 1)、ホァキム(p. 100, n. 2)、カーリー(p. 20, n. 32)を参照。

(115)「その(sua)」は「観念」を受ける。「観念」の「形としての有りかた」は、二通りの意味になりうる。(一) 観念が観念対象と異なり、それ自身で解る、物の性格をもつものであるという一面を表す、観念自身の形としての有りかた([三三] を参照)。(二) それ自身観念ではない観念対象。[四一] と [四二] では (二) の意味での「観念対象」と「観念のうちで対象を表す有りかた」との〈竝行論〉的照応が述べられている。マトゥロンはこの箇所の「その」を、「観念自身の（*sa propre*）」（イタリックはマトゥロン）と強い意味に読み、（一）の意味での「形としての有りかた」と「観念のうちで対象を表す有りかた」との〈並行論〉が密かに導入されているという着眼からその解釈を組立てているけれども、指摘した［四一］と［四二］の論脈に照せば斥けられる。A. Matheron, “Pourquoi le *Tractatus de intellectus emendatione* est-il resté inachevé?” *Revue des Sciences philosophiques et théologiques*, Tome 71, 1987, pp. 46-47.

(116) ＯＰではこのあとに、文頭の ex hoc ultimo「（われわれが言った）ばかりの（……）ことから）」の繰り返しの冗語とみなしうる「それから（ex eo）」という語句がある。フローテン－ラント版、レオポルト（p. 56, n. 1）、ゲープハルトはＮＳに拠ってこれを削除しているが、ミニーニは保持している。

(117)「像《すがた》」の原語 exemplar はこの一度だけの使用である。これに近い exemplar mundi という用例がベーコンに見られる（桂寿一訳では「世界の雛型」）。「ノーヴム・オルガヌム」著作配分（145 *4*）、アフォリズム［第一巻］一二四（218 *4*）。同じく献辞（123 *14*）を参照。ちなみに exemplar という語は「エチカ」では第四部序言に exemplar humanae naturae（人間の自然の性の範型）として現れる。「もたらす」と訳した動詞 referre の意味をめぐっては、真理論との関連で解釈上の議論がある。ホァキム（p. 215, n. 1）、カーリー（p. 20, n. 33）、ベサード（MP, p. 147, n. 62）。［九一］、［九九］も参照。

(118)「源」の原語 fons は「ノーヴム・オルガヌム」アフォリズム第二巻一（227 *12*）、四（230 *8*）で遣われている。

(119) ＮＳは改行なし。

(120) ＯＰの文は理由の接続詞 nam に先立ってコロン：がある。このコロンは nam 以下がいわば引用符に入ることを指示しているとみる。ＮＳも文意に違いはないが、そうした体裁上の識別は施していない。意味を汲めば、「真理はほかならぬみずからを抜き明かすことを盾に取って」ということである。

(121)「なぜ」以下（原文は間接疑問節）をめぐり、否定疑問に改めるか原文を維持するかで、校定者、注釈者、訳者は分れる。ＯＰと同様ＮＳも肯定文になっているが、それに対してパウルスは「なぜ（cur）」の後に否定辞 non を補足する校訂を行い、以後その読みをブルーダー版やフローテン－ラント版などが踏襲し、多くの訳者も随ってきた。（一）原文の不備を認める中で、「答える」に対応する内容が記されていないとみて、闕文《けつぶん》が想定された。エルボーゲン（a. a. O. S. 16）、ゲープハルト（*Spinozas Abhandlung*, S. 115-116; ゲープハルト訳、S. 184）、コイレ（pp. 104-105）、カーリー（p.

21, n. 35)。ゲープハルトとコイレは原文のありうべき「削除」を「エチカ」の執筆と関係づけている。（二）ゲープハルト（„Textgestaltung," S. 326-327）は前の自説を翻してその校定版ではOP原文の維持に転じた。その根拠として、問題の疑問とこの箇所が、残された形の「知性改善論」ではなく、書かれるはずの「哲学」部分と関係するという解釈を提起した（ゲープハルトのこの説は畠中訳九六頁に紹介されているが、一方の否定を補う立場の要約が適切を欠くため、対比が明瞭ではない）。こうして、この箇所は方法論としての「知性改善論」と「哲学」ないしは「エチカ」との執筆上の関係という問題と結びつけられるようになった。アイゼンバーグ（n. 82）はゲープハルト版の見解を支持し、ルゥセはさらにこの「哲学」部分を「エチカ」と断定している（p. 260）。（三）著作の執筆関係からではなく、この箇所の内容の整合への考察から否定を補わずにOPの文を維持するのは、ドミンゲス、スカラ、ミニーニである。——（二）に対して、もしスピノザがここで計画上の「哲学」の叙述を辯じているとすれば、そのように明示して述べてよさそうなものだというカーリーとパーキンソンの異議は説得力をもつ。この箇所全体が、将来の事柄ではなく、すでになされたことにかかわっているという両者の見かたにも同意できる。「示した」と訳したostenderimは接続法完了であるが、ゲープハルト説に随う傍証としてこれを（直説法）未来完了と解したアイゼンバーグの誤りをカーリー（pp. 21-22）は取り上げている。だがさらに言うなら、未完のこの「知性改善論」のことであれ、予告されている「哲学」のことであれ、ここでその構成のしかたについて辯じられているとすれば、唐突であり違和感を与える。このような問題として受け取るのは、この著作が方法論として、「哲学」と対になることに捉われすぎたためではないだろうか。訳者はこう読む。まず［四三］の疑問に対して、「誰か」が僥倖で、与えられた真の観念の規準に合せてほかの観念をしかるべき順序で獲得することによって自然の探究を進める場合が想定される（その場合真理はみずからを抜き明かすから、その者にはすべてがひとりでに流れ込んでくる）。しかしそれはけっしてないか、起っても稀なことだと言い、それを慮っていったん規定した方法を理屈で証し立てたと答えている。［四五］では自然の探究がしかるべき順序で行われることが稀にしか起らないわけに触れる。そうすると、この箇所は、普通には僥倖を想定しても困難とされたにもかかわらず、なぜ「当の（ipse）」私は、立ち所に自然のもろもろの真理をその順序で示したことになるのか（しかも逆説と映ることも含まれるのに）という疑問として読むことが文脈に適う。つまり、「なぜ」の問は、「誰か」［四四］、「人びと」［四五］と対した、わたし自身（ipse）に焦点を当てていると読む。

(122)「そうした真理を」と訳した、OPの指示代名詞中性複数対格ea（「それらを」）が指しうるのは文法上は「逆説（Paradoxa）」である。NSの目的格代名詞haarは語順から、「逆説」ではなく「もろもろの真理（waarheden）」を指す（より近くにある単数形の「真理」を指すこともできるが文意からは「もろもろの真理」のほうが適当）。コイレとバルトゥシャートは目的語として、そのどちらでもなく、「わたしが示したこと（ども）を」という言葉を補い足して訳す（カーリーのthese things、ゲープハルト訳の「すべて（alles）」、後者に随う畠中もそれに通ずる）。ミニーニはOPのeaをeasと女性複数対格形に改めて「自然のもろもろの真理」を受けるようにし、それに一致させて形容詞のfalsa（偽〔なるもの〕）もfalsasと改めた。ミニーニの校訂に随う。

(123) NSは改行なし。

(124) NSはここではなく次の文頭（「これまでにわれわれは」）で改行。

(125) 一番目は［一］－［一七］、二番目は［一八］－［二九］、三番目は［三〇］－［四八］で扱われた内容を指す。

(126) NSはここに「そしておしまいに（en eindelijk）」と加えている。

(127) 方法が請け合わなければならない第一の課題は［五〇］－［九〇］、第二は［九一］－［九八］、第三は［九九］以降で扱われることになる。

(128)［三八］で示されたことである。この「四番目」は直前の「第一」、「第二」、「第三」という箇条書きではなく、その前の「まず〔一番目〕」、「二番目」、「三番目」から続く。これら四つの箇条書きの動詞「得ている」、「認識している」、「認識した」、「見てとった」は、OPのラテン語ではそれぞれhabuimus、cognovimus、cognovimus、vidimusと、回顧の意味を含む直説法完了（一人称複数）で揃っている。他方NSではこれらに相当する動詞はhebben、weten、weten、zienと直説法現在形で統一されている（四つ目の項では、OPが複文で書かれ、副文中の「識った（novimus）」も完了時制であるのに対して、NSのこの箇所は現在分詞の構文になっている）。三番目の「何であれ与えられた真の観念」と四番目の「もっとも完全な存在者の観念」との関係については、前掲拙論「方法と経験――「知性改善論」の方法の原則論」を参照。

(129) OPは「睡眠（somnum）」となっているのに対して、NSは「夢（dromen）」（複数形）。カーリーの示唆とミニーニの校訂に随い、「夢（somnium）」と改めて読む。

(130) ＯＰは「最も近い（proximam）」となっているのに対して、ＮＳは「第一の（eerste）」。ミニーニの校訂に随い、「第一の（primam）」と改めて読む。「第一原因」と「最近原因」については、「短論文」第一部第三章［二］の第六項と第八項、「エチカ」第一部命題一六系三、同部命題二八備考、および最後の箇所に訳者の編訳書『スピノザ　エチカ抄』（みすず書房、二〇〇七）で付した注を参照。また注(56)で触れた書簡三七（バウメースター宛）ではこう書かれている。「これ〔真の方法である、まじりけのない知性の認識〕を手にするためには、まず何よりも知性と想像とを区別すること、言い換えれば真の観念と残りの観念とを区別する必要があります。残りの観念とはすなわち仮構による観念、偽である観念、疑わしい観念であり、合せて言えば記憶だけに依存するすべてです。これらのことを解るためには、少なくとも方法が要求するまでのところでは、精神の自然の性をその第一の原因を通して認識することは必要ではなく、ベーコンが教えるやりかたで精神の、言い換えれば覚知の小史を配列すれば足ります」（*Ep*. 37, Giv189 *1-8*）。これと異なる見かたで、ゲープハルト（„Textgestaltung," S. 327）は、スピノザがprimamをあとからproximamに書き換えたとみなした。アイゼンバーグとルゥセも同じ見かたを採り、ルゥセはＮＳよりもＯＰのほうを「いっそう精確でいっそう適切」と評している。

(131)「そうした働きのさまで」の原文はin tali actu。多くの翻訳ではactusが「〔仮構の〕行い」という意味に受け取られているが、アイゼンバーグの解釈に随って、actualitas、「現実（態）」の意味に取った。すなわち、actusは仮構（する主体）に支配された働きではなく、仮構が向けられる物の様態であるとみなす。fingere（仮構する）、fictus（idea ficta 仮構された観念）、fictio（仮構）は、重立った英語訳ではそれぞれfeign、fictitious、fictionと訳されるが、ホァキム（pp. 113 sqq.）とアイゼンバーグはsupposeとその派生語を充てる。feign以下がsham（「偽る」、「偽物」）の意味を含むために、観念に関するスピノザの論が誤解を招きうることを指摘するアイゼンバーグに随い、「虚構」（「捏造」）の意味を含みうる）ではなく、「仮構」を訳語とした。

(132) 注解ｙを参照。

(133)「その物が実在するとしたら（ut ea existat）」に対応するＮＳの訳はin wezentlijk te zijn（「実在する場合に」）で、ラテン語術語対照のためのその欄外注ではin existendoとなっている。ゲープハルト版が「その自然の性が（cujus natura）」のあとにＮＳにもとづいてin existendoを補っているのは、ut ea existatと重複したテクストになるという理由だけからも誤りとみなされる。ホァキム（p. 116, n. 2）はゲープハルトの補足挿入を意味内容上から「不必要で、おそらく誤り」と判じた。アイゼンバーグが同じ問題を指摘し、カーリーもホァキムを支持している。ミニーニは初めに挙げた形式上の理由に加えて、別の理由を二点指摘している。

(134) この「実在（existentia）」を「有りかた（essentia〔本質〕）」の誤りではないかと疑問視する見かたもあるけれども、OPとNSのテクスト通り、「実在」で意味が通るだけでなく、そのほうが「実在のみが仮構される場合」という区分のもとの考察に適う。ホァキム（*ibid.*）とアイゼンバーグは、「実在」が「有りかた」であるべきと考え、カーリーは訳で「実在」を維持しながらも、アイゼンバーグに同調している。後二者は、「有りかた」であった場合、「それの自然の性そのものの上では（ipsa sua natura）」がいわば贅語になることに躊躇《ためらい》を表している。これらに対してミニーニは、「有りかた」に改めることを不要とする理由として、実在が矛盾を含意しないのは「自然の性そのもの」の上であるからということ（つまり「有りかた」と言われるのと変りがないこと）と、「有りかた」に改めた場合の無意味と同語反覆とを挙げる。

(135)「仮構できない」の主語は「神」か「全知の何か」であると読む。不定法 fingere（「仮構する」）の主語になる対格の語は、OPでは「われわれ（nos）」である（「われわれはまったく何も仮構できない」という帰結文になる）。初めにジークヴァルトがこの nos は id（それ）か eum（かれ）に替えられるべきことを指摘し（Christoph Sigwart, *Spinoza's neuentdeckter Tractat von Gott, dem Menschen und dessen Glückseligkeit*, Gotha, 1866, S. 156 Anm.）、フローテン－ラント版は nos を「このもの（hoc）」（「全知の何か」の不定代名詞中性 quid を受ける）と校訂した。NSはOPと異なる「かれ（hy）」となっており、ゲープハルト版はこれに随い、「かれ（eum）」と改めた。「われわれ」か、「神」もしくは「全知の何か」か、をめぐる意味内容上の詳しい議論については、ゲープハルト（„Textgestaltung,“ S. 328-330）と、それをおもに受け継いでいるアイゼンバーグの訳注を参照。「全知」が神の属性ではなく、神それ自身とは区別されるという考えは、「短論文」第一部第七章［二］注解、同章［七］に述べられている。

(136) NSは「神を知ったあとでは（na dat ik hem ken）」となっている。注解tに照してもOPのほうがよい。

(137) ギリシア神話中の怪物。体の前部が獅子、後部が蛇、中間部が山羊で成り、火炎を噴くという。勇士ベレロポンによって殺される。「イリアス」第六巻一八一－二、ルクレティウス「物の本質について」第五巻九〇五、第二巻七〇五、ウェルギリウス「アエネイス」第六巻二八八、オウィディウス「転身譜」第九巻六四七など。

(138) OPは cujus natura existere implicat、NSは welks natuur strijdigheit van wezentlijk te wezen insluit（「その自然の性

は実在することに関して矛盾を伴う」）。フローテン－ラント版が、natura のあとに否定の non を補って、「その自然の性は実在しないことを含意する」と読まれるべきであると提起したのに対して、それを無用としてレオポルト（pp. 65-66）は動詞 implicare が（それだけで）「矛盾を含意する」という意味で用いられていることを指摘し、ゲープハルト（„Text-gestaltung,“ S. 330）もこれを支持している。次の箇所が典拠として挙げられる。「形而上学的思索」第二部第一章（Gi251 *15*）、第二部第一二章（Gi275 *30-31*）、第一部第三章（Gi242 *19-20*）、書簡一二（Giv53 *15*）。

(139) この部分は意味が通りやすいわけではない。「われわれが自然の次第に注意を向けない場合の物そのものにでなければ」の原文は nisi rei ipsi, ubi non attendimus ad Naturae ordinem。ubi を時の接続詞の用法とみて、「注意を向けないときには」という文に訳されている場合が多い（NSの文ともだいたい一致する）。他方、原文の ubi からは離れた、auch wenn と訳したシュテルンを嚆矢として、「たとい……注意を向けなくても」、あるいは「注意を向けないときでさえ」という訳文にしている訳者も少なくない（コイレ、カーリー、ドミンゲス、スカラ、ベサード）。ここではそのいずれでもなく（したがってNSの文にも背くけれども）、ubi を、意味の上で「においては」または「のもとでは」という前置詞に随えられた先行詞の語（rei ipsi）を含んだ関係詞と受け取った上で、語句通りに訳した（バルトゥシャートも関係詞として訳しているけれども、先行詞の解釈を別にする）。意味の取りかたの上ではセッセの訳文、ルゥセの読解（p. 279）と近い。

(140) ［五八］－［六四］を参照。

(141) この一文はOPにあって、NSにはない。ゲープハルト版はこれを本文［五四］の最後に移している。

(142) OPでは ponum auriacum だが、ponum は pomum（果実）の誤りとみてよい。NSは oranje appel（オレンジ）。auri-acum がめずらしい語であるために、たとえば「皿に浮き彫りされた半分の林檎」（エルウィス）のような訳も生んできた。この語義の詮索はアイゼンバーグの訳注に詳しい。

(143) NSの異文 het voorgedachte に拠る。OPは dictis（「言われたこと」）。十七世紀末に初版が出た辞典 S. Hannot en D. van Hoogstraten, *Nieuw Woordboek der Nederlantsche en Latynsche Tale*, Dordrecht, 1699, 1736^{3}では、過去分詞から転じた形容詞 voorgedagt に相当するラテン語が praecogitatus とされている。ミニーニ（MP, p. 140）は、（一）NSが乖離した訳語になっていることの説明困難、（二）「これまでに言われたこと（jam dictis）との関連づけの困難、（三）既存

している仮構と結びつけて説明しようとする論旨になっていること、を根拠に、NSの het voorgedachte を「これまでに仮構された」という意味に解して、fictis（「仮構された」）と校訂している。（一）と（二）を容れたが、（三）については既存している「誤り」と結びつけられていると解する。

(144) NSはここで改行。

(145) ホァキム（p. 120, n. 3）は、ここでスピノザがデカルトの「哲学原理」第四部第九五－一〇一節を念頭に置いているように見えると注している。

(146) NSはここで改行。

(147) anima（NSは ziel）を他の箇所では「心」と訳しているが、ここと注z、［五九］、［六四］、［七四］の用例では、例示の意味を汲んで「霊魂」とした。

(148) OPの「果てのない（infinita〔無限の〕）」に対して、NSは「もっとたくさんの（meer）」となっている。［八二］ではここと同様の、「その類のほかの（alias ejus generis）」、「同じ類の（ejusdem generis）」という言いかたが現れ、どちらにも「もっとたくさんの（plures）」という語が用いられている。

(149) プロイエッティの考証によると、「人びとが自然を識ることが少なければ少ないほど」からここまでの文は、［六八］に含まれる一節とともに、ユダヤ教会から破門されたのちスピノザが寄宿した私塾の主宰ファン・デン・エンデン作の戯曲「フィレドニウス」（一六五七年一月に上演）と、そこに用いられたオウィディウスの「転身譜」由来の例を反映している。Omero Proietti, "Il «Philedonius» di Franciscus van den Enden e la formazione retorico-letteraria di Spinoza (1656-1658)," *La Cultura*, Anno XXVIII, N. 2, 1990［以下 Proietti (1990) と略］, p. 316. オウィディウス「転身譜」第一巻一－二および第六巻の石に変じたニオベ（Niobe）の物語も参照。プロイエッティの論考は、ファン・デン・エンデンの私塾でのラテン語修養が、伝記上の「闇の時期」（一六五六年七月の破門から現在残っている最初の往復書簡の日付である一六六一年八月までの、スピノザの哲学が育まれたはずの時期）を解き明かす上で大きな意味をもつという考えから、その隠れた手懸りである「フィレドニウス」を精細に分析している。ここと類似の記述が「エチカ」第一部命題八備考二（『スピノザ　エチカ抄』、一二頁）にある。

(150)「その上」から「思われるように」までの部分は、OPとNSとで文構成が違っている。（一）NSが能動の不定法を用いて「思う（te denken）」と書き、その目的語として「これを」（「それを別のしかたで思う」の「それを」と同じもの）と明示しているのに対して、OPは「思われる（cogitentur）」という受動形で書かれ、その複数の主語にあたるものが不明である。「までも（etiam）」に相当する語もNSにはない。（二）「初めの」はNSにはなく、ただ「仮構」と書かれている。フローテン‐ラント版は「思われる」の主語として「ほかのこと（alia）」が補われるべきことを注で指摘し、ゲープハルト版はそれを本文に取り入れた。ここではその読みに随った。それに対して、ミニーニ（cf. MP, p. 140）は「ほかのこと」が原文にあったとは考えにくいという解釈から、NSに合せる形で、「思われる」を単数主語に対応した活用形に改める校訂をしている。

(151) NSには、この文の前（注の初め）に、OPにはない、「ここで次のことが考慮されるべきである（Hier staat aan te merken, dat）」という言葉がある。二つあとの注bでは、ここと同じ冒頭のNSの言葉に対応して、OPは「よく注意（NB.）」となっている。この注でのOPの「よく注意」の脱落も考えられる。

(152)「現される」と訳したrepraesentanturは、NSでは「かれに」を加えてvoorkomen（差し出される）となっているが、同じvoorkomenが遣われているあとの注bと［六六］、［七四］では、対応するOPの語はrepraesentareではなく、offerre（「差し出す」「提供する」）の変化形offeranturとofferunturになっている。なお、NSには「さて」と訳したveroにあたる語はない。

(153) NSはここで改行。

(154) この注はOPでは［六〇］の終りにある「論証」に付けられているのに対して、NSではこの場所で指示されている。レオポルト（p. 66）は注の内容からNSのほうを適切とみて、OPの指示を「論証」という語に引きずられた誤りと推定し、以来校定者、訳者はそれに随っている。

(155)「始める」はOPでは直説法の形（incipit）になっており、文構成の上で、「注意を払う」と竝んで接続詞の「ときには（cum）」に支配されている。それに対してNSでは、「解る（verstaan）」とともに不定詞句（om te）の形で「注意を払う（op merkt）」に支配されている（als zy daar op merkt, om haar te verstaan, en met een goede ordening te beginnen daarvan af te leiden）。これをラテン語文にあてはめれば、「始める」は「解る」と竝んで接続詞「ように（ut）」に支配され、その語形は「解る（intelligat）」と同じく接続法のincipiatになるはずである。さらにOPでは「そこから（ex ea）」

に冗語的に重ねられている「そこから出てくることを（quae inde sequuntur）」はＮＳにはなく、ただ「そこから（daar-van）」となっている。この違いを、ゲープハルトはスピノザがＯＰの文のように書き改めたためと見（アイゼンバーグもそれに倣う）、ミニーニはＮＳのほうを採って「始める」を接続法の incipiat と校訂し、「そこから出てくることを」のほうはＯＰ編集者による加筆の可能性を推測している。

(156) ＯＰは改行なし。ＮＳ改行。

(157)「なぜなら」から始まるこの文はＮＳにはない。レオポルト（p. 55）はＮＳの訳者の不注意による遺漏とみなし、ゲープハルト（„Textgestaltung,“ S. 332）はスピノザがあとから加筆したものとみなしている。

(158)「できず」はＯＰでは一人称単数（「わたし」）に対応した変化形の possum（「作り出す」にも係る）。ＮＳは副文の主語「われわれ」に一致した人称と変化形になっている（konnen wy）。ゲープハルトはＮＳに拠って、副文の novimus（「われわれが識った」）に一致させて、一人称複数主語の変化形 possumus に改めた。これに対してミニーニは、一人称単数と複数の不一致は他の箇所にもあるスピノザの複文構成の特徴であるという見解から（例として注kと注mが挙げられる）、possum を維持している。

(159) ＯＰは改行なし。ＮＳ改行。

(160) ＮＳは「いま一度（iterum）」にあたる語がなく、代りに「初めから（van 't begin af）」となっている。

(161)「開いた目で夢を見ている」という言いかたは「エチカ」第三部命題二備考の最後でも用いられる。

(162)「それ（Quae）」。ＮＳは「観念（denkbeelt）」。対応して［六八］初めの「もう片方のもの（alteram）」に対してもＮＳは「もう片方の観念」としている。

(163) ＮＳには「その物の（illius rei）」に対応する語句がない。続く文の「物の実在」の「物の（rei）」にあたる語もやはりＮＳにはない。

(164) このあとに置かれている逆接の接続詞 sed を、ホァキム（p. 153, n. 2）は削除すべきと提案している。カーリーは、sed を削除しても文構成に拙さが残ることから、スピノザが言おうとしているのは、sed に続く二番目の節は切り離された別の条件ではなく、初めの条件節の帰結ということではないかと推測している。

(165) ＯＰは改行なし。ＮＳ改行。

(166)「そうした覚知は」からここまでの文は、注(149)の箇所とともにプロイエッティが挙げる、オウィディウス「転身譜」からの例がファン・デン・エンデン「フィレドニウス」の主題に綯い合された箇所である。同注参照。「フィレドニウス」の場面を反映した「議論し、歩き、話す屍」は、「転身譜」には現れない話であるから、このファン・デン・エンデンの劇を知っていないかぎり、ありえない記述であるとプロイエッティは指摘している。Proietti (1990), *ibidem*.

(167)「外からの呼びかた（denominatio extrinseca）」とは、「思い（cogitatio）」がことないしは物と一致しているときにそれを「真」、一致していないときにそれを「偽」と称することである。これに対して「内からの呼びかた（denominatio intrinseca）」とは、思いが、ことないし物との一致、不一致ということを離れて、それ自身の特性によって「真」と呼ばれることである。したがって、真である思いは、ことないし物との一致という、思いそのものにとって外側からの規準のみによってではなく、真である思いそのものにそなわる特質によって、偽である思いから区別されるというのが、この一節の意味である。「外からの呼びかた」と「内からの呼びかた」については、「形而上学的思索」第一部第六章、「エチカ」第二部定義四および説明、さらに前掲拙著『個と無限』、第六章の**四**（一九三－一九五頁）、および「エチカ」同箇所に『スピノザ　エチカ抄』で付した注（第二部訳注(2)、二七八－二七九頁）を参照。「短論文」では第一部第二章［二九］で「外からの呼びかた」が用いられている。「短論文」訳注（91）を参照。

(168) OPでは「与えられた（data）」は「規準（norma）」（奪格）に係り、「真の観念の与えられた規準」という意味になっている（NSも同じ文意である）。ミニーニ（cf. MP, p. 140）の校訂に随い、data を属格の「真の観念」に係る datae と改め、「与えられた真の観念」という意味に読む。この校訂は［三八］、［四三］、［四九］、［七五］での同じ言回しに合致する。

(169) NSは「認識（kennis）」となっている。ゲープハルト（„Textgestaltung,“ S. 332）は、スピノザが初めは直前の「認識される（cognoscitur）」に引かれて「認識」と書き誤り（つまりNSはその誤りにもとづく）、あとで「思い」と訂正したと推測している。

(170) NSに拠った。OPは「知性の力そのものと自然の性」となっている。

(171)「覚知した（percepisse）」は、NSでは had bevat となっており（OPの名詞 perceptio、動詞 percipere にあたる語としてNSはおもには bevatting、bevatten を用いている）、ラテン語術語対照のための欄外注では concipere（本訳では

「念う」と訳す）と記されている。

(172)「導き出す」（不定法 deducere、主語は「知性」）はフローテン－ラント版の校訂に拠る（ゲープハルト、ミニーニも随う）。ＯＰは接続法過去の deduceret で、「神が諸物を創造した」の「創造した（crearet）」と竝立する文の組立てになっているが、不定法に改めることにより、「導き出す」は「覚知した（percepisse）」（不定法完了）と竝んで「われわれが仮定する」に支配される。

(173)「目の前に置こう（ob oculos ponamus）」の前置詞 ob（「前に」）が sub（「下に」）になった sub oculos ponere の言回しが「ノーヴム・オルガヌム」著作配分（143 *31*: sub oculos ponant）、アフォリズム［第一巻］一〇三（204 *18-19*: sub oculos positorum）、同第二巻四〇（311 *24*: sub oculos ponitur）に現れる。また、「精神の眼（oculos mentis）」という言葉が著作配分（145 *1*）にある。

(174)「できるであろう（poterimus）」にあたる助動詞はＮＳにはない。

(175)「おのれを越えておよぶことがない（nec ultra se extendit）」にあたる言葉はＮＳにはない。

(176)「みずからが達しうる最高の認識（summam, ad quam possumus pervenire, cognitionem）」の箇所は、ＮＳでは意味と文構成を異にし、「われわれがおのれの認識を導いていける当てとなるものの概要（het begrip van 't geen...tot de welke wy onze kennis konnen brengen）」となっている。欄外注に「概要（begrip）」に対応するラテン語として summa と記され、ＯＰの文のように「最高の」という意味の形容詞ではなく、名詞と解されている。またＯＰの動詞「達する（pervenire）」に対して、ＮＳの brengen（「導く」）はラテン語では perducere に相当する。ミニーニはＮＳのもとになった原文がＯＰの校訂者によって修正された可能性を推測するとともに、名詞 summa はＮＳの訳語 begrip（「概要」、「真髄」）よりも、「頂点」の意味ではなかったかと指摘している。

(177)ここの原文 uti prima fronte videtur をおおかたの訳者は「一見したところではそうみえるように」という意味に訳しているのに対して、ホァキム（p. 91）は as indeed is apparent at the first glance という意味に取っている。これに随った。カーリー（p. 33, n. 54）の注も参照。

(178)「エチカ」第二部命題一一系を参照。

(179)ＮＳは「或るきまった（zekere）」という限定の意味の形容詞に修飾されている。

(180)「この人たちは……こともまた同時に思い描いており、解っていた」。「同時に」を「解っていた」の直前に置くOPの文「……もまた思い描いており、同時に解っていた（imaginabantur etiam, et simul intelligebant）」に対し、「同時に（met enen）」を「解っていた（verstonden）」から離して「思い描いており（beelden...in）」に懸けるNS（Zy beelden zich ook met enen in, en verstonden）の読みを採るミニーニの校訂に随う。

(181)「かの希薄この上ない物体（subtilissima illa corpora）」。指示形容詞「かの（illa）」に修飾された複数形であるOPに対して、NSは「そのような非常に希薄な物体（zulk een zeer fijn lighaam）」と、illa にあたる指示形容詞の代りに「そのような（zulk）」に修飾された単数形になっている。

(182) ミニーニは、不可分性が「希薄この上ない物体」だけがそなえる特性ではないという解釈から、NSに拠りつつ、こちらの指示形容詞 illa を省く校訂をしている。NSでは「物体（lighamen）」（こんどは複数形になっている）は定冠詞 de を伴っている。

(183) プロイエッティは、このストア派批判とセネカ「ルキリウス宛書簡」五七・七－九との関係を考証している。Proietti (1991), pp. 333 sqq.

(184)「吟味する（examinare）」。NSは regelen（「規整する」）。

(185)「念う（concipiunt）」は三人称複数の主語に応じた形だが、この［七五］は、初めから動詞は一人称複数形で、「念う」の主語になる三人称複数は現れない（前の［七四］のストア派の人たちを受けるともみなせない）。「欺かれる人たち」が事実上の主語になっているとみるのが適当である。NSでは不特定の「人（びと）」を表す不定代名詞 men（単数扱い）が主語になっている。

(186) OPは改行なし。NS改行。

(187) コイレはこの［七六］に関して、「エチカ」第二部命題三八とホッブズの De corpore, I, 6, 4-13の参照を促している。

(188)「知性にほとんど気づかれないほど違いがわずかな」は、NSでは「違いがきわめてわずかであり、ほとんど解ることのできない」。OPの「……ほど……な（adeo......ut）」という相関句の形ではなく、等位接続詞 en で結ばれた言いかたになっている。

(189)「一緒くたにされる」はOPでは接続法現在一人称複数所相の confundamur（「われわれが混同させられる」）。まずブルーダー版、続いてフローテン－ラント版が三人称複数所相の confundantur に改め、ゲープハルト版もこれらに随っている。この校訂は三人称複数の代名詞 zy を主語として明示しているNSと合致する。これにより、「一緒くたにされる」は「たくさん（multa）」を主語とし、直前の「念われる」とも形が揃う。これに対して、ミニーニ（MP, p. 140）はこの変更を不要とし（「われわれが混同させられる」はこの［七六］初めの「〔われわれが〕混同し（confundamus）」と呼応するとみなし）、OPを維持している。

(190)「たしかにこの有るものは唯一で無限（est nimirum hoc ens, unicum, infinitum）」。NSは「これは唯一で無限な有るもの（dit is een enig en onëindig wezend）」（hoc を「この」という指示形容詞ではなく指示代名詞「これ」とする）という文になっている。ブルーダー版は hoc ens のあとのコンマを除いてNSと同じ意味になる句読にし、フローテン－ラント版、ミニーニもこれに随う。「唯一」、「無限」という徴表に焦点を当てている注 z に照して、OPの句読を維持する読みを採る。

(191) NSはこの注解の印をここの「有（esse）」ではなく、そのあとの「いかなる有」の「有」に対応する箇所に付けている。ゲープハルト版はNSの位置を採り、それに随っている訳者が多い。ミニーニは、カッツの訳がこの注を少し前の「じじつ在るよりも広汎に知性のうちで広げられることもできない」に対応させていることに、内容上ふさわしいとして随う校訂をしている。ただし、カッツの訳には訳注がなく、位置変更の根拠は述べられていない。

(192)「起きるのを見かける（videmus contingere）」は、NSでは「耳にする（horen）」となっている。

(193)「短論文」第一部第七章（特に［一］注解と［二］）、また第一部第一章［九］の一番目の注解も参照。カーリーは、この主題が「短論文」で取り上げられているものの、「エチカ」では扱われていないことから、この注解は、「知性改善論」で「哲学」として言及される著述が「エチカ」よりも「短論文」であることの証拠になると注釈を加えている。

(194) NSはここに注を付しておらず、このbに指示された注解の文は、NSでは本文に入れられている（「疑いは起る」と「そしてもし」の間）。レオポルト（p. 52）はNSの措置のほうが適切である例として引合いに出し、ゲープハルトも倣って本文に組み込んだ。ホァキム（p. 182, n. 1）はこの扱いが文脈を損なうことを指摘した。ミニーニは、ホァキムと同様の見かたに文献学上の理由も加えて、OPの形を維持している。

(195)「神の」はOPにはなく、NSにある。NSに拠るべきことをレオポルト（pp. 49-50）が指摘し、ゲープハルトはこれに随って補った。ミニーニもこの補足を支持する。これに対してベサードは訳注（MP, p. 152）においてOPが正当を保ちうると解釈している。ベサードによると、その場合、「つまり」に続く文は、欺く神によってすべての観念に嫌疑が投げかけられるから、神が欺く者ではないことを知らないかぎり、われわれはいかなる明晰判明な観念ももたないことを解き明かすという。しかし「神が欺く者ではないこと」を知らないがゆえに、「明晰判明な観念を何ももたない」という事態が生じていると解されるなら、「何ももたない間のことである」（次注参照）という条件文はトートロジーになる。その読みは先の「しかし三角形に関してもつような認識をわれわれが神に関してもつならば」から［七九］末尾までの論にも合わない。ベサードの解釈は欺く神の想定を誤って重くみることから生れている。

(196) NSには、「注目するとして……見出さないとしたならば」にあたる条件節（indien......）を受けて、「疑いが残る（zo blijft de twijffeling）」という帰結が記されており、ゲープハルトはこのNSのテクストを補っている。しかし、「つまり（hoc est）」に始まるこの条件文は、文意を汲んで「それが可能なのは……間のことである」と訳したnisi quamdiu に導かれる否定の条件節（逐語訳では「……間でなければ」）と竝んで、先立つ「ここから……できないことになる」という主文に応じていると読めるので、ゲープハルトの措置は無用である。

(197)「知られずにいることで（quo ignoto）」。関係代名詞 quo の先行詞はこのあとの「何か」。理由を示す奪格独立句（ablativus absolutus）の用法である。

(198)「それを（quam）」。この関係代名詞の先行詞はOPでは「或る肯定または否定」としか読めないけれども、NSのテクスト「それ［気持］が肯定または否定するであろうものの或る肯定または否定（enige bevesting, of ontkenning van 't geen, 't welk het ［= gemoed］ zou bevestigen, of ontkennen）」では関係代名詞 't welk の先行詞は 't geen（「もの」）である。ミニーニはNSに拠り、negationem（「否定」）と関係代名詞 quam の間に rei（「物の」）を補っている（ここの訳文にあてはめれば「それを」が「その物を」になる）。Cf. MO, p. 1534; MP, p. 141.

(199) NSに拠っている。多くの訳者がこう訳しているが、OPは「知性の認識とその勢いに役立ちうること（quae ad cognitionem intellectus et ejus vires possunt conducere）」となっている。

(200)「共通のと呼ばれる感覚能力（sensus, quem vocant communem）」。［八三］で現れる「感覚（sensatio）」と区別するために「感覚能力」と訳す。共通感覚（sensus communis）はアリストテレスに遡る用語である。複数の感覚器官による複数の感覚を同一の感覚対象にかかわる感覚として捉えさせる（したがってまた同じ感覚主体のものとする）とともに、感覚対象に伴う共通のもの（運動、静止、形、大きさ、数、一なること）を感覚するはたらきを担う。Cf. *De Anima*, III, 1, 425a13-b11.「魂について」中畑正志訳、『アリストテレス全集』第七巻（岩波書店、二〇一四）、一二六―一二九頁参照。また、見ること、聞くことを感覚するという、感覚の感覚としての共通の能力である（「睡眠と覚醒について」第二章、cf. *De Somno et Vigilia*, 2, 455a12-27)。「表象は共通感覚の一変容態である」とも言われる（「記憶と想起について」第一章、cf. *De Memoria et Reminiscentia*, 1, 450a10-11)。デカルトは共通感覚を「想像の力（potentia imaginatrix)」と言い換えている（「第二省察」、AT, VII, 32 *18-19*)。共通感覚に触れている箇所は他に「第六省察」（AT, VII, 86 *19*)、「方法叙説」第五部（AT, VI, 55 *20*)、「屈折光学」第四講（AT, VI, 109 *14*)、「人間論」（AT, XI, 174 *9-10*; 176 *30-31*; 177 *9*)、「人間の体の記述」（AT, XI, 227 *16*)、「知能指導のための規則」第一二規則（AT, X, 414 *27-28*)、メルセンヌ宛書簡一六四一年四月二十一日付（AT, III, 361 *16*-362 *7*)。デカルトは、精神あるいは心がじかに体とはたらきを取り交わす脳の内奥の松果腺に共通感覚が宿ると想定している。

（201）「恋愛譚（fabula amatoria)」はＮＳではtooneelspel van liefde（恋愛劇）となっており、欄外注にComoediaと記されている。ＯＰは先（［八三］）でこの箇所を援用する際には、「いましがた引合いに出した劇（Comoediae）の譬えから明白なように」とComoediaを用い、用語を違えている。ゲープハルトは、スピノザがここではギリシア語起源のComoedıaをラテン語らしい語のFabulaに改めながら、後のほうではそのままに残したと推測している。これに対してミニーニは後のほうのComoediaの使用から、スピノザはComoediaと書き、それをＯＰ編集者が直した可能性を想定している。

（202）ゲープハルト版はＮＳに随ってこの括弧内の挿入を「断片のような（solutis)」の前に移している。「感覚」と結びつけて遣われるのがめずらしいのは、「偶たまの（fortuitus)」ではなく、「断片のような」のほうだけであるというのがその理由である。„Textgestaltung,“ S. 334. これに対してミニーニは、この挿入句を「偶たまの」ではなく「断片のような」だけに関係させる強い根拠は認められないという理由で、ＯＰのテクストを保っている。fortuitusは「ノーヴム・オルガヌム」献辞（123 *20*)、著作配分（140 *26*)、アフォリズム［第一巻］四二（164 *15*）に現れる。

（203）プロイエッティ（Proietti（1991), p. 334）は、「夢」をみる、「迎え入れる（accipere)」、「動揺（motus)」という語が用いられたこの箇所を、ルクレティウス「物の自然の性について（De rerum natura)」第三巻一一二―一一六行に拠ったものと指摘している。

(204)「というのも」からここまでをNSは欠く。代りにNSはこの内容を［八四］末尾に、OPのように「それは、述べたように、行きあたりばったりの何か等々」と省略した形ではなく、置いている。またNSは、この箇所と前の文の「心がはたらきを受ける」とともに「まったく（gantschelijk）」という副詞を加え、「行きあたりばったりの」に並べて「意識されない（onbewust）」という語を加えている。

(205)「対象を表しているそれの結果もろもろ（ipsius effectus objectivi）」。「それの（ipsius）」は「真である観念」を受ける（このあとの「その」も）。「観念のうちで対象を表す有りかた（essentia objectiva）」（注(94)参照）を指しているとみてよい。［三六］の終り、［四一］の用例に特にあてはまる。「観念の結果」という言いかたは、注(92)で触れたショーヴァン「哲学辞典」の ideatum の項で最初に示されている定義に通じ、［三六］－［四二］で述べられた方法とかかわっている。

(206)直訳では「それの対象の形相性という理由（rationem formalitatis ipsius objecti）」。前注のショーヴァンの辞典によると、formalitas は「或るものがそれによって念われる理由〔根拠〕あるいは意義のいっさい」である。例として、「人間」においては自然学上の「動物性（animalitas）」と認識対象を表す様態としての「合理性（rationalitas）」が formalitas であると言われている。この語釈を汲み、「対象の形相性」を「対象をそれとして念わしめる形相」と、意味を補って訳した。formalitas という術語の使用はここと［九一］末尾の二回である。

(207)「区別される」のOPでの直説法 distinguuntur を、フローテン－ラント版は前後に挙げられている誤りの例の中の動詞に合せて接続法 distinguantur に改めた。これに対してレオポルト（p. 67）はこの箇所が前後と並列の文ではなく関係節であるからという理由でOPの直説法をただしいとみなし、ゲープハルトもそれに随っている。ミニーニはフローテン－ラント版に随った校訂を行っている。

(208)同様の考えが「エチカ」第二部命題四〇備考一で語られている（特にその末尾近くを参照）。

(209)注(57)を参照。

(210)NSは改行されていない。「たくさんのことを」からここまでの一文は、NSでは注解の文になっている。アッピューンはNSと同じように本文に付けられた注解と推測している。ミニーニ（MP, p. 141）は、NSを典拠とすることに加えて、注の連続構成および前後の文脈を理由にこの文を注に入れている。

(211)「理由をなす形相（formalitatem)」。注(206)で触れた formalitas の意味にもとづいて訳した。

(212)「公理（axiomatibus)」。OPの axiomatis（誤植かまたは原稿の誤りと判断される）をゲープハルトが axiomatibus（複数形 axiomata の奪格）と校訂。

(213) NSは改行なし。

(214) ミニーニの校訂に随い、OPの intellectionis（「知性のはたらき〔解ること〕の」）を、NSに拠って intellectus（「知性の」）と改めて訳した。NSはOPの intellectio にはここ以外のすべての箇所で verstaning という語を用いているけれども、ここでは verstant（「知性」）と記している。ミニーニ（MP, P. 141）は、imaginatio は「想像力」と「想像のはたらき〔思い描くこと〕」の両義をもちうるのに対して、能力としての「知性（intellectus)」と「知性のはたらき〔解ること〕（intellectio)」の区別は劃然としており、ここでは imaginatio は「想像力」の意味であるから、対応するのは、NSが記すとおり、「知性」でなければならない、とその理由を述べている。

(215)「則に適って（legitime)」をミニーニの校訂に随って補う。OPでは動詞「解る（intelligere)」に副詞の修飾がないのに対し、NSでは相当する動詞 verstaan が wettelijk, of behorelyk（「則に適って、あるいは適切に」）と二つの副詞で修飾されている。ゲープハルト（„Textgestaltung," S. 336）はOPの元の原稿に legitime があったことを推定している。ミニーニはNSの訳者がラテン語の一語を二語のオランダ語を用いて訳す典型例とみなしている。

(216) 円の例はホッブズに現れる。De corpore, I, 1,5および「今日の数学の検討と改善」(*Examinatio et emendatio mathematicae odiernae*) の第二対話。

(217)「理屈上の存在」。entia rationis（単数形は ens rationis）の訳（普通「理性の有」と訳されることが多い）。次に出てくる「物としての存在（entia realia)」（あるいは「実際の存在」、単数形は ens reale、同じく「実在的有」、「事象的有〔存在者〕」などと訳される）と対になる用語で、要するに「物ではないもの」。「デカルトの哲学原理」付録の「形而上学的思索」第一部第一章にある規定では、「解った物をもっと簡単に保ち、説明し、思い描くのに役立つ思いの様態」である。対語の「物としての存在」の reale については注(95)を参照。「自然学上の存在」の原語は entia Physica。幾何学の対象である図形（および数学の対象）が「理屈上の存在」であることとの対比で言われている。補足すると、ens は動詞 esse

（「ある〔有る、在る〕」）から、実際にはないその現在分詞形のように造語された哲学術語である。本書では「存在者」、「存在」のほか、［五五］、［九九］では「有るもの」と訳した。

(218) ［四二］、［九一］、［九九］を参照。

(219) 定義については、「短論文」第一部第七章［九］、［一〇］を参照。

(220) 「実詞（substantiva）」。実詞と形容詞については「短論文」第一部第一章［九］注解および第一部第三章［一］注解を参照。

(221) ［九三］。

(222) 「そして理性はそれを要求するが（et ratio postulat）」（NSに拠り「それを」を補った）。OP、NSともに、直前の「出来うるかぎりすぐに」と並列されている。レオポルト（p. 67）は意味を通すために、「そして理性は要求する」を文全体にかかっている動詞「もとめられる（requiritur）」と並列されるように位置を置き換えるべきことを提案し、キルヒマン、アッピューン、ホァキム（p. 214, n. 3）、カーリーがこれに随っている。

(223) ［四二］と、併せて［九一］、［九五］を参照。

(224) 「確固とした永遠な物の系列（series rerum fixarum et aeternarum）」が何を指すかという問題に関しては研究史上さまざまに異なった解釈が行われている。その詳細には立ち入らないが、ともかく「短論文」と「エチカ」に現れる無限様態とのかかわりが鍵になる。「短論文」第一部第八章、「エチカ」第一部命題二一－二三と命題二八備考、拙訳『スピノザエチカ抄』訳注第一部(10)(12)、および前掲拙著『個と無限』、第一章、三二－三五頁を参照。

(225) 注(47)を参照。

(226) 注(167)を参照。

(227) 「勢いの上に（supra vires）」という言回しが「ノーヴム・オルガヌム」著作配分（144 28）に現れる。

(228) レオポルト（pp. 67-68）は［一〇三］冒頭からここまでを、前に述べられたことを繰り返し説明したもので、元来は著者が欄外に記した注ではなかったかと推測するとともに、次の「ここは、意図したところに還るべく」は本来［一〇二］の「この場所にはふさわしくない」を受けていると考えた。アッピューン、ホァキム（p. 217, n. 3）がこれに賛意を示した。NSがOPと同様の構成になっていることを第一の前提としてゲープハルト（„Textgestaltung," S. 336-337）が

ＯＰのテクストを維持した理由づけに対して、アイゼンバーグは難点を指摘している。

(229) ＮＳは改行なし。

(230) ［六一］を参照。ゲープハルト（„Textgestaltung," S. 337-339）は次注で取り上げる校訂と絡めては［六一］を拠り所に挙げる一方、次々注で問題になる箇所では「記憶に呼び戻されるべき」とされる「さきにわれわれの言ったこと」が［七〇］に含まれる一文、「与えられた真の観念の規準からわれわれはみずからもつもろもろの思いを決しなければならないこと［……］をわれわれは言っておいた」（四三頁四－五行）を指すとみなしている。アイゼンバーグもこれを受け容れている。

(231) 「首尾よく（feliciter）」。ＯＰはfeciliterと誤植になっている。フローテン－ラント版はfaciliter（「容易に」）と訂正したが（ただし校訂の注ではfeliciterと直している）、ゲープハルト版はＮＳの対応箇所のgelukkiglijkを拠り所としてfeliciterと校訂している。念頭に置かれているとみてよい［六一］でも、ここと同じく、feliciterが動詞pergere（「先へ進む」、ここでは「続ける」と訳した）と一緒に用いられている。「いっそう容易に解るいとなみを続ける」とpergereがfaciliusとともに用いられている箇所（［三九］）もあるけれども、ここでは意味の上でも「容易に」よりも「首尾よく」のほうがあてはまる。

(232) この一文は、テクストをめぐって、校定者と訳者によってさまざまに解釈されてきた。ＮＳを参照して読まれるべきというレオポルト（pp. 68-69）の指摘を源とするゲープハルトとミニーニの校訂に随って訳した。ＯＰではNam ex nullo fundamento cogitationes nostrae terminari queuntとなっており、terminariを「限りを設けられる」と訳すと、nulloの意味の取りかたにより、「なぜなら、基がないことにより、われわれがもつ思いは限りを設けられうるようになっているからである」（op1とする）、または「なぜなら、いかなる基からも、われわれがもつ思いは限りを設けられうるようになっていないからである」（op2とする）という訳になる。ＮＳの訳はwant onze denkingen konnen uit geen andere grontvest bepaalt wordenであり、ラテン語術語対照のための欄外注にはbepaaltに対してdeterminariと記されている。これにもとづきゲープハルト版（„Textgestaltung," S. 337-339）は、andere（「別の」）にあたるalioをfundamento（「基」）の前に補い、さらにterminariをdeterminari（「決定される」）に改めた（Nam ex nullo *alio* fundamento cogitationes nostrae *determinari* queunt［イタリックは引用者］）。また補強して意味内容の上でもdeterminariを、［七〇］の用例を拠り所に

（注(230)を参照）、この前で言われているdeducere（「導き出す〔演繹〕」）の意味であると解釈した。別の有力な改変として、op1にもとづきながら、queunt（「うるようになっている」）をnequeunt（「うるようになっていない」）に、つまり「できる」が「できない」になるように否定をもう一つ加える読みかたがある（ゲープハルトもその校定版よりも前に刊行された訳ではそのように訳している）。ここにあてはまるアッピューンはさらにterminariをdeterminariと読んで、「基がなければわれわれの思いは決定されえない」と訳している。ＯＰの通りに訳しているのはエルウィスとシュテルンなど（op1）、ゲープハルト版よりのちの訳者ではバルトゥシャートとルゥセである（ともにop2に近い）。ＯＰの文とＮＳに随う校訂とに二分すると、どちらも意味の上では筋が通り、ＮＳを証拠とすることを傍らに置けば、どちらかに決する決定的な根拠は見出し難い。手懸りとできる要点だけを挙げてみる。（一）否定の意味を含む形容詞nullus（「いかなる……も……ない」）には、op1になるような「……がなければ」（英語のwithout、フランス語のsans、ドイツ語のohneに置き換えられる）という用例もあるけれども（e.g. Caesar, *De bello Gallico*, 2, 11, 1）、この著作中では他にその用例はなく、nullusが動詞の否定を含意する用例ばかりである。したがって、queuntをnequeuntと否定の動詞に変えるのは不要であり、op2に適用すると文意を反対にしてしまう。（二）terminariに換えてdeterminariと改める場合は、determinariはterminariに通じる否定的な「限定」の意味ではなく、原因による「決定」と取るのであれ、演繹の「持続的促進」と取るのであれ、肯定的な内容と受け取らなければならないであろう。（三）「基」と訳したfundamentumも、演繹の基礎となる起点、始まりの意味以外に、terminariを維持する場合には演繹が尽きる底の意味になりうる。これらを踏まえた上で、直接言われているのは演繹の限界のことか（op2）、それとも演繹の促進なのか（ＮＳ）。op1あるいはop2のように演繹の限界づけとかかわらせる読みかたにはすっきりと直截的であるところに惹かれるが、その場合、すぐ前の「このこと（hoc）」は、「或る思い」に関して、二番目の「真である」場合を指し、「なぜなら」という理由づけもそれに関して言われていることになろう。またfundamentumという語は［一〇五］で「われわれがもつもろもろの思いを導く基」という言いかたで二度用いられているから、この文でもそれらと異なる意味で用いられているとは考えにくい（「底」や「終り」の意味は斥けられる）。すべてを考慮すると、ＮＳも踏まえて、ゲープハルトとミニーニによるテクストが穏当という結論に導かれる。ゲープハルト版以前の諸解釈については、ゲープハルトの„Textgestaltung,“ a. a. O. を参照。問題の議論はほかに、アッピューン（pp. 424-426）、アイゼンバーグ（n. 256, pp. 659-661）、ドミンゲス（p. 331）、ルゥセ（pp.

405-406）に詳しい。

(233) NSは改行なし。

(234) NSには「勢い（vires）」にあたる語 krachten がない。

(235)「もっともよく解る（optime intelligere）」。NSではただ「知る（kennen）」となっている。

(236) OPのテクスト（Ideam enim quantitatis, si eam per causam percipit, tum quantitatem determinat）を維持するミニーニの校定に随った。NSは、Want indien 't het denkbeelt van hoegrootheit door d'oorzaak begrijpt, zo bepaalt het het zelfde door de hoegrootheit となっており、ゲープハルトはこれに合せて Ideam enim quantitatis si per causam percipit, tum eam per quantitatem determinat（「じっさい〔知性が〕量の観念を、原因を通して覚知するなら、その場合〔知性〕はその観念を量を通して決定するのであるから」）と改めた。ミニーニ（MP, pp. 141-142）は、（一）観念は他の観念によってのみ決定されうるから、量の観念が量を通して決定されるというのは意味をなさない、（二）問題になっているのは観念の決定ではなく量の決定である、という二つの理由でNSの読みを誤りとみなしている。その解するところでは文意は「知性がある量の観念を、その量の原因である別の量の観念の援けを藉りて覚知するならば、量は必然のこととして決定されている。この観念は別のある観念の援けを藉りて形づくられ、それは無条件にではないから」となる。ゲープハルトの „Textgestaltung," S. 339-340 のほかに、アイゼンバーグ（n. 263, pp. 663-665）、カーリー（p. 43, n. 71）、ドミンゲス（p. 332）、ルゥセ（p. 415）を参照。

(237) OP、NSともに、先立つ部分と同じく「知性」が主語になっているけれども、知性が「思い描く（imaginatur）」というのは疑問を生じさせる。本当は「精神」あるいは「われわれ」等が主語となるべきであろう。カッツの訳だけが主語を「われわれの感覚器官（our senses）」と変えている。

(238) OPの指示箇所（pag. 365. 366 et seqq.）にあたるのは〔二七〕以降である（この注はNSにはない）。「生得の道具（innatum instrumentum）」という言葉は〔三一〕（OP, p. 365）と〔三二〕（p. 366）のほかに〔三九〕（p. 368）でも用いられている。レオポルト（p. 56）はスピノザによる加筆とは主張しがたいと記しているのに対して、ゲープハルト（„Textgestaltung," S. 339）はOP編集者の追加ではなくスピノザ自身による注であるという見かたを一応維持している。参照の指示はOPの頁付で行われているので、OPの編集者が独自に加えた注か、それともスピノザ自身が原稿の頁で指示したものをOP編集者がOPの頁付に改めたか、いずれかである。
(239) 関連する箇所として、「短論文」第二部第二章［四］と「エチカ」第二部公理三を参照。また前掲拙論「内と外へのまなざし─スピノザの哲学への一つの近づき」注(15)、一〇八－一〇九頁参照。
(240) おそらく「仮構による観念」と「偽である観念」を論じた箇所の全体を念頭に置いて言っているのであろうと思われるが、特に［六二］－［七〇］辺りがかかわる。「エチカ」第二部命題三三、命題三五とその備考を参照。
(241) こことこのあとの二つの「これら」(hae と haec、後者は古形、どちらも女性複数主格) は「これらの特性」を受ける。この言いかたについては、「短論文」第二部序言［五］、および「エチカ」第二部定義二（「有りかた［本質］」の定義）、同部命題一〇備考を参照。「共通の何か (aliquid commune)」は知性の自然の性、すなわち定義のことを言っていると推定できる。

「短論文」訳注

（1）「さいわい」と訳したwelstandに関しては諸訳に隔たりが見られる。felicitas（ベーマー）、valetudo（ファン・フローテン）、Glück（シャールシュミット、ゲープハルト、バルトゥシャート）、Glückseligkeit（ジークヴァルト）、santé de l'âme［=valetudo］（アッピューン）、well-being（ウルフ、カーリー）、état bienheureux（プレイアード版）、bene（ミニーニ）、felicidad（ドミンゲス）、bien-être（ガノー）、「幸福」（畠中）。「至福」（Glückseligkeit、état bienheureux）、「幸福」（felicitas、felicidad）とそれ以外とに大別できる。オランダ語に相当するラテン語を記載した十六世紀末のキリアーン語源辞典（*Kiliaans Etymologicum van 1599, opnieuw uitgegeven met een inleiding van dr. F. Claes*, 's-Gravenhage, 1972）では、welstandは二つの見出し語になっていて、一方がdecorum、もう一方はsalusとprosperitasを相当語としている。decorumは礼儀に適うなど、見栄えの整っていることを内容とする。後の二つは、合せれば、健康、健全、幸福な暮し、救い、幸運、繁栄といった内容になるが、「幸福感」とは異なる。「健やかさ（valetudo）」、「心の健やかさ（santé de l'âme）」という訳はここに通じる。ラテン語とオランダ語の二つの「遺稿集」（OPとNS）ではsalusとwelstandが概ね対応しているが、「知性改善論」ではsalusは遣われていない（拙訳『スピノザ　エチカ抄』［以下『エチカ抄』と略］ではsalusを「救い」と訳した）。salusとprosperitasの意味を汎《ひろ》く収めた訳語としては、Glück、well-being、bene、bien-êtreが妥当である。日本語では、為合《しあわ》せ、幸《さち》、福祉（今日流通している用法ではない）、安寧といった語も妥当すると思われるが、「さいわい」を択んだ。この標題のほかにはwelstandは十三回現れ、一箇所（第一部第五章［二］）は「健康」と訳した。

（2）「短論文（Korte Verhandeling）」の形容詞korteについてW・メイヤー（p. 16）は、長さのことを言っているのではなく、「簡潔な（beknopt, contractus）」論じかたという意味であると指摘している。

（3）Bはこの標題ではなく、Zede-Leer（倫理学）となっており、以下の「まえがき」を欠く。

（4）メイヤー（p. 224）はW・ドゥルホフ（Deurhoff、解題参照）の信奉者を指すと推定した。それに対してミニーニ（MB, p. 391）は、本論中で言及される反対者（神学者、説教師、スコラ学者）と想定している。

（5）この「まえがき」を、スピノザの友だったヤリフ・イェルスの手に成ったものとする見かた（ゲープハルト、プレイアード版）が暗黙のうちにも概ね受け容れられているが、ベームはこれに大胆な異説を唱えた（解題参照）。Rudolf Boehm, „«Dieses war die Ethic und zwar Niederländisch, wie sie Spinosa anfangs verfertiget». Spinozas «Korte Verhandeling» – eine Übersetzung aus einem lateinischen Urtext?" *Studia Philosophica Gandensia*, vol. 5, 1967.

（6）この目次には本文と一致していない所がある。（i）第一部第二章に続く二つの会話、第二部序言、第二部の後の〈付録〉がこの目次に載っていない。（ii）第二部標題の相違。（iii）本文の章題とは、内容の異同、冠詞の有無、「ついて（van）」の有無、「など（etc.）」の有無、綴りの異なり、大文字と小文字の違い等がある。なお本文の章題はほとんどの場合本文中ではなく柱見出しであり、その表記にも頁によってばらつきがある。写本Bの写字生モニコフがわずかな頁に加えた柱見出し以外でも、章の数字も含め同じ手によるものか疑問を容れうる場合がある（その一々には触れない）。第一部については、各章の頁が記入されるはずだったことが窺えるが（実際には頁の数字は記入されなかった）、第二部は頁を入れる体裁になっていない。頁の未記入（目次がAの中身として元来含まれていて、何らかの理由で頁の数字が記入されなかったことを窺わせる）と（i）（ii）を合せて考慮すると、いまある写本Aの写字生みずからが作成した目次ではない蓋然性が高い。ミニーニ（MK, p. 395）は、Aとして完成されるよりも前の草稿にもとづいたものではないかと想定している。（iii）の目次と本文の章題の異同については内容上顕著なもの以外は言及を省き、さらに説明を要する相違に関しては本文の該当箇所の注に譲る。

（7）本文の柱見出しは、モニコフにより「神の内在的な業について」と書き加えられている。

（8）本文の標題は「第二部　人間とそれにまつわることについて」。ミニーニは本文のほうの標題を目次の標題よりもあとから、目次中の第一部標題から着想を得てつくられたものと想定している（MB, p. 387; MK, p. 395）。

（9）本文の柱見出しでは初めの二頁がこの標題、次の頁が「の」、「への愛」を抹消して「神について、人間にまつわる」となり、それ以降の頁は「神の人間にまつわる振舞いについて」となっている。

（10）Aの写字生による標題はなく、モニコフが「第一部　神について」と記した紙葉を挿入している。モニコフはその前に二葉を挿み、見開きで右側にスピノザの銅版肖像画（ＯＰの一部の刊本に含まれているのと同じもの）を貼付し、左頁に自作の頌詩を記している。「神とそれにまつわることについて」という標題はゲープハルトが、本文中の第二部標題の体裁と目次中の第一部標題にもとづいて作成したもの。ゲープハルトは原本にあった第一部標題が、続く第一章冒頭部とともに失われたと想定している。次々注を参照。

（11）章題は柱見出し（**図版2**参照）。この章でなされる神の実在証明については、夙《つと》にジークヴァルト、メイヤー、アッピューンが、デカルトによる証明との関聯を重視した。ミニーニの注釈でも詳しく論じられている（MB）。ここではその関聯について個々に対照することはできないので、初めに関係する箇所をまとめて挙げておく。デカルトのテクストでは、「省察」の第三省察と第五省察、第一答辯、第二答辯およびその末尾に付けられた「諸根拠」、「哲学の原理」第一部の第一四項から第二一項。スピノザによる「デカルトの哲学原理」の第一部命題五から命題七、「エチカ」第一部命題一一である。両者による神の実在証明を詳細に比較検証している研究としては、ラシェーズ－レイの書も挙げられる（その第六章）。Pierre Lachiéze-Rey, *Les origines cartésiennes du Dieu de Spinoza*, Paris, 2e édition, 1950.

（12）「最初〔第一〕のことである、一個の神が在るのかということに関して」（Bは「一個の神が在るという、このことに関して」）。このテクストの開始に何らか不完全があるのか否かについて、議論がある。（i）ジークヴァルトは、神の定義抜きに、実在が神の有りかたのうちに存することが前提されているのを奇異なこととした（Christoph Sigwart, *Spinoza's neuentdeckter Tractat von Gott, dem Menschen und dessen Glückseligkeit*, Gotha, 1866, S. 8）。（ii）フロイデンタールは、「第一の」で始まる書き出しをありえないこととみた上で、第二章〔一七〕の「われわれは前にもう、無限で完全な一つの存在者がなければならず〔……〕ことを見出しているから」という言葉が、第一章の「神が在ること」にのみかかわっていると考えた。そして、神のこの規定が元の原稿にあったことは、モニコフの「概略」に述べられたこの章の要約が明かしていると指摘し、いまある冒頭の前に書かれていたはずの記述を推定して提示した（J. Freudenthal, „Spinozastudien, I,“ *Zeitschrift für Philosophie und philosophische Kritik*, Bd. 108, 1896, S. 268-270）。ウルフ（p. 166）は、「第一の」が論題の列挙の先立つことを予想させる唐突さを避けるために、B（モニコフ）が「このこと（dit）」に置き換えたとみている（モニコフが別の著者による「概略」を書き写したのではなく、みずからその作者であるなら、ウルフの推察は、「概略」の作者がAの元の完全稿を所持していたとみるフロイデンタールの想定と両立しない）。アッピューン、ウルフはフロイデンタールに異を唱えていない。（iii）ドゥニン・ボルコフスキは、この書き出しがテクストの脱文によって生じているのではなく、編纂者による排列の混乱に由来すると考え、本来の始まりは第一部第七章［一］の注解に求められると考えた（S. von Dunin Borkowski, „Spinozas Korte Verhandeling van God, de Mensch en deszelfs Welstand,“ in *Chronicon Spinozanum*, Tomus III, Hagae Comitis, 1923, S. 117-120. Aはスピノザが書いたそのままをオランダ語に翻訳したものではなく、スピノザとAの間に編纂者が介在すると想定されている）。（iv）ゲープハルトは「概略」に典拠を認めるフロイデンタール説を批判し（「概略」の該当箇所の注、„Textgestaltung,“ *Spinoza Opera*, Bd. I［以下では *Spinoza Opera*, Bd. Iは省く］, S. 436. ただし、ゲープハルトはその全集に先立つドイツ語訳の訳注ではフロイデンタール説を認めていた）、著述排列にかかわるドゥニン・ボルコフスキ説にも反論した上で、注（10）で触れたように想定している。（v）ミニーニはそれまでの解釈を紹介した上で、Aの書き出しが真正であり、保たれるべきであるという立場を取っている（MB, pp. 394-396）。——内容に関して要となる問題は、神の実在の論証に先立って、神の観念ないし定義が必要とされているかということである。しかし、そこに立ち入って論じることは訳注の範囲を越える。結論だけを示せば、この「短論文」ではあらかじめ神の観念や定義が与えられていてはならないというのが訳者の解釈であり（その観念や定義を前提とみなすことはこの章の思考のいとなみを台無しにする）、それは後の訳注から窺い知れるはずである。詳しくは、拙著『個と無限—スピノザ雑考—』（風行社、二〇〇四）、第六章「真理の道」、一八六‐一九二頁参照。第二部が序言をそなえることは、この部にもそれがあったはずだという根拠にならない（目次に載っていない第二部序言は、目次がつくられた段階での草稿より後に書かれたと推察することが可能だからである）。「エチカ」でも同じく第一部には序言がない。これらはミニーニが指摘していることである。この照応の一方で、「エチカ」では命題の中に神が初めて導かれてその実在が論証されるのは第一部命題一一であり、それに先立つ部分はこの「短論文」では第二章「神は何であるのか」の内容とほぼ共通する。この違いは別に検討を要する問題である。ミニーニは、「最初のことである、一個の神が在るのかということに関して（Belangende dan het eerste: namenlyk, *of'er Een God is?*）」に説明的接続詞 namenlyk（「すなわち」、「ということは」）と of（「かどうか」）が含まれていることに着目して、そこだけで理会できる妥当な表現であり、「最初〔第一〕のこと」は数ではなく、この章で論じられる問題の格別の重要さを意味すると述べている（対比して、同じ Belangende het eerste が説明的接続詞を伴っていない第二部第一章［一］では、het eerste が章の始まりで掲げられた箇条書きの第一点への言及になっている）。以上の考察から、het eersteをその後の「一個の神が在るのかということ」の問題としての位を表したものとみなして、「最初のこと」と訳した。ただし、この章に関する「概略」の記述が、神の観念、定義、実在の証明の順になっていることは、依然説明を要する課題として残る。

(13) Bはここの行にIと番号を振り、〔三〕から始められる）ア・ポステリオリの論証をIIとする区分けを行っている。

(14) Aの通りには、(*a priori* of) van vooren。対語になる「ア・ポステリオリ」が用いられる〔三〕の箇所は*A* (*Posteriori* of) van agteren。van voorenはラテン語術語a prioriをオランダ語で言い換えたもの。同様に、van agterenはa posteriori の訳。これらは文字通りには「前から」と「後ろから」の意味。神の実在のア・プリオリな証明およびア・ポステリオリな証明は、それぞれ「原因から」の論証と「結果から」の論証を表し、前者は、神が実在することの原因である神の有りかたから（あるいは神の真の定義から）の論証、後者はここでは人間がもつ神の観念からの論証を内容とする。両者の対比が明瞭になっている用例としては、「形而上学的思索」第二部第一章の冒頭部（Gi250 *3-6*）と同著作のバリング訳オランダ語版の第二部前置き（Gi249 *21-23*）を参照。

(15)「デカルトの哲学原理」第一部定義九を参照。

(16) A、Bともに「有りかた（wezentheid）」となっているが、「実在（wezentlykheid）」と訂《ただ》される。同様に訂される箇所が〔三〕の注解に一つ、〔八〕の注解に付けられた注に四つ、第二章〔一七〕の二番目の注解に二つ、第二三章にある。

(17)「有ること（het wezen）」（ラテン語ではesse）は次の〔二〕の「有りかた（wezentheid）」（同じくessentia）と同じ意義で遣われているとみなされるが、esseとessentiaの意味の外延は同じというわけではないので、以降両者をこのように訳語で区別する。山と谷の例は、デカルトの第五省察での神の実在証明と共通する。

(18) 写本では、「神の実在は有りかたである（De wezentlykheid Gods is wezentheid）」。この通りに訳している訳者のうち、ジークヴァルトは、元のラテン語がファン・フローテンのラテン語訳Dei existentia est essentiaのようであったと考えると、大前提の主辞が小前提の賓辞になる三段論法の第一格（補足すると、小前提の主辞が結論の主辞になるから、「神」が主辞に入っているほうが適切である）に合せて成った命題であろうと想定し、だが奇異な言回しであることから、「神の有りかたと実在は同一である」といった形がよいと注記した（畠中も「神の存在と本質は同一である」と訳している）。アッピューンは普通ではない言回しが、想定される元のラテン語existentia Dei est essentia（ラテン語は語順が比較的自由であり、「神の（Dei）」という属格が「有りかた（essentia）」に係り、「実在は神の有りかたである」という文ともみなせる）がオランダ語に訳された際の誤りではないかと指摘しながらも、ジークヴァルトが想定したように、著者（スピノザ）が実際に三段論法の形式に合せて書いたという可能性も認めた。「神の」を「有りかた」に懸ける訳者のうちメイヤーは、誤訳（アッピューンと同じ見解）か、「有りかた」の前にあったはずの「それ自身の」を表すラテン語 ipsius が省かれてしまった書き間違い（カーリーはこれに倣って essence の前に his を括弧で補っている）、と考えた。ゲープハルトは後者の、「有りかた」に「神の」を補って懸ける読み方を踏襲しながらAの読みで通るという立場を取った。ミニーニは「短論文」での属格の位置の用例を示して、一用例では解決の基準を満たさないことを認め、訳では「神の」を「有りかた」に懸けている（MB, p. 422）。この訳でも「有りかた」に懸けるほうを採った。

(19) 畠中はここに、Aでは［三］に付せられた注解を移し、続けて［八］への注解とその中にさらに付けられた注もまとめて移している。すなわち、［三］以降のア・ポステリオリの論証の注解を切り離しているが、論証そのものにも順序の入れ替えや一部抹消を行っている。あらかじめ示すと、［四］の後に［六］を移すことによって［五］と［六］の順を逆にし、［七］はすべて省いて、［五］に［八］を続けている。畠中が、［三］の注解の中で行われているのはア・プリオリの論証だからという理由で、その注解をここへ移したのは、ジークヴァルトとアッピューンの先例に倣っているウルフ(p. 168) は訳注の中で位置がここに改められるべきと断っている。ドゥニン・ボルコフスキはメイヤー訳の編集を支持して、［八］への注解を［三］への注解と本来ひと続きであったと想定した（*Der junge De Spinoza*, Münster, 1933^{2}, S. 571）。畠中訳は、メイヤーが［三］からのア・ポステリオリの論証に施した構成の変更とドゥニン・ボルコフスキの想定に倣ったものである。カーリーは、三つの注解をここにまとめるメイヤーの編集を支持している。

(20)「ア・ポステリオリ」については、注(14)を参照。注釈者（ロビンソン、ゲルー、ミニーニ）が漏らす感想にも現れているように、［九］まで続くア・ポステリオリの論証は複雑で、かつ難渋しているように見える。L. Robinson, *Kommentar zu Spinozas Ethik*, Leipzig, 1928, S. 119; M. Gueroult, *Spinoza*, 2 vol., Paris, 1968 et 1974, vol. 1, p. 495; MB, p. 425. その構成の見取図を示しておく。

［三］論証の本体である三段論法（大前提、小前提、結論）。

［四］［三］の大前提を証明するための三段論法（大前提、小前提、結論）。

［五］［四］の大前提を証示するために三つの原理が立てられる。
［六］［四］の大前提を証明するための三段論法（大前提、小前提、結論）。
［七］［六］の大前提の証明（［五］の一、二、三より）。
［八］［六］の小前提の証明。
［九］［三］の小前提の証明。

メイヤーと畠中訳では［四］は［三］を言い換えたものとして扱われているが、そうではない。［三］から［九］までは重層構造をなしているので、順序の入れ替えや省略は許されない。

(21)「形として（formelyk）」。ラテン語では formaliter（従来「形相的に」と訳されてきた）。観念のうちに「対象というありかたで（voorwerpelyk）」（ラテン語は objective）在ることに対して、観念とは別にそのものとして在る有りかたを指す。観念の内と外が対比されていることになる。次の［四］および「知性改善論」の訳注(94)を参照。

(22) この論証は形式論理学でいう構成式（肯定式）であり、その成否は大前提の仮言命題の前件、つまり小前提を肯定できるかどうかにかかっている。この小前提の内容は［九］で証明される。それに対して、［四］から［八］までの長い論証は［三］の大前提の条件（前件）と帰結の繋がりを証すことに費されている。すなわち、人間の虚構に依らない観念があり、観念によって外に在る何かを捉えられること、言い換えれば、観念内容に対応する、つまり観念が対象というありかたでもつすべてを含む物が、観念の外に形として在るということを証し立てるのに費されている。

(23) この注解の位置については注(19)を参照。写本の紙葉（**図版2**参照）の端が傷んでいるため、注には少なからず判読困難な箇所があるが、従来の校定版に随う。

(24) 注(16)を参照。

(25)「存在［者］（wezen）」は、「有ること」と訳した［一］注解の用例（注(17)参照）とは意味を異にする。ラテン語の ens（「知性改善論」訳註(217)参照）にあたる。次の「有（Zyn）」はラテン語では Esse（名詞）。提示されている証明は、［一］でのア・プリオリの論証と大前提が共通であるのに対して、小前提は無限の属性をもつという神の定義に拠っている。これはおそらく［三］の大前提の「形として」という言葉から起っていると思われる。注(21)参照。「「形として」ということからア・プリオリに論証するならば」という論旨である。したがって、ア・ポステリオリの論証の一部をきっかけとして繋がったア・プリオリの論証とみることができよう。この二つの論証のかかわりと近接している問題は、アンセルムス「プロスロギオン」第二章、第三章のうちに窺える。またデカルト「省察」の第五省察における神の実在の論証を参照。

（26）受動の助動詞 word をミニーニが補っている。

（27）原語の vals は、論旨を考慮すれば、「誤っている」よりもこう訳されるのが適切である。「観念について肯定されるけれどもものそのものについてはそうではない」ということを、証明批判の論拠とするのが「見当ちがい」であり、それは裏を返せば神の観念にもとづくア・ポステリオリの証明の誤解でもある。

（28）「観念はこの存在者に属する属性を質料として成っているわけではないので（want de Idea en bestaat *niet materialiter* van de eigenschap die tot dit wezen behoort）」。*niet materialiter* の読み方についてはミニーニを参照（MB, pp. 448-450）。ここから「ものについて肯定されることにもかかわらないからである」までのテクストは当初から不備を疑われてきたため、さまざまな修正案や意見が提起されている。個々の中身は省いて、掲げる（訳者では特にアッピューンとウルフ）。Ed. Böhmer, „Spinozana, II," *Zeitschrift für Philosophie und philosophische Kritik*, Bd. 42, 1863, S. 77-78; Freudenthal, a. a. O. S. 251; L. Robinson, „Untersuchungen über Spinozas Metaphysik," *Archiv für Philosophie. I. Abteilung: Archiv für Geschichte der Philosophie*, Neue Folge, Bd. 19, 1906, S. 299-300; Dunin Borkowski, *Der junge de Spinoza*, S. 575-576. メイヤーは「ここでその存在者に認められている有という属性は観念には属しない質料的な（stoffelijk）何かであるから」と原文を離れて訳しており、畠中はこれに倣っている（ただし「質料的な」に代えて「具体的な」とする）。この注解後半について、呼応するテクストとして「知性改善論」の［三三］、［三四］を参照。

（29）ゲープハルトはフロイデンタールの修正案に随って、ここに「観念について（van de Idea）」という語句を補っているが（„Textgestaltung," S. 443-444）、テクストの読みのためにこの補足は要しないと考える。

（30）「見当ちがいである」ことの理由説明ではなく、「観念について肯定されるけれどもものそのものについてはそうではない」ということの説明になっている。

（31）「こういう具合に」からこの末尾までを、メイヤー（p. 228）とアッピューン（p. 395）は、先行部分の不備に起因した、写字生による付け足しの説明とみなしている。

（32）大前提の仮言命題は、神の観念が在るという条件から、その観念の原因が形として在るという帰結を導く推理である。ミニーニによるとこの［四］は、第二部第一五章以降に現れる認識の受動性の説の最初の拠り所をなす（MB, p. 426, n. 123）。「対象というありかたで（voorwerpelyk）」については、注(21)および「知性改善論」の訳注(94)を参照。

（33）フロイデンタールは、スピノザ自身が「かかりあるいは開始（beginnen of aanvangen）」とは述べていないという推測から、二つの動詞のどちらかを削除すべきだとみなした（a. a. O. S. 277）。これに対してミニーニは、同じ意味内容を一つはありきたりの語、もう一つは改まった語という二つでもって表すのは当時のオランダ語の常套の用法だったことを指摘している（MB, p. 428）。

（34）Aのhen（人称代名詞三人称複数目的格）を、Bによりhet（中性三人称単数主格）と改める。「知性」を指す。

（35）モニコフによるAへの加筆およびBにより、Aの「有限（eyndelyk）」を「無限（oneyndelyk）」に改める。

（36）「これは……ほかならない」の原文は、**zynde niet anders als dat die dingen formelyk zyn, en hem nader als andere, welkers voorwerpelyke wezentheid in syn verstand is.** ミニーニは、関係代名詞所有格welkersの先行詞を直前の「別のもの（andere）」と受け取っているようにみえるアッピューン、ジークヴァルト、プレイアード版ほかの訳を、スピノザがまさに否定しようとした観念の原因の見かたに通じるとして批判し（MB, p. 430）、その訳では関係代名詞welkersに導かれた節を「物［ども］（dingen）」の直後へ移す訳しかたをしている（同様の訳はメイヤー、ウルフ、バルトゥシャート）。ただ、原文の語順に副って訳されていても、関係代名詞の前のコンマが保たれている場合、「物」と「別のもの」のどちらを先行詞と解しているのか必ずしも判然としない（ミニーニが誤りとみなしているジークヴァルトの訳では指示形容詞との結びつきから先行詞は「物」になっているとみるのが妥当である）。さらに、ミニーニと同様の訳を採る場合（ミニーニ自身の解釈と意図とは反対に）、「それを対象として表す有りかた」すなわち観念が知性の中に在る物（それはまた観念の外に形としても在る）とそれ以外の、観念が知性の中にない物、つまりまったく知られていない（形として在るとも言えない）ものとが対比されているのかという問題が起ってくる。ミニーニの訳からは「より近くに」ということで「知られている物」と「知られていない物」が対照されているように見えると指摘するドミンゲス（p. 218）の注もこの点にかかわっていよう。

（37）「卓越して（uytstekentlyk）」（ラテン語の術語はeminenter）は「形として（formelyk）」（同じくformaliter）と対比

して遺われる。観念が表している対象という有りかたがそなえるのと同じだけの物としての性質の度合（realitas）、言い換えれば完全さをそなえて観念の外にそのものとして在る有りかたが「形として」である。これに対して、物としての性質と完全さの度合が観念の対象として表されているよりも優っている場合に「卓越して」と言われる。「物の性格をそなえた」の原語は wezentlyker（「知性改善論」訳註(95)参照）。デカルトは、観念が、対象というありかたで表している物としての性質の度合よりも少なくとも同じだけの度合（「形として」もしくは「卓越して」）をそなえた原因によってもたらされているはずだという推論から、神の実在の第一の証明を導いた。ウルフ（p. 171）は、eminenter と formaliter のスコラ哲学由来の意義およびデカルトの用例を踏まえて、この箇所を「不適切かつ不精確（irrelevant and iaccurate）」とみなし、読み手による評言の可能性を推測している。一方で文意を、「神の観念は、神が形としてもつのと同じだけの完全さを、それが表す対象という有りかたで含んでいる。ゆえにその原因は形としてあることができるだけで、卓越してではありえない。何ものも（神自身でさえ）、神の観念が対象というありかたで表しているよりも、形として完全ではないからである」と汲んでいる（p. 171）。「もしいま人間が神の観念をもつならば」からここまでの一文について、諸家の解釈は定まっていない。大別すると、「卓越して」を神に懸けるクーノ・フィッシャー（Kuno Fischer, *Spinozas Leben, Werke und Lehre*, Heidelberg, 1946^{6}, S. 225）の読みかたに反対したフロイデンタール（a. a. O. S. 274-275）は、後半の但書きを仮定文の前半と関係づけ、人間による神の観念の持ちかたについて「卓越して」を否定していると解釈した。アッピューン、プレイアード版がこれに倣っている。アッピューンの訳は「だが〔人間がこの観念をもつのは〕卓越してではない（mais que ce n'est pas éminemment [que l'homme a cette idée]）」。ゲープハルトは「それの上に」の「それ（hem＝かれ）」を「神」ではなく「神の観念」と解するために、訳者が元のラテン語の綴りを見誤った可能性を想定して、hem（「かれ」）を die（「それ」）と改めた（„Textgestaltung," S. 447）。畠中はこれを踏襲している。

(38) この注解は本文の〔八〕冒頭箇所に付せられた二つのアステリスクに対応して、写本Aの二頁左側の余白に、〔三〕への注解末尾の下から書き始められているが、注解冒頭のアステリスク（一つ）とさらに小さな字で書かれていることで、〔三〕への注とは区別がはっきりしている。畠中（二二四頁）はこれを〔三〕への注の直後に移した理由を、「この註は稿本では前註のすぐ後に続けて書かれてあり、」「前註の継続と見られ」と記した。注(19)参照。

(39)「それ」は「観念」を受けるとみる。多くの訳者がそう訳しているのに対して、一部の訳者は「観念対象」（ジークヴァルト、ウルフ）、「（それ〔観念〕と一致している）もの」（メイヤー）、「それの対象」（カーリー）、「物」（畠中）としている。

（40）「この観念」を「神の観念」とみて、「神の」を補っている訳者たちがいる（ジークヴァルト、メイヤー、アッピューン、ウルフ、プレイアード版、畠中）。ミニーニはこれを批判し、この注冒頭の「この観念」と重なることも踏まえて、仮構がなされるにしてもその原《もと》にある、もの自身からわれわれにやって来た観念のことと解している。

（41）〔八〕への注解の中の「他の観念」（注解の七行目）に付せられたアステリスクに対応する、注解の中の注である。元の注解よりもさらに小さな字で書かれ、写本Aの二頁右の余白から始まり、三頁余白の上部、左、右と続き、前の二頁に戻って上部の余白で終っている。

（42）注（16）を参照。

（43）注（16）を参照。

（44）「それを離れれば無しかない（en is zonder de zelve Niet）」。切り詰められた文であるため、読みかたが分れている。「考えられない」という意味の語を補って読む訳者がいる。メイヤーは括弧内に「考えられない」という語を補って「有ることは実在なしには考えられない」という意味に取っている。アッピューンは原文を逐語訳し、注釈で「何も考えられない」という意味を加えている。畠中訳はアッピューンの注と同様である。後の二者は「それなしには」の「それ（de zelve）」を「三番目の観念」とみなしていると思われる。ゲープハルトは「有りかたは実在を伴わずにはない」と解している（„Textgestaltung," S. 446）。プレイアード版とカーリーはこれに随う。ミニーニ（MB, p. 437）はこの文の主語を「三番目の観念」と考え、de zelve を有りかた竝びに実在とみている（ドミンゲスとガノーも同様）。

（45）注（16）を参照。

（46）注（16）を参照。

（47）「それでよしとした場合」は原語の dat を、意味を補って訳した（dat は「ということ」という接続詞ではなく、「そのこと」という意味の指示代名詞に取った）。フローテン＝ラント版はこの dat を wel verre dat（「もちろん……ということでは全然ない」）と解するように注している（アッピューン、プレイアード版が随う）。dat 以下を「まるで……であるかのように」という意味に取っているのは、メイヤー、ゲープハルト（以下ではその校定による全集版と区別するために

「ゲープハルト訳」と表す）、畠中、バルトゥシャート、ガノーである。

（48）写本ではこの一文は括弧に入っている。括弧を取ったフローテン－ラント版とそれに随ったミニーニに拠る。

（49）Aには否定のnietがないけれども、モニコフがBで訂しているのに随い、補う。

（50）「短論文」が発見されてまもない時期にトレンデレンブルクは、注の性格を検討した中で、この注解を後からかあるいは別の者が訂正した補注とみなした。A. Trendelenburg, „Über die aufgefundenen Ergänzungen zu Spinoza's Werken und deren Ertrag für Spinoza's Leben und Lehre," in id., *Historische Beiträge zur Philosophie*, 3. Band, Berlin, 1867, S. 306-307. ゲープハルト（„Textgestaltung," S. 448）はトレンデレンブルクの意見を引き、関聯する第三章［一］の注解（本書一一一頁）との対比で、後者のほうがよいという理由から、この注解を編纂者の操作とみなし、テクストでは括弧に入れている。「知性改善論」の［九七］で扱われている「創造されていない物の定義」の三番目の項を参照。

（51）メイヤーはこの注解を写字生による説明とみなしている。ゲープハルトもこの注解が本文で言われていることに何も付け足していないという理由で、スピノザのものではないとみなし、前の注解と同様に括弧に入れている。写本Aではこの注解の末尾の下に、第二章［二］の注解の途中の「二、制限された実体がありえないことは……無から以外のどこからであろうか」（本書八九－九〇頁）が続けて書かれている。Bは箇条書きの「二」を「それから」に改めて、この部分も［九］のこの注解に繰り入れており、ウルフの訳はそれを再現している。

（52）ミニーニの校訂に随い、否定のnietを補って読む。「というのも」から始まる文はテクストの不備と絡んで解釈があげつらわれてきた。ジークヴァルト、アッピューン、ウルフは「このように」が（写本Aによる指示の対応では無理があるものの）ア・ポステリオリの論証を指すと読んでいる。それに対して、メイヤー（pp. 25; 228-229）、ドゥニン・ボルコフスキ（„Spinozas Korte Verhandeling," S. 129）、ゲープハルト（„Textgestaltung," S. 447-448）は、「ただ外の諸原因によってできるだけだからである」までの文を、ア・プリオリの論証に関する一つの見解として提起されうる異議を述べたもので、次の「だが」からの文をスピノザによる対論と解した。それにもとづいてゲープハルトは異議とみなした文頭の「というのも（Want）」を反意接続詞の「しかし（Maar）」に変更した（プレイアード版もこの読みに随っている）。ミニーニはこのように想定された異議がかえってスピノザの方からの答とされるものを証し立てる役をしか果していないことを指摘し、前の［九］にもあったような（注（49）参照）否定の脱落とみなして補うことで、文意が通ると解した。ミニーニは、ここと同じことが述べられている第七章［一二］を拠り所にしている。カーリーはミニーニがア・ポステリオリの論証を外の原因による証明と解していることに異を唱え、ゲープハルトらの解釈を支持している。ドミンゲスとバルトゥシャートはミニーニに随っている。カーリーの指摘は傾聴されてよいが、「ア・プリオリに証明されない物が外の原因によって証示されなければならない」ことと、神の実在のア・ポステリオリの論証が結果すなわち観念からの証明であることはじつは両立している（cf. Domínguez, p. 218. 第二部第一六章［三］も参照）。第一部第七章［一二］の記述を認めるかぎり、ミニーニの議論は説得力をそなえると思われる（MB, pp. 450-453）。

(53)「自身を（hem zelve）」。Aのhen（三人称複数目的格）はBに拠りhem（三人称単数目的格）に訂される。

(54)「神学大全」第一部第二問題第一項および第二項、「対異教徒大全」第一巻第一一章、「真理論」第一〇問題第一二項。他にスアレスの次の箇所も参照。Suarez, *Disputationes metaphysicae*, XXIX, s. III.

(55) 章題は本文中に書かれている。

(56) この注解はAで次のようになっている。（i）冒頭から「変えなければならなかったことになるであろうから」（本書八九頁一二行）までが四頁上部の余白に、（ii）「別のものによっても」（八九頁一二行）から「第二の場合は善さに反する」（八九頁一五行）までが四頁右側の余白に、（iii）「二、制限された実体が在りえない」（八九頁一五行）から「無から以外のどこからであろうか」（九〇頁三行）までが、四頁左側余白に書かれた第一章［九］の二番目の注解のすぐ下に続けて、（iv）「それゆえ、無制限である以外の実体はない」（九〇頁三行）から「それゆえ、ある実体は」（九〇頁一二行）までが四頁右側余白の（ii）に続けて、（v）「別の実体を」（九〇頁一一行）から末尾までは五頁上部余白に、書かれている。排列の順は、フローテン－ラント版、ゲープハルト、ミニーニに随った。ただし、後述のように、（ii）は（i）の語への脚注と考えた。（iii）だけは第一章［九］の二番目の注解に続けて書かれていることから、Bはその通りに第一章［九］の二番目の注解の一部とし、この第二章［二］の注解には入れていない。シャールシュミット、ジークヴァルトはそれに随っている。ミニーニは、（iii）を筆写し忘れた写字生が、空いている余白は頁左側の下半分にしかないので、そこに書いたのではないかと推測している（MB, p. 471, n. 52）。（i）の下線を引かれた「別のもの（een ander）」（八九頁一〇行）には♯（二重の×）印が付され、同じ印が（ii）冒頭の「別のものによって」に付せられている。そこからシャールシュミットは（ii）、（iv）、（v）をまとめて、（i）の「別のもの」への注、すなわち注解の中の注とした。ジークヴァルトは（ⅰ）、（ⅱ）、（ⅳ）、（ⅴ）が聯関した論証としてまとまりをなしているという見解からシャールシュミットの扱いを批判し、他の校定者、訳者もこの印を無視してきた。訳者はこの二つの印を保つことにした。だが、シャールシュミットのように末尾の（ⅴ）までを注解の注とするのではなく、（ⅱ）のみを（ⅰ）の「ある別のもの」への注と考える。そうすると、頁上部の（ⅰ）の注解の印から、そこに一番近い右下に注解の注として書かれた（ⅱ）があり、左側に（ⅲ）、右側に移って（ⅳ）、（下部は［一］の注で塞がっているので）次の五頁上部に（ⅴ）が書かれている並びかたは不自然ではないと言えよう。これに対して、「制限された実体はそれ自身を制限しなければならなかったか、それとも別のものがそれを制限しなければならなかったか、のどちらかである」という二者択一のうち、後者の否定だけを注の注とするのは論証の形を損うという主張もなされうる。だが、二つのうち重要なのは前者の否定、つまり自己限定がありえないということであり、後者はじつは神の属性であることが否定される（第七章を参照）全能と善とを論拠として否定されていることも、こちらを注解の注におさめるのが不当とされない理由になろう。なお、畠中訳はこの注解を［一二］の後に置いて、その内容を［二］の四つの命題と対応させているが、これは四命題が［一一］までの本文とこの注とによって併せて論証されているという考えから再構成して訳したメイヤーに随ったものと思われる。

(57)「無制限だったのだから（onbepaald geweest zynde）」。動詞 zyn（「である」、いまの綴りでは zijn）の現在分詞 zynde と過去分詞 geweest による完了形の分詞構文。Aでは geweest の筆跡が鮮明ではない。ゲープハルトは写字生により抹消されたとみなしてテクストからこの語を削除し、単純形の分詞構文（「無制限なのだから」の意）に改めた。geweest を保持しているB、フローテン－ラント版、ミニーニに随って訳した。ミニーニは筆の状態による不鮮明と推測している。

(58)「神」に係る関係代名詞節である「あらゆる善で満ちている」は、Aでは「まったき充実である」と書かれた「まったき（alle）」と「充実（volheid）」の間に「善（goeten〔複数形〕）」が挿入の形で書き加えられている。それにより volheid ではなく goeten を修飾する alle を、ミニーニに随い、属格の aller に改めて読んだ。

(59) ゲープハルトはBに随い、Aの niet（本来は「ない」の意味）を niets（「何も……ない」）に改めたが、Aではこの意味で niet と書かれていることはめずらしくない。

(60)「こう」と訳した dat（指示代名詞中性単数、ここでは「以下のことを」の意）をメイヤーは dan（仮定を表す副文に呼応して、主文の始まりで「その場合」、「それなら」の意味で用いられる）と読み替えており、そのほうが自然な文になる。

（61）メイヤーは「属性」を「実体」に替え、アッピューン、プレイアード版、畠中がそれに随っているが、［七］の後半から続く論の中で、この変更はむしろ誤りである。

（62）「二つ目の［生み出された］ほう（deze tweede）」をカーリーが「これら二つ（these two）」（原因と結果の両者を指す）と訳しているのは誤りである。

（63）この短い言いかたについてウルフソンは、神の意志による創造というマイモニデスの説に対するクレスカスの論駁（Hasdai Crescas, *Or Adonai*（「主の光」）, III, i, 4）が反映されているとみている。Harry Austryn Wolfson, *The Philosophy of Spinoza*, Cambridge, Mass., 1934, Rep. 1983, Two Volumes in One, Vol. I, p. 132.

（64）「そのうえ、そうすると無限に多くの実体が在るよりむしろないことになるだろう。それは不条理なことである（En dat meer is, zo doende, zouden 'er oneyndelyke zelfstandigheeden meer niet zyn, als er zyn: het welke ongereymt is）」。この文をフロイデンタール（a. a. O. S. 275）は、読み手によって書き加えられたものとみなし（アッピューン、ウルフが随う）、以来その意味があげつらわれてきた。諸家の見解の紹介は省いて、誤解を除くために三点を述べる。一、この文は四つの証明根拠を提示した上での付け足しではなく、四番目の証明根拠の説明である。二、この文の比較は、証明されるべき論題の、形として自然の中に在ることと神の知性の中に在ることとの対比には直接触れていない。三、「より多く」を表す比較級 meer は「諸実体（zelfstandigheeden）」ではなく、「在らぬ（niet zyn）」に係っている（ドミンゲス、p. 219, n. 32）。したがって対立させられているのは「在る（zyn）」と「ない（niet zyn）」であって、実在している実体と実在していない実体の数の割合を問題にしているのではない。すなわち、いまはない実体が生み出されることにより生じうるとすると、無限にあるはずの実体、言い換えれば属性が、在るのではなくむしろないことになろう、というのがその意であると解される。

（65）フロイデンタール（a. a. O. S. 277-278）は、ここまでの前提からはまだこの結論を導けず、それは［一七］を俟って正当になるので、［一二］は［一七］の後に移されるべきであると提起した。ロビンソン（„Untersuchungen über Spinozas Metaphysik,“ S. 329）はこの主張が支持されないことを指摘し、ドゥニン・ボルコフスキ（a. a. O. S. 130）も前の議論全体の帰結として［一二］の結論があることを擁護した。ゲープハルトとミニーニもAを維持している。

(66) アウェナリウスはこの［一三］から［一六］までの論を、後からテクストに付け足された注記のようなものとみなし、それが叙述の流れを礙《さまた》げているのに対し、その後の［一七］は［一二］に密接すると述べた。Richard Avenarius, *Ueber die beiden ersten Phasen des Spinozischen Pantheismus und das Verhältniss der zweiten zur dritten Phase*, Leipzig, 1868, S. 31-32. ジークヴァルトとアッピューンがこの見解に賛成した。反対したのはメイヤー（pp. 230-231）、ウルフ（pp. 176-177）、ドゥニン・ボルコフスキ（a. a. O. S. 130）、ゲープハルト（„Textgestaltung,“ S. 451-452）である。ミニーニは［一三］から［一六］について、この部分が［一二］を［一七］にじかに繋ぐ論の筋を断つことになっているという見かたとは一線を劃しつつ、別の折に追加されたものという推測を示している（MB, p. 482）。『エチカ』第一部命題一七系二備考を参照。

(67)「いまだかつて創造できていない（nog nooyt......zoude hebben konnen scheppen）」。条件法過去をつくる助動詞 zoude は、Aでは複数の主語に対応する zouden になっているが、フローテン‐ラント版以降の校訂により単数の「神」に対応する zoude と訂される。

(68) Bは「あるいは」で結ばれた二つの疑問を一つにまとめ、Aの注解を省いてその内容をそこに取り込んで「かれらは神の全知から自身このように推理してはいけないだろうか」という文にしている。フロイデンタール（a. a. O. S. 277）は前のほうの「かれら自身こう論じはしないだろうか」を不正確な訳が後のほうと重複する形で遺されたとみなした。ミニーニ（MB, p. 482）は、前者が事実を、後者が論理上の必然を主張しているので――ウルフ（p. 177）は「言葉の上だけの包含的選言」と言う――ともに保たれるべきであるという解釈を示し、二つを合せようとしている注解は後の修正でありうると示唆している。

(69) ゲープハルト版はこの注解をスピノザによるものではないとみて、括弧に入れている。

(70) フロイデンタール（a. a. O. S. 272）は、続く二つの命題の二番目に含まれる「それが在ることを始めるのは不可能である」が再出する第二部序言［二］（第二〇章［三］注解の第三項にも現れる）での「この本の初めのほうであらかじめもう示した」という言に触れ、そういう箇所がないと指摘した。ウルフ（p. 178）も該当するテクストが失われた可能性に触れている。それに対してドゥニン・ボルコフスキ（a. a. O. S. 116）は第二章［二］注解末尾の「なければ、生じうる可能性がないからである」がそこにあたるとし（七行前にここの一番目の命題「ある実体は別の実体を生み出せず」に相当する文があることにも注意を促す）、注解が本文の完成後に加えられたということは証明できないと断っている。ゲープハルト（„Textgestaltung," S. 452）は（ドゥニン・ボルコフスキの挙げた箇所を取り違えているけれども、いずれであれ）注解が本文の後から加えられたものであるという立場からそれに不同意を示し、この章の［一〇］をそこに見立てた。しかし説得力をもつとは思われない。ミニーニ（MB, p. 487）は一番目の命題が［二］の第三項を指し、二番目の命題はその論理的帰結であるから、問題は解消すると注している。

(71)「始める（beginnen）」の前に置かれている条件法の助動詞がAではzoudenになっているが、Bにより単数の主語に対応するzoudeと訂される。注(67)参照。

(72) Aは「ばらばらに分けて捉えられると」までを括弧におさめているが、Bにより括弧の終りはこの位置に改められる。

(73) この注解は写本の頁下部余白から始められ、右側余白に続けられている。下部のほう（六行目の「別の何かへ属していなければならない」まで）はすべて斜字体で書かれているのに対して、残りの右側のほうは立体になっている。前半がすべて斜字体で書かれていることに意味は見出しがたいので、斜字体を無視した。

(74) この「属性（eigenshap）」は「属性の様態」という意味になっている。ここを別にすれば、eigenshapは二通りの意味で用いられている。(i)「エチカ」の「属性（attributum）」と同じく、実体の有りかたをつくり成すものとして。この意味では本章［一二］の初めにあるように「実体、言い換えれば［諸］属性（selfstandigheid of eygeschappen）」とも言われる。〈付録〉一の命題三も参照。「エチカ」にある言いかたでは「神、言い換えれば神のすべての属性」（第一部命題一九、命題二〇系二）。(ii) 用例の数は少ないが（第一部第一章［八］注解、本章［二七］、［三〇］、本章のあとの第一の会話［三］など）、「特性」の意味で遣われてもいる。その場合は「特性」と訳した。

(75)「［われわれは］これらをほかでもないそれらの有ることにおいて解るのであり、それらの実在において解るのではない（zoo verstaan wy die niet als in haar wezen, en niet in haar wezent⟨lyk⟩heid）」。肯定と否定が対になっている文であり、ゲープハルトは前のほうの否定辞nietを不要とみなして省いた。しかし、ミニーニ（MB, p. 487）が指摘するように、この前のniet alsはラテン語のnon nisi（英語ならばno other thanやonly）にあたる「ほかならぬ」の意味であるから、このnietを省くのは（nisiやthanに相当する）alsの意味を失わせることになり、誤りである。

(76) この「実在」と次の「実在すること」はともに写本ではwezentheid（有りかた）となっているが、wezentlykheid（実在）と訂される。注(16)参照。

(77) フロイデンタール（a. a. O. S. 255）は、「神は何であるのか」を論究してきた〔二〕－〔一七〕には〔二八〕冒頭の「これまで神が何であるのかを語ったので、その属性について、いわばひと言にすぎないが述べると、われわれに知られているそれは二つしかない。すなわち思いと広がりである」が続くと言う。そうすると、ここまで二つの属性について語られていないはずであるから、広がりを属性とすることへの異論に論駁しようとする〔一八〕－〔二七〕は原のテクストにはなかった追加である可能性を指摘している。

(78) 関係代名詞 de welke を多くの訳者は前文を受ける「そのこと」（つまり広がりを神の属性と想定すること）と受け取っているけれども、ジークヴァルト、ミニーニ、ドミンゲスと同じく、「広がり」を先行詞としていると読む。

(79)「本当の、言い換えれば物としての存在（waare of daadelyke wezens）」、「理屈上の存在（wezens van reeden）」。前者は dadelyk の語義からは「実際の存在〔者〕」、「事実上の存在〔者〕」の意味になり、それで間違っていないが、ラテン語術語 entia realia（単数形 ens reale）の訳語であるので、「知性改善論」での訳語に合せて「物としての存在」とする。後者の wezens van reden はラテン語 entia rationis（単数形 ens rationis）に対応する。Aではオランダ語とラテン語の両方が用いられているが、Bではもっぱらオランダ語のみになっている。これらの意味については「知性改善論」訳注(217)ほか(95)参照。「理屈上の存在」については第一部第一〇章〔一〕を参照。

(80) この注解は写本Aの一三頁右側余白の一番上から書き始められて「それでもなお「在る」と言うなら」（九九頁二行目）までその余白を使ったあと、「わたしに言ってほしい」から終りに近い「第二でもない（Niet het tweede）」（同七行目）までがその頁の下部余白に書かれている。それに対して、この「第二」から末尾まではその上の本文が書かれた枠内の下部に書かれている。この結びは重複して次の一四頁右側余白にも書かれているのが線で消され、その頁の下部余白に写本Bの写字生モニコフの筆跡であらためて書かれている。モニコフが書き加えた文言は前頁の該当部分と字句がまったく同じではない。またBの該当箇所とも違いがある。ゲープハルトは、Aの写字生がいったん次の頁の余白に書いた末尾部分を消して、見やすいように前頁の本文下に書き直したのを、モニコフは見落としてみずから書き加えたのではないかと推測しているけれども、これは推測を越えない。

(81) おおかたの訳者が wezentheid（「有りかた〔本質〕」essentia）の相当語で訳している中、ウルフとカーリーは「有ること（being）」と訳している。

（82）「物質全体（die）」。指示代名詞 die は意味内容としては直前の「全体（'t geheel）」を指しているとみてよい。die は単数形では通性名詞を指すが、「全体」は中性名詞である。そこで通性名詞である「物質（de stof）」を補って「物質全体」とした。Bが指示代名詞 die を用いずに「全体（het geheel）」と書いているのは文法上の性の不一致を避けたためとみられる。メイヤー、ゲープハルト、畠中はただ（文法上 die が指しうる）「物質」としているが、意味は通らない。

（83）「この一緒になったもの（deze）」。アッピューン、プレイアード版はこの指示代名詞 deze（「これ」）を「運動」と受け取っているが、適切ではない。

（84）「自分の知力でもって（met u verstand）」。［一七］の二つ目の注解の met ons verstand（訳文では「われわれがその知性で」）とは行うことの向きが違うので、こう訳した。

（85）「空虚（ydel）」については「エチカ」第一部命題一五備考（『エチカ抄』三〇頁）を参照。

（86）Aは「様態（wysen）」（複数形）となっているが、Bでは「実体」と書き換えられている。文脈の意味から、ジークヴァルト、アッピューン、ミニーニ、カーリー、ドミンゲス、バルトゥシャート、ガノーと同じく、Bに随う。ミニーニ（MB, p. 492）の注釈を参照。フローテン－ラント版は動詞 is に合せて「様態」を単数形に改めてAを維持した。ウルフ、ゲープハルト版、プレイアード版はこれに随う。メイヤーは「この同じことがほかのあらゆる様態に、水にも他のあらゆる物にも、あてはまり、それはつねに同じことである」と、普遍妥当を述べる文に変えている。ドゥニン・ボルコフスキ（a. a. O. S. 131）とゲープハルト版（„Textgestaltung,“ S. 454）はこの文意に賛同している。畠中もこれらに副っている。

（87）「詳しく述べた（hebben......gesteld）」これに対してフロイデンタール（a. a. O. S. 271）は、前には述べられておらず、この章の後に置かれた「会話」と第三章にもとづけられると指摘した。ドゥニン・ボルコフスキ（a. a. O. S. 115-116）は、第一の「会話」がここよりも前に置かれていたとする場合にのみ、「神が内在原因であることをわれわれはすでに詳しく述べた」ことになるとみなし、「会話」が原は［一八］の前に挿まれていたはずだという仮説を立てた。注(77)を参照。

（88）Aは形容詞の onvolmaakt になっているが、Bに拠り名詞の onvolmaaktheid に訂すフローテン－ラント版以降の校訂に随う。

（89）Aは dewyl zy en het beginsel is van alle haare wysen（それ〔実体〕はその様態すべての起源であるから）で、「起源(het beginsel)」の前に等位接続詞 en（「と」、「および」、「そして」）がある（Bにはない）。en の前に「原因（de oorzaak）」という語があった可能性を推測するフローテン－ラント版とミニーニに随って補う。これに対してゲープハルト（„Textgestaltung,“ S. 454）は en に訳語 auch をあてがい「起源でもあるから」と訳しているジークヴァルトを引合いに出して、en をラテン語で etiam（「も」、「また」、「さらに」）と同じ付加の意味で用いられる副詞 et の訳ではないかとみている。

（90）Aのこの箇所にはモニコフの手で主語になる men（不特定、一般の人を表す不定代名詞）が書き入れられている。

（91）「外からの呼びかた（uytwendige benaming）」。「短論文」で遣われているはここだけである。相当するラテン語の術語は denominatio extrinseca で、「内からの呼びかた（denominatio intrinseca）」と対語になる。ものの有りかたじたいにもとづいた呼びかたである後者に対して、前者はそのものに対して外側からあてがわれる呼びかたという意味である。「内からの呼びかた」という語はここに現れないが、［二八］で「神の本来の属性」と言われる「思い」と「広がり」がそれでなければならない。第一章［九］の一つ目の注解を参照。これに対してジークヴァルトは「形而上学的思索」にある「外からの呼びかた」の用例と「十全な観念」を規定する「エチカ」第二部定義四とを引合いに出して、ここで挙げられる「自存している、永遠、唯一、不変」を「内からの呼びかた」とみなす一方、これらは神の本来の属性と対立させられ、神の有りかたに属しないものとして示されていることを認めた。そこからジークヴァルトは「外からの呼びかた」という術語が不適切に用いられているか、それともこの箇所全体が損われているかのいずれかしかないと推定し、アッピューン（p. 399）も同様の見かたを示している。他に、ロビンソン（a. a. O. S. 459）、ドミンゲス（p. 221）とウルフ（pp. 180-181）が、「外からの呼びかた」という術語の伝統の意味から外れた不適切な使用、もしくは厳密ではない使用を指摘している。このうちドミンゲスはジークヴァルトと同様に「外からの」に代えて「内からの」と読まなければならないのではないかという疑問を差し挿んでいる。ロビンソン（ebd.）はジークヴァルトの「エチカ」第二部定義四の援用を批判し、ゲープハルト版（„Textgestaltung,“ S. 454）はその批判を支持した。ミニーニ（MB, pp. 495-496）の注釈はテクストをそのまま維持する解釈を通している。「知性改善論」訳注(167)を参照。「形而上学的思索」における「外からの呼びかた」の用例は第一部第六章（Gi246）と第二部第二章（Gi252）。前掲拙著『個と無限』、第六章「真理の道」、一九三－一九五頁と註(47)、『エチカ抄』第二部定義四とそこへの訳注(2)(二七八頁)を併せて参照。

(92)「これまでのことがいっそうよく解り、詳しく解明されるように(tot beter verstand deses en naader opening)」。Aの「このことの(deses)」の代りに、Bは「これまでのことの(van 't voorgaande)」と書いており、それを採り入れた。加えてBには「詳しく解明される(naader opening〔詳しい解明〕)」の後に「われわれの言おうとすることの(van het geen wy meenen te zeggen)」という言葉がある(Aでは「解明」の対象は前の「このこと」になる)。Bは「これまでのこと」と「〔これから〕言おうとすること」と二分して明示的に書いていることになる。Bを採る訳(ジークヴァルト、メイヤー)もあるが、この前置きは一番目の会話だけにかかわっていると考え、Bは採らない。

(93)写本ではこの会話の始まる紙葉から二つ目の会話が終る紙葉まで柱見出しはモニコフの手で書き加えられ、「神は何であるのか。第二章」で通されている。注(6)で触れたように、巻頭の「章の見出し」(目次)には二つの会話が載っていない。二つの会話(ひとまとりもしくはそれぞれ)の執筆時期と置かれる場所については諸説があるけれども、ここでは立ち入らない。ミニーニ(MB, pp. 498-499)の注解の中に学説史の摘要がある。ゲープハルトとミニーニ(MB, pp. 499-500)は、フロイデンタールの説に随い、二つの会話が本論全体の後から書かれ、写本のままの位置に置かれるという見解を採っている。この場合、〔三〇〕後半の前置きは原の原稿にはなく、後に会話がこの場所に挿入される際に体裁を整えるために加筆されたということになろう。会話がスピノザ自身による真正のものかどうかという点ではトレンデレンブルク(a. a. O. S. 309; 354)が、会話が置かれている場所の不適切を指摘して真正と認めることを留保し、バルツァーも控えめに疑いを示している(A. Baltzer, *Spinozas Entwicklungsgang, besonders nach seinen Briefen geschildert*, Kiel, 1888, S. 89)。

(94)「慾心」の原語はbegeerlykheid(この会話だけに現れる語)。フロイデンタールはこれが「慾望(begeerte)」と区別されるべきことを指摘した(„Spinozastudien, II," *Zeitschrift für Philosophie und philosophische Kritik*, Bd. 109, 1897, S. 1)。「慾心」は「いかがわしい」論法で「愛」を破滅と人類の大敵に誘うものと言われている(〔八〕と〔一二〕を参照)。それに対して「慾望」のほうは「愛が生じてくるのと同じ諸原因から生れ」(第二部第七章〔一〕)、その向うものが善であるという評定を前提している(第一六章〔二〕、〔八〕)、というのがその理由である(第一四章〔三〕も参照)。フロイデンタールによると、begeerlykheidに当るのはラテン語ではcupiditas(慾望)ではなく、concupiscentia(激しい慾望である「渇望」や卑俗な慾望である「色慾」）である。ものをほしがる心という意味を籠めて「慾心」と訳した。なお、話し言葉が男女の違いを帯びる日本語の特徴を考慮せざるをえないため、便宜上「知性」と「理性」を男性、「愛」と「慾心」を女性の言葉として訳した。

（95）この後の「想定するのです」までの原文には、Aの写字生自身が書き加えた二つの挿入が含まれている。挿入を〔　〕で区別して直訳すると次のようになる。「〔しかも次のような諸特性のもとで、〕すなわち、それは〔一つで、永遠で、それ自身によっていて、無限であるが、その不条理をわたしたちは、それが〕一個の永遠な統一、無限で、全能等々〔であると想定して避けるの〕である」。挿入を〔　〕に入れて原文も示す。〔en dat onder deze volgende eygenschappen〕namelyk dat hy is〔*Een, Eeuwig, door zig zelfs oneindelyk* welk ongerymtheid wy ontgaan stellende dat hy is〕*Een Eeuwige Einheid, oneiendig, almagtig, enz.* Bは挿入を取り入れた文にしているが、二つ目の挿入の冒頭でコンマを省くことによって「ある永遠でそれ自身によって無限な〔存在者〕」と意味に違いを生じさせている（〔存在者（weezen）〕はBのモニコフが括弧に入れて補った語）。フローテン－ラント版、ゲープハルト版、ミニーニの校定も挿入に随っている。初めの挿入から二つ目の挿入前半の「無限であるが」までを、「ない方が前後の意味がとりやすい。何かの手違ひで入ったのであらう」と省いた畠中が引合いに出すメイヤー、アッピューン、ウルフの拠り所になったフロイデンタール（„Spinozastudien, I,“ S. 275-277. カーリーも随う）の読みかたを、ゲープハルト（„Textgestaltung,“ S. 456）とミニーニ（MB, p. 506）は批判している。「〔諸〕特性（eygenschappen）」については注(74)を参照。

（96）「それ」（三人称単数主格の代名詞 hy〔かれ〕）。先立つ、「自然」を「ある無」でもって限定しなければならないと述べている箇所では「自然」を指して目的格の hem が、また前注で示した原文に含まれる二つ目の挿入部分の終りではやはり「自然」を指して同じ主格の hy が用いられている（後の「それ」は訳文では「自然」と置き換えた）。文章構成の上では、ここの「それ」も、前の「それを（hem）」を受けて「自然（de *Natuur*）」を指すとみなすのが普通である。だがジークヴァルトはこの「それ」を「無（een *Niet*）」を受けるものとして訳し、後のほうの「それ」は「自然」を受けるものとして訳している（つまり二つの hy が別々に「無」と「自然」を指すとみる）。ロビンソン（a. a. O. S. 477）とゲープハルト（„Textgestaltung,“ S. 457）はこの読みかたに随う論拠を示している。ただしゲープハルトはこれより前のみずからのドイツ語訳では前注のフロイデンタールの読みかたに随い、訳注（S. 142）ではジークヴァルトの読み方をまったく無意味な文にすると斥けていた。ミニーニ（MB, p. 506）はここの「それ」が「自然」を受けているとみなしてこの一節を解釈している。

（97）「しかも片方が片方を制限する（en dat d'een de andere bepaald）」。フローテン－ラント版、ゲープハルト版、ミニーニは写本のテクストを維持している。フロイデンタール（a. a. O. S. 271）は「物体は思いによって限定されないし、また思いは物体によって限定されない」と述べる「エチカ」第一部定義二に依拠して、「制限する（bepaald）」の前に否定辞の niet が脱け落ちているとみなした。アッピューンとウルフがこれに随い、カーリーも訳注の中でこの修正に賛意を示している。ロビンソン（a. a. O. S. 478-479）はフロイデンタールに与せず、テクストを維持しながらも、ここの両者をスピノザの考える「思いの実体」と「広がりの実体」ではなく、同種の二個の精神実体と解した。ゲープハルト（„Textgestaltung," S. 457-459）はこの解釈とフロイデンタールによる修正の両方を批判した。ゲープハルトは「制限する」を「排除する」、「締め出す」（ドイツ語の動詞 ausschließen）の意味に解して、慾心の言い分を整合させている。これに対して訳者は、ロビンソンとゲープハルトが引用する書簡四で引合いに出されている「広がりは広がりによってではなく思いによって限定されるとだれかが言う場合」（Giv13 *18-19*. 岩波文庫、二三頁参照）という予想された発問も踏まえて、慾心が同じ発問によって「知性の実体は広がりの実体と何も共通なところをもたない」ということとの「矛盾」をあげつらうことでみずからの駁論を正当ならしめようとしていると解釈したい。

（98）「というのも」からここまでをブッセは損われた文と推測した（Ludwig Busse, „Beiträge zur Entwicklungsgeschichte Spinozas, III," *Zeitschrift für Philosophie und philosophische Kritik*, Bd. 91, 1887, S. 239）。ブッセは、「外には物が何もない一つの全体」という結論の想定が、「知性の実体」と「広がりの実体」のほかに三つ目の実体は立てられないという先の想定と対立し、つまるところ唯一神論の意味でも汎神論の意味でも完全な存在者は「不可能なもの（Unding）」であるという意味にしかならないと解している。フロイデンタール（a. a. O. S. 275）は内容からこの文をスピノザが書いたものではなく、別人による敷衍が竄入したものと推測し、アッピューンとウルフ（p. 186）はこれを支持した。これらに対しドゥニン・ボルコフスキ（a. a. O. S. 131-132）はテクストが理会可能であると述べ、ゲープハルト（„Textgestaltung," S. 459）はフロイデンタールの解釈を批判した。

（99）フロイデンタール（„Spinozastudien, II," S. 7）は前注の箇所に続けてさらにここから［七］の「こういったことはみんなあからさまな矛盾です」までを、続く理性の白《せりふ》の中で答えられていないことなどの内容構成に照して同種の竄入とみなし、ウルフ（*ibid.*）も同様の見かたをした。ゲープハルト（„Textgestaltung,“ S. 459-460）はそれを批判し、テクストを擁護した。カーリーは前二者の想定に理会を示し、テクストの欠落か排列の不備を想定している。

(100)「別のものの原因だった（het een ander heeft veroorzaakt）」。字句に忠実に訳すと、「それが別のものをひき起した」、「それが原因となって別のものを生じさせた」。ウルフ、ゲープハルト訳、カーリー、バルトゥシャートは主語と目的語を逆に取って、「別のものがそれを」という訳にしている。しかし、続く文を考慮に入れればこの読みが成り立たないことは瞭かである。

(101) 写本では「憎しみ（Haat）」と「後悔（Berouw）」は斜字体ではなく、下線が引かれている。

(102) トレンデレンブルク（a. a. O. S. 309）は、なぜ慾心の意見に随えば愛に破滅がもたらされるのかということを理会させる過程が欠けており、それがすでに述べられていたと想定しないとここでの愛の突然の感情の発露は理会しがたいと、テクストの闕文《けつぶん》を想定した。フロイデンタール（a. a. O. S. 17）はこの想定を批判して、会話より先に本論が書かれていたと考えるなら、その第二部の内容にもとづいて、慾心に対する愛の咎めは十分理会できると述べ、ゲープハルト（„Textgestaltung,“ S. 460）もこれを支持した。

(103)「ほかの属性すべてをささえ持つ者（van alle de andere eigenshappen een onderhouwder）」。プレイアード版（pp. 1368-1369）はスピノザの実体－属性論に照してこの書きかたに違和感と疑問を表明した。その上で、ラテン語からの訳し間違いか筆写の間違いを推測し、「ほかの（andere）」はラテン語では「さまざまの」、「異なった」を意味する語だったとすれば、「思いと広がり、並びにほかの属性すべてをささえ持つ者」と読まれるべきであると注した。これに対してミニーニ（MB, p. 510）は、理性による返答が［五］での慾心のあげつらいに関するものであることを踏まえれば、不必要な推測であると批判した。ドミンゲス（p. 223）はプレイアード版に賛成して、「ささえ持つ者」と「ほかの」属性の対置（つまり自存する「ただ一つのもの」と「ほかの」属性を対比していること）による奇異を指摘している。

(104) Aは **zelfstandgheden**（複数形）。Bは単数形。フローテン－ラント版はAに拠っているが、ゲープハルト版、ミニーニ、さらにおおかたの訳者と同じく単数形であるべきと解する。なお、すぐ前の「実体」は複数である。

(105)「二次概念（tweede kundigheid）」。一次概念にもとづいてつくられる、抽象された概念。ブルヘルスダイクによると、知性のうちに提示されたものである概念（notio）は二種に分れ、一次概念はそのものとして在る通りの物を直接表す。二次概念はそれに対して、一次概念を集め較べて、精神が或るものを解る様式（modus）、または解ったものを相手に述べ伝える様式である。二次概念の前者は類、種、主辞、賓辞等、後者は名称、語、繋辞等である。たとえば、精神が感覚器官の援けを藉りて人間の自然の性を念うとき、「人間」という語で言い表される一次概念が形づくられる。次に複数の人間をたがいに較べ合せて、人間の自然の性が個々の人間に内在することを観察するとき、「種」という語で言い表される二次概念が形づくられる。二次概念は人間の自然の性を提示するのではなく、この自然の性が個々の人間と一致することを知性が観察するときに、知性がその自然の性を念う様式である。Fr. Burgersdijk, *Institutionum logicarum*, I, c. 2, 1-2, (Leiden, 1626) Cambridge, 1680, pp. 6-7. ブルヘルスダイクの弟子のヘーレボールトは、精神がもろもろの「理屈上の存在（entia rationis〔理性の有〕）」を拵えるのは二次概念によってではなく、一次概念によってである」と言う。A. Heereboord, *Meletemata philosophica, Disputationes ex Philosophia Selectae*, I, Disp. 50, th. 4, Leiden, 1654, p. 186b. ブルヘルスダイクとヘーレボールトについては先の注(130)を参照。理性の述べる「ただ一つのもの（Een Eenige）」が、「理屈上の存在」の「全体（het Geheel）」であるというのが慾心の言い分である。「二次概念」は「エチカ」第二部命題四〇備考一にも現れる。『エチカ抄』第二部の訳注(14)(二八一—二八二頁)を参照。ウルフソンの言及も参考になる。H. A. Wolfson, *op. cit.*, Vol. I, p. 326; Vol. II, p. 122.

(106)「他動原因（overgaande oorzaak）」(「超越的原因」とも訳される)、「内在原因（inblyvende oorzaak）」。ラテン語の用語では causa transiens と causa immanens。前者は結果をみずからの外に生み出す原因、後者は結果を自身の内に生じさせる原因。後者は次の二番目の会話で主題となり、「内なる原因（innerlyke oorzaak）」という呼びかたもされる。神が原因であるしかたを分類した第三章［二］の第二項でもこれらの区別が取り上げられる。「エチカ」第一部命題一八も参照。

(107) Aは「知性がそれのもつもろもろの覚知に依存するかぎり、あるいはそのことを顧慮して（voor zo veel, of in opzigt het van syne begrippen afhangt)」。Bの「それのもつ覚知がそれに依存するかぎり（voor zoo verre zyn begrippen daar van afhangen)」に倣うフローテン-ラント版とゲープハルト版の校訂に随った。ここを省いているプレイアード版以外の諸訳も同様である。ミニーニ（MB, p. 513）だけがAの読みを「もっと難解」と認めつつ維持し、その理由も示している。

(108) メイヤーはこの会話を第三章の後に置いている。会話の書き出しである［一］が第三章［二］の第八項とぴったり副うことに加えて、写本Aで第三章が書かれている体裁を理由として挙げているが（p. 233）、この措置は支持を得ていない。

(109)「一部は前の部分に、一部は続く第二部に役立つ（Dienende eens deels tot dat voorgaande, ander deels tot het tweede navolgende deel）」。ミニーニ（MB, p. 500）は「続く第二部」が「短論文」の「第二部」ではなく、この第一部の第三章以降の後半部分を指し、前半後半それぞれは、「エチカ」第一部では命題一から一五までと命題一六以降に相当するとみなした。ドミンゲス（p. 223）とともに、訳者もこの見解に賛成する。

(110) テオフィルス（Theophilus）は「神を愛する者」の意味をもつ名前。ジョルダーノ・ブルーノのイタリア語対話篇『原因、原理および一者について（*De la causa, principio e uno*）』（一五八四）の登場人物と同名である。またこれはスピノザの名であるバルッフ（Baruch「祝福された者」の意味）を彷彿させもする。だが、どちらの繫がりも証拠はない。エラスムス（Erasmus）が同名のロッテルダムの人文主義者に因むという証拠もない。エラスムスは論辯をこととする「理性」、テオフィルスは神と一つに結ばれることを可能にする「知性」になぞらえられているとみてよい。

(111)「遠隔原因（verder oorzaak）」は、ヘーレボールトの説明によると、「結果をより近い媒介原因によって生み出すもの、言い換えればその実在においても活力においても結果と結合されていないものである」。Heereboord, *Hermeneia logica, seu Explicatio synops. logicae Burgersdicianae*, I, c. 17, q. 33, (Leiden, 1650) Cambridge, 1680, p. 109. 対語である「最近原因（naaste oorzaak）」とは「結果をじかに生み出すもの、言い換えればそれ自身がその実在に関して、あるいは活力に関して、あるいはその両方に関して、結果と結合されているものである」（*ibid.*, I, c. 17, q. 32, p. 108）。これらの原因の例示も含めて、詳しくは『個と無限』、第一章、註(40)および『エチカ抄』第一部の訳注(12)を参照。「遠隔原因」はこの後［二］で三回用いられている。Bではこのうち最後の使用だけが「遠隔原因」で、ここを含めた三つは「先立つ原因（eerder oorzaak）」と変っている。第三章［二］第八項では「遠隔原因」の代りに「最後の原因（laatste oorzaak）」という用語で「最近原因」と対比されている。

(112) メイヤーはこの括弧内の言葉を、著者が後から余白に書き足し、それがテクストに入れられたものと推測した。だが、ゲープハルトが指摘するように、［一〇］でエラスムスがテオフィルスの前言を踏まえる形でことほぼ同じ言葉を用いていることによって（一〇八頁一四行目）、その推測は斥けられる。「理由となる事情」の原語はomstandigheeden。

(113) ジークヴァルトとフローテン-ラント版がここに闕文を想定して以来、補足ないし変更を加えて写本の文意を改める訳者が多い。ミニーニの校訂に拠って補った。訳では補足が三つに分れているが、「言ったときには」の後の補われたテクストは次の通りである。*zo is dat van my niet gezeid, als in opzigt van die dingen* 〈de welke niet onmiddelyk van hem afhangen, en niet van die dingen〉 de welke God（zonder eenige omstandigheeden, als alleen syne wezentlykheid), onmiddelyk heeft voort gebragt. ゲープハルト版はAのテクストを「申し分なく明瞭」（„Textgestaltung,“ S. 461）として維持した。その理由として、先立つドイツ語訳の訳注で（S. 144）、引用したテクストの初めにある niet.....als が「……以外にない」、「のみ」（ラテン語の non nisi に相当）の意味になる相関語ではなく（注(75)も参照）、「にあてはまるものとして……ではない」（つまり「神がじかに生み出した物に関してあてはまるものとして言われたのではない」）の意味であると指摘した。しかし、この読みかたは後の「けっして無条件に遠隔原因と呼んだわけじゃない」、「或る点では遠隔原因と呼べる」という留保の意味を台無しにするので、支持できない。

(114) 「或る点では（in eeniger manieren）」。前の行の「無条件に（absoluyt）遠隔原因と呼んだわけじゃない」と併せて、第三章［二］第八項の「神は或る意味で（eenig zins）あらゆる個物の最後の原因である」および「エチカ」第一部命題二八備考中の帰結の第二と対応する。『エチカ抄』の該当箇所の訳（特にそこに加えた補足部分）と訳注(12)、『個と無限』、第一章、二六-三〇頁を参照。カーリーはここと第三章の言葉の違い（「或る点では」と「或る意味で」、「遠隔原因」と「最後の原因」）が、この「会話」が「短論文」の他部分とは別の訳者の手によるという仮定を確かならしめると考えているけれども、そこまでの証拠にはならないであろう。

(115) ゲープハルト版がこの「遠隔原因」を「先立つ原因」と変えているのは（注(111)参照）、注(113)末尾に述べた理由からも斥けられる。

(116) 第二部第二六章［七］の末尾（二五六頁）と一致する。

(117) 「そして一人ひとりが」からここまでの文をジークヴァルトは前後にそぐわないと注し、フローテン-ラント版は余白に書かれていたものの竄入とみなした。それぞれをブッセ（a. a. O. S. 243）とアッピューンが支持した。ドゥニン・ボルコフスキ（a. a. O. S. 132）はこれらに賛同せず、ゲープハルトはこれを木彫の半身、三角形に次ぐ三番目の例とみて、テクストを維持した。ミニーニはゲープハルトと同じ見かたを取りつつも、論の進みが中断されているという理由で、訳のほうではこの文を［七］の末尾に移している。カーリーとドミンゲス（p. 224）はゲープハルトの見解に反対し、この後の文も三角形の例の続きとみている。

(118) ブッセ（a. a. O. S. 243; 246-247）は、［四］－［九］のテオフィルスの言葉が損われたテクストであるという見かたにもとづき、「全体が理屈上の存在（Wezen van Reeden）である」という論をエラスムスによるものとすべきと主張した。フロイデンタール（a. a. O. S. 5, 8）はブッセの解釈を批判した。

(119)「原因（oorzaak）」はモニコフの手で書き加えられた。

(120) 第二部第二六章［七］の第四命題を参照。

(121)「依存」。Aの動詞 afhangen（複数主語に対する形）は、Bにより三人称単数主語の「実在すること（wezentlykheid）」に応じた afhangt に訂される。

(122) 第二部第二六章［八］の二を参照。

(123)「以外の物（ander ding）」。写本には初め andere dingen と書かれ、dingen（複数形の「物」）の en が消されて単数形になっている。Bにより andere は ander と訂される。

(124)「（実在するために神の属性以外の物を必要としない）じかに神によって創造された物が永遠からこのかた創造されている（die dingen (die om haar wezentlykheids wille geen ander ding van doen hebben als de eygenshappen Gods), die onmiddelyk van hem, van eeuwigheid geschapen zyn)」。ウルフ、カーリー、ミニーニとともに、括弧の後の die を、括弧内の die と竝んで die dingen に係る関係代名詞とみなして訳した。多くの訳者は die dingen に係る関係代名詞節を括弧内だけとみて、括弧の後の die を、die dingen を言い換えた文主語と受け取って訳している（「（……）物どもはじかに神によって永遠からこのかた創造されている」という訳になる）。ミニーニはMBではこのように訳していたが、イタリア語訳著作集（MO）で前者のように改めた。

(125)「特別のある様態（モディフィカティオ）、神の属性のほかのもの（een Bezondere Wyzing (*modificatio*) en een zaake buyten de eygenschappen Gods)」。先立つ受動の助動詞 word は単数の実際上の主語を要求するが、ウルフ、ミニーニ、ドミンゲスと同じく、「様態」と「ほかのもの」が等位接続詞 en により竝んでいると読む。他の多くの訳者は en を「すなわち」、「それゆえに」のように読み替えている。

(126)「求められる」。原文通りには「在る（zyn）」で、ウルフだけがそれに随っている（some are there）。おおかたの訳者と同様に「求められる（vereyscht）」を補語として補って読む。

(127) 写本の本文中には章題がない。ミニーニに随い、巻頭の「章の見出し」にある「神はすべての原因であること」を章題とする。B、フローテン－ラント版もこれを章題としている。この章の筆写の体裁は普通から外れている。写本三〇頁は二番目の会話がほぼ全体を占めて終り、その下に「第三章」と記し、僅かな余白に非常に小さな字で四行分が書かれている（柱見出しは「神は何であるのか。第二章」でモニコフによる）。次の三一頁はやはり小さな字で（下半分ではいくらか大きくなっている）書かれている（［二］の第七項冒頭の「だが」の前まで）。三二頁は逆に他頁と較べてずっと大きな字で五行書かれ、三三頁始まりの第七項最後の行と重複する「結果を生み出すために」（一行半）が消されている。頁の下三分の二の空白には斜線が引かれている。三三頁は第七項の最後の行と第八項合せて六行が、続く第四章と同じ普通の大きさの字で書かれている（柱見出しは「神の必然の為事について（Van Gods noods werken）」でAの写字生による）。三一頁と三二頁の柱見出しは「神の内在的な為事について（Van Gods inblyv: Werken）」で、モニコフの手による（ゲープハルト版はこちらを章題としている）。モニコフがなぜ自身による写本Bと異なる題を柱見出しとしたのかという疑問に関しては、ミニーニ（MB, p. 40）の推測が妥当と思われるので、章題はこちらではなく、「章見出し」にあるものに倣うのが適切である。この章の普通ではない筆写の体裁については、写本三三頁の六行に先立つ章のほぼすべてを何らかの事情で写し直す必要が生じ、三〇頁下部のごく狭い余白とさらに一葉（三一、三二頁）を使い、あらためて筆写して三三頁に繋げたと推測できるであろう。

(128) 第一章［九］の一番目の注解とそこへの訳注(50)、また第一部第七章［一］の注解を参照。

(129)「神だけがそれを通して存立する（door welke God alleen bestaat）」。alleen（「だけ」、「のみ」）が「神」にではなく、関係代名詞 welke（「それ」）＝「実体として自立しているもの」）に係ると読んで、「それを通してのみ神が存立する」という意味に取る訳者たち（ウルフ、アッピューン、ミニーニ、カーリー、ドミンゲス、ガノー）もいるが、語順に随えば冒頭のようになる（他ではジークヴァルト、メイヤー、ゲープハルト、バルトゥシャート）。

(130) 以下の作用原因の分類の源がブルヘルスダイク（*Institutiomum logicarum*, I, c. 17）とヘーレボールト（*Hermeneia log-*

ica, seu Explicatio synops. logicae Burgersdicianae, I, c. 17, q. 3-34; *Meletemata philosophica, Disputationes ex Philosophia Selectae*, II, Disp. 12-22）に索められることは、夙にトレンデレンブルク（a. a. O. S. 316-325）によって指摘された（アリストテレスに由来する四原因のうちスピノザは残りの三つを無視している）。両者については注(105)も参照。「論理学綱要」（*Institutionum logicarum*）はブルヘルスダイク（一五九〇－一六三五）による論理学教科書（初版一六二六年）。「ヘルメネイア・ロギカ、あるいはブルヘルスダイク論理学概要」（*Hermeneia logica*）は、その弟子ヘーレボールト（一六一四－一六六一）が編集したブルヘルスダイク論理学の要約（初版一六五〇年）。ブルヘルスダイクはライデン大学教授で、十七世紀前半のオランダで一番影響力のあった哲学者。論理学ではメランヒトンら人文主義者の考えも取り入れてアリストテレス論理学を再構築しようとした。その著作の中でもっとも成功をおさめたのがこの論理学教科書であり、当時オランダでの論理学教育を主導する役目を果し、国外でも幾度も上木された。ヘーレボールトの概説書は、その後哲学の教育課程で論理学が退潮したのに応じて、ブルヘルスダイクの教科書を書き改めたもの。ヘーレボールトは師と同じくライデンで教えたが、デカルトへの共鳴を表明したため抑圧されて不遇だったという。しかしその編著書は死後も英国で版を重ね、用いられた。スピノザの遺品目録にはこの二人の本は記録されていないが、「形而上学的思索」第二部第一二章でヘーレボールトの名を挙げて次の箇所を引用している。Heereboord, Collegium ethicum, Disp. 10, th. 8, p. 47a-b in *Meletemata philosophica*, Neomagi［Nijmegen］, 1665. ヘーレボールトの二著（*Hermeneia logica* と *Meletemata philosophica*）についても知識をもっていたことは間違いないとみてよい。フロイデンタールは繋がりが上記の二人とだけに限られず、分類の一部はアリストテレスに遡るほか、一部はトマス・アクィナス「神学大全」（第一部第四問題第二項、第一九問題第八項、第四五問題第五項、第一一四問題第三項、第二－二部第九四問題第四項）に見出されること、さらにスアレスが先立つ規定を綜括し（Suarez, *Disputationes metaphysicae*, XVII-XVIII.）、シャイブラーもそれに随っている（Christoph Scheibler, *Metaphysica*, I, c. 22 tit. 4, a. 1, Editio nova emendata, Geneva, 1636, pp. 280-281）ことを指摘した（J. Freudenthal, „Spinoza und die Scholastik,“ in *Philosophische Aufsätze. Eduard Zeller* …… *gewidmet*, Leipzig, 1887, S. 131）。以下ではそれぞれの原因についてオランダ語と、対応するブルヘルスダイク－ヘーレボールトにおけるラテン語、両者による規定とその例を示す。八つのうち第一と第七以外は「エチカ」でも取り上げられている。

(131)「流出原因（uitvloejende oorzaak［causa emanativa］）」、「成就原因（daarstellende oorzaak）」、「能動原因（doende oorzaak〔causa activa〕)」、「作用原因（werkende oorzaak〔causa efficiens〕)」。『ファン・ダーレ オランダ語大辞典』(*Van Dale Groot woordenboek van de Nederlandse taal*, 1864, 2005[14]) は daarstellen（daarstellende はその現在分詞）の意義を tot stand brengende（「なし遂げる」、「実現させる」）としている。ブルヘルスダイク－ヘーレボールトでは能動原因と流出原因が対になっている。能動原因ははたらくことを介して結果を生み出す。それに対して、原因の実在と区別される因果のはたらきを発することなく、その実在によってじかに物が発しているのが流出原因である。火はその熱の流出原因であり、別のもののうちに生み出す熱の能動原因である。*Inst.*, I, c. 17, th. 4; *Herm.*, I, c. 17, q. 5-6; *Melet.*, II, Disp. 12, th. 3, p. 226a-b.

(132)「対照的に際立たせた言いかただから（als op elkander opzigtig zynde)」。「作用原因ははたらきを通して生み出された結果に鑑みてそのように言われ、同じものが、その原因によって発して、結果を生み出すゆえんのはたらきに鑑みて、流出原因と言われると主張する人びとがたぶん真実にもっとも近い」(*Melet.*, II, Disp. 12, th. 8, p. 229b) という言がおそらく背景にある。だがいっそう重要な点としては、ここでは原因は神であり、神にあっては原因と因果のはたらき（causalitas〔原因性〕）とが区別されないからである。Cf. *ibid.*, th. 3, p. 226b; L. Robinson, *Kommentar zu Spinozas Ethik*, S. 176-177; M. Gueroult, *op. cit.*, vol. 1, p. 246. ロビンソンは（流出原因による）論理根拠の結びつきと（作用原因による）因果の結びつきの混淆を指摘している。

(133)「内在原因（inblyvende oorzaak〔causa immanens〕)」、「他動原因（overgaande oorzaak〔causa transiens〕)」。内在原因はそれ自身のうちに結果を生み出し、他動原因はみずからの外に結果を生み出す。知性はそれが形づくる思念（conceptus）の内在原因であり、知性と思念は同じ主体である理性的霊魂のうちに在る。それに対して、大工や建築家はその建てる家の、また石を投げる者は投げられた石の他動原因である。*Inst.*, I, c. 17, th. 5-7; *Herm.*, I, c. 17, q. 7-9; *Melet.*, II, Disp. 13, th. 1-2, p. 229a-b.「エチカ」第一部命題一八参照。

(134)「自由原因（vrye oorzaak〔causa libera〕)」、「自然原因（natuurlyke oorzaak)」。ブルヘルスダイク－ヘーレボールトでは自由原因と対になっているのは「必然原因（causa necessaria)」である。自由原因は思量して（consulto)、つまり理性の判断によりひき起すのに対して、必然原因は思量せずに自然の性の必然によってひき起す。自由原因の「自由」とは、ブルヘルスダイクによると、強制や自然の必然と決定をまぬかれていることである。ヘーレボールトが挙げる例では、意のままに、歩く、家を建てる、戦《いくさ》をする者はそうしたことどもの自由原因であり、落下する石、燃え上がる、または可燃物を焼いている炎は、運動または燃焼の必然原因である。*Inst.*, I, c. 17, th. 9-13; *Herm.*, I, c. 17, q. 10-12; *Melet.*, II, Disp. 14. スピノザはここでは意味に立ち入らずに論を次章にゆだねているが、ブルヘルスダイク－ヘーレボールトの規定とは乖離して、おのれの自然の性の必然のみにしたがってはたらくことを自由と考えている。「エチカ」第一部定義七、同部命題一七系二を参照。

（135）「自己自身による原因（oorzaak door zig zelfs［causa per se］）」、「偶然による原因（oorzaak door een toeval［causa per accidens］）」。自己自身による原因はおのれの促しに合致した結果か（それが自由原因である場合）、または（必然原因である場合）自然の傾きに合致した結果を生み出す。偶然による原因は、促しを外れてか（自由原因である場合）、またはおのれの自然の性の傾きを外れて（必然原因である場合）、結果を生み出す。漁師は、魚を獲るときにはそのことの自己自身による原因であるが、黄金の三脚杯を引き揚げた場合は偶然による原因と言われる。同様に、動物がみずからに似たものを生むときには、生れた動物の自己自身による原因であるが、異形のものを生むときには偶然による原因と言われる。*Inst.*, I, c. 17, th. 14-17; *Herm.*, I, c. 17, q. 13-16; *Melet.*, II, Disp. 15.「エチカ」第一部命題一六系一参照。

（136）Bでは「神が強い風で海を乾かすときがそうであり、あらゆる特殊の物などでもそうである」が脚注になっている。この譬は「出エジプト記」第一四章二一節を踏まえている。「神学・政治論」第六章［一四］（ATTP260 *23-25*. 光文社古典新訳文庫（上）、二八一頁）と「形而上学的思索」第二部第九章（Gi265 *15-16*）でもこの挿話に言及している。

（137）「主原因（voornaame oorzaak［causa principalis］）」、「副次的原因（minvoornaame oorzaak［causa minus principalis］）」、「副次的な開始原因（minvoornaam-beginnende oorzaak）」、「先導原因（voorgaande oorzaak）」。ブルヘルスダイク－ヘーレボールトによると、主原因はおのれの活力（virtus）によって結果を生み出す。副次的原因は主原因が結果を生み出すことに仕えるものであり、次の三種に分れる。causa procatarctica は外部から主原因をはたらくことへ駆り立てる（外在的誘因）。causa proegumena は主原因の内側でそれをはたらくように為向ける（内発的素因）。instrumentum（手段〔原因〕）は、主原因が当のことを実現するのを助ける。ヘーレボールトがまとめて示す例では、建物の主原因は建築家ないし大工、外在的誘因は賃銀報酬またはそれを約する者、内発的素因は利慾、手段原因は鉄の道具、斧などである。*Inst.*, I, c. 17, th. 18-26; *Herm.*, I, c. 17, q. 17-24; *Melet.*, II, Disp. 16. ここでは、副次的な開始原因、先導原因はそれぞれ causa procatarctica と causa proegumena に相当し、手段原因が副次的原因とみなされていると一応見てよい。「手段は主原因に照して二次原因と言われる」(*Herm*., I, c. 17, q. 27)。だが副次的原因に関して、ブルヘルスダイク－ヘーレボールトの分類と、ほぼ同時代のケッカーマン（B. Keckermann）、クラウベルク（J. Clauberg）の分類にはそれぞれ異同があり、ここの叙述がブルヘルスダイク－ヘーレボールトのそれに随っているとは断定できない（スピノザの遺品目録にはケッカーマンとクラウベルクの該当する書が記録されている）。ミニーニ（MB, pp. 532-533）を参照。

(138)「エチカ」第一部命題一七系一では「神の自然の性の完全さを除いて、神を外からあるいは内から、はたらくことへ駆る原因は何も与えられない」と言われる。

(139)「第一原因（eerste oorzaak［causa prima］）」、「開始原因（beginnende oorzaak）」。ブルヘルスダイク－ヘーレボールトでは第一原因と「二次原因（causa secunda）」が対になっている。第一原因は先立つ原因（causa priora）に依存しない原因であり、二種がある。「無条件に第一の原因（causa absolute prima）」はただ一つで、それより先のものが世界に与えられず、すべてのものがそれに依存する、神である。「自己の類における第一の原因（causa prima in suo genere）」は、被造物の類の中での第一の原因であり、別の創造されない存在者の類のうちにより先のものが与えられている。天、アダム、魂がその例とされる。二次原因は第一原因に依存するものであり、無条件に第一の原因に依存するか（被造原因すべて）、あるいは自己の類における第一の原因に依存する（手段が主原因に照して二次原因と言われる）。*Inst*., I, c. 17, th. 27-29; *Herm*., I, c. 17, q. 25-27; *Melet*., II, Disp. 17.「エチカ」第一部命題一六系三では「神は無条件に第一原因である」と言われる。

(140)「普遍原因（algemeene oorzaak［causa universalis］）」。ブルヘルスダイク－ヘーレボールトでは普遍原因と「特殊原因（causa particularis）」が対になっている。普遍原因は当の作用力でもって別のもろもろの原因との協働により複数の種におよぶ結果を生むのに対して、特殊原因は当の作用力でもって一つの種の範囲内の結果を生む。普遍原因の例として神（ありとある結果を生み出す）、天や太陽（生きている物と生命のない物質を生み出す）、特殊原因としては人間や火が挙げられる。父親は複数の子をもうけてもただ人間を生むだけで、別の自然物の種を生み出すわけではなく、また火は熱だけを生み、冷たさなどは生まない。*Inst*., I, c. 17, th. 30-32; *Herm*., I, c. 17, q. 28-30. *Meletemata* はこの対を飛ばして、次の最近原因と遠隔原因の対に続いて最後の八番目として「全体原因（causa totalis）」と「部分原因（causa partialis）」

の対を掲げている。*Melet.*, II, Disp. 22, th. 4, p. 263b.

(141)「最近原因(naaste oorzaak〔causa proxima〕)」、「最後の原因(laatste oorzaak)」。ブルヘルスダイク－へーレボールトでは最近原因と「遠隔原因(causa remota)」の対である。最近原因は「無条件の〔絶対的〕最近原因(causa absolute proxima)」(「流出原因」と一に帰する)と「自己の類における最近原因(causa proxima in suo genere)」とに分けられる。***Inst.***, I, c. 17, th. 33-35; ***Herm.***, I, c. 17, q. 31-34; *Melet.*, II, Disp. 22, th. 1, p. 262a-b.「最後の原因」は遠隔原因の意味で遣われているとみていい。「遠隔原因」はこの章に先立つ二つ目の会話の〔一〕と〔二〕に現れていた。その箇所の訳注(111)と(114)を参照。へーレボールトが挙げる例も含めて、詳しくは注(111)で参照を促した『個と無限』、第一章、註(40)および『エチカ抄』第一部の訳注(12)に譲る。「神は或る意味であらゆる個物の最後の原因〔遠隔原因〕である」ということについては、訳注(114)で触れたように、関聯する「エチカ」第一部命題二八備考(その中の特に帰結の第二)が併せ読まれなければならない。『エチカ抄』の該当箇所の訳と訳注(12)の最後(二七六頁)、『個と無限』、第一章、二六－三〇頁を参照。

(142)写本の本文中には章題がなく、柱見出しに拠る。Aの「為事(werken)」に対して、Bは「はたらき(werkinge)」としている。ロードウェイク・メイヤー(スピノザの友として『デカルトの哲学原理』序文の執筆および出版、『遺稿集』の編集と序文のラテン語訳に携わった)が編纂した語彙集ではopus(為事、作品、為業《しわざ》、業《わざ》)に相当するオランダ語をwerk(werkenの単数形)とし、哲学用語であるactioに相当するそれをdoening(能動)、werking(はたらき、作用)としている。*L. Meijers Woordenschat, in drie deelen ghescheiden, van welke het I. Bastaardtwoorden, II. Konstwoorden, III. Verouderde woorden beghrijpt*……, Amsterdam, 1669[5].

(143)写本が欠く主語「われわれは(wy)」を補って読む。

(144)受動形で書かれた「解った(verstaan werden)」、「解ることができなかった(niet …… konnen verstaan werden)」の受動の助動詞werdenは過去形である(後者はkonnenを過去形のkondenにしてkonden verstaan wordenが正則と思われる)。Bはどちらも現在形wordenになっている。フローテン－ラント版は注記なしにwordenを採り、ゲープハルト版とミニーニはwordenを保つ。しかし諸訳では(ゲープハルトとミニーニを含めて)例外なしに三つの「解る」が現在になっている。Aが過去形、Bは現在形という箇所がほかにもあるので(たとえば「反論を受ける」と訳した本章〔六〕

冒頭の werd.....geargumenteert）、Aの写字生の誤用の可能性もある。

（145）「永遠に先かあとかはない」ということは、「形而上学的思索」第一部第三章（Gi243 *12*）、「エチカ」第一部命題三三備考二（Gii75 *12-13*、『エチカ抄』五八頁）にも現れる。文頭の「そして（En dat）」の dat を、ゲープハルトはメイヤーに倣って理由の接続詞 daar に改めた。この場合、次の文の「ここから」はこの理由節を受け、「永遠」ということからの帰結になる。ジークヴァルトはメイヤーより早く、またウルフ、カーリー、バルトゥシャートがこのように訳している。dat を維持するミニーニは En dat の前のピリオドを（Bと同じ）セミコロンに、「先かあとかはない」のあとのコンマをピリオドに変えて、この dat 以下を「言い分はこうなる」と訳した動詞「言う（zeggen）」の補語となる副文とみなす。この場合「ここから」という帰結は、「先の決定」が必然であり永遠であるという二つのことを受けると読まれる。

（146）Bは「真の自由はひとえに、別の何ものによっても圧力を受けたり余儀なくされたりしない第一原因がただみずからの完全さによっていっさいの完全さの原因であるという、このことにある」という文になっており、アッピューンがこれに随っている。Aは「自由」と「第一原因」とを端的に同一と言い切っているのに対して、Bはそれを和らげ、「自由」を「第一原因」の特性に索めている点に違いがある。

（147）「それをかく求めるのか」。モニコフは写本Aにあったこれらの語を消してから、文末の「ただしいものすべての第一の原因は」の後に疑問符付きで書き入れ、Bでも同じ文にしている。

（148）訳はほぼAに随った。Aの元のテクストとそれに忠実な訳は次の通り。「というのもかれらは、神より先に、それが義務を負わされ、あるいは繋がれることになる或るものが在ると、すなわちこれは善い、あれはまたただしいし、そうなるという慾を抱く原因が在ると、想定しているからである（want zy al voor God iets stellen te zyn, aan het welk hy verpligt of verbonde zoude zyn, namelyk een oorzaak die een begeerte heeft, van dat dit goet, en dat wederom rechtvaardig is, en zoude zyn）」。問題点は三つある。（i）モニコフはこのAの初めの「神（God）」にeを書き加えGoed（善）とし、みずからの写本Bでも「善（goed）」としたが、ジークヴァルトは「エチカ」第一部命題三三備考二（Gii75 *24-30*、『エチカ抄』六〇頁）、同部付録（Gii80 *22-23*、『エチカ抄』六七－六八頁）を根拠として、元通りの「神」に復した。（ii）Bは異文になっているが、ジークヴァルトはA、Bのいずれも充足した意味を与えないと考えた。ウルフは「慾を抱く原因（een oorzaak die een begeerte heeft）」の関係代名詞 die を主格としてではなく、[through] which [God] desires と補って訳し、ゲープハルトはこれに随い、een oorzaak *door* die *hy* een begeerte heeft（「〔それによって〕神が慾を抱く原因」——イタリックは引用者）とテクストを改めた。同様に多くの訳者が慾の主体を神としている（メイヤー、アッピューン、プレイアード版、畠中、カーリー、ガノー）。ミニーニ（p. 539）は善さとただしさを欲し決めている主体を「原因」とするAのテクストをこの文脈の議論に適った読みとして維持した。ほかにドミンゲスとバルトゥシャートがAに随っている。(iii) 慾の主体を「神」とするにせよ「原因」とするにせよ、「これは善い、あれはまたただしいし、そうなる」（カーリーは独り例外として「善いこれ、そしてまたただしいあれが実在することになる（this [which] is good, and again, that [which] is just should exist）」と訳している）ことを慾がひき起していると解するのが通例である。ドミンゲス（p. 226）はこの解釈が〔六〕冒頭の予想された反論と重なり合ってしまうのに対して、いま論駁の対象になっている説では善は慾の結果ではなく原因であることを、その反対を述べる『エチカ』第三部命題九備考を引合いに出して指摘している。ドミンゲスに随い、またBのこの箇所の om dat が理由節になっていると解して、A原文の「という（van dat）」を「というので」と訳した。

(149)「この上なく自由な（aldervryste）」。写本は alderwyste（「この上なく智慮ある」）となっている。Bは初め aller wyste と書いたのを、aller vryste と直している。ジークヴァルトがBを採り、以後諸版はそれに随う。

(150)（一）「そこでもし神が（Indien hy dan）」で始まるこの一文、（二）一文を置いて次の文頭の理由を表す接続詞 Dewyl の後の副文の一部（「われわれは……と言い」、「ことを併せて示したので」）、（三）〔八〕の最後の一文「これはちょうど……ひとしい」、の三箇所がBでは省かれている。ジークヴァルト（S. 176）はAのこれらが竄入であり、モニコフにはAのほかにも拠り所があったと考えた。アッピューン（p. 402）はスピノザが自由原因と神の完全さについて二種の論じかたの間で逡巡しているという印象を述べ、（一）について欄外の注記がテクストに入れられたものという見解を示した。ドゥニン・ボルコフスキ（a. a. O. S. 132）は（一）と（三）が文脈上一つに繋がり、まとまった注解だったものが編纂者によってばらばらの場所に入れられたと考え、（二）に関しては元々のテクストと考えた。テクストとしては、フローテン-ラント版は（一）と（三）をAに加わっているものとして括弧に入れて示し、ゲープハルト版は（二）については真正とみなし、スピノザに由らない文という推定からやはり括弧に入れている。ミニーニはAに随う。すでに触れた以外の訳者では、メイヤーが（一）を欄外注記の竄入として省き、ウルフ（p. 196）は

（一）と（三）をともに、読んだ者が余白に注記したもので、原テクストには属しないと推断した。カーリーはゲープハルトに拠って（一）と（三）を括弧に入れている。ミニーニ（MB, pp. 540-541）は、物が「いま在るのとは別なふう」であることの不可能と、神の不完全を想定した場合の物が在ることの不可能との間に（アッピューンが指摘した）対立はなく、首尾一貫した論であることを認め、ドミンゲスもミニーニと同じ解釈からジークヴァルト、メイヤーとアッピューンの説を斥けている。（三）は、結果として他の「人びと（men）」の言いかたと意味上符合することを付け加えたものと思うので、（三）が「物どもは、いま在るのとは別なふうであろう」というよりも、そのような物が在ることの不可能を言っているというミニーニの読みかたを共にはしない。だが、神が不完全であったことを仮定することによる不合理に訴える論が論脈にそぐわないとは考えない。

(151) 写本の本文中には章題がなく、柱見出しに拠る。

(152) 「努力（poginge）」はラテン語でconatusと言われるものに相当する。次を参照。「エチカ」第三部命題六、命題七、第四部命題一八備考、「神学・政治論」第一六章［二］（ATTP506 *5-7*. 光文社古典新訳文庫（下）、一五〇－一五一頁）、「政治論」第二章第六節（PTP96 *25-27*; 98 *1-2*. 岩波文庫、二〇－二一頁）、同章第七節（PTP98 *20-21*. 同二二頁）、同節（98 *10-11*. 同二一頁）、同章第八節（PTP100 *10-15*. 同二三頁）。カーリーが指摘するように、ここでは「努力」は、右の諸箇所で言われることとは違って、「それ自身をその状態に保つ」だけではなく、「より善くしようとする」ことにもかかわる。

(153) 写本は「自身のうちに（in zelfs）」。フローテン－ラント版で「それ（zig）」が補われた。

(154) 「そなえている（heeft）」はモニコフがAに書き加えた。

(155) 「健康（welstand）」。この著作の標題にある「さいわい（welstand）」と同語である。注（1）を参照。

(156) 写本の本文中には章題がなく、柱見出しに拠る。

(157) 「分割による意味で（*in sensu diviso*）」、「複合による意味で（*in sensu composito*）」。「或るものが（偶然な或るものの）偶然の原因である」と言われる場合、「偶然の」が原因の「原因たる（oorzaak zynde）」こと、「原因になる（een oorzaak zal wezen）」ことのように、繋辞にかかわるときが「複合による意味」である。それに対して、「その原因の実在すること（de wezentlykheid van die oorzaak）」が偶然であるというように、「偶然」が単独に一方（この場合は「原因」）だけにかかわるときが「分割による意味」である。ウルフ（p. 197）を参照。

（158）「神だけがすべてのものの第一原因である（God namentlyk alleen de eerste oorzaak van alles is）」。写本では alleen（「だけ」）の前にもう一つ de oorzaak（「原因」）と書いてあったのが消されて、次の de oorzaak の間に「第一の（eerste）」が書き加えられている。ジークヴァルト（S. XVII）は修正により言いかたが弱められたとみなした。ウルフは元来のテクストの文意を「神は唯一の原因、すべてのものの原因である（God is the only cause, the cause of all things）」だったと想定し、この変更により良いものになっていないので、写字生の恣意的な改変という印象を述べた。ゲープハルト（„Textgestaltung,“ S. 467）は写字生の忠実さを挙げ、これに異を唱えた。

（159）「扱い語る（handelen en spreeken）」。メイヤーはこれを、第二部第二六章［一〇］欄外の注とともに、この著作が口述されたものであることの証しとみた。

（160）「理性的、動物（*Redelyk, Dier*）」。Bは「理性的動物（Reedelyk-Dier）」。ジークヴァルトはBのほうをよしとし、ゲープハルト版は「エチカ」第二部命題四〇備考一に「理性的動物（animal rationale）」（Gii121 *31*.『エチカ抄』一三九頁）とあることも傍証として、Aを誤りとした。プレイアード版、畠中、カーリーがBに随う。ミニーニ（MB, p. 548）はAを維持し、「神学大全」第一部第三問題第五項を論拠に挙げている。

（161）注(79)参照。

（162）「考えた（hebben……aangemerkt）」。Bは「考えなければならない（hebben……aantemerken）」。アッピューンはBに随う。ブッセ（L. Busse, „Beiträge zur Entwicklungsgeschichte Spinozas, V-1,“ *Zeitschrift für Philosophie und philosophische Kritik*, Bd. 96, 1889, S. 88）はAに随いつつこの文が「形而上学的思索」第二部第七章第五段落（Gi262 *16-29*）を踏まえていると指摘するが、Aが完了時制であることにより、著作の順序の問題とかかわる。フロイデンタール（„Spinozastudien, I,“ S. 244）がBに拠ってブッセを批判したのは的外れである。ウルフ（p. 197）は同章次段落の箇所（Gi263 *2-9*）の参照を促す。ゲープハルト（„Textgestaltung,“ S. 468）は［七］の先立つ「この反対論は……無知（onkunde）から生れている」と繋がるとみ、ミニーニ（MB, p. 548）はこれに賛成している。

（163）Aは als wanneer wy twee dingen met den anderen off onder verscheide opzigten vergelyken（「われわれが二つの物を他と較べたり、さまざまな観点のもとで較べたりする場合」）。「二つの物を他と」はBでは「二つの物をたがいに（twee dingen met elkanderen)」。（一）ゲープハルト版は twee dingen een met den anderen（「二つの物の一つを他と」）と、een（「一方を」）を補い、ミニーニもこの校訂に随っている。（二）ジークヴァルトは後半について、「一つの物をさまざまな観点のもとで（eines unter verschiedenen Gesichtspunkten）」と eines を補って訳し、メイヤー、ウルフ、カーリー、ドミンゲスが随う。これらを容れた訳にした。

(164)「善」と「悪」については、この部の第一〇章、第二部第四章［五］－［八］で論じられる。「罪」については、第二六章［一］の言葉によると、その前の第二五章（「悪魔について」）がそれを扱っている。

(165) 写本の本文中には章題がなく、柱見出しに拠る。柱見出しは目次の章題と文構成が異なり、Bでは目次と同じになっている。

フロイデンタール（a. a. O. S. 258-259）は、第六章には第八章、第九章が続き、第七章はその脈絡を礙げていると考えた。その上で、この章には第二章［二九］で述べられ、さらに詳しくは第三章から第六章までで扱われた、神に特有ではあってもその属性ではないもの、また、第一章［一〇］で語られた、神の実在がア・プリオリには証明できないという主張に対する反論、が繰り返し現れていることを例に挙げ、章全体がスピノザに近い別の誰かの手で書かれた可能性を指摘した。ドゥニン・ボルコフスキ（a. a. O. S. 117-120）は、第六章には第一〇章が続き、第八章、第九章はそのあとで第一部を締めくくるが、この第七章は（［一］の注解からが）第一部第一章［一］に先立つ序文だったものが原稿整理の際に誤ってここに紛れ込んだと想定した。注(12)を参照。ミニーニ（MB, pp. 550-551）は、論点を列挙してこの両説を批判し、前者に対しては逆に、この章が続く二つの章での「産んでいる自然」と「産み出された自然」の区別を準備していると指摘する（ただしフロイデンタールの説にゲープハルトも随っているとミニーニがみなすのは誤解と思われる）。

(166)「証示する（bewyzen）」。フロイデンタール（a. a. O. S. 244）は、この「証示」について語られていないという理由で、「定義する（beschryven）」とあるべきところを誤って訳されたものと推測した。メイヤー、アッピューン、ゲープハルト版、プレイアード版、畠中、カーリー、ドミンゲスは「定義する」と改め、ウルフ、ミニーニが「証示する」を維持している。ミニーニ（MB, p. 551）は bewyzen の元のラテン語 demonstrare=ostendere（「証示する」）が、属性にかかわって遣われている（神の何であるかを）「知らしめる〔示す〕（kennen te geeven）」（第二章［二九］）、（属性によって神の何であるかが）「知られる（gekend）」（この章の［六］）と同じ意味であることから、「定義する」への改めを余計で、妥当ではないと批判している。どうしても「定義する」でなければならない文意ではないこと、Bも「証示する」となっていることから、ミニーニに随う。

(167) ヘーレボールトにこの論がある。Heereboord, *Disputationes ex philosophia selectae, volumen primum*, Disp. 2, th. 3, Leiden, 1650, p. 147.「神学大全」第一部第三問題第五項では、神が類のうちになく、それゆえ類と種差とから成るその定義も、定義をなかだちとする論証もないことが扱われている。

(168)「肯定〔によるしかたで〕(bevestigender)」。フローテン－ラント版、ミニーニに拠り、「否定によるしかたで（ontkennender）」と対になっていると読み、Aの bevestigende を bevestigender に改める。

(169) このことはマイモニデス「迷える者たちの手引き」第一部五八－六〇章で論じられている。次の翻訳を参照した。Moïse Maïmonide, *Le guide des égarés*, traduit de l'arabe et annoté par Salomon Munk, nouvelle édition revue et mise à jour sous la direction de René Lévy avec la collaboration de Maroun Aouad pour la langue arabe, Lagrasse [Edition Verdier], 2012.

(170) 第一章〔一〇〕および注(54)を参照。

(171)「それに属しない（aan hem niet en behooren）」ものは、挙げられる例によっても、〔六〕の「たしかにある事物に属しはするが、けっしてその事物が何であるかを解き明かしはしない」特有《プロプリウム》のものとは別とみなければならない。なお、「神」を受ける代名詞「かれ（hy）」を本訳では「神」に戻すか「それ」としている。

(172)「〔それらがそれの〕様態になっている実体（die zelfstandigheid van de welke zy wyzen zyn）」。Aの「諸実体（zelfstandigheiden）」、「存在〔者〕（wezens）」を、Bに拠りそれぞれ、「実体（zelfstandigheid）」（単数形）、「様態（wyzen）」と訂す。

(173) ゲープハルト（„Textgestaltung,“ S. 469）はこの注解が内容と意義を欠く上に、指示されている箇所もこの注に背馳するという理由で、スピノザによるものではないとみなした。それに対してミニーニ（MB, p. 551）は、ここで取り上げられる諸様態がどのような意味で神に属しないのかを明かすゆえに必要な注解と考えている。

(174) 写本の四六頁が指示されている。本章〔一〕の注解を指すと思われる。

(175)「自分自身」の前に、完了の助動詞 hebben をBに拠って補う。

(176) Bはおそらく前の「善」と「悪」に合せて、「罪」ではなく「善」としている。

(177)「知られることもできない」の「も……ない」に当るnochはモニコフが写本を訂正して書き入れている。

(178)「これらはそれ自身を通して在る存在者の属性として在る以上は（aangezien *zy* als eigenschappen van een wezen door *zig zelfs zynde zyn*)」。A、Bの通りに訳した。ジークヴァルト（S. 180-181）は元のラテン語をquia ut attributa entis per se existentis *per se* existunt（イタリックは引用者「〔これらは〕それ自身を通して実在している存在者の属性としてそれ自身を通して実在する以上は」）と推測した。ウルフは訳注（p. 199）でこれに賛意を示し、ゲープハルト（„Textgestaltung," S. 470）も重ねられた「それ自身を通して（per se/door *zig* zelfs)」を写字生が誤りによる繰り返しと判じて省いた可能性を指摘し、zyndeとzynの間にdoor *zig* zelfを入れる校訂を行った。カーリーもそのように訳す。ミニーニ（MB, pp. 555-556）はこの挿入を不要であり、ただしくないと批判している。

(179)「ない（niet）」を補う。ジークヴァルト、フローテン－ラント版、ゲープハルト版、ミニーニに拠る。注(169)で触れたマイモニデス「迷える者たちの手引き」第一部五八－五九章には、われわれが神の「有りかた」を完全には識りえないという主張がある。トマス・アクィナスは（マイモニデスと同様の）ディオニュシオス・アレオパギタの見解を批判して、神について肯定の命題がつくられうると言うが（『神学大全』第一部第一三問題第一二項）、一方ではわれわれは神のもろもろの結果を通しては神の有りかたを完全には識りえないと述べている（同部第一二問題第一二項第三異論解答）。

(180) Aには「一八頁」という指示がある（Bにはない）。ジークヴァルトはこの指示が「省察」の一六五〇年版（アムステルダムで刊行）に拠ると推測した。ただ、ジークヴァルトは「一八頁」ではなく「二一頁」としており、先立つシャールシュミット校定の版がそうなっているものの、その典拠は不明である。一六五〇年版の「省察」であるとすれば、「一八頁」にせよ「二一頁」にせよ、「付録」に収められたガッサンディによる第五論駁にあたるが、「一八頁」の内容はいまの問題にあてはまらない。「二一頁」はアダン－タヌリ版（*Œuvres de Descartes publié par Charles Adam et Paul Tannery*, Tome VII）の二八七頁七行目から二八八頁二七行目までに相当し（『デカルト著作集』第二巻、白水社、三四四－三四六頁）、そこでは神について「正真正銘の観念（idea germana）」をもてないことがあげつらわれている（AT, pp. 287 *14-15*, 288 *1-3*）。それに対応するデカルトの答辯としてジークヴァルトが挙げる一六五〇年版の六四、六五頁はアダン－タヌリ版三六二頁一八行目から三六六頁一九行目までにあたる（『デカルト著作集』、四三八－四四二頁）。アッピューンは、シャールシュミット、ジークヴァルトの頁指示がスピノザの目にしていた版とは別物であろうと推測しており、こちらに蓋然性があるように思われる。

（181）注（170）を参照。

（182）Aの通りに「ア・ポステリオリ（a posteriori）」を維持する。関聯する第一章〔一〇〕、注（52）を参照。写本は初め a priori と書かれたのを抹消して a posteriori と書かれている。メイヤー、畠中は「ア・プリオリ」を採る。カーリーはこの立場に近いが、「ア・ポステリオリ」に代えて「ア・プリオリ」とするだけでは修復できないテクストの欠陥を疑う。

（183）写本の本文中には章題がなく、柱見出しに拠る。

「産んでいる自然（de Naturende Natuur〔能産的自然〕）」、本文中のラテン語術語は Natura Naturans、対になるのは「産み出された自然（de genatuurde Natuur〔所産的自然〕）」、ラテン語は Natura naturata（前者では形容する現在分詞が大文字で始められ、後者では過去分詞・完了分詞が小文字で始められている）。この対は「エチカ」第一部命題二九備考でも扱われる。概念の源が新プラトン主義者のプロクロスに認められ、十三世紀半ばからは神学の用語として流布したというこの対語の初期の使用者、アヴェロエスのアリストテレス注釈のラテン語訳を契機とした用語の成立、スピノザにおける意義との対比に関しては、ジーベックの考証が参照される。H. Siebeck, „Ueber die Entstehung der Termini natura naturans und natura naturata," *Archiv für Geschichte der Philosophie*, Bd. 3, 1890, S. 370-378. スピノザに手近だったと思われる範囲ではヘーレボールト、クラウベルクの著作でこの対に接していたことは考えられる。Heereboord, Collegium physicum, Disp. 2, th. 1, §4, p. 6a-b in *Meletemata philosophica*, Neomagi [Nijmegen], 1665; Clauberg, *Opera omnia philosophica*, Amsterdam, 1691, Rep. Hildesheim, 1968, pp. 295-296; 470.［ゲルー（*op. cit.*, vol. 1, p. 564）による上記著者への言及はいずれも参照頁が誤っており、そのまま二二一－二（MB, p. 558）とラモンの論文（Charles Ramond, "Nature Naturante, Nature Naturée: sur quelques énigmes posées par une distinction arch-fameuse," dans Ch. Ramond éd., *Spinoza: Nature, Naturalisme, Naturation*, Pessac, 2011, pp. 94-95）に踏襲されてしまっている。］「産んでいる自然（natura naturante）」はジョルダーノ・ブルーノの「原因、原理、一者について」にも現れる。De la causa, principio et uno, Dial. 4, in *Giordano Bruno Opere complete - Œuvres complètes*, III, Texte établi par Giovanni Aquilecchia, Nouvelle édition revue et corrigée par Zaira Sorrenti,Paris, 2016, p. 221.『ジョルダーノ・ブルーノ著作集』3（東信堂、一九九八）、一三九頁。

(184)「トマスの徒（Thomisten）」が具体的にどういう人たちを指すのかは詳らかにできない。トマスの言及は「神学大全」第二―一部第八五問題第六項参照。この用例の分析とスピノザとのかかわりを含む、「産んでいる自然」と「産み出された自然」の語釈はゲルーを参照。M. Gueroult, *op. cit.*, vol. 1, pp. 564-568.

(185)「産み出された自然」がここで「神にじかに依存する」、「普遍の」それ（いわゆる「直接無限様態」）と、「個物」の二つに分けられていることについては、『個と無限』、第一章、三〇―三一頁を参照。

(186)「何らかの実体（eenige selfstandigheden）」。Bは「唯一の実体（eenige Zelfstandighyd）」と単数になっている。ジークヴァルト、フローテン―ラント版、アッピューン、ウルフ、バルトゥシャートが単数形を採る。ミニーニ（MB, p. 559）は、様態の（ここでは「実体」と呼ばれる）属性への依存のことを言っているのでAの複数形が維持され、それはもろもろの（属性としての）実体がただ一つの実体に属することを排除しないと言う。無限に多くの属性の中から、その様態がどの属性の様態であるかに応じて、「念われるために必要としている」属性の何かが決まる。eenige は単数、複数どちらの名詞も伴うことができるが、ゲープハルト（„Textgestaltung,“ S. 471）は eenige が複数形を見込ませるという理由でAを維持している（ただしそのドイツ語訳では単数形にしている）。ロビンソン（„Untersuchungen über Spinozas Metaphysik,“ S. 481）はBの単数形に、一番目の会話［九］（注(104)参照）でAの複数形の「実体」を単数形に直した場合と同様の、モニコフが「短論文」の記述を「エチカ」の説に合せようとする傾きを見ている。しかし、会話のほうでは文脈の意味から単数形に改めることが求められるのに対して、ここではそうではない。Aの複数形を維持することは一番目の会話［九］でBの単数形を採ったことに背馳しない。

(187)写本の本文中には章題がなく、柱見出しに拠る。

(188)「解ること（het verstaan）」（動詞 verstaan の不定形が名詞として用いられている）。注(192)を参照。

(189)注解の指示記号は［二］冒頭の「運動」に書かれてから消され、［一］の「運動」の箇所に改められている。指示記号のある紙葉の下部余白に脚注として書き出される通例と異なり、この注解は次頁の章末に置かれている。Bにはこの注解はない。トレンデレンブルク（a. a. O. S. 307-308）はこれをチルンハウスの問題提起（関聯書簡八〇、八二、八三）に窺えるような問により後の者の手で加えられたものとみなした。「著者（Autheur）は……」という書きかたが著者自身（スピノザ）による注解であることを絶対に排除するわけではないが、校定者、訳者、注釈者のおおかたは編纂者による注解とみなしている。メイヤーは、注解の書き手が「著者〔スピノザ〕」の在世の間に書いたことを証すと記し、ミニーニ（MB, pp. 563）はこれを基に後述する仮説を立てた。フロイデンタール（a. a. O. S. 270）は、本文で運動に関して言われたことはスピノザが最晩年になっても堅持した説である以上、この注はいまは失われた本文にかかわっているにちがいないと考えた（最後の点はウルフも推測を同じくする）。これに対してゲープハルト（„Textgestaltung," S. 471-472）は、スピノザが運動に関して、とりわけ広がりの属性からどのようにして個物が出てくるかという問をめぐって、チルンハウスとの書簡が示すように晩年になっても結論に到っていないことを指摘し、注解が「短論文」を口授した際のスピノザの留保を映し出し、口述ということの徴《しるし》になるものとしてその意義を認めた。ミニーニ（*ibid.*）はゲープハルトと同じくスピノザが晩年においても上記の問題の解決に到っていないとみる一方で、注解の説明が、スピノザの依頼によりロードウェイク・メイヤーが執筆した『デカルトの哲学原理』序文に似た性質をそなえることを指摘し、「注記（Nota）」という稀な語例と注全体がイタリック体で書かれていることから、著者の要請を受けて書かれた注解であろうという仮説を示した。

(190)「本気で（in ernst）」。トレンデレンブルク（a. a. O. S. 307）とフロイデンタール（a. a. O.）は「真面目に」ではなく「厳密に」、「厳格に」の意味に解している。ミニーニは「確信をもって」と訳す。

(191)「神の子（Zone）」。本章〔三〕、第二部二二章〔四〕注解、〈付録〉二〔一〇〕を参照。「形而上学的思索」第二部第一〇章では「神の子は被造物ではなく、父と同様永遠である」と言われ（cf. Gi271 *25-30*）、書簡七三では「神の永遠の子」が「神の永遠の智慧（Dei aeterna sapientia）」と言い換えられている（cf. Giv308 *10-13*）。ゲープハルト（„Textgestaltung," S. 471）はその表現をスピノザによるものと認めた上で、奇異の観を与える用語をこの著述が繋がりをもつ（イェルスもそこに入る）宗教諸派の影響と考えようとしている（ゲープハルトが「神秘主義者の諸宗派（Sektenmystik）」と称するのは精確とは言えない）。反対の見かたとして、プレイアード版（p. 1375）は、「子」や「創造物」といった宗教、神学に根ざす語が換骨奪胎されて、神から出てくる結果（直接無限様態）の謂として非神格化されており、キリスト教との関係でスピノザの思想にぐらつきや譲歩は認められないと注している。これに対してミニーニ（MB, p. 564）は「神の子」の意味を「神学・政治論」第一章［一三］（ATTP96 *28-30*; 98 *3-10*. 光文社古典新訳文庫（上）、七六－七八頁）の一番目（さきの「形而上学的思索」第二部第一〇章の説明と繋がる）、五番目の項と関係づけている。

(192)「解ること（het Verstaan）」。名詞の「知性（verstand）」になっていない理由をミニーニ（MB, pp. 564-565）は、動詞の形であることが行いの直接であることと現にはたらいている連続とを表すからだと解している。「エチカ」第一部命題三一備考を参照。

(193)「もろもろの感情（Aandoeningen）」。aandoening という語の唯一の使用例。「触発する（aandoen）」という動詞から成り、「触発ないし変容された状態」の意味を根柢にもつ。この著作で「感情」を指す語では、使用頻度の圧倒的に多いのが passie（ラテン語の passio にあたる）、次がその同義語とみてよい lyding であり、これらは「情念」にあたる。他ではおもに「情念の傾き」と訳した tochten（「傾き」、「動き」の意味を含む）が十一回、そして「情動」を意味する ontroering が一回遣われている（第二部第四章［一一］）。aandoening は、「エチカ」で「感情」を言う語として一貫して用いられる affectus にあてはまるオランダ語だが、この一度きり使用されていないのは、普通に馴染まれていない言葉であったためと推察できる。L・メイヤー編纂の語彙集 *Woordenschat*（注(142)参照）は passio に相当するオランダ語として lijding と hartstoght を挙げる一方、affectio（「エチカ」では「様態」に通ずる「変容」の意味）、affectus に相当するそれをそれぞれ andoening、hartstoght（「情念」）としている。hartstocht はオランダ語版『遺稿集』の訳者フラーズマーカー（Glazemaker）が「エチカ」の affectus に充てている訳語である。拙稿「内と外へのまなざし――スピノザ哲学への一つの近づき」、日本哲学会編『哲学』第五七号（二〇〇六）、一〇七頁注(10)を参照。

(194) ミニーニ（MB, p. 565）は、この示唆が〈付録〉二（その［一〇］でこの第一部第九章に言及している）への言及である場合のこととして、(一) この示唆は〈付録〉二が書かれてから加えられた、(二)〈付録〉二は著者によってすでに別の論として準備されていたか作成されていた、(三) 第八、九章、そしておそらくは第一〇章も、想定される標題から神とその属性についての論だけであったはずの元々の第一部の結びにのちに含められた、という仮説を示している。

(195) 写本の本文中には章題がなく、柱見出しに拠る。

(196) 第六章［九］を参照。

(197)「［それの］有ることが一つの完全な有りかたであるはずの」。原文は、welkers wesen een volmaakte wezentheid moet zyn（welkers は所有格の関係代名詞で、訳ではあとに来る「観念」が先行詞）。ジークヴァルトは字面とは別にここの意味内容を「個物の観念のみが現実に実在している観念対象（Ideatum）をもつ」と捉え、その影響のもとにメイヤーは「その有ることは実在と完全に一致しなければならない」と訳した。アッピューンは wezen を「形としての有りかた（l'essence formelle）」（注(21)(37)参照）、「観念の対象（objet de l'idée, ideatum ideae）」と解し、volmaakte wezentheid を「物としての、ないしは正真正銘の有りかた（une essence réelle ou véritable）」と解している。

(198) ジークヴァルト（S. 185）は、以下の導入の言葉が新たな証明を試みる門弟を思わせ、証明は非常に不明瞭な上、「物」と「はたらき」の区別をスピノザが他では使っていないということを挙げて、それを筋の疑わしいものとみなした。フロイデンタール（a. a. O. S. 259）、ウルフ（p. 202）がこれに賛同し、ゲープハルト版も真正ではないテクストとして括弧に入れている。これに対してミニーニ（MB, p. 567）はその区別が述べられている箇所として、第一部第六章の末尾、「知性改善論」［六四］（MP102 *17-18*/Gii24 *28*）、書簡七五（Giv311 *16-17*）を挙げて反証し、カーリーがこれを支持している。ドミンゲス、畠中も同じ立場である。

(199) 次行の「これだけが自然のうちに在り（want die is alleen in de natuur）」までが写本では括弧に入っているが、フローテン－ラント版とミニーニに拠り訂す。

(200) 巻頭の「章の見出し」（目次）では「第二は、神と一つに結ばれうる状態にある完全な人間について扱う」となっている。この異同については注(8)を参照。Bは「倫理学　第二部　人間について（ZEDE-LEER: TWEEDE DEEL; van den MENSCH）」としている。

(201) 標題は柱見出しに拠る。目次には記載がない（注(6)参照）。ミニーニ（MB, p. 387-388）はこの「序言」を第二部の草稿が出来たあとから書かれたものとみている。

(202)「頁」とだけ記され、数字はない。メイヤーはすぐ下に書き出される［二］の注のことと解し、ミニーニは第二〇章［三］の注解を参照せらるべき頁としている。メイヤーはAの写字生が基になる別の稿本を参看していたという結論を引き出している。

(203)「だがすべてのことを扱うわけではない。それは数限りないから（doch niet van alle, dewyle die ontallyk zyn）」。「エチカ」第二部序言の「が、実際には全部ではない。無限に多くのものが……（Non quidem omnia; infinita enim……）」という言回しはここと酷似する。

（204）フロイデンタール（a. a. O. S. 271）は、この著述の中で予告された論述が実際には行われていない場合があることを指摘し、元々はあったそれが偶たまか写字生の恣意かによりいまの写本では脱け落ちているという仮説を立てた。その一例として、ここと序言末尾、第一章冒頭で繰り返される予告を挙げ、実際にその第一章で行われているのは「人間を成り立たせる様態」の解明ではなく、認識様式の枚挙であり、課題の解明は序言の注解、第二〇章［三］と［四］それぞれの注解、〈付録〉二のうちに見出されると言う。そして推測として、その論は本文中にあったが、それに歉《あき》らなかったスピノザは改作して元の論を無効と印づけ、それにより写字生は元の論を削除し、後からの論を注解として本来ではない場所に加えるように誘われたという説を示した。A. a. O. S. 272-274. ウルフも序言の注解について元来注解ではなく間違った場所に置かれているという見解を注した。ゲープハルト（„Textgestaltung,“ S. 476）はフロイデンタールの仮説に賛意を表し、削除された元の論が第一章［一］の後にあったと想定してその箇所を闕文と校訂した。

（205）「人間が精神、心、あるいは体から成るかぎり（voor zo veel hy uyt geest, ziele, of lichaam bestaat）」。「精神」もしくは「心」を表す語としてこの「短論文」ではほぼ一貫して遣われているのは ziel である。この訳では「精神」ではなく「心」と訳す（ziel を soul と訳し、「エチカ」で mens を mind と訳すのと異ならせているカーリーと行きかたを同じくする）。geest の使用例の大半は複数形 geesten で「動物精気」（ラテン語 spiritus animales）の意味で用いられている（欄外の摘要を別にすると二十回）。「動物精気」以外の意味では（「まえがき」の中の一箇所を別にすると）四回遣われ、「肉」と並べられた「霊」（第二二章［七］、MB101 *3*）、「善き精霊（een goede geest）」（第二六章［六］、MB110 *11*）、残りがここと、やはり「体」と並べて遣われている第一九章［三］（MB85 *29*）である。ここは geest と ziel が並べて遣われている特異な例であり、それぞれ「精神」、「心（魂）」としてあえて区別されているのかどうかが問題になる。ラテン語の「心（魂、霊魂）」、「精神」の語彙に目を向けると、「知性改善論」では anima が二十一回、mens が四十七回遣われているが、「エチカ」では anima はデカルトの書名（「情念論」）としてを除けば六回しか現れず（このうち四回は第五部序言でデカルトに言及した文脈での使用）、「精神」を意味する mens が一貫して用いられている。オランダ語版『遺稿集』の「エチカ」では mens の訳語は、第五部序言の右の文脈で geest が使用される以外は ziel が充てられている。対するに anima と mens がともに現れる「知性改善論」ではそれぞれ ziel、geest としてほぼ訳し分けられている。次に「デカルトの哲学原理」第一部定義六の説明とそのオランダ語版訳者バリングによる注記に触れておく。定義は「省察」第二答辯に付せられた「諸根拠」中の「精神（mens）」の定義を、補足の「わたしがここで心（anima〔霊魂〕）よりもむしろ精神（mens）のことを語るのは、心という名がどっちつかず（aequivocum）で、しばしば物体の性質を帯びた物のために用いられるからである」という説明も含めて転記したものだが、バリングはこの補足を訳から省き、代りにその眼目について述べたのち、「しかるに〔ラテン語と異なり〕わが国語にあっては、物体の性質を帯びた何かが一緒に含意されないような語が見あたらず、いずれか片方の語がもう片方より〔デカルトが〕考えるところをいっそう明瞭に言い表すこともない。よってそれをここに訳すのは無用である」と注記を加えた。つまりmensにあたるオランダ語がないからと言うのである。辞書によると、前掲のキリアーン語源辞典（一五九九）はsiele（ziel）の相当語をanima（英語のsoule）とし、gheestのそれとしてspiritus、animus、anima、mens、ingeniumを挙げる（ドイツ語のgeist、英語のghosteを併記）。他方*Woordenschat*（1669）は哲学用語としてのspiritusに相当するオランダ語をgheestとしている。geestとzielが「精神」、「心（魂）」として区別されているのかというさきの問には、したがって自国語でのラテン語に相当する哲学術語の探索と形成という要因が介在する。さらにいまの場合、「短論文」は元々ラテン語で書かれたという一応の定説を前提にすれば、geestとzielがそれぞれ別のラテン語の訳であるのか、それともオランダ語への訳者が一つのラテン語を二語併記で表そうとしたのかは、臆測でしか語れない。とはいえ、「精神」の意味でのgeestの用例がここを含めて二例しかないことを考慮すると、後のほうの蓋然性が高いと言ってよいのではないか。テクストにそくして見ると、「思い」と「広がり」という神の知られている二つの属性について（第一部第二章〔二八〕参照）、前者に入る二つの様態（「精神」、「心」）と後者に入る一つの様態（「体」）を挙げていることになるから、geestが「精神」の意味で現れるもう一箇所の第一九章〔三〕の言いかたと照しても、このままスピノザの考えとして受け取りがたい。ミニーニ（MB, p. 572-573）はテクストの不完全と、uyt geest, of ziele, en lichaam（「精神、言うなら心と、並びに体と」）と修復されるという推測のもとに、「人間が思いの一つの様態によって構成されるとみなされるにせよ、広がりの一つの様態によって構成されるとみなされるにせよ」という文意を想定している。スピノザにおける「精神（mens）」、「心（anima）」という語彙の使用に関しては次も参照されるべきである。E. Giancotti Boscherini, “Sul concetto spinoziano di mens,” in G. Crapulli – E. Giancotti Boscherini, *Ricerche lessicali su opere di Descartes e Spinoza*, Roma, 1969, in particolare pp. 125-136. ジャンコッティ－ボスケリーニ

（pp. 127-128）は「短論文」（ゲープハルトに随いそのオランダ語訳者をバリングとみなす）でもっぱら使用されるzielの原語がanimaだったとみられることを、初期著作から「エチカ」に向って、animaがmensに取って代えられ、ついに跡を留めなくなる術語上の進化を証するものとみている。それに対してミニーニ（MB, p. 574）は、「デカルトの哲学原理」、「エチカ」、「知性改善論」などでのオランダ語訳語との対応関係の考証をもとに、zieleに対応する元の用語がanimaではなくmensだった可能性があるという仮説（すなわちスピノザは初めからほぼ一貫して「精神（mens）」を用いていたこと）を辯じている。この箇所に関するミニーニの論は次の範囲。MB, pp. 102-103; 572-575.

（206）「この本（boek）」と呼んでいるのが、スピノザ自身か、編纂者か、それとも写字生か、またどういう形を指して「本」と言っているのかは不明だが、この著作の成立過程、あるいはその後の扱われかたとかかわることである。

（207）第一部第二章［二］がそれにあたる。そこに挙っている四つの命題のうちの三番目が以下の三つの命題の第二として、二番目が第三として示されている。フロイデンタール（a. a. O. S. 271-272）は、前にあるとされた論がない例として、ここの第一の命題が「この本の初めに」にないことを挙げた（第一部第二章［一七］の第三項では言及されている）。しかし、この命題は第二、第三の命題と違って、第二章［二］にあるそれをそのまま繰り返したものではないけれども、一番目の前半で言われる、実体が無限であることからの帰結である。第二〇章［三］注、「エチカ」第一部命題五、六、八を参照。人間が実体ではないことについては、同第二部公理一、命題一〇および系を参照。

（208）写本にはこの注解を指示する印がない。フローテンによる最初の刊行以来、［二］の「心（ziele）」への注解とする校訂が踏襲されている。Aでは本文［二］の途中で、線で区切った下部に小さな字で書き始められ、次頁の下半分、右余白へ続き、次々頁の下部で終っている。フロイデンタール（a. a. O. S. 252）は、この注解が序言の書き改めであり、その改作はさらに第二〇章［三］と［四］それぞれの注解、〈付録〉二で改められるという見解のもとで、注解の第一項と第二項が本文［二］と［三］を敷衍し、それに代るはずのものとみなした。注（204）を参照。注解の指示箇所が示されていないことと、それが［二］以外にもかかわるというフロイデンタールの解釈を受けて、注解全体を序説の末尾に置く訳者もいる（カーリー、ドミンゲス）。ミニーニ（MB, p. 577）は注が作成された時期に関して、この著述の最初の稿より後で、さらに第二〇章［三］と［四］それぞれの注解、〈付録〉二よりも後のものと想定している。

（209）メイヤーによる補足（zie p. 243）とそれを受け容れるアッピューン訳およびゲープハルト（„Textgestaltung,“ S.

474）の校訂を採らず、ミニーニ（MB, p. 578）の校訂に随い、動詞 komt を補って読む。komt はこの項の初めで「体」について言われる「実在するようになる（komt……wezentlyk te zyn）」から援用されているが、挿入される箇所の前にある en zo voort（「など」）の意味で、これだけではここで意味をなさないとゲープハルトが言う）の voort が前綴りとなって、voortkomt（「生じる」）という動詞になる。

（210）原文を示す。……maar ook zulk een lichaam dat zo geproportioneert is van beweging en stilte, en geen ander.「別の(ander)」は「物体」を指すか、意味上「釣合」を指しうる。前者に取った。諸訳では、釣合の意味に取っているのがアッピューン、プレイアード版、ドミンゲス、ガノー、物体として訳しているのがジークヴァルト、ゲープハルト訳、畠中、バルトゥシャートである。英語訳（ウルフ、カーリー）では判然としない。ミニーニは MB では釣合として訳していたが、イタリア語訳著作集（MO）で物体を指すように改めている。

（211）A の通りに zyne（「自身の」）と読む（シャールシュミット、フローテン－ラント版、ゲープハルト版）。ミニーニは旧版（MK, MB）では zynde（動詞 zyn（「ある」）の現在分詞）としていたが、最新版（MP）では zyne に改めている。

（212）「われわれの〔体〕がいまある〔のに応じた〕のと同じように（gelyke het onze nu is）」。het onze を中性単数の冠詞 het が示す通りに「われわれの体」とする（ジークヴァルト、ゲープハルト訳、ミニーニ、ドミンゲス、バルトゥシャート、ガノー）。メイヤーは A のテクストを誤りとみなして「それら〔心と体〕が現在あるように（als zij thans zijn）」と変更した。アッピューンがこれに倣い、ドゥニン・ボルコフスキ（a. a. O. S. 133）も賛成した。ウルフ、プレイアード版、カーリーも主語を「心と体」とし（畠中も同様）、動詞を複数形に変えている。

（213）「一対三の限度」。A は de palen van van 1. tot 3 となっている。B およびシャールシュミット、フローテン－ラント版、ミニーニの校訂に随い、van を一つ省く。

（214）「変化（verandering）」（「移り変り」とも訳している）。ベーマー（a. a. O. S. 79）は「変化」に代えて「知覚（gewaarwording）」もしくは「この変化の知覚」と読むべきであると指摘し、メイヤーが支持、ウルフもこの示唆を容れ「この変化の意識（consciousness）」と補った（畠中も随う）。ゲープハルト（„Textgestaltung,“ S. 474）はこの読みを斥け、ミニーニ（MB, p. 578）もゲープハルトを支持している。

（215）「感覚印象（gevoel）」。gevoel が「感覚」の意味で用いられていることは一部の訳者に戸惑いを与えている。ジークヴアルトは対応するドイツ語 Gefühl に括弧書きで sensus, Sinnesempfindung と補って明確にしようとし、バルトゥシャートも Empfindung を訳語としている。ウルフは feeling と訳し、原語と併せて sensibility? と注記している。「感じる（gevoelen）」ことは「意志する」、「解る」、「愛する」とともに思いの実体の様態とされ（第一部会話一［九］、本書一〇四頁）、第二〇章［四］の注解では「反照的観念（idea reflexiva）」と同じとされている（本書二三〇頁）。

（216）写本では代名詞 het。Bは「心（de Ziel）」となっている。het は中性名詞を受けるが、「心」を指すと解した。

（217）ウルフはこの項について、本質的（essential）ではなく、また不精確（inaccurate）であり、いまの形ではおそらくスピノザが書いたものではないとみなした。二行目の「この実体もまた」はテクストでは ook deze（「これもまた」）だが、Bは「これ」を抜いている。シャールシュミット（p. X, n.）が注記し、脱落により理会できない文になっていることをジークヴァルトが指摘した。ただし両者ともに（さらに反対の立場のゲープハルト、ミニーニも）Bが「もまた（ook）」は省いていないことを見逃している。ジークヴァルトはまた（「広がりの実体と併せて」と訳した）neben der [Substanz] der Ausdehnung（テクストは beneffens die, van de uytgestrektheid）を意味曖昧とした。ジークヴァルトとウルフは、実体と様態の対比が扱われるべきところを、思いと広がりが対比させられていることを問題にしたが、ゲープハルト（„Textgestaltung,“ S. 474-475）は反論してテクストを擁護している。

（218）「別の属性の様態」。テクストは desgelyks van die andere eigenschap で、字句通りには「別の属性についての同様のもの」。メイヤーが desgelyks の後に「様態（wijzen）」と括弧で補い、アッピューン、ウルフがそれに倣い、ゲープハルトはテクストにも wyzen を挿入する校訂を行った。ミニーニ（MB, p. 575）は挿入しなくても理会できるとして、Aの読みを維持している。

（219）「実体であることを」。Aは zelfstandigheid zyn、Bは不定詞をつくる te を入れて zelfstandighyd te zyn とする。フローテン－ラント版、ゲープハルト版はBにもとづいて校訂し、ミニーニは MK では同様に校訂していたが、MB ではAの読みに戻している。

（220）「エチカ」第二部命題一〇系の備考を参照。

（221）「それ（het）」（中性の代名詞）は、性を異にするけれども、「物質ないしは物体の自然の性」を受けた前行の「その自然の性（die natuur）」を指すとしか読めない。

(222) 第一部第三章［一］を参照。

(223) 第一部第七章［九］［一〇］を参照。

(224) 「エチカ」第二部定義二および注(220)の箇所と関聯する。

(225) 注(204)を参照。

(226) 写本の本文中には章題がなく、柱見出しに拠る。それぞれの原語を示す。「思い込み（waan）」、「信（geloof）」、「識っていること（weeten）」。**geloof** は「エチカ」での認識の三分類のうち第二類の「理知（ratio）」にあたる。本章［二］、第二章［二］、第一四章［二］、「エチカ」第二部命題四〇備考二を参照。ミニーニとバルトゥシャートは「確信」と強い意味に訳し（convinzione、Überzeugung）、ドミンゲスは多くの訳者と同様「信（fe）」と訳した上で「理由にもとづいた揺るぎない確信という意味での（en el sentido de convicción firme y fundada en razones）」と注している。**weeten** の訳語は、ドイツ語 **wissen**、フランス語 **savoir**（アッピューン、プレイアード版）、**science**（ガノー）、英語 **knowledge**（ウルフ）、**science**（カーリー）、イタリア語 **sapere**、スペイン語 **saber**、畠中訳「知識」となっている。他の箇所の用例に照して **weeten** は、対象が度外視された上で「知る（kennen）」こと、「知識（kennis）」一般を言うのではなく、現に対象とかかわって「識っている」状態を意味する。ラテン語の動詞「識る（nosco）」（不定法 **noscere**）の完了形 **novi** に通じる。**novi** では「識った」結果が「識っている」ことになり、意味は現在になる。樋口勝彦、藤井昇『詳解ラテン文法』（研究社、一九六三）、三八頁注三参照。

フロイデンタール（a. a. O. S. 261-267）は、注(204)で触れた問題、竝びに注(232)で触れる認識の分類の異同とそこに認められる問題から、第二部には執筆時期を異にする三種の論述が識別され、スピノザの論のすべてを保とうとする編纂者の義務感とそれに釣合わない理会とにより、それらが不適切な場所に組み入れられたという仮説を立てた。その説（a. a. O. S. 266）によると、最初の論（情念が認識の種類を顧慮せずにデカルトおよび同時代のスコラ哲学者の先例に倣って論じられる）は第四章［一一］から第一四章［一］まで、二番目の論（情念が認識の種類との関係で論じられる）は第三章と、第一四章［二］から第二〇章まで、三番目の論は第一章、第二章、第四章［一］－［一〇］、第二一章－第二六章まで（二番目と三番目とでは認識の分類に違いが来している）であるという。しかし、「聞き伝え」と「経験」が三番目の論になって「思い込み」の下位分類に格下げされると言われているのは誤りとみられる（注(232)参照）。アッピューン（p. 407）は、注(232)で触れる「理性」の役割と力についての齟齬をフロイデンタールが度を越して重く見たと評している。

(227) 注(204)を参照。

(228) 「果している（uytwerkingen）」。動詞 uytwerken には「なし遂げる」、「し遂げる」の訳語を充ててきた（第一部第四章［二］、［五］、［八］）。神＝自然が果していることであり、「なし遂げたこと（uytwerkinge）」（第一部第七章［五］）はたしかに「結果」であるけれども、普通に解された自然的結果や固定された事実ではない。果されていること、という意味は外せない。この先、「効果」という訳語も用いる。「結果」は uytwerkzel(en) の訳語とした（第一部会話一［一一］、［一二］、第三章［二］、第九章［二］）。

(229) メイヤーは「最初の点に関して」を省いた上で、［一］の二つの段落の順序は逆で、こちらが先になると注している。

(230) 原文を示す。eenige begrippen, of het medegeweten, van de kennisse onses zelfs en van die dingen die buyten ons zyn. テクストの混乱を指摘する訳者、注釈者、校定者は多い（ジークヴァルト、フロイデンタール、アッピューン、ウルフ、ドゥニン・ボルコフスキ、ゲープハルト、プレイアード版）。フロイデンタール（a. a. O. S. 273）とアッピューンは推定した本来のラテン語文を提示している。ゲープハルトは次のように語順の入れ替えにより文意を変える校訂をした。eenige begrippen van die dingen die buyten ons zyn en de kennisse onses zelfs, of het medegeweten.（「我々の外部にある物についての若干の概念並びに我々自身の認識即ち自意識」ゲープハルト版に随う畠中訳）。写本の読みを維持するミニーニ（MB, pp. 581-582）は、「意識（het medegeweten）」を（われわれ自身の）「認識（kennisse）」の補助的な訳語にすぎないとみなすフロイデンタールとそれに随うゲープハルトの読みを、「外に在る物」の意識が不可能であるかのように、あるいは「外に在る物の覚知（begrippen）」が「意識」を伴わなくとも可能であるかのように「外の物」の認識を「われわれ自身の認識」から独立させるものとして批判している。同じくゲープハルトを批判するドミンゲスがここに反照的方法（método reflexivo、第二部二〇章［四］注解、〈付録〉二［一七］、「知性改善論」［三八］参照）が始められていることを読み取っているのもミニーニと軌を一にしよう。

「覚知」の原語 begrippen（単数形 begrip）について。OPとNSの語対応は、「知性改善論」に限ってみると、「覚知する」、「覚知」と訳した percipere/perceptio に対して、NSは（動詞二例を除いて）bevatten/bevatting と begrijpen/

begripをおよそ半々に充てている（動詞の場合begrijpen、名詞の場合はbevattingが多い）。個々の場合の意味を考慮した訳し分けとはみなせず、どちらも「覚知」の意味で用いられているとみてよい（名詞に関しては［七二］からあとはbegripだけで、その前はもっぱらbevattingである）。これとは別にbevatten/bevattingはconcipere（念う）/conceptus（思念）とこちらは規則的に対応している。したがってbevatten/bevattingは「念う・思念」と「覚知する・覚知」の意味をそなえる。「知性改善論」と違い、「短論文」では対応するラテン語を確かめる手だてがないが、begrypen/begripが「覚知する・覚知（percipere/perceptio）」と「念う・思念（concipere/conceptus）」の両方の意味で遣われている。ここまでの範囲では、第一部第一章［六］、第二章［二四］、会話一［一二］、第八章の用例は前者として、第一部会話一［一〇］、会話二［六］、第四章［二］、第七章［八］の用例は後者として訳した（他にbegrypenを「理会する」、「包み込む」、「含む」とした所もある）。bevatten/bevattingの用例はずっと少ない。本章［二］四行目の用例は瞭かに「覚知」と訳される使用である。第一九章［一六］の使用も同様である。対するに第一五章［二］のそれは「思念」と解した。動詞bevattenの十の用例は、「把握する」（第一部第二章［一九］の三例）、「念う」（第二部第四章［五］、第一九章［一〇］）、「考察する」（第二部第一六章［四］注解）、「含む」（第二部第一七章［二］、〈付録〉二［四］の二例）、「覚知する」（第二部第二〇章［二］注解）と訳した。

（231）この注解は、フローテンによって初めて刊行されたBにもとづく版と次のAによるシャールシュミット版ではテクストとして載せられたものの、その後のフローテン-ラント版、ゲープハルト版では省かれた。ウルフは、注（204）で述べた、この章冒頭で予告されている「人間を成り立たせる様態」の解明と、章の実際の内容の折合いをつけようとする読み手ないしは写字生の弱々しい企てと評した。ドミンゲスは［二］の注解とともにこの注解に疑いをかけている。ミニーニ（MB, p. 582）は、「諸様態」が個別の固定された覚知ではなく、そうした覚知が精神のうちに形づくられるのを担う構造の方式（le forme strutturali）であることを明確にしていることにより、この注解が保持されるべきであると注している。

（232）認識の分類には異同がある。そこからフロイデンタール（a. a. O. S. 261-263）はまとまった諸部分がスピノザ自身の手によらずに重複させられているという疑いを示した。主な所を一覧にしておく。（i）第一章章題、（一）思い込み、（二）信、（三）識っていること（注（226）参照）。（ii）この注解、（一）思い込み、（二）本当の信（waar geloof）、（三）明晰判明な知（klare onderscheide kenis）。（iii）第一章［二］（その注解も参照）、（一）ただ信［思い込み］（体験 ondervinding か聞き伝え hooren zeggen かによって生じる）、（二）本当の信、（三）明晰かつ判明な覚知（bevatting）。（iv）第二章［一］、（一）思い込み、（二）信、（三）明晰な知、本当の知。（v）第三章［四］、（一）本当の覚知（ware begrippen）、（二）臆見（opinien）、（三）聞き伝え。（vi）第四章［九］、（一）聞き伝え、（二）経験（ervarentheid）、（三）信、（四）明晰な知。他の著作では、「知性改善論」［一九］での四区分とすでに触れた「エチカ」第二部命題四〇備考二に始まる三区分がある。waan（「思い込み」）と opinie（「臆見」）について、ミニーニ（MB, pp. 583-584）はこの著作での使用例を挙げ、さらにL・メイヤー編纂の語彙集 *Woordenschat* とOP、NSの語対応とを援用して、waan が外来語の opinie と対応し、ラテン語 opinio に相当することを考証している。「信」あるいは「本当の信」は「理性」、「推理」、「確信（overtuyging）」とも呼ばれる。第一章［三］、第二章［二］、第一四章［二］参照。一覧にした中で（ii）と（iv）は、（二）（三）において言葉遣いに違いがあるとはいえ、同じ分類とみて問題がない。それに対して、ごく近い箇所の（i）（ii）（iii）に異同があることはやはり不可解である。（i）が本文中ではなく柱見出しであり、（ii）が注解であることから、それぞれ作者が問われうる。しかし本文中初出の（iii）もその（一）が異例の「信」になっていることから、そのまま著者自身に由来する分類かどうか疑問を投げかけうる。以上を集約すれば、（一）思い込み、（二）（本当の）信、（三）明晰判明な知、とするのが標準となろう。取り上げられるのは次のような諸問題である。（a）（iii）の（一）と（二）に同じ「信」という語が用いられている（ジークヴァルト、プレイアード版、ミニーニ、次注参照）。（b）基本の三区分と（vi）やほかの箇所（二二章［三］とその欄外注記、二六章［二］）に窺われる四区分とは整合するのか、ないしは「短論文」の分類は「エチカ」と同様に三区分なのかそれとも「知性改善論」と同じ四区分なのか（アッピューン、プレイアード版、ミニーニ）。（c）（v）の（一）「本当の覚知」は「本当の信」と「明晰な知」の両方であり、第七章［一］、第一〇章［二］、第一九章［二］で「知性をよく用いる」ことを語る際に両者は区別されていない。また、「本当の信」、「理性」によりわれわれが神を愛し、至福が得られる（第四章［三］、第一八章［八］）と言われる一方で、「理性」はわれわれをみずからのさいわいへ導く力をもたない（第二一章［二］および注解、第二二章［一］および注解）とされる（フロイデンタール、アッピューン、プレイアード版、ミニーニ（MB, pp. 582-585）は、「短論文」執筆時にまだ用語の揺れがあったことを認めつつも（三者ともに問題がもっぱらオランダ語の訳から生じていると考えている）、特に（b）で問われた根本的な齟齬は認めず、「エチカ」と同じ三区分を認めている。（vi）の（一）と（二）は、（iii）

の（一）「ただ信によって（その信は体験か聞き伝えによって生じる）」と同一に帰するとみることができるとすれば、（vi）は実質上三つの類から成ることになる。

(233) 写本では注解の指示記号は［二］冒頭の「覚知（begrippen）」に付けられているが、ミニーニがその訳で行っているように、ここに移す。ジークヴァルトは、元のラテン語ではこの一と次の二の「本当の信（waar geloof）」がそれぞれopinioとfidesという別の語であったのに対して、opinioをgeloofと訳した訳者は、fidesに別の訳語を思いつかずにwaar geloofを充て、後になってここのopinioの訳を直さないままそれをwaan（「思い込み」）と訳したと推測した。ミニーニ（MB, p. 584）は、まずgeloofの語義に（一）他者によって言われた何かに関して信じること（「信仰」に通じる）、（二）外の権威によらずに自身の経験を通して何かを信じること（ただし不確かであり、「思いなす（meenen）」、ラテン語の動詞のcenseo、arbitror、habeo、computoにあたる）、の二つを認め、次のように推測した。オランダ語訳者は一番目の認識の、体験か聞き伝えかによって生じる二様式を合せて表そうとして、opinie（「臆見」）、waan（「思い込み」）では表せない、他人の言葉を受け取ることに由来する認識をも言うためにgeloofと訳した。一方で、「確かな意見」、「根拠のある信念」を表すラテン語（おそらくfidesかvera fides）を訳さなければならなかった訳者はwaar geloofを訳語とした。しかし、用語上の混乱を避けるために訳者は、著者の言葉遣いがさまざまであることにも随い、以後は一番目の認識を示す用語として、「行きあたりばったりの経験（experientia vaga）」（「知性改善論」［一九］と訳注(63)を参照）に由来する得心を本来表すopinie、waanを遣うことを択んだ。この仮説は第三章［四］（前注で一覧にした分類（v））で「体験（ondervinding）」とあるべきところに代りに「臆見（opinien）」が用いられていることで確認される、と。ミニーニは、この用語上の揺れから、第二部の初めの諸章を執筆している間にスピノザがしだいに二番目の認識に対して「理性」という語を用いるほうに絞られていった（第一四章［二］で甫めて「本当の信あるいは理性」と言われる）ことが窺えるという仮説を立てている。

(234) ［一］の注解同様、フローテン－ラント版はこの注解を省き、ゲープハルト版もテクストには載せていない。ジークヴァルトはこれを元々は欄外注記であり、前注で触れた翻訳の混乱に促されて読み手が付けたものと推測した。

(235) Aで指示されている「六七」頁は、第二章［一］と［二］にあたる。

(236) 比例法の譬は「知性改善論」［二三］［二四］、および「エチカ」第二部命題四〇備考二でも用いられている。

(237) フローテン-ラント版、ミニーニにより疑問符〈?·〉を補って読む。

(238)「割合とすべての計算（de gelykmatigheid, en alle de rekeningen）」はAに拠る。Bは「割合〔比例性〕をすべての計算のうちに（de gelykmatighyd in alle de Reekenigen）」と、接続詞 en を前置詞 in に変えている。ジークヴァルト、フローテン-ラント版、ゲープハルト版がBを採る（メイヤー、アッピューン、ウルフ、プレイアード版、畠中、カーリーも同様）。この場合、de gelykmatigheid は畠中が訳しているように「比例性」の意味になると思われる。Proportionalität（ジークヴァルト、ゲープハルト）、proportionnalité（アッピューン）、proportionality（カーリー）。これらの訳者は〔三〕の例（一）で用いられた gelykmatigheid（「第二数が第一数に対するのと同じ割合」MB, p. 423 *1*）は「関係」、「割合」（畠中）、「比率」を意味する語 Verhältnis（ジークヴァルト、ゲープハルト）、rapport（アッピューン）、relation（ウルフ）、proportion（カーリー）で訳し、ここではさきの「比例性」を意味する訳語を充てている。ミニーニ（MB, p. 586）はAの読みを真正として維持している。理由として、ここといま見た例（一）、ほかに gelykmatigheid が現れる〔三〕の例（三）「こうした〔これらの〕数の割合の特性（de eigenshap van de gelykmatigheid）」（MB43 *26*）、第四章〔二〕の「第三数と対応する第四の数を割合によって」（MB49 *7*）ともう一箇所（MB49 *15*）のうち、問題のここと、同じ意味を担うはずの最後のもの以外では、つねに具体的な数と関係づけられていることを挙げる。他方「計算（rekeningen）」については、経験によるにせよ聞き伝えによるにせよ「思い込み」によって識る者が数の比例性を見出そうとして行う演算であり（この指摘は、MB43 *26*とMB49 *7*の二例が「理性」に関して言われているので、妥当ではない）、三番目の認識（直観知）を通して識る者は数の割合、ということは、すべての計算とその結果を、やり遂げるまでもなく見てとる、と言う。ドミンゲスとバルトゥシャートはAとミニーニの読みに随っている。

(239) 写本の本文中には章題がなく、柱見出しに拠る。フロイデンタール（a. a. O. S. 261-262）は、第一章に続いてこの章で再び認識の種別が論じられていることと、〔二〕と〔三〕で繰り返しそのそれぞれの果していることを述べると言われていることへの不審から、スピノザが前章で見解を明瞭に詳述したにもかかわらずこの章で少し言葉を変えて明瞭さでは劣るしかたで繰り返したということは信じがたいと論評した。第一章を「口述」の残滓とみて、第二章によって置き換えられるはずのものだったと推測するゲープハルト（„Textgestaltung,“ S. 426-427）の見解については畠中訳（二四一－二四二頁）を参照。

(240) Bは「第一のもの」からここまでを省いている。ジークヴァルトは余計な文として省き、フローテン－ラント版は括弧に入れ、ゲープハルト（„Textgestaltung,“ S. 477）は欄外注記だったものを写字生が間違って本文に入れたと推測した。ウルフと、ミニーニの校定テクストの対訳であるガノーを別にして、どの訳者もこれを省いているが、削除を強いるまでの根拠は見出せない。ミニーニ（MB, p. 587）はこの文を欄外注記とみることを斥け、「第一のものは」からが「さまざまな認識」に関して言われたものであること、三番目の認識がその前の「明晰な知」と違う「本当の知（waare kennisse）」という呼びかたで示されていることを理由に挙げ、Aを維持している。

(241) モニコフによる動詞 zyn（「いる」）の書き入れに随って読む。

(242) 原語は Lydinge（passien）。Bは passien を記載していない。L・メイヤーの *Woordenschat* は外来語の passie に対応する語として第一に lijding を挙げている。「短論文」全体を通して lyding と passie は同義語として遣われているとみてよいが、passie に対応するラテン語 passio が由来する動詞 patior の意味を汲んで「受動」を補った。この著作が元々ラテン語で書かれたとすれば、passie あるいは lyding と訳された原の語が何であったかということが問題になる。一度だけ用いられた aandoening（「エチカ」で「感情」を言うラテン語 affectus に応じる語）がおそらく使用に熟していないために、affectus の訳語に passie と lyding が択ばれたことも考えられうるけれども、この訳では、「エチカ」と通じさせるために両語を「感情」と訳すことはせず、「情念」と訳す。注(205)で触れた、自国語でのラテン語に相当する哲学術語の探索と形成という問題がここにもある。注(193)を参照。

(243)「もろもろの事由とやりかた（gronden 〈en〉 wysen）」。モニコフの書き入れに随って en を補う。フローテン－ラント版は grond〔単数形〕en wijzen とするが写本は gronden と読める。やや詳しくはゲープハルト版（„Textgestaltung,“ S. 478）を参照。

(244)「エチカ」第二部公理三を参照。

(245) 原語は Lydings oorspronk. Van de Lyding uyt Waan。写本の本文中には章題がない。この章は写本の六八頁から七三頁までにわたるが、六八頁の柱見出しは「情念の出処（Lydings oorspronk）」、以降の頁の柱見出しは「思い込みからの情念について」となっている。巻頭の目次では Lydings oorspronk, Lyding uyt Waan となっている。章題はミニーニに拠った。

（246）原語は（Passien）Lydinge。

（247）この章では、デカルトが基本の情念とする、「驚き」、「愛」、「憎しみ」、「慾望」、「喜び」、「悲しみ」の六つのうち初めの四つがこの通りの順序で取り上げられている。これ以降、第一四章までに取り上げられて論じられる情念は、デカルトの『情念論』に現れるそれに順序の上でも準じている。『情念論』との対応は、ジークヴァルト（注(12)の初めで触れた *Spinoza's neuentdeckter Traktat...*, S. 97-98）、ウルフ、ミニーニ（MB. p. 592）、ドミンゲスがそれぞれ一覧にしているが、ここでもそれを示しておく。

『短論文』		『情念論』の節番号
第二、四章	驚き（Verwondering）	五三、六九－一四八
第二、五章	愛（Liefde）	五六、六九－一四八
第二、六章	憎しみ（Haat）	五六、六九－一四八
第六章	嫌悪（Afkerigheid）	八五
第二、五、一七章	慾望（Begeerte）	五七、六九－一四八
第七章	喜び（Blydschap）	六一、六九－一四八
第七章	悲しみ（Droevheid）	六一、六九－一四八
第八章	尊重（Achting）	五四、一四九－一五二
	軽蔑（Versmading）	五四、一四九－一五二
	矜恃（Edelmoedigheid）	五四、一五三－一五六、一五八－一六一
	謙遜（Nedrigheid）	五四、一五五
	うぬぼれ（Verwaantheid）	五四、一五七、一五八、一六〇
	咎むべき謙遜（strafbare Nedrigheid）	五四、一五九、一六〇
	蔑《ないがし》ろ（Verachting）	五五、一六三、一六四
第九章	希望（Hoope）	五八－一六五
	恐れ（Vreeze）	五八、一六五

安心（Verzekerdheid）　五八、一六六
絶望（Wanhoop）　五八、一六六
躊《ためら》い（Wankelmoedigheid）　五九、一七〇
勇気（Moed）　五九、一七一
大胆（Stoutheid）　五九、一七一、一七三
競争心（Volghyver）　五九、一七二
臆病（Flaauwmoedigheid）　五九、一七四、一七五
不安（Vervaartheid）　五九、一七四、一七六
嫉妬（Belgzugt, Jalousie）　五八、一六七－一六九
第一〇章　疚《やま》しさ（Knaging）　六〇、一七七
後悔（Berouw）　六三、一九一
第一一章　あざけり（Bespotting）　六二、一七八、一七九
戯れ（Boerterye）　一八〇、一八一
笑い（Lachgen）　一八一
妬《ねた》み（Nyd）　六二、一八二－一八四
怒り（Gramschap）　六五、一九九－二〇三
不機嫌（Euvelneeming）　六五、一九五－一九八
第一二章　栄誉心（Eere）　六六、二〇四
はじらい（Beschaamtheid）　六六、二〇五
無恥（Onbeschaamtheid）　二〇七
第一三章　好意（Gunste）　六四、一九二
謝意（Dankbaarheid）　六四、一九三
恩知らず（Ondankbaarheid）　一九四

(248)「普遍である（dat algemeen is）」。dat は、Aの die をBに拠ってフローテン-ラント版、ミニーニが訂した。ゲープハルト版は die を保つ。後者に随うドミンゲスは、die を関係代名詞、dat を接続詞と解しているが、dat は先行詞の「結論（een besluyt）」が中性名詞であることに合せて訂された関係代名詞と解される。

(249) トレンデレンブルク（a. a. O. S. 306）はこの注解を本文の平易な例に屋下屋を架す類とみなしたが、補遺の役割を果していると言える。ドミンゲスは本文と注解で挙げられた諸例に、スピノザがアムステルダムから移り住んだライデン近郊ラインスブルフの往時の鄙びた環境（羊、牝牛、犬）を思わせ、またスコラ哲学に対する皮肉が窺えると注している。スピノザがラインスブルフに住んだのは一六六一年の夏頃から一六六三年春までである。

(250) ミニーニ（MB, p. 584）はこの「臆見（opinien）」が「体験（ondervinding）」の代りに用いられているとみる。注(233)参照。メイヤーの訳はテクスト通り opiniën とし、waan（「思い込み」）とは区別している。第六章［三］欄外注記に関するメイヤーの指摘（p. 112）および注(305)を参照。

(251) 以下［六］、［七］、［五］という段落番号の順は、Aを維持し、ジークヴァルト訳の段落順に随っていないことによる。シャールシュミット、フローテン-ラント、ゲープハルト、ミニーニの諸版はいずれもAに拠っている。［四］は「愛」の生れるゆえんとして「本当の覚知」、「臆見」、「聞き伝え」を順に挙げ、「臆見」、「覚知（begrippen）」、「聞き伝え」の順序で見ていくと宣べるが、この約束にもかかわらず、［七］では「本当の覚知からの愛」を語る場所ではないと述べてそれを省き、「聞き伝え」に移っている。おそらくこの外見に表れた「不備」を考慮して、Bは［四］にあたる箇所で順序を改めて「一、聞き伝えから、あるいは二、思い込みから、あるいは三、本当の覚知から。」と箇条書きにし、Aにある論じる順の予告は削除して、その後を聞き伝え（［五］）、「思い込み」（［六］）、「本当の覚知」（［七］）の順に並べ直した（整合のために［七］後半の「最後の三番目すなわちただ聞き伝えによって生じる愛について語ることにする」は省かれている）。シャールシュミット（p. XI）はこれをモニコフの曲がった訂正熱による恣意的な変更の一例とした。ジークヴァルトはシャールシュミットの見解を批判し、さきに触れた不備も引合いに出して、Aが原テクストを厳密に再現していないという見かたから、Bを自然な排列として採用した。アッピューン、プレイアード版はBに随う。メイヤーは［七］前半の内容を敷衍して先に置き、［六］、［七］後半、［五］と続けている。ゲープハルト訳とドミンゲスはBの順序を論理的と認めている。ミニーニ（MB, p. 594）はAを維持する理由としてその論理の構成を辯じている。

(252)［四］の約束にもかかわらず、なぜ論じられないのかという疑問は残るが、ミニーニ（*ibid.*）は、逆に、論じられない「本当の覚知からの愛」が他の二つと並べて示されている理由を説明している。

(253)ミニーニはこれを欄外注記に繰り入れている。だが写本では、本文文頭のVan（「について」）の前に付けられた注の指示記号と対応する記号を付して、頁下欄外に記されているので、体裁としてはテクストの一部をなす注解である。トレンデレンブルク（a. a. O. S. 306）は、同じことが本文中ですでに言われていることによる、余計な注解に数え入れた。ゲープハルト（„Textgestaltung," S. 479）はこれを信憑すべきテクストとせず、アッピューンは写字生か読み手によるものとみなした。

(254)ウルフはこの説明が「エチカ」第三部命題九備考では覆っていると注し、ミニーニ（MB, p. 596）も同じ見かたを示している。そこでは「われわれは何ものも、それが善であると判じるがゆえに、力め、志し、衝動《きもち》を感じ、また望むのではない。かえって逆に、或ることに力め、それを志し、衝動を感じ、望むために、それが善であると判断する」と言われる。

(255)トレンデレンブルク（a. a. O. S. 307）は、スピノザの考えを汲み損ねた読み手による批評の注解とみなし、ゲープハルト（„Textgestaltung," S. 479-480）が賛意を示した。ミニーニ（*ibid.*）は、［九］では他者の見解が示されただけであるから、著者の見かたを知らしめるためにこの注解は必要であり、これがスピノザの見かたであることはたとえば第一六章［八］の「慾望は何かのうちに観察される善さあるいは悪さを顧慮してそれを手に入れるか行おうとする心のうちの構えだからである」という一文によって証されていると言う。カーリーはこの引証箇所が十分ではないと評する。ドミンゲスはゲープハルトに反対して、注解と本文の一貫したまとまりを擁護している。

(256)ゲープハルト（„Textgestaltung," S. 479）は、この欄外注記を、書き手（ゲープハルトはイェルスと疑問符付きで想定）がスピノザに加えた批評とそこに示されたこの編者のテクストに対する自立した立場により着目に価すると評した。反対にミニーニ（*ibid.*）は、この注記が［九］の注解と関聯するので、前注で引いた見解の帰結として、ここの一人称はスピノザのものとみなしうると述べ、また（MB, p. 863）、第二四章［二］の最初の欄外注記と合せて二箇所の一人称によるそれをスピノザ自身のものとみてよい欄外注記の例に数えている。

(257) 指示記号はないが、ミニーニが欄外注記に繰り入れているこの注も、［七］のそれと同様、頁下欄外に記され、本文の一部をなす注解とみなしうる。メイヤーとゲープハルトはテクストに入れていない。Bは末尾の文意のみを採って本文の最後に繋げ、章の締めくくりとしている。ジークヴァルトは本文と同じ趣旨が繰り返されていることを混乱によるものとした。

(258) 写本の本文中に章題はない。この章は写本の七四頁から七九頁上部までにわたるが、七四、七五頁の柱見出しは「信からは何が生じるか」、七六頁はいったん書かれたこの見出しが消されて「人間の善と悪について」と新たに書かれ、七七、七八頁は後者になっている（七九頁は第五章の柱見出し）。つまり、［四］で「われわれに善と悪の知をもたら」すという第三の効果が述べられるのに伴って柱見出しも変えられたことになる。巻頭の「章の見出し」は両者を合せたWat uyt geloof voortkomt. En van 't goet en kwaad des mensche となっている。ミニーニに倣い、これを章題とした。

(259) ゲープハルト（„Textgestaltung," S. 480）はこの注解を、内容上何も新たなことを加えず本文を注釈しているにすぎないという理由でスピノザによるものではないとみなし、括弧に入れているが、それには首肯できない。この注解が第二番目の認識を整った形で定義し、逐一説明を施してその性格を解明しているというミニーニ（MB, p. 598）の指摘には説得力がある。ミニーニは著者が後から厳密を期して加えたものであろうと推測している。ここで規定される「信」（「理性」とのちに呼ばれる）の意義については、注(193)で触れた拙稿「内と外へのまなざし」一〇二―一〇三頁を参照。

(260) ヨエルはクレスカスの「信（Glauben）」の定義をこの規定とほぼ同じ言葉遣いによるものとした。「信とは、実際、ものごとが心のうちで思い描かれるように心の外にあるという、ものごとの必然にもとづく確信である」（*Or Adonai*, II, v, 5、ヨエルのドイツ語訳に拠る）。Manuel Joël, *Zur Genesis der Lehre Spinoza's mit besonderer Berücksichtigung des Kurzen Traktats „Von Gott, dem Menschen und dessen Glückseligkeit,"* Breslau, 1871, S. 63-64. ヨエルはマイモニデスに同様の定義があることにも触れている。ウルフ（p. 205）も「本当の信」がマイモニデスの一節から考えを受け取っている可能性を指摘した。「信とは、思念されたものを本当と認め、それが精神のうちで思念されたままに精神の外に在ると信じることに存する。この信に、信じられていることの反対が絶対に不可能であり、この信を反証する手だても、反対が可能でありうると考える手だても精神のうちに何ら実在しないという確信が合わさるならば、それこそ確実さというものである」（「迷える者たちの手引き」第一部五〇章、注(169)で挙げたムンク訳、p. 217［ヨエルが挙げた箇所とは異なる］）。

ミニーニ（MB, p. 599）はここの「知性（verstand）」を第三類の認識（「明晰判明な覚知」第一章〔二〕、「明晰な知」「本当の知」第二章〔一〕）を担う知性の意味ではなく、「思い込み」と区別されるもっと汎い意味の「明晰に解る才能（facoltà di intendere chiaramente）」の意味であると解している。だが、「ものごとそのものとじかに結ばれていることに存する識っていること」（第三類の認識、注(226)も参照）との対比で「本当の信」（「理性」、第二類の認識）を語るここでは、「わたし」の外でのはたらきとしてのそれ（「理性」）が内なる場所としての「知性」と対比されて論じられていると考える。前注の拙稿参照。

(261) ゲープハルト（a. a. O.）は「それは」からここまでの文を、〔三〕の後半（「またこうして」から後）が繰り返されたものとみて、この注がスピノザによるものではないことを証すものとみなした。この見解については前々注を参照。副詞の verstandelyk を「知性に適するように」と訳した（前掲拙稿での解釈に拠る）。「享受させる（doet.....genieten）」の「享受する（genieten）」は、主語の「それ（信）」ではなく、享受する主体である「われわれに」と「知性に適するように」とから、われわれの「知性」をめがけて言われていると解する。ミニーニ（*ibid.*）は「享受する」の意味が第三類の認識の場合と区別されるとみているけれども、いま述べた解釈から第三類の認識における享受と差別するにはおよばない。genieten が「享楽する」、「楽しむ」という言葉に含まれる感情の面を指し示さないというミニーニの説（jouir と訳すアッピューン、プレイアード版、enjoy と訳すウルフ、カーリーが批判される）は正当である。

(262) 番号**一一**は飛ばされている。一連の番号に関してミニーニは仮説を提起しているが（解題五一四頁参照）、それによると（MB, p. 863）、番号**一一**は第三章〔一〇〕冒頭に付せられるものと推測されている。

(263) Aでは「三番目の」だが、Bは「四番目の」となっている。第一章〔三〕を参照。Bに随うジークヴァルト、フローテン‐ラント版、ゲープハルト版、ミニーニに倣って訂す。

(264)「ものごとがそうなっていることを真実に言っている（zegt hy in waarheid, dat de zaak zodanig is）」。ジークヴァルトは「真実に」が「言っている（zegt）」にではなく、「ものごとがそうなっている」に係っているとみて、「真実に」を dat 以下の副文の中に移した。ゲープハルト（a. a. O.）は（スピノザのものではないとみなす）〔一〕注にある二箇所の「ものごとが本当にそのように在ると（dat de zaak waarlyk, en zodanig is）」を引合いに出して、この移し替えを不可欠とした。メイヤー、アッピューン、プレイアード版、畠中、カーリーがこの移し替えに随う。フローテン‐ラント版、ウルフ、ミニーニ、バルトゥシャート、ドミンゲスはAに随う。ゲープハルトが根拠とする［一］注解の箇所はここと同じ第三類ではなく、第二類の認識である「〔本当の〕信」（理性）についての説明である。ミニーニ（MB, p. 600）はAを維持する根拠として、「ものごとが自分の外にではなく、うちに在るから」という理由づけが、言われるdat以下の内容にではなく、「言っている」という断言の形式上の真（la verità formale dell'affermazione）にかかわることを指摘している。

(265) 写本では、頁横の欄外ではなく、本文中の指示記号と対応する記号を付して、頁下欄外に記されている。本文の摘要とみて欄外注記としたミニーニに随う。

(266) フロイデンタール（a. a. O. S. 272）は先立つ部分にこの内容を見出せないことを指摘している。ドミンゲスはこの部の第二章［三］が該当する可能性を指摘するが、典拠とできるほどそこでは論じられていない。

(267) 第一部第一〇章を参照。

(268) 「ある完全な人間の観念（een Idea van een volmaakt mensch）」。これにかかわる［八］までの論は、「知性改善論」［一二］、［一三］（「精神が全自然を相手にもつ、一つに結ばれていることの認識（cognitio unionis, quam mens cum tota Natura habet）」）、竝びに「エチカ」第四部序言の「人間の自然の性の範型（exemplar humanae naturae）」についての論と同じ事柄にかかわっている。詳しくは拙稿「内と外へのまなざし」の第三節（九九－一〇二頁）を参照。

(269) 写本では、頁横の欄外ではなく、本文中の指示記号と対応する記号を対して、頁下欄外に記されている。本文の摘要とみて欄外注記としたミニーニに随う。

(270) ここと「到る〔ための〕」の二箇所で、Bは「ための」という語法om.....te不定詞のte（Aは欠く）を補っている。ゲープハルト版は後のほうのみBに拠って補う。フローテン－ラント版、ミニーニはAのままである。

(271) 番号**一七**は重複している。

(272) ミニーニの推測による復元。

(273) 「物としての存在」と「理屈上の存在」の区別（注(79)参照）は第一六章［四］でも取り上げられる。「形而上学的思索」第一部第一章第九段落（Gi235 30-236 5）も参照。ジークヴァルトはスピノザの念頭に「形而上学的思索」第一部第一章で扱う計画があったことを推測した。フロイデンタール（a. a. O. S. 244）は第一六章［四］で「理由」は述べられないので、「短論文」ではそれが果されていないと言い、ジークヴァルトの推測に賛意を表した。ウルフは「形而上学的思索」の（全体は出来上がっていないものの）その章がすでに書かれていたとみて、スピノザがそこに言及した可能性を示唆している。

(274) 主文の始まりはAではzo datとなっているが、Bはその間に動詞volgtを入れ、「ということが出てくる」という文にしている。ジークヴァルト、ゲープハルト版はこれを不可欠とする。ミニーニはその補足がなくとも理会できるという理由からAを維持している。

(275) トレンデレンブルク（a. a. O. S. 306）は、本文中ですでに言われていることが敷衍された、余計な注解とみなし、ゲープハルト（„Textgestaltung,“ S. 482）は、この章の他の欄外注記と同じく、スピノザによるものではないとみた。

(276) テクストでは「それの（hare）」。ウルフは独りこの代名詞を「対象（object）」として訳しているが、代名詞の性に拠ってもそう読むことはできない。

(277) アッピューンは、根拠には触れずに、ここから章末尾までについて、当初の叙述にはなかった部分という印象を述べている。

(278) 「一つに結ばれるようになる（komt te vereenigen）」の主語である人称代名詞中性のhet（それ）は、性は一致しないが「知（kennisse）」を指していると読まれる。

(279) 注(226)で触れたフロイデンタールの仮説を参照。メイヤーはこの段落を次章の初めに移した。ウルフは、「驚き」が短く特別に扱われているのは、のちに「エチカ」（諸感情の定義四）でそれを感情のうちに数えなくなることに通じること、また元々は「驚き」を扱う章がこの章の後に置かれていた可能性があることを示唆した。ドゥニン・ボルコフスキ（a. a. O. S. 133）はこの段落を真正ではないテクストとみた。ゲープハルト（a. a. O.）は、これに賛成せず、デカルト「情念論」で取り上げられる順序と一致することを挙げ、その扱いかたが、ウルフが認めたように、後の感情からの除外の下図になっていることを指摘している。注(341)で触れるミニーニの見解を参照。

(280) 写本の本文中には章題がない。柱見出しに拠る。メイヤーは「驚き」を扱う第4章［一一］をこの章の初めに移し（前注参照）、さらに［一］から［五］までを写本の順序と変えて、［三］を最初に置き、［四］、［五］、［一］、［二］の順序に排列した。ゲープハルト版はメイヤーの排列を（第四章［一一］の移動以外は）支持してこの章を［三］から開始する右の排列を採っている。その理由の中で、［六］冒頭の「三種類の対象のうち、われわれはどれを選び、どれを退けなければならないだろうか」という問が［二］での三種類の対象の枚挙にじかに続かなければならないという指摘（„Textgestaltung,“ S. 482-483）は、写本の記述順序の入れ替えまでが必要とされるかどうかは別として、もっともである。フロイデンタール（a. a. O. S. 255-256）は同じ指摘をし、愛から離れのがれることが可能か否かを問題にする［四］と［五］が後から挿入された備考のようなものとして前後の繋がりを分断していると考えた。プレイアード版（Aをモニコフによる排列、メイヤーの排列をAと取り違えている）、畠中、カーリーはゲープハルト版に随う。ミニーニ（MB, p. 608）は写本を維持し、その理由を詳細に挙げている（ゲープハルトに触れてゲープハルトが言っていない第六章初めとの整合という論点を持ち出しているのは不可解であるが）。［一］の欄外注記の初めに「2)」とあり、第四章最後の［一一］の欄外注記には「1)」とあることで、写本の順序が裏づけられているというミニーニの指摘は、形式的な根拠ではあるとしても、説得力をそなえる。ドミンゲスは写本の排列が、愛の定義（［一］）、対象（［二］）、生れる源と離れのがれるために必然に需められること（［三］－［四］）、愛の三つの種類とその価値（［六］－［一二］）という構成で、いっそうのまとまりをそなえると言う。

(281) 番号［三］は飛ばされている。ミニーニ（MB, p. 834）は［一］の冒頭に付せられるものと推測している。

(282) Aの zy（代名詞三人称複数形）をBにより zyn（動詞「である」の現在形複数）と訂す。

(283) フローテン－ラント版、ゲープハルト版、ミニーニがテクストを noemen（「名づける」、「呼ぶ」）としているのは、Aの写字 neemen（「みなす」）の判読を誤ったものと思われる（メイヤーも noemen とする）。Bは neemen になっている。「一つの同じものと（voor een en 't zelfde）」と、前置詞 voor と補語をとる語法から neemen と読まれるべきである。訳のほうではゲープハルトもミニーニも neemen の意味に取っており、メイヤー以外の訳者たちもそう訳している。

(284) 第一五章［三］を参照。

(285) 写本では、指示記号はないが、頁横の欄外ではなく、頁下欄外に記されている。本文の摘要とみて欄外注記としたミニーニに随う。

(286) 写本では本文中の指示記号と対応する記号を付して頁下部に記されている。本文の摘要とみて欄外注記としたミニーニに随う。

(287) 「また在りもしないことになる（waaren ook niet）」。否定辞の niet（「……ない」）を niets（「何も……ない」）の意味に読んで、ウルフ（nothing）、カーリー（同）、ミニーニ（nulla）、ドミンゲス（nada）、バルトゥシャート（nichts）、ガノー（rien）は「また何ものでもないことになる」という訳にしている。ゲープハルト（„Textgestaltung,“ S. 483）はここを、スピノザの愛の説がレオーネ・エブレオに由来していることを示す重要な箇所であると言う。

(288) 写本では、指示記号なしで、前々注で述べた指示記号付きの注の下欄外に記されている。本文の摘要とみて欄外注記としたミニーニに随う。

(289) 番号二六は飛ばされている。ミニーニ（*ibid.*）は愛の三種類の対象を挙げた［二］の「三番目」に付せられるものと推測している。

(290) 「愛する者（de lievende）」。写本ではAもBも「愛（de liefde）」。フローテン－ラント版、ゲープハルト版は写本に随う。ジークヴァルトがこれを lievende と改め、メイヤー、アッピューン、ウルフ、ミニーニ、カーリー、ドミンゲス、バルトゥシャートが随う。ゲープハルト（„Textgestaltung,“ S. 484）はここの源としてレオーネ・エブレオ「愛の対話」の三箇所を示し、「愛」と「愛されたもの」が同じものになることを擁護した。Leone Ebreo, *Dialoghi d'amore*, *Dialogo terzo*, Editio princeps, Roma, 1535, pp. 56r, 57r., 147v. in *Leone Ebreo Dialoghi d'amore, Hebraeische Gedichte*, herausgegeben...von Carl Gebhardt, Heidelberg usw., 1929; Leone Ebreo, *Dialoghi d'amore*, a cura di Delfina Giovannozzi, Bari, 2008, pp. 240, 242, 358. レオーネ・エブレオ『愛の対話』本田誠二訳（平凡社、一九九三）、三〇一、三〇三、四五〇頁。最初の箇所は in lui l'amante, e l'amato, e il medesimo amore è tutto una cosa（「神にあっては、愛する者、愛される者、愛そのものがまったく一つのものなのです」）。これに拠ったゲープハルトの読みに対してミニーニ（MB, p. 613）は、「愛する者」と「愛されたもの」から成る三つ目の項としてそれじたい結びつきの全体である「愛」が、「愛されたもの」と一つになって全体をつくるというのは意味をなさないと批判している。ドミンゲスも同様の見解である。

(291) 写本では、本文最下行の指示記号と対応する記号を付してその下の欄外に記されている。本文の摘要とみて欄外注記としたミニーニに随う。

(292) フロイデンタール（a. a. O. S. 256）は、この段落が［七］と［九］の繋がりを礙げるように差し挟まれているとみて、注として扱われるべきものとした。

(293) 「物としての有りかた（dadelyke wezentheid）」。注(79)を参照。ミニーニ（MB, pp. 613-614）は、dadelyke wezent-

heidが「物としての（reale〔実在的、事象的〕）」、「真実の（vera）」、「現にある（attuale〔現実の、実際の〕）」有りかたと解されえず、「現にはたらいている有りかた（essentia actuosa〔essenza operativa 活動的本質〕）、はたらきをなす才ないし力の意味に解されなければならないと言う（dadelyke は attiva と訳されている）。essentia actuosa という用語は「エチカ」第二部命題三備考で「神の力」を表す語として、「形而上学的思索」第二部第一一章（Gi275 *2*）では神の属性の一方の内容として、いずれも神に関して遣われている。esencia efectiva（「実際の〔現実の、本当の〕ありかた」と訳す（dadelyke を「直接の」、「与えられた」と解する）ドミンゲスはミニーニの解釈に反対している。他の諸訳では dadelyke が wirklichen（ジークヴァルト、ゲープハルト）、werkelijk（メイヤー）、véritable（アッピューン、プレイアード版）、real（ウルフ）、actual（カーリー）、réelle（ガノー）、「真の」（畠中）と訳されている中で、バルトゥシャートは wirkenden と、ミニーニに副って訳している。

(294) 写本では本文中の指示記号に対応した記号を付して、頁横ではなく下欄外に記されている。本文の摘要とみて欄外注記としたミニーニに随う。

(295) 写本では本文中の（一）と対応する形で頁下欄外に記されている。本文の摘要とみて欄外注記としたミニーニに随う。

(296) 「偶然のもの（de toevallen）」。〈付録〉一の公理一と命題一論証では「様態」の意味で用いられており（「偶たま纏うもの」と訳した）、ここでも同様とみなせる。

(297) 写本では本文中の（二）と対応する形で、前頁下欄外の（一）の注記の下に記されている。（一）と同じく摘要とみるミニーニに随う。

(298) 「ものごとの自然にしたがい」は（*ex rerum natura*）volgens de natur van de *zaak* と、ラテン語とオランダ語で重ねて著されている。この著述が元々ラテン語で書かれた跡が遺されているとみなせるであろうか。同じことは前章［七］の ens reale と ens rationis、遡って第一部第一章［二］、［三］、［一〇］での「ア・プリオリ」と「ア・ポステリオリ」のラテン語併記についても言える。

(299) 「先立つ」という意味を成す staat voor の voor が二回遣われており、フローテン-ラント版は前注の字句の前にある voor を削除した。Aは〈付録〉の公理一でも同じ構文で voor を二回書き、初めのほうを×で消している。ミニーニはフローテン-ラント版に随うが、ステーンバッカースはこの削除を不要で、Aの読みを維持できると指摘している。Piet

Steenbakkers, "[Review] on Spinoza: *KV*, ed. Mignini," in *Studia Spinozana*, Volume 4, 1988, p. 383. メイヤーは voor が時や位置の先ではなく、等級の順序であると解して、boven（「上に」）と訳している。

（300）メイヤーは主語の「われわれ」と「愛」の間に ons door を補って「愛によってみずからを勁いものにする」という文にしている。先立つ［五］で、愛から解放されていないことが「必要であるのは」として、「強くしてくれる［われわれが結ばれ強くされる（wy vereenigt worden en versterkt）］」という、「われわれ」が受動になっている言いかたが根拠とされている（ゲープハルトとカーリーが、同じ versterkt（「鞏固にされる」）が用いられる［六］をメイヤーの拠り所としているのは異なる）。ゲープハルトは原文のままをよしとしている。「愛を勁いものにする」の「勁いものに」は krachtig で、［五］、［六］の versterkt とは言葉が違うから、メイヤーの提案は必須の拘束力をもつわけではない。

（301）写本では本文中の指示記号に対応した記号を付して、頁横ではなく下欄外に記されている。本文の摘要とみて欄外注記としたミニーニに随う。

（302）写本の本文中には章題がない。柱見出しに拠る。

（303）写本では、頁横の欄外ではなく、本文中の指示記号と対応する記号を付して、頁下欄外に記されている。本文の摘要とみて欄外注記としたミニーニに随う。

（304）ミニーニ（MB, pp. 617-618）はこの逸話の原をおそらくクセノポン「メモラビリア」第三巻第一三章四節とした上で、ただスピノザはクセノポンの話とは食い違った形で伝えているので、歪められた訳でそれに接したのではないかと推測している。クセノポン『ソクラテス言行録１』内山勝利訳（京都大学学術出版会、二〇一一）、一九四頁参照。

（305）写本では本文中の指示記号に対応した記号を付して、頁下欄外に記されている。本文の摘要とみて欄外注記としたミニーニに随う。本文の「臆見（opinien）」に代えて「思い込み（waan）」となっていることは、この注記が本文の作成と同時に同じ筆者によって書かれたのではないことを示すであろう。

（306）番号**三五**は飛ばされている。ミニーニ（MB, p. 837）は［四］の憎しみと嫌悪の定義にかかわると推測している。

（307）写本ではこの注記（指示記号なし）は最後の文の前までが頁下欄外に記され、最後の文は次頁横欄外に記されている。形の上では別の注記だが、内容は繋がっている。欄外注記としたミニーニに随う。「本当の推理からは在りえない」ということは、［三］で提起された問題への答である。

（308）第四章［五］－［八］、および注（268）を参照。
（309）「エチカ」第四部命題一八備考の終り近く（Gii223 *8-14*）が関聯する。
（310）写本では本文中の指示記号に対応した記号を付して、頁横ではなく下欄外に記されている。本文の摘要とみて欄外注記としたミニーニに随う。
（311）写本の本文中には章題がない。柱見出しに拠る。Bは「慾望と喜びについて」という章題にしている。ゲープハルトはそれを［一］の中の同じ語句に拠ったものとみている。ここの欄外注記には「慾望と喜びについて」とある。だがこの章では「慾望」が扱われているとは言えない。
（312）「憎しみと驚き」に代えて、Bは「憎しみと嫌悪」としている。ゲープハルト（„Textgestaltung,“ S. 487）はこれを、先行する章の内容に合せたものとみ、それに対して、憎しみと驚きを最初に扱われる理性に適わない二つの情念としてひとまとめにすることは十分意味をそなえると擁護する。ミニーニ（MB, p. 623）もゲープハルトを支持しているが、ここの「驚き」は文脈の中で唐突の印象を与えることを否めないと思う。バルトゥシャートはBに随い、「驚き」に代えて「嫌悪」としている。
（313）この欄外注記と［二］初めの欄外注記では、喜びと悲しみそれぞれの類に入る情念が挙げられているものの、章の本文中ではその分類に触れられていない。ミニーニ（MB, pp. 620, 625; MP, p. 460）はこのことと、本文の所々に付せられた番号が前章［五］の**三七**の後重複する**三七**（第九章［六］の「安心と絶望」に付けられている）までなく、その間に述べられる諸情念に（ミニーニのみるところでは番号の著者によって）番号が振られていないこと、また**三九**（第一〇章［二］）の後**四七**（第一四章［四］）の間の欠番になっている（ミニーニの推測では写字生が飛ばした）**四〇**から**四六**は第一四章［二］以降におそらく属することとから、そこまでの情念の論全体が根本からの見直しと、上述の二つの欄外注記が証する（「エチカ」のそれに近い）異なった順序による新たな説明とを要すると判断されていたという想定をしている。
（314）写本では本文中の指示記号と対応した記号を付して、頁横ではなく下欄外に記されている。本文の摘要とみて欄外注記としたミニーニに随う。参照を促している箇所の前者に関しては、次の頁に跨がる第三章［五］も内容からあてはまる。
（315）「臆見とそれによる思い誤り（de opinien en waan uyt de zelve）」。この著作ではふつう opinien と waan（「思い込み」）は同じ意味で用いられている（注（232）を参照）。しかしここは、「それ（zelve）」が「臆見（opinien）」を指しているから、

（opinien からの）waan が opinien と同じものとはみなせない。カーリーが指摘するように、例外の遣われかたである。諸訳も waan を、Wahn（ジークヴァルト、ゲープハルト）、wanbegrippen（メイヤー）、erreur（アッピューン、プレイアード版）、error（カーリー）、illusione（ミニーニ）、error（ドミンゲス）、Täuschung（バルトゥシャート）、illusion（ガノー）と、「思い誤り」の意味に取っている。例外としてウルフは waan を imagination としている。シャールシュミット訳（その校定による写本Aの刊本と区別して以下では「シャールシュミット訳」とする）は opinien と waan に Ansicht（意見、見解）と Meinung（臆見）、畠中は「意見」、「臆見的観念」と、区別が薄い語を充てている。

（316）「そこ〔その善〕には充実のいっさいの喜びと満足がある（in het welke alle blydschap en vernoeginge der volheid is）」。Bは［三］を簡略に約め、この文を「その者〔おのれの知性をよく用いる者〕はここ〔至高の善としての神に安らうことのうち〕にいっさいの喜びと全き満足を所有するから」という文にしている。ウルフはAの文が「詩篇」の一節「あなたの前には満ちあふれる喜びがあり、あなたの右には、とこしえにもろもろの楽しみがある」（第一六篇一一節）を思い起させると注記した（以下、聖書からの引用は日本聖書協会、旧約、一九五五年改訳、新約、一九五四年改訳に拠る）。関聯してミニーニ（MB, p. 625）は新約聖書において *plêroma*/pienezza（充実、満ちること）が神たる性の完全を表すことを挙げ（「コロサイ人への手紙」第一章一九節、第二章九節、「エペソ人への手紙」第一章二三節、第三章一九節）、もし「充実」という用語で神の有りかたと力の完全さが表されるとすれば、「喜び」と「満足」が（スピノザが「いっさいの善たる善」と呼ぶ）「充実」の経験に根拠を置きうることが結論されると指摘する。その上で、Aの文は筋が通っており、改変されたBの文よりも含蓄があるから、維持されなくてはならないと結論している。

（317）この最後の文をBは記載していない。ジークヴァルト、フローテン-ラント版、ゲープハルト（文脈に嵌らない内容説明とみる）はそれを支持し、プレイアード版、畠中、カーリーが随う。ミニーニ（*ibid.*）はこの文を三つ前の「それゆえおのれの知性をよく用いる或る者は悲しみに陥ることもありえないことが反駁の余地なく出てくる」という結論の反対命題からの辨証とみている。ドミンゲスは、この文が悲しみをまぬかれた「知-喜び」と「臆見-悲しみ」の対立を際立たせている点で精確であると擁護している。

（318）写本の本文中には章題がない。柱見出しに拠る。柱見出しが「等」を欠く頁もある。

（319）「矜恃（Edelmoedigheid）」。デカルトの「情念論」では「高邁（Generosité）」にあたる（五四、一五三-一五六、一五八－一六一）。「真の高邁」とは「人がみずからをまっとうに評価しうる最高の所で評価するようにさせる」ものであると言う（一五三）。「短論文」で取り上げて論じられる諸情念と「情念論」との対応については注(247)を参照。edelmoedigheid はオランダ語版『遺稿集』（ＮＳ）の「エチカ」でも generositas（「寛大さ」）、その定義は第三部命題五九備考を参照）の訳語として用いられている。だがここでの「矜恃」の意味は、ジークヴァルト、畠中、ミニーニ（MB, p. 627）が指摘するように、「エチカ」では acquiescentia in se ipso（「みずからに充されること」）にあてはまる。「エチカ」第三部命題五五備考、同部諸感情の定義二五、二六説明、第四部命題五二および備考を参照。

(320) 「自分を尊重することにも気を留めず（noch gemerk op de achting syns zelvs te hebben）」。カーリーは「〔他の者の〕自分への評価を顧慮せずに（without regard to [other's] esteem of him）」と解釈しているけれども、「矜恃」の意味を損う。

(321) 「自分を蔑ろにすることに気を留めずに（zonder gemerkt te hebben op de verachting syns zelfs）」。ウルフが「自分自身への〔他の者の〕蔑みを顧慮せずに（without regard to the contempt [of others] for himself）」という訳文にし、カーリーもそれに倣うが、前注の場合と同じく意味を損う。

(322) ジークヴァルトとカーリーが指摘するように、「矜恃」と並べて「謙遜」をすぐれているとみていることは、それを「悲しみ」であり（諸感情の定義二六）、「理性からは起らない」（第四部命題五三）とする「エチカ」の場合と対立する特徴である。

(323) この「思い込み（waan）」についてもカーリーは、前章〔一二〕のそれ（注(315)参照）と同様に、「誤り（error）」と訳しているが、「思い込み」と取るほうが適切である。

(324) 「懐疑論者〔たち〕」は Twyffelaars（Scepticis）とラテン語も添えられている。

(325) 写本の本文中には章題がない。柱見出しに拠る。

(326) メイヤーはここに「おしまいに嫉妬について」を、忘れられたものとして、挿入している。「嫉妬」がここにあるとすると、欄外注記が言う数は十一にならなければならない。

(327) 「ほかならない（niet anders.....als〔よりほかのものではない〕）」という文をつくるために、写本にない als（「より」）がBにより補われる。

(328) 番号**三七**は重複している。注(313)を参照。

(329) この括弧内の文はBでは省かれている。ジークヴァルトはこれを元来テクストになかったものと推定して省いた。バルトゥシャートも後から加えられたものではないかと推測している。ゲープハルトはジークヴァルトに賛成していない。

(330) 写本の本文中には章題がない。柱見出しに拠る。

(331) メイヤーは、この「性急（verrassing）」という語でスピノザは「備えのない（onvoorbereid）」何かが「意図的にではなく（onopzettelijk）」起ることを言おうとしているようだと言う。

(332) メイヤーはここの欄外注記とBとによりこの「在る（zyn）」に代えて「生れる」をただしい語としている。しかし、たとえば第八章［四］、［五］、［六］でも情念を規定する説明の中で「在る」という語が遣われている。本文と欄外注記で遣われている語が違うのはめずらしいことではない。

(333) 写本の本文中には章題がない。柱見出しに拠る。

(334) 「あざけりを受ける者がそのもたらしたことどもの第一の原因であると思いなされて（**men meind dat den geenen die bespot word, de eerste oorzaak is van syne werken**）」。「あざけられる（**bespot word**）」、つまりはたらきを受ける者が自分の（**syne** は「あざけりを受ける者」自身を指す）**werken**（「為業」、「為《し》たこと」を意味する **werk** の複数形、注(142)参照）の第一原因であるというのは、疑問を懐かせうる。「あざけり」という事態を指すであろう **werken** を「産物」ないし「結果」の意味に通じるような「もたらしたことども」と訳した。「第一の原因」は、「あざけりを受ける者」の属性や振舞いがあざけりをひき起すという人間的な意味合いを特別に含まず、「あざけりを受ける者」がまず在って、あざけりが生じると思いなされていることだけを言う。**men** は不特定一般の意味を担う主語である。畠中が主語をあえて「嘲弄する者」と変え、「嘲弄する者は嘲弄される人間自身がその行動の第一原因であると考へ」という訳にしているのは、人間的な意味を念頭に置いていると考えなければ理会しがたい。「嘲弄する者」と「嘲弄される者」の対立を立てることはこの箇所の意味を損う。

(335) 写本ではこの注記は頁下欄外に書かれたあと、さらに次頁横欄外に重複して書かれている。本文の摘要とみて欄外注記としたミニーニに随う。

(336) 「エチカ」ではこの類の笑いを念頭に置いて、「精神と何の関係もなく体だけのものとされる」、「体の外面の変容」と言っている（第三部命題五九備考、Gii189 *28-31*）。デカルト「情念論」一二四および一二六参照。

（337）Bは「わたしが語っているのは」から［二］の終りまでの一文を異なった文にしているが、この「善さとも悪さとも何かのかかわりをもたないから」を「善さあるいは悪さと何かのかかわりをもたずに」と変えて、後者の笑いではなく「観念によってひき起されるような笑い」に結びつけ、本来の意味をまったく損ねてしまっている。

（338）写本の本文中には章題がない。柱見出しに拠る。

（339）章題も章番号も本文中にはなく、柱見出しに拠る。

（340）カーリーは、「エチカ」第三部の感情の定義一九と三四、デカルト「情念論」一九二、一九三節と照して、ここの文章が本来は、前者（好意）が「何らかの善をなした者に対して返しとして善がなされることをわれわれが願う場合」、後者（謝意）が「われわれ自身が得たか受けたかした何らかの善をなした或る人に対して善がなされることをわれわれが願う場合」となるはずではないかと示唆している。

（341）前々注のように、この章は写本の柱見出し下から始められ、三行分ほどの余白を残して同じ頁で終っている。次の頁は「歎惜は」で新しい段落の文が始まり、上の柱には「歎惜について」という章題と章番号が書かれている。Bもここを切れ目として章を分ける。フローテン－ラント版とジークヴァルトはそれを踏襲したが、メイヤーは第一四章［一］をこの章に移し、ドゥニン・ボルコフスキ（a. a. O. S. 120）が賛成した。ゲープハルト（„Textgestaltung," S. 490-491）は、第一三章に続く行文に切れ目を見つけられなかった写字生が、情念を順次扱う締めくくりの第一三章に入れるべき［一］を第一四章に入れ、柱には「歎惜について」という章題を記したと解釈した。プレイアード版、畠中はこちらの章分けに随う。ジークヴァルトとウルフは訳注の中で次章［一］のあとが内容上章の切れ目になると注した。ミニーニ（MB, p. 644）はゲープハルトの説を批判し、写本の章分けを擁護した。その論点のうち特に、巻頭の「目次」（注(6)で述べたようにいまある写本Aの写字生みずからが作成した目次ではない蓋然性が高い）が第一三章と第一四章について本文柱見出しと同じ章題を記載しているという理由は重視されていい。ミニーニはまた、本章で考察された同じ種におさまる諸情念のまとまりに「歎惜」を追加できないことと、第一四章の書き出しかたが情念を論じた他の章の場合と似ていることを指摘した。また第一四章［一］と［二］－［五］とが内容から別の章を構成するとみられるのかという点にかかわって興味深い論点を提出している。それは、第四章が信の効果、とりわけ善と悪の知をもたらす三番目の効果について論じてきた後、結びで個別の情念の善と悪を見出すにあたって最初の情念として「驚き」を取り上げて終り、他方もろもろの情念の考察を経て第一四章は最後に吟味される「歎惜」を短く論じたのに続いて、信の三番目の効果を綜括する論に入るという、情念の善と悪を知らしめる信（理性）の効果を論じる最初と最後の章に認められる形式の相称の指摘である。ドミンゲスはミニーニの諸論点に賛成し、カーリーとバルトゥシャートも写本の章分けに随う。

（342）章題の「歎惜について」と章番号は柱見出し。メイヤーとゲープハルト版、プレイアード版は［一］の「歎惜」を論じた段落を前章末尾へ移したことにより、本章の章題を改めた。〈 〉内の「情念における善と悪について」はゲープハルト版の章題であり、［二］－［五］の内容を明示するためにミニーニはこれを補って加えている。

（343）「歎惜（beklagh）」。ファン・フローテンは初めて上木した「短論文」の写本Bに添えたラテン語訳で beklagh に対するラテン語を commiseratio（「悲哀感〔哀れを誘うこと〕」）とした。「エチカ」のこの語には「惻隠」、「同情」の意味も含まれる。「エチカ」第三部命題二二備考、命題二七備考一、諸感情の定義一八、第四部命題五〇、デカルト「情念論」一八五（Pitié, Commiseratio）参照。ジークヴァルトはこの対応づけを誤りであるとし（その訳書に先立つ、注（12）で触れた研究書ではファン・フローテンのそれが踏襲されているが）、「情念論」二〇九（Regret, Desiderium）を一致する定義として挙げた。「エチカ」第三部命題三六備考、諸感情の定義三二参照。ミニーニ（MB, p. 592）は「情念論」の対応箇所を二〇九とする一方、「エチカ」の対応語を Commiseratio としている。

（344）注（226）後半で紹介したフロイデンタールの説を参照。フロイデンタール（a. a. O. S. 263-264）はこの［二］の特に、「理性のみ」ではなく「知性と理性」がわれわれを退けられるべき情念から救い出すと述べるところに、その説に拠ると執筆時期を異にする三つの論述のうち二番目と三番目の対立を編纂者が調停しようとした書きかたを読み取っている。

（345）ここで初めて「本当の信」が「理性」と言い換えられる。注（233）末尾を参照。

（346）写本では本文中の指示記号に対応した記号を付して、頁横ではなく下欄外に記されている。本文の摘要とみて欄外注記としたミニーニに随う。

（347）「実在している（wezentlyk）」。諸訳はみな「本質的に」と訳している。だがこの著作での wezentlyk の他の用例は（「実質の」と訳した第一八章［六］の一例を別とすれば）大半が「実在している」（ラテン語では動詞 existere に相当）の意味であり、三例（第一部第一章［八］、第二部第六章［五］、第一六章［四］欄外注記）が「物〔として〕」の性格をそなえた」（dadelyk と同じ意味、ラテン語では reale）の意味である。それに副い、大勢には随わず「実在している」という意味にとる。

（348）フロイデンタール（a. a. O. S. 259-260）は、二番目の理性による認識の効果を扱うこの章の［四］から［五］で（神への）愛について述べられることは、第五章［一二］の予告（「愛についてなお言葉を尽さなければならなかった点は、認識の最後のしかた〔知性認識〕について扱う折に行うことに力める」）と合致しないから、この部分は第五章で述べられた内容の原型が、愛という語が遣われたのが機縁でここに入り込んだとみなした。

（349）写本では本文文頭の指示記号に対応した記号を付して、頁横ではなく下欄外に記されている。本文の摘要とみて欄外注記としたミニーニに随う。

（350）番号**四〇**から**四六**までは飛ばされている。注（313）参照。

（351）写本では［五］が一〇九頁から一一〇頁にわたって書かれて終り、第一五章になる。この［六］は一〇九頁下の余白に注解の大きさの字で書かれている。Bはこれを［五］に続けて載せている。シャールシュミット、フローテン－ラント版はこれを載せず、ゲープハルト（„Textgestaltung," S. 492）は編纂者の覚書とみなして省いた。訳ではプレイアード版（同じく編纂者によるものとみる）、畠中が省いている。これに対してジークヴァルト、メイヤー、ウルフ、ミニーニ、カーリー、ドミンゲス、バルトゥシャートは、Bと同様、本文に繰り入れている。アッピューンはジークヴァルトとメイヤーに拠って訳したそれを本文とは別に載せている。ミニーニは［六］を、摘要や説明の注ではない以上、正真正銘の結びであるとみなし、後から原稿の余白に書き足されたそれを写字生がその性格を識別せずに同じ体裁で書き写したものと解釈している。カーリーは結びと受け取るミニーニの立場が正当とみなされると注している。

（352）写本では「七五頁」の参照が促されているが、ミニーニに随い、「七六頁」と解する。第四章［四］の三番目の欄外注記に「本当の信の第四の効果」と述べられているのがここの言及にあてはまる。［六］が著者によって書かれたものであるとすると、第四章［四］のその欄外注記も著者に帰せられることになる。

（353）本文中に章番号。章題は柱見出し。「エチカ」第二部命題四三備考はこの章を書き直したものと考えてよい。

（354）［一］の真理と虚偽の定義からの帰結を述べる［二］五行目までについては、B、メイヤー、アッピューン、プレイアード版、ミニーニ訳（MB, MO）、カーリーが、多少の差はあれ、変更を加えている（アッピューンとプレイアード版は文の錯雑を指摘）。

（355）この注記は頁横の欄外ではなく、指示記号なしに下の余白に書かれている。本文の摘要とみて欄外注記としたミニーニに随う。

（356）〈肯定するにしろ（bevestigen of te）〉。Bとそれに随うフローテン‐ラント版、ゲープハルト版、ミニーニに拠り、補う。

（357）「正真正銘〔真〕の思いの様態（ware wyze van denken）」。Bも**waare**となっているが、単純にされたBの異文を採ったジークヴァルトは**waare**に関して、ラテン語からの訳者が**merus**（「たんなる」、「唯の」）とあったのを**verus**（「真の」）と読んだものと推測し、「たんなる（blosse）」に置き換えたいという意を表した。ゲープハルト（„Textgestaltung,“S. 492-493）もこれに倣い、**waare**を読み間違い、もしくは聴き間違い（ゲープハルトはこの著作が「口述」にもとづくという仮説を立てているため）によるものとみて、テクストを**maar**（「たんなる」）に変更した。メイヤー、アッピューン、ドミンゲスを除くおおかたの訳者もそのように訳す（ウルフ、畠中、カーリー、バルトゥシャート、ガノー）。プレイアード版は形容詞を省く。ミニーニはテクストでは**waare**を維持する一方、訳では「ただ（solo）」（副詞）としている。**merus**がスピノザのめったに遣わない語であることをさておいても（「知性改善論」と「エチカ」に限って見れば、それぞれ一度ずつで――〔五七〕と第四部命題四五備考二――どちらも「たんなる」、「ただの」ではなく、「生粋の」、「純然たる」という意味での使用）、この読み替えには随えない。まず、文脈を押さえておくと、〔一〕で提示される真理と虚偽の定義はスピノザが認めるものである（「形而上学的思索」第一部第六章（Gi246 23-30）、「エチカ」第一部公理六参照）。その定義を認めた場合の帰結として、いま問題にされている文（〔二〕の前半、五行目まで）で疑問が提起され、後半ではそこから「当然問われうる」という三つの疑問が列挙される。最初に提起される疑問について著者が斥けようとするのは、「偽である観念と真である観念の間には差別がない」こと、そう見える理由説明を加えた後の、両者が「物として（dadelyk）ではなく、ただ理屈によって（door reeden）異なるにすぎない」ということである。この二つ（接続詞dat の節）に係る主文の動詞「見える（schynen）」を含む「見えるであろう」という推論は著者のものである（そうではなく「見えるであろう」で括られる全体を仮想の反論者のものとみなす場合、それが斥けられるとともに前提となっていた真理と虚偽の定義まで斥けられることになる）。そう見える理由説明として挿入されている接続詞**dewyle**に導かれる、「これかあれかを〈肯定するにしろ〉否定するにしろ、正真正銘の思いの様態であり……差別がないから」という節も同じく著者の推論の一部とみられるべきである。その上でこの「思いの様態」の位置づけを考えると、後の第一六章［四］、［五］で「普遍の意志」を「普遍の様態」として、「理屈上の存在（Ens rationis/wezen van reden）」という意味での「思いの様態」とみなすのは著者の主張であるから、その意味であるとすれば、ここでも「たんなる思いの様態」と言える。しかしここで問題になっているのは個別の「肯定すること」、「否定すること」である（第一六章［五］も参照）。「思いの様態」は、「普遍の意志」を斥けようとする第一六章ではもっぱら「理屈上の存在」の意味で遣われるが、この章では他の箇所（［五］、［六］）でも個別の「思いの様態」の意味で用いられる。個別の「肯定すること」と「否定すること」が「思いの様態」であることは「エチカ」の考えとも合致する（第二部命題四八と備考、命題四九と系を参照）。真理と虚偽が観念すなわち思いの様態であり、それらの定義からはものごとと一致する肯定（あるいは否定）かどうかという以外に差別がないことを認めた上で、そこから導かれうる、両者は理屈の上でのみ異なるという帰結を、斥けられるべき課題として提示している文意を捉えれば、「たんなる思いの様態」とは読めず、写本にある通り「正真正銘の思いの様態」と読まなければならない。真理と虚偽とが思いの様態でありながら、たんなる理屈上の存在ではなく、両者に事実として（dadelyk）差別があることを示すのが本章の趣意であり、真理についてのスピノザの一貫した問題意識である。真理と虚偽が「たんなる思いの様態」ではないかという疑問ならば、（「エチカ」まで引き継がれる）難問とはならないし、続けて挙げられる三つの疑問も「当然（met recht）」問われうる問題とは位置づけられないはずである。ドミンゲスの「まさに思いの様態（propiamente modos de pensar）」（propiamente には「正確には」、「本来的には」、「厳密に言えば」の意味もある）という訳は、その訳注から、基本で右の読みかたと通じることが解る。

(358) フロイデンタール（a. a. O. S. 278）はこの三番目の疑問にはこの章では答えられず、次の第一六章［七］で甫めて答えられていると言い、第一六章［七］をこの章の最後へ移されるべきであると指摘した（ウルフも同じ見解を注する）。しかし、［七］の論の始まりは、その章の［五］で言われた「ものみずからがおのれについてわれわれのうちで何かを肯定か否定かする」ということを前提としているから、第一五章へは移せない。三番目の疑問である、間違う者と間違わない者の違いのゆえんは、二番目の「どのようにして片方はもう片方よりおのれの観念がものとより多く一致することを識っていることになるのか」という疑問への答を経て、本章［五］の後半で示されている。

(359)「真理はそれ自身とまた虚偽をも顕にする（de waarheid, en zig zelfs, en ook de valsheid openbaard）」。「エチカ」の次

の言葉はこれを言い換えたものである。「光がそれ自身と闇とを顕にするように、真理はそれみずからと虚偽との規準である」（第二部命題四三備考）。「知性改善論」［六九］、［七〇］も参照。

(360) 第五章［二］を参照。「神は真理である」という命題はトマス・アクィナス「神学大全」第一部第一六問題第五項、第二－一部第三問題第七項に見られる。

(361) ゲープハルト版はBが変更を加えた文に拠り、またメイヤーとアッピューンにも倣い、ここに「前者において（in de eerste）」と補っている。

(362)「有りかた（wezentheid）」。その前の「観念がものの自然の性と隈なく一致し」という記述から、「何であるか」という問への答となるquidditas（何性という意味での本質）ではなく、voorwerpelyke wezentheid（「観念のうちで対象を表している（観念の）有りかた」）の意味と解される（「知性改善論」訳注(94)参照）。このことを明示するために「うちにものを対象として含んだ」と補った。メイヤーはwezentheidに代えて、inhoud（「中身」）を用いている。

(363) 写本では、頁横の欄外ではなく、本文文頭の指示記号に対応した記号を付して、頁横ではなく下欄外に記されている。本文の摘要とみて欄外注記としたミニーニに随う。

(364)「解るということが……受動である」。原文は次の通り。het *Verstaan* (schoon het woord anders luyt) is een suyvere of pure *Lyding*. この著作でLydingはもっぱら「情念」の意味で用いられている（注(193)(242)を参照）。このため「言葉は異なって響く」と言われる。het Verstaanは動詞verstaan（「解る」）の不定形を名詞として用いており、知性（verstand）による認識の意味に解される。「エチカ」では知性の認識が受動と捉えられることはないために（第三部命題一、命題三を参照）、ここは「短論文」に特異な言いかたとして際立つが、これに続く論脈に嵌っているだけでなく、次章［五］で再びそれに注意を喚起し、重要な主張を導く役目を果す。この〈認識＝受動〉説の意義の追究は「短論文」の認識の論の意義を見極めることと切り離せない。前掲拙著『個と無限』、第六章「真理の道」の註(57)を参照。ヘーレボールトは「解る〔知性の為事〕」とはなにがしの受動である（Intelligere est quoddam pati）」と規定して、アリストテレス「魂について」を引証している。*Meletemata philosophica, Disputationes ex Philosophia Selectae*, I, Disp. 45, th. 2, Leiden, 1654, p. 169a. アリストテレス「魂について」第三巻第四章（429a14-15; 429b24-25）。デカルトは精神のうちで動かされるほうにある知性を、能動である意志と対比して、受動と呼ばれるべきと述べている。レギウス宛書簡一六四一年十二月。AT,

Tome III, p. 455、『デカルト全書簡集』（知泉書館）第五巻、五五頁参照。

(365)「心（ziel）」。注(205)を参照。

(366) 写本は「それのうちで少ないあるいはささいな付随したものによって気づいているので（als door wynige of minder toe voeginge int zelve gewaar wordende）」となっている。Bは「それの少ないあるいはささいな付随したものによってそれに気づいているので（als door wynige of mindere toevoegingen van dien het zelve gewaar wordende）」。ゲープハルト（„Textgestaltung,“ S. 494-495）は先行する諸訳のうちまず「付随したもの（toevoeginge）」を「諸属性」とするものを斥けて「諸変容（Affectionen）」の意味であるとし、次にどの訳も「気づく」が対象のうちの出来事として問題にされていることを前に頓挫していると批判した。ゲープハルトは、「それのうちで（in 't zelve）気づいているので」という写本の言回しに難点があり、諸変容が対象のうちで気づかれることはありえないから、闕文があるにちがいなく、in と 't zelve の間に代名詞 zig を補って「自分のうちで」と改めることで難点は除かれると解した（この場合 't zelve は gewaar wordende（気づく）の目的語として「それ〔対象〕に」の意味になる）。ミニーニはこの校訂を取り入れており、これに随った。toevoeginge を「変容」とせず、原語の意味に副った「付随したもの」という訳語にしたのは、aditamentos としているドミンゲスと行きかたを同じくする。ゲープハルトは「いまもし誰かが」からここまでの文の精確な校定は「短論文」の認識の論を理会するために決定的に重要であると記している。第四章［一］注解の「信」の定義、次章［七］とそこへの訳注を参照。

(367) 章題も章番号も本文中にはなく、柱見出しに拠る。

(368) フロイデンタール（a. a. O. S. 278-279）は、前章が一貫して認識を扱ったことと本章の倫理学的思索がそぐわないこと、この「一個の完全な人間のさいわいが何に存するかを識ったので」に応じた論がこれより前にはなく、第一九章で甫めて論じられること（vgl. auch S. 272）をおもな理由として、第一九章と二〇章が第一五章とこの章の間に挿まれるという説を立てた。これに対してメイヤーはまず第一九章の書き出しがすべての点で第一八章と符合すること、次に写本の所々に書き入れられた小さな数字の連続、さらに「エチカ」でも理知（ratio 第二類の認識）の論にすぐ続いて意志が論じられる（第二部命題四八）ことなど、「エチカ」の論述順序との照応を挙げて、フロイデンタールの説が受け容れられない根拠としている。アッピューン（p. 412）も「エチカ」との照応を挙げて写本の順序を擁護した。ウルフはフロイデンタールの説を支持した。ドゥニン・ボルコフスキ（a. a. O. S. 121）は「エチカ」の排列との照応が反証にならないと断り、（その諸理由は省くが）第一九章から第二三章までの五つの章が第一五章に続くという説を示した。またその説（a. a. O. S. 123）によると、第二三章の後は、第二五、一六、一七、一八、二四、二六章の順になる。この仮説で第二五章「悪魔について」が二十一番目の章に相当することは「短論文」発見にまつわる伝承とかかわって関心を惹く（解題を参照）。ゲープハルト（„Textgestaltung," S. 502）はメイヤーの意見を正当と支持した。フロイデンタールの説に随うウルフも本章［七］が前章と切り離せないことは認めている。［七］は［五］を受け、［五］は前章［五］の重要な主張の喚起を含む。フロイデンタールとウルフが指摘する、第一九章冒頭が第一五章まで「本当の信の効果」を論じたことを直接受けているという繋がりよりも、本章［五］と［七］の前章との繋がりのほうが事柄にそくし、また重要である。ドミンゲスはこの［一］が前章と直接繋がり、また慾望を扱う次章とも結ばれ、第四章［一〇］で示唆された「完全な人間」という主題の解明に向うと言う。この著作の標題にもなっている「さいわい（welstand）」（注(1)を参照）という語はこの意味ではたしかにここから現れるけれども（十二回）、この意味での「完全な人間」には第四章（［九］を受けて）［一〇］に言及があるほか、第五章［九］－［一二］が完全な人間のさいわいをもたらす「神を愛する」ことを論じている。第九章［六］と第一三章［二］に現れる「完全な人間」の場合はそれらを含む論全体で完全な人間には起りえない情念を取り上げることで反対のものから間接的に完全な人間をめがけた論になっている。

（369）第三章［一〇］参照。

（370）「決断（Besluyt）」。本文の「結論」も同じ原語である。L・メイヤーの *Woordenschat* は学術語の部門でラテン語 decretum（決定、決心、結論的判断の意）に相当する語として besluit を挙げる。

（371）［三］と［四］の論については、「エチカ」第二部命題四八、命題四九がその系、備考も併せて読まれるべきである。

（372）この注解は指示記号なしに頁下の余白に書かれている。Bは次の注解と合せてその指示記号を「外の原因（uytwendige oorzaak）」に付けている（なお四行前および注解の中の「外の原因」の原語は uytterlyke oorzaak だが意味に違いは認められない）。ゲープハルト版は初めの「とりわけて（個別に）（bezonderlyk）」（二行前）に、ミニーニ（MB, MP）はBと同じく「外の原因」に指示記号があるものとした。注解の内容からミニーニに随った。フロイデンタール（a. a. O. S. 253）はこの注解と次の注解（二つを区別していない校定に随っている）で［三］と［四］の論がもっと判明に論じられていると評する。

(373) Bはこのあとの「またそういう人は」から「「自然のうちに本当に在る物どもとみなし」までを省き、前の「なぜかと言えば」からここまでの文を「じっさい誰かに」で始まる文の前に移している。フローテン-ラント版は初めの「なぜかと言えば」からここの「人間の一個の観念をつくるようなものである」までを括弧に入れている。ドゥニン・ボルコフスキ（a. a. O. S. 135）は、この文が論の進みを礙げているとみて、欄外にあったものが本文の不適切な場所に入れられたと想定し、Bと同じ場所に置かれるべきと考えた。論の進みを礙げているという指摘には聴くべきものがあり、後に移されるほうがたしかに円滑に馴染むと思われるが、ゲープハルト（„Textgestaltung," S. 497）が批判するように、移すことを強いるような根拠は認められない。

(374) この注解は指示記号なしに、本文［四］途中の下に、欄外の「注意（Nota）」の語とともに書き出され、［六］途中の下まで写本の三頁にわたっている。ミニーニ以前の校定はこれを前の注解から続くものとみなして独立した注解とはしていない。ミニーニ（MB, p. 664）は、前の注解の論点がこの注解とは異なること、前の注解と違って頁下部の余白にではなく、次の頁の本文用枠内に「注意」という語を横に添えて書かれていることから別の注解とみなし、「意志をもつので（omdat zy een wil hebben）」に指示記号があるものとした。ドミンゲス、バルトゥシャートが随う。本訳もこれに随った。ミニーニは、そこに指示記号を想定すると、「すなわち（te zeggen）」（「かれらが言うには」の意味）という言いかたも、「それ」が個々の意志すること（意慾）を指すことも説明できると言う。

(375) ここからの一文は写本では次のとおりである。de Idea van de uytwerkende oorzaak des zelfs, en is geen Idea, maar de wille zelve in de mensch, en het verstand is een oorzaak, zonder welke de wil niet en kan, *ergo* de *Will*, onbepaalt genomen, en ook het *Verstand*, geen Wezens van *Reden* maar dadelyke wezens. このテクストでは in de mensch までの部分は「それの作用原因の観念は観念ではなく、人間のうちの意志そのものであり」と訳される。Bは初めの de Idea van（「の観念」）を省いた文にしている。ジークヴァルト以後、ゲープハルト版を除くすべての校定、訳がBに倣う（フローテン-ラント版は de Idea van を括弧に入れる）。de Idea van を維持するゲープハルト（„Textgestaltung," S. 495-496）は、ここには予想された二つの反論がまとまっており、続くスピノザの対論はそれを区別して行われていると言う。第二のほう（ergo よりあと、訳では三行目の「それゆえ」から四行目まで）は読まれるとおりである。テクスト上問題の de Idea

van（「の観念」）とかかわる第一は、ゲープハルトの解釈では、〔三〕の注の「個別の意志すること〔意欲〕が外の作用原因をもたなければならない」という主張が「無意味な不合理（Unding）」（geen idea はこう解される）であり、人間のうちで意志そのものは未決定（onbepaalt）であって、知性によって規定されなければ何もできない、という反論である。この場合、de Idea van の van は「という」の意味に解され、「それの作用原因という観念は無意味であり」と読まれると思われる。ミニーニ（*ibid.*）はこの解釈を、どのみち普遍の意志が作用原因であることを是認する点で自家撞着していると批判するが、ゲープハルトの解釈の是非は別として、その主旨の的を必ずしも射ていないように思える。

(376)「また知性は原因であり、それなしでは意志は何もできない（en het verstand is een oorzaak, zonder welke de wil niet en kan）」（文全体は前注を参照）。メイヤーは「意志」を「観念」に代え、その後に「在る（zijn）」の意味を補い「観念は存しえない（de Idee niet bestaanbaar is）」と改めた。アッピューンとドゥニン・ボルコフスキ（a. a. O.）はこれに賛成し、それに対してゲープハルト（a. a. O.）は、ここで問題にされているのは知性による意志への促し（Motivation〔動機づけ〕）であり、知性がもつ観念に対する知性の関係が論じられているのではないと批判した。

(377)「意欲（de Willing）」。〔三〕注解の「個別の意志すること〔意志作用〕（Byzonder willen）」と同じ意味である。ラテン語では voluntas（意志）に対する volitio にあたる。本章〔五〕を参照。

(378) 写本では「変容態」は modificatie、「様態」は wyzing である（『エチカ抄』で「変容態」を modificatio の訳語に充てたのを踏襲した）。プレイアード版の訳者フランセスは（元のラテン語からの）オランダ語訳者が wijze（mode）を wijzing（modification）から適切に区別していないと注し、訳ではどちらも modification としている。「やりかた」のような日常語の意味も含む wijze が術語としての wijze、より厳密には wijzing から区別されていないという指摘も含意されていると思われるが、ここだけでなく、この著作全体に照しても適当しない。wyzing（「様態」）は〈付録〉二の「人間の心について」に使用がほぼ集中し、それ以外ではここと「二番目の会話」の二例を別にすれば、wyze が「様態」の意味で遣われる。wyze が「やりかた」のような緩い意味で遣われていることもあるが、『エチカ』でも modus が同様の意味で用いられていることはある。『エチカ』では modificatio（「変容態」）の使用は十例に満たず、modus（「様態」）との間に意味の違いは認められない。ここでも modificatie（「変容態」）と wyzing（「様態」）は同じ意味とみなしてよい（同じ場所で違う術語があえて遣われている不可解が指摘されるかもしれないが）。B は wyze 一語で両方を表している。どちらの語も想定された異論から出てくる遣われかたであり、スピノザ自身のそれではない。

(379)「覚知であり、混乱した観念である（is een begrip, en een verwarde Idea）」。Bはこれを欠く。このうち「混乱した観念である」をジークヴァルト、フローテン－ラント版（括弧に入れる）、アッピューン、ウルフ、プレイアード版は省く。メイヤーは「たとい混乱した観念であるにしても」と変え、ドゥニン・ボルコフスキ（a. a. O.）はこれを支持した。ゲープハルト（„Textgestaltung,“ S. 497）は「混乱した観念である」が制限を加える説明として適切な場所にあると擁護した。

(380)「じっさい」からここまでの文をBは欠く。ジークヴァルトはこの省略を正当とみ、フローテン－ラント版は括弧に入れ、ウルフは省いた。ドゥニン・ボルコフスキ（a. a. O.）はスピノザが加えた注解とみた。ゲープハルト（a. a. O.）はこの文が真正であり、文脈に嵌っていることは疑えないとしている。

(381)「絶え間のない創造（een geduurige scheppinge）」。この説の例としては、トマス・アクィナス「神学大全」第一部第一〇四問題第一項解答主文、第二異論解答、第四異論解答（「神による諸物の維持（conservatio）は何らかの新たな為業《しわざ》（actio）によるものではなく、有ること（esse）を与える為業の継続による」）、第二項第一異論（「神は諸物の創造者たるのと同じ為業によってその維持者である」）、「対異教徒大全」第三巻第六五章（「物の維持とはそれの有ることの継続にほかならない」）。マイモニデス「迷える者たちの手引き」第一部六九章「世界の永続と持続を延ばすのは神である」（注(169)で挙げたムンク訳、p. 341）。ウルフソンによると、『「維持〔保存〕」とは世界が創造されたのちの存在の継続を表すための中世の術語である』。Cf. Wolfson, *op. cit.*, Vol. I, pp. 203-204. 他には、スカリゲル「維持とはなにがしのいわば絶え間のない生成（generatio）である」（J. C. Scaliger, *Exotercarum exercitationem*, Exerc. 31, Paris, 1557, p. 58r）、スアレス「維持は産出ないしは創造と別の為業ではない」（*Disputationes metaphysicae*, XXI, s. II, 3 in *Opera omnia*, Editio Nova, Tom. 25, p. 791）、シャイブラー「維持とは一回手を着けた注入に居続けるという以外では創造に付け足すものは何もない……創造と維持は事柄としては（realiter）異ならない」（Chr. Scheibler, *Metaphysica*, II, c. 3, tit. 18, a. 1, Editio nova emendata, Geneva, 1636, pp. 598-599）。Vgl. Freudenthal, „Spinoza und die Scholastik,“ S. 115. デカルトのいわゆる連続創造説は第三省察（AT, Tome VII, pp. 48-49）、第二答辯に付せられた「諸根拠」の公理二（*ibid.*, p. 165）、またスピノザ「デカルトの哲学原理」第一部公理一〇、命題一二系一論証を参照。ただし、デカルトの言葉にある、生の全時間が無数の諸部分に分割されることができ、それらの個々は残余の諸部分にどんなしかたでも依存しないという説が上記の諸家の伝統に共通するかどうかは大きな問題である。「エチカ」については、「物が実在し始める原因（causa, ut res incipiant existere）」と「実在し通す原因（causa, ut [res] in existendo perseverent）」、（スコラ哲学の用語と断った上での）「物の有ることの原因（causa essendi rerum）」との対（第一部命題二四備考）、その言い換えになる「物の生じることに対する原因（causa rerum secundum fieri）」と「有ることに対する原因（causa secundum esse）」の対（第二部命題一〇系備考）が参照される。「短論文」のここで、特に「創造するために必要とされるのと同じ為業（werk）が、有ることを維持するために必要とされ……」という部分はデカルトの第三省察の行文とかかわりが察しられるが、「エチカ」の上記箇所に限って考えれば、フロイデンタール（a. a. O.）が指摘するように、デカルトにではなく、伝統の説と繋がっているように思われる。

(382)「それは何物も自分のものとなしえない（zoo en kan haar genes dings toegeeygent worden）」。「それは」と、主語として訳した「それ（haar）」は、文法上は女性名詞を受ける目的格（ここでは間接目的語）の代名詞である。主語はgenes dings（「何物も」、「いかなるものも」）である。過去分詞になっている動詞toeeygenは今日では再帰動詞として用いられるが、ドイツ語のzueignenに相当し、「……に何かを与える、帰する」の意味であり、ここでは受動形である。したがって「それには何物も帰せられえない」というのが直訳だが、「それ」を意味上の主語として「自分のものとする」と再帰動詞のように訳した。Bはzoo en kan dan aan die zaak ook niets oorzakelyks worden toegeeigendと、Aの「それに（haar）」を「そのものに（aan die zaak）」、「何物も（genes dings）」を「原因となる何ものも（niets oorzakelyks）」に代えた異文にしている。直訳すると「そのものには原因的な何ものも帰せられえない」となる（ウルフの英語訳ではno causality can be attributed to the thing）。Bと照しても、「それ（haar）」が間接目的語、「何物も（genes dings）」が主語であることは動かない。「それ」が指しうる女性名詞は、一番近い語としては「さもなければものは一瞬たりとも」の「もの（de zaake）」であり、Bはそう解している。だが、四行前の「意志の自由（de Vryheid van de Wil）」（「自由」が女性名詞）を指すとみることも不可能ではなく、メイヤーはそう訳している。カーリーは「意志」（オランダ語では男性名詞）を指すとみ、アッピューン（プレイアード版も倣う）は「それ」を「自由」としながら、間接目的語の「それ」を主語、主語の「何物も」を間接目的語と受け取っているかのような文にしている。さらにはっきりとミニーニ（MB、M

O）、そのMPのフランス語対訳者ガノー、バルトゥシャートは間接目的語、主語を逆にして、「意志の自由は何物にも帰せられえない」という訳にしている（畠中の「物には自由などということは帰せられない」も同類）。説明した文の構造から、この訳は誤りと断じられる。代名詞 haar は「それに」という間接目的語として、「もの（de zaake）」か（メイヤー訳のように）「意志の自由」かを指しうる。しかし、「意志の自由」は「それに」からは離れすぎている上、そう解することを課す強い理由もないこと、またBも「そのものに（aan die zaak）」と明示していることから、haar を「もの（de zaake）」と受け取る訳にした。シャールシュミット訳、ジークヴァルト、（it と代名詞のままにしているもののBの訳から推察して）ウルフ、ゲープハルト訳、ドミンゲスがそう訳している。

（383）「解るということが純粋の受動である」の前までの書き出しをBは次のようにまったく異なった文にしている。「次に、われわれがこれかあれかを個別に意志する、つまり肯定か否定かすることにおいて、本当に自由であるのか自由ではないのかを考察するためには、われわれがすでに述べたことを思い起さなければならない。それはすなわち」。ジークヴァルトはBを採り、理由として、［四］の末尾を受けた論の展開がAの記述では不可能にされることを挙げ、Aについては一つの可能性として「語る（spreeke）」の元のラテン語が未来形の dicam で、それが誤って訳されたことを想定した（ドゥニン・ボルコフスキ（a. a. O.）もこれに類した元のラテン語を推測した）。つまり、理屈上の存在である普遍の意志を問題にしているのではないという断りがこの場所に適合しないとみなされ、それは［四］の論が台無しとされ、結果として個々の意欲が自由であるかどうかを問うことへの論の進みが示されないという疑問にもとづく。メイヤーがAの文を「普遍の意志について（だけ）ではなく」と補い、続きを「また個別の意志すること［意志の表れ］それぞれについても」としているのも、いまの問題点を反映していると考えられる。アッピューン、ウルフ（BをAより明瞭と評する）、プレイアード版、畠中、カーリーがメイヤーと同形の訳文にし、ゲープハルトはAのテクストに aleenlyk（「だけ」）と ook（「も」）を挿入して校訂した（「たんに……だけではなく、また……も」という文になる）。ミニーニはAを維持している。ドミンゲスはメイヤー、ゲープハルトらの読みを、［五］は（普遍の）意志についてさらには触れず、（個別の）意志することだけについて述べているのだから、精確ではないと批判している。

（384）この定式について、フロイデンタールとゲルー（*op. cit.*, vol. 2, pp. 21-22; 22, n. 8-10）はデカルトと関聯づけ、ウルフソン（*op. cit.*, Vol. II, p. 170）はアリストテレスに源を認め、カッシーラーはカムパネッラとの共通性を詳細に論じている。Freudenthal, *Spinoza. Leben und Lehre*, Heidlberg, 1927, zweiter Teil, bearbeitet von C. Gebhardt, S. 54 u. 247 (Anm.); E. Cassirer, *Das Erkenntnisproblem in der Philosophie und Wissenschaft der neueren Zeit*, 1922^{3}, Rep. Hildesheim u. New York, 1974, Bd. II, S. 78f.

(385)「エチカ」第二部命題四九備考（『エチカ抄』、一五八頁）、前掲拙著『個と無限』、第六章「真理の道」、二一四頁参照。

(386) この［七］は難所であり要所である。「解るということが……受動である」という〈認識＝受動〉説と密接する。次注で扱う部分の前提になっているここまでは、前章の真理と虚偽についての論と本章［五］の結論に対して投げかけられうる異議が提示されている。異議と自説それぞれのありようが識別されなければならない。「ものと一致しない何かを否定する」ことは、虚偽ではなく真理であるかのように映るかもしれないが、もちろんそれでは論旨を損う。文意を敷衍すると、虚偽とは、ものがそれ自身について肯定している何かをわれわれが否定する、もしくは逆に、ものがそれ自身について否定している何かをわれわれが肯定すること、言い換えれば、ものがそれ自身についてわれわれのうちで肯定しているのと一致しない何かをわれわれが肯定する、もしくは逆に、ものがそれ自身についてわれわれのうちで否定しているのと一致しない何かをわれわれが否定すること、である。「つまり、ものがみずからについてそれを肯定もしくは否定していないということである」の原文は dat is dat de zaake niet van zig zelfs dat bevestig of ontkend である。初めの dat is は、多くの訳者がそうしているように、「つまり」（英語の that is に当る）と訳した。ミニーニまでのどの校定者も最後の dat（Bにはない）を保っているが、訳者たちはミニーニを除いてこれを省いている。その場合二番目の dat は「肯定もしくは否定していない」の目的格の関係代名詞として、前の「ものと一致しない何かを肯定する（もしくは否定する）（iets……te bevestigen (of te ontkennen), dat met de zaak niet overeenkomt）」に含まれる主格の関係代名詞 dat と竝列されて先行詞の「何か（iets）」を受け、文は「つまり、ものがみずからについて肯定もしくは否定していないそれ〔何か〕をである」（あるいは竝列された前に繋げて「ものと一致しない何かを、つまり、ものがみずからについて肯定もしくは否定していない何かを肯定する（もしくは）否定する」ことである」）と訳される。そうではなく最後の dat を保つとすれば、これが「何かを」を指すことになり、ここに訳したように、二番目の dat は関係代名詞とは解されず、名詞節をつくる接続詞として「ということ」（ドイツ語の daß）の意味になる。ゲープハルト訳がそうしている（ただし最後の dat を省く）。

(387)「対象というものは、それから何かが肯定か否定かされるものの原因である。その肯定、否定が真であろうと偽であろうと（het voorwerp de oorzaak is van 't geene waar af, iets bevestigt of ontkent word, het zy dan waar of vals）」。Bは「対象というものは、それについてのわれわれの、真であろうと偽であろうと、肯定ないし否定の原因であるとすれば（als zynde het voorwerp 'd oorzaak onzer bevestiging of ontkenning van het zelve, 't zy daan waar, of valsch）」。ミニーニはAを維持する。ゲープハルト（„Textgestaltung," S. 498）はAを「論理的にありえないことが明白」として、テクストを het voorwerp de oorzaak is van 't geene daar af bevestigt of ontkend word, het zy dan waar of vals（「対象というものは、それから肯定か否定かされるものの原因である。その肯定、否定が真であろうと偽であろうと」）と改めた。ゲープハルトは先例としてまずメイヤーを挙げるが、それ以前にシャールシュミット訳、ジークヴァルトも同様に訳しており、管見のかぎり、ゲープハルト版に先立つすべての訳、またそれ以後もミニーニ（およびそのフランス語対訳版MPのガノー訳）とドミンゲス以外は同様である。カーリーはミニーニが維持するAも示した上でゲープハルトに随っている。畠中訳は、「肯定されるもの乃至否定されるものの原因は、その肯定なり否定なりが真である場合も偽である場合も常に客体である」。つまり、「何か（iets）」が「肯定か否定かされる」の主語になることを認めるかどうかが岐れ目をなしている。ゲープハルトらの読みでは、「それから肯定か否定かされるもの（'t geene daar af bevestigt of ontkend word）」は対象と直接の因果関係で結ばれる。「何か」を無いものとして、対象を原因、肯定か否定かされるものをその結果として、能動と受動とに分けるこの読みかたは図式として単純であり、わかりやすい。しかしながらミニーニ（MB, pp. 668-669）とドミンゲスが指摘するように、ゲープハルトらの読みは肯定と否定をただ対象に起因するとみなしているから、「虚偽は何もない」という異議に対して意味をもつ答になりえず（むしろ異議を認めてしまうことになる）、虚偽が起るゆえんも説明しない。ドミンゲスが waar af を「それにしたがって（por lo cual）」と訳し、その意味を「それにもとづいて（a partir de lo cual）」（それから発して）と解するのも、「もの（'t geene）＝それ（waar）」を越えて「何かが」肯定か否定かされる（そこに虚偽が起りうる）こととして理会できる。ミニーニはMBの対訳では「それに関して（intorno a cui）」と訳したが、ドミンゲス訳より後のMOではそれに通じる a partire dal quale と改めた。しかしながら、ゲープハルトが waar af に代えて daar af としたわけは不明であるものの、waar af か daar af のいずれかであることによって意味の違いは生じない。ここから近い［九］冒頭の「そこでわれわれが［それについて］ここまでに述べてきたいっさいのはたらき

(Alle de werkinge dan, waar af wy hier boven gezeit hebben)」の waar af にはドミンゲスが指摘した方法論的とも言える含蓄は読みとれない。したがって waar af か daar af かの違いは問題とする必要がなく、写本にある主語の「何か（iets）」を読むかどうかだけが問題である。この規定はいまの論脈で「虚偽」が起るゆえんの「思い描き」（想像）を説明するだけでなく、「真であろうと偽であろうと」という言いかたと［五］の論から察しられるように、「解るということが受動である」という〈認識＝受動〉説とも結びついている。ゲープハルトらの読みかたから帰結するように、対象を原因とし観念がその結果となる、いわば直接かつ単純な関係がこの説であるとすれば、〈認識＝受動〉説は「短論文」の中でのみいっとき唱えられた考えとみなされざるをえない。それに対して、いまの「対象」の規定を写本通りに読むなら、この定式は、対象が「原因」となって肯定あるいは否定しているものを表す「観念のうちの対象という有りかた」にもとづいて「何か」が肯定か否定かされるということを意味する。「解ること」はこの意味で受動と呼ばれるが、直接の関係で対象という原因とかかわるわけではけっしてない。

(388)「肯定するあるいは肯定しない（te bevestigen of niet te bevestigen）」。この前後では（原文の順で）「志し志さない（willen en niet willen）」、「語り語らない（te spreeken en niet te spreeken）」と、それぞれ en（「また」）で結ばれている。「志し志さない」の例示が他の二つである。Bは「志し」の前に「ときに［あるときは］」を入れ、「肯定する」の次の「あるいは（of）」を他の場合と同じ en に変えている。ウルフはBに倣って sometimes を入れ、「志さない」（ウルフの訳では do not want）の前にも sometimes also を補い、「ときに……ときにまた……」という言回しにする。カーリーは of を en に改めたBを正当として受け容れる一方、ウルフの「ときに欲し、ときにまた欲しない物」という読みかたには賛成せず、反対者が「同じ物を同時に欲しまた欲しない」という慾望の衝突を問題にしていると解する。ガノーもBと同様に「肯定しまた（et）肯定しない」としている。逆にプレイアード版は「肯定するあるいは肯定しない」に揃えて、「語るあるいは語らない」としている。ドミンゲスはカーリーの解釈を批判し、反対者の心中では「志し志さない」は、肯定するあるいは肯定しない（肯定するあるいは肯定も否定も差し控える）という（矛盾対当についての）自由のみならず、「たとえば同一のものごとについて何かを肯定するあるいは否定するのように」、どんな場合でも両方のことを行う（反対対当についての）自由を意味すると解した。訳では「肯定するあるいは否定する」、「真実を語るあるいは語らない」としている。Aのとおりに訳したが、説得力をそなえた洞察と考える。

(389) アッピューンはこれをそのまま「知性（entendement）」と訳すことに困難を認めて、「精神（esprit）」と訳したが、先例としてメイヤーも「精神（geest）」としている。

(390) 同様のことが「形而上学的思索」第二部第一二章第一四段落（Gi278 23-24）で「衝動〔欲求〕（appetitus）」について言われている。注(396)参照。

(391) 本文横の余白にではなく、指示記号なしで頁下余白に書かれている。本文の摘要とみて欄外注記としたミニーニに随う。

(392) Aの目次の章題に拠った。本文中には章番号のみで、章題はない。柱見出しの章題は本章始まりの頁では「意志、と慾望について」と書かれたあと「差別」と添え書きされ、次頁以降は書き足されたそれに倣う。

(393)［一］の冒頭から、もしくは「知られているわけだから」の後の「われわれは（laat ons）」から、［二］までを竄入とみる見解は次の通りである。フロイデンタール（a. a. O. S. 260-261）はこれを前章で入念に論じられた内容の粗略な草稿が紛れ込んだものとみなし、削除して前章末から［三］に繋げるべきと考えた。メイヤーは「われわれは」から［二］までを括弧に入れるとともに、ラテン語から訳されたものではないことは瞭かと注した。アッピューンも両者に言及して、編集上の混乱と竄入を認めた。ドゥニン・ボルコフスキ（a. a. O. S. 136）は前章［八］の「だがこのことは、慾望が意志と十分区別されないから生じる」から終りまでの論を改作したものが後からここに書き入れられたという説を立てた。ゲープハルト（„Textgestaltung,“ S. 500）はテクストの繋げかたについてフロイデンタールと同じ見解を取る一方、メイヤーの示唆に随い、「ラテン語による著述家のもとでの意志（voluntas）と邪慾（voluptas）の対立」を引合いに出すのはオランダ語によってのみ行われうるとみなした（ゲープハルトはまたこの部分がレオーネ・エブレオの用語と概念構成を拠り所とし、自説を最初に形にした、オランダ語による元の「口述」の残滓と考えた）。元の言葉に関して畠中訳注も「『ラテン語を用ひる人々の間で voluntas と呼ばれてゐる云々』といふやうな表現はラテン文で書かれたものの中には考へられず、ここの原文はオランダ語であつたと見られる」と結論づける。ステーンバッカースは、ミニーニのMBへの書評（op. cit., p. 379）で、Aのオランダ語テクストのすべてを失われたラテン語原典の証《あかし》とみるミニーニの立場への異見の例としてここを引合いに出し、ラテン語で著わされたとすれば意味をなさないから、オランダ語訳者の書き入れ以外ではありえないという見かたを述べている。しかし「ラテン語による著述家（Latinen）のもとで voluntas《ウォルンタース》と称せられる意志が本来何であるのか」とは、ギリシアのアリストテレスに遡って論じることと相関した言いかたであり、「本来（eigentlyk）」という語がまさにその関係を示すと思われる。したがってラテン語で書かれていた場合でも、あとのほうの「意志（Wille）」がラテン語 voluntas として重複していなければ不自然ではない。だがそれだけではなく、この「本来」はアリストテレスの用語がラテン語の voluntas に移し替えられたというだけでは済まないことを暗示していよう。ミニーニ（MB, p. 674）は前章の論とこの章の論の視角の違い（意志が物としての性格をそなえることを肯定する立場と否定する立場として、一方はデカルトを念頭に置き、他方はアリストテレスを取り上げる）を示し、写本の構成を擁護している。ドミンゲスは、竄入を想定させる一つの理由になっている、前章［八］と［九］で論じられた意志と慾望の関係が本章［一］と［二］でまた取り上げられることについて、前章では志し志さない自由を言い立てる人の言う慾望が肯定の後に続くそれであることを証するために慾望に言及したのに対して、本章では諍論を意図して慾望の自然の性を、感性的欲求と知性的欲求にかかわるアリストテレスの見かたから考察する点で、二つの論が補い合っていると指摘する。

(394) Bは「意志」の前に括弧に入れて「自由な（vrye）」と加えている。

(395) トレンデレンブルク（a. a. O. S. 346）は「形而上学」の一箇所と「魂について」第三巻第一〇章（433a23-26）を挙げ、ジークヴァルトは後者に加え、「辯論術」第一巻第一〇章（1368b37-1369a4）の意義を指摘している。アリストテレスの用語法では、どちらの箇所でも、「欲求（ὄρεξις）」が類、「願望（βούλησις）」と「慾望（ἐπιθυμία）」がその種とみなされている。トレンデレンブルクとウルフは、スピノザがスコラにおける説明をもとにアリストテレスについて述べているとみなした。だがこの推測は、前々注で着目した「本来」という言いかたで「ラテン語による著述家」とアリストテレスの間に何らかの異なりが想定されているとみてよいとすれば、安易に受け容れることはできない。スピノザがギリシア語でアリストテレスの著作を読んでいたことは考えにくい。だがラテン語版を通してであってもアリストテレスの説と「ラテン語による著述家」が voluntas と称するものとの差違に思いを致すことはできたと考えられる。

(396)「かれらは意志を、何かを肯定または否定したあとで心に抱かれる衝動《きもち》〔欲求 appetitus〕と一緒くたにしているからであり、そのことをかれらは、意志を善の観点のもとでの衝動と定義したおのが師において学んだ」（「形而上学的思索」第二部第一二章第一四段落、Gi278 23-26）。「師」はアリストテレスを指す。「善の観点のもとで（sub ratione boni）の衝動」が「善いというみかけのもとに抱かれる欲求あるいは衝動（die Lust of trek, die men heeft onder schyn van goet）」

に相当する。

(397) 前々注で挙げたアリストテレスの箇所では βούλησις（願望）がこれにあたる。

(398) モニコフが「ならば（zoo）」と書き入れたのに随って読む。

(399) アリストテレスの箇所では ἐπιθυμία（慾望）がこれにあたる。

(400) ジークヴァルトはこの最後の文について、接続詞を「しかし」として意志と慾望のただしい差別がアリストテレスのそれに対置される代りに、「だから（zo dat）」という語によりアリストテレスの区別が認められてしまっていると捉え、「だから」の後に、「アリストテレスが意志と名づけるものはわれわれが意志と名づけるものとは別物であり」という内容の言葉があって甫めて意味をなすと解した。傾聴すべき指摘だが、言外に「アリストテレスにおいては」という意味が含まれていると考えれば、このまま読むことができる。

(401) 写本の「意志」をモニコフが消して「慾望」と改めた。それに随う。

(402) 言われている通り、特定の物を認知し始める生後数箇月の乳児と考えられる。

(403) Bは、「この慾望は」から「ひき起せない」までをここから切り離して章末に移し、さらに「慾望」を「遍くみられた慾望（de Begeerten algemeen aangemerkt）」としている。後者を取り入れ、ここに「遍くみられた」を補う。

(404) 写本の「ない（niet）」をBに拠り「何も……ない（niets）」に改めて読む。

(405) 本文中に章番号。章題は柱見出し。ドゥニン・ボルコフスキ（a. a. O. S. 121）は、注(368)で触れた、第一五章と第一六章の間に第一九―二三章と第二五章が移し入れられるという仮説により、この章で、写本の排列ではまだ論じられていない最高の知から実践上の帰結が引き出されている難点が除かれると考えた。本章は「エチカ」第二部命題四九備考末尾に箇条書きで挙げられた「この教えの効用」との対応が指摘され（アッピューン、ウルフ、畠中、ミニーニ）、さらに「九」の「人間は、自然の一部分であるかぎりは、自然の諸法則に従わなければならない」ないという教えから、「エチカ」第四部の位置に相当するとも指摘される（アッピューン、畠中）。ドミンゲスはこの章と「エチカ」第二部命題四九備考の箇条書きとの類似は認めつつも、それを支えるものは同第四部（命題三七）、第五部（命題四一）に索められなければならないと述べる。ドゥニン・ボルコフスキの説に対してミニーニ（MB, p. 678）は、「エチカ」第二部（命題四八）で意志の自由を斥けた後、命題四九備考末尾の四つの項に、本章の写本に数字**六〇**から**六六**が印づけられた七つの内容が、一

（六〇、六五）、二（六一、六六）、三（六二、六四）、四（六三）という対応で配されていることによって、「短論文」の叙述順序と本章の位置（ドゥニン・ボルコフスキが考えるように「エチカ」では第五部に属すべき内容ではなく、第二部に再現されている）が裏づけられると言う。

（406）「神の下僕《しもべ》（dienaars）」。ここに目的論的人間観を読み取るトレンデレンブルク（a. a. O. S. 355）はこの言いかたについてプラトンの「エウテュプロン」との類似を挙げる。「エウテュプロン」13d参照。ウルフはこれに対し、プラトンでは奴隷が主人に尽すそれと同じ性格と述べられるのは人間への奉仕とは区別された聖なる職務（神々への供犠と祈禱）であるが、スピノザは人間の生活と行い全般を考え、神聖な奉仕に限定していないと違いを指摘した。ミニーニ（MB, p. 679）はウルフに賛成し、スピノザの言う神への奉仕をただしい認識とそこから帰結する生活としている。「エウテュプロン」についてのウルフの考えが正鵠を射ているかどうかは容易な断定を許さない。

（407）「実質の地獄（de wezentlyke helle）」。フロイデンタール（a. a. O. S. 244）は、「悪魔」についての第二五章でおそらく説明されるはずだったが、どこでもなされていないことを指摘し、ゲープハルト（„Textgestaltung,“ S. 501）は第二五章［四］と第二六章［一］があてはまると推測している。

（408）ウルフは、「神学・政治論」に題辞として掲げられている「ヨハネの第一の手紙」第四章一三節を暗に指すと注している。

（409）Bは［七］冒頭の「おしまいに（eyndelyk）」を省き、ここを「第七に」としている。

（410）「神への務め」の原語godsdienstはオランダ語で一般には「宗教」、「信仰」を意味する語である。［九］初めの同じ語へのカーリーの注を参照。カーリーは「神への務め」という語構成がここの文意と切り離せないことを強調して、この箇所がもともとラテン語ではなかったと思わせるとも述べ、聞き手の母語がオランダ語であることを意識した語使用とみなしている。だがラテン語religioも「神への務め」という意味を原義とする。「エチカ」第五部命題四一で言われるreligioを『エチカ抄』で（「信仰（心）」あるいは「宗教（心）」ではなく）「務め」と訳し、並べて言われる「敬い（pietas）」とともにその意味を訳注で説明したので、ここでは繰り返さない。『エチカ抄』第五部訳注（19）（二九二－二九三頁）参照。

（411）ブルヘルスダイクに「道具の有りかたは使用への適性に据えられている……道具とはあるきまった使用に適するがゆえに、またそのかぎりで有るものである。こうして斧は材料の質と形式とによって切ることに適しているかぎりで斧である」という記述がある。*Institutionum logicarum*, I, c. 17, th. 26.

(412) フロイデンタール（a. a. O. S. 279）は、「短論文」が当初はここで終えられ、その後理性ではなく知性によってのみ自由と至福が得られると考えるにおよんで、第二一章から二六章までの論が継ぎ足されたと推測した。注(405)で触れたミニーニの説に随うと、この推測には首肯できない。

(413) 本文中に章番号。章題は柱見出し。本章の位置をあげつらった諸見解については注(368)を参照。写本のこの章が始まる紙葉には左の欄外上から本文下にかけて注の指示記号なしで注解が書かれており、その末尾には「注の位置は　葉に第二二章」と記されている。Bはこの結びを省いて［二］冒頭の「諸情念」に対応する注解としている。ゲープハルト（„Textgestaltung,“ S. 503）とミニーニ（MB, p. 709）は写字生が写した原本がこの体裁だったとみる点では一致している。メイヤー、ミニーニは写本の指示に随い、注解を第二二章冒頭に移している。ドミンゲス、バルトゥシャートがこれに倣う。シャールシュミット版、ジークヴァルト、ウルフ、フローテン－ラント版、ゲープハルト版、プレイアード版、畠中、カーリーはこの章に注解を残す（注解が対応させられる本文の場所はゲープハルト、畠中、カーリーが［一］と［二］の切れ目、プレイアード版がその前の「自由になれる」、他は［二］初めの「〔諸〕情念」。アッピューンは本章に残しながら、「本当の場所は第二二章の始まり」と注記する。ゲープハルトは、注解の中の「結果として　頁で指摘されるとおりである」という予告がほかならぬ第二二章を指しているから、注解はここのために書かれたが、二二章で「再生」が扱われたためにそちらへ移す指示がなされたと推測する。その上で、内容上は二二章よりもこの章にあてはまるとして、ここに残した。注解に現れる「本当の信（Ware Geloof）」は、第一四章［二］で甫めて「理性」と言い換えられた。以後、「本当の信」は認識の分類名として第一五、一六章では使用されているが、第二一章は章題の語である「理性」で論じられている。すると（誰がこの注解を書いたかはともかく）、次の第二二章であと戻りするように「本当の信」、またその同義として注解末で「信」を用いたことはありそうもなく、したがってこの注解が第二二章を書いている時点で作成されたとは考えにくい。一方この第一九章は冒頭で「本当の信」と言われているから、注解が置かれる場所は指示のとおり第二二章であるとしても、書かれたのは第一九章と同じ時点である蓋然性が高いと思われる。注解の中身に関しては第二二章の訳注を参照。

(414) 写本では本文三行前の「神の愛」の横欄外に書かれている。指示記号付きだが、本文の摘要とみなされる。

(415) ゲープハルト版（a. a. O.）はこの注解を編纂者の説明とみて、括弧に入れている。

(416) 指示された写本の頁に拠り、「命題三」は第一部第一章［五］の箇条書きされた原理の三番目を指す。

(417) 原語は geest。注(205)を参照。

(418) この欄外注記は、紙葉の傷んだ端にかかっている語が失われ、ここは「神は何（wat god）」とだけ判読できる。wat god［is］（「神は何であるか」）と復元されると読み、さらにミニーニの訳に随い、本文にも合せてこう読む。次の参照指示（写本の頁で一から三三頁）は第一部第一章から第三章までにあたる。

(419) アッピューンは機会原因論者が念頭にあると推測している。「卓越して（eminenter）」については注(37)を参照（第一部第一章［八］での対応したオランダ語の用例）。

(420) アッピューンは第一章よりむしろ第一部のことを指すと注している。

(421) 写本では、頁横の欄外ではなく、本文文頭の指示記号と対応する記号を付して、頁下の欄外に記されている。本文の摘要とみて、欄外注記としたミニーニに随う。

(422) 写本では本文の指示記号がある「様態」の横欄外に記され、初め文頭に書かれた対応する指示記号が消されている。それにより本文の指示記号には本文下欄外の指示記号による注解「二つの様態。静止は無ではないので。」が対応するようになっている。

(423) Bは「別の何かの運動（de beweegeng van iet anders）」としている。

(424) トレンデレンブルク（a. a. O. S. 307）がこの注解を読んだ者の異議と解しているのは意味の取り違いによると思われる。メイヤーは写字生による誤った説明とみなし、本文でスピノザは「思い」と「広がり」のつもりで言っていると解した。ゲープハルト（„Textgestaltung,“ S. 505）は本文の「この（deze）」がすぐ前の「運動と静止」以外を指しえないとしてメイヤーの見かたを斥けた上で、やはりスピノザの手によらない注解とみなして括弧に入れている。

(425) フロイデンタール（a. a. O. S. 261）はこの［九］を、［七］で予告された論述の順にそぐわず、［一一］で詳しく論じられる内容の中途半端な先取りであり、［一二］の初稿が編纂者の手により紛れ込んだものと推測して削除されるべきとみなしたが、注(428)および後述する論述順の骨子に照して首肯できない。アッピューンはこの段落とさらに［一一］、［一二］が、「エチカ」では第五部序言で批判の的とされる以外に痕跡をとどめないデカルトによる動物精気の説を取り入れていることから、これらの段落に疑いを投げかけた。しかしこの著作の中に限れば「精気」はここだけでなく、次章でも頻出するほか、この部の第一一章［二］、第二二章［六］と［七］にも現れる。

(426) 写本では指示記号なしに本文下の欄外に書かれているが、本文の摘要とみて［九］冒頭の欄外注記としたミニーニに随う。指示されている「一三二葉」は写本次々頁で、おもには［一一］の範囲である。ゲープハルト（a. a. O.）はこの指示が一三二葉下部欄外に書かれた注（ミニーニは［一二］冒頭の欄外注記とし、本訳書も随う）のことを言っていると解した。

(427) フローテン－ラント版、ゲープハルト版、ミニーニに随い、写本では「そのような（zoodanig）」の前にあるコンマの位置をその後に移して読む。Bは異文になっている。

(428)［一一］を指し、「もうすでに言われたように」（二一八頁七行目）と相関する。

(429) ミニーニは［九］の後に［一二］を続け、［九］、［一二］、［一〇］、［一一］、［一三］の順に変える校訂をしている。［九］から［一四］までの論の検討に加えて、［九］冒頭の欄外注記での参照指示（注(426)を参照）、および［九］冒頭の写本に付せられた番号**七二**に続くのが［一二］冒頭の番号**七四**であり（写本では番号**七三**が飛ばされている）、［一〇］冒頭の番号は**七五**であることが根拠とされている（MB, pp. 687-688; MK, pp. 426-427; MP, p. 467）。カーリーは論理に副った順序と評価してミニーニに随い、バルトゥシャートも随う。ミニーニはまたこれとかかわって、順序の改めを示唆する前後した番号づけがスピノザ自身によるもので、当初の草稿に対するものであるという仮説を提起している（MB, p. 853）。ミニーニの論拠のうち、欄外注記の参照指示は［九］に［一二］を直結させる理由にまではならず、番号の前後は、番号づけに関するその独自の説を認めるとしても、むしろ改められた後のあるべきテクストにかかわることであり、現に残された写本Aが原典であらざるをえないことを踏み越える。すると、つまるところ、［七］終りの「この両方〔思うものと広がり〕のはたらきを明晰に解るために、われわれはそのそれぞれをまずそれだけで、そののちに両方を一緒に取り上げ、同じく、片方についてももう片方についても、果していることを取り上げることにする」という予告と以後の叙述を照し合せて、順序の変更が必要かどうかを判断することが求められる。それぞれの段の骨子は、［八］広がりの属性のうちの運動と静止、［九］精気によって運動の向きが変ること、［一〇］思いの属性が果していること、［一一］精気を介した両属性の個別の様態どうしのはたらきかけ、［一二］精気を動かす心の力が礙げられること、［一三］体の心に対するはたらきかけ、と辿られ、［一二］はこの順序に嵌っていると考える。また、ドミンゲスも触れていることだが、［一〇］冒頭の「もう一つの属性」（「思い」を指す）という言いかたは［八］で「広がり」が取り上げられたことに呼応している。しかし、その前に「思い」の属性に入る「心」のはたらきかけに触れた［一二］が割り込むと、その呼応関係が損われることになる。

（430）Bは「もう一つの、あるいは思いの属性（de andere of Denkende eigenschap）」としている。

（431）写本では本文中の指示記号と対応する記号を付して、頁横欄外ではなく下欄外に記されている。本文の摘要とみて欄外注記としたミニーニに随う。「あてがわれることができず（aan de zelve 〈niet〉 toegepast kan worden）」は、ミニーニに随い、否定の niet を補った。

（432）ジークヴァルトはこの一文を、最後の二つの場合が「愛の破壊」のほうにしか対応していないために、損われているとみなし（「より善い何かが知られるようになる」は間接的にのみ「愛をかき立てること」に繋がると解されている）、「かき立てられる」ことを明示した説明を欠いているか、さもなければ「かき立てられるにしろ」という言葉が削除されるべきであると述べた。メイヤーは「かき立てられるにしろ」を括弧に入れている。ゲープハルト（„Textgestaltung," S. 506）は「より善い何かが知られるようになる」が「愛がかき立てられる」ことに対応すると解している。だが先の［一四］で「一つの愛が、より善い別の何かについてわれわれが得る覚知によって消滅することをわれわれは明晰判明に見てとるから」と言われていることに照らせば、ジークヴァルトの説に妥当性があると思われる。Bは意味の違う文になっている。

（433）「一方のうちに他方による受動（lydinge: 〈in〉 de eene van de ander）」。Bに拠り「一方（de eene）」の前に「のうちに（in）」を補うミニーニの校訂に随う。

（434）写本では一〇五頁（第一二章［三］にあたる）となっている。ミニーニは一三五頁（本章［一五］にあたる）と訂している。

（435）ミニーニは「〔動物精気の〕運動」と補って訳している。

（436）これは本文の「心」に付けられた指示記号と対応して頁横の欄外に書かれているが、摘要ではなく、本文に書かれたことへの注意書きの性格をもつ。

(437) A、Bともに「心と体（de ziele en het lichaam）」となっている。ゲープハルトは写本を維持し、ドミンゲスが写本に随う。メイヤーは訳文では en het lichaam と次の「もうすでに述べたように」を省き、注解でそれを撤回した。en（「と」）を in（「において」）に改め「心は体において」と読んだジークヴァルトに随い、de ziele in het lichaam と校訂しているのはフローテン－ラント版、ミニーニである。主語を「心」としたのに応じて、助動詞 konnen も単数主語に対する kan に改められた。ウルフ、バルトゥシャートは同様に訳す。アッピューンもこれらに近く、主語を「心」とし、「たしかにさせうる（konnen wel maaken）」の目的となる dat 節の中に「体のうちで」を挿入した訳にし、プレイアード版も踏襲する。畠中はやはり in と読み、「身体の中に於ける精神は」と訳す。カーリーは欄外注記の「体へはたらきかけている心（de ziel in 't lichaam werkende）」を容れて、the soul [acting] on the body とする。写本の読みが意味をなさず、前後の聯関から in に改めることが求められるとしたジークヴァルトは根拠として、欄外注記が本文の記述を訂そうとしていることを挙げる。ミニーニ（MB, p. 690）はさらに［一三］冒頭の「心が体に対してそなえるはたらき（de werkinge die de ziel heeft in het lichaam）」とそれを逆にした次の「体が心に対してそなえるはたらき」という言回しを傍証として挙げる。写本を維持するゲープハルト（„Textgestaltung," S. 506-507）は、in が en に読み違えられることはありうるとしても、その場合単数形の主語に応じて kan だったはずの形が konnen になっていることは書き誤りでは説明できないと述べ、加えて、このあとすぐに「体の原因によってある場所へ運動している精気が、今度は心のほうの原因によって別の場所へ運動し」と、精気に対する体と心のはたらきかけとが竝列して語られるので、「心と体」という竝列はたしかに認められると言う。双方説得力をそなえるものの、in への訂正が主張される主要な根拠である欄外注記の「個別のどちらも、言うならまた、体へはたらきかけている心も（yder byzonder, of ook de ziel in 't lichaam werkende）」は、「個別の〔様態である心と体の〕どちらも」という部分により、本文の書き換えまでは求めておらず、説明にとどまるとみられるので、写本の変更にはおよばないと考える。写本に随うドミンゲスは、ここの変更と注(429)で扱った段落の順序の変更とが相互に繫がると言い、どちらも必要なしとしている。

(438) 番号**七三**は飛ばされている。［一〇］の**七五**と番号が前後していることについては注(429)を参照。ミニーニ（MB, p. 850）は**七三**が［九］の二段落目で述べられる心と体の結合にかかわると推測している。

(439)「体がそれ自身を心に気づかせ、それによりまたほかの物体をも心に気づかせる」は写本では ze haar zelfs aan de ziel doet gewaar woorden, en daar door ook aan andere lichaamen である。この文では「心」だけでなく、同じく前置詞 aan の目的語である「ほかの諸物体（andere lichaamen）」もまた「気づく（gewaar woorden）」の意味上の主語になる（Bは文の中で位置は違っているがやはり aan andere lichaamen である）。だがそれは意味を損ねることが瞭かであるので、夙にベーマー（a. a. O. S. 81）が andere lichaamen の前の aan の削除を提起し、ジークヴァルトがさらに掘り下げて解き明かし、フローテン-ラント版、ゲープハルト版、ミニーニのいずれもこの後の aan を省く校訂をしている。また、ジークヴァルトが指摘したように、この節の中の主語 ze は「はたらき（de werkinge）」ではなく、中性名詞の「体（het lichaam）」を指すので、女性形の「それがそれ自身を（ze haar zelfs）」は文法上ただしくない。フローテン-ラント版とゲープハルト版は het zich［zig］zelfs と中性の代名詞に変えている。

(440) ミニーニ（MB, p. 691）はここまでを、［一三］の扱う事柄に入るので、［一三］とし、ジークヴァルトの区分けを誤りとしている。

(441) Aには指示記号がない。Bに拠る。

(442)［もう一方からとは（als van d'andere）］は写本では初め als van d'andere na de proportie と書かれたのが消されている。Bには als van d'andere がある。ゲープハルト（„Textgestaltung,“ S. 508）は、次の括弧内にある「釣合にしたがって」をこの位置に重複して書いたことに気づいた写字生がこれと一緒に als van d'andere も誤って消したと推定し、復原した。ミニーニ（MB, p. 693）もほぼ同様に推測している。メイヤーは「釣合にしたがって」まで含めた抹消箇所を本来の読みとして復原し、それに続けて次の括弧内の言葉もここに繰り上げる文にした。アッピューンとドゥニン・ボルコフスキ（a. a. O. S. 137）は抹消されたままの写本の読みをテクストとしたフローテン-ラント版よりもメイヤーの文を明瞭と支持した。ウルフは消された箇所をそのまま生かしている。

(443)「［そこから］それらが成り立つ運動と静止の釣合にしたがって（na de proportie der beweeginge en ruste waar af sy bestaan）」。「それらが（sy）」をジークヴァルトは「われわれが」ではないかと疑問に付し、ゲープハルト（„Textgestaltung,“ S. 509）も「エチカ」第一部付録に述べられた説（ゲープハルトはそれを「主観主義的感性論」と言う）と関聯づけて同様に判じ、テクストを改めているが、根拠があるとはみなせない。ミニーニ（*ibid.*）は「対象［もろもろ］」を指す sy であっても、ゲープハルトが考えるようには、「エチカ」第一部付録の説と対立しないことを論じて、ゲープハルトの読みを批判した。『エチカ抄』七〇頁以降を参照。

(444) モニコフがAにinを補ったのに随う（Bも同様のテクストになっている）。ゲープハルトはそれに伴ってその前の動詞isが削除されるべきだったと考えているが、isは主格の関係代名詞datの節の中で動詞として現在分詞「はたらきかけている（werkende）」と結ばれているので、省くことはできない。

(445) 括弧はAのとおりである。ドゥニン・ボルコフスキ（a. a. O.）は［一七］の第二文「ここから、体が情念の……」から［一七］末尾までが本来は［一五］と［一六］の間に置かれなければならず、それによって理に適った意味を得ると言う。ゲープハルト（„Textgestaltung,“ S. 508）はこれに賛成している。

(446) ［一五］の論を指す。

(447) 「体が情念のもっとも主なる原因である〈のではない〉ということだけではなく（niet alleen dat het lighaam de voornaamste oorzaak 〈niet en〉 is van de passien）」。ジークヴァルトが提起した写本の修正に随って訂されたフローテン－ラント版、ゲープハルト版、ミニーニのテクストに拠る。写本は「体だけが情念のもっとも主なる原因であるということではなく（niet dat het lighaam alleen de voornaamste oorzaak is van de passien）」（Bは「体だけが情念のもっとも主なる原因ではないということである」と文が切れて、続く文とは段落が分れている）。ジークヴァルトはこの後のmaar ook（その訳ではsondern auch）が呼応すべき言回しとしてniet alleen（同じく訳ではnicht allein）を要求することから、元のラテン語文を推測し、オランダ語への訳者が否定のnietに係るべきallein（「だけ」）を誤って「体」に懸けて「体だけが」という文にし、そのあとにあったもう一つの否定の「ない（niet）」を扱いに困り省いてしまったと解した。加えてジークヴァルトは、この段の注を訳者のこの誤解にもとづく余計な注とみなした。「主原因」の説明は第一部第三章［二］の第五項および訳注(137)を参照。

(448) 写本では本文中に注解を指示する記号はなく、この［一七］途中の頁下欄外と次頁（章末）の下欄外にわたって書かれている。Bにはこの注解はない。前注のジークヴァルトの見解を参照。メイヤーはスピノザによる注解と考えている。これに対してゲープハルト（„Textgestaltung,“ S. 509）は、スピノザによるものではなく、書き手（ゲープハルトはイエルスと想定）がスピノザの教えと取り組んだ様子が特徴として現れていると解している。ドミンゲスはジークヴァルトによる本文の読みに随い、「体が情念の主原因ではない」という本文と「主原因でありうる」という注解とに齟齬があることなどを別にすれば、内容は同じであり、［一七］本文も注解も、括弧に入った［一六］を飛ばして、［一五］に由来すると注している。

(449) ここからの文は代名詞が何を指すかという点に文法上の問題を残す。最後の括弧内を省略して原文を示すと、want 't en zoude niet meer konnen in Natuur verschillen (……) als deze, die van 't een uyt eynde tot het ander verschille である。主語の「それ（'t）」（中性代名詞 het）は、文法上の性は一致しないが、「実体（zelfstandigheid）」を受けると解するほかない（文法の性では受けられるのは注冒頭の「体（het lichaam）」である）。deze を（単数形の動詞 verschille と数が合わなくなるが）複数の「これら」と解し、「心」と「体」を受けるとみなしたのはガノーに倣った。「隔たる（verschillen）」の比較相手の deze を単数の「これ」として「体」を受けるとみ、「両極端に懸け離れている」相手として「心」を補う訳者たちもいる（単数の deze は「体」を指せる中性代名詞ではないから、アッピューンは「この実体」とした上で意味上「体」を指すと解している）。

(450) 本文中に章番号。章題は柱見出し。

(451) Bは本章で答えられる三つの異議を初めにまとめて箇条書きで提示する体裁で書かれている。

(452) 写本のとおりに訳した。「いま遠まわしに（nu mediate）」は直前に言われたことを指し、「遠まわしに」は真相に対して例示にとどめたという意味と解する。「前もって指摘した」は前章［一二］の「われわれがこのように自分の志すところへ行かせる能力をそなえる、運動の決定」を指すとみる。原文は De ziel dan zodanig als nu mediate gezeid is, gesteld zynde hebben wy al te vooren aangewezen, dat magt heeft de geesten te bewegen werwaart zy wil である。mediate（「間接に」）をめぐって議論がある。Bは mediate が onmiddelyk（「直接」）に変えられ、「いま直截に言われたように」となっている。ジークヴァルトがこちらを採り、フローテン－ラント版も immediate と校訂した（ウルフも随う）。次の二種類の読みはさらに内容の変更におよぶ。メイヤーは「間接に（middellijk）」を「指摘した（hebben……aangewezen）」の目的になる dat 節の中へ移し「心はその志すところへ精気を運動させる力を（間接に）そなえる」という文にし、アッピューンが随い、ドゥニン・ボルコフスキ（a. a. O. S. 137-138）が支持した。ゲープハルト（a. a. O.）はこれを容れ、原文の dat と magt（「力」）の間に闕文を想定し、節の中の主語代名詞 zy（「心」を指す）と magt の冠詞 de を合せ zy mediate de と挿入した（メイヤーの訳と同じ意味になる）。プレイアード版、畠中も同様の訳にしている。ゲープハルトは

「間接に」が心の精気に対する関係を示す術語であることを証する箇所として本章〔六〕の「心がこの静止の一原因であることはなるほど本当だが、それは間接のこと（*indirecte*）でしかない」を挙げた。ミニーニは mediate を gesteld に関係づけ、De ziel dan, zodanig als nu gezeid is, *mediate* gesteld zynde, hebben wy...... と校訂した（バルトゥシャートの訳はミニーニに随う）。ミニーニ（MB, p. 697）の解釈はゲープハルトらの読みを斥けるというよりも、「力が精気に直接およぼされるのではない」という含意をそこから除いて、一義的にしようとしたものである。要点を言うと、「心」は形としては（formalmente）思いの様態だが、おのれの体を対象としてうちに含んで（oggettivamente）成るので、思いの直接様態である無限な知性と体との双方を介して（媒介を経て attraverso la mediazione）成っている。そこから、心の力が体の変容と無限な観念のいずれを通してはたらくかで、これに先立って言われた心の「気づき（gewaarwording）」と「判断（oordeel）」の違いが生じるとみなされる。したがってその校訂による ***mediate*** **gesteld zynde** は「心は中間の立場に置かれているので」という内容に通じる。ドミンゲスは心にとっておのれの体は直接の対象であり、体と精気を直接動かすと述べ、「心が体を介して成る」というミニーニの解釈に対して、心を広がりの様態とすると批判した（ミニーニはおそらくこの批判を受けてその注訳で「心は思いの直接のではない様態である」（*ibid.*）の「ではない」をMP（p. 468）では削っている）。結果としてドミンゲスは写本通りの訳にしている（先立ってカーリーも同様である）。

(453)「その人を（hem）」。この三人称単数男性目的格の代名詞をゲープハルト訳、バルトゥシャートは「精気」（複数）、ミニーニ、ドミンゲスは「体」（中性）を指すと解して訳している。

(454) ミニーニは「一時的」の前に、対比される「不変（onverandelyk）」の対語になる「変りやすい（verandelyk）」があったのではないかと推定している。だがBにも verandelyk はないので、補う根拠は強くない。

(455) 写本では本文にも注解にも指示記号がない。本文の指示箇所はゲープハルトとミニーニに随った（フローテン－ラント版はその文末）。Bはその前行の「悲しみ」に指示記号を付しているが、Aの頁の切れ目との関係ではゲープハルトとミニーニによる箇所のほうがよい。

(456) テクストの語 gemeenschap は「交り」の意味をもつため、メイヤーは onmiddelijke を括弧に入れて補い、「（直接の）交りをもちはしない」という訳にした。これ以前にジークヴァルトは、むしろただしくは「体と共通のものを何ももたない」（ラテン語では nihil commune habet cum corpore、つまり「有りかた〔本質〕を異にする」）という意味であると推測した。おもな訳はこれを容れた訳にしており、それに随い「共通のもの」という訳語にした。

(457) 写本では本文にも注解にも指示記号がない。また次の（〔四〕のそれとした）注解も指示記号がなく、改行だけでこの注解に続けて書かれている。本文の指示記号の位置はミニーニに随った。フローテン-ラント版はこの疑問文の文末に、ゲープハルト版は〔三〕冒頭に注の記号をつけている。次注を参照。注(204)と注(208)でもその見解に触れたフロイデンタール（a. a. O. S. 252）によると、この〔三〕の注解と次の〔四〕の注解は第二部序言の一部を書き改めたものであり、前者は序言〔一〕-〔三〕と〔二〕注解の第三-六項、後者はその第六-一四項に対応するという。フロイデンタールはまた、これだけでは満たされなかったスピノザがさらなる改作として〈付録〉二の「人間の心について」を著し、加えていまは失われた四回目の書き改めも行っていたはずだと想定した。フロイデンタールはこの〔三〕注解の箇条書き一から六の数字を欠いた頁の参照指示にもかかわらず該当する件りがいまある論には見い出せないこと（ウルフも同じ見かた）をその理由としている。この参照指示については次々注を参照。

(458) Bはこの注解のここから後の部分を欠く。そして次の（〔四〕のそれとした）注解冒頭に理由説明の等位接続詞 Want を加えてここに繋げ、一つの注解として扱い、本文〔四〕四行目の「存在〔者〕」に指示記号を付けて対応させている。

(459) 前々注で触れたフロイデンタールとウルフの見かたに対して、ゲープハルト（„Textgestaltung,“ S. 510）は概ねメイヤーに随って、参照箇所を次のように示した。一、第一部第二章〔二〕第一命題の初め（本書八九頁三行）、二、同章〔一七〕（メイヤーは同章〔六〕も挙げる）、三、同章〔二〕注解の「もし無制限なものからある制限されたものが生れたとすれば、無制限なものも制限される、などのように。それゆえ、ある実体は別の実体を生み出せない」（本書九〇頁一〇-一一行、メイヤーは同章〔一七〕の第三項を挙げる）、四、同章〔一〕末、五、第二部序言〔二〕注解の第三項、六、同第四項。ミニーニ（MB, pp. 699-700）は、「短論文」末尾に置かれた〈付録〉がこの注解よりも前に書かれたという見解にもとづいて、注解が〈付録〉一の命題の順序を再現していることを指摘し、〈付録〉の該当箇所を主とし、第一部第二章のそれを副として挙げた。だがMPの注（p. 469）のほうでは次のように修正された別案を示している。一、第一部第一章の論証および第二章の神の定義、二、同章〔二〕の第二命題、三、第二部序言〔二〕の第一命題、および第一部第二章〔二〕の第一命題と第三命題の帰結、四、同第一命題、五、第二部序言〔二〕注解の第三項、六、同第四項および〈付録〉二（「人間の心について」）〔一〇〕。しかし、ただ「頁」と記されただけで、「見よ」等の言葉もないこれらがこの写本（著作）の中のどこかを具体的に指示していると考えられる保証はない。この注解がいつ書かれたのかということともかかわるが、新たな構想（「エチカ」?・）にかかわる備忘録である可能性も否定し切れないからである。

(460)「二つの実体は在りえない（Daar konnen geen twee zelfstandigheden zyn)」。ロビンソン（a. a. O. S. 460-461）は、スピノザが「短論文」では神の諸属性を諸実体として、「エチカ」の単一実体の説をまだ顕にしていなかったと論じる中で、この文が損われており、文脈から「二つの等しい実体は在りえない」という意味であることは瞭かだとした。だが、第一部第二章［二］の第二命題、同章［六］、第二部序言［二］の三番目の命題ですでに「二つの等しい（gelyke）実体はない」と言われているから、ロビンソンの論に随うかどうかとは別に、ここはその意味に解せられる。

(461) ウルフはこの命題がこの論ではまったく証明されていないと指摘したが、中《あた》っていない。第二部序言［二］で、「初めの方でもう示した」として挙げられる最初の命題がそのままこれであり、その示した箇所としてドゥニン・ボルコフスキ（a. a. O. S. 138）は第一部第二章［二］注解の末尾と同章［一七］の第三項を挙げ、反証している。前々注のゲープハルトとメイヤーの説を参照。

(462) メイヤーに倣い、ゲープハルトは「それぞれ（Ieder）」の後に「属性」を挿入し、「それぞれの属性」とした。ミニーニ（MB, p. 700）は、ここでは「実体」を「おのれの類において無限」と解することも可能であるから、「属性」を言外に言われた主語と想定すれば足りるとした。いずれにせよ、二、三は「実体」を主語にした命題であるから、どの実体［＝属性］もおのれの類において無限であることを認めるなら、ここも「それぞれ」としか言われていない主語は実体とみるのが自然で、「属性」と述べるのは唐突な飛躍を感じさせる。

(463) ミニーニ（MB, MO）は「観念」を「認識（conoscenza）」と訳し変えている（バルトゥシャート、ガノーも同様）。

(464)「われわれのうちでの為事から物をいま実在しているようにわれわれに現す観念についてではない（maar niet van die Idea's, welke de dingen nu wezentlyk ons vertoonen, uyt werken in ons)」。シャールシュミット、フローテン－ラント版と同じく、写本のuyt werkenのままwerkenを名詞（複数）とし、（たしかにAには語の区切りに捉われない奔放な運筆がしばしば見られるが）ゲープハルト版、ミニーニおよびすべての訳者のようにuytwerkenと動詞には読まない。Bは注のこの部分を欠くため（注(458)参照）、Bからは手懸りを得られない。関係代名詞welkeの節の読みかたにも文法上の問題がある。ほとんどの訳者がwelkeを目的格の関係代名詞（先行詞は複数形のdie Idea's）と読み、「物〔ども〕（die dingen)」を関係節内の主語と解している。さらにそのうちの多くが「いま実在している（nu wezentlyk）」を「物」に懸けて読む（ジークヴァルト、シャールシュミット訳、メイヤー、アッピューン、プレイアード版、畠中、ミニーニ、ドミンゲス、バルトゥシャート、ガノー）。この読みかたは、「いま実在している」の部分を「物（de dingen）」に係る別の関係文に変えて挿むか、それとも現在分詞を用いた形容詞句にして「物」に懸けるかすることになる。これに対してウルフは「物がいま現にわれわれに呈示し〔現し〕（the things now actually present to us）」と読み、オランダ語のもっとも自然な読みかたとしてカーリーはこれに随う。両者が動詞 present と produce（uytwerken の訳）の間に〔or〕と補うのは、動詞二つが接続詞を介さずコンマで区切られただけで並ぶのが普通ではないからである。関係代名詞を目的格とみなす場合、「物がわれわれに現す〔呈示する〕観念」という構図が理会を容れるかということを問題にできる。「エチカ」では、「人間の精神は外の物体を現実に実在しているように、あるいはみずからのまえに在るように眺める」（第二部命題一七）、またそこから、「その観念が外の物体をわれわれのまえに在るかのように現す人間の体の変容」を「物の像と呼ぶ」（同備考、『エチカ抄』一一三頁）という枢要な言がある。「現実に実在しているように（ut actu existens）」は瞭かにここの「いま実在しているように（nu wezentlyk）」と対応した言いかたである。以上から、「観念」を先行詞とする関係代名詞を主格として、「物をいま実在しているようにわれわれに現す」という文意とするのが自然な読みかたであり、（この注解がいつ書かれたのかという問題ともかかわるが）「エチカ」の思索とも合致する。「われわれのうちでの為事（werken in ons）」は、「われわれはけっしてものごとについて何かを肯定か否定かするものではなく、ものごとみずからがおのれについてわれわれのうちで何かを肯定か否定かするものなのである」（第一六章〔五〕）、および「対象というものは、それから何かが肯定か否定かされるものの原因である」（同章〔七〕、注(387)参照）という箇所に読み取れる、対象が「原因」となって肯定あるいは否定しているものを表す「観念のうちの対象という有りかた」と関聯づけられる。

(465) ここから注末までもやはり意味の繋がりが取りにくい行文になっている。区分のローマ数字を挿入して原文を示す。[i] *want de Idea's in God*, en ontstaan niet [ii] gelyk in ons uyt een of meer van de zinnen, [iii] die daarom ook niet als onvolmaaktelyk van haar meest altyd aangedaan worden; [iv] maar uyt de wezentlykheid en 't wezen, na al wat ze zyn. [v] Nochtans is myn Idea de uwe niet, die een, en de zelve zaak in ons uytwerkt. 訳者により訳しかたがまちまちになっているが、その大きな理由は、「神のうち」の記述と「われわれのうち」の記述が込み入っているように見えるからである。

（.i）と（.iv）が前者であることははっきりしている。文は大きくは「……からではなく、……から生れる」（ontstaan niet…… uyt……maar uyt……）という構造だが、（iii）が介在するために（.iv）の maar までが離れている。このためプレイアード版は（.iv）を（iii）の前に繰り上げ、カーリーは原文に応じた not A but B の構文ではなく、B, not A の形にして単刀直入になるように（.iv）を（.i）に繋げている。夙にメイヤーは（iii）に「われわれ」を主語として補い、（v）も「われわれのうちの観念」についての記述とみて、（iii）に続くように移した（アッピューンが倣う）。こうした変更は「神のうちの観念」の記述と「われわれのうちの観念」の記述をそれぞれまとめようとして生じている。ゲープハルト版（„Textgestaltung,“ S. 511-512）も（iii）に主語「われわれ」を補い（メイヤー、アッピューン、プレイアード版、畠中、カーリーが同様）、さらにドゥニン・ボルコフスキ（a. a. O.）の主張に随い（v）冒頭の「とはいえ（Nochtans）」を順接の「そのために（Derhalven）」と変えて、次のようなテクストにした。want de Idea's in God en ontstaan niet gelyk in ons uyt een of meer van de zinnen, die wy daarom ook niet als onvolmaaktelyk van haar meest altyd aangedaan worden; maar uyt de wezentlykheid en 't wezen, na al wat ze zyn. Derhalven is myn Idea de uwe niet, die een, en de zelve zaak in ons uytwerkt.「われわれ」の追加についてドミンゲスは「それら（die）」と「われわれ（wy）」の二つを（iii）の主語とすると批判し、写本の読みを受け容れている。（iii）には二つの「それら」、die（関係代名詞とも指示代名詞とも取れる）と haar が何を指すとみなすかという問題があるが、写本に副ったシャールシュミット訳、ジークヴァルト、ゲープハルト訳（加えてウルフ）では何を指すかが示されていない。受けられるのは直前の「感覚器官（zinnen）」と（.i）の「観念（Idea's）」である。「われわれ」を導入せずに die を主語とする訳者はおそらく（ドミンゲスの訳でははっきりと）これを直前の zinnen（「感覚器官」）を先行詞とする関係代名詞とみなしている。ミニーニが van haar を「物によって（dalle cose）」と訳した（バルトゥシャートが随う）のは、「感覚器官が物によって触発される」という理会可能な内容にするためと推測できるけれども、前注の文に前出が遡る（写本では四行前）「物〔ども〕（dingen）」を haar が受けるとするのは無理がある。ドミンゲスはミニーニの訳に修正を加えると述べ、haar を「観念」とするが、「感覚器官が観念によって触発される」ということは理会を容れがたい。こうして die を「観念」と解する可能性だけが残る。ガノーはミニーニのテクストの対訳としてその読みに副う傾向から外れ、注目すべき訳文にしている。Car les Idées qui sont en Dieu ne naissent pas – comme en nous – d'un ou de plusieurs sens, et ne sont donc pas non plus affectées, presque toujours imparfaitement, par eux ……（eux は sens〔感覚器官〕を受ける）において、原文の die は省かれて「神のうちにある観念」がそのまま（iii）の主語になっている。つまり、（iii）は「神のうちの観念」の記述として訳されている。だが、「……からではなく、……から生れる」という対比は観念の源泉の違いを述べているので、「神のうちの観念」について、「中途半端〔不完全〕にしか影響されない」（次注参照）という否定の形であるにせよ、「われわれのうちの観念」と同じ次元で「感覚器官」による触発ないし影響を云々するのはそぐわない。論の本旨となる（i）と（iv）の間が隔たる難点はあるものの、（iii）は「われわれのうち」に関する記述とみるのがやはり適切である。また、「神のうちの観念」について「感覚器官」による触発ないし影響を云々するのがそぐわないとすれば、（ii）の gelyk（「ように」）を「われわれのうちの〔それの〕ように」と in ons にだけ係るように読むおおかたの訳よりも、ウルフが as they do in us としているように、繰り返しになる主語「観念」と動詞「生れる」が隠れていると読むことになるが、文接続詞として「われわれのうちで観念が一つかそこらの感覚器官から生れ、それら（die）が……ように」と、実際には（iii）まで係っていると解するのが理に適う。この場合 die は「〔われわれのうちに生れる〕観念」を指す指示代名詞とみなされる。（v）は、文脈上「神のうちの観念」のことと判じられるガノーを例外として、「われわれのうちの観念」について述べたものとされるか（メイヤー、アッピューン、ゲープハルト版、プレイアード版、畠中、カーリー）、もしくはどちらとも明示されていない。「われわれのうちの観念」とみる場合、「わたしの観念はあなたのではない」は触発を受ける体の違いに応じた観念の不一致を意味する。「とはいえ」を「そのために」に変更したゲープハルトを批判するミニーニ（MB, p. 702）も神のうちで一つの同じもの（観念）がこのように個別の体との結びつきを原因としてさまざまな様態で表されると読む。しかし、論の主眼は「神のうちで生れる観念」に置かれているので、写本の記述の排列を疑う根拠がないならば、（iv）に続く（v）を（iii）の意味での「われわれのうちの観念」にかかわるとするのはおかしい。「わたしの観念はあなたのではない」の意味はさきのように解せられるのではなく、神のうちで（iv）の共通のしかたで生れる観念（同一の事柄）が、それでも、われわれ個々のうちにまっとうする（uytwerken）観念としては個別をそなえることを断る文意と解せられる。「とはいえ（Nochtans）」を「そのために（Derhalven）」と変えるのはしたがって誤りと断じられる。

（466）「中途半端に（onvolmaaktelyk）」。S. Hannot en D. van Hoogstraaten, *Nieuw Woordenboek der Nederlantsche en Latynsche Tale*, Dordrecht, 1699, 1736^{3}で、反対の意味の形容詞 volmaakt の第一の意義として volbragt（「やり遂げられた」）

が挙げられていることに拠る。参照を促している volbragt の項では afgedaan（「終えられた」）を同義とし、ラテン語では Factus、Perfectus、Effectus、Terminatus、Peractus、Absolutus（の順に他に七つの語）が挙げられている。

(467) フロイデンタール（a. a. O. S. 272）によると、これに類似したことはこの論では第二部序言〔二〕の注解（ゲープハルトによるとその第四、五項）を措いてどこにも言われていないが、この注解は論の完成後に付け加えられたものと想定されるから、スピノザがそこを念頭に置いたことはありえまいという。ウルフは、該当の箇所が失われたにちがいないと言う。ゲープハルト（„Textgestaltung,“ S. 512）はそれに類したことが第二部第一章〔一〕と〔二〕の間に書かれていたが、ここの注で置き換えられるために削除されたと推定した。この削除の推定については注(204)末尾を参照。

(468)「物体なるもの（'t lichaam）」。アッピューンはこれを「広がっているもの（la *chose étendue*）」とたぶん解すべきと注し、畠中は「物体〔延長〕」とした。ミニーニはテクストでは写本を維持し、訳のほうでは「広がり」としている。次々注を参照。

(469)「動かす（beweegen〔運動させる〕）」を、アッピューンは「運動を導く（diriger le mouvement）」の意味に解せられるべきと注している。「思うもの」が「体」を動かすのは直接にではない、という意味である。

(470)「心のうちで（in de ziel）」。メイヤーは「なぜなら……つくり成すからである」という一文を後からの挿入と推測して括弧に入れた。ウルフは「心」が「自然の心、すなわち無限な観念（the soul of Nature — *i.e.*, the infinite idea）」のことであると注した。ゲープハルト（a. a. O.）は「思うもののうちで別の観念を（een ander Idea in de denkende zaak）」が本来の意味であると解して、テクストを改めた（プレイアード版、畠中、カーリー、バルトゥシャートが随う）。ミニーニ（*ibid.*）は、ゲープハルトが意味の点では正鵠を射ていることを認めつつ、写字生が時に「属性」表すために、それに応じた「様態」を指す語を用いている（前々注の箇所が例とされる）ことから、ここでも写字生の書き誤りとは断じられず、「思うもの」の意味で「心」という語が遣われた可能性が無しとはされないとした（訳では「思うもの」としている）。ミニーニの見かたに随う。

(471) 注(457)(458)を参照。写本には注の記号、本文中の指示記号がなく、改行だけで〔三〕の注解に続けて書かれている。Bは〔三〕の注解の初めとこの注解を一つにして、本文〔四〕四行目の「存在〔者〕」に指示記号で対応させている。ゲープハルト版までの校定と訳では「ペテロのそれのように別のものの体を動かすことはけっしてできない」のあとが対応箇所とされていた。ミニーニの推定による箇所に随ったが、ミニーニは訳では前の文の「さまざまな属性」を対応箇所としている（バルトゥシャートが随う）。ドミンゲスは「無限に多くの観念」、ガノーは「無数の物」をその箇所とする。

（472）「通常は（ordinaar）」。メイヤーは「絶え間なく」と変え、カーリーが倣う。

（473）「反照的観念（idea reflexiva）」。BはAの「感じる（gevoelen）」を省いて「人間は反照的観念（weeromslagtige denkbeelden）をもつ」とする。「反照的観念」は〈付録〉二の最後の［一七］でも遣われる。ジークヴァルトは、本来違った意味で用いられるこの術語がここを発祥としていることはないという考えから、〈付録〉の論が適切ではないここへ持ち込まれたと推測した。フローテン－ラント版は「反照的観念」が誤って加えられたと注する（ウルフが同じ見解である）。それに対して正当な謂れを有するとみるドゥニン・ボルコフスキ（*Der junge De Spinoza*, S. 372-373）は、第二部序言［二］注解の第一三項と同じ考えをここに認め、ホッブズの「物体論（*De Corpore*）」の影響を見る。ゲープハルト（a. a. O.）はその解釈を正当としつつ、「短論文」にホッブズの影響を認めるに到っていないと述べている。「反照的認識（cognitio reflexiva）」については「知性改善論」訳注(107)の説明を参照。

（474）「心が運動させた（zy dede bewegen）」。原文は目的格の関係代名詞 de welke に導かれる関係文として先行詞の「別のもろもろの物体（andere lichaamen）」に係る。Bは「心が運動させた」を省く。原文でそれに続く「それらが精気へ伝えただけの静止を必然のこととして失くさなければならなかった」は、Bでは「運動させられた精気に対して必然のこととして、それら〔物体〕がそこ〔精気〕から運動を受け取るのと同じ分だけの静止を伝える」となっている。

（475）本文中に章番号。章題は柱見出し。本章から第二六章までに関しては注(226)で触れたフロイデンタールの見解を参照。

（476）このことについて、「エチカ」ではローマの詩人オウィディウスの「より善きものを見ながら、より悪しきものに随《つ》く（Video meliora proboque, deteriora sequor）」という句（「転身譜（*Metamorphoses*）」第七巻二〇－二一行）が引かれている（第四部命題一七備考、他に第三部命題二備考、第四部序言）。『エチカ抄』第三部の訳注(4)(二八四頁)を参照。

（477）第二部第九章［六］、第三章［八］、第七章［二］を参照。

（478）第二部第一章［二］、［三］欄外注記の（一）（二）を参照。

（479）写本には本文にも注解にも指示記号がない。本文中の指示記号の位置は、B、ジークヴァルト、フローテン－ラント版、ゲープハルト版、ミニーニに拠る。

(480) 写本では八〇頁と一二七頁となっており、それぞれ第二部第五章［四］、［五］、第一九章［一］、［二］を範囲とするが、その内容から第五章［四］と第一九章［二］に絞られる。Bが記載する頁は前者についてAと一致しない（第三章［一〇］、［一一］にあたる）。ジークヴァルトとウルフ（写本の挙げる頁が注解全体とは関聯が乏しく、せいぜい最後の文だけにかかわるとみる）は、「というのも云々」が本章［三］に繋がると考えた。しかしその根拠としてBの筆者モニコフが頁を挙げる代りに「上を見よ」としていると述べたのは、Bそのもの（頁を挙げている）ではなく、ファン・フローテンの刊本に拠った（アッピューン、プレイアード版が同様）とみられる誤りである。

(481) 写本には六四頁とあり、第二部第一章［一］、［二］を範囲とするが、後者が該当する。

(482) 写本はA、Bともに「規則（regul）」となっているが、ジークヴァルトが「比例〔性〕（proportie）」（そのドイツ語訳ではProportionalität）と訂すことを提起し、フローテン－ラント版、ゲープハルト版、ミニーニが随う。注(238)参照。

(483) 写本では頁下部の［二］の注解の下に改行して書かれている。指示記号はない。本文の摘要とみて［三］末の欄外注記とするミニーニに随った。Bは「それを通じて」から後を本文に取り上げている。

(484) 本文中に章番号。章題は柱見出し。写本ではこの章が始まる紙葉の頁付は前の紙葉と重複している。

(485) この注解は第一九章が始まる紙葉に書かれている。注(413)を参照。そのことと前注で述べたこの章の頁付が重複していることに相関があるのかどうかはわからない。注解が対応させられる本文の場所はミニーニに随った。ドミンゲスはこの注解が理知から直観知への移行、第一五－二一の諸章から第二二－二六の諸章への移行を告げているので、注(368)で触れたドゥニン・ボルコフスキによるこれら諸章の順序に関する仮説への反証になるとみる。

(486) 本文［一］では「四番目」となっている。注(232)を参照。

(487) 写本では頁の数字は書かれていない。ミニーニ（MB、MP）はこの第二二章冒頭の頁とする。注解が書かれているのは第一九章が始まる紙葉なので、その中で参照を促している先はここになるはず、ということであろう。その一方ミニーニはMOでは第二六章［七］－［九］（あるいは［八］）にあたる頁を挙げている。

(488) 以下の二つの文をメイヤーはキリスト教徒が付け足したものと推測し、イェルスをその作者と考えた。注解を第一九章に残すゲープハルト（„Textgestaltung,“ S. 503）はやはりイェルスの付け足しとみて、注全体を括弧に入れている（畠中が随う）。ウルフ（さらに畠中）は「ローマ人への手紙」第三章二〇－二四節の引喩とする。他に同第五章一三節、第七章七節、「エペソ人への手紙」第二章八節、「テトスへの手紙」第三章四－七節および「神学・政治論」第一六章［二］（ATTP506 23-26. 光文社古典新訳文庫（下）、一五二頁）を参照。ミニーニ（MB, p. 709）はここに「罪」、「法」、「恩寵」という宗教上の話を、それらの自然の真理である「思い込み」、「理性」、「知性」という認識の形式へ換骨奪胎した「非神話化（demitizzazione）」（「脱聖化」とも言うべきこと）を読み取り、ドミンゲスもこれを支持する。

(489)「そのことにだけ（In het welke alleen）」。Bは「その一つに結ばれていることに（in welke vereeniging）」としている。

(490) Bは「その在るとおりに（zo hy is）」の後に「あるいは十全に（[of eevematig]）」と補う。

(491) 第一部第七章［一一］では反論される相手方の言い分について「神はわれわれによって十全な知でもって知られることができ〈ない〉」と補ったので（注(179)参照）、ここはそれと齟齬することになる。

(492)「ある程度（eenigzins）」。ミニーニ（MO）はこれを「部分的に」という意味であるとし、「十全ではない認識によって」という意味ではない（第三類の認識は必然的に十全だから）とする。だがここの欄外注記とは齟齬する。

(493)「その在るとおりに（zo als 〈het〉 is）」。Bに拠りミニーニはhet（「体」を指す）を補う。

(494) Aでは「結合」、「愛か」の後は疑問符 ?、Bでは感嘆符 ! になっている。ゲープハルトは疑問符、ミニーニは感嘆符とする。

(495) 写本では頁の数字は挙げられていない。ミニーニは写本の第一部第一章［八］－［九］（それぞれその一部）、［八］の注解にさらに付けられた注を含む頁としている。この中ではおそらく［八］注解の注があてはまる。

(496) メイヤーは「心のうちに（in de ziele）」の「のうちに（in）」を括弧に入れ、「それのある観念がもの自身の心であるということなしには」という文にし、「のうちに」は「思うもののうちで（in de denkende zaak）」でなければならないとした（拠り所として第二〇章［三］の注解と［四］注解を挙げる）。アッピューン、ウルフが支持する。第二〇章［三］注解第六、一〇項を参照。ウルフは「このものの（des zelven zaaks）」を「かの同じものの」とし、それを「自然」、「神」、あるいは「思うもの」すなわち「思いの属性」と推測した。畠中はメイヤーとウルフの読みを容れている。ゲープハルト（„Textgestaltung," S. 514）は第二部序言［二］注解の第六項と関聯づけ、ここでは写本を維持している。次注と注(470)を参照。

(497)「そのもの（die zaak）」をメイヤーは「思うもの」と改め、アッピューンは訳注でそれを容れた。ゲープハルト（a. a.

O.）は神と同等とされることに意味をもたせるにはこの変更が不可欠として、「その思うもの（die denkende zaak）」と校訂した。畠中はこれに随い、「思惟するもの即ち神自身」としている。これに対してミニーニ（MB, p. 713）は、「思うもの」（思いの属性）と「無限に多くの属性で成っている無条件に無限な神」を同一視するのが妥当ではないことと、その同一化によりものの完全さの程度に応じて結びつきの完全さが変るという主旨が損われることを指摘し（このうち前者は［四］注解の「思うもののうちに、つまりおのれ自身のうちに」という記述と齟齬する）、ドミンゲスは神が観念の対象になるものの一つであるという文意をねじ曲げるという理由で、いずれもゲープハルトらの解釈を斥ける。カーリーは「もしくは（of）」（=or）を「換言すれば」と読むことが意味を分らなくすると注した。この一節は注(464)と(465)で論じた第二〇章［三］注解の第一〇項と結びつけて解されなければならないことが瞭かである。「結びつき」は観念と「もの」もしくは「神」とのそれであり（この思索はやがて「エチカ」第五部命題三九と四〇に結実する）、観念と心、あるいは心がそのうちにある「思うもの」との結びつきが言われているのではない。したがって写本の読みが維持される。「果していること（uytwerkinge）」は、注(464)で「為事（werken）」について述べたように、観念が表す「観念のうちの対象という有りかた（voorwerpelyk wezen/ essentia objectiva）」の謂と解する。

(498) 第一部第九章［三］を指す。注(191)を参照。

(499) Bに拠り補う。

(500) 写本では頁の数字は挙げられていない（Bには参照の指示そのものがない）。ミニーニおよび訳者の多くは前記の第九章［三］とするが、〈付録〉二で書かれること（特にその［一〇］）が念頭に置かれている可能性も否定できない。

(501) この注解は欄外注記の場合のように写本の横欄外に書かれているが、それは下の欄外がすでに［四］の注解で使用されたためと推測される。シャールシュミット版はスピノザに由来しないものとして括弧に入れ、ジークヴァルトは読み手による注釈と推測し、フローテン－ラント版は省略した。ゲープハルト（„Textgestaltung,“ S. 514-515）もスピノザのものとせず、括弧に入れた。他では「読み手の注釈」（アッピューン、ウルフ、プレイアード版）、「読み手の注釈かまたは不適切な表現」（ドゥニン・ボルコフスキ *Der junge De Spinoza*, S. 371））、「後からの付加」（メイヤー）、「編輯者又は読者の手に成るもの」（畠中）。ウルフは、注が付けられた本文「かの物のほうは必然のこととして観念の第一の原因（……）」の「原因」という言いかたが精確を欠くために（ウルフは「機会［原因］」の意味と解する）、その紛わしさを訂す目的で、スピノザではなく読み手によって加えられたと推測した。ミニーニ、ドミンゲス、バルトゥシャート、ガノーは注として維持する。ここもやはり第二〇章［三］注解の第一〇項と関聯づけて理会される。注(464)を参照)。「表象(reprezentatie)」(「短論文」ではこの一度きりの使用)はそこで遣われていた「現す〔呈示する〕(vertoonen)」の関聯語であり、Bでは「現し〔呈示〕あるいは描像(vertooning of afbeelding)」と二語で言い換えられている。L・メイヤーの *Woordenschat* は外来語の部門で representatie の同義語の一つとして vertooning を挙げる。「知性改善論」では「表象(repraesentamina)(単数形は repraesentamen)の語が二度用いられている(［六四］の注bと［六六］)。

(502)「それ(zy)」。ミニーニは〈(de Idea)〉(「観念」)を添えて補う(バルトゥシャート、ガノーが随う)。Bは「それ」ではなく「われわれ(wy)」になっている。フローテン-ラント版はAを維持する。ジークヴァルトはBに随い、ゲープハルト(„Textgestaltung,“ S. 515)も「われわれ」に改めた(アッピューン、プレイアード版、畠中が同様)。メイヤーは「われわれの心」とし、ドミンゲスは「成果〔果されていること〕」とする。「われわれ」(［四］冒頭)、「心」(［一］末)、「観念」(［四］末、［五］末)はそれぞれ結ばれる主体として示されている。B以外には、「われわれ」とする強い拠り所は乏しい(カーリーは「必要がない」改訂と注する)。ドミンゲスはAに随いつつ、zy(「それ」)を受ける語として、ミニーニの「観念」を［六］に現れないという理由で採らず、「諸成果(los efectos/uytwerkinge)」を択んでいる。しかし、これは文法上「結ばれる(vereenigt word)」が単数に応じることと齟齬するだけでなく、文主語の「これら(deze)」が「成果」を受けているとみなされるので、同語反覆を疑わせる。

(503)番号**八二**は飛ばされている。ミニーニ(MB, p. 855)は**八二**が本章［一］の**八一**が付せられた次の「われわれは」で始まる文から［二］の一段落目が終る「われわれの浄福は存する」までで述べられる、直観知の定義とその知がもたらすものにかかわると推測している。

(504)本文中に章番号。章題は柱見出し。

(505)Bはここから「できないからである」までの内容を、続く文のあとの章末に置き、順序を逆にしている。

(506)「実在(wezent <lyk> heid)」、「実在しないこと(niet wezent <lyk> heid)」はミニーニの校訂に拠る。写本は二箇所とも wezentheid(「有りかた〔本質〕」)となっている。ジークヴァルトが最初に「実在」と改めた。フローテン-ラント版、ゲープハルト版は「本質」を維持する。アッピューン、ウルフ、ドゥニン・ボルコフスキ、畠中、カーリー、バルトゥシャート、ガノーが「実在」とし、プレイアード版とドミンゲスは「本質」とする。メイヤーによるaanzijn（ドイツ語のDaseinにあたる）とniet-zijnは「実在」と「実在しないこと」の意味で択ばれた語と判じられる。「本質」と「実在」のどちらを採るかはさらに二つの点にかかわる。一つは文末の（「そのものみずからが変化し、破壊するようになるので」と訳した）節を導く接続詞om datの意味、もう一つは文全体の主語である指示代名詞「このもの（dit geene）」を何と解するか、である。前者に関してドゥニン・ボルコフスキ（„Spinozas Korte Verhandeling,“ S. 139）は、元のラテン語の接続詞をcumと想定し、「場合に」もしくは「……することによって」の意味であったそれを訳者が原因の意味に誤解してom datを充てたと推察した。ゲープハルト（„Textgestaltung,“ S. 515-516）は、「このもの」を「体」とするなら、体は心の実在と非実在の原因であるから、「本質」ではなく、「実在」とならなければならず、om datも原因の意味で維持される、しかるに、「このもの」を「神」と解するならば、神は心の「本質」の原因であり、om datはただしくなく（神が変化し破壊することはないから）、その節は条件の意味になると見立て、あとのほうを採りwezentheidを維持し、接続詞のほうはindien（「もし……ならば」）と改めた。これに対して、「実在」と校訂するミニーニ（MB, p. 723）はその根拠として、神は「変化し、破壊する」ことがありえないから「このもの」が「神」を指すことはできないこと、物の本質は永遠であってそれには始まりも終りもないこと、写字生がwezentlykheidとあるべきところにwezentheidと書いている箇所がめずらしくないこと（注(16)参照）、を指摘する（もう一つの根拠はゲープハルトが「このもの」を「体」とする場合として述べていることと重なる）。問題になっているのは心が実在するか実在をやめるかということである。第二〇章［三］注解の第一〇項にも「観念は神のうちでは……それらがそれであるすべてにしたがい、実在と有ることから生れる」という記述があるから、wezentheidはwezentlykheidと訂されてよい。一方、「このもの」が何を指すかということでは、心が体と結ばれる場合と、神と結ばれる場合、およびそれらの結果が対比される文脈になっているというゲープハルトの考察は説得力をそなえ、「神」を指すとみるのが妥当である。接続詞om datによる節は、ドゥニン・ボルコフスキとゲープハルトの見解に反して、他の接続詞による条件文に変えるにはおよばず、カーリーが示すように、「神が変化し、破壊する」という仮定上の不可能事を理由としていると解せられる（そこから「心が神と結ばれる場合にはなくなりえない」ことが導かれる）。カーリーの解釈と代名詞が指すものの明示は妥当である。写本をそのまま再現するフローテン－ラント版に副うドミンゲスは（プレイアード版をただしい訳と評価する）、「本質」を維持する詳しい注解において、反対に「実在」を支持するカーリーの論が自身のそれと相似た形式で（de forma similar）あることに触れ、そこには神に対する物の本質と実在のかかわりという問題が潜むと述べている。

（507）章題は本文として章の番号の下に書かれている。この章は写本で九頁に亙るが、柱見出しは、途中の頁で本文中の章題と同じそれが「神について、人間にかかわる」と書き改められ、以降は「神の人間にかかわる振舞いについて」となっている。

（508）番号**八四**は飛ばされている。ミニーニ（MB, p. 856）は、直観知がもたらす「われわれの再生」（第二二章［七］の**八三**）と、第二三章で述べられる「普遍のものと結ばれた心の不死」、さらに本章冒頭での内容の振り返りから、**八四**は第二三章にかかわると推測している。

（509）B、フローテン－ラント版、ミニーニに拠り補う。

（510）Bはこのあとにブラケットに入れて「そしてかれらがそれを犯すときに罰するために」と補っている。

（511）写本では頁横ではなく下欄外に指示記号を付して書かれている（本文中に対応する記号はない）。本文の摘要とみて欄外注記としたミニーニに随う。

（512）番号**八七**は飛ばされている。ミニーニ（*ibid.*）は［四］で述べられた神の法にかかわると推測している。

（513）括弧内の原文は als zynde geonderordend onder andere eynde de welke een ander die boven haar is beoogt, en 〈die〉 haar als deelen van de Natuur zynde zoodanig laat werken である。〈die〉はBに拠る。補われた〈die〉は前の「かれらの上にいて（die boven haar is）」の die とともに een ander（「別のもの」）を先行詞とする関係代名詞になる。〈die〉がないAの構文では「別のもの」を受ける直後の関係代名詞 die を「はたらかせる（laat werken）」の主語として読むのは困難である。Bと同様に een ander を受ける関係代名詞を補うか意味上補って「別のもの」をその主語とする訳が多い（ジークヴァルト、ゲープハルト訳、畠中、ミニーニ、カーリー、ドミンゲス、バルトゥシャート、ガノー）。「はたらかせる」の主語はこの「別のもの」でなければ「別の目的（andere eynde）」である。「別の目的」を「はたらかせる」の主語としているのはメイヤー、アッピューン、ウルフ、プレイアード版である。この場合、代名詞 haar を「人間」として訳すと、「人間の上にいる別のものがめがけ、人間を自然の部分であるままにそのようにはたらかせる別の目的のもとに」となる。続く蜜蜂と蜂蜜の例に照すと、その主語は「別のもの」とするほうが意味に適う。こちらのうち関係代名詞 de welke を主格、「別のもの」を動詞「めがける（beoogt）」の目的語として「別のものをめがける別の目的のもとに」と読むミニーニとドミンゲスよりも、de welke を目的格、「別のもの」を主格として「別のものがめがける別の目的のもとに」と読む諸訳を妥当とみる。

(514) メイヤーはテクストの脱落を疑い、訳で修正した。その示唆を容れてゲープハルト（„Textgestaltung,“ S. 517）は、「目的（eynde）」と「それ（het）」（「目的」を受ける）の間に同格の接続詞 dat（「という」）を補った。その校訂に随う。

(515) Bにより補う。モニコフはAにも（ただし間違った所に）加筆している。

(516)「ローマ人への手紙」第七章二二－二三節に二種類の律法のことが述べられている。ウルフは［七］、［八］に関係する論として、マイモニデス「迷える者たちの手引き」第三部五四章で述べられている人間の完全さのうちの第三と第四を参考に挙げている。前者は人相互の繋がりを事とする道徳性質の完全さであり、後者は知性とかかわって人間に不死を得させる本当の完全さであり、人間の最終目的であるという（注(169)で挙げたムンク訳、p. 1216）。

(517) カーリーは「エチカ」のたとえば第四部命題三五系一、系二、備考との顕著な隔たりを指摘している。

(518)「出エジプト記」第二〇章二節。「神学・政治論」第一章［一二］（ATTP86 *21*. 光文社古典新訳文庫（上）、六二頁）。同章［七］以降のうち、とりわけ［一一］－［一二］が本段落の問題とかかわる。

(519)〈かれらに向って語った〉はBに拠って補った。「……より前に」という副文は写本Aでは eer zy konden verzekerd zyn dat hy het was、Bでは eer ze daardoor konde verzeekerd zyn dat hy het was [die tot hun sprak] である。Bは「それ［言葉］によって（daardoor）」を加え、［ ］内を補っただけでなく、「できる」を単数形 konde としていることで、「確信できる」の主語 ze が「神」を指すとも読める。ファン・フローテンは複数の主語に応じる konden と校訂した。「かれらに向って語った（die tot hun sprak）」の関係代名詞 die は中性代名詞 het（「それ」）ではなく男性代名詞 hy（「かれ」を「その者」と訳した）を先行詞とするので、「かれらに向って語ったその者がそれである」となる。Bの補足をただしくないとするベーマー（a. a. O. S. 82）は、het を省き、「かれが在る」（ラテン語では eum esse）とする読みを提起している（次注を参照）。一部の訳者（アッピューン、ウルフ、プレイアード版、畠中、カーリー）はAの hy het was を「それがかれである」と読むが、原文では先立つ次注の箇所の語順と照せば蓋然性が薄い。

(520)「かれが神である（hy God was）」（主文が過去完了形のため日本語訳では「である」と現在形にしている）。Bは「神が在る（God was）」とする。フローテン－ラント版は写本を誤りとしBを採る（前注箇所の hy het was はA、Bのままにしている）。アッピューン、ウルフがBに随う。カーリーはAに随うも、前注箇所と合せて、B（モニコフ）による変更を改良と評価している。

(521) 番号**九二**は飛ばされている。ミニーニ（MB, p. 857）は、［九］で取り上げられた、神がみずからを人間に知らしめるしかたにかかわると推測している。

(522) フロイデンタール（a. a. O. S. 247）は、第一部第一章では神の在ることがア・ポステリオリにも証明され（［三］－［九］）、その証明が認められた（［一〇］）のに対して、第二部第一九章［一四］、第二二章［三］とここでは、神が別の何かを通しては知られず、また有限なものから無限なものを結論できないと主張されることを背反とみた。しかし、ア・ポステリオリの証明は「人間が神の観念をもつ」ことからの証明であったから、それはここで斥けられていることにあてはまらない。

(523) 写本では［一二］の最後の文の「というのも」に付けられた指示記号と対応して、頁下の欄外に記されている。本文の摘要とみて欄外注記としたミニーニに随う。本文の指示記号の位置に相違して、内容は［一三］前半の摘要である。

(524) 本文中に章番号。章題は柱見出し。「悪魔（Duyvelen）」は複数。本章については解題を参照。本章の位置についてのドゥニン・ボルコフスキ（a. a. O. S. 122）の仮説については注(368)、さらに次章の訳注(528)を参照。ゲープハルト（„Textgestaltung,“ S. 518）は本章と次章との直接の繋がりを根拠にこの仮説を批判し、ミニーニ（MB, p. 737; MP, pp. 471-472）も本章のいまの位置を擁護している。「悪魔」に関しては、「政治論」第二章第六節（PTP98 *7-10*. 岩波文庫、二一頁）、「神学・政治論」第二章［一九］（ATTP144 *23-27*. 光文社古典新訳文庫（上）、一四〇－一四二頁）、書簡一九（ファン・ブレイエンベルフ宛、Giv93 *11-12*. 岩波文庫、九九頁）、書簡二一（ファン・ブレイエンベルフ宛、Giv129 *2*. 岩波文庫、一二九頁）、書簡七六（ブルフ宛、Giv319 *8-9*. 岩波文庫、三三五頁）に言及がある。

(525) ジークヴァルトとウルフはここの説が「エチカ」第二部命題三〇論証（「われわれの体の持続はその有りかたに依存せず（……）自然の共通の次第と物のしくみとにかかっている」）と対立し、それによって廃棄されたとみなした。それに対してアッピューンは両者が対立しないことを示しており、それはただしい。「エチカ」第三部命題八を参照。「神のような性格（goddelykheid）」（ラテン語の divinitas にあたる）という語の使用をプレイアード版は不審とみ、オランダ語に訳される際に訳者が「物としての性格（realitas）」と取り違えた可能性を示唆した。

(526)「悪魔が生存できることはありえない」は写本Aでは zo en konnen zy onmogelyk niet bestaan、Bは het dieshalven ook onmogelyk is dat dezelve konnen bestaan（「それゆえにこれ〔悪魔〕が生存できるということはやはりありえない」）である。フローテン－ラント版はAの bestaan の前に置かれた否定の niet を誤りとして削除し、ゲープハルト（„Textgestaltung,“ S. 519）は、余計な niet をやはり削除すべきか、もしくは補強された否定と解せられるべきと注している。

(527) 章題と章番号は柱見出し。

(528)「前章（'t voorgaande Hoofd-deel）」。Bに拠る。写本は「前述のこと（'t voorgaande）」。ドゥニン・ボルコフスキは第一五章に続く諸章の排列をめぐる仮説において第二五章を第二三章の後、第一六章の前に配置したが（注(368)参照）、いまの箇所が「前章」ではなく「前述のこと」と書かれていることを、第二五章を第二六章から離すことを許す傍証とし、ここではそれよりも前の部分を振り返っていると解した（a. a. O. S. 122-123）。ゲープハルト（„Textgestaltung,“ S. 518）はそれに対する反証として、ここの欄外注記で「前章」となっていることを挙げた。

(529) Bは「理性によっても」を欠く。ミニーニ（MB, p. 743）は、さいわいを得ることに理性も必要な役割を果すから、この省略はただしくないとする。フロイデンタール（a. a. O. S. 264）は、第一四章〔二〕でわれわれを情念から救い出すものとして「理性」のみではなく「知性」が加えられたのとは対蹠的に、写本の「理性によっても」を、編纂者がやはり執筆時期を異にする三つの論述のうち二番目と三番目の対立を調停しようとして付け加えたとみなした（注(226)後半と注(344)を参照）。ウルフはBの省略を、理性によって至福に達することが示されていなかったことにモニコフが気づいたためと解した。これらに対して、ドミンゲスは「理性によっても」と「知の四番目の様式によっても」が「至福へ辿り着くはずか」にではなく、文頭の「われわれは示している（hebben wy……getoond）」に係ると解している。これは独自の読みかたであり、写本では「理性によっても」と「知の四番目の様式によっても」は「示している（getoond）」のすぐ後に続き、「どのようにまたどんなしかたで」のあとには置かれていないので（反対にBでは「どのように」の後に「知の四番目の種類によって」が続く）、語順からも蓋然性がある。だが意味の上ではやはり無理ではないかと思われる。

(530) Bは補足を加え「[悪い、退けられるべき]われわれのもろもろの情念」としている。

(531)「知のみがこれの絶やされる原因である」。「これの（der zelver）」をメイヤーは「情念の」とし、畠中、カーリー、ドミンゲスが随う。ドミンゲスは「それはあたかも……のようなものである」という「識らずにいる人」の例示を括弧に入れることで、Niet……Maar（「……これら〔諸情念〕が抑えられなければならないということではなく……ただ知のみがこれらの絶やされる原因である」という対比を強調し、後の「これら」を前の「諸情念」を指す「これら（de zelve）」を受けると読んでいる。ここの論法は「至福（beatitudo）」の享受と本能の諸欲望（libidines）の抑制との関係を述べる「エチカ」の最後の命題（第五部命題四二）と対応する（ドミンゲスはおそらく「情念」と読むことの傍証としてそれを指摘する）。しかし、この文脈では多くの訳者（ジークヴァルト、ゲープハルト、アッピューン、プレイアード版、ミニーニ、バルトゥシャート、ガノー）と同様に、「知」と「不知」が対比され、「これ」は「識らずにいる状態（onweetenheid〔不知〕）」を受けると解するのが自然である。

(532)「本領（element）」。「本領の外で生きる」は、次注のヨエルの指摘がそのとおりであるならば、狐が通りかかった川で網に捕えられそうになって逃げている魚の群れを見て呼びかけた、「陸に上がってたがいの祖先たちがしたように自分と一緒に暮したらどうか」という誘いに対して、魚が答えたそのようにすることの意味を言っていることになる。

(533) この譬について、ヨエル（M. Joël, a. a. O. S. 68-69）は、バビロニア・タルムード（Berachot, 61b.）が伝えるラビ・アキバ（紀元一－二世紀、ハドリアヌス帝時代のユダヤ律法学者）の説話にもとづくことを指摘した。

(534) Bはこの一文を欠く。ジークヴァルトは、のちに「エチカ」で原則として示される考えが「短論文」にはまだ現れていないという理由で、この文を竄入ではないかと疑い、メイヤーは損われた文であるために省略されたと判じた。ゲープハルト（„Textgestaltung," S. 519）は反論として、その考えはスピノザが久しく熟知していたレオーネ・エブレオ「愛の対話」に含まれることを指摘し、「人間にとっても、他のおのおのすべてにとっても、その為すことにおいて、本来のまた最終の目的は自身の善と快楽と完成とを遂げることだからです」を挙げた。Leone Ebreo, *Dialoghi d'amore*, III, in Editio princeps, p. 34v. in Ed. C. Gebhardt; Id.in Ed. D. Giovannozzi, p. 210.『愛の対話』本田誠二訳、二六〇頁。

(535) 写本では、本文中の指示記号に対応した記号を付して、頁横の欄外ではなく下欄外に記されている。本文の摘要とみて欄外注記としたミニーニに随う。

(536) ヨエル（a. a. O. S. 69）は、「ホセア書」第一一章四節から採られていることを指摘している。

(537) メイヤーはここから〔九〕末尾までを後から加えられたものと推測し、〔六〕の最後に〔一〇〕が続くとみた。だが欄外注記〈次注参照〉は、〈付録〉のことを言っているのではないとすれば、［七］－［九］の論と諸命題の予告であるから、メイヤーの推測への反証となる（欄外注記を誰がどの時点で作成したのかという問題ともかかわる）。

(538) 写本では指示記号なしに本文下の欄外に書かれている。本文の摘要とみて欄外注記としたミニーニに随う。

(539) ミニーニは konnen（「できる」）と読むが、ゲープハルト版と同じく komen（「……ようになる」）と判読する。

(540) メイヤーと同じく、ゲープハルト版は（「まぬかれている（vry）」に対する）写本にない動詞 zyn と主語 zy（「〔諸〕物」を受ける）を補っている。

(541) ジークヴァルトは「本物の（waare〔真の〕）知性」の後に「おのれみずからによっては」をあるべき語句として補う。

(542) 「独り神が内なる原因である」。写本は hy niet alleen is innerlyk oorzaak。否定辞 niet を、ジークヴァルト、フローテン－ラント版、ゲープハルト、ミニーニに拠り、削除する。ジークヴァルトは niet alleen が維持され「内なる原因であるだけでなく」とし、「永遠の原因でもある」と続きが補われる読み（niet alleen……maar ook「であるだけでなく……でもある」の構文）もありうることを示唆した。Bは二と三をそれぞれAとは異なった構成にしており、Aでは最初に示される結論を後に置いている。

(543) 「かれ〔神〕と（met hem）」。Bは「それ〔知性〕自身と（met het zelve）」となっているが（「概略」においても同様）、誤りとみなせる。

(544) Bではこの例が省かれている。違和感を与える例であることは確かである。

(545) 写本では指示記号なしに本文下の欄外に書かれている。本文中にも指示記号はなく、その場所はBに拠る。トレンデレンブルク（a. a. O. S. 306）は本文で主張されたことがもう一度裏側から言われただけの余計な注とみなし、またウルフは欄外注記と判じた。ゲープハルト（„Textgestaltung,“ S. 521）はそれを受けて［九］欄外注記と同様の性格で、本文（［九］の七－八行目）で言われたことを繰り返した、おそらくスピノザに由来しない注とみなして括弧に入れた。メイヤーはスピノザのものとしている。

(546) 「結語（Besluyt）」。写本では［一〇］が開始された頁の次頁の柱見出しになっており、ミニーニが本文のここに挿入した。フローテン－ラント版、ゲープハルトはこの柱見出しに触れていない。

(547) メイヤーは［一〇］をスピノザが友たちへ宛てた書簡が挿入されたものと考え、ゲープハルト（„Textgestaltung,“ S.

425）はこの説を受け容れている（畠中も随う）。ドミンゲスは結語がまとまりをそなえた構想として著作に属していることを指摘し、メイヤーの見かたを批判した。

(548)「教授した（heeft gedicteert）」。この訳については解題五一〇頁以降を参照。ミニーニは、「口述する」、「書き取らせる」という dicteren の今日普通の意味からゲープハルトが立てた、この著作がスピノザの口述筆記を基にしているという説を批判し、動詞 dicteren の語義解明により、heeft gedicteert を（論文を）「作成〔執筆〕した」と解する説を提起した（詳しくは解題に譲る）。MP, pp. 472-473にこの語に関するミニーニの説が整理して示されている。

(549) 写本では、ここはコンマで理由の接続詞に導かれる副文 en dewyle u ook niet onbewust is……（「また、あなたたちにしても……意識していないわけではないから」）が続き、副文が終わったところで改行されて「わたしはあなたがたに最大限にお願いしておきたい……」となっている。フローテン－ラント版はここをピリオドに変えて文を切り、En dewyle…… の副文の後の改行をやめ主文として続ける校訂をした。ゲープハルト、ミニーニも同様にしている。

(550)「この樹の果実（de vruchten dezes booms）」をドミンゲスは、「短論文」という哲学の樹を「善悪を知る木」（「創世記」第二章一六－一七節、同第三章二－三節）と結びつける表現と解している。

(551) メイヤーはこのギリシア語について、二種類の言語を用いるのがスピノザの流儀に合わず、他方Bが代りに使うオランダ語 EINDE もスピノザにふさわしくないと言い、写字生がそれぞれ自分のやりかたでその終り部分を改めたと推測した。

(552)〈付録（ANHANGZEL）〉はBの標題頁に拠る。Aは第二六章結語の次頁柱見出しに「諸公理（Axiomata）」とあるだけで始まっている。第一部第二章に続く二つの会話、第二部序言とともに、巻頭の「章の見出し」（目次）に記載がない。メイヤー（p. XX）は、〈付録〉の文体が「短論文」の本体と較べて自然ではないことから、〈付録〉全体はスピノザ自身の手に成るもので、本体は別の者によって訳されたという説を示している。これについてアッピューン（pp. 21, 23）は、オランダ人学者の見解ゆえ傾聴に価すると注記しつつ、正否を定めるのは難しいと記している。スピノザがオランダ語では母語のように不自由なく書けなかったらしいことについては、みずから、一六六五年一月（三十二歳の時）にファン・ブレイエンベルフに宛てた書簡一九の末尾（OPが欠くオランダ語の部分）で、「自分が育った言葉で書けたならと思いますが、たぶん考えたことをもっとうまく言い表せたでしょう」（Giv95 *12-14*. 岩波文庫、一〇一頁）と語っている。この言葉を、ウルフ、フーベリング（AHW）、カーリーはスペイン語だったとみなしている。幾何学に範を採ったこの部分については、書簡二－四での言及により再現される、スピノザがオルデンバーグに宛てた書簡二に同封したはずの幾何学的論証、および完成出版された「エチカ」冒頭との関聯が問題になるが、その対応関係と意義を見極めるには慎重な吟味を要する。ミニーニ（MB）はこの〈付録〉一について、書簡一－六と、「エチカ」の最初の草稿を間接的に伝える書簡八－九とに照した余論を付している（pp. 773-785）。

(553) 書簡四で実体と変容態の定義（それぞれ「エチカ」第一部定義三と五とに一致）からの帰結として示される第一（Giv14 *1*. 岩波文庫、二四頁）と、「エチカ」第一部命題一とに対応する（書簡四の第一から第四は、書簡三でのオルデンバーグの呼びかたに拠り「公理」一－四と推断されるが、定義から導かれるので、命題とするのがむしろ妥当であり、「エチカ」ではそうなっている）。「偶たま纏うもの（toevallen）」に続けて括弧に入れて modificationes（「変容態」）と補われている。Bは toevallen に代えて wyzen（「様態」）とする。toeval（toevallen の単数形）はラテン語 accidens（通用している哲学用語では「偶有性」）にあたる。書簡四（Giv13 *31*; Giv13 *34*［modificatio と Accidens が等置されている］; Giv14 *1*; Giv14 *3*. 岩波文庫、二四頁）。それに対して「形而上学的思索」第一部第一章第一一段落（Gi236 *31*-237 *1*）でスピノザは「有るもの（ens）」が実体と様態とに区分され、実体と偶有性には分けられないと断り、その理由を偶有性がただ観点を意味する「思いの様態」であるからと説明している。「エチカ」での modificatio の七回の使用は、オランダ語版遺稿集（NS）では五箇所が wyze と訳されて相当するラテン語が modus と注記され、二箇所（第一部命題二八論証）が wijziging と訳されて modificatie と注記されている（したがって様態の意味で toeval は遣われていない）。ミニーニ（MB, p. 756）は、accidens の使用から modificatio の等置、さらに modificatio の独立した使用と accidens の抹消を経て、modus の定着へと進む移り行きは「エチカ」第一部の執筆の始まりと軌を一にすると言う。

(554)「エチカ」の命題四と対応する。書簡四の〔公理〕二（Giv14 *2-4*. 岩波文庫、二四頁）はこの公理とそのまま合致せず、「エチカ」の命題四論証中の一文として現れる。「物として」と訳した dadelyk（ラテン語の realiter に当る）については注(293)を参照。toevalligh（「偶たま纏うものとして」）はBでは wyziglyk（「様態として」）となっている。命題四論証では dadelyk の対語として wyzelyk が二度用いられ、そのうち初めの用例ではラテン語の術語 modaliter（「様態として」）が括弧に入れて補われている。

(555) この公理は書簡四の〔公理〕三（Giv14 *6-7.* 岩波文庫、二四頁）と合致していない。その〔公理〕三は「エチカ」の命題二と一致する。前の公理の「物として」と「偶たま纏うものとして」はそれぞれ「属性として」と「様態として」の意味に読まれたが、ここで「物として区別される物ども」として別の属性のものとされる様態のことが述べられていても、それは様態としての区別ではなく属性としての区別に帰着するということである。

(556)「異なった属性に属する物ども」の追加を除くと、前注で触れた書簡四の〔公理〕三と「エチカ」の命題二とに一致する。

(557) 書簡四の〔公理〕四（Giv14 *8-10.* 岩波文庫、二四頁）と「エチカ」の命題三に対応する。

(558) 書簡二―四にはこの公理に対応するものが見出せない。「エチカ」第一部の冒頭部でもこれは用いられていない。第一部第二章［三］と［四］を参照。

(559)「区別される」。メイヤー、ゲープハルト、ミニーニに拠る。写本は「維持される（onderhouden）」となっている。メイヤーは「人間の心について」（〈付録〉二）［一〇］の注解に照して、「区別される（onderscheiden）」と読まれるべきと注した。ゲープハルト（„Textgestaltung,“ S. 521）はメイヤーの読みに賛成し、この公理を「エチカ」第二部命題三七が肯定の内容に転じられたものと解釈し、命題一論証の欄外でこの公理が引証されていることも傍証とした。ドゥニン・ボルコフスキ（a. a. O. S. 140）、ミニーニ（MB, p. 764）は「維持」が文脈にあてはまらないことも指摘し、同じくミニーニとゲープハルトは問題になっているのは「区別」だと言う。写本のままにしているウルフは、この公理が公理一の繰り返しにすぎず、公理一への読み手の注記が紛れ込んだものと推測した（写本のままでは公理一の繰り返しになるというのはドゥニン・ボルコフスキも同意見）。おおかたの訳者はメイヤーの読みに随う。

(560)「最初のもの（より先のもの）」。写本でこの通りhet eerste（eerder）となっている。Bは「そうした物よりも先（eerder als zoodanige dingen）」。ジークヴァルトはBをただしいとし、Aをその意味のラテン語 iis rebus prius est を誤って解した訳で、「より先のもの」が括弧に入れられて半ば訂正されたとみなした。だが、メイヤーが指摘した、この公理と照応する〈付録〉二［一〇］の注では「最初（het eerste）であるものを通して区別される」と言われている。公理一の「先立つ（staat.....voor）」（Bはここと同じくis.....eerder als とする）が比較ではないように、ここのeerderも相対比較の意味ではないと解すべきであるので、het eerste は誤りではない。eerder が並べられることで問題は生じないと考える。

(561) 書簡二で神の定義に続けて提示される三つの命題（以下では〈命題〉とする）のうちの第一（Giv8 *7-8*. 岩波文庫、一六頁）と「エチカ」第一部命題五に対応する。Bは後半をNSの「エチカ」命題五とほとんど同じ言葉遣いにしている。

(562) 以下、どの命題についても〈論証〉の語はAにはなく、ただ命題本体との改行によって分けられている。それぞれの論証にBETOGINGと見出しを立てるBの形式に倣う。写本はこの論証の冒頭から頁が改まり、次頁とともにその柱見出しはモニコフの手で「命題と論証（Propositio & Demonstratio）」と書かれている。

(563) 書簡二の〈命題〉二前半（Giv8 *8-9*. 岩波文庫、一六頁）と「エチカ」の命題六に対応する。

(564) 括弧で補われた「実在（wezentlykheid）」はBにはなく、Bは「一方は他方を」となっている。ジークヴァルトは、「実在を生み出す」とスピノザはよそでは言っていないと注し、元のラテン語では「それ」がeffectus（「果されていること〔結果〕」）を受けていたと推測した。アッピューン、ウルフ、プレイアード版、畠中はBと同様の訳にしている。ゲープハルト（„Textgestaltung,“ S. 522）は、「それ」は、オランダ語への訳者が括弧に補って言おうとしたように、「別の実体」よりは「実在」を受け、欄外で引証された公理五とも一致すると写本を擁護したが、公理五を持ち出すまでもなく、命題本文でも「実在〔すること〕」と言われている。

(565) 書簡二の〈命題〉三（Giv8 *10-11*. 岩波文庫、一六頁）と「エチカ」の命題八に対応する。

(566)「いっさいの実体の有ることには（Aan het wezen van alle zelfstandigheid）」。ゲープハルトに拠る。写本は「実体のいっさいの有ることには（Aan alle wezen van zelfstandigheid）」。ジークヴァルトは元のラテン語が「いっさいの実体の有りかた〔本質〕には（Ad essentiam omnis substantiae）」あるいは「自然の性には（Ad naturam omnis substantiae）」となっていたのに対する誤りとみなし、ゲープハルトは上記のように校訂した。ミニーニも随う。Bは「ある実体の有ることには（Tot het weezen eener Zelfstandighyd）」。命題の前半は書簡二の〈命題〉二後半（Giv8 *9*. 岩波文庫、一六頁）と「エチカ」の命題七に対応する。

(567) Bも「公理三」としているが、ベーマー（a. a. O. S. 83）は「公理二」と改め、ゲープハルトとミニーニはそれに随う。だが、それがより良いのかとカーリーが疑問を呈しているように、写本の「公理三」は誤りではないように思われる。

(568)「様態として（wyzelyk）」（二行後の「様態として」も同じ語）。公理二では同じく「物として（dadelyk）」の対語としてtoevalligh（「偶たま纏うものとして」、ラテン語のaccidentaliter〔偶有的に〕に相当）が用いられていた（注(554)と

（553）を参照）。ミニーニ（MB, p. 755）はこの術語の揺れをスピノザ自身によるものと考え、訳者がmodaliter（「様態として」）と括弧に補ったと推測した。

（569）「広がりとそれの運動と静止のうちに」。Bが変更を加えた文から「それ〔広がり〕の（derzelver）」を採った。Aは「広がり、運動と静止のうちに（in de uytgebreidheid, beweging en ruste）」。Bは「実在していないうち」を欠くのがAとの顕著な違いであり、ベーマー（a. a. O.）もBに近い読みを提案したが、Aは全体として維持される。ゲープハルト（„Textgestaltung,“ S. 523）が、「包み懐かれていた（begrepen waren）」という過去形をただしくないとみなして、現在形（begrepen zyn）に改めることを提案したのに対するミニーニ（MB, p. 771）の批判は適切である。この一節は「エチカ」第二部命題八系と備考に対応する。

（570）「しかるに（Doch）」。Bに拠る。写本は「そしてまた（en ook）」。四行前の「それとも」は実体か様態かを分け、ここまでは様態についての記述で、このあとが対比された実体についての記述になること、および結論の「それゆえ」と呼応する論証の組立てとから、「しかるに」が適切である。ジークヴァルトはBに随う。フローテン－ラント版、ゲープハルト、ミニーニは写本の通りである。

（571）「ある実体の有ること（het wezen van een zelfstandigheid）」。注（566）の箇所と同様、ゲープハルトの校訂に拠る。ミニーニも随う。写本は「実体のある有ること（een wezen van de selfstandigheid）」であり、Bも同じである。ジークヴァルトはこれをessentia substantiae（「実体の有りかた〔本質〕」）の誤訳と判じた。

（572）この標題（Van de Menschelyke Ziele）は写本の本文中に前の命題四系に続けて書かれている。モニコフの手による柱見出しは本文中の標題の通りである。「心（ziel）」については注（205）を参照。

（573）写本では「属性」となっているが、Bに拠り「様態」と訂される。

（574）写本は「広がりに関してそなえるものについて（vant geen hy heeft van uytgebreidheid）」となっているが、「について」（初めのvantのvan）は、Bが省いているように不要とみなされる。ジークヴァルトが指摘し、ゲープハルト（„Textgestaltung,“ a. a. O.）、ミニーニが随う。

（575）「必然のこととして」からの主文は写本では、zo ist noodzaakelyk, dat van al dat geene 't welk in de denking voortgebracht word, *eene oneindige Idea*, de welke in zich voorwerpelyk bevat de geheele natuur, zulks als die in zig, dadelyk is（初

めの ist はただしくは is 't と綴られる）である。ゲープハルト（„Textgestaltung," a. a. O.）は zulks als die in zig の後に動詞 is を補い、逐語訳すると、「思いのうちに生み出されるいっさいについて、全自然をそれがそれじたいあるように、対象というありかたでそのうちに含む一個の無限な観念が物としてあることは必然である」（傍点がゲープハルトの補足にあたる）という意味になる校訂をした（プレイアード版が随う）。Bは、zoo is 't noodzaakelyk dat daar van in de Denking word voortgebragt een oneindig denkbeeld, het welk in zig voorwerpelyk de geheele natuur bevat, zoodanig als die dadelyk in zig is と、Aの al dat geene 't welk を省いている。逐語訳は「それについて思いのうちに、全自然をそれが物としてそれじたいあるように、対象というありかたでそのうちに含む一個の無限な観念が生み出されることは必然である」となる。't（=het）を受けて意味上の主語になる dat 節内の主語が「一個の無限な観念」であるのはどちらの写本でも同じだが、ゲープハルトの読みではそれに対する動詞が最後の is（物として「ある」）であり、Bでは word voortgebragt（「生み出される」）である（Aでは「生み出される」のは、Bが省いた関係代名詞と先行詞 al dat geene 't welk（「いっさい」）である）。ジークヴァルトはBに倣ってAの geene 't welk を省くことを提案し、フローテン－ラント版、ミニーニもそのように校訂する（メイヤー、アッピューン、ウルフ、畠中、カーリー、ドミンゲス、バルトゥシャートが随う）。ミニーニ（MB, p. 788, MP, pp. 473-474）はAを損われたテクストとみて、geene 't welk を写字生が考えなしに加筆したものと推測している。ゲープハルトは、（関係代名詞による主語と動詞の組合せを作って）Aの文を複雑にしている geene 't welk が、原本になかったとしたら、そこに入っていることが分からないということと、補った動詞 is の前の「それじたい（in zig）」と「物として（dadelyk）」の間のコンマが前後で二つの別の節に分れることを示すということを理由として挙げている。しかし反面、「物としてある（dadelyk is［=realiter est］）」は観念に関して言われることも不可能ではないけれども、Bのように観念のうちの「対象というありかたで」と対比されて「それじたい物としてあるように」と読むほうが自然である。また、主文に先立つ文との関係でも、「思いのうちに生み出されるいっさいについて」と読むよりは、「自然あるいは神」がそのうちに含む「いっさいについて、思いのうちに一個の無限な観念が生み出される」と読むほうが意味に適う。ミニーニがゲープハルトの読みに随えないとする理由もこの二つである。

（576）フロイデンタール（a. a. O. S. 280）は、この後に［一〇］後半の「そういうわけでわたしはまたこの観念を」から「ただ一つだけである」（二六八頁一二行から一七行）までの二つの文が移し置かれるべきであるという考えを提起した。

その説によると、「この観念」（直接無限様態としての無限な観念）については、［九］で規定を受けた有限な観念、［一〇］前半でそれに追加して説明される属性と並べて扱うのが適切ではないから、この部分をそこから除くことで［一〇］の叙述の難点が解消されるとともに、［四］の箇略にすぎる「無限な観念」の記述の敷衍としてここがしかるべき場所であると言う。ゲープハルト（„Textgestaltung,“ S. 523-524）はこれに随い、テクストを移し替えた。メイヤー、プレイアード版、畠中、カーリーが同様に移し替え、ドゥニン・ボルコフスキ（a. a. O. S. 141）もそれに賛成した。ミニーニ（MB, p. 792）は、この移し替えを許すテクスト上の根拠がないことと、［三］－［一二］では個々の心の原因、範型とみなされる無限で普遍的な観念が扱われていることを理由として、写本の排列を維持している。他にジークヴァルト、フローテン－ラント版、アッピューン、ウルフ、ドミンゲス、バルトゥシャートが写本に随う。

（577）この括弧内の言葉をBは欠く。フローテン－ラント版はBに随う。ジークヴァルトは括弧内を意味がないものとし、ゲープハルト（„Textgestaltung,“ S. 524）も同様の見解から省いている。

（578）Bに拠り補う。

（579）「の（van）」。Bに拠る。写本は初め aan（「に」）と書き、an と直されている。ジークヴァルト、フローテン－ラント版、ゲープハルト（„Textgestaltung,“ a. a. O.）、ミニーニはBに随う。

（580）「それぞれの（iegelyk'n）」。Bに拠る。写本は gelyken（「同様の」）。ジークヴァルトがBに随い、ゲープハルト（„Textgestaltung,“ a. a. O.）、ミニーニもこのように校訂する（フローテン－ラント版はBの読みを括弧内に示すだけでAを維持する）。

（581）この注は写本では初め本文下の欄外に指示記号を付して違った言葉で書かれてから抹消され、本文中の指示記号の位置と対応した右の欄外に（指示記号なしに）書かれている。ミニーニ（MB, p. 790）は、原本に二通りの表現があったために写字生が書き直す羽目になったのではないかと推測し、そこから、「わたしが（Ik）」という一人称主語に拠って、スピノザみずからがおそらくオランダ語で加えた注であることも排除できないと注している。

（582）注(579)と同様、写本は an となっているが、「の（van）」とするBに拠る。

（583）ロビンソン（a. a. O. S. 472）は、〈付録〉一の命題四論証が念頭に置かれていると注し、ゲープハルト（„Textgestaltung,“ a. a. O.）もそのことを明白とする。最後の、「すべての属性は一個の無限な存在（Een oneyndig wezen）の属性である」ことについては、論証よりも命題の後半と系にかかわる。

(584)「それらの実在することに応じては区別されない(niet na haar wezentlykheyt onderscheyden te worden)」。様態が、実在するようになって甫めてそれが包み懐かれている属性から様態として区別され(〈付録〉一の命題四論証、六行目を参照)、個別の実在を得る(〔一一〕を参照)のとは異なり、属性には実在することが属し(命題四)、その点ではどの属性も区別されないという意味に解される。ロビンソン(a. a. O.)は、属性はみな必然に実在するものとみなされるという意味であると言う。注(588)を参照。

(585)「基をなす主体(onderwerpen)」。Bにはこの理由説明の文がない。onderwerp は命題四論証と次の〔一一〕で用いられる。同様の意味のラテン語 subjectum が第一部第一章〔八〕の注解の中に設けられた注と同部第二章〔一七〕の二番目の注解で遣われている。

(586) Bは、「形としての有ること(het vormelyk wezen)」を対語の「対象を表している有ること(het voorwerpelyk weezen)」に代え、代りに「対象というありかたで(voorwerpelyk」を省いているが、この措置は続く「取り去ることも付け足すこともなく」の意味を失わせるばかりでなく、対象と観念の関係を述べるこの文の根本を損う。Bはまた、この後の「そして」から〔一〇〕末までの一文を欠く。

(587) Bはこの注解を欠き、ジークヴァルト、フローテン-ラント版は載せていない。アッピューンは「様態の場合とは反対に、諸属性の実在は必然的にその実在から出てくる」という意味であると述べているが、後のほうの「実在(existence)」は essence(「有りかた〔本質〕」)の誤りであろう。それはそうとしても、この注解(〈付録〉一の公理七を踏まえる)の説明が、訳注(584)のように解された本文に副っているかどうかは疑問に付しうる。

(588)「属性もろもろのうちには(in de eigenshappen)」。ゲルー(*op. cit.*, vol. 2, p. 99n.; vol. 1, pp. 475n.-476n.)は、「うちには(in)」を「間に(entre)」と訳したアッピューンとプレイアード版を批判し、また、「等しさを破るもの(ongelykheid(〔不等性〕)がけっしてない」に含まれる「等しい」について、「同等の、同じ(égal)」という意味であり、「相似た(類似の)」、「同様の」、「同じ性質の」(semblable、de même nature、ドイツ語の gleich、英語の like)とは区別されるべきことを強調した。第一部第二章〔二〕の第二項(「等しい二つの実体もないこと」)も参照。ここの意味をゲルーは、否定の ongelykheid が質的な意味でも用いられることを踏まえて、各属性内部での「一様」、「等質」(uniforme, homogène）を述べたものと解しているが（みずからの属性解釈に引きつけられている）、読みとして行き過ぎであり、諸属性の平等が言われていると解するのが妥当と思われる。注(584)を参照。

(589)「そうしたものについて観念のうちに必ず包み懐かれる対象を表している有ること（de voorwerpelyk wezens, die van de zodanige noodzaakelyk begrepen worden in de *Idea*）」。ベーマー（a. a. O. S. 83）は、「必ず包み懐かれるようなものの対象を表している有ること（voorwerpelyk wezens van de zodanige die noodzaakelyk begrepen worden）」と読むことを提案している。ベーマーが拠っているB（写本Aはまだ刊行されていなかった）は「観念のうちに」ではなく「思いの属性のうちに」となっているので、この読みは成り立つが、Aの中ではこの修正は不適切になる。

(590)「生れている観念である（de *Idea* is onstaande）」。ゲープハルト（„Textgestaltung,“ S. 525）は、「定義」が〔九〕冒頭のそれを指すことから、メイヤーが括弧に入れて示した補足に倣い、またBにも拠って、「心とは〔…〕生れている観念である（*de ziel een Idea is ontstaande*）」と校訂した。しかし、これは必要とまでは言えない修正である。ミニーニ（MB, p. 793）は、〔九〕にも「生れている〔…〕観念（een Idea [...] ontstaande）」という言回しがあること、ここでは心がじかに問題になっているのではないこと、観念は心の範型、有りかた（本質）とみなされていることを理由として、写本を維持している。

(591) 写本ではこの括弧内の例と次の括弧内の例は、それぞれの文で初めのほう（訳文では「……ように」と「なっているときには」の間）に置かれているが、訳文では、B（括弧には入れていない）が行っているように、文の最後に置いた。

(592)「その部分が初めの釣合に還る」の原文は ze wederkeer tot haar eerste proportie。ジークヴァルト、フローテン－ラント版、アッピューン、ウルフ、ミニーニに随い、「それ（ze〔女性代名詞〕）」は前の「ある部分（een deel〔中性名詞〕）」を受けると解する（カーリー、ドミンゲス、バルトゥシャートが同様である）。ゲープハルト（a. a. O.）は、ze を「運動と静止」を指す複数形（「それら」）と解したメイヤーの訳を受け容れ、動詞 wederkeer（「還る」）を複数の主語に応じる wederkeeren に変える校訂をした。ミニーニ（MB, p. 795）は写本の読みを論理的、綜合的に正当としている。Bでは proportie（「釣合」）に代る eevenreedighyd（「比例」）の後に「運動と静止の」とあり、アッピューン、畠中がこれを容れた訳にしている。

(593)「反照的観念（een weerkerige Idea）」（idea reflexiva）。注(473)を参照。

「概略」訳注

（1）この標題はκに拠る。σは序文の中に組み入れられているため、標題を欠く。
（2）この段はκにはない。その代りにκは「この論の第一部は十の章に分れている」という文になっている。
（3）以下、原文で「かれ（hy）」となっている場合でも「著者」と訳す。
（4）「無条件に（volstrekt）」はσの加筆。
（5）神の観念をもつこと、神の定義、その実在の論証の順に挙げられていることは、フロイデンタール（J. Freudenthal, „Spinozastudien, I,“ S. 268-270）により、第一部第一章の一見唐突の印象を与える書き出しについて、神の定義を含む闕文を想定する傍証とされた。「短論文」訳注(12)を参照。また、この記述から、写本A、Bとは別の「短論文」の第三の写本があったことを推測する説も生じた（モニコフはそれにもとづく概略を書き写しただけか、それともモニコフ自身がそれを所持していたのかは推測が分れる）。ミニーニ（MB, pp. 42-43; 819）はこれらを斥けている。
（6）「属し、あるいは（behooren, of daar in）」はσの加筆。
（7）「一は他から生み出されえず、同じ自然の性のものはたった一つしか実在しえないこと」。κは「有限であれ無限であれ、ただ一つより多くは実在しえず、また一は他から生み出されえず、かえって」。κでは二つの命題の順序が逆である。σは「同じ自然の性のものは（en van de zelve natuur）」を加筆し、κの「有限であれ無限であれ」を省いている。κの順序は第一部第二章［二］の命題二と三の順に副い、σの順序は第二部序言［二］で挙げられる命題二と三の順に副う。
（8）「無限な」はσの加筆。
（9）「おしまいに」はσの加筆。
（10）「いっそうの広闊を手にすると（breeder uytgebryd hebbende）」。κは「いっそう広く申し立てられると（breeder beweerd zynde）」。

(11)「実在している（weezendlyke）」。「有りかたをなす〔本質的〕」という意味とも解しうるが、「短論文」でのこの語の意味に副ってこう訳した。「実在している」は「物としての（dadelyk）」という意味でもある。
(12) κは「明るみに出す（ontdekken〔発見する〕）」。
(13) κのof（「言い換えれば」、「あるいは」）を、σは「と（en）」に改めている。ミニーニ（MB, p. 819）はこれを正しい訂正とし、「形式（vorm）」と「順序（ordere）」は同義でも二者択一でもなく、いつでも一緒にあると言う。
(14) 括弧の文はσの加筆。
(15) κは「据えられた必然であること（gestelde noodzakelykhyd）」。
(16) 原文はdoor wien［=pooging］hy steld dat de geheele natuur［……］。ベーマーのラテン語訳はqua efficit ut tota natura［……］（「それ〔努力〕によって全自然が（……）ようにする」）と、主語hy（「かれ」）を神と解している。メイヤー（p. 3）はこれを誤りとみなし、「かれ」を著者とし、他の訳者もみなそう訳している。だが訳者にはベーマーの読みが原文に副うだけでなく、「努力（pooging）」が神の「属性」（適切には「特有のもの（proprium）」、第一部第五章〔一〕参照）であるという聯関からも、妥当と思える。
(17)「導入される（word ingevoerd）」。κは「考察される（aanmerkt word）」。
(18)「あてがわれる範囲では（voor zoo verre［……］word toegepast）」。κは「属するかぎりでは（voor zoo veel［……］behoord）」。
(19)「偽りの（valsche）」。ミニーニ（MB, pp. 819-820）は、こうした批評はBの序文でモニコフ自身が実体と様態の関係をめぐって述べていることと合致するので、（一部の解釈者が主張するように）この点にドゥルホフ（W. Deurhoff, 1650-1717、解題参照）の論争的な立場を探り索める根拠はないと言う。
(20)「最後に」はσの加筆。
(21)「わけ（reeden）」。κは「原因（oorzaaken）」。ミニーニ（MB, p. 820）はこの修正について、（ただ頭で考えた）「理屈上の存在（entia rationis/wezens van reden）」と解されているこれらについて「本当の〔真の〕原因」と語るのが適切を欠くと思われたためではないかと推測している。
(22) κは「神の実在している〔注(11)参照〕属性は締めくくられ、そのことからかれは」となっている。ミニーニ（*ibid.*）

は「神の実在している属性」の削除の理由を、次の第七章でも続けて神の属性について論題になり、間接的にではあるがその「実在している属性」も問題になるからではないかと推測している。先立ってメイヤー（p. 222）もほぼ同様の見かたをしている。

(23) ただ「呼びかた（afnoemingen〔呼称〕）」とあるが、「外からの呼びかた（uytwendige benaming/denominatio extrinseca)」のことでなければならない。「短論文」第一部第二章［二九］と訳注(91)を参照。

(24)「これらから（uyt dezelve）」はσの加筆。「これら（dezelve）」は関係を表す、あるいは外からの呼びかたである属性を指すと解する。

(25)「さきの」はσの加筆。

(26)「案出し（ontrworpen）」。κは「形成し（gevormd）」。

(27)「概念（bevatting）」。κは複数形。

(28)「ようになる（komen te）」はσの加筆。

(29) 以下の文はκでは意味は同じだが言葉遣いが違っている。

(30) κは「著者」。

(31)「どの程度まで（en in hoe verre）」はσの加筆。ミニーニ（*ibid.*）は、感情に対して理性のおよぶ限度に言及することで、明確にされていると注する。

(32) κには「おしまいに（eyndelyk）」とある。

(33) この一段はκでは違った語順と言葉遣いになっている。

(34) κではこの後に「あるいは別の徴《しるし》（of ander teeken）」（「語り」の前の「あるいは（of）」はない）とあるのが、σでは省かれている。

(35) κは「説明され、解き明かされる（opgehelderd en verklaard word）」となっている。

(36)「二番目の」はκにはなく、σの加筆。「短論文」第二章では認識が三つの種に分けられているのに対して、この「概略」では四種に分けられているために生じた食い違いと思われる（「短論文」では三区分が基本であり、四区分は第四章［九］ほかに見られる）。κは「二番目」についての記述を欠くので、σの修正は適切である。「短論文」訳注(232)を参照。

(37)「〔諸〕情念（de Hartstogten）」。κはde Lydinge of Hartstogten。of（「あるいは」、「言い換えれば」）で繋がれた両語は同義である。L・メイヤー編纂の語彙集*Woordenschat*はラテン語passioに相当するオランダ語をlijdingおよびhartstoghtとしている。「短論文」では「情念」の意味ではもっぱらラテン語由来のpassieもしくはそれに相当するlydingが用いられているのに対して、「概略」はhartstochtを用いている。hartstochtはＮＳ（オランダ語版『遺稿集』）でaffectus（「感情」）に充てられている訳語である。「短論文」訳注(193)を参照。

(38)「混同するような（zou vermengen）」。κでは二語の間に可能、蓋然の意味をもつ助動詞mogenがあるが、σは省いている。ミニーニ（*ibid.*）はこの省略により、混同の可能性ではなく、実際の混同が端的に問題にされていると注している。しかし、条件法になっているzou（助動詞zullen）にも仮定、可能、蓋然の意味が含まれるから、ミニーニが言うような違いを認めるのは難しい。

(39) σは数字を「一〇」と誤っている。

(40)「さまざまの触発（verschyden aandoeningen）」。κはverschydenではなくonderschyden（「異なった」）。aandoeningen（単数形aandoening）は「触発ないし変容された状態」の意味から「感情」の意味にもなり（第一部第九章〔三〕に唯一の用例、「短論文」訳注(193)を参照）、「エチカ」で「感情」の意味で用いられるラテン語affectusに語源上もっとも副うオランダ語であるが、ここでは「触発」の意味である。注(37)で触れたように、この「概略」は「情念」にあたる語としてはつねにhartstochtを用いている。

(41)「どれだけさまざまであってもあらゆる情念の（van alle de Hartstogten, hoe verschyden ook）」。κはvan alle de verschydene Hartstogten（「さまざまな情念すべての」）。ミニーニ（*ibid.*）はこの修正をたんに文章表現上にとどまるものではなく、情念の多様に関して原因がただ一つであることを明確にしたものとみている。

(42) κに拠り「この部の」を補う。

(43)「われわれがただ理性によって観察する、まったくわれわれの外にあって」。κは「われわれの外にあり、われわれがただ理性によって観察する」。ミニーニ（*ibid.*）は、外の対象の力ないしは非力が、外にあることじたいにもとづくのではなく、自然の性から自身の対象を外なるものとして呈示する理性によって覚知されることにもとづいているゆえ、必要な修正であったと考えている。

(44)「〔われわれが〕体との結合において享受し、またそれを通して受けとるものに（in de geene welke wy in die met het Lichaam genieten, en daar door ontfangen)」。メイヤーとアッピューンはテクストの乱れを指摘している。

(45)「これを享受する者には（in de geene die dezelve genieten）不変の安定が生れるようになるので、かれはこれに再生という名を与える」。κは「不変の安定とが生れるようになるので、かれはそのことにこれを所有する者の（desgeene die dezelve bezitten）再生という名を与える」。「これを所有する者の」の位置をσが移していることをメイヤーはただしいとし、アッピューン、ゲープハルト版が随い、正当かつ意味上必要な訂正と注している。ただ、「われわれ」と「これを享受する者」が竝列されているσと較べて、κが文構成上は整っているように思える。

(46) κは「のもとで（onder）」。σは「別の何かを通して」、「ある有限で制限されたものを通して」に合せて「を通して（door）」となっている。

(47) κは「流れ出てくる（afvloeyd）」。

(48)「第二五章で」はσの加筆。

(49) κは「かれが悪魔をそう記述するように」を文末に置いている。ミニーニ（*ibid.*）はσを改善され明確にされた文構成とみている。

(50)「有ることも生存も（noch weezen noch bestaan)」。noch……noch（……も……もない）という語法のκに随う。σは後のnochをofに変えている（「もしくは生存が」）。

(51) κは「われらが著者は」。

(52)「達成されうる（berykt kan worden)」はκでは「達成されるべき（te beryken is)」。ミニーニ（*ibid.*）は慎重な表現に置き換えられたとみている。

(53) κには「あらかじめ（voor af)」がある。

(54)「そこから著者〔かれ〕が結論するのは」はσの加筆。

(55)「それ自身と（met 't zelve)」。「短論文」本文（第二六章〔八〕の三、二五七頁）では「かれ〔神〕と（met hem)」。

(56)「そしておしまいに」はσの加筆。

(57)「それ（zy)」、「それの（haare)」。メイヤーは、スピノザにおいて知性は心の有りかた〔本質〕であると解し、この二つの代名詞が（女性代名詞である通り）「人間の心（menschelijke ziel）」と解されなければならないと注し、アッピューンも同じ意味のl'âme humaineを括弧に入れて補っている。対するにミニーニ（*ibid.*）は、「短論文」（写本B）第二六章の照応箇所（B, p. 196, Gi602 *15*）にあるほぼ同じ言回し（zy of haare Gewrogten）でこれらの代名詞がはっきりと「知性」を指していることを挙げ、ここでも二つの代名詞が「知性」を受けるとみなされると注している。

（58）「卑小にせられたり（verminderd）」。κは「破壊されたり（vernietigd）」。

（59）κは「スピノザ」。

（60）以下はκでは違った内容になっているので、その末尾までを訳出しておく（「著者」は原文では「かれ」である）。「その後で著者はしかしなお一種の付録ないし補遺の類《たぐい》を繋げたが、それはこれまでのところに含まれている事柄の手短な草案しか含まない。そして、そのうち実体の自然の性をめぐる初めの部は幾何学のやりかたで排列され、事柄としては著者の印刷されたエチカの第一部命題八までに含まれていることに対応する。そしておしまいに著者は付録の第二部で、人間の心が何であり、それの体との結びつきが何に存するのかを探究している。加えてスピノザは、この作品全体にたくさんの箇所で問題点の敷衍といっそう詳しい解明のための注を付けている。」メイヤー（p. 223）はκをσよりもずっと明快であると評し、ゲープハルト（„Textgestaltung,“ S. 439）が支持した。それに対してミニーニ（*ibid.*）はσをいっそう精確で完備されているとし、理由として（一）「付録ないし補遺（Aanhangzel of Byvoegzel）」という言葉上の未確定の除去、（二）「それはこれまでのところに含まれている事柄の手短な草案しか含まない」という余計な言葉の除去、（三）〈付録〉一が「エチカ」第一部命題八までに対応するという精確を欠く断言が除かれていること、（四）ラテン語で元々書かれ、次いでオランダ語に翻訳されたという消息の追加、を挙げる。（四）についてミニーニは、写本Aにある「まえがき」をモニコフ自身がBで除いているため、そこに含まれている「短論文」成立の消息を読み手に伝える必要があったためではないかと推測している。

解題

本書にはスピノザ（一六三二―一六七七）の初期著述である「知性改善論」（Tractatus de intellectus emendatione）と「神、人間とそのさいわいについての短論文」（Korte Verhandeling van God, de Mensch en deszelvs Welstand〔以下「短論文」と略〕）の二作を収めた。排列は、フィリッポ・ミニーニが提起して、受け容れられつつある著述順序の説に随った。それぞれの著作の内容については読者の味読にゆだねることを第一とし、ここではおもに歴史事実の問題と文献学に属するとも言える問題に関して、〝ものがたり〟を排し、現在に到る研究の状況を概説する。初めに両作品の関係と順序をめぐる見解を概括し、次いでそれぞれの作品を取り上げる。

一、書簡六と二作の前後の問題

書簡六

スピノザは一六五六年七月二十七日にアムステルダムのユダヤ教会から破門された（簡略な年譜は拙訳『スピノザ　エチカ抄』のあとがきを見ていただけるとさいわいである）。そこから現在残っている最初の書簡一（オルデンバーグからスピノザ宛）の一六六一年八月二十六日まではスピノザ自身に由来する記録がなく、伝記上「闇の時期」とされている。二作のいずれか、または両方の由来が語られる場合、著者自身の言及として必ず取り上げられるのが書簡六（オルデンバーグ宛）[1]の一節である。

さてあなたの新たなおたずねにつきましては、つまり、どのようにして物が在ることを始めたのか、またどんな繋がりによってそれらが第一の原因に依存しているのかということですが、このことと、また知性の改善についても、わたしは纏《まと》まった小さな作品を書き上げ、その清書と手直しに取り組んでいるところです[2]。

続けてスピノザは、まだその上木の確たる計画がないことと、神学者が排撃してくるのではないかと恐れていることを打明けている。また、この著作に含まれる、煽動的な説教師たちにとっていわば棘《とげ》（原文では「躓きの石」）になりうる点をオルデンバーグに明かしているが、それは、かれらと言わずみなが神のものとする多くの属性を自分は被造物と考え、[3] 反対に人が先入見のために被造物とみなすものを自分は神の属性であると主張すること、[4] さらに、自分の知るすべての人と違って、神を自然から分けない、と述べている。「纏まった小さな作品（integrum opusculum）」とは何を指していたのか。

オルデンバーグのほうでは書簡六へ返信した書簡七では間に合わず伝えられなかったスピノザの論評へのボイルの答を次の便[5]で伝え、その本題のあとで「物の最初の起源およびそれらの第一原因への依存、同様にまたわれわれの知性の改善について扱っておられるたいへん重要なあの御小冊（opusculum tuum）を完成されたかどうか」とたずねている。

ゲープハルトまでの諸説

書簡六の問題の箇所が知られる以前に、クーノ・フィッシャー、[6] ジークヴァルト、[7] トレンデレンブルク[8]は、書簡一一の「知性の改善（emendatione intellectus）」という言葉から、オルデンバーグのたずねを「知性改善論」を念頭に置いたものと自明のことのように受け取った。[9] その一方で、「物の最初の起源およびそれらの第一原因への依存」という存在論にかかわる部分について、クーノ・フィッシャーは、現存する著作でそれにあてはまりうるのは「短論文」と「エチカ」の二つだが、「エチカ」は「小さな作品」とは言えないことから、「短論文」をもう一方の部分とみなし、[10] ジークヴァルトは、単数形の opusculum と tractatum（「論(tractatus)」——書簡一一に答えたスピノザの書簡一三で用いられた語）とから、スピノザには二つの作(「短論文」と「知性改善論」)を一つにするもくろみがあったのではないかと推定した。[11]

「短論文」は十九世紀半ば過ぎにオランダ語の二つの写本が発見され、一八六二年にファン・フローテンによる最初の刊本が公にされたことを一つの始まりとしてその研究が輩出した。その最初のモノグラフィーを著したジークヴァルトは「短論文」に対して「知性改善論」の思索と著述には劃然とした進歩があることを指摘して[12]、それが「短論文」よりもあとに著されたという判断を示した。[13]すぐに続いてトレンデレンブルクも「知性改善論」のほうをいっそう簡潔的確で熟していると述べ、やはり「短論文」をそれより以前の著作と判じた。[14]

書簡六の「纏まった小さな作品」に関しても、当然のように「知性改善論」がそれに擬せられた。[15]フロイデンタールは書簡六の言及が「知性改善論」だけを示していると考えた。[16]その見解によると、形而上学（以下においても「形而上学」はその解釈者の呼びかたであり、訳者はそれに同意しているわけではない）と認識論が叙べられたこの「小さな作品」が「短論文」ではないのは、「短論文」が認識論を欠くからであり、同じく「エチカ」でもありえないのは、「エチカ」が「小さな作品」ではないことに加えて、「短論文」と同様に認識論を含まないからだと言う。「エチカ」が「小さな作品」ではないという点だけを別にして、これはどちらの著作に対しても事実を曲げており、このかぎりでは意味不明の説というほかない。[17]だが、「短論文」を除外したこの見かたは解釈の一つの重要な向きと繋がっていた。「知性改善論」には、本文と注解の両方に、「哲学」という言葉を用い、この著述から「哲学」を区別し、当の事柄を（のちに）哲学で扱う、あるいは哲学に属すると断っている箇所がある。[18]そのことと、すでにジークヴァルトとトレンデレンブルクが示した、「知性改善論」が「短論文」よりも進歩し熟した著述であり、あとに書かれたという見かたを合せれば、いまある「知性改善論」と合せて「纏まった小さな作品」を成すのは、先立って書かれた未熟な「短論文」でなく、「知性改善論」で予告され、続いて完成されるはずの「哲学」だったと考える立場が出てくる。「知性改善論」で言及されている「わたしの哲学」をクーノ・フィッシャーは「エチカ」にほかならないとみ[19]、エルボーゲンもこれを支持したが[20]、どちらの見るところでもそれはいまある「知性改善論」と同時に書かれつつあった「エチカ」（完成された「エチカ」ではその第一部の内容）であった。エルボーゲンは「纏まった小さな作品」が「知性改善論」であったとみなしつつ、いまある「知性改善論」に書簡で述べられた形而上学にかかわる内容が含まれないことを、このように書かれ始められていた「哲学」によって完結されるはずだったと説明した。フロイデンタールはこれを受け継いで、「のちにわたしの哲学の中で説明するであろう」（［三一］注解k）といった言葉も「纏まった小さな作品」の先の部分のことを言っていたと推測した。[21] だが認識論と形而上学を一書に包括しようとする企ては結局果されず、元々の計画の範囲を越えてしまった形而上学の部分は「エチカ」に形を変え、「知性改善論」は独立の未完著作として残ったというのがその見解である。[22]

「知性改善論」が言及している別の著述について、ゲープハルトもまず「短論文」を除外し、[23] 次いでそこで扱われるとされる問題のいくつもが「エチカ」では論じられていないことから、それがいまある形の「エチカ」でもないという（エルボーゲン、フロイデンタールと実質は同様の）結論を示した。[24] 一方でゲープハルトは「纏まった小さな作品」が「知性改善論」のみを指すとはみなしていなかった。「どのようにして物が在ることを始めたのか、またどんな繋がりによってそれらが第一の原因に依存しているのかということ」はいまある「知性改善論」では扱われていない上に、[25] そこには神学者や煽動的な説教師による排撃を恐れなければならないような内容は含まれないという理由から、[26] 書簡にもとづくかぎりでは「短論文」を「小さな作品」のもう一方の部分に見立てた。[27] 同じくあてはまりうる「エチカ」は、クーノ・フィッシャーが言ったように「小さな作品」ではなく、書簡六の時点（日付がないこの書簡の時期の推定にはあとで触れる）で「著述」（さきに「清書」と訳した descriptio にゲープハルトはそこで Aufzeichnung〔書きとめること〕という訳語を充て abfassen〔著述する〕という意味に解している）や「手直し」が云々されうるところまで進んでいなかったという理由で除かれた。[28] この場合ゲープハルトみずからも認めるように、そのように解された「知性改善論」の中の言及指示と、「知性改善論」と「短論文」を合せて「二部から成る小さな作品(opusculum bipartium)」[29]として出版するもくろみをスピノザが抱いていたという書簡からの結論をどう折り合せるかという問題が起る。[30] そこに撞着はないと考えたゲープハルトは、書簡六で言われたdescriptioが新たに著される「知性改善論」を、そして「手直し(emendatio)」がすでに下書きとしてあって新たに仕上げを俟つ状態だった「短論文」を指すと想定した。[31]

ここまでをまとめると、(一)(バルツァーを別として)どの解釈者も書簡六の「纏まった小さな作品」が「知性改善論」に言及したものと考えた。(二)だが、そこで扱ったという「知性の改善」以外の主題に関しては、(a)「短論文」がそれにあてはまり、「小さな作品」が「知性改善論」と「短論文」の二部から成るとみるか、それとも(b)「知性改善論」の中で予告されているそれに続く論(「哲学」)、あるいは(b′)具体的に「短論文」の改作として書き始められていた著述(のちに「エチカ」になるもの[32])がそれにあてはまるとみるかで、分れる。[33] (三)「短論文」をスピノザの最初の著述として、「知性改善論」に先立つとみるのはほぼすべての解釈者から認められた見解であった。[34] これは(b)、(b′)と組み合され、「知性改善論」はまた「エチカ」への導入として位置づけられた。[35]

初めに引いた書簡六の箇所に戻って考察を加える。「あなたの新たなおたずね」とは、「つまり(scil.)」を挿んでオルデンバーグの書簡五の言葉をそのまま引き写した「どのようにして物が在ることを始めたのか、またどんな繋がりによってそれらが第一の原因に依存しているのか」を指す。対するに、「また知性の改善についても(etiam de emendatione intellectus)」は、その前の「このことと」が前の問を指しているので、オルデンバーグの問いたずねにかかわりなく、スピノザがここで初めて示したものである。これによりこの主題も知るにおよんだオルデンバーグは書簡一一で、すでに引用したように、「知性の改善」も扱う小冊（opusculum）が完成に到ったかどうかをたずねた。オルデンバーグがそれまでこの主題を聞知せずにいたことは、[36]それだけでスピノザが「知性改善論」という著作を示唆したことを排除するわけではない。だが、書簡で論題になっていたのは、完成された「エチカ」では第一部の始まりで扱われるはずの問題だったから、スピノザによるこの主題の明かしかたは（新たに「知性改善論」という別の著作に言及したとすれば勿論のこと、そうでなくても）唐突と言える。

「纏まった小さな作品を書き上げ」と訳した動詞 composui が完了時制であることにも解釈者によっては困惑を表している。[37]「知性改善論」は中途で未完のまま「遺稿集」に収められた著作である。それが「小さな作品」の一部を成すとすれば、その中で予告されている（b）もやはりこの同じ時期には書き上がっていなかったとみるのが自然である。あるいは具体的に、すでに著述が始まっていてオルデンバーグとの間でも論題になっていた（b′）がその一部を成すと想定しても、こちらも書き上げられるには程遠かった。[38]この頃書き上がっていた著作としては、「短論文」だけがそれでありうる。じっさい、スピノザが「小さな作品」の中身について漏らした懸念のうち初めの二つを、はっきりと顕われた形で論じているのは「短論文」である。[39]ホァキムは、ゲープハルトと同様、さきの（一）の前提のもと、（二）の（a）と（b′）とに跨がった上で、完了形の composui を取り繕う解釈をした。[40]さらに、心理的深読みを交えて composui の意味を変容させる解釈者もいる。[41]しかし、スピノザが時制の活用を誤って、あるいは書き急いだために曖昧なしかたで、完了時制の composui を用いたとは考えにくい。[42]またすぐに「書き上がる」と気持が逸り、完了形で書いたなどということはさらにありえないと思われる。スピノザが思索の成果を公にすることに積極的であったか、それともそれを尻込みする性格だったかは一概に断じえないが、相手のオルデンバーグは出版に直接のかかわりがなく、外から関心を寄せていたにすぎない立場だったから、じっさいの進捗を越えてあえて「書き上げた」と告げる理由も必要もなかった。

（一）を前提とすることは、「小さな作品」が二種類（書かれなかった（b）をその一方と想定するとしても）の著述から成るとみなすことであり、[43] この前提のもとで、オルデンバーグが書簡五でたずねた「どのようにして物が在ることを始めたのか、またどんな繋がりによってそれらが第一の原因に依存しているのか」（解釈者の多くが称する「形而上学」）に該当する著述が何かが問題にされた。次に、ゲープハルトを代表として考えると、「知性改善論」に（その中で予告された「哲学」の序、延いては）完成された「エチカ」の序の役割を想定することから、[44] 書簡六でスピノザが挙げた順とは逆に、[45]「知性改善論」が「小さな作品」の「第一部」、「形而上学」がその「第二部」と想定され、[46] しかも「第二部」のほうが（粗書きであれ「短論文」として）先に準備されていたとみなされた。だがじっさいには「第一部」、「第二部」という言葉はない。一方、「短論文」と「エチカ」はともに、物の在ることの起源とそれらの第一原因への依存を扱い、そののちに精神による認識の様式を取り上げている。その認識の論が「知性の改善」という課題をうちに蔵しているならば、[47] 書簡六でスピノザが挙げた主題の順はこの順序に副う。ここから立てられる問題は、書簡六の「纏まった小さな作品」が、（α）「知性改善論」に述べられているように、「知性改善論」があってそれに「哲学」部分が続くものなのか、それとも（これから書かれようとしていた「エチカ」は除き）、（β）書き上がっていた「短論文」だけを指していたのか、ということである。それに答えるには、「知性改善論」がいつ書かれたのかを知ることが不可欠である。[48]（γ）「知性改善論」が「短論文」よりも先に書かれていた場合、には書簡六の「小さな作品」が「短論文」だけである〔β〕としても、そのことは書簡六の記述から切り離した「知性改善論」に関する〔α〕じたいと両立する。しかしながら、すでに示したように、論者のほとんどが（一）すなわち、書簡六（その末尾が知られる前には関連する書簡一一）の「纏まった小さな作品」が「知性改善論」に言及していると考えたために、「知性改善論」の執筆時期は日付のない書簡六の時期推定にもとづいて推しはかられてきた。[49]

ミニーニの説

ミニーニの説は、結論を先に示せば、（β）と（γ）を主張するものであり、「短論文」が最初期の著作で「知性改善論」はそれよりのちに書かれたという著作年代の通説を逆にし、書簡六の「纏まった小さな作品」の主題ににについて言われた「知性の改善」という言葉にもかかわらず、それが「知性改善論」ではなく「短論文」のみを指すと唱える点で、意表の説であった。[50]

書簡六の時期をミニーニは一六六一年十二月と推定した。[51] またすでに論じた「書き上げ（composui）」という語を時制通りに解し、それが「知性の改善についても」を含む「纏まった小さな作品」に係っていることを前提に置いた。[52] 一方、descriptio（「清書」）とemendatio（「手直し」）についてミニーニは、これらが人文主義文献学の一組の専門用語であり、それぞれ「写しをとる」、「修正する」（「論を整理する」、「最後の為上げをする」）という厳密な意味に解されなければならないことを指摘した。[53] これらを前提とした上で、この時期にそういう段階に到っていた「纏まった小さな作品」がどれを指すかが問われ、まず物の起源とそれらの第一原因への依存を扱う論について、一六六二年に書き始められたと推定される「エチカ」第一部の最初の草稿がそこから除かれ、[54] それが「短論文」以外ではないとされる。[55]「知性改善論」については、その中断がいつであったかにかかわらず、「手直し」と「清書」という著述の最終段階に達していなかったから、「書き上げ」たとは言えなかったはずである。[56]「小さな作品」が一個の作品であり、一六六一年末の時点で、物の起源を論じ、神の属性について他のみなと一致しない考えが開陳されているのは上記のように「短論文」だけであったから、「知性の改善についても」という部分は同じ「短論文」の第二部を指していたはずだと結論される。(57)「短論文」の写本Aの目次ではその第二部について「神と一つに結ばれうる状態にある完全な人間について扱う」と記されており、これと同等である、標題にある人間の「さいわい（welstand）」という窮極目的は不完全な認識を改善し真の認識を得るに到る知性の完成によって達せられるので、(58)「短論文」第二部の内容は「知性の改善」についての論とされる。(59)一方「知性改善論」について、そのオランダ語版「遺稿集」での副題が「併せてそれ〔知性〕を完全ならしめる手だてについての」となっていること、(60)また「人間が達しうる最高の完全さ」(61)が目的としてめがけられていることから、「短論文」第二部と「知性改善論」は目的において一致していると言う。(62)ミニーニは「知性改善論」と「短論文」の執筆をそれぞれ一六五八－一六五九年、一六六〇－一六六一年と想定した。(63)

「知性改善論」を「短論文」よりも前の作とする説は歴史事実によって決定的に裏づけられているわけではない（それは埋もれた事実の発見がないかぎり困難であろう）。しかし、ここでは「知性改善論」と「短論文」、「エチカ」の内容に照した論拠には立ち入らなかったけれども（前注末尾を参照）、ミニーニの説が全体として、従来の諸説に対して精細に構築された説であることは確かである。とりわけ、「エチカ」の前身だった「短論文」と完成態の「エチカ」の間に、中断された「知性改善論」が挟まるのではなく、両者がじかに繋がることは（異なった解釈もあるであろうが）、スピノザの思索と著述の展開をより明瞭に示す利点をそなえると言える。(64)ミニーニの説への主要な批評を綜括すると、評価に慎重を保つ場合でも、「知性改善論」が「短論文」よりもあとの作であることを当然とみなしてきた通説を駁したことは受け容れられた。(65)それはまた「知性改善論」を、「エチカ」への導入を担う方法論と捉える見かたから離れて、独立した試みとしてその意義を探究することを可能にするとも言えよう。

ファン・デン・エンデンの塾でのラテン語修養とテレンティウス劇上演

ラテン語修養という面からスピノザの伝記上の「闇の時期」に迫った研究の継承に最後に触れる。古伝は、スピノザが破門の前からファン・デン・エンデン主宰の私塾でラテン語を学んだことを伝えている。(66) マインスマは、古典語劇上演に向けた作品学習と練習が課業になっていたこの塾の催しとして、一六五七年一月にテレンティウスの「アンドロス島の女」、翌年五月には同じく「宦官」がアムステルダムの市立劇場で上演されたことを明るみにもたらし、塾生としてスピノザがこれらに加わったことも自明とみなした。(67) 続いてレオポルトはスピノザの『遺稿集』のラテン語をめぐり、そこに隠れた古典ラテン語作品の言葉、なかんずく多くはテレンティウスからの借用を詳らかにした。(68) マインスマの発掘した上演記録とスピノザがそこに加わったという推察を受けてレオポルトは、テレンティウスの語句が上演のための諳誦によってスピノザの頭に深く宿っていたため、覚えだけでその言葉を自分の書くものに差し込むことができたという考察を示した。(69) さらに、アッカーマンは書簡を中心にテレンティウスからの借用を詮索した結果、(70) その作品「宦官」からの借用の大部分が重い役、奴隷パルメーノの白《せりふ》とパルメーノに向って言われるそれであることを拠り所に、スピノザが一六五八年の「宦官」の上演でパルメーノを演じたという仮説を提起した。(71)

同様に、プロイエッティはもう一方の「アンドロス島の女」からの隠れた引用の一覧を示し、その中に登場人物の老人シーモの白とそれに答えた白や言及が多いことから、スピノザが一六五七年の上演に際してこの役を演じ、それがのちになっても反芻された跡を残していると推測した。(72) 積み重ねられた以上の知見にもとづきプロイエッティは、(一六六一年九月と推定される書簡二に始まって一六七七年の死の前まで執筆されていた「政治論」で終る）すべてのラテン語の文章でテレンティウスの全六作品からの引用がたえず行われ、とりわけ「アンドロス島の女」の老人シーモと「宦官」の奴隷パルメーノへの執着が跡づけられるのに対して、著述の時期が知られていない「知性改善論」はその跡つまり一六五七年と一六五八年のテレンティウス作品上演の目立った痕跡を示さない唯一の著述であると指摘する。(73) ミニーニは「短論文」を一六六〇－一六六一年、「知性改善論」を先立つ一六五八－一六五九年の執筆と想定した。プロイエッティはこの順序を支持しつつ、(74)「知性改善論」に関しては、その執筆がテレンティウスの両作品上演の時期と重なるかその直後だったとすると、晩年に到るまで他のすべてのラテン語の文章には生かされた諳誦による覚え込みの跡が、当の一番はっきりと反映されるはずの同時期の著述に皆無であることが説明できないという疑問から、執筆時期の想定をさらに遡らせ、破門を受けた一六五六年七月二十七日と同年十月の間とする説を提起した。(75) その帰結として、「知性改善論」の導入部分は破門にまつわるまざまざとした思い出が動機となっている「自伝」でもあると言う。(76)

著述年代に関するミニーニの説を補強するプロイエッティの仮説は文献学的、歴史的考証として十分な蓋然性をそなえると思われる。

二、「知性改善論」

二つの『遺稿集』に収められるまで

前項の終りでわれわれはすでに「知性改善論」へ足を踏み入れていた。

「知性改善論」はスピノザの死と同年に刊行された『遺稿集』（OP）、オランダ語版『遺稿集』（NS）に収められて公にされた。「遺稿集」はすでに刊行された著作（「デカルトの哲学原理」と「神学・政治論」）以外から成るが、その排列は、晩年のスピノザが出版を希望した二作のうち完成されていた「エチカ」を巻頭に置き、死の前まで執筆が続いていたとみられる未完の「政治論」を次に、そして同じく未完だが若書きと編集者が明かす「知性改善論」、往復書簡の順になっている（OPでは書簡のあとに収められている「ヘブライ語文法綱要」はオランダ語版では省かれている）。この順序には重要さに関する編集者の評価が反映されているとみることができる。[77]

訳注の中で個々に扱っているが、「知性改善論」のOPとNS（つまりそのオランダ語から推定される原《もと》のラテン語）のテクストの間には異同が多い。この異同についてゲープハルトは、最初の原稿がすぐオランダ語に訳された（それがNSのテクストとして残った）一方で、その原稿におよそ十五年にわたって手を加え続けたものがOPのテクストであると想定した。[78]アッカーマンはゲープハルトの説に対して、一六七七年のスピノザの死まではその自筆原稿だけしかなく、そこから「遺稿集」出版のためにラテン語の推敲とオランダ語への訳が始められたとみる。[79]「知性改善論」に独特の語彙を示しながらアッカーマンは、そのラテン語には、「遺稿集」の編者の一人で（ヤリフ・イェルスによるとされる）序文のラテン語訳を担ったとみられるロードウェイク・メイヤー（一六六三年に刊行されたスピノザの「デカルトの哲学原理」序文も執筆した）の手が相当に入っていると推察する。[80]NSのオランダ語への訳者は、「遺稿集」に収められた（原稿がオランダ語の書簡を除く）他の著作の場合と同じく、フラーズマーカーとみられている。[81]アッカーマンは、フラーズマーカーが訳すにあたって、メイヤーにより整えられたOPのための稿だけではなく、スピノザの原稿（あるいはその写し）も用い、その結果OPとNSの異同が生じていると判じた。[82]

ゲープハルトの説に戻ると、その論拠は注で示したようにいずれも杜撰であるけれども、スピノザが原稿に「手を加え続けた」（Weiterarbeit）という想定じたいは、「遺稿集」編集者による巻頭の「読者へのことわり」にある、「著者にはたえずこの為事《しごと》を完結させ、為上げる心づもりがあった」[83]という言葉と重なる。OPとNSのテクストの由来に関するゲープハルト説を受け容れないミニーニは、「知性改善論」の中身が著者の死後に甫めてその知友に知られたとみる点ではアッカーマンと共通するが、[84]さらにその間の消息に考察を向けている。[85]

歿後永い時を隔てた十九世紀半ばに到って漸く発見された著作である「短論文」をめぐっては、あとで見るように、発見以前からそれに触れた伝承があったのと対照的に、「遺稿集」に収められた「知性改善論」に関しては、奇妙なことに、「遺稿集」編集者の言葉を別にして、この著述を指した証言が寡《すく》ない。第一に重きを置かれるべき証言である「遺稿集」編集者による「読者へのことわり」（以下「ことわり」と略）と「遺稿集」序文（「序文」と略[86]）はそれぞれこれについて、「もう多年を経た前に」、「著者の最初の為事の一つだった」と述べる。だが、それが具体的にいつ頃を指すのか、他のどれが同じく「最初の為事〔諸作品〕(eerste werken)」に入るのかということまでは語られていない。

スピノザがみずから「知性改善論」の内容に触れている箇所として、バウメースターに宛てた書簡三七（一六六六年六月十日）がある。質問に答えてこう言われる。[87]「〔真の方法とは〕ただまじりけのない知性とその自然の性、そのもろもろの法則を認識することのみに存します。この認識を手にするためには、すべてに先立って知性と想像のはたらきとを区別すること、言い換えれば真の観念とそのほかの、言うまでもなく仮構による観念、偽である観念、疑わしい観念、ひっくるめれば記憶だけに依存するすべての観念とを区別する必要があります。〔……〕手短ですがこれでもってわたしは、真の方法を説明、論証し、また同時にそれに達するための道を示したと考えます」[88]。この説明が「知性改善論」に書かれたことを踏まえていることは確かである。[89]ミニーニはこのやり取りから、識っていたならバウメースターはそういう質問をするにおよばなかったし、スピノザもこのように答えることはなかったはずだという結論を導いている。[90]この推察は理に適っている。[91]ゲープハルトが想定するように、「知性改善論」の執筆中断後すぐさまオランダ語訳が行われたとしたら、その内容は当然バウメースターを含む仲間うちに知れ渡っていたはずである。裏を返せば、スピノザを中心に置く知友の範囲でも「知性改善論」の中身は識られていなかったことになる。これは、この書簡よりも五年前に、のちに「エチカ」となるその冒頭部分が外国の文通相手オルデンバーグに伝えられ、さらにはそれが整い始めた段階から知友の範囲で読み合されていたのとは対照的である（注(32)(41)(54)参照）。

「知性改善論」、ないしはそれと関係する試みにスピノザが言及したとみなされうる箇所は他に二つある。「エチカ」第二部命題四〇備考一（執筆の進み具合が判る書簡八、九、二八に照して一六六三年後半から一六六四年までに書かれたと推断される）では、公理あるいは概念それぞれのゆえんの解明により、有益な概念、共通の概念、先入見に嵌っていない者にのみ明晰判明である概念、土台が危うい概念など、その素性が確かめられると書き出されたのに続けて言われる。「加えて、二次のと呼ばれるような概念と、そこからしてそれらにもとづけられる公理とが、どこからその原《もと》を引いているかということ、そしてほかにも、わたしが折にふれてこれらに関して省察をめぐらせたことどもが確立されることであろう。けれども、こうしたことをわたしは別の論著にゆだねているうえに[92]〔……〕」。この「別の論著」は概ね「知性改善論」を指すとみなされてきた。[93]しかしじっさいには、そこで「共通概念」、「公理」、「二次概念」（また引用部分のあとに言及される「超越概念」）が明示されて扱われているわけではない。「知性改善論」に擬するのは、実証にもとづくのではなく、残された著作のなかであてはまるものがほかにないからという理由に拠ろう。ミニーニは（詳細な議論は省いてその結論だけを言うと）引用した備考の行文構成から過去（aliquando）の省察と「別の論著」を分け、前者は残された未完の「知性改善論」に関しているが、後者はすでに書かれたものとは別の、まだ出来ていない論を指すとみなした[94]。そこから、「ことわり」はたしかに著者の心づもりを証言しているが、内実は編者が言うのとは違い、スピノザが取り組み続けるつもりだったのは中断された古い論ではなく、新たに書かれるべき論であったと言う[95]。

さきの書簡三七から八年半後の一六七五年一月、チルンハウス[96]はスピノザに宛てた書簡で「方法」を話題にした（書簡五九）。「知られていない真理の認識を獲得することにおいて理性をただしく導くあなたの方法と、それからまた自然学の一般原理とを求めるわたしたちの願いはいつ叶えられることになりましょうか。あなたが昨今これらにおいて大きな前進をされたことは識っております。わたしには初めのほうはこれまでに識られていて[97]〔……〕」。方法のことは「識られている（innotuit）」と言うのは、この先にある「相対して（praesens）〔……〕方法を教えてくださいました[98]」という言葉から判るように、おそらくその前年に面談の機会があったことをゆえんとする[99]。その上でチルンハウスは、十全な観念、真の観念、偽である観念、仮構による観念、疑わしい観念の真の定義を伝授してくれるように懇望した[100]。これに対してスピノザはまず「真の観念と十全な観念との間には、外面的な関係を除けば、じつのところ違いはない[101]」と述べ、次に「物の観念、言い換えれば定義」に関して、「知性改善論」［九五］と［九六］でも扱われた円の定義とさらに神の定義も例に挙げ、定義が作用原因（最近原因）を表さなければならないことを説明してから[102]、次のように言う。「けれども残った点、言うまでもありませんが運動について、そして方法をめがけた点につきましては、まだ整った叙述がなされていませんから、別の機会に取っておきます」[103]。以上のやり取りから読み取れる事情はどういうことであろうか。まず、スピノザが説明を与えた「真の観念と十全な観念の違い」[104]は「エチカ」から会得される事柄であり、他方、説明を別の機会にゆだねた方法に関する事柄、具体的には真の観念、偽である観念、仮構による観念、疑わしい観念の定義（特にあとの三つ）は「知性改善論」にかかわっている。チルンハウスが「エチカ」第二部の補題に言及し（注(97)参照）、スピノザも神の定義に関して「エチカ」第一部定義六を指示して定義の文は簡略化していることから判るように、チルンハウスが「エチカ」の草稿の写しを所持していたことは間違いない。だが、「知性改善論」のほうは、シュラーからのまた聞きと面談で得た知識にとどまっていたことが、その質問から推察できる。また、シュラーが「知性改善論」の草稿の写しをもっていたならばチルンハウスはそれを入手できたと考えるのが自然であるから、とどのつまり知友の間でもそれは流布しておらず、著者の篋底に秘せられていたとみるのが中《あた》っているだろう[105]。

チルンハウスの書簡五九にある「あなたが昨今これらにおいて大きな前進をされたことは識っております」[106]の「昨今」がいつを指すのかは、それだけでははっきりしないが、ライプニッツ宛の書簡（注(99)参照）でシュラーを通じて知ったと明かされている、その方法によりスピノザが真理の獲得を前進させる上で信じられないほどの簡便さを示してみせた[107]、ということを指していると思われる。

それでは一六七五年ないしは（チルンハウスがシュラーから方法のことを伝え聞き、さらにはスピノザと面談した）前年の時点で問題とされた「方法」はどういうものだったと考えられるだろうか。それは、「遺稿集」編集者が「もう多年を経た前に書かれた」、「最初の為事の一つだった」と述べる、未完の「知性改善論」の方法か、同じく編集者の言葉にある、著者の「完結させ、為上げる心づもり」によって進捗した「方法」のいずれかであったはずだが、後者を示唆する徴《しるし》はない。したがって、いまある「知性改善論」の中断箇所から先を書いた、あるいは遡って新たに書き改められたものはなかったとみられ、「方法」という語を用いた書簡三七と六〇でスピノザは中断されたままの「知性改善論」をもとに語ったとみるのが真相に近いであろう。ただ、ミニーニが指摘するように、[108]「知性改善論」の稿が中断されてから、スピノザの手許に置かれていた間に、注解が加えられたか、[109]中断された所までの原稿に手が加えられたということはありうる。その場合は、「遺稿集」に印刷された注解（すべてではないにしても一部）は執筆中断後に懐かれた構想を示している可能性をもつ。

以上見てきたところから、「知性改善論」の原稿は著者の死後甫めて知友たちの手許に渡ったと認めてよいと思われる。スピノザは一六七七年二月二十一日にハーグで歿した。コレルスがスピノザの借間の家主だった画家ファン・デル・スペイクから聞いた話として伝えるところによると、[110]スピノザの遺命により、書き物と手紙を収めた文机が知友でもあったアムステルダムの印刷出版業者ヤン・リューウェルツの許に送られ、リューウェルツから家主宛の荷を受け取った旨の三月二十五日付返書の内容もコレルスは紹介している。この日付の四日後に前記シュラーはライプニッツに宛てて、「エチカ」だけでなく（「知性改善論」を含む）遺稿すべてを上木することに友人たちが同意したと、あたかも自分が計画を主宰しているかのように書き送った。[111]さらに七月二十七日付ではスピノザの遺作すべてが印刷所に回され、ラテン語とオランダ語とで同時に出ること、[112]十一月五日付では「遺稿集」が印刷され、索引を残すだけであることが報告された。[113]つまり、遺稿を受け取ってから印刷に回すまでの編集作業は四箇月足らずの間に行われ、その間メイヤーは（あるいは他の編者も加わって）スピノザのラテン語を整え（さきのアッカーマンの見解を参照）、フラーズマーカーは「エチカ」（の少なくとも後半の三つの部）、「政治論」、「知性改善論」、ラテン語で認《したた》められた書簡をオランダ語に訳した（印刷は三箇月の間に行われた）。マインスマとミニーニが言うように、[114]それは相当に急いだ、根をつめた為事だったはずである。

スピノザの生前は「知性改善論」の著者原稿一つしかなく、死後になって甫めてそれが知友に識られることになったとみる点で、アッカーマンとミニーニは一致する。だが前者が、フラーズマーカーはメイヤーにより整えられたOPのための稿とスピノザの原稿（あるいはその写し）をともに用いて訳を行ったと解するのに対して、ミニーニは、NSがOPのラテン語から訳されたのではなく、OPとNSは別個に（おそらくスピノザ自筆の）原稿をもとにして成り、その過程でOPにはラテン語を校閲した者の手が加わり、フラーズマーカーが訳したNSにはおそらく編者イェルスの手も加わり、さらに両者に印刷上の体裁変更も加わって、異同が生じたと推測している。[115] ミニーニの見かたでは、OPとNSは元の著者原稿に対して独立した関係にあり、したがって対等の参照価値をもつことになる。ミニーニは、前述の（フラーズマーカーに出来上がったOP稿を使う時間を与えなかったであろう）編集期間の短さも拠り所の事情としているが、OPとNSのテクストの比較、精確に言えばOPと、NSのオランダ語から推定される原のラテン語との異同という文献学上の問題の中で、[116] 両者に共通の誤りがあることが一つの原稿（スピノザの自筆）を源としていることを証し、[117] また、もしNSがOP稿を原にしているのであれば、両者の注解の間の異同が説明できない[118]と指摘している。

注解

OPでアルファベット記号で指示された注解について付言すると、三十二（NSでは三十一）数えられる。OPの場合、第一の系列はaからzまでの二十三（iと同字のj、uと同字のv、ラテン語にないwは不使用）、続いて二番目の系列としてa、b、z、さらに三番目の系列のaからgまで（cは飛ばされている）である。

NSはアルファベットではなくアステリスク（星印）、ダガー（短剣符）、ダブルダガー（二重短剣符）の三種の記号を繰り返し用いている。数の違いは、三番目の系列で、OPのbがNSでは本文に繰り入れられ、gがNSでは脱落、逆にOPのdとeの間にNSでは注解があるが、それはOPでは本文に入っていることによる。したがって注解としての数はOPとNSを合せると三十三になる。また、この三箇所を除いた、注解として一致している三十のうち半数では、OPとNSとで本文中の注解指示の位置が違っている（別の語あるいは別の行）。ミニーニはこうした異同の原因を、スピノザの原稿が決定稿や清書の段階に到っていなかったために、指示関係がはっきりしなかったり記号を欠いたりしていたかもしれないこと、またOPとNSの原稿作成が別個に進められ、印刷前に両者の校合が行われなかったこととに由来すると推測している。[119]
なおこの訳では、OPの注記号がそのまま採用され参照にも用いられる例が多いことに鑑み、その不規則を訂さず（ミニーニは改めている）、そのまま再現した。また本文中の注指示の位置のNSとの違いについては、注記すれば煩瑣であることに加えて、日本語の訳文中では指摘が意味をなさない場合が多いので、触れなかった。

語彙

「知性改善論」の語彙について一の終りでは、テレンティウスの二作品からの借用がないことを執筆年代推定と結びつけるプロイエッティの説を紹介した。ミニーニはその執筆に、ベーコンの語彙と言回しの借用が顕著である（OPの頁で）初めの十頁分（道具と作業の譬えを述べる［三一］まで）とデカルトの哲学に関する知識を映しているおしまいの十五頁分（およそ［六九］以降）の二つの時期を見分けた（その間はどちらの跡も明白ではないという）。そこから、「知性改善論」はベーコンの影響のもとに執筆が始められたものの、その間にデカルトの作品と出会い、それと初めて対したスピノザの思索の跡をとどめているという仮説を提起している。[120]一六六一年九月と推定できる、残っているスピノザの最初の書簡二（オルデンバーグ宛）でのベーコンとデカルトへの論評には両者の影響からの決別がはっきりしていることはプロイエッティもその年代考察の傍証としたが（注(74)）、ミニーニもこの書簡を拠り所に、この時期に「知性改善論」の執筆を企てたとは考えられないとして、一六六二年春に執筆に携っていたとするゲープハルトの説（注(49)参照）を批判している。[121]

未完の事情と意味

「知性改善論」の、外形に関しても中身に関しても、いちばん大きな問題は、未完で中断されていることをどのように解するかということである。管見のかぎりでは、決定的な解答は与えられていないばかりでなく、とりわけ論の内容にそくしては徹底した解釈の試みを挙げることもできない。[122]未完であることに関した証言としては「遺稿集」の「ことわり」と「序文」があり、まずこの二つに拠らなければならないが、さきに考察したチルンハウス宛の書簡六〇の言葉にもあらためて着目しなければならない。

未完の理由を「ことわり」は「別のいくつもの用に塞がれ、そしてついには死に攫われて、願っていた結末にそれを到らしめることが叶わなかった」[123]と述べる。一方「序文」は、たんに結末に到っていないということのみならず、あちこちでやり残されていることにも言及し、その事情を、事柄が重要であり、深い省察と汎くおよぶ知識がそのために必要とされたことにより、為事が非常にゆっくりとしか進まなかったと説明している。[124]つまり、「ことわり」は暮しの忙しさと永くなかった寿命のせいにしているのに対して、「序文」は作品じたいの難しさに触れていることになる。どちらもおそらくは編者の一人イェルスによって書かれたとすれば、二つを足し合せて考えることはできるとして、[125] 未完がただ外的事情からの礙《さまたげ》だけではなく、執筆じたいの難しさに由来すると明かされていることは重要である。その後他の作品がいくつも完成され、執筆中の死のために正真正銘未完成の遺稿として遺されたのは「政治論」だけであるから、「知性改善論」の未完は、「ことわり」が言う、時間がなかったということでは説明がつかない。[126] ミニーニが推測するように編者たちがそのことに気づいたかどうかはともかくとして、あえて「遺稿集」に収録した理由を次には（著者に「この為事を完結させ、為上げる心づもりがあった」ことよりも）むしろ「すぐれた、為になるものごとがたくさん含まれて」いることに置いたように見え、読者からそれを奪いたくなかったと述べている。だがこの場合でも未完が時間のなさで説明をつけられないことに変りはないから、なおのことそのように「すぐれた」ものがどうして未完のまま捨て置かれたのかが問題になりうる。[127]「序文」はそれに答えようとして、「完結させ、為上げる心づもり」だったにもかかわらず、それができなかったのは内容上の難しさのゆえであることを辯じているように思われる[128]（訳注(1)に記したように「ことわり」は「序文」よりも前に書かれている）。

チルンハウスに宛てた書簡六〇（一六七五年）の、「方法をめがけた点につきましては、まだ整った叙述がなされていませんから、別の機会に取っておきます」というスピノザの言葉をさきに、中断されたままの「知性改善論」をもとに語ったとみられると解した。そうするとこの「整った（ordine）叙述がなされていない」は、「ことわり」が言う「まだ粗書きで磨きが足りないように見える、解りにくい点」が多々あることと呼応しているとみなせる。しかもそれはたんに清書の段階に達していないというような形式上の未完成ではなく、ミニーニが注記するように「まだ整ったしかたで考えられていない[129]」、言い換えれば（「解りにくい（obscura）」の反対である）透徹ないし明晰さ（claritas）を得ていないことを指していたと推知できる。

テクストの上では中断は次のように顕れている。明晰で判明な真の観念を得させるはずの知性がどういうものか、その定義をもとめることが課題とされる。ところが、定義を見出す規則はまだもたず、それを手にするには知性の定義と力が認識されていなければならない（この先決問題要求 petitio principii は自覚されていると思う）。すると、知性の定義はそれ自身で明晰であるはずか、もしくはわれわれは何も解りえないか、ということになるが、その定義はそれ自身で明晰ではない。しかしながら（「何も解りえない」ということになるのではなく）、明晰判明に覚知する知性の特性はそれらの自然の性の認識を前提として含むはずだから、そうした諸特性に着目するならば、知性の定義はおのずから識られるであろう（［一〇六］－［一〇七］）。こうして、われわれの生得の道具を扱うことに向けて知性の諸特性が列挙されるが、そのあとで論は終っている。[130]

ここにいわば堂々めぐりがあることは瞭かだが、それを破綻と考えるのがただしいわけではない。観念が真である根拠として知性は先立って在るのに対して、探究の道は覚知されている知性の特性を端緒として真の観念を形づくる力を確かめようとする。[131]「エチカ」に到ってもスピノザの哲学の核心であり続けたばかりでなく、十七世紀合理論哲学の根幹にかかわる、生得として与えられたものに対する経験の道の問題がここに見出される。その意味で、この著作は核心の問題を見出し、それに取り組んだ若いスピノザの思索の記録である。

論の構成

「知性改善論」のテクストは改行があるだけで、章立てになっていない。凡例にも書いたように、ブルーダー版全集で挿入された節番号を用いることがほぼ慣習になっているので、この訳でもそれを踏襲している。

一方同じくブルーダー版が案出した十五の標題による区分けは諸国語訳でもほとんど用いられることがない（畠中訳の岩波文庫版は取り入れている）。そこで便宜のために、論の組立てをブルーダー版の節番号とともに示しておく。

［一］－［一七］端緒の導入
　［一］－［三］前半　探究の端緒
　［三］後半－［五］　人びとの間で善と見積られているものの吟味
　［六］－［一一］　普通に善と見積られているものと新たなもくろみとの間での選択の必要と新たなもくろみへの促し
　［一二］　善と悪
　［一三］　最高の善
　［一四］－［一六］　目的とそのために必要とされるもの。知性の洗い浄め
　［一七］　生活の規則
［一八］－［二九］知性改善のための準備
　［一八］－［二四］　知性の改善に先立っての認識様式の列挙と例解
　［二五］－［二九］　最良の認識様式の選び出し
［三〇］－［四八］方法の原則論
　［三〇］－［三二］　誤解の予防。導入
　［三三］－［三五］　真の観念

［三六］－［四二］　方法

［四三］－［四八］　予想できる二つの疑問への答と懐疑論者について

［四九］これまでの論のまとめと今後の論の課題

［五〇］－［九〇］方法の第一部（［四九］の第一の課題）

　［五〇］－［五一］　前置きの注意

　［五二］－［六五］　仮構による観念

　［六六］－［七六］　偽である観念

　［七七］－［八〇］　疑わしい観念

　［八一］－［八三］　記憶と忘却

［八四］－［九〇］　思い描くこと（想像のはたらき）と解ること（知性のはたらき）の区別

［九一］－［一一〇］方法の第二部

　［九一］　目標。（一）明晰判明な観念をもち、（二）精神が観念のうちの対象というありかたで自然をもたらすようにそれらを順序づけ一つにまとめること

［九二］－［九八］　（一）明晰判明な観念を得る方法（［四九］の第二の課題）

　［九二］　その有りかたのみを通して解る自己原因である物と最近原因を通して解る物

　［九三］－［九四］　肯定の形で表された特殊の有りかた、つまり定義から思いを形づくっていくこと。定義の諸条件を認識し、定義を見出すしかたが第二部の要を成す

　［九五］　定義の注意点

［九六］ 創造されている物の定義の要件
［九七］ 創造されていない物の定義の要件
［九八］ まとめ
［九九］－［一一〇］ （二） 順序のきまり（［四九］の第三の課題）
［九九］ 観念が順序づけられるために万物の原因であるものがもとめられる
［一〇〇］－［一〇一］ 確固とした永遠な物の系列
［一〇二］－［一〇四］ その個別のものの認識に辿り着くための補助手段
［一〇五］－［一〇七］ 万物の原因である第一の物へもろもろの思いを導く基《もとい》として真理の形相をつくり成すものの認識と知性の諸特性と勢いの認識がもとめられる。そのためにまず必要である知性の定義は知性の諸特性を介して識られる。
［一〇八］－［一一〇］ 知性の諸特性の列挙。諸特性が必ずそこから出てくる共通の何かが据えられるべきである

三、「短論文」

「短論文」は、主著「エチカ」の原型だったとみられる、オランダ語の写本のみによって伝わっている著作である。この著作には他のスピノザの著作にはない事情がある。他の主要な著作は、「デカルトの哲学原理」と「神学・政治論」が生前に刊行され、その他は「遺稿集」に収められて世に出、拠り所となる原典が

与えられている。それに対して「短論文」は、そういう著作があるらしいことが伝えられていたが、発見されたのはスピノザの死から二百年近く経った十九世紀半ばを過ぎてからであり、しかも間接的に作成されたとみられる写本しか見つかっていない。著作の成立事情が詳らかではない点は「知性改善論」も同じであったが、この著作の場合は間接的な写本しか伝えられていないことによる問題が加わる上に、テクストの校定の上でも難題を抱える。

「短論文」の「概略」と二つの写本の発見、出版

「短論文」はその「概略（*Korte Schetz*）」[132]を一八五二年にエドゥアルト・ベーマーが出版[133]したことで甫めておおまかな内容が知られるに到った。「概略」の手稿[134]はベーマーがその前年アムステルダムの書籍商フレデリク・ムラーから入手したコレルスの「スピノザ伝」[135]に添付されていた。コレルスの書にも印を書き入れた箇所について注記の紙葉が挿まれており[136]、これらはすべてオランダ語で、同じ筆跡であることが認められた[137]。ベーマーは、スピノザの散佚した著述に言及したコレルスの書の第一二節への注記の言葉に（「概略」の元の著作に言及したものとして）注意を促した[138]。

哲学を愛する幾人かの者の許には、書き写されたスピノザのある論文が保管されている。それは印刷された倫理学〔「エチカ」〕のように数学のやりかたで構成されていないが、同じ思想と事柄を含んでいる。そこにとどめられている言葉遣いと組立てから、著者のごく最初の為事に属することが容易に見てとれる[139]。著者は自分の見解の草案としてこれに副って、やがてかれの倫理学をまとめた。そこでは、同じ事柄がよりいっそう磨きをかけられ展開されて、一つの幾何学的な繫がりとなって生じているけれど

も、そうした数学的順序は形而上学的な事柄においてはまったく類まれか、使われないもので、わずかな人しかそれに慣れていないので、そのためにかえってたいていの人にはこの論文よりもずっと解りにくい。こちらはその付録の初めの少しの部分だけが、そのような順序にしたがって排列されている。(140)

「書き写されたスピノザのある論文」が「短論文」を指すことは瞭かである。

後述する「短論文」の最初の刊本を編集したファン・フローテンによると、(141)ベーマーが「概略」を出版してから程なく、さきの書籍商フレデリク・ムラーは十八世紀半ばのものと推定される写本を入手した。写本はオランダ語で書かれ、ムラーが見てとったように、ベーマーが出版した「概略」の原《もと》の論全体に序文としてスピノザの生涯を付したものであることが解った。(142)これがBの名で呼ばれる写本である。(143)これより少しのちにムラーは、「遺稿集」に収められていない十通近い書簡を発見し、それと写本Bの「短論文」を合せて出版するためにファン・フローテンに編集をゆだねていた。(144)ファン・フローテンが「短論文」のラテン語訳も含むその作業に携っているさなかに、「短論文」の別の手稿を含む写本をロッテルダムの詩人アドリアーン・ボハールスが所有していることが知らされた。(145)これが写本Aである。(146)ファン・フローテンは、Bの行文がAに較べて明瞭さで劣る所ではAを使用し、(147)また標題はAの「神、人間とそのさいわいについての短論文」(以後この作品の標題として用いられる)を採用して、(148)Bの「短論文」のテクストにラテン語の対訳を付け、やはりムラーが見つけ出していた、散佚したと思われていた「虹の代数計算」(149)と新発見の書簡とを合せて、『スピノザ残存作品全集への補遺』(150)を一八六二年に刊行した。これにより「短論文」は甫めて刊本の形で公にされ、その研究が緒に就いた。(151)

当時写本Bはアントニウス・ファン・デル・リンデの所有になっていた。ベーマーはファン・デル・リンデから送られたBの透写しから、Bと自分の所有する手稿（「概略」、コレルスの書への注記、「『神学・政治論』への覚書」）が同じ手蹟であることを確かめた。[152] この報告とムラーの追跡による推測をもとにファン・デル・リンデは、すべてがアムステルダムの外科医ヨハネス・モニコフの手に成ることを、モニコフの署名がある別の写本と照し合せて明らかにした。[153] モニコフはコレルスの書への注記を書き、（あとで扱うように）「概略」を作成し、Aの手稿に拠ってBを作成し、さらに写本Aを製本した。Aの写字生は判明していない。シャールシュミットは、モニコフによる書き込みがAに散見されることを拠り所に、モニコフは写本BをAから書き写したという見解にもとづいて、[154] Aに拠った「短論文」を公にした。

「概略」発見以前の「短論文」の伝承

研究が始まってからゲープハルトによる全集（一九二五年）までの解釈者たちの「短論文」に対する見かたの一端については一で触れたが、遡って、発見されるまでに「短論文」がどのように言い伝えられてきたかを残っている証言によって辿ってみる。「短論文」がどのような著述として受けとめられてきたかということと併せて、それが印刷されずに写本で伝わるにとどまった理由がそこから推察される。

「短論文」の執筆時期および「知性改善論」とのかかわりを考える上で第一に拠らなければならないスピノザ自身の書簡六の件《くだり》については一で吟味した。それに次ぐのは、スピノザの知友であったとみられるロードウェイク・メイヤーの証言である。一六六六年に出版された「聖書解釈者としての哲学」[155]の跋文の最後でメイヤーはデカルトのことを当代の哲学を創始し弘めた先駆者として称えてから、その跡を追おうとするほかの人びとによって哲学の彊土《きょうど》がさらに広げられるだろうと希望を述べ、こう続けた。

神、理性としての心、人間の最高の幸福についてのこうしたもの〔彊土〕、また永遠の生を得ることをめがける人びとに対して明るみにもたらされたこの類《たぐい》が、聖書解釈の紙葉の両面を充し、平らかで真直ぐな道を伸ばし用意することであろう。(156)

「神、理性としての心、人間の最高の幸福について（de Deo, Anima rationali, summa hominis felicitate）」(157)という言葉は写本Aが伝える「短論文」標題から再現されるラテン語（注(148)参照）との繋がりを想起させ、スピノザへの言及である蓋然性が高い。スピノザは一六六五年三月の書簡二三でみずからの著述を初めて「わたしのエチカ」(158)呼んだ。またその二年前には、デ・フリースからの書簡八とそれに返信した書簡九から判るように、「エチカ」第一部にあたる部分の草稿がアムステルダムの友人たちの集まりで輪読されていた（注(41)(54)参照）。書簡二三と同じ年の六月頃の書簡二八からは、当時三部構成の予定だったと推察されている「エチカ」が、刊行された五部構成の第四部に相当する辺りまでは出来上がっていたことが窺える。(159)これらと照し合せると、メイヤーはさきの自著の時点で二年以上前から幾何学に倣ったやりかたで「エチカ」が書かれ始めていたことを識り、その頃相当部分が一応出来、著者自身「エチカ」と呼ぶようになっていた作品を念頭に置いて、それを（写本Aに残された）「短論文」の標題とほぼ同じ名で示唆したことになる。このことは、スピノザの知友の間では、「エチカ」の執筆が始まってしばらく経ってからも、それが「短論文」と同様の題で呼ばれ、したがって「エチカ」は幾何学的方法による「短論文」の書き換えと思われていたという推測を成り立たせる。

ヤリフ・イェルスが書いたと推定されているオランダ語版『遺稿集』の序文には次の一節がある。

これは、著者の友と内輪の者の許に保管されていた遺稿といくつかの写しからわれわれが蒐められたもので、なにがしかの価値があるすべてである。一二の者の所に、われらが著者のもので、ここに見出されない何かがたぶんまだ保管されていることは信じられる。しかし、そこにはここで何度も言われていると読者が気づくことしか含まれないこともまた確かと思ってよい。[160]

これに続けて、蒐集から漏れたもので「遺稿集」に収録された作品と内容が重複しない例外として、行方が判らない「虹」についての小品に言及している（注(149)参照）。このように「虹」の論文が例外として別記されたことと、編者のイェルスが「短論文」の内容とそれが改作されて「エチカ」として完成されたなりゆきを当然識っていたとみられることを考慮すると、「遺稿集」に収められていない著述で収録作品と中身が重なるものとは「短論文」を念頭に置いた示唆とみるのが妥当である。この場合、「なにがしかの価値がある」というイェルスの但書は、ミニーニが指摘するように[161]、重要な意味をもつ。「遺稿集」の編者たちは「虹」の論文を除いて価値がある遺稿はすべて収録できたと考えた。「短論文」は価値がないと考えられたというよりも、メイヤーの言葉から推察できたように、「エチカ」と同一作品とみなされていたために、完成態である「エチカ」が当然集に収められ、前段階の「短論文」は省かれたのであろうと推測できる。[162]

ここまでの二つはスピノザをよく識る内輪からの言葉であった。次に「短論文」の消息に接するのは世紀が変った十八世紀初頭である。一七〇三年から翌年にかけて、ゴットリープ・シュトレら三人のシレジアの学徒がドイツとオランダを見学旅行した際の、スピノザにまつわる探索記録を伝える二つの手稿が残された。[163]旅行者たちが、スピノザの知友であり著書の発行人であったヤン・リューウェルツの同名の息子を訪問したときに見たという写本のことが、次のように語られている。

このあとかれは別の手稿を取り出した。それはやはりその父が、しかし、スピノザの自筆から写しをとったものだった。これは「エチカ」で、しかもスピノザが初めに著したとおりに、オランダ語のものだった。この「エチカ」は、印刷されたものとはまったく異なったしくみになっていた。というのも、印刷されたほうではすべてが厄介な数学の方法で為上げられているのに対して、ここでは全体が章に分けられて（一つ一つのことについてのわざとめいた証明ぬきで）連続した繋がりで論じ進められているのは、「神学・政治論」の場合と同様だった。リューウェルツはまた、印刷された「エチカ」のほうが、この書かれたものよりもずっとよく為上がっていることも請け合った。だが、かれはこれにはあちらに印刷されていない違った点があることも打明けた。かれはわたしに特に、印刷された「エチカ」にはあてはまるものが何もない、悪魔についての章（順序では第二一章だった）を見せた。この中でスピノザは悪魔の実在についての問を扱い、初めに、悪魔とは神の有りかたと対立した霊であり、その有りかたをそれ自身でもつものであるという定義を吟味し、どんな意味でも悪魔の実在を否定しているように見えた。かれが言うには、この書きものは、スピノザの何人かの友が写しをとったが、一度も印刷されたことはなかった。ラテン語のものが正式に立派に出版され、しかるに放置されたほうはあまりにも奔放に書かれていたからである。この手稿はとにかく全紙大の紙で三十六枚あり、いくぶん細かく書き込まれていた。(164)

この報告にある「エチカ」の手稿が「短論文」のことであることは間違いない。オランダ語版『遺稿集』序文の言葉から、「短論文」は「エチカ」と同一作品とみなされていたために、完成態である「エチカ」が

「遺稿集」に収められ、前段階の「短論文」は省かれたと推測したが、リューウェルツの息子の言葉もその推測と合致する。だがこの報告の手稿には現在残されている手稿（AとB）に対して注目すべき相違点がある。一つは、残された手稿では第二五章である悪魔についての章がこの報告では第二一章と言われていることである。しかしもっとも重大な点は、この報告の手稿が「スピノザが初めに著したとおりに、オランダ語のもの」で、しかもスピノザの自筆から写しとられたと言われていることである。一方、写本Aの標題とまえがき（以下「まえがき」と略）には、B・D・S・（スピノザ）によってラテン語で書かれたものがオランダ語に置き換えられたと述べられている（注(187)を参照）。したがってこれらは「短論文」の原語が何だったかという原形態をめぐって対立する典拠になる。当然、この報告の信用性が問題になるが[165]、それはのちに原語の問題に触れるときに扱う。

シュトレは、この旅から十五年を経た一七一八年に出した自著の中で、スピノザ自身の知人からたくさんの情報を集めたと述べてから[166]、幾何学に倣ったやりかたでラテン語で著す前に、初めにオランダ語で普通の方法によって著した手稿が残っているが、そこにある悪魔の章をスピノザは（ラテン語の「エチカ」では）まったく省いたと記した[167]。ただし、さきの報告と異なり、ここでは手稿があった場所や、スピノザの自筆から書き写されたということや、悪魔の章の番号などの具体的な詳細には触れられていない。

「短論文」を指すとみられる著作について、爾後十八世紀の間シュトレの説明は引き継がれた[168]。それは、「短論文」が初めオランダ語で書かれたこと、そして悪魔の章を含むこと、という二つを基本とする。

十九世紀に入って、フォン・ミュールは『「神学・政治論」へのスピノザの覚書』に付したスピノザの著述一覧で、『遺稿集』中の「エチカ」について、「著者により最初オランダ語で書かれた。手稿本には悪魔についての章がまだ残されていると言われる。次いでメノー派信徒ヤリフ・イェルスが訳してB・D・S・

〔スピノザ〕のオランダ語版『遺稿集』一－三〇〇頁に公にした」[169]と記した。記述の前半はシュトレ（さらにライマン、ミリウス）のそれを受け継いでいる。後段は（スピノザが悪魔の章を除いてラテン語に改めたものを）イェルスがオランダ語に訳してオランダ語版『遺稿集』に収めたという内容に読める。[170]つまりこの記述では、「最初オランダ語で書かれた」という、「短論文」を指すはずの「エチカ」と、出版されたオランダ語訳の「エチカ」が一緒にされ、悪魔の章を含むか含まないかという点を別にすれば、区別されていないように読める。ミニーニが指摘するように、[171]ここには、章立ての普通の方法で著された「短論文」と幾何学の方法で書き改められた「エチカ」という著述の体裁による二作品の識別が脱け落ちている。

スピノザの知友の範囲（メイヤーとイェルス）では、「短論文」が「エチカ」と同じ内容の著述とみなされた一方で、完成態である後者に対して前者はその前段階と把握されていたことが推察された。初めにオランダ語で章立ての形で著された「エチカ」とあとから幾何学のやりかたで再構成された「エチカ」という区別の知識は、シュトレらの旅の報告にも、その後のシュトレ自身の記述とそれを受け継いだライマン、ミリウスにおいても保たれていた。しかし世紀が変り、フォン・ミュールの記述を嚆矢として、この区別の知識は失われていった。その翌年、スピノザの死の年の「遺稿集」以来となる全集第二巻の序文で、編者のパウルスはフォン・ミュールのさきの記述を捕えて、「オランダ語で書かれたわずかな数の書簡を除いて、「オランダ語版『遺稿集』に」収められているほかのすべては元々ラテン語で書かれた。だから、デ・ミュール博士が前掲書一四頁で言った、「遺稿集」は著者により最初オランダ語で書かれた、ということがどこを拠り所としているのか、われわれには不明である」[172]と述べた。フォン・ミュールの記述では「著者により最初オランダ語で書かれた」という言葉に跡をとどめていた「短論文」指す徴表が、この最初のスピノザ全集編者の知見では理会不能になり、スピノザの著述から「短論文」は完全に見失われた。ここからパウルスは、悪魔の章に触れたミリウスの記述を拠り所に、「エチカ」は悪魔に関する部分が散佚したまま出版されたと考え、この「エチカ補遺」を所持しているオランダの人がいたら知らせてくれるようにと呼びかけるさまであった。[173]

一八四三年に第一巻が出たブルーダー版全集では、この傾向がさらにはっきり定着した。ブルーダーは、スピノザの散佚した著述、または上木されなかった著述の一つとして、ミリウス、フォン・ミュール、パウルスを典拠に、「悪魔論（Tractatus de diabolo）」を挙げた。[174]「短論文」についての覚えと言い伝えはこうして途絶え、そのうちの悪魔の章だけが、「エチカ」から失われた一個の論になり変ってしまった。したがって、十九世紀の半ばを過ぎてベーマーが「短論文」の「概略」とコレルスの「スピノザ伝」へのモニコフの注記を発見したときには、「エチカ」の最初の草案であった「短論文」についての知見はスピノザの著作の伝承から失われていた。[175]

ゲープハルトの「三層説」

「短論文」の発見と、それ以前の「短論文」についての伝承を見てきた。ここまでで浮び上がった問題は、まず「短論文」が元々何語だったのかということ、それから二つの写本AとBの関係である。これらを扱うに先立って、「短論文」の成立をめぐるゲープハルトの説を一瞥しておくことにする。[176]

第二部第二六章最後の結語は「さてそうすると、すべてに締めくくりをつけるためにわたしになお残されているのは、わたしがこれを書いている（dit schryve）友たちに次のように言うことだけである」と書き出され、その欄外注記には「著者が請われてこの論文を教授した（heeft gedicteert）者たちへの著者の要望」とある。ウィレム・メイヤーは最初に欄外の heeft gedicteert（「教授した」と訳した理由はミニーニの説を扱う際に述べる）に注目し、本文の「書いている」との齟齬を説明するために、スピノザは「短論文」を初めアムステルダムにいた間に仲間に口述し（heeft gedicteert）、あとからその書き取られたものが修正のために著者に送られ、そこにもろもろの注解が書き入れられたと想定した。[177] この「口述」という仮説を取り入れたゲープハルトは、[178] 口述がオランダ語で行われ、[179] スピノザはラインスブルフに居を移してから、オランダ語の口述をもとにラテン語で書き改め、出版を念頭に置いて推敲したものをアムステルダムの知友たちに送ったと想定した[180]（齟齬するように見える本文の「これを書いている」と欄外注記の heeft gedicteert がこの想定により折り合うとゲープハルトは考えた）。[181] 送られた草稿はアムステルダムの知友のもとでラテン語に通じていない仲間にも供せられるようにオランダ語に翻訳された。[182] だがラテン語の草稿は、スピノザが残すべきものを篩にかけ、出版を望まなくなったためにおそらく捨てられたという。[183] ゲープハルトによると、写本Aとして残された「短論文」の主要部分はこのようにラテン語草稿にもとづくが、その一方で、最初の口述筆記にも知友の編纂者が採らずに捨てるのをいさぎよしとせず残した箇所があったため、「短論文」の一部にはラテン語草稿にもとづく訳とオランダ語の口述による部分とが並在することになった。内容の重複した部分が認められるのはその結果である。[184] さらにスピノザは完成に向けて注解と二つの付録、第一部第二章のあとの二つの会話を加えた。[185] こうして、写本Aとして伝わった「短論文」は、（一）スピノザによる最初の口述の残り、（二）スピノザのラテン語による草稿のオランダ語訳、（三）注解、会話、付録、の三層から成り、それはスピノザみずからによってではなく、編纂者によって整理された。[186]

この説は、口述に発したその後の成立経緯と写本Aに残された形への編纂をめぐって、証拠よりも推測と想像にもとづいていると言ってよい。その骨子は、口述がもとになっているという想定と写本Aの形にまとめたのが編纂者であるという想定である。

ラテン語だったのかオランダ語だったのか

シュトレの記述に始まって或る時期まで受け継がれた、最初にオランダ語で書かれたという「短論文」の伝承は時の経過の中で変質し、跡絶えた。そして「短論文」の写本Aが発見されてみると、その序文の「これより前にB・D・S・によって〔……〕ラテン語で書かれた。そしていま〔……〕オランダ語に置き換えられた[187]」という記述を拠り所に原《もと》はラテン語だったという説がほぼ定着した。

テクスト成立をめぐるゲープハルトの説が提起されてから四十年余りを経て、ベームは定説に対する異説を著した。[188]それは（論文の題が示すように）シュトレ－ハルマンの旅行記にある報告に信を置いた、「短論文」が口述されたオランダ語をもとにしているという説であり、ゲープハルトによる、写本Aの主部分（さきの二番目の層）がスピノザのラテン語原文のオランダ語訳であるという説を批判の的としている。[189]重要点をかいつまんでみる。写本Aの（ベームによれば誰がいつ作成したのか知られていない）「まえがき」はスピノザの哲学をその弟子の範囲を越えて弘めるために、真理と器量を愛《いつく》しむ者たちと、また反対にそのことを礙《さまた》げる者たちとを念頭に出版を意図した見かけになっている。だが、「短論文」第二部第二六章最後の結語で著者はその内容を他人に伝えるにあたっては慎重であるように強く求めていたから、それはスピノザの死後になって持ち上がった計画だったとみなければならない。これに、オランダ語版『遺稿集』序文に窺えた、（「虹」の論文を除いて）価値がある遺稿はすべて収録できたという編者の自負（四九七頁の引用を参照）を併せて考えると、「まえがき」冒頭の「これより前にB・D・S・によって、倫理学と真の哲学の訓練におもむこうと志していたかれの弟子たちが使うために、ラテン語で書かれた」という記述は、出版された作品、したがって「エチカ」にのみあてはまりうるという。[190]これがベームの主張の一番目の要点であり、賛否以前に驚きに価する奇抜な着眼である。

これにより、ラテン語説の拠り所から解き放たれるとして、それでは次の「オランダ語に置き換えられた(overgezet〔翻訳された〕)」という部分はどう解されるのだろうか。ベームによると、普及させるという点では、オランダ語であることは一番の意義をもつことではなく(オランダ語版『遺稿集』に「エチカ」の訳が収められていたから)、幾何学に倣った書きかたよりも一般に馴染まれた章立ての叙述によることが第一に重要であった。[191]「まえがき」には対象が弟子たちから真理と器量を愛しむ者たちに変っていることが述べられている。ベームは overgezet が文字通りの「翻訳」の意味ではなく、改めを表すと解した。[192]つまり、出版された「エチカ」は措いて、さらに弘めるため馴染みやすいやりかたで書かれたオランダ語の「短論文」を代りに提供するという内容になる。「短論文」はスピノザ自身がオランダ語で起草したという自説の根拠の一つとしてベームは、(ベームによるとラテン語説の拠り所にならない)「まえがき」冒頭の言葉を別にすれば、ラテン語の草稿を見たという証言やそれからの引用などの証拠がないことを挙げている。

この説の一番大きな問題は、「エチカ」を含む「遺稿集」出版後に、「エチカ」と叙述形式を異にするが一つに帰するとみられていた「短論文」を(写本によるのか出版によるのかはともかく)弘めようとしたという仮説に、ベームの推理以外には裏づけとなる証拠がないことである。ベームが自説の第一の拠り所とするシュトレー－ハルマンの旅行記にあるリューウェルツの息子の話からはそうしたことは窺えない。またミニーニが批判するように、[193]「エチカ」が弟子たちの使用のために書かれたという論拠にも信じられる拠り所がない。

写本Aが失われたスピノザのラテン語原典のオランダ語訳からの写しであるという見かたをとるミニーニはベームの説を詳細にわたって批判した。[194]しかし重要なことはじつはベームの説の正否よりも、オランダ語説の拠り所とされたシュトレー ハルマンの旅行記が伝えるリューウェルツの息子の話の信用性である。ミニーニの批判もまずそこに向けられている。

一応の結論を先に言うと、この証言をめぐるかぎりではそれを斥けてラテン語説の足場を固めることも、逆にそこからオランダ語だったと信じることも、どちらも難しい。定説のようになっているラテン語説にしても、写本A「まえがき」冒頭の「これより前にラテン語で書かれた」という言葉に無条件の信を置くのでないかぎり、[195]そうと決せられない。

ベームもミニーニもシュトレー ハルマンの旅行記の二写本が第二次世界大戦末期に失われたと信じたため、[196]両写本からフロイデンタールが抜萃して編んだテクストに依拠している(ゲープハルトも写本にはあたっていないと察しられる)。リューウェルツの息子からの問題の聞書きをフロイデンタールはWと名づけた写本(R 766)から引いている。[197]フロイデンタールによると、[198]Wはたわいない誤りが証するように無学な(unwissend)写字生の手に成るが、U(IV O 49)よりも多くの事柄と、Uにはないハルマンの日記からの抜萃を含む。そこから、Wに同じ内容が記されている場合でも、細心に書かれたUが優先され、Wには間に合せの利用価値しかないという。このWの評価をもとにゲープハルトは、[199]リューウェルツの息子の談話にある「その父が、しかし、スピノザの自筆から写しをとった」という部分をハルマンの勘違い、悪魔についての章が「第二一章」とされていることを写字生の書き誤りと考えた。またミニーニは、[200]ベームが自説の拠り所とする、「スピノザが初めに著したとおりに、オランダ語の」「エチカ」だったという証言について、フロイデンタールはこの写本について語られた部分がUにないためにWから採ったと推測し、聞書きは、ベームが考えるようにシュトレではなく、ハルマンによるものと推定され、不精確な写字生の手に成ることと相俟って、信用性をなくすとみなした。

UとWは全体ではそれぞれ一一九四頁と九一三頁あるから（Uは最後の百頁余り前から筆跡が変っている）、フロイデンタールが評するとおりにWの写字生が「たわいない誤り」を犯すような「無学」で、Uの写字生が「細心」であるのかどうかをつぶさに対照して見きわめることは困難であり、フロイデンタールが編集して掲載した十頁余りに限っても判断は難しい。フロイデンタールの評言が予想させるのと異なり、見た目には、Wは専門の写字生の手に成ったものらしく整った字で書かれ、Uは自己流の奔放な筆跡である。

いくつかを指摘しておく。（一）問題の箇所がWだけにありUにはないというミニーニの推測は中《あた》っており、それがWとUの両方にあるというベームの判断はただしくない。したがってその判断からベームが導いた、証言がハルマンではなくシュトレのものであるという結論も妥当ではない。[201]（二）ただし、ゲープハルトとミニーニが考えるようにハルマンの聞書きとは決められない。[202]聞書きの中に二回用いられている「わたしに[203]（mir）」はシュトレを指す可能性もある。すでに触れたブーダーによるシュトレの伝記に随えば、[204]シュトレは一人でリューウェルツを再びおとなった折に甫めてスピノザの著作を見せられたことになっている。（三）フロイデンタールが評するように、Wの写字生が「無学」であったとしても、それによってWの記載の信用性がまったく失われるわけではない。ゲープハルトもベームもミニーニも、問題の聞書きがシュトレではなくハルマンによるものだった場合に信用度が下がると考えているが、[205]すでに見たその旅の経緯を慮ると、[206]ハルマンに比してシュトレの証言だけに信用が置かれる根拠は薄い。ただしスピノザへの関心と知識においてシュトレが格別にまさっていたとすれば、シュトレの証言に重きが置かれうるが、それはまたオランダ語説を顧みることを需めることにもなろう。（四）ゲープハルトがハルマンの勘違いと推測した、「その父が、しかし、スピノザの自筆から写しをとった（abgeschrieben）」という記述は（「スピノザの自筆」かどうかは措いて）父リューウェルツ自身が筆写したということでなくてもよい。筆耕に写本を作らせたと読むこともでき、そちらの蓋然性が高いと思われる。(五)悪魔の章の番号の違い(聞書きでは第二一章だが、写本Aでは第二五章)も、ゲープハルトが推測したような写字生の書き誤り(あるいは畠中が推測するような「シュトレの聞き違い」)とは限られない。その写本が取られた原の稿がどの段階のものだったかによって、伝わったAとは章の番号が異なっていたことも十分にありうる。

しかしながら、W(R 766)に含まれる問題の聞書きの真偽をこれ以上あげつらわなくても、シュトレがその旅の終りから十四年後の自著に記した(注(166)(167)参照)、スピノザが「エチカ」を「初めにオランダ語で普通の方法によって著した手稿が残っている」という報告はいまなお無視はできないのではないか。これはみずからの旅の見聞に拠ったとしか考えようがないからである。

一方、スピノザは一部の書簡を別にして著作をラテン語で認《したた》めたから(すでに引用した最初の全集編集者パウルスの言葉を参照)、「短論文」をラテン語で書いていたとすれば、自然である。あえてオランダ語で口述し書きとめさせた、あるいはオランダ語で書いたのであろうか。扱ってきた三者の見かたを整理すると、ゲープハルトはオランダ語口述‐ラテン語執筆、ベームはオランダ語口述‐オランダ語執筆、ミニーニはラテン語執筆と分れる。原語の問題はこのように口述だったかどうかという点ともかかわってくる。いまではラテン語からオランダ語に訳されたとする説が疑われることはほとんどなく、これから検討も交えながら紹介していくミニーニの説はとりわけラテン語が原語だったことを根幹に置いて構成されている。したがって、以上の考察を供した上で、ラテン語説の前提のもとで、ミニーニ説の諸点を見ていく。

ミニーニの説

ミニーニの二度目の校定版「短論文」(MB)は、大袈裟な形容ではなく、記念碑的《モニュメンタル》(207)な作品である。(208)その概説（Introduzione）だけを取っても、個々の論点への賛否は別として、「短論文」の研究はまずそれを通読することから始まる。

ミニーニの「短論文」テクストに対する向いかたは、すでに記したとおり、写本Aが失われたスピノザのラテン語原典のオランダ語訳からの写しであるとみなすことを要諦とする。そこから、すでに見たようにベームが提起したオランダ語説がまず批判され、次いでゲープハルトの三層説に含まれる、オランダ語での口述が最初の基（第一層）になったという説と編纂者によってまとめられて写本Aの形になったという説が批判される。その見かたがただしければ、伝わった写本Aは、ラテン語からオランダ語への翻訳という間接性は負いながらも、スピノザの著述したとおりを再現しているものとして、従来解釈者によってあげつらわれてきたテクストの不備や誤りに対して辯護されることになる。[209] 口述説と編纂者の説への対論を見る前に、Aをただ一つの原典（codex unicus）とみなす立論に触れておく。

「概略」

ウィレム・メイヤーは「短論文」の「概略（*Korte Schetz*）」について、筆記者であるモニコフがウィレム・ドゥルホフに心酔していたことから、[210] ドゥルホフを「概略」のじつの作者に見立てた。そしてモニコフが、「概略」の二つの稿のうち古いほうの、コレルスの「スピノザ伝」に添付されていた手稿（Yg 8°9［＝κ］）から、Bの序文に含まれる「概略」（σ）を作る際に、「短論文」のA、Bとは別の、もっとよい「写本C」があって、それを参考にしたと想定した。[211]

「概略」を発見したベーマーが、「概略」の元の著作への言及として注目し、引用したコレルスの書への注記（四九三‐四九四頁の引用参照）について、ミニーニは、[212] その引用が重要な記述を落して不完全だったために、[213]「概略」の作者に関して誤解をもたらしたと指摘した。ベーマーが引用した部分に続けて注記の筆者（モニコフ）は、「この作品」〔「短論文」〕のほかにまだ「神学・政治論」のさまざまな箇所へのスピノザの注と補筆があって自分の許に保管されており、「われわれはまず著者のさきの論文の概略を供したのち[214]」、この伝記（コレルスの書）のあとにその注を添付するであろうと記している。「われわれは供した（wy［……］gegeeven hebben）」という言葉は、「概略」の作者がモニコフ自身であることを証しているとミニーニは解した。[215]

これを受け容れると、「哲学を愛する幾人かの者の許には、書き写されたスピノザのある論文が保管されている」と記したモニコフは、コレルスの書への注記を書いていた際には「短論文」の写本を自分では所持していなかったことになろう。それでも、その「概略」を書くことを約しているので、写本はモニコフの見られるところにあり、それを用いて「概略」を作成したと推察される。それは、注記を書き入れたコレルスの書と一緒にされるべく作成された、同時期のものであるから、さきの写本を所持しなかったのと同様、自身によるBの手稿もまだ作られていなかったことになる。時を経て、モニコフは手稿Aを手許に置けるようになり、[216]すでに述べたように自分の手に成る紙葉をいくつか挿んで写本Aとして製本した。[217]

「概略」がモニコフの作であるならば、その発見が「短論文」の写本発見の端緒になった経緯はさておいて、「短論文」の成立とはかかわりがなく、テクスト校定のための資料にもなりえないことになる。つまり、「概略」は十八世紀の篤学の外科医師モニコフの勉強の成果という意義をそなえるにとどまる。この見地からミニーニは、ゲープハルト版以降、諸訳でも慣例となってきた、「概略」を「短論文」の前に置く排列に代えて、あとに置いた。本書もそれに倣った。

AとB

ここではテクストの証拠としての価値をAだけに認める[218]ミニーニの説の骨子を示し、問題とされる両写本の該当箇所を列挙しながら行なわれている考証の詳細は省く。

ミニーニによると、モニコフがAに対して行った関与は、すでに触れた製本にまつわるもの（注(146)参照）や写字生が抜かした頁上部の柱見出しの記入など周辺上のもの[219]のほかに、テクストへの関与として、誤った読みの訂正、文章の形の修正、明らかな闕文の補筆があるが、これらはAとは別の典拠にもとづいてなされたとはみなされないし、逆にBの異文もすべて、Aを通して、またはモニコフ独特の流儀に由来するものとして、説明されうる。[220] 言い換えれば、訂されずにBに残っているAの誤りがある傍ら、モニコフがAに書き込んだ訂正、およびBでただしくなっているAの誤りはどれも、別の典拠がなくてもモニコフの能力で訂せた類と解き明かせるので、BはAだけをもとにモニコフがその裁量も発揮して作った、自由な写しとみなされる。[221] ここから、モニコフをAに対した（判っているかぎりで）最初の校訂者と位置づけることができるであろう。

口述だったのか否か

「短論文」が原は口述だったという説の第一の根拠は、ウィレム・メイヤーの説を紹介した際に引用した第二部第二六章結語の欄外注記にある heeft gedicteert という言葉である。この過去分詞 gedicteert の動詞 dicteren に、今日普通の「口述する」、「書き取らせる」という意味をあてがうことから、口述という説が生れた。それに対してミニーニは次の説を提起した。[222] この dicteren はラテン語 dictare に由来するオランダ語の非国語的用法であり、dictare は componere などと同じく「作品をつくる」という意味をもち、いっそう適切なオランダ語では dichten に置き換えられる。[223] したがって dicteren のこの意味によっても、またそれが本文の「これを書いている（dit schryve）」と一致することによっても、口述という説は斥けられる。ミニーニの説に拠るならば、ゲープハルトの三層説を採る場合に較べて、「短論文」の成立の過程ははるかに複雑ではなくなる。スピノザによって「ラテン語で書かれ」、それが「オランダ語に置き換えられた」と写本Aの「まえがき」が言うとおりに受け取られ、Aのテクストと著者との間に介在するものが減り、結びつきがより直接になる。

　ステーンバッカースはミニーニの校定版（MB）の揺るぎない意義を評価したが、その dicteren の解釈をめぐっては次のように異論を呈した。[224]（一）ミニーニは dicteren が「別の人が書き取りあるいは繰り返すように言葉を大きな声で発音する」という意味であるならば、欄外注記と本文が食い違うと考えた点ではゲープハルトと異ならなかった。そして、齟齬を除くために、ゲープハルトとは逆に、dicteren が本文の「書く（schryven）」と同じ意味を担うことを実証しようと力めた。（二）欄外注記は匿名の書き手による、本文に必ずしも依拠したわけではない、その場での評言である。その書き手はスピノザが「短論文」の内容を知友に講読したと思い、それを伝えたということを越えて、この評言がただしいかどうかなど確かなことは言えない。またそれを受け容れることを課せられるわけでもない。それゆえ、ミニーニが dicteren に拘泥したのは適切ではなかった。（三）欄外注記の「かれ〔著者〕が〔……〕この論文を教授した者たち（die geene tot de welke hy dit tractaat〔……〕heeft gedicteert）」で dicteren と組み合されている前置詞 tot（英語の to にあたる）は「に向って口述された」ということと、その者たちが居合せたことを示唆する。注記が「この論文が〔そのために〕宛てて書かれた者たち」と言おうとしたなら、前置詞は voor（英語の for）だったであろう。(四)スピノザが知友に口頭で述べたことを注記が指していると思われるさらなる理由は、歴史上「教える」ことが講読、口述と同じだったからであり、テクストの著者であることとそれをもとに講義することは齟齬しない。ミニーニも、[225]スピノザの「デカルトの哲学原理」の執筆に触れたその序文と書簡一三に関連して、ラテン語 dictare が docere(教える)と同じ意義で遣われることを指摘している。ステーンバッカースは別稿で、[226]スピノザが自分のラテン語の原稿をもってアムステルダムの仲間に講義したと推測し、dicteren を「別の者が書き留められるように読み上げる」という意味の onderwijzen(教授する)と同義語とみなした。(五)ミニーニの論の要諦は、「短論文」のテクストが口述の聞書きをもとに成立したという間違った想定を斥けることにあるので、スピノザがみずから書いたものをもとに講読したということはその論をそこなうわけではない。

ミニーニはこの批判を自説に取り入れられると評価しつつ、ロードウェイク・メイヤーの語彙集を拠り所にさきの dicteren の語釈を維持している。[227]訳者はステーンバッカースの批評も容れて、問題の欄外注記の heeft gedicteert を「教授した」と訳した。

編纂者という仮説

ミニーニは、[228]「短論文」が編纂者の手によってAの形になったとみなす説を駁して、一で考察した書簡六の「纏まった小さな作品」が「短論文」のみを指すならば、スピノザはそれを「書き上げ、その清書と手直しに取り組んで[229]」いたのであるから、自分の手を離れて編纂者にゆだねられたはずはないと論じた。これは、それだけを見ると、仮説にもとづいて仮説を挙証している印象を与える。だが、そのことを不問に付して言えば、訳注でそのつど触れたAのテクストに対するフロイデンタール、ドゥニン・ボルコフスキ、ゲープハルトらによる疑義、変更の提案はいまあるテクストが編纂者によって編まれたという前提にもとづいている。したがって編纂者という仮説を斥けるミニーニの説はそれらの箇所が著者自身に発しているということを辯じる責《せめ》によって裏打ちされていることを指摘しておきたい。

注解、欄外注記、指示

二種類の注があり、注解（数は四十二）は本文の論を掘り下げ、あるいは説明を補足する役目を果し、テクストの一部とみなされる。原則として頁の下部に書かれるが、左右の余白も使われる（**図版2**の写本A第一部第一章開始頁を参照）。長大な場合は、上部も含めてすべての余白に書き込まれ、次頁におよぶ場合もある。これらのうちには読み手からの異論に答える対論として著者によって追加されたとみられるものも含まれる[230]。写本の外見は、Bがそうした注解を整えて配置しているのに対して、Aでは整った形にされる以前の、この手稿を書き上げているさなかであることを強く印象づける。著者でも訳者でもない写字生が間接的に作成したものであっても、原典から時をさほど隔てない初期段階のものであることを思わせる。

欄外注記（数は三百二十七）は本文の対応箇所の横の余白に書かれている。その多くは本文の摘要、敷衍、他の箇所の指示であり、第一部には二例だけである[231]。こちらはテクストに対して外的にとどまる素材とみなしてかまわないが、一人称で書かれた欄外注記も二つある（注解では五つ）。

結論としてミニーニ[232]は、本文に対する注解はスピノザによるもので、特に作品が初めに読まれた間に提起された異論と求められた説明に答えるために加えられたとみなし、欄外注記に関しては、一人称で書かれた二つのほかに四つをスピノザのものとしている。

参照の指示は、作品の執筆がほとんど終りに達した段階を表し、著者が作品を実質的に完成したと考えて、参照の指示によって関連づけられたものに為上げるために行われたと想定される。[233] 参照の指示と欄外注記はおそらく同じ者の手に成ったと考えられるが（欄外注記の中に指示が含まれている場合もある）、それは編纂者の責ではなく、スピノザがゆだね、点検し訂正も加えながら進められたということが、「デカルトの哲学原理」の場合に照して蓋然的だという。[234]

ミニーニ以前の版と訳では、欄外注記は特に関心が惹かれるものついて言及されるだけだったが、この訳書では、ミニーニの版と同様に、そのすべてを掲載した。

テクスト中の番号

Aには所々の語の上に書かれた小さな数字がある（第一部冒頭にある一から五、第二部の一から九七だが、後者には欠番がある）。これらの数字はミニーニ以前の諸版では印刷されていない。ゲープハルト版は注（Textgestaltung）で番号のある場所に言及しているが、それらの意味は解釈不能とされていた。ミニーニはこれらの番号に非常に重要な意味を認めた。[235] すなわち、これらは「エチカ」が考察する問題の論理的な繋がりに大体沿うように振られていて、おそらくスピノザがみずから「短論文」の「エチカ」への改作を検討したときに、「短論文」の稿を点検しながら、「エチカ」で論じられるべき問題を数え上げるために打ったとしか考えられないというのである。ミニーニは、すべての番号について、いくつかのまとまりごとに考察して、「エチカ」との結びつきを検証している。この番号づけに関する仮説は、ミニーニが提起した他の諸説と較べてもさらに大胆な仮説であり、「短論文」から「エチカ」へ到るスピノザの思索と著述の過程を再現して瞭かにする可能性にかかわる点でも、刺戟があり、また問題を孕む仮説と言ってよい。この番号づけについて一貫した解釈を与えた研究者はミニーニ以前に皆無であったが、このあとからもそれについて賛否が唱えられたとは聞かない。

オランダ語への訳者

ゲープハルト[236]はスピノザのラテン語原稿からオランダ語への訳者にピーター・バリング（「デカルトの哲学原理」の訳者）を擬し、それに対してミニーニ[237]はバウメースターを訳者とみなした。しかしながら、ヨングネーレンが訳者の候補となりうるロードウェイク・メイヤー、フラーズマーカー、バウメースター、バリングの四人についてその文章構成法の特徴などを分析して調べた結果、すべてが除かれることを報告した。[238]これを受けてミニーニは以前の自説を撤回し、訳者の問題を未解決とした。[239]

綜括

ミニーニの「短論文」解釈の独創は、一で検討した書簡六の一節の新解釈による、「知性改善論」が「短論文」よりも前の著作であるという順序の逆転、第二部第二六章結語の欄外注記で遣われた動詞 dicteren の語釈による口述説の否定、写本Aに書き入れられた番号列の新解釈、の三つに特に絞ることができる。この解題の初めに、歴史事実の問題と文献学に属する問題をおもに扱うと断ったのは、著作の哲学内容についてはどうしても甲論乙駁を容れうると考えたからであった。だがミニーニのこの三つの説を顧みると、著作順序の逆転の説が「知性改善論」と「短論文」の哲学内容の比較によっても納得させられるし、じっさいに支持を広げてきた（この説を提起したミニーニの論文の後半をなす両者の哲学の比較についてはここでは立ち入らなかった）。しかもこれは三つのうちで一番重要であり、スピノザ研究史への影響も決定的に大きい。最後に筆者にとっては、「短論文」の哲学としていまもっとも気に懸っているのは、第二部第一五章と第一六章に述べられている「解ることは純粋の受動である」ということであり、それについては別に論じるつもりである。

「解題」注

（1）ロンドンの王立協会（the Royal Society）所蔵（オルデンバーグが受け取った原書簡）。この書簡は、オルデンバーグから、前便（書簡五）とともに贈られたロバート・ボイルの著書への論評を乞われたのに答えたもので、長い書簡の大半をその論評が占める。ボイルの書 *Certain Physiological Essays, Written at distant Times, and on several Occasions*, London, 1661は、同年に同じロンドンでラテン語版 *Tentamina quaedam physiologica, diversis temporibus et occasionibus conscripta* が出ている。スピノザは英語を能くしなかったが（書簡二六参照）、贈られたのがこのラテン語版だったかどうかについては、書簡二五でのオルデンバーグの書きかたに照すと、疑いを容れうる。従来は英国でラテン語版が出たのが一六六五年と思われていたために（アムステルダムでは一六六七年に出版）、スピノザが手にしたのは公刊される前の見本刷（advance copy）だったと推測された。Cf. *The Correspondence of Spinoza*, Translated and Edited with Introduction and Annotations by A. Wolf, London, 1928［以下 Wolf, *The Correspondence of Spinoza* と略］, pp. 370: 379. 畠中はこの説に拠る。『スピノザ往復書簡集』（岩波文庫）、一九五八、三五五頁。問題の一節はＯＰ所収の別稿（スピノザの控えに拠る）では欠く末尾の三〇行弱の部分に入っている（本書カバー写真参照）。この部分は一八八三年刊行のフローテン－ラント版全集初版に収められて甫めて知られるところとなった。ヘンリー・オルデンバーグ（〔ハインリッヒ・オルデンブルク〕一六一九頃―一六七七）はブレーメン生れのドイツ人。若い時期から英国へ渡り、一六六二年に設立された王立協会の事務長として学問知識を仲介し組織する務めに貢献した。

（2）Giv36 *10-14*.「どのようにして物が在ることを始めたのか、またどんな繋がりでそれらが第一の原因に依存しているのか」は前便でのオルデンバーグの言葉が引き写されている。これについてはのちの論述および注(36)を参照。

（3）次の箇所で問題にされている。「知性改善論」［七六］注解ｚと対応する本文箇所、「短論文」第一部第一章［九］の初めの注解、第二章［二九］、第三章［一］注解、第七章［一］とその注解、［二］、［六］、［七］、［八］。

（4）短論文第一部第二章［二八］。

（5）書簡一一。一六六三年四月三日の日付があり、ＯＰの編集者により「第六書簡への返事」という副題を与えられている。

（6）Kuno Fischer, *Geschichte der neuern Philosophie*, Heidelberg, 1865², Bd. I, Zweiter Theil, S. 160. クーノ・フィッシャー（ebenda）はオルデンバーグが一六六一年（おそらく）七月にスピノザをラインスブルフ（アムステルダムから移り住んだライデン近郊の小邑）におとなった折に（書簡一参照）この書き物を知ったとまで推測している。注（9）で触れるアウェナリウスも談話の際に伝えられたという想定を詳細に繰り広げている。

（7）Christoph Sigwart, *Spinoza's neuentdeckter Tractat von Gott, dem Menschen und dessen Glückseligkeit*, Gotha, 1866［以下 Sigwart, *Spinoza's neuentdeckter Tractat* と略］, S. 153.

（8）Adolf Trendelenburg, Ueber die aufgefundenen Ergänzungen zu Spinoza's Werken und deren Ertrag für Spinoza's Leben und Lehre, in id., *Historische Beiträge zur Philosophie*, Bd. III, Berlin, 1867, S. 360.

（9）アウェナリウスは「知性改善論」を指していることを認めた上で、それだけではなく（他の解釈者たちとは異なり）「神学・政治論」も指していたと考え、傍証として、「知性改善論」が神学者の排撃を恐れなければならない内容を含むとは思われないのに対して、書簡七（Giv37 *28*-38 *5*）と書簡一一（Giv51 *22-26*）でのオルデンバーグの神学者への辛辣な物言いに、スピノザ自身の「神学・政治論」にまつわる口吻（注（6）参照）が写されていると指摘した。Richard Avenarius, *Ueber die beiden ersten Phasen des Spinozischen Pantheismus und das Verhältnis der zweiten zur dritte Phase*, Leipzig, 1868, S. 87 f. しかし、この著作は書簡五でオルデンバーグがたずねた主題と合致しない。アウェナリウス（ebenda, S. 105）は「神学・政治論」の執筆を一六五七年から一六六一年初めまでと想定したが、スピノザは一六六五年に（のちに「神学・政治論」になると推察される）「わたしの聖書理会の論（tractatus de meo circa scripturam sensu）」を起草中であることをオルデンバーグに告げている（書簡三〇）。

（10）Kuno Fischer, *Geschichte der neuern Philosophie*, Heidelberg, 1898⁴, Bd. II, S. 207.

（11）Sigwart, *Spinoza's neuentdeckter Tractat*, S. 153-154.

（12）Ebenda, S. 154. ジークヴァルトが挙げる諸点のうち訳者にとって特に重要と思われる一つを紹介すると、「短論文」

では「対象が観念の原因であると思い描くことからまだ脱していなかった」のに対して、「知性改善論」は「真である観念と偽である観念の内なる区別を探究し」、「解ること（das Intelligere）はただ受動であるという命題はすでに完全に棄てられ」、「知性は能動的な原理として叙べられている」と言う（S. 156）。Vgl. auch *Benedict de Spinoza's kurzer Traktat von Gott, dem Menschen und dessen Glückseligkeit…… ins Deutsche übersetzt……von Chr. Sigwart*, Tübingen, 1870, 2. Aufl., Freiburg i. B u. Tübingen, 1881［以下 Sigwart, Übersetzung と略］, S. 205.「短論文」第二部第一五章［五］と第一六章［七］にある言葉と「知性改善論」、［六九］－［七一］の論を指している。同様の内容をゲープハルトも指摘している。*Baruch de Spinoza, Abhandlung über die Verbesserung des Verstandes. Abuhandlung vom Staate*. Übertragen und eingeleitet……von Carl Gebhardt, Leipzig, 1907［以下 Gebhardt, Übertragung と略］, S. VIII. トレンデレンブルクは「短論文」が観念を対象に由来させている点で「知性改善論」、「エチカ」と対照をなすことを指摘するが、その先では「解ることが受動である」ということが「知性改善論」、「エチカ」の説と対立することを否定している。Trendelenburg, a. a. O. S. 361; 391-393.

（13）Sigwart, *Spinoza's neuentdeckter Tractat*, S. 158.

（14）Trendelenburg, a. a. O. S. 360-361.

（15）K. O. Meinsma, *Spinoza en zijn kring*, 's-Gravenhage, 1896, p. 178［idem, *Spinoza et son cercle*, Traduit du néerlandais par S. Roosenburg, Appendices latins et allemants traduits par J.-P. Osier, Paris, 1983, 2006^{2}, p. 169］.（以下では補注を含むフランス語訳［Meinsma, *Spinoza et son cercle* と略］により引証する。）Ismar Elbogen, *Der Tractatus de intellectus emendatione und seine Stellung in der Philosophie Spinozas*, Breslau, 1898, S. 81. J. Freudenthal, *Spinoza, sein Leben und seine Lehre, Erster Band, Das Leben Spinozas*, Stuttgart, 1904, S. 108. Carl Gebhardt, *Spinozas Abhandlung über die Verbesserung des Verstandes*, Heidelberg, 1905［以下 Gebhardt, *Spinozas Abhandlung* と略］, S. 4-5. Harold H. Joachim, *Spinoza's Tractatus de Intellectus Emendatione, A Commentary*, Oxford, 1940, p. 5, n. 1. これらより前に、バルツァーは「纏まった小さな作品」の内容として言われた「知性の改善」がいまある「知性改善論」と繋がりをもつことは認めつつ、「短論文」と「知性改善論」の間に、形而上学と知性の改善をこの順序で扱う別個の著述、「物の始原と知性の改善についての論（Tractatus de origine rerum et de emendatione intellectus）」が書かれていたという説を提示した（詳しい紹介は

割愛する）。そこには鋭い点も含まれるが、結論そのものは支持しがたい。August Baltzer, *Spinozas Entwicklungsgang, besonders nach seinen Briefen geschildert*, Kiel, 1888, S. 80-101.

（16）Freudenthal, a. a. O. S. 107-108. 先立ってエルボーゲンが同じ見かたを示していた。Elbogen, a. a. O.

（17）フロイデンタールによる「短論文」を貶めた評価の影響については、ミニーニの次の論考を参照。Filippo Mignini, "Per la datazione e l'interpretazione del *Tractatus de intellectus emendatione* di B. Spinoza," *La Cultura*, Anno XVII, N. 1/2, 1979［以下 Mignini, "Per la datazione" と略］, pp. 92-93, n. 19. なお、畠中尚志訳「知性改善論」解説中の記述（岩波文庫、一九三一、八八頁、同第二一刷改版、一九六八、一〇九頁、以下では後者に拠る）にはフロイデンタールの説がそのまま取り入れられている。また「短論文」について言われた「未整備な素材の集積」という評言はゲープハルトによる「多くの闕文、疎略、繰り返し、冗漫［……］を伴った素材の集積（eine Materialsammlung）」（Gebhardt, *Spinozas Abhandlung*, S. 38）というそれから借りたものであろう。畠中は「短論文」の解説（岩波文庫、一九五五、一〇頁）では「小さな作品」の「認識論的部分」を「知性改善論」、「形而上学的部分」を「現在の「短論文」」と見立てた。注（31）参照。

（18）［三二］注解kとl、［三六］注解o、［四五］、［五一］、［七六］注解z、［八三］。ほかに、「適当な所で示す」等のように、（いま遺されている）「知性改善論」以外の場所に論述を譲る断り書きは十一箇所を数える。

（19）Kuno Fischer, a. a. O. S. 291.

（20）Elbogen, a. a. O. S. 81-82.

（21）Freudenthal, a. a. O. S. 329.

（22）Ebenda, S. 108. Vgl. Kuno Fischer, a. a. O.

（23）Gebhardt, *Spinozas Abhandlung*, S. 35.

（24）Ebenda, S. 35-37; 39.

（25）前段で扱ったエルボーゲンとフロイデンタールの解釈が同じことから違った結論を導いていることと対比される。

（26）Gebhardt, *Spinozas Abhandlung*, S. 5. この異論を見越したエルボーゲン（a. a. O. S. 82-83）の反論は説得力に欠ける。

（27）Gebhardt, *Spinozas Abhandlung*, S. 6. ホァキムもゲープハルトに倣い、同じ見かたをしている。Joachim, *op. cit.*, pp. 7-8.

（28）Gebhardt, *Spinozas Abhandlung*, S. 6.

（29）Gebhardt, „Textgestaltung," *Spinoza Opera*［以下 „Textgestaltung"と略］, Bd. I, S. 407.

（30）Gebhardt, *Spinozas Abhandlung*, S. 38. ゲープハルト（S. 38 f.）は、注(17)で触れた「短論文」の（フロイデンタールに倣った）評価を示した上で、「短論文」のうちに荒削りの下書きとして第二部がすでにあった状態でスピノザが「第一部の知性改善論」（傍点引用者）に着手し、そこでは最初に携った部分（「短論文」）を引合いに出すことはなかったと想定すれば、双方の間に撞着はないと辯じた。

（31）Ebenda, S. 40. „Textgestaltung," Bd. I, S. 407. 畠中訳『短論文』解説中の見解（一〇頁）はこれを引き写している。

（32）これにかかわる「短論文」〈付録〉、書簡の言及、「エチカ」の関聯対照については、「短論文」訳注(553)以降を参照。その過程を示す書簡としてオルデンバーグとの間では、スピノザが書簡二に同封したとみずから記した（Giv8 *13-17*）幾何学のやりかたで証明したもの（これは発見されていない）におそらくもとづいて、この書簡と続く書簡三（オルデンバーグからスピノザ宛）、書簡四（スピノザの返信）で、（出版された）「エチカ」では第一部命題八までの事柄が、実体と様態の定義も含めて、話題にされた。他にはデ・フリースとの間の書簡八と九（一六六三年二月とその少しのち）が「エチカ」第一部の最初の草稿を間接的に伝える。

（33）注(30)で触れた辯論にもかかわらず、ゲープハルトの見解が（a）と（b'）に跨がって背反していることは否みがたい。それは次の（三）とも繋がる。「知性改善論」を「小さな作品」の第一部と呼び、「短論文」もしくは改作されるはずのそれを第二部と呼ぶことにも混乱があるが、これについてはあとで触れる。

（34）例外として、ベーマーは伝えられた伝記事実と関聯づけて、「知性改善論」を「短論文」よりも前の、破門以前の作と想定し、著作の内容にもとづく傍証として、認識の分類の異同を論じ、注(12)で触れたジークヴァルトの説を批判している。Ed. Böhmer, „Spinozana, IV," *Zeitschrift für Philosophie und philosophische Kritik*, Bd. LVII, 1870, S. 252-256.

（35）この位置づけは、『遺稿集』の排列とは異なって、「知性改善論」を「エチカ」の前に置いたフローテン－ラント版全集（初版一八八二－一八八三年）と、それを踏襲したゲープハルト版全集（一九二五年）の排列に反映されている。ゲープハルトの考えは次に述べられている。Gebhardt, *Spinozas Abhandlung*, S. 42-43. Idem, Übertragung, S. XI. のちに扱うミニーニの説（"Per la datazione," 1979）が発表されるまでゲープハルトのこの位置づけはほぼ通説となっていた。Cf.

Joachim, *op. cit.*, p. 7. ミニーニ説が提起されたのちにも、ゲープハルトと同様に「知性改善論」と「エチカ」の繋がり描いている典型はルゥセに見られる。Spinoza, *Traité de la réforme de l'entendement*, Établissement du texte, traduction, introduction et commentaires par Bernard Rousset, Paris, 1992〔以下 Rousset と略〕.

(36) ホァキム（*op. cit.*, p. 7）は、オルデンバーグが当初から書簡六のスピノザの言及の内容をただしく察知していたと述べ、その傍証として書簡一一でのオルデンバーグの言葉を引いているが、これはいま論じたことから判るように誤解である。

(37) *Ibid.*, p. 6. 反対にバルツァー（a. a. O. S. 86）は composui の時制に注意を促し、「小さな作品」（注(15)参照）が大体において完了していたという説を立てていた。ゲープハルト（*Spinozas Abhandlung*, S. 22-23）は、ジークヴァルト（Übersetzung, S. LXIII）が「知性改善論」の時期を（b′）よりも前（一六六一年より前）としたことを書簡六のこの箇所に拠って批判した際、composui には触れずに、「取り組んでいるところです（occupatus sum）」だけを引合いに出し、完成した著述ではなく起草中の著述のことを言っていると論じた。

(38) 注(41)を参照。

(39) 注(3)と(4)、および対応の本文箇所を参照。

(40) Joachim, *op. cit.*, p. 7. スピノザが長大な書簡六のしまいを書き急いだため、「書き上げ（composui）」と精確ではない述べかたをしたものの、（「小さな作品」を構成する）形而上学の部分としてすでに粗書きの「短論文」を完成し、また「知性改善論」を完成には到らずとも大部分書き上げていたから、実質的には（*substantially*——イタリックはホァキム）ただしかったと言う。

(41)「小さな作品」の形而上学の部分を「短論文」とみなしたホァキムを批判する清水禮子は、「新たに書かれる一層整備された形而上学」には「既に或る纏まりを得て」あった「短論文」を下敷きに「使えば良い」ので、「それが難なく完成することを疑わず、安んじて完了過去の動詞を用いてオルデンブルクに語ることが出来た」と言う。『破門の哲学』（みすず書房、一九七八）、一六〇頁。先立って畠中訳「知性改善論」の解説にも同様の解釈が見られる。「composui という語は必ずしもそう厳密に解すべきではあるまい。事実はおそらく計画された作品の中の認識論の部をほぼ終り、形而上学の部も大体準備されて、すぐにも書き下し得る状態にあった程度をそう言ったのではあるまいか。〔……〕スピノザは『改善論』を書いた頃、『短論文』にも手を入れて、これを『改善論』の認識論への補遺として適合するように整理しつつあったと見ることが出来るのである。〔……〕後に『デカルトの哲学原理』の第一部を〔……〕二週間の短時日の中に〔……〕まとめ上げたほど筆の早い《ママ》スピノザに取っては、それは完成したも同様であり、composui という語を用いることも決して言いすぎではなかった」（一一〇－一一一頁）。だが、のちに「エチカ」として完成される（b′）に関してならば、おそらく「短論文」〈付録〉に始まって、一六六一年九月から十月にかけてと推定される書簡二から四で「エチカ」第一部命題八までの事柄が議論され、次いで一六六三年二月のデ・フリースからの書簡八では出来上がった部分がアムステルダムの友人たちの集まりで輪読されているという報告と併せて第一部の定義と命題一〇備考の内容についての質問があり、返信の書簡九でスピノザはそれに答えている（今日残された「エチカ」の第四部まで執筆が進んだことが判るのは一六六五年である）。「どのようにして物が在ることを始めたのか、またどんな繋がりによってそれらが第一の原因に依存しているのかということ」を扱う著述として（b′）が「エチカ」では第一部だけに相当すると考える場合でも、書簡八と九で伝えられる段階までに短く見積っても一年近くを要したことになる。これを速筆と判じられるであろうかはともかくとして、畠中と清水の推測は、「小さな作品」から「短論文」を斥け、（b）あるいは（b′）をその一部と想定しながら、「短論文」を拠り所にして「書き上げ（composui）」という時制による不都合を避けようとしている点で、自己破壊的である。

（42）書簡三〇（オルデンバーグ宛、一六六五年）では（のちに「神学・政治論」になると推察される）「わたしの聖書理会の論をいま草しています（compono）」（Giv166 *20-21*）と、現在形で書いている。

（43）書簡六の問題箇所 de hac re et etiam de emendatione intellectus integrum opusculum composui を、二つの著述から成る一つの「纏まった小さな作品」と読むのではなく、「このこと〔どのようにして物が在ることを始めたのか、またどんな繋がりによってそれらが第一の原因に依存しているのか〕についてわたしは纏まった小さな作品を書き上げ、また知性の改善についても纏まった小さな作品を書き上げ」と、単数の「纏まった小さな作品（integrum opusculum）」を複数の項に係る配分詞（distributive）とみなすことも、文法上また文章構成上妥当であり、配分的意味を伴った単数形の用法は古典ラテン語で珍しくなかったとミニーニ（Mignini, “Per la datazione,” p. 115）は言う。その上でミニーニは、「また知性の改善についても」を前項の作品の「書き上げ」に釣られて付け加えられたものと解して「知性改善論」が（ミニーニの想定通り）一六六一年夏（書簡一）以前に、ただし「短論文」より後に書かれたことがありえたかどうかを検討し、その場合に起る矛盾点を指摘している（*ibid.*, pp. 115-116）。

（44）注（35）、および対応の本文箇所を参照。

（45）ミニーニよりも前に、「小さな作品」にこの順序通りの中身を想定したのはバルツァーだけである。注（15）を参照。

（46）注（30）および（33）を参照。

（47）ミニーニ（MB, p. 95）は書簡六の箇所の「知性」を、最高の類（第三類）の認識としての限定された意味ではなく、精神一般の認識の様式という意味に受け取られるべきであると指摘している。

（48）「短論文」については、幾何学の方法に倣った書き改めが始まっていたことが判る書簡二の時期に、幾何学に倣った叙述によるその〈付録〉も含めて出来上がっていたとみて間違いない。

（49）書簡六末尾の記述が知られる前には、アウェナリウス（a. a. O. S. 105）が一六五五年末－一六五六年半ば、ベーマー（a. a. O. S. 252-253）が破門（一六五六年）以前ときわめて早い時期を想定し、ジークヴァルト（Übersetzung, S. LXIII）は、幾何学的方法が試みられる一六六一年よりも前と考えた。書簡六の記述が知られたあとでは、ゲープハルトがまずこの書簡を一六六一年の終りとして（*Spinozas Abhandlung*, S. 3）、「知性改善論」の執筆を一六六〇－一六六一年（ebenda, S. 11）、あるいは一六六一年（ebenda, S. 40; 44）としたが、そののち（Übertragung, S. VII; „Textgestaltung,“ Bd. I, S. 407）書簡六を一六六二年前半ないし春とし、この時期に「知性改善論」の執筆に携っていたと修正した。ホァキム（*op. cit.*, p. 6）はこの年代設定を受け容れている。ウルフ（Wolf, *The Correspondence of Spinoza*, p. 99）、カーリー、『オルデンバーグ書簡集』の編者は書簡六を一六六二年四月としている。*The Collected Works of Spinoza, Vol. I, Edited and Translated by Edwin Curley*, Princeton, 1985［以下 *The Collected Works of Spinoza* と略］, p. 188; *The Correspondence of Henry Oldenburg, Edited and Translated by A. Rupert Hall and Marie Boas Hall, Vol. I: 1641-1662*, Madison and Milwaukee, 1965, p. 448.

（50）一部分に限れば、ベーマーが「知性改善論」を「短論文」よりも前の作と想定し（注（34）参照）、バルツァーが「纏まった小さな作品」を、物の始原と知性の改善をこの順序で扱う（ただし「短論文」とは別の）著述と想定した（注（15）参照）ことは前例とみなしうる。

（51）オルデンバーグからの前便の書簡五には十月二十一日の日付がある。書簡六へ返信したオルデンバーグの書簡七には日付がないが、私的なサークルだったフィロソフィカル・カレッジ（Collegium Philosophantium）が王立協会に改まったことに言及している。その第一次憲章が国璽を受けたのは一六六二年七月十五日だったから、書簡はそれよりあとのものと判る。ミニーニ（"Per la datazione," pp. 106-108）は、スピノザが、十月末か十一月初めには届いたはずの書簡五のオルデンバーグの、返信を急かした様子に応えて、贈られたボイルの書を「まだすべては読み通せず、吟味まではなおのことできませんでした」（Giv16 6-7）と断りながら論評の筆を執っていること、加えてスピノザが習わしとして返事を永く滞らせなかったことを指摘し、書簡六が最大に見積もっても十二月後半以降に延ばされたことはありそうもないと推測した。その場合、書簡六と「もう何週間も前に（Ante septimanas sat multas）」それを受け取ったと冒頭に書く書簡七との間隔は七箇月を越える。ミニーニ（*ibid.*, p. 109）は、septimana（「週」）という語には時の基本的な単位として用いられてきた伝統があり、一年におよぶ期間にも用いられるのが普通だったことに注意を促し、オルデンバーグ（書簡二五では二年近く前の書簡一六との間隔を per tot mensium spatium と「月」を用いて語る）が七箇月を婉曲に週で表したのは納得できることだと解釈している。

（52）*Ibid.*, pp. 94; 109.

（53）*Ibid.*, pp. 94-95; MB, pp. 91-92. 人文主義文献学において emendatio は原稿の訂正だけではなく、「清書」を考慮して注や参照指示により整えることを含み、著述の最終段階を意味したという（ミニーニはポリツィアーノ、フィチーノの用例を引き、さらに典拠としてキケロの「弁論家について」、「老年について」、「義務について」、「農地法について」の諸箇所を挙げている）。この語釈の通りだとすると、ミニーニもその順で言及するように、emendatio が事柄として先で descriptio（写しをとること）がそれに続くはずだが、書簡での両語の順は逆である（cujus descriptione, et emendatione）ことが疑問の余地を残すとも言える。

（54）注（32）と（41）を参照。デ・フリースからの書簡八（一六六三年二月二十四日）はアムステルダムの友人たちのもとに送られた「エチカ」の出来上がった部分がその集まりで読み合されていることを伝え、（完成されたそれでは第一部の）定義と命題一〇備考について質問している。ミニーニ（"Per la datazione," pp. 111-112）はこの最初の草稿が前年末に出来上がったと推定し、書簡八とスピノザの返信が伝えるその草稿の内容が、一六六一年十二月以前にオルデンバーグとの書簡二から四で話題にされた論題、並びに「短論文」よりも、完成された「エチカ」に近く、そこに区別を認められるとしている。

（55）*Ibid.*, pp. 113-114. 一六六三年半ばに到ってスピノザがオルデンバーグに伝えた出版の心づもり（書簡一三、Giv64 *1-13*）についても、ミニーニ（*ibid.*, p. 113）は「短論文」を指していたとみなしたが、のちの論考ではそれが書かれ始めていた「エチカ」を指していたのか、それとも書簡六の「纏まった小さな作品のことだったのかということを未解決の問題にしている。"Données et problèmes de la chronologie spinozienne entre 1656 et 1665," *Revue des sciences philosophiques et théologiques*, Tome 71, 1987［以下"la chronologie spinozienne"と略］, pp. 11-12; "La cronologia e l'interpretazione delle opere di Spinoza," *La Cultura*, Anno XXVI, N. 2, 1988［以下"La chronologia"と略］, pp. 341-342.（後者は前者の改稿だが、大きな削除と加筆がある。）

（56）MB, p. 92.

（57）*Ibid.*

（58）注（47）参照。

（59）Aの編纂者による「まえがき」はオランダ語への置き換え（注（187）参照）の目的を、「知性の病にかかった者を〔……〕治さんがため」と記す。ミニーニ（MB, p. 94; "la chronologie spinozienne," p. 15; "La chronologia," p. 348）は「知性の改善」が medicina mentis（「精神の医《いや》し」——スピノザ晩年の文通相手チルンハウスの著書の題名にもなっている）の意義をそなえていたことを指摘し、さらに emendatio と intellectus それぞれの語義を古辞書から渉猟し、書簡六をめぐる説の挙証を終えている（MB, pp. 94-95）。

（60）「知性改善論」訳注（5）参照。

（61）「知性改善論」、［二五］の第四項。

（62）MB, p. 93.

（63）Mignini, "la chronologie spinozienne," p. 20; "La chronologia," p. 359.「知性改善論」の著述を「短論文」よりも前と考えるその説について、ミニーニ（"Per la datazione," pp. 114-115）は、後者の修正が一六六一年以後も続いたのに対し、「知性改善論」への関心はすでに書かれた部分の修正よりも真の方法の著述（実現はしなかった）に向ったこと（「知性改善論」解題を参照）、また一六六二年までの間に、「エチカ」第一部執筆と、「デカルトの哲学原理」竝びに付録の「形而上学的思索」の出版（一六六三年）に加えて、「知性改善論」の執筆にも専念できたことはありそうもない、という二つを理由として挙げる。注(43)を参照。さらにこの点について、"Per la datazione" の後半（pp. 117-146）は内容上の論点として、「知性」の意味と「方法」、「認識」の分類、「仮構」、「意志」と「目的」と「完全さ」を取り上げ、「知性改善論」に対して「短論文」がいっそう「エチカ」と近いことを論じている。Cf. aussi MP, pp. 37-40.

(64) この点でカーリーは、スピノザの真理説がミニーニの提起した作品順では円滑な展開になり、通説の順序に随った場合にぶつかる難しさが解消されることを認めている。Edwin Curley, "Spinoza on Truth," *Australasian Journal of Philosophy*, Vol. 72, No. 1, 1994, p. 1, n. 1.

(65) マトゥロンは、ミニーニの自説論証の説得力には同意を躊躇する一方、従来の作品順の説に根拠がないことは決定的に論証されていると評価した。Alexandre Matheron, "Note sur les travaux de Filippo Mignini," *Bulletin de l'Association des Amis de Spinoza*, N°. 10, 1983, p. 11. カーリーも同様の立場を取り、ミニーニによる自説の根拠づけの一部に疑問を呈し結論を控えながらも、その英語訳作品集第一巻ではミニーニが提起した作品順の説を受け容れた（「知性改善論」が一六六一年九月と推定される書簡二以前であることを瞭かとし、この時点で「短論文」はなお執筆中だったとみなしている)。Curley, "Une nouvelle édition anglaise des oeuvres de Spinoza," dans *«Spinoza entre Lumière et Romantisme»*, *Les cahiers de Fontenay*, n° 36 à 38, 1985, pp. 395-398; *The Collected Works of Spinoza*, pp. xiii; 3-4. モローはそのスピノザ入門書においてミニーニの説の骨子と論拠を支持している。Pierre-François Moreau, *Spinoza et le spinozisme* [Coll. «Que sais-je?»], Paris, 2003, pp. 54-55. ミニーニと対立する解釈はルゥセ（Rousset, pp. 8-11; 16-17）に見られる。注(35)参照。紹介したミニーニの説は、ここで扱った論考以外では、校定版のMK、MPのほか次の論考で論じられている。"Nuovi contributi per la datazione e l'interpretazione del *Tractatus de intellectus emendatione*," in *Spinoza nel 350° anniversario della nascita, Atti del Congresso*（*Urbino 4-8 ottobre 1982*, a cura di Emilia Giancotti, Napoli, 1985, pp. 515-525.

(66) ルカス、コレルス(Colerus/Köhler) に拠る。[Lucas,] La vie [et l'esprit] de [Mr Benoit de] Spinosa, 1719 in *Die Lebensgeschichte Spinoza's in Quellenschriften, Urkunden und nichtamtlichen Nachrichten* [……] *herausgegeben von J. Freudenthal* [以下 *Die Lebensgeschichte Spinoza's* と略], Leipzig, 1899, S. 9. Korte, dog waaragtige Levens-Beschryving, Van Benedictus de Spinoza [……], Amsterdam, 1705 in *Die Lebensgeschichte Spinoza's*, S. 36-

38.（書かれたのはルカスが先である。）ピエール・ベール「歴史批評辞典」は名を挙げず「ある医師に」（ファン・デン・エンデンにはその肩書もあった）としてそのことに触れている。P. Bayle, Dictionaire historique et critique, Rotterdam, 1702, tom. III, p. 2767 in *Die Lebensgeschichte Spinoza's*, S. 29. ファン・デン・エンデン（一六〇二－一六七四）は一六五二年にアムステルダムで美術品を扱う店を破産させ、その塾を開いていた。ルカス（a. a. O.）によると、ファン・デン・エンデンは生徒に教える手伝いをさせる心づもりでスピノザを家に住まわせた。のちにゴットリープ・シュトレがスピノザの著作の出版者だったリューウェルツの息子から聞いた話として、「ユダヤ教徒の許を出るやかれ〔スピノザ〕は口を糊するために子どもに教えた」と伝えているのはルカスに一致する（シュトレについては「短論文」の項で詳しく触れる）。Urteile und Berichte deutcher und holländischer Gelehrten über Spinoza (aus Stolle-Hallmann's Reisebeschreibung) in *Die Lebensgeschichte Spinoza's*, S. 225. これらの伝はいずれも次の訳書に所収。ルカス、コレルス『スピノーザの生涯と精神』渡辺義雄訳（理想社、一九六二、再刊〔リュカス、コレルス『スピノザの生涯と精神』〕、学樹書院、一九九六）。マインスマはシュトレの聞き書きを引用し、スピノザがファン・デン・エンデンにとり、神学を志しヘブライ語の知識を必要とする若者の教育に役立ちえたと記す（*Spinoza et son cercle*, pp.142; 154）。プロイエッティはこれに与し、スピノザがラテン語生徒とヘブライ語教師を兼ねた立場でファン・デン・エンデンの塾に入ったとみる。Omero Proietti, "Il «Philedonius» di Franciscus van den Enden e la formazione retorico-letteraria di Spinoza (1656-1658)," *La Cultura*, Anno XXVIII, N. 2, 1990〔以下 Proietti（1990）と略〕, pp. 300-302. ファン・デン・エンデンは後年フランスへ渡り、ルイ十四世に対する陰謀に荷担した廉で絞首刑に処せられた。その行跡についてはマインスマ（*op. cit.*, pp. 133-155）に加えて次が参照される。Jan V. Meininger, Guido van Suchtelen, *Liever met wercken, als met woorden: De levensreis van doctor Franciscus van den Enden, leermeester van Spinoza, complotteur tegen Lodewijk de Veertiende*, Weesp, 1980〔以下 Meininger-Van Suchtelen と略〕. Steven Nadler, *Spinoza: A Life*, Cambridge, 1999, pp. 103-111. アムステルダムで塾を主宰していた一六五八年までの前半生については特に次に詳しい。O. Proietti, *Philedonius, 1657: Spinoza, Van den Enden e i classici latini*, Macerata, 2010〔以下 Proietti（2010）と略〕, pp. 15-78.

（67）Meinsma, *Spinoza et son cercle*, pp. 138-141.「アンドロス島の女」は一六五七年一月十六－十七日、「宦官」は一六五八年五月二十一－二十二日。一六五七年一月十三日と二十七日には同じ劇場でラテン語による自作の寓意劇「フィレドニウス」が上演された（*ibid.*, pp. 139-140; Meininger-Van Suchtelen, p. 35）。「フィレドニウス」についてはProietti（1990）とProietti（2010）が必読である（後者は前者の前半を再録、また「フィレドニウス」のテクストとイタリア語訳を載せる）。ベール（a. a. O. S. 29-30）が伝える、スピノザが劇場からの出しなに一人のユダヤ人に襲われ短刀で突かれたという話はいずれかの上演機会を指すかもしれない。ただしコレルス（Freudenthal, *Die Lebensgeschichte Spinoza's*, S. 41）はスピノザの後年のハーグでの家主から聞いた話として「ポルトガル人のシナゴーグ」（ポルトガルから移り住んだユダヤ人つまりセファルディの会堂という意味）とする。プロイエッティ（Proietti (2010), p. 92）によると、ファン・デン・エンデンの塾におけるラテン語の課程は通常六年間だった。塾は一六五二年に開かれたからスピノザが塾にいた期間はその六年と合っているはずであり、一六五七年の上演は四年を終えた発表会、一六五八年のそれは修了発表会にあたるという。ナドラー（*op. cit.*, pp. 163; 370）はスピノザが（公式の入学記録はないもののナドラーの推定では一六五八年の早い時期かそれより前に）ライデン大学で勉強してきたというスペインのアウグスティノ会修道士トマス・ソラーノ・イ・ロブレスの証言（I. S. Revah, *Spinoza et le Dr Juan de Prado*, Paris et La Haye, 1959, p. 64）をもとに、ライデン大学で（おそらくデカルト派の）哲学を学ぶのに必要なラテン語を前もって修めているためには、普通考えられてきたように破門に少し先立つ一六五七年の早い時期にファン・デン・エンデンの塾でラテン語を学び始めたのでは遅すぎるので、より早い時期の入塾を想定している。

（68）J. H. Leopold, *Ad Spinozae Opera posthuma*, Hagae Comitis, 1902, pp. 24-35. テレンティウスのほかにはタキトゥス、クルティウス・ルフス、サルスティウスの例を挙げる。

（69）*Ibid.*, pp. 29-30.

（70）Fokke Akkerman, "Spinoza's tekort aan woorden: Humanistische aspecten van zijn schrivershap," *Mededelingen XXXVI vanwege Het Spinozahuis*, Leiden, 1977, pp. 1-24, later in *Studies in the Posthumous Works of Spinoza*, Proefschrift, Rijks-universiteit te Groningen, 1980, bijz. pp. 3-9.

（71）*Ibid.*, pp. 8-9. 借用二十四箇所中、十九箇所。「宦官」全一〇九四行のうち、パルメーノの白は五八九行、前口上もパルメーノのものとすれば六三四行になる（*ibid.*, p. 20）。

（72）Proietti, "*Adulescens luxu perditus*: Classici latini nell'opera di Spinoza," *Rivista di filosofia neoscolastica*, 77, n. 2, 1985, pp. 210-257〔以下 Proietti（1985）と略〕, in partic. pp. 234-238. プロイエッティはテレンティウスの全六作のほか、タキトゥス、ルクレティウス、キケロ、ウェルギリウス、ホラティウス、オウィディウス、ユウェナーリスに関して類似箇所の一覧を示している。テレンティウスのテクストとスピノザのラテン語の照応について、ここはその場所ではないので立ち入れないが、この論考にもっとも詳しい。

（73）Proietti（2010）, p. 105.

（74）「知性改善論」ではベーコンとデカルトの影響が思想にも語彙（殊に前者からの借用）にも顕在しているのに対して、一六六一年九月と推定できる書簡二での両者への論評には影響からの決別が鮮明であることも傍証とされている（*ibid.*, pp. 107-108）。

（75）*Ibid.*, p. 108. ファン・デン・エンデンの塾にすでにいたが、「アンドロス島の女」のシーモの白はまだ諳記しなかった時期である。したがって「知性改善論」の導入部（〔一〕－〔一七〕）が書かれたのは破門の頃になるが、作品全体は哲学に関するそれ以前のラテン語独習による読書と勉強の成果とみてさしつかえないとプロイエッティは言う（*ibid.*, pp. 108-109; Proietti（1990）, p. 317）。他方、一六五六年前半には書かれていたとされるファン・デン・エンデンの作品「フィレドニウス」に関しては（cfr. Proietti（2010）, p. 106, n. 45）、その内容が「知性改善論」に跡をとどめていることを考証している（Proietti（1990）, p. 316）。「知性改善論」訳注(149)参照。プロイエッティが想定する「知性改善論」執筆時期は要するに、「フィレドニウス」はすでに識っていた一方で「アンドロス島の女」の学習は始まっていなかったという条件によって絞られている。

（76）Proietti（2010）, p. 109. これは、自伝的なものではないという、例えばコイレの見解と対立する。「知性改善論」訳注（7）参照。そこでは触れずここでも立ち入れないが、「知性改善論」を「フィレドニウス」の主題を取り入れた *philósophos bíos*（「知を愛し求める生きかた〔哲学者の生〕」——一六五五年から一六五七年にかけての）の書とみるプロイエッティの解釈は興味深い。Proietti（2010）, pp. 165-167. Proietti（1990）, pp. 283-286〔前掲箇所と重複〕; 316; 319.

（77）「エチカ」の前に「知性改善論」を置くフローテン－ラント版全集と、それを踏襲したゲープハルト版全集の排列は、「遺稿集」の排列を（大げさに言えば）あえて解体する「知性改善論」に関する評価をうちに含む。注（35）および本文の対応箇所を参照。

(78) „Textgestaltung," Bd. II, S. 319. ゲープハルトによる「知性改善論」の執筆時期の推定については注(49)を参照。ゲープハルトは次の二つを想定の根拠として挙げた。まず、Gii32 *8*（本訳では［八四］の三行目）の「精神の（mentis）」がNSでは「心（ziel）の」（欄外注にラテン語Animaを記す）となっている一例から、zielの使用が「短論文」と軌を一にするのに対して、OPとして残る「知性改善論」では「心」を「精神」と改めたとみなす（ebenda, S. 319; 334）。第二に、認識の分類に入る冒頭のGii10 *7*（［一九］一行目）で初めに「短論文」の区分と同様に「三つ」に分けようとしたものの（NSにはそれが残った）、原稿でその一番目を二つに分けて四項にしたために、OPの「四つ」となったと想定した（ebenda, S. 319; 323）。第一の根拠に対しては次のように言える。OPでも「心（anima）」という語が同じ［八四］六、八行目（Gii32 *11; 13*）で遣われている。二つはともに「はたらきを受ける（pati）」という動詞を伴っているから、ゲープハルトはそこに初めの「精神の力」と言われる場合とは意味の差違を認めたのかもしれない。しかし「知性改善論」でのanimaの使用は二十一例を数え（「精神（mens）」は四十七）、二つの語の使用を厳密に区別するのが難しいこと、また、ゲープハルトみずからも認めるように、NSの「エチカ」でもOPのmensに対応する語としてzielが充てられていることを踏まえれば、ゲープハルトの論拠は杜撰と言うほかない。短論文訳注(205)を参照。認識の分類に関しては、「エチカ」（第二部命題四〇備考二）において、列挙される第一の「行きあたりばったりの経験からの認識」と第二の「記号にもとづく」認識は「第一類の認識」（「臆見」あるいは「想像」）としてまとめられ、分類の数は「短論文」で基本になっているのと同じ三つである。「知性改善論」訳注(61)、「短論文」訳注(232)を参照。したがって、NSが「三つ」としていることに（ゲープハルトが「知性改善論」よりも前の作と考える）「短論文」と同様の分類を見、NSを「短論文」のほうに近づけようとすることは的を外している。ミニーニ（"Per la datazione," p. 127）はNSの編者が「エチカ」に合せて「三つ」とした可能性を推測し、「短論文」と「エチカ」の三分類に対して「知性改善論」が四分類であることを、「知性改善論」が「短論文」に先立つとみる根拠の一つとしている（MP, pp. 37-38; cfr. "Per la datazione," pp. 126-127）。ゲープハルトはまた、Gii4 *31*（［三一］注k）でOP、NSともに否定辞が誤って脱落していることを、両者が同じ原稿を下敷きにしている証拠とみなした。だが、その想定するように、OPのテクストが原稿に手を加え続けたこと（Weiterarbeit）により成ったとすれば、そこでは誤りは訂されたはずとみるのが自然であるから、このことはかえって自身の想定への反証となろう。

（79）F. Akkerman, "La latinité de Spinoza et l'authenticité du texte du *Tractatus de intellectus emendatione*," *Revue des sciences philosophiques et théologiques*, Tome 71, 1987, pp. 26-27.

（80）*Ibid.*, pp. 24 sqq.「遺稿集」序文は「知性改善論」について「言葉遣い（stijl/stylus〔文体、表現様式〕）と考えが証すように著者の最初の作品の一つである」と記している。アッカーマン（p. 25）はそこに、原稿のままでは出版に向かないという判断が編者たちにあったことを読み取っている。推察されたメイヤーの手直しについて、特に初めの数頁（〔一七〕までの導入部ないしは〔一八〕まで）に顕著であるとアッカーマン（pp. 25; 29）は指摘する。

（81）アッカーマン（*ibid.*, pp. 26-27）が、スピノザの死まではその自筆原稿しかなかったとみなすのは、歿後にメイヤーがＯＰの編者になったことと、フラーズマーカーが一六七〇年より前にはスピノザとその作品に接していなかった（一六七一年二月十七日の日付があるイェルス宛書簡四四を参照）ことに拠る。ヤリフ・イェルス（Jarig Jelles, 1619/20-1683）、ロードウェイク・メイヤー（Lodewijk Meyer, 1629-1681）フラーズマーカー（Jan Hendrikszoon Glazemaker, 1619/20-1682）については次を参照。Wiep van Bunge et al. eds., *The Dictionary of Seventeenth and Eighteenth-Century Dutch Philosophers*, 2 Vols, Bristol, 2003.

（82）Akkerman, *op. cit.*, pp. 27-29. そこから、ＮＳのほうがＯＰよりも真正とみなされる箇所（例としては標題の副題や〔一九〕の注f、訳注(5)(67)参照）もありうるという帰結が引き出されるが（p. 29）、個々の箇所に関する判別は容易なわけではない。ゲープハルト（注(78)参照）も取り上げた、認識の分類数の異同（〔一九〕一行目 Gii10 7）に関してアッカーマン（pp. 27-28）は、スピノザは「三つ」と書いたが、メイヤーは四つの認識様式を数えられると思ったためそのように番号づけし（「短論文」第二部第一章〔二〕、「エチカ」第二部命題四〇備考二でも第一類の認識が二つに小区分されているのと繋がる）、フラーズマーカーのほうはスピノザの原稿にあった「三つ」をそのまま訳したものの、原稿ではおそらく明瞭に示されていなかった番号をメイヤーに倣って付した、と想定した。

（83）「遺稿集」の「序文」では、完結させ、為上げることをたえず慮《おもんぱか》らせたのは扱っている事柄の尊さと目的の有益さのゆえだったと言われている。未完で欠陥を残した理由については、「ことわり」と「序文」の説明に違いがある。それにはのちに触れる。

（84）MP, pp. 32; 34; 36.

（85）MP, pp. 32-36. 詳しくは"Per la datazione," pp. 95-104.

（86）「序文」も「ことわり」も編集者の一人であるイェルス（ラテン語の読み書きができなかったと言われる）の手に成ったものと推定されている。したがって、訳注（1）で述べたように、オリジナルとみなされるNSに拠る。

（87）バウメースターからの来信は残っていないが、スピノザは受けた質問を引用している。「ごくすぐれたものごとの思索において、わたしたちが歩みを邪魔されず倦まずに進めるような何らかの方法が与えられる、もしくは与えられうるのか、それとも本当のところは、わたしたちの体と同様、精神もまたもののはずみをまぬかれず、わたしたちの思いは技能よりも偶運によっていっそう支配されるのか」（Giv187 *23*-188 *4*）。デ・フリース、イェルス、メイヤーらと同じ仲間であるヨハネス・バウメースター（Johannes Bouwmeester, 1630-1680）についても注（81）の *The Dictionary of Seventeenth and Eighteenth-Century Dutch Philosophers* を参照。

（88）Giv188 *20*-189 *10*.

（89）「知性改善論」［五〇］、他に［三七］、［四九］、［八四］、［九〇］、［九一］の注解eを参照。「知性改善論」における「方法」と「道」については次の拙稿で論じた。「方法と経験――「知性改善論」の方法の原則論――」、村上勝三編『真理の探究　一七世紀合理主義の射程』（知泉書館、二〇〇五）所収、一二七－一五四頁。

（90）MP, p. 32.

（91）書簡の時点（一六六六年六月）で「知性改善論」を執筆中だったと推測することは、「ことわり」と「序文」の証言（「多年を経た前に」、「最初の為事の一つ」）によって斥けられる。

（92）Gii120 *22-25*.「二次概念（notiones secundae）」については『エチカ抄』二八一頁の注（14）を参照。「折にふれて」と訳したaliquandoをホァキム、ミニーニ（ほか多く）は「かつて」の意味に取っている（Oxford Latin Dictionary, Edited by P. G. W. Glare が二番目の語義としている at some time in the past, once, formerly）。Joachim, *op. cit.*, p. 12, n. 3: 'at one time', i.e. on some former occasion; Mignini, "Per la datazione," p. 99, n. 32.「折にふれて」はOxford Latin Dictionaryでは四番目の at times, from time to time, sometimes, occasionally に拠る（ホワイトとスターリング、カーリー）。ミニーニが「劃然と完了した時」を示す過去に結びつけられる点を強調していることは、「別の論著に（alii Tractatui）」に関するその解釈と密接する。

（93）ゲープハルト（*Spinozas Abhandlung*, S. 43）、ベンシュ、アッピューン、プレイアード版、パーキンソン、畠中、（「少なくとも下敷き（draft）としては」という留保付きで）カーリー。

（94）"Per la datazione," pp. 98-100. ミニーニはその後イタリア語訳作品集 MO（2007）では「別の論著」を「おそらく未完成の「知性改善論」」（これだけでは残された「知性改善論」を指すのかその後試みられて未完成に終ったものを指すのかさだかではない）と注した（p. 1648, n. 85）。MP（2009, p.33）では "Per la datazione" と同じく「まだ作成されずにいた論」としている。ホァキム（*op. cit.*, pp. 12-13）の解釈はミニーニに近い。

（95）"Per la datazione," p. 100.

（96）チルンハウス（Ehrenfried Walther von Tshirnhaus, 1651-1708）はプロイセンのゲルリッツ近在のキースリンクスヴァルデ（Kieslingswalde、現在はポーランドのスワンニコヴィツェ）出身。留学したライデン大学（登録は法学部）でスピノザの若い知友シュラー（Georg Hermann Schuller, 1651-1679）と交友を結んだとみられる。オランダ総督ウィレム三世の軍に志願し、低部ライン地方のヴェーゼル（シュラーの出身地でもあった）包囲陣に加わった時期を挿んで、アムステルダムに戻り、一六七四年にシュラーを介してスピノザとの文通が始まった。その後チルンハウスはおよそ五年におよぶ旅に出た。ロンドンではオルデンバーグの紹介でボイルを始め多数の学者たちと接し、パリではライプニッツ、クリスティアーン・ホイヘンスらを識り、後者の紹介でルイ十四世の財務総監コルベールの息子の数学の家庭教師も務めた。その後イタリア（のちに触れるようにローマからはスピノザの遺稿をめぐってライプニッツに手紙を送っている）、マルタを回り、パリを経て帰郷した。その関心は数学、哲学のほか、物理学、光学、火山学、鉱物学など多岐におよび、晩年は磁器の製造にかかわって、これはマイセン磁器製造所の設立にも繋がった。ドレスデンに歿した。著書は Medicina corporis（1686）, Medicina mentis（1687）（注(59)参照）ほか。この二著はスピノザの著書を出版したアムステルダムのヤン・リューウェルツの息子（注(66)および「短論文」の項を参照）を版元として出版された。

（97）Giv268 *18-21*.「自然学の一般原理」と訳した Generalia in Physicis について、引用を省いた箇所で、チルンハウスは「エチカ」第二部命題一三の後に加えられた補題からそれと識られると言っている。ホァキム（*op. cit.*, p. 11, n. 3）は（おそらくこのあとのチルンハウスの求めも踏まえて）Generalia の意義を「延長から直接流出する諸様態」と解し、「運動と静止についての論」であったろうと推測している。

（98）Giv268 *30-269 1*.

（99）スピノザの死から二年を経て（一六七九年五月）チルンハウスはそのときの会話を回顧してライプニッツに伝えている。G. W. Leibniz, *Mathematische Schriften*, herausgegeben von C. I. Gerhardt, Halle, 1859, Nachdruck, Hildesheim, 1971, Bd. IV, S. 475; *G. W. Leibniz Sämtliche Schriften und Briefe, herausgegeben von der* [……] *Akademie der Wissenschaften [……]*, Reihe II, Bd. 1［以下 II-1のように表す］, Berlin, 2006, S. 709. そこではまたこの書簡五九での質問の下地になった知識、つまり真理探究の真の方法をめぐるスピノザの主要な関心が、真の観念を偽である観念、仮構による観念、疑わしい観念から区別することだったことをシュラーを介して知ったと明かされている。

（100）Giv269 *4-6*.

（101）*Ep.* 60, Giv270 *18-19*.「外面的関係（relatio extrinseca）」を説明しているこれに先立つ部分は重要だが、拙著『個と無限』第六章、二〇九頁を参照いただきたい。

（102）神の定義に関する説明は、「知性改善論」［九七］での「創造されていない物の定義」の要件の「一、いっさいの原因を締め出す」ことと相違している。

（103）Giv271 *8-10*. この書簡は、おそらく本題以外の部分が「遺稿集」の編集者によって省かれたため、いきなり真の観念と十全な観念の関係の説明から始まっている。そのことを度外視しても、この返答は素っ気なさを感じさせる。

（104）Cf. *Ep.* 59, Giv269 *6*.

（105）Cf. Meinsma, *Spinoza et son cercle*, pp. 338-339; Mignini, "Per la datazione," p. 103; MO, p. 1744, n. 15 e 20; MP, pp. 32; 34; 36. チルンハウスはローマからライプニッツに宛てた一六七八年四月十日付（つまりスピノザが歿してから一年二箇月後の）の手紙で、シュラーから送られた「知性改善論」の手稿（manuscriptum、スピノザの自筆原稿とは考えにくいので写しと思われる）を手にしたことを報告している。Leibniz, *Mathematische Schriften*, Bd. IV, S. 451; *Leibniz Sämtliche Schriften und Briefe*, II-1, S. 613. チルンハウスはこれによって甫めて読めたわけである。ライプニッツは返信で相手が「スピノザの「遺稿集」が出たことを知らないのか」と書き（ここからもチルンハウスの手にしたのがスピノザの自筆ではなかったと推測できる）、「そこには「知性の改善について」の未完稿が入っているけれども、わたしがいちばん何かを期待したところで終っている」と評している。Leibniz, *Mathematische Schriften*, Bd. IV, S. 461; *Leibniz Sämtliche*

Schriften und Briefe*, II-1, S. 623.

(106) Giv268 *20-21*: Novi te jam modo magnos in iis fecisse progressus. チルンハウスは、その方法がごく「容易（faciles）」であって、それを守るだけで数学において大きな「前進（progressus）」を遂げたと言う。

(107) Leibniz, *Mathematische Schriften*, Bd. IV, S. 475; *Leibniz Sämtliche Schriften und Briefe*, II-1, S. 709: hinc se incredibilem facilitatem in progressu veritatis acquirendae ostendisse.

(108) MP, p. 34.

(109) 「序文」は注解がすべて著者自身のものである（d' Aanteekeningen, die alle van hem zelf zijn）と断っている。

(110) Freudenthal, *Die Lebensgeschichte Spinoza's*, S. 76. この報告については次が参考になる。Piet Steenbakkers, *Spinoza's Ethica from manuscript to print*, Assen, 1994, pp. 5-6.

(111) Ludwig Stein, *Leibniz und Spinoza*, S. 287; *Leibniz Sämtliche Schriften und Briefe*, II-1, S. 476-477. これより前にシュラーはスピノザの死の数日後、ライプニッツに訃報を送り、「エチカ」の原稿の買取りを主君（カレンベルク侯ヨハン・フリードリッヒ）に促せないかと持ちかけていたが（Stein, a. a. O. S. 286; *Leibniz Sämtliche Schriften und Briefe*, II-1, S. 476）、この書簡で「遺稿集」出版の計画に伴い、原稿売却の意向を引っ込めた。

(112) *Leibniz Sämtliche Schriften und Briefe*, III-2, Berlin, 1987, S. 202; *Die Lebensgeschichte Spinoza's*, S. 205. この書簡はシュタインの書には載っておらず、マインスマが見出し、引用した。Meinsma, *Spinoza et son cercle*, p. 354.

(113) Stein, a. a. O. S. 290; *Leibniz Sämtliche Schriften und Briefe*, III-2, S. 264; *Die Lebensgeschichte Spinoza's*, S. 205.

(114) Meinsma, *Spinoza et son cercle*, p. 353; MP, pp. 34-35.

(115) MP, pp. 34; 36; 52-53.

(116) MP, pp. 45-52.

(117) MP, pp. 45; 52.

(118) MP, p. 52.

(119) MP, pp. 51-52.

(120) MP, p. 40. この点については次に詳しい。F. Mignini, "Annotazioni sul lessico del *Tractatus de intellectus emendatione*,"

in *Spinoziana: Richerche di terminologia filosofica e critica testuale, a cura di Pina Totaro*, Firenze, 1997, pp. 107-123. その考証によると（*ibid.*, pp. 121-123）、『ノーヴム・オルガヌム』と共通する用語および言回しは十九例が数えられ、そのうち十四はＯＰの初めの十頁分までに現れる（残り五のうち一例［八九］Gii33 *13*は［一七］Gii9 *23*「普通の人ののみ込みに合せて」の再出）。個々の例は訳注で注記した。

（121）MP, p. 40.

（122）前半部を考察対象としたものだが、示唆を与えてくれる内容上の解釈の例として次を挙げておく。R. Violette, "Méthode inventive et méthode inventée dans l'introduction au «De Intellectus Emendatione» de Spinoza," *Revue philosophique de la France et de l'Etranger*, N°3, 1977, pp. 303-322. 詳しくは立ち入れないが、ヴィオレットは「知性改善論」の前半部で語られる「方法」に（論文の標題にある）二つの相異なった性格のそれが混在し、前者の（真理の認識に先んじるのではなく、それを得る努力のさなかに同時に案出されてゆく）方法と一体である哲学に導入をあてがおうとすれば後者の（あらかじめ見通して辿ればよいという）方法に依らざるをえず、それはスピノザの哲学と相容れないことだったという点に、執筆を続けられなくなった理由を索めている。

（123）「用（bezigheid/negotium）」の意味については訳注（2）を参照。

（124）「そのために」はＮＳでは「事柄」を指すが、ＯＰでは「完成のために」となっている。また、「知識（kennis）」をＯＰは「学知（Scientia）」としている。

（125）MP, pp. 33-34.

（126）Mignini, "Per la datazione," pp. 96-97.

（127）*Ibid.*, p. 97.

（128）ミニーニ（*ibid.*, p. 98）は、「ことわり」で編者たちは結果と原因を取り違え、「解りにくい点（duisterheden/obscura）」という内容上の問題が完成されていないことに由るかのように説明したとみなし、未完であることが作品の解りにくさと思想が熟していないことの原因であるのではなく、解りにくさと熟していないことが未完成の原因だったと解している。

（129）*Ibid.*, p.104: «nondum ordine cogitata».

(130) この件《くだり》に顕れている問題を「みかけのアポリア」でいわば計算ずくのものとみるルゥセ（Rousset, pp. 9; 410-414）は、いま要約した中の「しかしながら（attamen）」（Gii38 *23-24*）という接続詞を重くみて、そのあとの知性の特性を通して「知性の定義はおのずから識られるであろう（innotescet）」（未来時制にも注意を喚起しながら）のほうに眼目があると考え、「知性改善論」の未完成は問題と解決の先送りを意味しないと述べる（つまり論の内容は締めくくられて「エチカ」に接続すると解されている）。しかし、このような解釈は受け容れがたい。

(131) 注(89)で挙げた拙稿「方法と経験」を参照。

(132) *Korte Schetz* の完全な標題は「概略」の凡例を参照。

(133) *Benedicti de Spinoza Tractatus de deo et homine eiusque felicitate lineamenta atque Adnotationes ad Tractatum theologico politicum edidit et illustravit Eduardus Boehmer*, Halae ad Salam, 1852［以下 Boehmer と略］.「概略」の原文とラテン語訳、「神学・政治論」へのスピノザの覚書（次注参照）のラテン語訳、入手経緯の回顧を含む研究から成る。ベーマー（Eduard Böhmer, 1827-1906）はハレで神学の教授資格を得、福音主義神学、レトロマンス語学（das Rätoromanische）、ダンテを専門とした。

(134) ハレ大学図書館（Martin-Luther-Universität Halle-Wittenberg, Universitäts- und Landesbibliothek Sachsen-Anhalt）、Sondersammlungen, Yg 8°9. 写本は「概略」（十一葉両面）と「神学・政治論のいくつかの箇所へのスピノザの覚書」（二十葉両面）を合せている。

(135) *Korte, dog waaragtige Levens-Beschryving, Van Benedictus de Spinosa*, Uit Autentique Stukken en mondeling getuigenis van nog levende personen, opgestelt. Door Johannes Colerus [......], Amsterdam, 1705. 注(66)参照。

(136) ハレ大学図書館、Sondersammlungen, Yg 8°10. 注記は十八箇所で、紙葉の両面にわたって書かれている場合と、片面だけの場合がある。

(137) ベーマー（Boehmer, p. 46）はこれらが書かれた時期を、コレルスの書の出版が一七〇五年であり、さらにその第一三節で言及されているドゥルホフについての注記（p. 196a）に記された著書（*Opening over den 2de Brief van de Apostel Petrus*）が一七一三年刊とされていることから、それよりも前ではないと推定した。ドゥルホフ（Willem Deurhoff, 1650-1717）については注(81)の *The Dictionary of Seventeenth and Eighteenth-Century Dutch Philosophers* を参照。

(138) Boehmer, *ibidem*.

(139) ここの言葉遣い(uyt wiens *styl* en zamenbinding [……] ligt te zien is dat *het van des Schryvers aller eerste Werken is*)はオランダ語版『遺稿集』序文での「知性改善論」についての評言([……] is *een van des Schrijvers eerste werken geweest*, gelijk zijn *stijl* en gedachten zelfs getuigen)ときわめてよく似ている(イタリックはいずれも引用者)。またこのあとの「磨きをかけられ(beschaaft)」についても、「知性改善論」の「ことわり」にある「磨きが足りない(onbeschaaft)」との繋がりを思わせる。著者(後述するようにモニコフ)はオランダ語版『遺稿集』の編者の評言を読み、それが頭に刻まれていたことは間違いないと思われる。この場合、モニコフにとって「知性改善論」と「短論文」の関係は執筆の順序も含めて関心の外だったということではなかろうか。

(140) のちに扱うように、ミニーニ(MB, pp. 42-43)はこのベーマーによる(およびそれを踏襲した)注記からの抜萃が不完全であるために、「概略」の著者の特定に関して無用の誤解をもたらしたことを指摘している。

(141) [J. van Vloten,] *Ad Benedicti de Spinoza Opera quae supersunt omnia supplementum. Continens Tractatum hucusque ineditum de Deo et homine, Tractatulum de Iride, Epistolas nonnullas ineditas, et ad eas vitamque philosophi collectanea*, Amstelodami, 1862 [以下 Van Vloten, *Supplementum* と略], p. I.

(142) 精確には、(一)スピノザの哲学の解説とコレルスの「スピノザ伝」に副ったその生涯、ベーマーが出版した「概略」とほとんど同一の概略、の順序で構成された序文、(二)章立てになった「エチカあるいは倫理学」(Ethica of Zede-Leer)、(三)「「神学・政治論」への覚書」から成る。

(143) 現在はハーグ王立図書館に収められている。Koninklijke Bibliotheek te 's-Gravenhage, Handschrift No. 75 G 16. これは二冊一組であり、永く散佚していた第二巻は一九七二年にアムステルダムの古書店(S. Meyer)によって発見され、その中身は一六七七年に刊行されたオランダ語版『遺稿集』であった(cf. Mignini, MB, p. 46)。問題の第一巻序文でコレルスの「スピノザ伝」第一節に触れて、スピノザが生れた商家の正面が一七四三年に装いを新たにされ、絨毯商であることを示す碑銘が据えらえたと記されていることは(75 G 16, p. 14 [f. 8v]; cf. Van Vloten, *Supplementum*, pp. III-IV; 289)、Bの作成時期を推定する指標になる。

(144) Van Vloten, *Supplementum*, pp. I-II.

(145) *Ibid.*, p. II.
(146) ハーグ王立図書館，75 G 15.（一）「短論文」の手稿，（二）「神学・政治論」のオランダ語訳，（三）「神学・政治論」への注のオランダ語訳から成る。製本したのはモニコフである。その際モニコフは，写本全体の標題の下に（一）（二）（三）の題を記した紙葉，スピノザの肖像版画，それに面してその容貌について自作の頌詩を記した紙葉，「短論文」第一部への自作の標題の紙葉を加えた。ミニーニ（MB, pp. 16; 35）の考証によると，写字生の書法は十七世紀後半のもの（したがってBよりも前のものである，注(143)(153)参照），装丁は十八世紀前半（後半の可能性も排除されない）のものと推定される。写本の扉裏にはA. Bogaersの署名がある。ボハールス（Adriaan Bogaers, 1795-1870）は言語学者および文学研究者とも称される。
(147) Van Vloten, *Supplementum*, p. II.
(148) 標題のラテン語訳はTractatus brevis de deo et homine ejusque valetudine。
(149) クリスティアン・コルトホルト（Christian Korthold, 1633-1694）「三人の山師について（De tribus impostoribus）」（再版，ハンブルク，一七〇〇年）への息子セバスティアンによる序文（Freudenthal, *Die Lebensgeschichte Spinoza's*, S. 28），およびコレルス「スピノザ伝」第一二節（a. a. O. S. 83）で，スピノザが死の年に「虹の論文」を燃やしたと言われていた。ムラーはみずから発見した匿名の書，*Stelkonstige Reeckening van den Regenboog, Dienende tot naedere samenknoping der Natuurkunde met de Wiskonsten*, In 's-Gravenhage, Ter Druckerye van Levyn van Dyck, 1687を問題のスピノザの論と同定した。これについては次の序説を参照。*Spinoza's Algebraic Calculation of the Rainbow & Calculation of Chances*, Edited and translated with an introduction, explanatory notes and an appendix by M. J. Petry, Dordrecht, 1985.
(150) 注(141)参照。「スピノザ残存作品全集（*Benedicti de Spinoza Opera quae supersunt omnia*）」は先立つブルーダー版全集の標題であり，つまりブルーダー版への補遺という意味である。
(151) ベーマーはファン・フローテンのラテン語訳の不備とBの疑問箇所の校訂の提案を一覧にして示した。Ed. Böhmer, „Spinozana, II,“ *Zeitschrift für Philosophie und philosophische Kritik*, Bd. XLII, 1863, S. 78-84. Bの行文がAに較べて明瞭さで劣る所ではAを使用した（Van Vloten, *Supplementum*, p. II: [alterum exemplar=A] quo hic illic, ubi Mullerianum [=B] minus clare se haberet, usus sum）というようにAとの校合が疎略であった点はジークヴァルト（*Spinoza's neuent-*

deckter Tractat, S. 3）によっても批判を受けた。

(152) Böhmer, a. a. O. S. 86.

(153) A. van der Linde, „Notiz zur Litteratur des Spinozismus,“ *Zeitschrift für Philosophie und philosophische Kritik*, Bd. XLV, 1864, S. 301 f. モニコフ（Johannes Monnikhoff, 1707-1787）については *Nieuw Nederlandsch Biografisch Woordenboek*, Deel 8, Amsterdam, 1974および *The Dictionary of Seventeenth and Eighteenth-Century Dutch Philosophers* を参照。

(154) *Benedicti de Spinoza „Korte Verhandeling van God, de Mensch en deszelfs Welstand“ Tractatuli deperditi De Deo et homine ejusque felicitate versio belgica. Ad antiquissimi codicis fidem edidit et praefatus est Car. Schaarschmidt*, Amstelodami, 1869, p. XI. シャールシュミット（*ibid.*）はBのAとの異同を、Aとは別の写本も用いたことによるのではなく、モニコフの訂正慾と恣意によるとみなした。シャールシュミットの版はAを完全に再現する意図に発していたが、テクスト批評が十分に果されているとは言えない。その翌年に刊行されたジークヴァルトのドイツ語訳（注(12)を参照）はファン・デル・リンデが行った二写本の照合にもとづいてシャールシュミットのテクスト校定の不備を指摘するとともに（Sigwart, Übersetzung, S. XI-XVII）、AだけがBのもとになっているという見解を批判し、モニコフがAのほかに別の手本も用いた可能性を排除できないという立場を示した（ebenda, S. XVIII-XXVII）。シャールシュミットの見解では真正の写本であるAに対してBは副次的な参照価値しかもたない。それに対して、ジークヴァルトは原則としてBにも参照価値を認めたことになる。これは「短論文」の原典とテクスト校定に関してもっとも重要な問題となる。

(155)［Lodewijk Meyer,］*Philosophia s. scripturae interpres,* Eleutheropoli［Amsterdam］, 1666. 著者名、版元の記載なし。発行地のエレウテロポリス（ギリシア語で「自由都市」の名を冠した古代ローマ－ビザンティンの都市、イェルサレム南西のベト・グヴリン）がアムステルダムの偽名として使われた例が他にも見られる。禁書に指定された。のちにスピノザの「神学・政治論」の異本と合本でも刊行されたことから、スピノザが著者に擬せられたとこともあった。

(156) *Ibid.*, n.p［p. 10］.

(157)「理性としての心（anima rationalis）」は「精神（mens）」の意味と解される。

(158) ファン・ブレイエンベルフ宛（Giv151 *2*）。

(159) バウメースター宛（Giv163 *19-24*）。

（160）NS, n.p［p. 4］. OPの対応箇所（p.［3］）は「なにがしかの価値がある（van enige waarde zijnde）」を欠く。「短論文」の発見に先鞭を着けたベーマーが着目して引用した、コレルス「スピノザ伝」第一二節への注記の書き出しは、「遺稿集」に収められていない作品がどこかに保管されているというこの示唆に照応する。

（161）MB, pp. 14-15.

（162）Cf. MB, pp. 20-21. スピノザの知友の範囲で「短論文」が「エチカ」と同じ内容の著述とみなされたということは、両者の哲学が同じかどうかということとは別の問題である。始まりだけを見ても、「短論文」が神の実在の論証から始まるのに対して、「エチカ」ではそれは命題一一を俟って論証の対象になる。

（163）どちらもいまはポーランドのヴロツワフ（第二次世界大戦まではドイツのブレスラウ）の大学図書館に所蔵されている。Uniwersytet Wrocławski Biblioteka Uniwersytecka Zbiory Specjalne, IV O 49, R 766. R 766は大戦まではブレスラウの市立図書館に所蔵されていた。最初にグーラウアーが前者（IV O 49）の抜萃に概括を交え、解説をつけて公にした。„Beiträge zur Kenntniss des 17. u. 18. Jaharhunderts aus den handschriftlichen Aufzeichnungen Gottlieb Stolle's. Mitgetheilt von G. E. Guhrauer,“ *Allgemeine Zeitschrift für Geschichte*, hrsg. von W. Adolf Schmidt, Bd. VII, 1847, S. 385-436; 481-531. 写本は標題頁と著者の名を欠くが（製本された背には「ゴットリープ・シュトレの旅行記」とある）、グーラウアー（ebd. S. 397）は、後述のブーダーによるシュトレの伝記に記載の旅行記の標題と旅行の記述とから、著者がシュトレであることが証されるとした。フロイデンタールは前者（IV O 49）をU、後者（R 766、標題は19 Aprilis 1703）をWと名づけ（以下ではUとWという呼称を便宜として用いる）、両者からの抜萃を編集し、「ドイツとオランダの学者のスピノザに関する意見と報告（シュトレ－ハルマンの旅行記から）」と題して*Die Lebensgeschichte Spinoza's*（S. 221-230）に収録した（書名は注（66）参照）。シュトレ（Gottlieb Stolle, 1673-1744）はシレジアのリーグニッツ（Liegniz、現在はポーランドのレグニーツァ）に生れ、イエーナ大学で政治哲学の教授、大学総長も務めた傍ら、おもに学問史の方面で多くの著作を著した。シュトレ以外の旅行者として手稿にはハルマン（Hallmann）の名が現れる。ハルマンはその姓以外はどういう人物かが詳らかにされず、もう一人の旅行者についても語られてこなかった。フロイデンタール（*Die Lebensgeschichte Spinoza's*, S. 301）は、ハルマンが同伴者の一人だったことが記されているシュトレの伝記を引証している（G. Stolle, *Anleitung zur Historie der juristischen Gelahrheit*, Jena, 1745, S.44）。フロイデンタールの記述は、シュトレが旅の中心人物で、ハルマンはその従者であったかのような印象を植えつけたことを否めない。だがブーダー（Christian Gottlieb Buder）の手に成るその詳細な伝記（シュトレの死の翌年に出たさきの著の巻頭に置かれた）によると事情は異なる（伝記は旅に先立ってシュトレがスピノザのことを調べるようになったいきさつも明かしていて興味深い、ebd., S. 29-30）。フロイデンタールは触れていないが、そこにはハルマンとともにVon H***という人物のことが記されている。その見聞の旅はVon H***の父の貴族が旅費と給金を提供し、家庭教師の立場だったシュトレが引き受けたものであった（ebd., S. 29）。出発前にVon H***のいとこ（Vetterを「いとこ」と解しておく）のハルマンが仲間に加わった（ebd., S. 35）――シュトレがハレに来たのは、食事の面倒まで約束したハルマンに誘われてであった（ebd., S. 24）。伝記でVon H***と名前が伏せられたのはおそらくその身分と立場のためであろう。また手稿が伝えるスピノザに関する聞書きにVon H***がかかわった様子がないのも、仕えられ世話を受ける立場だったことを考慮すれば自然である。Von H***とハルマンの姓名はそれぞれJohann Ferdinand von Hallmenfeld（一六八〇年生れ）とGeorge Theoph. Hallmann（Hallemann）（ともにシレジアの出身）と推定され、前者は一七〇一年四月二十六日、後者は前年五月（シュトレは一七〇一年十月二十二日）にハレ大学に学籍登録したことが学籍名簿に記載されている。*Matrikel der Martin-Luther-Universität Halle-Wittenberg 1 (1690-1730), unter Mitwirkung von Franz Zimmermann, bearbeitet von Fritz Juntke*, Halle, 1960, S. 198; 437. ブーダーによると、ハルマンは令名をはせた辯護士としてブレスラウで一七三九年に歿した（Stolle, a. a. O. S. 24）。

（164）R 766, S. 320-321; Freudenthal, *Die Lebensgeschichte Spinoza's*, S. 227.

（165）前々注で触れたように、従来ハルマンの素姓が不明と思われていたために、ハルマンに由来する報告はシュトレのそれに較べて信用度が落ちるとみなされる傾きがあった。さきのシュトレの伝記は旅程をかなり詳しく辿っているものの、アムステルダムでリューウェルツ（の息子）を訪れた記述は短い。最初リューウェルツはスピノザの著作のことを漏らそうとしなかったが、他日シュトレが一人で再訪したときにはそれを見せただけでなく辯護したと記されている（Stolle, a. a. O. S. 41）。つまりこちらに拠ると、スピノザ関係のものを見せられたのはシュトレだけだったことになる。

（166）G. Stolle, *Kurze Anleitung zur Historie der Gelahrheit* [......], Andrer Theil, Halle, 1718, S. 104.

（167）Ebenda, S. 197. 同じことがのちのラテン語版と最後の版でも繰り返されている。Id., *Introductio in historiam litterariam* [......], Ienae, 1728, p. 609; *Anleitung zur Historie der Gelahrheit*, 4. Aufl., Jena, 1736, S. 520-521. この記述より前に

典拠とされる書かれたものがないので、旅行記の手稿が明かすようにリューウェルツの息子からかどうかはともかくとして、シュトレら自身の旅の見聞にもとづくとみるのが妥当である。

(168) ライマンは『遺稿集』に収められた「エチカ」について「著者により最初オランダ語で著され、次に本人によってラテン語に訳され、数学の方法で整えられたが、オランダ語の手稿本にはまだ残されていると言われる悪魔についての章が省かれた」(Jacob Friedrich Reimmann, *Catalogus bibiothecae theologicae, systematico-criticus*, Hildesiae, 1731, p. 983) と記した。これはミリウスによってそのまま引用された。Johann Christoph Mylius, *Bibliotheca anonymorum et pseudonymorum*, Hamburgi, 1740, p 941.

(169) Christophorus Theophilus de Murr [Christoph Gottlieb von Murr], *Benedicti de Spinoza Adnotationes ad Tractatum theologico politicum*, Hagae-Comitum, 1802, p. 14.

(170) ラテン語を解さなかったことが間違いないイェルスを訳者に擬したのは明らかな誤りである。

(171) MB, p. 24.

(172) *Benedicti de Spinoza Opera quae supersunt omnia, iterum edenda curavit, praefationes, vitam auctoris, nec non notitias, quae ad historiam scriptorum pertinent addidit Henr. Eberh. Gottlob Paulus*, volumen posterius, Ienae, 1803, p. XV. フォン・ミュールが「著者により最初オランダ語で書かれた」と記したのは『遺稿集』の「エチカ」に関してである。パウルスは『遺稿集』全体について述べられたものと勘違いしている。

(173) *Ibidem.*

(174) *Benedicti de Spinoza Opera quae supersunt omnia, ex editionibus principibus denuo edidit et praefatus est Carolus Hermannus Bruder*, vol. I, Lipsiae, 1843, p. XIV. 竝べて挙げられたのは、ユダヤ教会から破門を受けた際に書かれたという「辯明書」、「虹の論文」、死の何日か前に燃やされたとコレルスが伝えた旧約モーセ五書のオランダ語訳と注、未発見の書簡である。

(175) Cfr. MB, pp. 24-25.

(176) Vgl. Gebhardt, „Textgestaltung," Bd. I, S. 424-431. ゲープハルトが引証するテクスト構成などの論拠は省いて、その要旨だけを示す。

(177) *Korte Verhandeling (……) door B (enedictus) D (e) S (pinoza), en thans uit een Neêrduitsche vertaling der 17*[de] *eeuw in de taal van onzen tijd overgebracht*, door W. Meijer, Amsterdam, 1899, p. XVI-XVII. メイヤーは、スピノザが或る弟子に口述したのち、知友たちの需めにより訂し増補して出版した「デカルトの哲学原理」（ロードウェイク・メイヤーによる巻頭の挨拶 Gi129 32-130 5を参照）と同様の成り立ちを想定した。

(178) „Textgestaltung,“ Bd. I, S. 425.

(179) Ebd., S. 426. ゲープハルトはそれが自然なことであり、学識教養がある者だけを門下とはしていなかったこと、またラテン語を解さなかったイェルスも含まれたことを理由としている。スピノザの母語はオランダ語ではなく、一六六五年のオランダ語の書簡でも、育てられた言葉でならば「自分の考えをたぶんもっと上手に書き表せるでしょうに」（書簡一九、ファン・ブレイエンベルフ宛）と辯解している。スピノザの育った家庭で遣われたのはポルトガル語だった。ほかに書き言葉としてのスペイン語、学校で学び宗教儀式で用いられたヘブライ語、家業の商売と町場の暮しのためのオランダ語、あとから学んだラテン語が使用の範囲にあったとみられる。Cf. Nadler, *op. cit.*, pp. 46-47. このことは、オランダ人の知友たちに相対してオランダ語で教授が行われたことを排除するわけではない。

(180) „Textgestaltung,“ Bd. I, S. 425-426; 428. ゲープハルトは、いま残されている「短論文」の主要部分がラテン語草稿にもとづくという想定の根拠として、（一）写本A「まえがき」の「これより前にB・D・S・によって〔……〕ラテン語で書かれた。そしていま〔……〕オランダ語に置き換えられた」という証言をまず挙げ、ほかに（二）翻訳の間違いを想定しないと説明できない諸箇所、（三）ラテン語構文の跡が残っている箇所を指摘している（これらのいくつかについては訳注で言及した）。写本Aをラテン語原典のオランダ語訳とみるミニーニは、（一）をゲープハルトと同じくするが、文献学に属する（二）（三）の根拠は斥けている（MB, p. 80）。

(181) ゲープハルトの説を引き写した畠中の「「短論文」はスピノザが人々に「書き取らせた」ものだとも、又自ら「書いた」ものだとも言ひ得るのである」（岩波文庫、二七頁）という言葉がよく物語る。

(182) „Textgestaltung,“ Bd. I, S. 428-429. ゲープハルトは（四）――前々注の箇条書きに続く――みずからの想定による「知性改善論」、「エチカ」第一部および第二部のテクストが完成に向って辿った過程になぞらえ、そこで（書簡八でデ・フリースが「エチカ」について報告したような）輪読会が行われたと推測している。

(183) Ebd., S. 429.

(184) Ebd., S. 426.

(185) Ebd., S. 430.

(186) Ebenda. ゲープハルト（ebd., S. 431）は編纂者の加筆（繋ぎの言葉や敷衍、欄外注記など）を四番目の層として加えており、それを含めると四層説となるが（畠中訳解説、二八頁）、スピノザに由来する主部に限れば三層説である。なお、ゲープハルト（ebenda）は編纂者をイェルスと想定している。

(187) 原文（「短論文」**図版1**参照）を示しておく。Voor deze in de Latynse taal beschreven door B.D.S. ten dienste van syne Leerlinge die zig wilde begeven tot de oeffeninge der *Zeedekonst* en *Waare Wysbegeerte*.［改行］En nu in de Neêrduytse spraak overgezet ten dienste van de Liefhebbers van *Waarheid en Deugd*［……］. overgezet を「翻訳された」ではなく、「置き換えられた」と訳した。このあとで扱うベームの説に副うためではなく、「置き換えられた」が「翻訳」を意味する場合も含めて中正を保つためである。

(188) Rudolf Boehm, „«Dieses war die Ethic und zwar Niederländisch, wie sie Spinosa anfangs verferttiget». Spinozas «Korte Verhandeling» — eine Übersetzung aus einem lateinischen Urtext?" *Studia Philosophica Gandensia*, vol. 5, 1967［以下 Boehm と略］, S. 175-206. 標題の初めの「これは「エチカ」で、しかもスピノザが初めに著したとおりに、オランダ語のものだった」はすでに引用したシュトレーハルマンの旅行記にある言葉である。

(189) ベームの論は、前半でゲープハルト説について注(180)(182)で番号を振った（一）から（四）の根拠を一つ一つ取り上げて批判し（ここでは（一）のみを取り上げる）、後半では自説の拠り所であるシュトレーハルマンの旅行記で報告されたリューウェルツの証言を検証し、おしまいに「短論文」の成り立ちに関して、オランダ語の口述草稿にオランダ語で加筆訂正したという自説の立場からゲープハルトの三層説を批判している。

(190) Ebd., S. 177-178.

(191) Ebd., S. 178. ベームは、「概略」と写本の発見の項で引用した、コレルス「スピノザ伝」に挿んだモニコフの注記を傍証としている。しかし、あとでミニーニの説を扱う中で見るように、この注記がモニコフ自身のものであるとすると、スピノザの死から数十年は隔たって書かれたものであるから、援用は適切とは言えない。

(192) Ebd., S. 178-179. その場合動詞 overgezet（不定形 overzetten）は vertalen（「訳す」）ではなく、verplaatsen（「置き換える」）の意味を担うことになろう。Cf. *Van Dale Groot woordenboek van de Nederlandse taal*, 2005^{14}. ベームは（すでに引用した）シュトレ－ハルマンの旅行記の報告とライマンの記述（注(168)参照）を引いている。これらからはたしかに、「短論文」と「エチカ」が別の著述であることを承知の上で二つながら「エチカ」の名で呼ばれ、ライマンの記す「著者により最初オランダ語で著され、次に本人によってラテン語に訳され（traducta）、数学の方法で整えられた（disposita）」が「短論文」の「エチカ」への再構成を意味していたことが判る。したがって、「序文」の最初の文が「エチカ」を指し、次の文が「短論文」を指すことは不可能ではない。ベームは自説にしたがい、もし「翻訳」と解されるならば、「短論文」が「エチカ」の翻訳であるという不合理な帰結になるという。

(193) MB, p. 78.

(194) MB, pp. 71-80. ベームの説は、発表雑誌が入手しにくかったせいもあると思われるが、言及されることが稀である。往々挙証が上面で急がれている感を与えることや引証が批判対象のゲープハルトから孫引きされていることなども評価に影響しているかもしれない。

(195) それ以外の証言としては、「概略」末尾の「それをラテン語で記した。それをもとに論は以下にあるごとくオランダ語に翻訳されている」という言葉がある（この記述は写本Bの序文に組み込まれた稿［＝σ］にのみあり、コレルス「スピノザ伝」に添付されていた、元のものとみられる稿［＝κ］にはない、「概略」訳注(60)参照)。だが「概略」の作者が、ミニーニの考証するように、筆記者のモニコフ自身であるとすると、スピノザの死から数十年は隔たって書かれたものである上に、その拠り所がAの「まえがき」の記述だけであることもありうる。またモニコフが、シュトレに発してミリウスまで受け継がれた「短論文」に関する伝承に通じていたかどうかもさだかではない。

(196) Boehm, S. 190; MB, p. 22. 注(163)参照。

(197) Freudenthal, *Die Lebensgeschichte Spinoza's*, S. 227-228.

(198) Ebd., S. 301.

(199) „Textgestaltung," Bd. I, S. 410.

(200) MB, pp. 72-73.

（201）Boehm, S. 191, Anm. 31; 195. フロイデンタールの編集では、問題の聞書き（S. 227, Z. 15-S. 228, Z. 2〔『スピノザの生涯と精神』一六九頁七行－一七〇頁五行——以下、注(66)に記した学樹書院版の頁と行を括弧内に添える〕）より前にUから抜萃されているのはS. 225, Z. 16-31（一六六頁九—一八行）である（Uの三六〇－三六二頁）。したがってUの三六二頁から次にUから抜萃されている四七二頁までの間にWからの問題の聞書きと同じ内容が含まれるかどうかを確認すればよいわけである。だがその必要はなく、Wの三二〇頁最後の行から三二二頁初めまでの問題の聞書きのあとには（一七〇三年）六月三十日の記述が続き、それはUの三六四頁にもある（フロイデンタールはどちらも省いている）。グーラウアー（S. 489）も写本（U）三六四頁半ばで抜萃を中断して、六月三十日の記述からあとを省いている。その聞書きの前にフロイデンタールが記しているWの頁は三一九頁（S. 226, Z. 36）である（一六八頁一三行）。ここからS. 227, Z. 12（一六九頁五行）までは一部を欠くもののU（三六三頁半ばから三六四頁半ばまで）も同じ内容を記載している。S. 227, Z. 12（一六九頁五行）からS. 228, Z. 2（一七〇頁五行）まではUにはなく、さきの六月三十日の記述に続くから、問題の聞書きと同内容の記述を含む余地はないことになる。一覧にする（フロイデンタールをFと表す）。

（i）F S. 226, Z. 36- S. 227, Z. 12. W三一九頁五－二七行（S. 226, Z. 39-S. 227, Z. 4を省いてU三六三頁九行－三六四頁一〇行も同内容を記載）。

（ii）F S. 227, Z. 12-15. W三一九頁二七－三〇行。Uは欠く。

（iii）W三一九頁三〇行－三二〇頁三〇行。Uは欠く。F省略。

（iv）問題の聞書き。F S. 227, Z. 15-S. 228, Z. 2. Uは欠く。

Uの記述は（i）から（iv）の後の六月三十日の項に飛んでいるので、問題の聞書きは含まれていない。

（202）問題の聞書きの前にWで「ハルマン氏の旅行記から」という標題が設けられているのはS. 223, Z. 36（一六四頁）、Wの三〇九頁、であり、「われわれがスピノザの著作の出版者のもとを訪れたとき」（傍点引用者）と始まり、フロイデンタールの編集ではS. 224, Z. 11（一六五頁一行）でUからの抜萃によって区切られる（そこから問題の聞書きまでの間にUからの抜萃がさらに三箇所挿まれる）。また、その聞書きの前では前注の（i）のように同じ内容がUにも含まれているので、この聞書きがハルマンの旅行記から採られたという証しはない。

（203）Freudenthal, *Die Lebensgeschichte Spinoza's*, S. 227, Z. 26; 38.

(204) 注(165)参照。Vgl. G. Stolle, *Anleitung zur Historie der juristischen Gelahrheit*, S.41.

(205) Gebhardt, „Textgestaltung," Bd. I, S. 410. Boehm, S. 191. MB, p. 73.

(206) 注(163)参照。

(207) Piet Steenbakkers, "[Review] on Spinoza: *KV*, ed. Mignini," in *Studia Spinozana*, Volume 4, 1988 [以下 Steenbakkers, "Review" と略], pp. 377; 391.

(208) ミニーニによる「短論文」の校定版は三度におよぶ。MK（一九八二年）、MB（一九八六年）、MP（二〇〇九年）である（巻末の略語表を参照）。テクストは基本的に同じである（MBはMKからの修正箇所を初めに掲げている）。この解題で初めに扱った書簡六とかかわる「知性改善論」と「短論文」の前後の問題、「短論文」に関するミニーニの独自の見かたはMKにすでに簡潔に示されている。MBは百頁を越える概説、イタリア語対訳、詳細な注釈から成る（総頁で九百頁に近い）研究の集大成である。ただ、MBの注釈が内容の概説や解釈を含むのに対して、紙幅の点で切りつめられた先立つMKは校注（apparatus criticus）および注釈の文献学としての純度が高かった。Cf. Steenbakkers, "Review," p. 382.

(209) 写本Aを維持しようとするミニーニの読みがときに無理の印象を与えることもある。Cf. Steenbakkers, "Review," p. 383. 個々については訳注で触れた。

(210) 注(137)参照。モニコフはドゥルホフによるヨブ記の講読記録、二折版六千頁を筆写した。Cf. *Nieuw Nederlandsch Biografisch Woordenboek*, Deel 8. モニコフとドゥルホフ信奉者のグループとのかかわりについてはミニーニ（MB, pp. 48-49）を参照。モニコフはかれらからの影響でスピノザに関心を抱くようになったとミニーニは想定している。

(211) W. Meijer, *a.w.*, pp. IX-X; 222.

(212) MB, pp. 42-45.

(213) メイヤー（*a.w.*, p. V）もゲープハルト（„Textgestaltung," Bd. I, S. 412）もベーマーの引用を踏襲している。畠中訳、一五頁参照。

(214) Yg 8°10, p. 184b: na dat wy daar al voorens een korte Schetz van deszelfs voorgaande Verhandeling gegeeven hebben.

(215) MB, p. 43.「概略」に含まれるスピノザへの批判（第一部第六章、「概略」訳注(19)参照）から、プレイアード版（p.

1359）や畠中（二一頁）は作者をドゥルホフと考えた。ミニーニ（MB, p. 45）は、そうした性格はBの序文にも認められるから、かえって「概略」の作者がモニコフとされる理由になるという。だが他方それは、モニコフがスピノザに寄せ続けた関心、著作蒐集への傾注、コレルスの書とAとに記した頌詩と裏腹でもあるから、ミニーニ（MB, p. 50）はスピノザの哲学に対するモニコフの本心については現状では不明としておくのが妥当とした。

(216) ミニーニ（MB, p. 50）は、Bを作成した時期にもモニコフはまだAを所持していなかったと推測している。その理由としてミニーニは、Bの序文（[f. 28 r.]）でもモニコフはさきのコレルスの書への注記を繰り返すように「神学・政治論」へのスピノザの注をもっていることは述べながら、「短論文」の所持については語っていないことを挙げている。ゲープハルトがBの序文の一部（コレルスにもとづいて述べられた伝記部分）を抜粋した次の箇所を参照。„Beschrijving van Spinoza's leeven, door Johannes Monnikhoff," in *Chronicon Spinozanum*, Tomus IV, Hagae Comitis, 1926, pp. 218-219.

(217) 注(146)参照。モニコフはコレルスの書に挿んだスピノザの肖像版画（Yg 8° 10, p. 154a）に添えた自作の頌詩二行をAにも流用した。

(218) この点ではゲープハルトも同じである。„Textgestaltung," Bd. I, S. 421-424.

(219) MB, pp. 39-40.

(220) MB, p. 41.

(221) MB, pp. 56-59.

(222) MB, pp. 82-90.

(223) MB, p. 83. ミニーニは、十六世紀、十七世紀にはラテン語 dictare がしばしば「作成する」の意味で遣われ、その場合オランダ語では dichten と訳されたことを同時代の辞書類を渉猟して跡づけ（MB, p.84）、次いでスピノザの知友でもあったロードウェイク・メイヤー編集のオランダ語語彙集を典拠に、dicteren を dichten（= componere「作成する」）の意味に解しうると論じた（MB, pp.85-87）。*L. Meijers Woordenschat, in drie Deelen ghescheiden, van welke het I. Bastaardtwoorden, II. Konstwoorden, III. Verouderde woorden beghrypt*, De Vyfde Druk verbeeterdt en vermeerderdt met het heele laatste Deel en zeer veele woorden in de voorghaande, Amsterdam, 1669. この語彙集は一六五〇年に初版が刊行され、メイヤーは第二版（一六五四年）からその編集を担い、第五版で甫めてみずからの名を冠した。dicteren は初版から

外来語の部に記載され、第三版（一六五八年）から対応する語として dichten が記載された（MB, pp. 85-86）。第五版では dichten は対応語の四番目に挙げられている。

(224) Steenbakkers, "Review," pp. 389-391.

(225) MB, pp. 88-89.

(226) P. Steenbakkers, *Opera minora van Spinoza: een bespreking en aantekeningen*, Amsterdam, 1988, pp. 44-45.

(227) MP, pp. 170-171.

(228) MB, pp. 95-96; MP, p. 171.

(229) *Ep.* 6, Giv36 *12-14*. また出版を念頭に置いた自分の作品として（Giv36 *15*: circa ejus editionem; Giv36 *18*: in meo hoc opere）、起りうる神学者からの排撃についてオルデンバーグに助言を求めている。

(230) MB, p. 63.

(231) ミニーニ（MB, p. 64）はほとんどが第二部であることの理由を、作品の執筆が進んだ段階を示すだけでなく、慣例と「デカルトの哲学原理」（特に付録の「形而上学的思索」）での欄外注記の先例に倣い、出版を考慮して作成されたとも推測できるとしている。「デカルトの哲学原理」が出版された一六六三年以降に写本が書かれたことはありえないことではないが、初めの理由は、作品執筆と写本の作成がある程度同時に行われたということになるので、二つは時期が齟齬するのではないか。

(232) MB, p. 66.

(233) MB, p. 68.

(234) MB, pp. 68-69.

(235) "Un documento trascurato della revisione spinoziana del 'Breve Trattato'," *La Cultura*, Anno XVIII, N. 2/3, 1980, pp. 223-273. この論文はＭＢに付録として再録されている（pp. 821-864）。ほかに次を参照。MB, pp. 69-70; MP, pp. 171-172.

(236) „Textgestaltung," Bd. I, S. 432.

(237) MB, pp. 105-106.

(238) Gerrit H. Jongeneelen, "The Translator of Spinoza's *Short Treatise*," in *Studia Spinozana*, Volume 2, 1986, pp. 249-264.

(239) MP, pp. 168-169.

あとがき——「犯罪通り」のスピノザ

あとから書くように、この為事《しごと》に取りかかったのは二十二年前である。特にこの十年近くは（こればかりに打ち込んでいたと書くと、用や雑事に塞がれることもあるふだんのありさまと相違してしまうが）論文などに向うこともなかった。やっと手を離れる先が見えてくるにつれ、そのときにはほっとすることを思い描いていたが、じっさいに近づいてくるとあまりそういう気持になってこないのが不思議である。

それでも、もうだいぶ前に手に入れたまま放ってあった、趣も違う本を手に取ることをした。笠原和夫『「仁義なき戦い」調査・取材録集成』（太田出版、二〇〇五）。読み始めてみると、その編者による、「本書により、一本の映画と脚本に費やされた笠原の執念と投下されたエネルギーの凄まじさを、知っていただければ、これ以上の喜びはない」というメッセージに頷けた。アマゾンで目にとまったこの本のレビュー（「不審な言動」氏）が言い得て妙だった。「「百年の孤独」という小説がありましたが、これは広島版のそれというか、暴力クロニクル決定版です。〔改行〕私は広島県人なのですが、誰も頼んだわけじゃないのに、こうして郷土の裏社会の歴史が立派な本になって残ってゆき、読む人も絶えない、というのはなんなんでしょうね。うれしい反面、複雑な気持ちです」。

「百年の孤独」のガルシア・マルケスは処女作を書く前の二十代の一時期、カリブ海に面したコロンビアの都市バランキージャの通称「犯罪通り」にあった新聞社で記者をしていたという。「「犯罪通り」と呼ばれる三二番通りの一帯は、カーニバルのような熱狂に包まれていた。〔改行〕どこにも露天商がひしめく。〔略〕密輸のパソコン、牛の目玉、タマリンドのジュース、マリファアナ。屋台の書店には、スピノザの哲学書「エチカ」の横に「刑法入門」「犯罪社会学」。何でもある。〔改行〕百万の花びらを、炎天下の生ごみの山にぶちまけたような色彩とにおい。売り声、叫び声、笑い声、歌声、クラクション。〔略〕夜は、殺し、強盗、何が起きても不思議ではない町」(『朝日新聞』日曜版、一九九八年十二月十三日、一〇〇人の二〇世紀　ガルシア・マルケス、「犯罪通り」から文学)。

この渾沌はスピノザの「エチカ」と対蹠にあるようでいて、不思議と違和感がない(他の哲学書で似合うものを挙げるとしたらカントの「純粋理性批判」くらいしか思いつかない)。これは印象のようなものかもしれない。しかし次は違う。

「私が九年余りの独居房生活の末に考えついた、万人を幸福にすることのできる唯一の方法と確信する社会制度は、個によって全体が構成されながら、個が互いに矛盾・摩擦・衝突することなく密接に相互作用し、その総和以上の機能、意義、価値などを創造し共有する、健康な肉体、故障しない機械、宇宙の如き絶対的な本質と構造を持ったものです。この絶対的社会において、万人は精神的にも肉体的にも経済的にも豊かに恵まれて、満ち足りた、恒久的な真実の幸福を、有史以来初めて手に入れることができるのです。〔中略〕万人が敵味方、善悪といったように対立したり区別されず、万人が一心同体の如くに団結し、お互いに同情したり同情されたりする必要が全くなくなるように、万人が平等に過不足のない生活をすることであります」(奥崎謙三『ヤマザキ、天皇を撃て!』三一書房、一九七二)。

「犯罪通り」と裏表のような、湿った風土のものだが、原一男監督の映画『ゆきゆきて神軍』にその激烈な姿をとどめている奥崎の言葉は、ここを読むかぎりでは、スピノザが乗り移って書いていると言っても大袈裟ではないくらい、その哲学のめざすところと一致している(奥崎は「エチカ」を読んではいないだろうと思う)。

スピノザはいまもこの世界にともにいるのか。それとも世界とスピノザの間は遠くなり、スピノザは必要とされなくなっているのか。

＊

ここに収めた二作のうち、「短論文」の訳は、スピノザ協会による全集企画の訳者に列なったことに原《もと》を発している。折しもノーベル文学賞の受賞が決まった大江健三郎氏が講演で、「何年かかろうともスピノザを読む。そのあげくに死があっても後悔しない。そこには現在の小説を超えるものがある」とスピノザへの思い入れを語ったと報じられたことも（『朝日新聞』、一九九四年十月十九日夕刊）、全集刊行の機運を高まらせたようである。ある出版社がそれを引き受けることになり、手許の備忘録を見ると、一九九五年春に訳者になることを受諾している（当初は別の作品を打診されたが、やりがいがありそうな「短論文」を希望し、受け容れられていた）。その後の進行をかいつまむと、一九九九年に第一稿が出来、第二稿に向けて手直しを始めた。その頃に最初の出版社が事情により計画から降り、引き継いだ次の出版社も程なく降りることになったのを潮《しお》に全集の訳者を辞退し、スピノザ協会も退会した。二〇〇四年のことであり、その後三番目の出版社から復帰を粘り強く慫慂されたが、お断りした。わたしのうちでは、「知性改善論」を加えて、二作をここに収めた順に竝べ（本書「解題」を参照）、「スピノザ初期哲学」として、自分の願い通りの形で刊行したいという思いが強くなっていた。さいわいなことに、この希望はみすず書房に聞き入れていただいたが、その前にまず、どちらかと言えば一般の読者を想定した「エチカ」の訳を出すことになり、準備に一年半ほどをかけ、二〇〇七年に《大人の本棚》の一冊として『スピノザ　エチカ抄』が刊行された。それから（「短論文」は中断したまま）「知性改善論」の訳を開始し、四年後の二〇一一年に訳了した。「短論文」のほうは、二〇一二年に本文を訳了し、あとから取り組んだ訳注の完成までにさらに四年を費すことになった。このように初めから数えれば二十年を越え、「エチカ抄」とは較べられないくらいに時間がかかってしまった。そのわけは言い出せばさまざまあるが、しかたのないことだったのだろうと思っている。

最後に書いた「解題」では、研究史の一部を相当執拗に辿ることになった。あらためて思ったのは、或る頃までスピノザ研究の中心は何と言ってもドイツだったということである（じっさいドイツ語の文献を随分と読むことになった）。一九二〇年代半ばにゲープハルト版全集が出てから、やがてナチスが政権を握り、ユダヤ人およびユダヤ系作家の作品が排斥され始めたときが劃然とした区切りであろう。しかし、本当のところはそれよりも遡り、本書の訳注でも頻出するヤーコプ・フロイデンタールが著作を著し存命した二十世紀初頭くらいまでだったと言ってもよいかもしれない。フロイデンタールは、ユダヤ教神学院が置かれユダヤ学の一中心でもあった旧ドイツ東部ブレスラウ（現在はポーランドのヴロツワフ）の教授だった。二度の戦争によってドイツの学問研究の伝統がどれだけ損なわれたかということを思い遣ると、やはり黯然とする。

話は変る。三十数年前、東京都立大学大学院の修士課程一年目だったわたしは、当時としてもその非常識は承知しながら、久保元彦先生の演習を取ってもいないのに修士論文の指導を先生にお願いした。久保先生は何も問うことなく承諾くださり、一つのことだけを注意された。それは「好事家にならないように」ということだった。先生が言おうとされたことはわたしにも解った。さてしかし、この為事を顧みて（訳注や解題において）、恩師の遺訓に背いてしまったのではないかという後ろめたさも覚える。と同時に、この類のことでは、探索をまっとうすることが好事家的な傾きとすれすれに接することもまた実感するのである。

二〇〇二年にマチェラータの鉄道駅でフィリッポ・ミニーニ教授に出迎えてもらったときの一番強い印象は、握手した際のがっしりとした大きな手であった。農民のような手だと思った。以来、「知性改善論」の凡例にも記したように、その校定版刊行前の原稿の写しを提供くださるなど、教授は支援を惜しまれなかった。

教授の紹介で同じマチェラータ大学のオメーロ・プロイエッティも識った。二〇〇三年三月からの十箇月間のマチェラータ滞在では、アパートがオメーロ一家の隣室だった。四十二度を記録した夏の日々を、顔を合せるたびにともに呆れながら凌いだことも思い出す。もちろんオメーロからはその研究の端々を聞くこともできた。

ユトレヒト大学にいたピート・ステーンバッカースとは二〇〇一年にライデン郊外ラインスブルフに残る「スピ

ノザの家」に同行してもらって以来のつき合いであり、このたびも「短論文」の写本の読みに関する疑問点について考えを聞いたほか、入手しにくいその論文の提供も受けた。

本書の人名の表記では、英米語名に関しては、勤め先の山梨大学のフィリップ・グレアム准教授から貴重な教示を受けた。オランダ名の数々については、ライデン大学東京事務所を通してオランダ人の方々から教示を頂戴した。オランダ語の固有名詞の発音を片仮名で精確に表記するのはとても難しい。窓口の役を担ってくださった同事務所の柳澤かほるさんには、こちらの再三の質問に対しても、迅速かつ親切に対応いただき、感謝に堪えない気持でいる。なお改善を必要とする表記が残っているかもしれないが、それはもちろんわたし独りの責に帰する。

書いたように、二十年以上におよび、その間変り目もあった中で、みすず書房編集部の尾方邦雄さんには『スピノザ　エチカ抄』に続いてお世話になり、その後の遅々とした進み具合にも（おそらく半ば呆れたであろうが）見放さずに励ましていただいたことに何より感謝申し上げたい（校正してくれた同じく旧知の白石幸紀さんのことも覚えつつ）。本書が世に出るときには、尾方さんの手できっと瀟洒な造本になっていることと思う。

最後に余談を一つ許していただきたい。「短論文」の序文に出てくる「龍涎香《りゅうぜんこう》（Amber de grys）」（アンバーグリース）は、畠中尚志訳（岩波文庫）が訳語とした「琥珀」ではない。その龍涎香がじっさいにどういうものか、姿も匂いも見当がつかないので、資生堂リサーチセンターを訪ね、寺嶋有史チーフパフューマー（当時）にお教えを乞うた。寺嶋さんは龍涎香や麝香の実物、文献資料とともに蘊蓄をお示しくださり、大変愉しいひとときだった。これも五年前のことであり、いまでは懐かしい思い出である。

二〇一七年十二月

佐藤一郎

本書は、日本学術振興会平成二六―二九年度科学研究費助成事業（学術研究助成基金助成金）、基盤研究（C）、研究課題名「スピノザ初期哲学における真理と認識の意義の研究」（課題番号二六三七〇〇一一）による研究成果の一部である。

標題の「「犯罪通り」のスピノザ」は、I・B・シンガーの短篇「市場通りのスピノザ」からの聯想による。

略 語 表

O P	*B. D. S. Opera Posthuma,* [Amsterdam], 1677.『遺稿集』
N S	*De Nagelate Schriften van B. D. S.* [Amsterdam], 1677. オランダ語版『遺稿集』 両者を特に区別せずに言う場合は「遺稿集」とする。
A	Koninklijke Bibliotheek te 's-Gravenhage, Handschrift No. 75 G 15. ハーグ王立図書館「短論文」写本A
B	Koninklijke Bibliotheek te 's-Gravenhage, Handschrift No. 75 G 16. ハーグ王立図書館「短論文」写本B
Ep.	*Epistorae.*「スピノザ往復書簡集」
G	*Spinoza Opera* im Auftrag der heidelberger Akademie der Wissenschaften hrsg. von Carl Gebhardt, 4 Bde., Heidelberg (Carl Winter), 1925. ゲープハルト版全集
MK	Spinoza, Korte Verhandeling van God, de Mensch en deszelvs Welstand, Tekstverzorging, inleiding en aantekeningen door F. Mignini, in Spinoza, *Korte Geschriften*, Amsterdam (Wereldbibliotheek), 1982. ミニーニ校定「短論文」
MB	Benedictus de Spinoza, *Korte Verhandeling van God, de Mensch en deszelvs Welstand - Breve Trattato su Dio, l'uomo e il suo bene,* Introduzione, edizione, traduzione e commento di Filippo Mignini, L'Aquila (Japadre Editore), 1986. ミニーニ校定「短論文」
MO	*Spinoza Opere*, a cura di Filippo Mignini, Traduzioni e note di Filippo Mignini e Omero Proietti, Milano (Arnoldo Mondadori Editore), 2007. ミニーニ編，イタリア語訳スピノザ作品集（ミニーニ，プロイエッティ訳）
MP	Spinoza, *Œuvres*, I, Premiers écrits, Paris (PUF), 2009. ミニーニ校定「知性改善論」,「短論文」（フランス語訳は前者がミシェル・ベサード，後者がジョエル・ガノー）
ATTP	Spinoza, *Œuvres*, III, Tractatus theologico-politicus, Texte établi par Fokke Akkerman, Paris (PUF), 1999.（フランス語訳部分の書誌は省略）
PTP	Spinoza, *Œuvres*, V, Tractatus politicus, Texte établi par Omero Proietti, Paris (PUF), 2005.（フランス語訳部分の書誌は省略）
AHW	Spinoza, *Briefwisseling*, vertaald uit het latijn [...] door F. Akkerman, H. G. Hubbeling, A. G. Westerbrink, Amsterdam (Wereldbibliotheek), 1977

文　献

注で言及した先行の哲学者，思想家，古典文学の作品等の書誌はここに再録しない．

各項目内の排列は概ね早い順としている．

研究書・論文は「知性改善論」，「短論文」それぞれの項に配し（同じものが同じ項の中の別の小区分に重複して載っている場合もある），両方にかかわるものをそのあとに別項として記載した（細かく言えば両方に関係するものも，かかわりが主要であるほうに入れている場合があるが，その場合は区分を目安と了解いただきたい）．同じ著者のものが複数ある場合は発表の早いものに合せて一箇所に纏めた（Id. は idem の略で「同じ著者」の意味）．日本語文献は概ねその項の最後に置いた．注で言及したものだけを記載したが，言及していないものも若干をその項の最後に挙げた．

＊は項目の中での区切りを表す．

I．全集

Benedicti de Spinoza Opera quae supersunt omnia, iterum edenda curavit, praefationes, vitam auctoris, nec non notitias, quae ad historiam scriptorum pertinent addidit Henr. Eberh. Gottlob Paulus, Volmen prius et volumen posterius, Ienae, 1802-1803.（パウルス版）

Benedicti de Spinoza Opera quae supersunt omnia, ex editionibus principibus denuo edidit et praefatus est Carolus Hermannus Bruder, 3 vol., Lipsiae, 1843-1846.（ブルーダー版）

Benedicti de Spinoza Opera quotquot reperta sunt. Recognoverunt J. van Vloten et J. P. N. Land, Hagae Comitum, Volmen prius et volumen posterius, 1882-1883, 1914[3], 4 tom. in 2 vol.（フローテン－ラント版）

Spinoza Opera im Auftrag der heidelberger Akademie der Wissenschaften hrsg. von Carl Gebhardt, 4 Bde., Heidelberg, 1925.（ゲープハルト版）

フランスの Presses Universitaires de France から刊行中のフランス語対訳付きの校定版作品集については，Ⅲ．その他のスピノザ著作，Ⅳ．「知性改善論」，Ⅴ．「短論文」の項にそれぞれ記載した（「略語表」も参照）．

Ⅱ．伝記・伝記資料

Meinsma, K. O., *Spinoza en zijn kring*, 's-Gravenhage, 1896.

Id., *Spinoza et son cercle*, Traduit du néerlandais par S. Roosenburg, Appendices latins et allemands traduits par J.-P. Osier, Paris, 1983, 2006[2].

Die Lebensgeschichte Spinoza's in Quellenschriften, Urkunden und nichtamtlichen

Nachrichten [.....] herausgegeben von J. Freudenthal, Leipzig, 1899.
ルカス，コレルス『スピノーザの生涯と精神』渡辺義雄訳，理想社，1962，再刊（リュカス，コレルス『スピノザの生涯と精神』），学樹書院，1996.
Revah, I. S., *Spinoza et le Dr Juan de Prado*, Paris et La Haye, 1959.
Nadler, Steven, *Spinoza: A Life*, Cambridge, 1999.

Ⅲ.「知性改善論」と「短論文」以外のスピノザ著作

「デカルトの哲学原理」，「形而上学的思索」

スピノザ『デカルトの哲学原理　附　形而上学的思想』畠中尚志訳，岩波文庫，1959.

「神学・政治論」

校定テクスト（次のもの以外では「Ⅰ．全集」のフローテン－ラント版とゲープハルト版）

Spinoza, *Œuvres, III, Tractatus theologico-politicus / Traité théologico-politique*, Texte établi par Fokke Akkerman, Traduction et notes par Jacqueline Lagrée et Pierre-François Moreau, Paris, 1999. [= ATTP]

*

スピノザ『神学・政治論（上）（下）』吉田量彦訳，光文社古典新訳文庫，2014.

「エチカ」

『スピノザ　エチカ抄』佐藤一郎編訳，みすず書房，2007.

「政治論」

校定テクスト（次のもの以外では「Ⅰ．全集」のフローテン－ラント版とゲープハルト版）

Spinoza, *Œuvres, V, Tractatus politicus / Traité politique*, Texte établi par Omero Proietti, Traduction, introduction, notes [......] par Charles Ramond, avec une notice de Pierre-François Moreau, et des notes d' Alexandre Matheron, Paris, 2005. [= PTP]

*

スピノザ『国家論』畠中尚志訳，岩波文庫，1940，1976[12]改版.

往復書簡

The Correspondence of Spinoza, Translated and Edited with Introduction and Annotations by A. Wolf, London, 1928
Spinoza, *Briefwisseling*, vertaald uit het latijn en uitgegeven naar de bronnen alsmede van een inleiding en van verklarende en tekstkritische aantekeningen voorzien door F. Akkerman, H. G. Hubbeling, A. G. Westerbrink, Amsterdam, 1977. [= AHW]
『スピノザ往復書簡集』畠中尚志訳，岩波文庫，1958.

*

The Correspondence of Henry Oldenburg, Edited and Translated by A. Rupert Hall and

Marie Boas Hall, Vol. I 1641-1662, Madison and Milwaukee, 1965.
「虹の代数計算」ほか
Spinoza's Algebraic Calculation of the Rainbow & Calculation of Chances, Edited and translated with an introduction, explanatory notes and an appendix by M. J. Petry, Dordrecht, 1985.

Ⅳ.「知性改善論」

原典

B. D. S. Opera Posthuma, Quorum series post Praefationem exhibetur, [Amsterdam] 1677. [= OP]（『遺稿集』）

De Nagelate Schriften van B. D. S. Als Zedekunst, Staatkunde, Verbetering van 't Verstant, Brieven en Antwoorden. Uit verscheide Talen in de Nederlandsche gebragt, [Amsterdam], 1677. [= NS]（オランダ語版『遺稿集』）

校定テクスト（次のもの以外では「Ⅰ．全集」のフローテンーラント版とゲープハルト版）

Spinoza, *Œuvres, I, Premiers écrits, Tractatus de intellectus emendatione, Traité de la réforme de l'entendement*, Texte établi par Filippo Mignini, Traduction par Michelle Beyssade, Paris, 2009. [= MP]（ミニーニ校定「知性改善論」）

各国語訳

(a)ドイツ語訳

Benedict von Spinoza's Abhandlung über die Verbesserung des Verstandes und über den Weg, auf den er am besten zur wahren Erkenntniss der Dinge geführt wird, und desselben Politische Abhandlung [......], Übersetzt und erläutert von J. H. v. Kirchmann, Berlin, 1871.（キルヒマン訳）

Abhandlung über die Vervollkommnung des Verstandes und über den Weg, auf welchem er am besten zur wahren Erkenntniss der Dinge geführt wird, Von Spinoza, Neu übersetzt von J. Stern, Leipzig, o. D. [1887].（シュテルン訳）

Baruch de Spinoza, *Abhandlung über die Verbesserung des Verstandes. Abhandlung vom Staate. Übertragen und eingeleitet [......] von Carl Gebhardt*, Leipzig, 1907.（ゲープハルト訳）

Baruch de Spinoza, *Abhandlung über die Verbesserung des Verstandes. Tractatus de intellectus emendatione. Neu übersetzt, herausgegeben, mit Eingeleitung und Anmerkungen versehen von Wolfgang Bartuschat*, Hamburg, 1993.（バルトゥシャート訳）

(b)フランス語訳

Traité de la réforme de l'entendement, dans *Œuvres de Spinoza traduites par Émile Saisset*, Tome III, 1842, nouvelle édition revue et augmentée, Paris, 1872.（セッセ訳）

Traité de la réforme de l'entendement, dans Spinoza, *Œuvres I, Traduction et notes par*

Charles Appuhn, s.d. [1904], rééd., Paris, 1964.（アッピューン訳）
Spinoza, *Traité de la réforme de l'entendement et de la meilleure voie à suivre pour parvenir à la vraie connaissance des choses. Texte, traduction et notes par A. Koyré*, 1937, 5e édition, Paris, 1974.（コイレ訳）
Traité de la réforme de l'entendement, dans Spinoza, *Œuvres complètes, texte nouvellement traduit ou revu, presénté et annoté par Roland Caillois, Madeleine Francès et Robert Misrahi*, [Bibliothèque de la Pléiade], Paris, 1954.（プレイアード版〔カイヨワ訳〕）
Spinoza, *Traité de la réforme de l'entendement, Préface, traduction et commentaires de André Scala*, Paris, 1990.（スカラ訳）
Spinoza, *Traité de la réforme de l'entendement, Établissement du texte, traduction, introduction et commentaires par Bernard Rousset*, Paris, 1992.（ルッセ訳）
Spinoza, *Traité de la réforme de l'entendement et de la meilleure voie à suivre pour parvenir à la vraie connaissance des choses. Introduction, traduction et commentaires par André Lécrivain*, Paris, 2003.（レクリヴァン訳）
ベサード訳（「知性改善論」校定テクスト［MP］の項を参照）
(c)英語訳
Benedict de Spinoza, *On the Improvement of the Understanding, The Ethics, Correspondence. Translated from the Latin, With an Introduction by R. H. M. Elwes*, London, 1883, New York, n.d. [1974].（エルウィス訳）
Baruch Spinoza, *On the Improvement of the Understanding, Translated, with an Introduction, by Joseph Katz*, New York, 1958.（カッツ訳）
"Treatise on the Improvement of the Understanding, Baruch de Spinoza, Translated, with a Preface, Notes, and Index, by Paul D. Eisenberg," *Philosophy Reserch Archives,* Vol. 5, 1977, pp. 554–679.（アイゼンバーグ訳）
Treatise on the Emendation of the Intellect, in *The Collected Works of Spinoza, Volume I, Edited and Translated by Edwin Curley*, Princeton, 1985.（カーリー訳）
Spinoza, *Ethics and Treatise on the Correction of the Intellect, Translated by Andrew Boyle and revised by G. H. R. Parkinson with an Introduction and Notes by G. H. R. Parkinson*, London and Vermont, 1993.（パーキンソン訳）
Treatise on the Emendation of the Intellect, in Spinoza, *Complete Works, with Translations by Samuel Shirley, Edited, with Introduction and Notes, by Michael L. Morgan*, Indianapolis, 2002.（シャーリー訳）
(d)イタリア語訳
Trattato sull'emendazione dell'intelletto, Traduzione e noti di Filippo Mignini in *Spinoza Opere, a cura e con un saggio introduttivo di Filippo Mignini, Traduzioni e noti di Filippo Mignini e Omero Proietti*, Milano, 2007. [= MO]（ミニーニ訳）
(e)スペイン語訳
Spinoza, *Tratado de la reforma del entendimiento [......], Traducción, introducción, índice analítico y notas de Atilano Domínguez*, Primera edición, 1988, revisada y

actualizada, Madrid, 2006.（ドミンゲス訳）
(f)日本語訳
スピノザ『知性改善論』畠中尚志訳，岩波文庫，1931，1968[21]改版．

「知性改善論」の成立，「遺稿集」刊行をめぐる情報

G. W. Leibniz, Mathematische Schriften, herausgegeben von C. I. Gerhardt, Halle, 1859, Nachdruck, Hildesheim, 1971, Bd. IV.

Stein, Ludwig, *Leibniz und Spinoza. Ein Beitrag zur Entwicklungsgeschichte der Leibnizischen Philosophie*, Berlin, 1890.

G. W. Leibniz Sämtliche Schriften und Briefe, herausgegeben von der [......] Akademie der Wissenschaften [......], Reihe II, Bd. 1, Berlin, 2006; Reihe III, Bd. 2, Berlin, 1987.

Steenbakkers, Piet, *Spinoza's Ethica from manuscript to print.* Studies on text, form and related topics, Assen, 1994.

Meinsma, *Spinoza et son cercle*.（「II．伝記・伝記資料」の項を参照）

Freudenthal, *Die Lebensgeschichte Spinoza's*.（「II．伝記・伝記資料」の項を参照）

ラテン語修養

Meinsma, *Spinoza et son cercle*.（「II．伝記・伝記資料」の項を参照）

Leopold, J. H., *Ad spinozae opera posthuma*, Hagae Comitis, 1902.

Akkerman, Fokke, "Spinoza's tekort aan woorden: Humanistische aspecten van zijn schrivershap," *Mededelingen XXXVI vanwege Het Spinozahuis,* Leiden, 1977, pp. 1–24, later in id., *Studies in the Posthumous Works of Spinoza*, Proefschrift, Rijksuniversiteit te Groningen, 1980.

Proietti, Omero, "*Adulescens luxu perditus*: Classici latini nell'opera di Spinoza," *Rivista di filosofia neoscolastica*, 77, n. 2, 1985, pp. 210–257

Id., "Il «Philedonius» di Franciscus van den Enden e la formazione retorico-letteraria di Spinoza (1656–1658)," *La Cultura*, Anno XXVIII, N. 2, 1990, pp. 267–321

Id., *Philedonius, 1657: Spinoza, Van den Enden e i classici latini*, Macerata, 2010

*

Meininger, Jan V., Guido van Suchtelen, *Liever met wercken, als met woorden: De levensreis van doctor Franciscus van den Enden, leermeester van Spinoza, complotteur tegen Lodewijk de Veertiende,* Weesp, 1980.

語彙

Canone, Eugenio - Giuseppina Totaro, "Il «Tractatus de intellectus emendatione» di Spinoza, Index locorum," in *Lexicon philosophicum, Quaderni di terminologia filosofica e storia delle idee*, 5 - 1991, a cura di A. Lamarra e L. Procesi, pp. 21–127.

Mignini, Filippo, "Annotazioni sul lessico del *Tractatus de intellectus emendatione*," in *Spinoziana. Ricerche di terminologia filosofica e critica testuale, a cura di Pina Totaro*, Firenze, 1997, pp. 107–123.

Gueret, Michel, André Robinet et Paul Tombeur, *Spinoza Ethica. Concordances, Index,*

Listes de fréquences, Tables comparatives, Louvain-la-Neuve, 1977

研究書・論文

Elbogen, Ismar, *Der Tractatus de intellectus emendatione und seine Stellung in der Philosophie Spinozas, Ein Beitrag zur Entwickelungsgeschichte Spinozas,* Breslau, 1898.

Leopold, J. H., *Ad spinozae opera posthuma.*（「ラテン語修養」を参照）

Gebhardt, Carl, *Spinozas Abhandlung über die Verbesserung des Verstandes*, Heidelberg, 1905.

Joachim, Harold H., *Spinoza's Tractatus de Intellectus Emendatione. A Commentary*, Oxford, 1940.

Eisenberg, Paul D., "How to Understand *De Intellectus Emendatione*," *Journal of the History of Philosophy,* Vol. 9, 1971, pp. 171-191.

Violette, R., "Méthode inventive et méthode inventée dans l'introduction au «De Intellectus Emendatione» de Spinoza," *Revue philosophique de la France et de l'Etranger*, N° 3, 1977, pp. 303-322.

Mignini, Filippo, "Per la datazione e l'interpretazione del *Tractatus de intellectus emendatione* di B. Spinoza," *La Cultura*, Anno XVII, N. 1/2, 1979, pp. 87-160.

Van Suchtelen, Guido, "Mercator sapiens amstelodamensis," in *Proceedings of the First Italian International Congress on Spinoza, edited by Emilia Giancotti / Spinoza nel 350° anniversario della nascita. Atti del Congresso (Urbino 4-8 ottobre 1982), a cura di Emilia Giancotti*, Napoli, 1985, pp. 527-537.

Garrett, Don, "Truth and Ideas of Imagination in the *Tractatus de Intellectus Emendatione*," *Studia Spinozana*, Volume 2, 1986, pp. 61-92.

Savan, David, "Spinoza: Scientist and Theorist of Scientific Method," in *Spinoza and the Sciences, Edited by Marjorie Grene and Debra Nails*, Dordrecht, 1986, pp. 95-123.

Akkerman, Fokke, "La latinité de Spinoza et l'authenticité du texte du *Tractatus de intellectus emendatione,*" *Revue des Sciences philosophiques et théologiques*, Tome 71, 1987. pp. 23-29.

Matheron, Alexandre, "Pourquoi le *Tractatus de intellectus emendatione* est-il resté inachevé?" *Revue des Sciences philosophiques et théologiques*, Tome 71, 1987, pp. 45-53.

Id., "Idée, idée d'idée et certitude dans le *Tractatus de intellectus emendatione* et dans l'*Ethique*," dans *Groupe de Recherches Spinozistes, Travaux et documents, N° 2, Méthode et métaphysique*, Paris, 1989, pp. 93-104.

Proietti, O., "Una fonte del «De intellectus emendatione» spinoziano. Le *Lettere a Lucilio*," *La Cultura*, Anno XXIX, N. 1/2, 1991, pp. 327-339.

佐藤一郎「方法と経験―「知性改善論」の方法の原則論―」，村上勝三編『真理の探究― 17 世紀合理主義の射程―』知泉書館（2005），127-154 頁 .

*

Zweerman, Theo, *L'introduction à la philosophie selon Spinoza: une analyse structurelle de l'Introduction du* Traité de la réforme de l'entendement, *suivi d'un commentaire de ce texte*, Leuven-Louvain et Assen, 1993.

V.「短論文」

原典

Koninklijke Bibliotheek te 's-Gravenhage, Handschrift No. 75 G 15. [= A]（ハーグ王立図書館「短論文」写本A）

Koninklijke Bibliotheek te 's-Gravenhage, Handschrift No. 75 G 16. [=B]（ハーグ王立図書館「短論文」写本B）

「短論文」校定テクスト（ほかに「I. 全集」のフローテンーラント版とゲープハルト版）

[J. van Vloten,] *Ad Benedicti de Spinoza Opera quae supersunt omnia supplementum. Continens Tractatum hucusque ineditum de Deo et homine, Tractatulum de Iride, Epistolas nonnullas ineditas, et ad eas vitamque philosophi collectanea*, Amstelodami, 1862.（ファン・フローテンによる「短論文」の最初の刊本. Bに拠り，所々でAを使用. ラテン語対訳版）

Benedicti de Spinoza „Korte Verhandeling van God, de Mensch en deszelfs Welstand" Tractatuli deperditi De Deo et homine ejusque felicitate versio belgica. Ad antiquissimi codicis fidem edidit et praefatus est Car. Schaarschmidt, Amstelodami, 1869.（シャールシュミットによるAのテクストの最初の刊本）

Spinoza, Korte Verhandeling van God, de Mensch en deszelvs Welstand, Tekstverzorging, inleiding en aantekeningen door F. Mignini, in Spinoza, *Korte Geschriften*, Amsterdam, 1982. [= MK]（ミニーニ校定「短論文」[1]）

Benedictus de Spinoza, *Korte Verhandeling van God, de Mensch en deszelvs Welstand / Breve Trattato su Dio, l'uomo e il suo bene,* Introduzione, edizione, traduzione e commento di Filippo Mignini, L'Aquila, 1986. [= MB]（ミニーニ校定「短論文」[2]）

Spinoza, *Œuvres, I, Premiers écrits, Korte Verhandeling / Court Traité*, Texte établi par Filippo Mignini, Traduction par Joël Ganault, Paris, 2009. [= MP]（ミニーニ校定「短論文」[3]）

「短論文　概略」原典

Korte Schetz der Verhandeling van Benedictus de Spinoza over God; den Mensch, en deszelfs welstand. Martin-Luther-Universität Halle-Wittenberg, Universitäts- und Landesbibliothek Sachsen-Anhalt Sondersammlungen, Yg 8° 9, ff. 2-12.（ハレ大学図書館写本）

Koninklijke Bibliotheek te 's-Gravenhage, Handschrift No. 75 G 16, ff. 28v-36v.（ハーグ王立図書館「短論文」写本B）

*

Benedicti de Spinoza Tractatus de Deo et homine eiusque felicitate lineamenta, atque Adnotationes ad Tractatum theologico politicum, edidit et illustravit Eduardus Boehmer, Halae ad Salam, 1852.（エドゥアルト・ベーマーによる「概略」の最初の刊本）

「短論文」各国語訳

Korte Verhandeling van God, de Mensch en deszelvs Welstand. Oorspronkelijk in het Latijn geschreven door B (enedictus) D (e) S (pinoza), en thans uit een Neêrduitsche vertaling der 17de eeuw in de taal van onzen tijd overgebracht, door W. Meijer, Amsterdam, 1899（ウィレム・メイヤーによる当代のオランダ語へのかなり自由な書き改め）

*

(a)ドイツ語訳

B. de Spinoza's kurzgefasste Abhandlung von Gott, dem Menschen und dessen Glück. Aus dem Holländischen zum ersten Male ins Deutsche übersetzt und mit einem Vorwort begleitet von C. Schaarschmidt, Berlin, 1869, 3. Aufl., Leipzig, 1907.（シャールシュミット訳）

Benedict de Spinoza's kurzer Traktat von Gott, dem Menschen und dessen Glückseligkeit. Auf Grund einer neuen von Dr. Antonius van der Linde vorgenommenen Vergeichung der Handschriften ins Deutsche übersetzt, mit einer Einleitung, kritischen und sachlichen Erläuterungen begleitet von Dr. Christoph Sigwart, Tübingen, 1870, Zweite Ausgabe, Freiburg i. B und Tübingen, 1881.（ジークヴァルト訳）

Spinoza, *Kurze Abhandlung von Gott, dem Menschen und seinem Glück. Übertragen und herausgegeben von Carl Gebhardt*, Leipzig, 1922.（ゲープハルト訳）

Baruch de Spinoza, *Kurze Abhandlung von Gott, dem Menschen und dessen Glück. Auf der Grundlage der Übersetzung von Carl Gebhardt, neu bearbeitet, eingeleitet und herausgegeben von Wolfgang Bartuschat*, Hamburg, 1991.（バルトゥシャート訳）

(b)フランス語訳

Court traité de Dieu, de l'homme et la santé de son âme, dans Spinoza, *Œuvres I, Traduction et notes par Charles Appuhn*.（アッピューン訳，「知性改善論」のアッピューン訳と同一本）

Court traité de Dieu, de l'homme et de son état bienheureux, dans Spinoza, *Œuvres complètes [……]*.（プレイアード版〔フランセス，カイヨワ訳〕，「知性改善論」のプレイアード版と同一本）

ガノー訳（「短論文」校定テクスト［MP］の項を参照）

(c)英語訳

Spinoza's Short Treatise on God, Man, and His Well-Being, Translated and Edited, with an Introduction and Commentary and a Life of Spinoza by A. Wolf, London, 1910.（ウルフ訳）

Short Treatise on God, Man, and His Well-Being in *The Collected Works of Spinoza, Volume I [......].*（カーリー訳，「知性改善論」のカーリー訳と同一本）
(d)イタリア語訳
ミニーニ訳（「短論文」校定テクスト〔MB〕の項を参照）
Breve trattato su Dio, l'uomo e il suo bene, Traduzione di Filippo Mignini in *Spinoza Opere*.〔= MO〕（ミニーニ訳，「知性改善論」のミニーニ訳と同一本）
(e)スペイン語訳
Spinoza, *Tratado breve, Traducción, prólogo y notas de Atilano Domínguez*, Madrid, 1990.（ドミンゲス訳）
(f)日本語訳
『神・人間及び人間の幸福に関する短論文』畠中尚志訳，岩波文庫，1955.

発見以前の「短論文」に関する伝承資料と発見当時の資料および調査

〔Lodewijk Meyer,〕Philosophia s. scripturae interpres, Eleutheropoli〔Amsterdam〕, 1666.
Uniwersytet Wrocławski Biblioteka Uniwersytecka Zbiory Specjalne, IV O 49, R 766.（ヴロツワフ大学図書館，シュトレ〔-ハルマン〕旅行記の写本，フロイデンタール *Die Lebensgeschichte Spinoza's*.〔「II．伝記・伝記資料」の項〕収録のUとW）
„Beiträge zur Kenntniss des 17. u. 18. Jaharhunderts aus den handschriftlichen Aufzeichnungen Gottlieb Stolle's. Mitgetheilt von G. E. Guhrauer," *Allgemeine Zeitschrift für Geschichte*, hrsg. von W. Adolf Schmidt, Bd. VII, 1847, S. 385-436; 481-531.（上記IV O 49の最初の抜萃刊行）
Stolle, Gottlieb, *Kurze Anleitung zur Historie der Gelahrheit [......]*, Andrer Theil, Halle, 1718.
Id., *Introductio in historiam litterariam [......]*, Ienae, 1728.
Id., *Anleitung zur Historie der Gelahrheit*, 4. Aufl., Jena, 1736.
Id., *Anleitung zur Historie der juristischen Gelahrheit*, Jena, 1745.
Reimmann, Jacob Friedrich, *Catalogus bibiothecae theologicae, systematico-criticus*, Hildesiae, 1731.
Mylius, Johann Christoph, *Bibliotheca anonymorum et pseudonymorum*, Hamburgi, 1740.
De Murr Christophorus Theophilus〔Christoph Gottlieb von Murr〕, *Benedicti de Spinoza Adnotationes ad Tractatum theologico politicum*, Hagae-Comitum, 1802.
パウルス版（「I．全集」の項を参照）
ブルーダー版（「I．全集」の項を参照）
Korte, dog waaragtige Levens-Beschryving, Van Benedictus de Spinosa, Uit Autentique Stukken en mondeling getuigenis van nog levende personen, opgestelt. Door Johannes Colerus [......], Amsterdam, 1705. Martin-Luther-Universität Halle-Wittenberg, Universitäts- und Landesbibliothek Sachsen-Anhalt Sondersammlungen, Yg 8° 10.（ハレ大学図書館写本，上掲書へのヨハネス・モニコフによる注記の手稿）

Benedicti de Spinoza Tractatus de Deo et homine eiusque felicitate lineamenta [……], edidit et illustravit Eduardus Boehmer.（「短論文」概略原典の項を参照）

Böhmer, Ed., „Spinozana, II," *Zeitschrift für Philosophie und philosophische Kritik*, Bd. XLII, 1863.（「研究書・論文」の項を参照）

Van der Linde, A., „Notiz zur Litteratur des Spinozismus," *Zeitschrift für Philosophie und philosophische Kritik*, Bd. XLV, 1864, S. 301-305.

研究書・論文

Böhmer, Ed., „Spinozana," *Zeitschrift für Philosophie und philosophische Kritik*, Bd. XXXVI, 1860, S. 121-166.

Id., „Spinozana, II, III," *Zeitschrift für Philosophie und philosophische Kritik*, Bd. XLII, 1863, S. 76-121.

Id., „Spinozana, IV, V, VI," *Zeitschrift für Philosophie und philosophische Kritik*, Bd. LVII, 1870, S. 240-277.

Sigwart, *Spinoza's neuentdeckter Tractat von Gott, dem Menschen und dessen Glückseligkeit. Erläutert und in seiner Bedeutung für das Verständniss des Spinozismus untersucht von Dr. Christoph Sigwart*, Gotha, 1866

Trendelenburg, Adolf, „Über die aufgefundenen Ergänzungen zu Spinoza's Werken und deren Ertrag für Spinoza's Leben und Lehre", in id., *Historische Beiträge zur Philosophie*, Dritter Band, Berlin, 1867, S. 277-398.

Joël, Manuel *Zur Genesis der Lehre Spinoza's mit besonderer Berücksichtigung des Kurzen Traktats „Von Gott, dem Menschen und dessen Glückseligkeit,"* Breslau, 1871, in id., *Beiträge zur Geschichte der Philosophie*, Zweiter Band, Breslau, 1876.

Busse, Ludwig, „Beiträge zur Entwicklungsgeschichte Spinozas, I," *Zeitschrift für Philosophie und philosophische Kritik*, Bd. 90, 1887, S. 50-88

Id., „Beiträge zur Entwicklungsgeschichte Spinozas, II, III," *Zeitschrift für Philosophie und philosophische Kritik*, Bd. 91, 1887, S. 227-251.

Id., „Beiträge zur Entwicklungsgeschichte Spinozas, IV," *Zeitschrift für Philosophie und philosophische Kritik*, Bd. 92, 1888, S. 213-239.

Id., „Beiträge zur Entwicklungsgeschichte Spinozas, V," *Zeitschrift für Philosophie und philosophische Kritik*, Bd. 96, 1889, S. 62-99; 174-222.

Freudenthal, J., „Spinoza und die Scholastik," in *Philosophische Aufsätze. Eduard Zeller [……] gewidmet*, Leipzig, 1887, S. 83-138

Id., „Spinozastudien, I," *Zeitschrift für Philosophie und philosophische Kritik*, Bd. 108, 1896, S. 238-282.

Id., „Spinozastudien, II," *Zeitschrift für Philosophie und philosophische Kritik*, Bd. 109, 1897, S. 1-25.

Siebeck, H., „Ueber die Entstehung der Termini natura naturans und natura naturata," *Archiv für Geschichte der Philosophie*, Bd. 3, 1890, S. 370-378.

Robinson, Lewis, „Untersuchungen über Spinozas Metaphysik," *Archiv für Philosophie, I. Abteilung: Archiv für Geschichte der Philosophie*, Neue Folge, Bd.

19, 1906, S. 297–332; 451–485.

Cassirer, Ernst, *Das Erkenntnisproblem in der Philosophie und Wissenschaft der neueren Zeit*, Zweiter Band, 1907, 1922[3], Rep. Hildesheim u. New York, 1974.

Dunin Borkowski, S. von, „Spinozas Korte Verhandeling van God, de Mensch en deszelfs Welstand," in *Chronicon Spinozanum*, Tomus III, Hagae Comitis, 1923, S. 108–141.

Id., *Spinoza, Bd. I, Der junge De Spinoza*, Zweite Auflage, Münster, 1933.

Lachiéze-Rey, Pierre, *Les origines cartésiennes du Dieu de Spinoza*, Paris, 2e édition, 1950.

Boehm, Rudolf, „«Dieses war die Ethic und zwar Niederländisch, wie sie Spinosa anfangs verferttiget». Spinozas «Korte Verhandeling» — eine Übersetzung aus einem lateinischen Urtext?" *Studia Philosophica Gandensia*, vol. 5, 1967, pp. 175–206.

Giancotti Boscherini, Emilia, "Sul concetto spinoziano di mens," in G. Crapulli - E. Giancotti Boscherini, *Ricerche lessicali su opere di Descartes e Spinoza*, Roma, 1969, pp. 119–184.

Mignini, Filippo, "Un documento trascurato della revisione spinoziana del 'Breve Trattato'," *La Cultura*, Anno XVIII, N. 2/3, 1980, pp. 223–273.

Jongeneelen, Gerrit H., "The Translator of Spinoza's Short Treatise," in *Studia Spinozana,* Volume 2, 1986, pp. 249–264.

Steenbakkers, Piet, "[Review] on Spinoza: *KV*, ed. Mignini," in *Studia Spinozana*, Volume 4, 1988, pp. 377–392.

Id., *Opera minora van Spinoza: een bespreking en aantekeningen*, Amsterdam, 1988.

Ramond, Charles, "Nature Naturante, Nature Naturée: sur quelques énigmes posées par une distinction archi-fameuse," dans Ch. Ramond éd., *Spinoza: Nature, Naturalisme, Naturation*, Pessac, 2011, pp. 93–119.

＊

Dio, l'uomo, la libertà. Studi sul "Breve Trattato" di Spinoza, a cura di Filippo Mignini, L'Aquila, 1990.（「短論文」を主題とした 27 の論を収めた論集）

Ⅵ．「知性改善論」，「短論文」の両方にかかわる研究（著作順を扱うものも含まれる），ほか

Kuno Fischer, *Geschichte der neuern Philosophie*, Heidelberg, 1865[2], Bd. I, Zweiter Theil; 1898[4], 1946[6], Bd. II.

Avenarius, Richard, *Ueber die beiden ersten Phasen des Spinozischen Pantheismus und das Verhältnis der zweiten zur dritte Phase*, Leipzig, 1868.

Baltzer, August, *Spinozas Entwicklungsgang, besonders nach seinen Briefen geschildert*, Kiel, 1888.

Freudenthal, J., *Spinoza, sein Leben und seine Lehre, Erster Band, Das Leben Spinozas,*

Stuttgart, 1904.

Id., *Spinoza. Leben und Lehre, [......] zweiter Teil: Die Lehre Spinozas auf Grund des Nachlasses von J. Freudenthal, bearbeitet von Carl Gebhardt*, Heidlberg, 1927.

Robinson, Lewis, *Kommentar zu Spinozas Ethik*, Leipzig, 1928.

Wolfson, Harry Austryn, *The Philosophy of Spinoza: Unfolding the Latent Processes of His Reasoning*, Cambridge, Mass., 1934, Rep. 1983, Two Volumes in One.

Gueroult, Martial, *Spinoza*, 2 vol., Paris, 1968 et 1974.

Matheron, Alexandre, "Note sur les travaux de Filippo Mignini," *Bulletin de l'Association des Amis de Spinoza*, N° 10, 1983, pp. 9-12.

Mignini, Filippo, "Nuovi contributi per la datazione e l'interpretazione del *Tractatus de intellectus emendatione*," in *Proceedings of the First Italian International Congress on Spinoza, edited by Emilia Giancotti / Spinoza nel 350° anniversario della nascita. Atti del Congresso (Urbino 4-8 ottobre 1982), a cura di Emilia Giancotti*, Napoli, 1985, pp. 515-525.

Id., "Données et problèmes de la chronologie spinozienne entre 1656 et 1665," *Revue des Sciences philosophiques et théologiques*, Tome 71, 1987, pp. 9-21.

Id., "La cronologia e l'interpretazione delle opere di Spinoza," *La Cultura,* Anno XXVI, N. 2, 1988, pp. 339-360.

Curley, Edwin, "Une nouvelle édition anglaise des oeuvres de Spinoza," dans «*Spinoza entre Lumière et Romantisme*», *Les cahiers de Fontenay,* n° 36 à 38, 1985, pp. 391-398.

Id., "Spinoza on Truth," *Australasian Journal of Philosophy,* Vol. 72, No. 1, 1994, pp. 1-16

清水禮子『破門の哲学—スピノザの生涯と思想—』みすず書房，1978.

佐藤一郎『個と無限—スピノザ雑考—』風行社，2004.

同「内と外へのまなざし—スピノザの哲学への一つの近づき」日本哲学会編『哲学』第 57 号，2006，93-111 頁.

入門書

Moreau, Pierre-François, *Spinoza et le spinozisme* [Coll. «Que sais-je?»], Paris, 2003.

Ⅶ. 辞典・事典ほか

De Thesaurus van Plantijn van 1573, opnieuw uitgegeven met een inleiding van dr. F. Claes, 's-Gravenhage, 1972.

Kiliaans Etymologicum van 1599, opnieuw uitgegeven met een inleiding van dr. F. Claes, 's-Gravenhage, 1972.

L. Meijers Woordenschat, in drie Deelen ghescheiden, van welke het I. Bastaardtwoorden, II. Konstwoorden, III. Verouderde woorden beghrypt, De Vyfde Druk verbeeterdt en vermeerderdt met het heele laatste Deel en zeer veele woorden in de voorghaande, Amsterdam, 1669.

Hannot S., en D. van Hoogstraten, *Nieuw Woordboek der Nederlantsche en Latynsche Tale*, Dordrecht, 1699, 1736[3].

Spanoghe, *Synonymia latino-teutonica (ex Etymologico C. Kiliani deprompta) Latijnsch-Nederlandsch woordenboek der XVII*[e] *eeuw. Uitgegeven door Emile Spanoghe*, II, Antwerpen-Gent-'s-Gravenhage, 1892.

Van Dale Groot woordenboek van de Nederlandse taal, 1864, 2005[14].

Oxford Latin Dictionary, Edited by P. G. W. Glare, Oxford, 1982.

＊

樋口勝彦，藤井昇『詳解ラテン文法』研究社，1963.

＊

Chauvin, Stephanus, *Lexicon philosophicum*, 1692, Leeuwarden, 1713[2], Nachdruck, Düsseldorf, 1967.

＊

Van Bunge, Wiep et al. eds., *The Dictionary of Seventeenth and Eighteenth-Century Dutch Philosophers*, 2 Vols, Bristol, 2003.

Nieuw Nederlandsch Biografisch Woordenboek, Deel 8, Amsterdam, 1974.

Ⅷ. その他

Altkirch, Ernst, *Spinoza im Porträt*, Jena, 1913.

著者略歴

(Spinoza, 1632-1677)

1632年11月24日オランダ，アムステルダムのユダヤ人居住区で商人の家に生まれる．両親の家系はイベリア半島でキリスト教へ改宗したユダヤ人（マラーノと呼ばれる）で，オランダに移住し，ユダヤ教の信仰生活を回復していた．ヘブライ語名バルッフ（Baruch），ポルトガル語名ベント（Bento），のちにラテン語名ベネディクトゥス（Benedictus）を用いた．ユダヤ教会内で早くから俊才として注目されたとも伝えられるが，1656年7月27日，23歳のときに破門を受ける．友人・弟子のサークルとつながりを保ちながら，ライデン近郊ラインスブルフ，ハーグ近郊フォールブルフを経て，ハーグに移る．1677年2月21日ハーグで歿す．同年，「エチカ」を含む『遺稿集』が刊行される．他の著作は「デカルトの哲学原理」，「神学・政治論」，「政治論」（未完），往復書簡集ほか．

訳者略歴

佐藤一郎〈さとう・いちろう〉 1952年生まれ．東京大学文学部卒業．東京都立大学大学院博士課程中退．山梨大学教授．著書『哲学的冒険——形而上学へのイニシアシオン』（丸善）『個と無限——スピノザ雑考』（風行社）．訳書『スピノザ　エチカ抄』（みすず書房）．論文「内と外へのまなざし——スピノザの哲学への一つの近づき」（日本哲学会編『哲学』57号）「朗らかとあきらめ——日本的ニヒリズム考」（哲学会編『哲学雑誌』123巻795号）「哲学するジャコメッティ——「夢・スフィンクス楼・Tの死」」（『みすず』447号）など．

スピノザ
知性改善論
神、人間とそのさいわいについての短論文
佐藤一郎訳

2018年 2月10日　第1刷発行

発行所 株式会社 みすず書房
〒113-0033 東京都文京区本郷2丁目20-7
電話 03-3814-0131(営業) 03-3815-9181(編集)
www.msz.co.jp

本文組版 キャップス
本文・口絵印刷所 精興社
扉・カバー印刷所 リヒトプランニング
製本所 松岳社

ISBN 978-4-622-08348-1
[ちせいかいぜんろん／かみにんげんとそのさいわいについてのたんろんぶん]